上海师范大学老教授协会／编

师道永恒

上海师范大学名师列传（四）

主　编／蒋明军　黄　刚
副主编／朱　政　鲍炳中

上海人民出版社

《 师道永恒 —— 上海师范大学名师列传 》 （四）

编委会

主　编　　蒋明军　黄　刚
副主编　　朱　政　鲍炳中

编　委（按姓氏笔画为序）
　　　　　丁光勋　卜宅成　公　磊　朱　政　朱国定
　　　　　张惠达　邵　雍　单冠初　翁晓玲　郭鲁申
　　　　　黄　刚　蒋明军　鲍炳中

师道永恒

SHANGHAI NORMAL UNIVERSITY

孙逊

朱宪生

李时人

杨剑龙

何伟渔

范开泰

潘悟云

齐沪扬

张谊生

朱瑞熙

唐力行

严耀中

裔昭印

徐时仪

戴建国

吴立岗

李进

谢利民

师道永恒

上海师范大学名师列传（四）

卢家楣

李申

方广锠

孙育玮

刘正国

韩茂安

李新洲

李利珍

王全喜

康建成

序一

　　值此全校师生喜迎上海师范大学建校七十周年之际，由校老教授协会和教师工作部组织编撰的《师道永恒——上海师范大学名师列传》(四)，为七十周年校庆献上了一份沉甸甸的厚礼。

　　上海师范大学自 1954 年建校以来，风雨兼程、励精图治，开拓创新、砥砺奋进。一代代上师大人在七十年不平凡的岁月里，秉持"师道永恒"精神，走上了创建、振兴、发展之路，如今又迈上了向强校建设进军的新征程。七十年来，"师道永恒"精神融入在学校的办学理念、发展思路和治理之道中，在踔厉奋发中谱写着辉煌历史。上海师大以师范教育立身，学校初创时的中文、历史、政教、数学、物理、化学、生物、地理等八个师范专修科，名师历代辈出，学科建设成效彰显。1978 年学校恢复建制后，驶上了改革振兴的快车道，名师相继涌现，学科建设质量明显提升。随着学校从综合性的师范大学向有师范特色的综合性大学转换，名师崭露头角，办学特色和亮点不断呈现。与此同时，在名师们领衔奋斗下，学校的硕博点数量和分布、国家重点学科、国家精品课程、国家级科研项目等重大标志性工作，都取得了跨越式的突破和发展，学校整体进入上海市高水平地方高校建设行列。

　　七十年来，"师道永恒"精神熔铸了一代又一代教师的师德风范和精神品格，他们厚积薄发、薪火相传，呕心沥血、辛勤耕耘，书写着厚重的历史篇章。本卷精心辑录的 28 位名师传记，生动地展示了他们人生轨迹、心路历程和职业生涯，展现了他们践行学校"师道永恒"精神的为人、为学、为师之道。

这些名师作为上海师大教师队伍中的杰出代表和中坚力量,他们以高尚的品行、精深的学问,追求着一流的事业,点亮了学校发展前行的一盏盏航标,矗立起学科发展的一座座高峰。这些名师,大部分出生在20世纪四五十年代。那是一个反差极其强烈的时期:先是国家危难、民不聊生,社会亟待重建;后是百废待兴、百端待举,山河亟须重整。历史情境虽有不同,但名师们的信念却一致:国家和教育是命运共同体。国家强,教育才能强;教育强,则国家才能更强。值得感佩的是,名师们心有大我、至诚报国,对自己的民族国家满怀热爱,对社会发展和祖国强盛充满向往,他们始终牢记自己的使命和担当,不追逐名利、不计较得失,投身教育事业数十年如一日,他们付出的艰苦卓绝、不折不挠的汗水和心血,在学校的历史上留下了斑斓多彩、铿锵有力的印迹。

从本卷的各篇传记可以知道,这些名师虽然躬耕的专业方向不一,耕耘后的收获成果不同,但背负的时代使命、社会发展的责任、培育时代新人的任务是共同的。他们是学校事业发展的扛鼎者。他们志向远大、本领过硬,淡泊名利、甘于奉献,他们身上折射出的师者情怀、道德品行、精神品格是"师道永恒"精神的生动诠释,是新时代教育家精神的具体体现,是我们强校建设的宝贵精神财富,需要不断传承和弘扬。

"躬耕教坛,强国有我"是名师们的志向和抱负。我们可以看到,无论是教室、学生宿舍、校园,乃至家庭居所,都是他们育人的地方;无论是图书馆、学术会议或讲座,还是学人间的交流切磋,都是他们思考的场所;无论是清晨的餐厅、深夜的实验室,还是周末的办公室,总会有他们忙碌的身影。深厚的积累孕育出高尚的师德,高尚的师德陶冶出名师们为师者不骄、待学子不矜的大家风度,提携后进、金针度人的法度,矢志不渝、弘文励教的热度。他们视职业为事业的人生追求,本身就是一本本蕴意深刻的教科书,无论是对学生的"三观"形成,还是学习态度、研究方法的养成,都有着启智润心作用。上海师大文脉绵长,弦歌不辍,桃李芬芳,很大程度上和名师们具有聚于内而显于外的志向和抱负密不可分。

"勤学笃行、求是创新"是名师们的坚韧与执着。"勤学笃行"强调循序渐进的为学之道,更强调要做到知行合一。"求是创新"要求始终保持开放创新的良好心态,只有不断充实完善自己,具有良好的文化修养和严谨的治学态度,才能做好学科前沿问题的探索者和研究者;只有不断更新教育方法和理念,在实践中锐意进取、敢于创新,才能做好学生发展的领路人。名师们知道,要成为一名称职的教师,深厚的学养是必备条件,更何况要在专业领域作出有影响的独创性的贡献。既然"且夫水之积也不厚,则其负大舟也无力",那么,希冀产出社会认可的学问,勤学笃行、求是创新就是必然通道。我们因此看到,这些名师为学严谨、孜孜矻矻,书本里皓首穷经,实验室里小心求证,田野里四方考寻,是他们的工作常态。他们善于发现问题、解析问题,科研选题往往立意高远,切入角度常显覃思妙构,给出结论总能匠心独运,合乎情理。他们不拘陈说、敢为人先,不畏艰难、勇攀科学高峰的精神,成为"师道永恒"精神具体而真实的写照。

"认真教书、精心育人"是名师们的第一要务。他们爱教育、懂教育、善教育,在立德树人、铸魂育人方面,有着天然的优势作用和独特的育人理念、途径和方式方法。名师们不仅向学生传授科学文化知识,提高学生的创新能力和实践能力,而且向学生进行思想教育,引导学生立大志、明大德、成大才、担大任。他们创新教学方式,培养学生适应终身发展和社会需要的必备品格和关键能力,让每一个学生都能全面发展;他们创设问题情境,激发学生学习兴趣和热情,塑造学生的观察力、思考力,进而激发创新力,让每一个学生都能更优秀;他们敬业爱生,对教育事业有着高度的责任感和强烈的事业心,他们良好的师表形象、渊博的知识和严谨的治学态度,深刻地影响着上海师大一代代学子的成长、成人、成才。

党的二十大吹响了建设教育强国的号角。强教必先强师。加强教师队伍建设是建设教育强国最重要的基础工作。习近平总书记提出的中国特有的教育家精神,为新时代教师队伍建设提供了根本遵循。我们要以教育家精神引领教师思想政治素质、师德素养和业务能力全面提升。要强化思想铸魂,引导全体教师牢记为党育人、为国育才的初心使命;要深化师德养成,做好典型引领和榜样示范,营造静心教书、倾心育人、潜心治学的良好氛围。要教育引导广大教师自觉践行教育家精神,把教育家精神转化为教书育人、为人师表的行为准则和价值追求,言传身教、润己泽人,做学生为学、为事、为人的示范表率。我们要把弘扬教育家精神始终贯穿于高质量教师队伍建设中,期待着涌现更多的名师,在名师中诞生大师,为培养堪当民族复兴重任的时代新人提供坚强保障,为把上海师范大学建设成为教师教育特色鲜明的综合性高水平大学，为强国建设和民族复兴伟业作出新的更大贡献。

　　在《师道永恒——上海师范大学名师列传》（四）付梓之时，写上以上这些话，是为序。

上海师范大学党委书记

林在勇

2024 年 2 月

序二

　　七十年前,素有"上海市中小学教师的摇篮"美称的上海师范大学,作为新中国成立后在上海新建的第一所地方性高等师范院校诞生了。她从上海师范专科学校初创,历经沧桑,一步一步发展壮大,现在已经成为一所以文科见长并具教师教育特色的文、理、工、艺等学科协调发展的综合性大学。回首七十载,学校在"厚德、博学、求是、笃行"校训的引领下,传承弘扬"师道永恒"的师大精神,风雨兼程、自强不息,厚积薄发、薪火相传,打造了一支德才兼备的教师队伍。七十年来,广大教师自觉把师道精神转化为教书育人、为人师表的行为准则和价值追求,言传身教、润己泽人,以高尚的师德和卓然的成绩,践行着育人育才的初心使命,不断深化铸就着上海师大凝练厚重的人文底蕴和精神品质。

　　《师道永恒——上海师范大学名师列传》(简称《名师列传》)是记载七十年来上海师大名师们躬耕教坛的师德风范、育人智慧和学术贡献的一部重要文献典籍。2007年,《名师列传》开始编撰第一卷,此后的七年间,《名师列传》一至三卷陆续正式出版,展现名师们在一代代接力办学中彰显的不凡风采;今天,在庆祝上海师范大学建校七十周年之际,《名师列传》第四卷又付梓问世,将再现学校28位名师敬业爱业、精业乐业的教学科研生涯,进一步显现上海师大永恒的师道精神。回望历史,师道精神一直是中华民族的宝贵财富。早在孔子时代就形成了传道、授业、解惑的师道文化,认为"君子不器""师也者,教之以事而喻诸德者也",就是说教师不仅仅是传授知识的工具,更重要的是要有高尚的道德品质,不仅要教授学生"谋事之才",更要传授学生"立世之德",而传德更为重要。在现代社会,随着教育的不断发展,教师的角色更加多元，但要求教师为人师表、教书育人、敬业爱生的师道精神的本质从未改变。对名师的礼赞，就是对师道精神的传承与弘扬，也就是我们所说的"师道永恒"。这便是我们编撰《名师列传》的初衷和想要传递的核心理念。

《名师列传》四卷总共辑录的 88 位名师，全面、客观地反映了上海师大不同时期的名师们躬耕教坛的师德风范、育人智慧和学术贡献。其中既有前辈师长艰苦创业、奠定基础的历史足迹，又有当代学人辛勤耕耘、执着追求的奋斗轨迹。《名师列传》不仅记录了这些名师的生平事迹，还深入挖掘了他们身上的精神内涵。正是这种精神力量，让他们在教育这片热土上，不断追求卓越，为学生的健康成长、为学科建设发展奉献自己的智慧和力量。在书中，我们可以看到这些名师们如何坚守自己的信仰，如何以身作则，为学生树立了良好的榜样。他们的故事不仅是展现了对教育的热爱与执着，更是对人生的追求与超越。可以说，《名师列传》中的每一篇章都折射着学校文化中最深沉的精神追求和精神标识，是激励一代代上师大人开拓创新、砥砺前行的宝贵精神财富。

老校长廖世承有两句名言："一个学校的最后成功，就靠着教师。""教员实为学校之命脉。"他一贯重视教师在学校中的主导地位和重要作用。上海师范大学是有重视教师、崇敬名师的优良传统的。历任的学校领导都在教师的培养、引进、使用等方面花费了大量心血。这些心血浇灌在上海师大的沃土上，使一批又一批的上海师大名师脱颖而出，各领风骚。名师是学校教师队伍中的杰出代表，也是学校办学水平的名片。名师们具有丰富的教学经验和厚实的学术背景，他们默默耕耘在教学一线，因材施教、启智润心，在传授知识的同时，还注重人格的塑造，让学生在学习知识、增长智慧的同时，培养适应终身发展和社会需要的必备品格、关键能力，让每个学生都有人生出彩的机会。名师是学校教学与科研水平的标杆。他们通常在各自的学科领域内具有较高的学术成就和影响力，是学科建设的领跑者，推动着学校事业的不断发展，为学校赢得声誉和地位。他们始终关注学科发展的最新动态，站在学科发展的前沿思考问题，进行深入的研究，用学术界认可的具有领先意义的学术成果推动本学科的发展。他们认真教书、精心育人，严谨治学、潜心科研的高尚师德和人格魅力，影响和激励着一代代莘莘学子的成长成才。他们用自己的实际行动诠释了"师道永恒"的真谛，展现了名师的风范和形象。

当前的中国教育，正在进入一个从教育大国向教育强国迈进的新时代。

强教必先强师。教师是立教之本、兴教之源。要把加强教师队伍建设作为建设教育强国最重要的基础工作来抓。2023 年教师节前夕,习近平总书记致信全国优秀教师代表座谈会与会代表,提出要大力弘扬教育家精神,勉励广大教师要树立"躬耕教坛、强国有我"的志向和抱负,为强国建设和民族复兴作出更大的贡献。教育家精神反映了新时代对教师理想信念、人格品质、专业修养、教育态度、教育能力的全面要求,赋予新时代人民教师以崇高使命,为新时代教师队伍发展指明了前进方向,明确了路径方法。对于上海师大而言,大力弘扬教育家精神,就要坚守学校"师道永恒"精神,这两者的核心要义都根系中华民族优秀教育传统,在推进高素质教师队伍建设中两者可以并行不悖,互融共进、同频共振。我们要在强化政治引领上下功夫,教育引导广大教师立足中国式现代化战略全局,努力涵养大国良师的理想信念,坚守为党育人、为国育才初心。要在强化师德师风建设上下功夫,教育引导广大教师不断加强自身道德修养,争做以德立身、以德立学、以德施教、以德育德的楷模。要在强化动力动能上下功夫,教育引导广大教师把自身专业发展与服务国家社会有机统一,做到业务精通、专业过硬,求真务实、勇于创新。我们要进一步把握新时代赋予上海师范大学的使命担当,自觉融入中国式现代化的历史进程,把准自身办学定位与特色,主动对接国家战略和上海经济社会发展需求,推动学校事业高质量发展。要坚持把教师队伍建设作为基础工作,积极营造浓厚的尊师重教氛围,着力培养造就更多的名师良师,为把我校建设成为教师教育特色鲜明的高水平大学,为实现强国建设、民族伟大复兴美好愿景,作出上海师大和上师大人应有贡献。

充盈着鲜活材料、厚重内容的《名师列传》第四卷,承载着上师大人厚实的记忆,她与学校的创建、发展、变革历史息息相关,又与学校的历史文脉紧密相连。相信本卷的编撰出版,对于青年师生了解学校历史,感受名师风采,饮水思源、承前启后,对于开展爱校荣校兴校教育,启迪后人、培育英才,都有着不可或缺的重要作用。

上海师范大学校长

2024 年 2 月

目　录

师道永恒

——上海师范大学名师列传（四）

2

竭力攻博　成就卓著

服务社会　使命勇当

以生铸师　以情优教

无惧滔滔辨真伪　立心昭昭明是非

千磨万击还坚劲　任尔东西南北风

路漫漫其修远兮　誓将上下而求索

采得百花成蜜后　为谁辛苦为谁甜

随缘做去　直道行之

评法批儒结佛缘　燕园读研坐春风

远梵近华学一流　沉潜笃实读大藏

藏外文献拓新域　导师助力编目录

七赴英伦编英目　功德圆满抗蛮横

文化汇流大藏经　敦煌写本文献学

"学高身正"为铭　"不负使命"为要

奋斗者的足迹:从优秀学生到知名学者

挑战者的选择:从青年创业到中年创业者

法理学者的追求:法理学深耕与跨学科拓展

园丁的情怀:良好的师德与教书育人

脚踏实地的理想主义者:立足现实与放眼未来

清贫学者　布衣教授

痴迷竹笛的寒门子

命运眷顾的宠幸儿

当代古龠的开拓者

治稗育人数十载　开疆拓土铸人文

——著名红学家与古代小说研究专家孙逊传

孙逊(1944—2020),江苏丹阳人。二级教授、博士生导师、中国民主同盟盟员。1965年毕业于江苏师范学院中文系,至上海师范大学任教。曾任上海师范大学人文学院院长、人文与传播学院院长、教育部普通高校人文社会科学重点研究基地上海师范大学都市文化研究中心主任、上海高校都市文化E-研究院首席研究员、中文一级学科博士点学术带头人、上海师范大学学位评定委员会副主席、学术委员会副主任、《上海师范大学学报(哲学社会科学版)》副主编等。社会兼职有:中国红楼梦学会副会长、上海市古典文学学会副会长、上海市作协古典文学专业委员会主任、《文学评论》编委,上海文史研究馆研究员。曾任民盟第六、第七、第八、第九届中央委员,民盟第九、第十届上海市常委。

孙逊的学术研究,起步于20世纪70年代的《红楼梦》研究,之后,他驰骋于古典小说艺术理论、小说与宗教、小说与城市、东亚汉文小说研究诸领域,在文本阐释、理论探索、文化考察和文献整理等方面,均取得丰硕成果。其成名作《红楼梦脂评初探》,奠定了其在红学界的重要地位。他在《中国社会科学》《文学评论》《文学遗产》《红楼梦学刊》等国家权威期刊发表了数十篇论文,曾主持国家社会科学基金重大招标项目1项("东亚汉文小说文献整理与研究",2013年)、国家社会科学基金一般项目3项(1996年、2002年、2010年);研究成果曾获教育部高等学校科学研究优秀成果奖(人文社会科学)著作类三等奖1项(2013年),获第一、第二、第四、第五、第六、第七、第八、第九、第十一、第十三、第十四届上海市哲学社会科学优秀成果著作、论文一等、二等、三等奖11项,获第十届上海市决策咨询研究优秀成果三等奖1项(2015年),获第十一届上海市邓小平理论研究与宣传优秀成果论文二等奖1项(2016年)。

拜师求教　埋下古典文学研究种子

孙逊1944年1月29日生于江苏丹阳。少年时就酷爱读书,对于写作用

孙逊

功颇多。从初中开始，孙逊的作文就常被老师当作范文在班上讲评。进入江苏师范学院（今苏州大学）之后，第一篇作文依然被老师作为范文讲评。大学期间，孙逊受教于著名国学大师钱仲联先生。钱先生讲授中国古代文学，以其深厚的学养，用一口吴侬软语，将中国古代文学精华娓娓道来。对于孙逊而言，每堂课、每次作业都极为难得，课堂上如坐春风，凝神静听，声声入耳；课堂下复盘温习，精心揣摩，力求甚解。学年结束时，孙逊在该门课的考试中以98分高居全班第一，试卷被张贴在班级墙上展示，给他的后续刻苦学习以持续的动力。

大学期间，孙逊又曾受教于著名现代文学史家瞿光熙先生。孙逊不但在上课前后抓住机会多向老师发问，还经常登门求教，问道解惑，在老师的指点和提携下，孙逊学生时代就在《光明日报》上发表文章，并引发了对学术研究的兴趣。由于瞿光熙先生家在上海，孙逊本科毕业至上海师范大学工作后，依然与瞿先生保持较为密切的联系，视瞿先生为终身的老师。可以说，钱先生的课种下了孙逊日后研究古代文学的种子，而瞿先生的引导则激发了孙逊写论文的兴趣。

孙逊于1974年10月30日在《解放日报》发表《论薛宝钗》，又于1975年1月11日在《文汇报》发表《阔人们的天下不太平：大观园的政治、经济和思想危机》，其在红学界崭露头角，为此后进入文化部《红楼梦》校注小组，奠定了基础。

求索不止　成就学术领域一代名家

（一）最年轻的国内红学名家

1975年3月，孙逊进入文化部《红楼梦》校注小组工作，自此踏入了中国古代小说研究的大门。他是小组中年纪最小的，虽然在校注组工作时间不到两年又返回上海。但当时组内名家辈出，在版本考证、文本分析等方面都给孙逊带来了长久持续的学术影响，使他迅速成长为当时国内最年轻的红学家。

1978年12月，孙逊的第一部学术著作《红楼梦脂评初探》的撰著完成，经反复修改，于1981年11月由上海古籍出版社正式出版。这是他的成名作，也是"红学史上第一部脂学专著"，填补了我国红学研究的一个空白。该书对脂评做了全面性、系统性的综合研究，在研究中将数理统计、文献考证与文本分析做了完美的结合，不囿于前贤已有定论，提出了独自研究的心得。多处观点既有对以往学术观点的修正，也有对一些争议性问题的精准回应，特别是揭示脂评的美学价值，是用小说艺术学的眼光来探讨脂评在小说批评史上的价值并全面总结《红楼梦》的艺术地位，比如揭示出脂评有关论述《红楼梦》成就的十个方面："不落俗套的人物外貌描写""破'恶则无往而不恶，美则无一不美'""迥不与旧小说'离合悲欢窠臼相对'""章法总不雷同"等等，在红学界产生了深远的影响。他也因为该书在1986年首届上海市哲学社会科学优秀成果评奖中获得了著作奖。

孙逊的《红楼梦脂评初探》和《红楼梦鉴赏辞典》

孙逊自此在《红楼梦》研究上突飞猛进。1991年11月，台湾大安出版社出版孙逊的《红楼梦探究》，收录了孙逊于《红楼梦脂评初探》后陆续撰写并发表的十四篇论文，该书对《红楼梦》做了整体性的再研究与思考，并做了细致的阐释，其关于《红楼梦》三重主题的提出，影响极大。这是对《红楼梦》从文学审美层次、政治历史层次和哲学层次的系统性分析。以文学审美层次论，全书详细阐释了作品表现青春女性的生命和生命被毁灭的悲剧、爱情与家庭婚姻的悲剧等等，这是从最直感的文学感受，逐步进入社会历史和哲学思辨的深度剖析，在一定意义上成为对《红楼梦》主题理解的集大成之作。该书还收录了对"金陵十二钗"排序规律的细致探究，得出的结论也颇具说服力。这一论著与《红楼梦脂评初探》恰可相互辉映，也是其红学代表作之一。

孙逊在向红学高峰不断攀登之时，也非常重视学术的普及工作。1988年5月，孙逊主编《红楼梦鉴赏辞典》在上海古籍出版社出版，其对《红楼梦》人物、情节、物品、典故、诗词曲赋等分列词条，进行精准的解释，总计列出的小说人物词条就有599条，每一条目的释文就是一篇小论文。这种学术研究成果与社会普及读物的有机结合形式，获得各界赞誉，后几经修订，2005年转由汉语大词典出版社出版，2011年又由上海辞书出版社出版，累计印数超过500万册。

20世纪90年代之后，孙逊的学术关注点已有所转移，但《红楼梦》依然是他摆不脱的学术"情结"，围绕着《红楼梦》，从宏观与微观两个方面进行深入探讨，特别是从建立"红楼文化"学，进行了初步的规划，为后来者的研究奠定了基础。主要发表有《"红楼文化"论纲》（《红楼梦学刊》1993年第1辑）、《〈红楼梦〉对于传统的超越与突破》（《红楼梦学刊》2004年第1辑）、《〈红楼梦〉的文化精神》（《文学评论》2006年第6期）、《〈红楼梦〉人物与回目关系之探究》（《文学遗产》2009年第4期）、《"情情"与"情不情"：〈红楼梦〉伦理文明和生态文明的现代阐释》（《红楼梦学刊》2014年第3辑）等论文，都产生了较大的社会影响。

（二）最有锐气的学术拓荒者

1. 重论古典小说的新收获

孙逊从《红楼梦》出发，将自己的学术视野拓展到明清小说整个领域，从脂评到古典小说评点，不仅注重小说艺术理论的原始文献收集，而且着意小说思想艺术的多重探究，举凡《三国演义》《金瓶梅》《水浒传》《西游记》《聊斋志异》《西游补》《红楼梦》《儒林外史》《歧路灯》以及"三言二拍"等诸多经典小说，都在他论及范围之内。难能可贵的是，他以全新的视角，对别人耳熟能详的古典小说提出了许多新见解，那种视野新、方法新、结论新的"三新"特征，给后来者起到了很好的引领作用。比如，他是较早把"三言二拍"与西方文学名著《十日谈》进行比较研究的学者，其开阔的视野，不但给古典文学界吹进了一股清新之风,也足资比较文学界的学者参考。

他较早系统梳理了古典小说评点派的演进史及其对小说发展的影响。1991 年 5 月,孙逊和孙菊园联合编纂出版《中国古典小说美学资料汇粹》,该书集资料性和研究性为一体,较为详细构建了小说美学理论文献体系,全书共分六编:第一编总论;第二编小说与社会生活;第三编人物形象;第四编情节结构;第五编文学语言;第六编表现手法。总体的六编构架起小说理论基本框架,然后在每一编先有编者的文字阐发,提出基本理论要点,再以相应的评点资料加以汇总梳理,如此前后呼应,有论有据,论述之精,论据之全,且层次递进清晰,有力地推动了 20 世纪古代小说艺术美学研究。

他也是较早从古代小说形式美角度尝试研究的重要学者,发表的《试论〈红楼梦〉的形式美》《中国古代长篇小说结构简论》等,以形式为切入点,探讨小说形式与内容的辩证关系,但更是着眼于传统小说形式的相对独立性和继承性,揭示出不同于西方小说的独特形象体系,其结论给同行的启发既是审美的,也是思辨的。再比如,他发表的《孙悟空、猪八戒形象塑造的艺术经验》一文,将《西游记》人物塑造成功的"秘诀",提炼概括为"神性""人性"与"动物性"的结合,他论述道:"孙悟空和猪八戒这两个神魔形象的塑造成功,除了其强烈的神性和深刻的人性这两方面的因素之外,恐怕和另外一个因素也是分不开的,这就是他们身上所具有的天然的动物性,作者分别赋予这两个形象以猴和猪的外形,并使人物的思想性格和他们各自所属的动物的体态习性有机地结合在一起,从而达到了神性、人性和动物性高度的和谐统一,既深化了人物的性格,又增添了形象的质感和魅力。"学界认为,孙逊此文大概是最早明确提出古代神魔小说人物塑造"三性"法则的学术论文。至袁行霈主编《中国文学史》(1999)"第八章 西游记与其他神怪小说"之第三节,编写者将"物性、神性与人性的统一"写入了节下标目,"三性"说遂广为读者所知。①

孙逊对古代小说研究的新视角,还体现在运用文化学视角,比如用宗教学和都市文化的最新成果去考察中国古代小说,给了研究以整体方向性的启发。

---

① 潘建国:《开疆拓土研稗史,三生无悔梦红楼——孙逊教授的古代小说研究》,《文学遗产》2021 年第 5 期。

2000 年 7 月,孙逊指导学生潘建国、詹丹、赵振祥、柳岳梅一起开展研究,合作出版《中国古代小说与宗教》,从早期的巫术与古小说关系到情僧形象在小说中的谱系呈现,从佛教因果报应思想到小说的轮回结构等,许多论文观点都具有学术原创价值;孙逊还有"古代小说与民间宗教"研究课题,虽后来因种种原因并未进入这一领域,但他的开创之功不可否认,他的学生万晴川则继承孙逊学术思想继续这一方面的研究,收获了不少令人瞩目的成果。

孙逊用都市文化学视角研究古代小说,在《中国社会科学》等杂志,与学生合作发表了多篇高水平学术论文。2004 年,孙逊发表《中国古代小说中的"东京"故事》(与葛永海合作),论文梳理了"东京故事"在古代小说中的演变脉络,从宋元话本中感伤追忆的"梦华录",到明清小说中象征政治权力中心的虚化背景,再到 18 世纪《歧路灯》中烟火气十足的世俗城市,"东京故事"始终与"传统的帝都主题、遗民主题、市井主题纠结在一起",具有特殊的文学叙事魅力,成为古代小说中"最具代表性的城市故事"。而关注"东京故事",自然也会关注南宋都城"临安"的故事,并进一步带出中国历史上所谓"双城"现象,对此,孙逊撰有《中国古代小说中的"双城"意象及其文化蕴涵》(与葛永海合作,2004 年)一文,择取了"长安与洛阳""汴州与杭州""北京与南京"三组城市,其中"汴州与杭州"构成"故都"与"现都"关系,余下两对则构成"首都"与"陪都"关系,在古代小说的书写中,它们各自具有不同的意象,譬如故都笼罩着"故国之思",现都展露出"繁荣""奢华"之景,首都彰显了"官派气度",陪都则弥散着"变迁和流逝"之感等等,无论是哪一种都城,一旦成为历史,它们都会成为城市"悲情的载体和源泉";古代小说对城市的描写,"有的是实在的景象,可以量化统计的"(譬如《儒林外史》中的金陵),"有的则是作为内在的意绪,弥漫在字里行间"(譬如《红楼梦》中的金陵);而纵览古代小说对此三组都城的描写,其所"反映出来的城市映像的演进,正和我国古代城市的实际发展相吻合",因此,以城市为视角,不仅可以"找到小说史研究的一条新路径",也能"为当代的城市研究提供一份形象的、被忽略的历史素材"。如果说,上述两篇论文重在梳理古代小说中都城意象的演变和蕴涵的话,那么,孙逊于 2007 年发表的《中国古代小说中的城市书写及现代阐释》(与刘方合作),则更进一层,意在"研究古人生活于其间的城市与小说叙事之间的相互关系,探索具有时代特征的城市多重空间对于小说的深远影响,并尽可能地给予现代的阐释"。论文认为:古代小说的城市书写,大多数"如同中国传统绘画中的写意画,不在精雕细刻其形,而重在写出一种整体上的精神、意态和氛围",因此,选择地标景观并将其沉淀为一种"城市意象",这是其常见的书写策略;而融汇与城市有关的历史、现实以及虚拟、想象诸元素,"真假相杂,虚实相生",又构成古代小说城市书写的一种美学特质。论文最后归结道:一方面,城市作为"政治""文化"与"日常生活"的空间复合体,"极大地影响了小说多视角地对于城市的书写,激发出丰富的小说叙事";而另一方面,小说的文学书写,也"建构了这些城市鲜明而各具特征的城市意象",这些意象"又成为城市阅读群体共享的生活体验与文化想象",从而奠定了一个城市的历史风貌和文化品格。这一组三篇关于城市与小说的论文,代表着孙逊对此论题的宏观思考和系统阐述,发表后均产生了深远的学术影响。

孙逊还从微观角度对这一议题进行深入研究,通过古代文学具体作品考察所蕴含的城市文化相关信息以及具有的审美价值,指导学生陆续完成了"中国古代文学双城"系列研究,编成了一套"中国古代文学双城书系",进一步开阔了人们的研究视野。

2. 域外小说研究的新拓展

孙逊学术生涯的后期,主要致力于域外汉文小说,尤其是东亚汉文小说的拓荒性研究。

1990年,孙逊、孙菊园以日本汉文小说《夜窗鬼谈》为基础,编注出版《东洋聊斋》,成为其研究东亚汉文小说的学术起点。2001年,孙逊又专门撰文《日本汉文小说〈谭海〉论略》,提出了"域外汉文小说"概念,该文对日本汉文小说《谭海》进行了系统性的研究。由《东洋聊斋》的整理到《谭海》系统性研究,可见孙逊对于域外汉文小说观念认识的深化。在后续研究中,孙逊研究持续深入,申报项目、撰写论文等不断有标志性成果出现。

2002年他申报了国家社科基金一般项目"域外汉文小说整理与研究",并开始指导部分学生(博士后)从事域外汉文小说研究。在此基础上,2010年,《海外汉文小说研究丛书》出版发行,在学界产生了相当的影响力。

孙逊2010年申报了国家社科基金一般项目"儒家视阈中的韩国汉文小说研究",2013年成功申报了国家社科基金重大招标项目"东亚汉文小说文献整理与研究"。

2014年1月4日,国家社科基金重大项目"东亚汉文小说文献整理与研究"开题论证会(左三为孙逊)

　　2010 年,《越南汉文小说集成》(20 册)由上海古籍出版社出版发行,这是域外汉文小说研究的重要代表性成果。三十余册的《韩国汉文小说集成》也在 2023 年完成三校,即将出版,为后续的东亚汉文小说研究构建了最为基础性的工作。

　　孙逊还撰写多篇域外汉文小说深度研究的高水平学术论文,发表在《文学评论》《文学遗产》《复旦学报》等刊物上,以文化视角分析域外汉文小说的深层次内涵。其全新的论题,显示出向新领域开疆拓土的巨大理论勇气。这种理论性,因关注当下现实,还具有了不寻常的社会意义。孙逊在相关文中明确指出:"中国与韩国同属汉字文化圈和儒家文化圈,在其文明发展进程中,韩国儒学作为东亚儒学中富有特色和活力的一部分,不仅对儒学自身的发展,而且对东亚地区文明的进步都作出了历史性贡献,其中,由古代韩国学者和作家撰写的大量汉文小说,忠实承载并生动演绎了韩国儒学的历史发展与丰富蕴涵,为了解和认识东亚儒学提供了鲜活的文本。在未来重建东亚地区和谐与和平的历史进程中,东亚儒学必将承担起重要而特殊的使命。"

　　孙逊的域外汉文小说研究,可以说已经成为一种典范,其学术意义、社会意义都相当巨大:为域外汉文小说研究全面推进提供了最为扎实的基础文献;为学界后续的域外汉文小说研究勾勒了基本蓝图,从东亚的朝鲜、日本、越南到遥远的西方传教士,后来研究者基本都可以在此蓝图上勾勒属于自己的颜色;为域外汉文小说乃至域外汉文学研究,培养了人数众多的研究者队伍,既有初出茅庐的学生,也有久负盛名的专家教授;为域外汉文小说深入研究提供了一种范例及方法,对研究对象的历史、文化、政治熟悉,能够运用跨学科的学术研究方法进行综合性研究。

3. 地域文化研究的新实践

孙逊对地域文化研究也有浓厚的学术兴趣,并产生了一系列学术成果。

孙逊很早就关注了江南文化,申报教育部人文社会科学重点研究基地重大项目"江南都市文化的历史源流与现代阐释"(2005 年),发表了《上海文化:近代中国都市文化的先行者》《江南都市文化:历史生成与当代视野》《在中国,为什么要研究都市文化》《都市文化研究:世界视野与当代意义》等,并担任《中国地域文化通览·上海卷》主编。

孙逊的地域文化研究并没有停留在理论研究上,还将之落地实践,服务上海的都市文化建设。2008 年 6 月至 12 月,孙逊教授组织都市文化研究中心、上海高校都市文化 E-研究院的陈恒、詹丹、刘旭光、洪庆明、张腾辉、王昭等 8 位专家学者,完成上海世博局委托《中国国家馆展示概念框架内容深化研究》项目,为世博会中国国家馆的理论框架搭建提供了有力的理论支持。

2012 年,孙逊联合人文学院钟翀教授,收集海内外与上海相关的老地图,以此来展现上海城市从古到今的地图全貌,也能看到上海城市历史进程。通过五年多的时间,收集了 217 种与上海相关的古代、近现代地图,跨越了明、清、民国三个时代,最终以《上海城市地图集成》为名结集出版,并获得第十四届上海市哲学社会科学优秀成果著作一等奖。这套地图的价值,正如孙逊所说,"地图反映了城市的血脉和肌理,里面记录了很多信息,通过它可以触摸这座城市的温度"。

为促进上海的都市文化研究和建设,孙逊先后策划了多个高水平学术会议,先后有"都市文化论坛:移民与都市文化""都市文化论坛:儒学与都市文明的对话""都市文化——文学学术研讨会""第二届江南文化论坛""人类记忆与文明变迁——沪、港、澳'世界记忆工程'国际学术研讨会"等。

在上海城市文化研究基础上,孙逊和团队成员还主编出版了《2013 年中国文化公共服务发展报告》《全球城市公共服务发展报告》《上海公共文化服务发展报告》，服务上海的城市文化建设，提升上海的公共文化服务水平，并对其他城市文化建设，具有重要的参考价值。

运筹帷幄　搭建学科发展最佳平台

孙逊不仅是一个出色的学术研究的杰出人才，也是一位不可多得的学科建设的整体规划师、研究平台的出色搭建者、优秀团队的领导者、人才培养的垂范者。

1996 年，上海师范大学组建人文学院，由中文系（含文学研究所）、历史系、古籍整理研究所组成，孙逊教授出任人文学院首任院长，不但为中文学科规划了极具发展潜力的格局，而且在短短的几年时间里，通过学科平台建设和人才引进，让学科实行了多项零指标的突破。个人的学术能力与院长的行政执行力，在他手里得到了相得益彰的发挥。

孙逊任院长初期，工作重心放在引进和培育人才方面，主攻申报博士点。孙逊殚精竭虑，为学院发展筑巢引凤，一时名师聚集，如法国文学翻译大家郑克鲁教授、比较文学的开拓者孙景尧教授等。

人文学院成立后，依托原汉语言文字学和中国古代文学两个博士点，1999 年设立中国语言文学博士后流动站，2001 年建立中国语言文学一级学科博士点。历史学 2001 年设立中国近现代史博士点，2003 年设立历史学博士后流动站，2006 年建立历史学一级学科博士点。2011 年历史学一级学科博士点分为中国史一级学科博士点和世界史一级学科博士点。文史并肩形成了上海师大人文学院的学术高地。人文学院也成为以文科见长的上海师范大学的重要品牌。这一突破性发展，与孙逊院长高瞻远瞩的规划和全身心的投入密不可分。

世纪之交，孙逊提出整合学科，重点发展都市文化研究，以创造新的学术平台，提升上海师大的学术影响力，得到校领导的支持。孙逊对于都市文化研究的思考，并不停留在逻辑思考中。1998 年，孙逊教授与许纪霖、杨剑龙、苏智良等合作，建立了上海师范大学第一个跨学科平台——都市文化研究中心。2003 年上海市教委启动六个上海高校 E-研究院建设项目，上海高校都市文化 E-研究院落户上海师大，E-研究院实行首席研究员负责制，时任人文与传播学院院长孙逊为首席研究员。在都市文化 E-研究院的有力支撑下,2004年,上海师范大学都市文化中心被教育部批准为"教育部普通高校人文社会科学重点研究基地",并从2006年开始,中心都市文化学成为首个二级学科博士点,同时招收都市文化学博士研究生与硕士研究生。孙逊2009年卸任人文与传播学院院长后,于2013—2016年间担任都市文化研究中心主任。都市文化研究中心为上海师大人文学科搭建了海内外高端学术交流平台,为传统人文学科打开了发展的新路径。

2004年1月16日,孙逊(右一)参加上海市高校都市文化E-研究院签约仪式

孙逊年事渐高后,不再担任人文与传播学院和都市文化中心的领导工作,转而负责上海师范大学光启国际学者中心的日常运作,依然以他饱满的热情参与学科建设和学术研究,不但始终着眼学科发展的大格局,且常以严谨的态度,深入精微的工作细节。他策划光启通识课程,不但设计整体讲座系列和特邀专家人选,还常常为讲座的题目,与专家一起字斟句酌,细细推敲,并常常亲自主持讲座,使得光启通识讲座系列,成为学校一个著名的品牌。

2018 年 5 月 21 日,邀请白先勇来校开设光启通识课程(右一为孙逊)

教书育人　造就大批栋梁之才

作为一名高校教师,孙逊对教学改革也一以贯之富有热情。

2005 年,他主持的"文科基础学科课程体系综合改革研究与实践"获得上海市教学成果二等奖。2009 年,他主持的"中文专业双语双文化教学改革的理念与实践"获得上海市教学成果三等奖。他的项目设计体现了上海师范大学汉语言文学本科教育的高水平特色。为了将项目落地,孙逊还策划组织三个系列的教材,分别为:"古代文学名著精读"系列教材,共有 8 种,《诗经精读》《左传精读》《庄子精读》《世说新语精读》《杜诗精读》《四大名著精读》《儒林外史精读》《红楼梦精读》;"大学文科英汉双语教材系列",共计 8 本,与孙景尧合编《英美诗歌名篇研读》《欧美散文名篇研读》《欧美小说名篇研读》《西方古典文论要著研读》《西方现当代文论要著研读》《西方比较文学要著研读》《当代欧美汉学要著研读》《当代西方语言学要著研读》双语教材,2015 年这套双语系列教材获得上海市普通高校优秀教材奖;"专学

12

引论教材"，也计划为 8 本，《文选学引论》《龙学引论》《唐诗学引论》《宋词学引论》《曲学引论》《红学引论》《鲁学引论》《莎学引论》。孙逊这些设计，从现在来看，与当下提倡的新文科建设有异曲同工之妙，这是孙逊对于教书育人发展的高瞻远瞩。

2016 年 9 月，日本神奈川大学举办"中国古典小说研究三十年回顾与展望"学术研讨会，北京大学廖可斌教授在大会发言中，提出了"中国古代小说研究界有一支主力军，应该称之为'孙家军'"。廖可斌教授所言非虚，在中国古代小说乃至中国古代文学研究界，孙逊培养学生 60 多名，向社会输送了一批又一批的栋梁之才，这些人才，多从事中国古代小说、域外汉文学、比较文学等方面的研究，成为学界的中坚力量。鉴于孙逊的卓越贡献，1999 年、2012 年，他两次获得上海市育才奖。

2016 年 9 月，孙逊与学生参加"中国古典小说研究三十年回顾与展望"学术研讨会

孙逊在学生培养方面亦倾注了大量心血，长年躬耕于教学事业的第一线，执教五十余载，讲授多门课程，润物细无声，桃李满天下。在学生眼中，他既是一位治学严谨、笔耕不辍的"经师"，又是一位对待学生关照备至、爱护有加的"人师"。他时常告诫学生做学问必须有深厚的积累，要肯下苦功夫，博览群书，要学会从学术研究中获得乐趣。此外，他鼓励学生们保持对新鲜事物和文化现象的关注，常怀问题意识，拓展研究方向，养成独立科研

13

能力。另一方面，他对待学生真诚亲切、儒雅随和，为了让学生更好地开展研究，自己出资为经济困难的学生购置笔记本电脑，面对前来请教的学生，他总是倾囊相授。他严慈相济的教育惠泽大批学子，培养了一大批学术骨干。

孙逊的第一届博士生，现在北京大学工作的潘建国教授，是孙逊的高足之一，潘建国在上海师范大学攻读学士、硕士、博士学位，并且在上海师范大学工作了一段时间，后调往北京大学中文系，入选教育部新世纪人才等重要人才计划项目。上海师范大学宋莉华教授，曾受聘担任日本神奈川大学特任教授，耶鲁大学、牛津大学访问学者，主要从事中外文学文化关系研究，国家社科基金重大项目"中国古典小说西传文献整理与研究"首席专家，入选国家级人才计划。此外，孙逊培养的博士生梅新林，曾任浙江师范大学校长、党委书记，任浙江省人大常委、教科文卫委员会副主任，浙江工业大学人文学院教授、博士生导师，兼任全国西游记文化研究会会长、中国红楼梦学会学术委员会主任、教育部文化素质教育指导委员会委员。

孙逊弟子还有多位，在各自的研究领域取得了丰硕成果，成为各自学术领域的专家，比如南通大学周建忠教授，浙江师范大学葛永海教授，上海师范大学詹丹教授、宋丽娟教授、施晔教授，扬州大学万晴川教授，浙江外国语学院赵红娟教授，宁夏大学李九华教授等等。

孙逊在学术上的专精尖，无一不体现在他的学生身上。在孙逊的影响下，学生们在广阔的学术田野上深耕细作，继续着孙逊的学术方法和学术视野。

孙逊教授在上海师范大学50多年的工作生涯中，已经成为上海师大中文学科的旗帜和灵魂人物。作为一段佳话乃至一段传奇，他创造了诸多"第一"：20世纪70年代，他是文化部《红楼梦》校注小组最年轻的学者；80年代，他是上海师范学院第一位由讲师破格晋升的教授；90年代，他作为人文学院首任院长，带领教学研究团队实现多项零的突破，为规划学科的长远发展做出了不可磨灭的贡献。上海师范大学原校长杨德广如是评价：孙逊团结和带领全院教师创造了上海师范大学四个"第一"的辉煌业绩：第一个博士后流动站、第一个一级学科博士点、第一个教育部重点研究基地、第一个国家重点学科。

（李奎　撰文）

附一：孙逊简历年表

1944 年 1 月	出生于江苏省丹阳县板桥头小牛场 17 号。
1949 年 9 月—1955 年 8 月	江苏省丹阳草埝桥小学。
1955 年 9 月—1958 年 8 月	江苏省丹阳县中学(初中)。
1958 年 9 月—1961 年 7 月	江苏省丹阳县中学(高中)。
1961 年 9 月	考入江苏师范学院(今苏州大学)中文系。
1965 年 7 月	大学毕业后,分配到上海师范学院(今上海师范大学)留学生办公室工作。
1975 年 3 月	抽调到文化部,参加《红楼梦》校注工作。
1976 年 5 月	回到上海师范学院艺术系任教。
1982 年 10 月	主办"中国第三届红楼梦学术讨论会"。
1985 年 10 月	上海师范大学文学研究所成立,任所长。
1986 年 2 月	破格评为教授,成为当时上海市最年轻的文科教授。
1986 年 9 月	《红楼梦脂评初探》获上海市首届哲学社会科学优秀成果著作奖。
1989 年 10 月	当选为中国《红楼梦》学会副会长。
1993 年 10 月	赴台湾参加"从宝岛到江南——两岸红学交流会"。
1996 年 2 月	参加香港浸会大学举办的"中国古代小说与宗教学术研讨会"。
1996 年 12 月	上海师范大学人文学院成立,任院长。
1998 年 9 月	"教育部普通高校人文社会科学重点研究基地上海师范大学都市文化研究中心"成立,聘为基地研究员。
2000 年 5 月	主办"新世纪中国古代文学学科建设学术研讨会"。
2000 年 6 月	主办"上海—香港都市文化比较国际学术讨论会"。
2001 年 2 月	参加台湾地区中正大学举办的"域外汉文小说国际学术研讨会"。
2001 年 6 月	主办"上海—台北都市文化比较国际学术讨论会"。

2001 年 10 月	参加韩国高丽大学举办的"东亚文学中的韩国汉文小说研究国际学术会议"。
2002 年 11 月	主办第二届中国古代小说国际学术研讨会。
2003 年 3 月	任上海师范大学人文与传播学院院长。
2003 年 5 月	"上海高校都市文化 E-研究院"成立,任首席研究员。
2009 年 1 月	被聘为上海市文史研究馆馆员。
2009 年 9 月	卸任上海师范大学人文与传播学院院长。
2013—2016 年	担任上海师范大学都市文化研究中心主任。
2020 年 12 月 11 日	因病逝世。

附二：孙逊主要论著、科研项目目录

（一）著作

《红楼梦脂评初探》,上海古籍出版社 1981 年版。

《红楼梦与金瓶梅》(与陈诏合撰),宁夏人民出版社 1982 年版。

《董西厢和王西厢》,上海古籍出版社 1983 年版。

《明清小说论稿》,上海古籍出版社 1986 年版。

《红楼梦鉴赏辞典》(主编),上海汉语大词典出版社 1988 年版。

《金瓶梅鉴赏辞典》(主编),上海古籍出版社 1990 年版。

《东洋聊斋》(与孙菊园合校),湖南文艺出版社 1990 年版。

《红楼梦探究》,台湾大安出版社 1991 年版。

《中国古典小说美学资料汇粹》(与孙菊园合编),上海古籍出版社 1991 年版。

《金瓶梅概说》(与詹丹合撰),上海古籍出版社 1994 年版。

《中国古代小说与宗教》,复旦大学出版社 2000 年版。

《人文研究与探索》,学林出版社 2002 年版。

《四大名著新读本》,上海古籍出版社 2004 年版。

《漫说金瓶梅》(与詹丹合撰),人民文学出版社 2007 年版。

《越南汉文小说集成》(与郑克孟、陈益源联合主编),上海古籍出版社 2010 年版。

《红楼梦鉴赏辞典》(与孙菊园合著),上海辞书出版社 2011 年版。

《城市科学与城市学》(与杨剑龙合编),上海三联书店 2012 年版。

《中国地域文化通览·上海卷》(与吴孟庆、沈祖炜联合主编),中华书局 2013 年版。

《大学文科英汉双语教材系列》(与孙景尧合编),上海教育出版社 2013 年版。

《2012 年中国公共服务发展报告》,商务印书馆 2013 年版。

《2013 年中国公共服务发展报告》,商务印书馆 2014 年版。

《朝鲜所刊中国珍本小说丛刊》(与潘建国、朴在渊联合主编),上海古籍出版社 2014 年版。

《红楼梦精读》(与王乙珈合撰),上海古籍出版社 2014 年版。

《2014 年中国公共服务发展报告》,商务印书馆 2016 年版。

《上海城市地图集成》(与钟翀合编),上海书画出版社 2017 年版。

(二) 论文

《评薛宝钗》,《解放日报》1974 年 10 月 30 日。

《"真"与"假"——文艺创作的典型化原则》,《上海文艺》1978 年第 12 期。

《"脂评"思想艺术价值浅探》,《红楼梦学刊》1980 年第 2 辑。

《论〈金瓶梅〉的现实主义成就及其严重缺陷》,《学术月刊》1980 年第 11 期。

《我国古典小说评点派的传统美学观》,《文学遗产》1981 年第 4 期。

《试论〈红楼梦〉的形式美》,《红楼梦学刊》1982 年第 2 辑。

《脂评所涉及的时间概念及价值》,《上海师范学院学报(社会科学版)》1983 年第 1 期。

《中国古代长篇小说结构简论》,《上海师范学院学报(社会科学版)》1984 年第 3 期。

《孙悟空、猪八戒形象塑造的艺术经验》,《文学评论》1985 年第 1 期。

《关于〈儒林外史〉的评本和评语》,《明清小说研究》1986 年第 1 期。

《论〈歧路灯〉的思想艺术成就及其局限》,《上海师范大学学报(哲学社会科学版)》1986 年第 4 期。

《古代小说理论对于艺术与生活的论述》,《文学遗产》1987 年第 1 期。

《东西方启蒙文学的先驱——"三言"、"二拍"和〈十日谈〉》,《文学评论》1987 年第 4 期。

《着力开掘〈红楼梦〉的哲学意蕴》,《红楼梦学刊》1989 年第 2 辑。

《论〈红楼梦〉的三重主题》,《文学评论》1990 年第 4 期。

《曹雪芹、脂砚斋、畸笏叟三者关系之探寻》,《红楼梦学刊》1991 年第 3 辑。

《关于〈红楼梦〉的"色""情""空"观念》,《红楼梦学刊》1991 年第 4 辑。

《脂批和我国古典小说评点派》,《红楼梦学刊》1992 年第 2 辑。

《"红楼文化"论纲》,《红楼梦学刊》1993 年第 1 辑。

《中国小说文化述略》,《上海师范大学学报(哲学社会科学版)》1994 年第 3 期。

《西门庆:中国封建经济和早期商品经济杂交而生的畸形儿》,《文学遗产》1994 年第 4 期。

《释道"转世""谪世"观念与中国古代小说结构》,《文学评论》1997 年第 4 期。

《中国古代小说中的"东京"故事》(与葛永海合著),《文学评论》2004 年第 4 期。

《中国古代小说中的"双城"意象及其文化蕴涵》(与葛永海合著),《中国社会科学》2004 年第 6 期。

《〈红楼梦〉的文化精神》,《文学评论》2006 年第 6 期。

《都市文化研究:世界视野与当代意义》,《文学评论》2007 年第 3 期。

《中国古代小说中的城市书写及现代阐释》(与刘方合著),《中国社会科学》2007 年第 5 期。

《期待突破:新时期古代小说研究的问题与思考》,《文学遗产》2008 年第 4 期。

《论"三副"之冠红玉》,《红楼梦学刊》2009 年第 1 辑。

《江南都市文化:历史生成与当代视野》,《学术月刊》2009 年第 2 期。

《〈红楼梦〉人物与回目关系之探究》,《文学遗产》2009 年第 4 期。

《"海派文化":近代都市文化的先行者》,《江西社会科学》2010 年第 10 期。

《从外部世界看中国——中国古代文学研究的域外视角》,《华夏文化论坛》2013 年第 2 期。

《"情情"与"情不情":〈红楼梦〉伦理文明和生态文明的现代阐释》,《红楼梦学刊》2014 年第 3 辑。

《从〈何典〉到〈玄空经〉 我国吴语讽刺小说的重要一脉》,《文学遗产》2014 年第 6 期。

《〈玄空经〉作者郭友松生平交游及著述考论》,《文学遗产》2015 年第 3 期。

《韩国"梦游录"小说与儒家核心价值观》,《上海师范大学学报(哲学社会科学版)》2015 年第 4 期。

《朝鲜"倭乱"小说的历史蕴涵与当代价值——以汉文小说为考察中心》,《文学评论》2015 年第 6 期。

《小说与非小说：中国古典小说新视域举隅》,《河北学刊》2017 年第 1 期。

《韩国汉文小说的"剑侠"书写及其渊源特色》,《文学遗产》2019 年第 3 期。

《从韩国汉文小说异体字的使用看汉字的丰富性和多样性》,《中华文史论丛》2020 年第 4 期。

《东亚儒学视阈下的韩国汉文小说研究》,《文学评论》2021 年第 2 期。

（三）科研项目

中国古代小说与宗教：多方位地探讨中国古代小说,国家社科基金一般项目,课题负责人,1996 年。

域外汉文小说整理与研究,国家社科基金一般项目,课题负责人,2002 年。

文科基础学科课程体系综合改革研究与实践,课题负责人,2005 年获得上海市教学成果二等奖。

江南都市文化的历史源流与现代阐释,教育部人文社会科学重点研究基地重大项目,课题负责人,2005 年。

中国国家馆展示概念框架内容深化研究,上海世博局委托项目,项目负责人,2008 年。

中文专业双语双文化教学改革的理念与实践,课题负责人,2009 年获得上海市教学成果三等奖。

古本小说词语汇释,教育部人文社科项目,课题负责人,2008 年。

儒家视阈中的韩国汉文小说研究,国家社科基金一般项目,课题负责人,2010 年。

东亚汉文小说文献整理与研究,国家社科基金重大招标项目,课题负责人,2013 年。

锲而不舍寻"大象"
传神妙笔译罗斯
——俄罗斯文学专家与翻译家朱宪生传

朱宪生（1947—　），江西南昌人。中国资深翻译家，中国共产党党员。二级教授，博士生导师。1982年毕业于华中师范学院中文系外国文学研究生班，获文学硕士学位，毕业后留校任教。1986—1987年留学苏联，在莫斯科师范学院和高尔基世界文学研究所攻研屠格涅夫和俄罗斯诗歌。1995年调至上海师范大学工作，先后任文学研究所、人文学院教授、博士生导师。朱宪生主要从事俄罗斯文学的翻译和研究，出版专著、译著30余部，发表学术论文百余篇。1999年出版的专著《在诗与散文之间——屠格涅夫创作和文体》（国家社科基金项目结题成果）是我国第一部俄罗斯作家文体研究领域的研究著作，在俄罗斯学术界产生了较大影响。俄罗斯屠格涅夫专家、俄罗斯科学院院士、莫斯科大学教授普斯特沃依特在给该书撰写的《序言》中高度评价了朱宪生的研究的理论意义和学术价值。1994年由朱宪生主持翻译出版的《屠格涅夫全集》获第二届国家图书奖提名奖，2018年翻译出版的《丘特切夫诗全集》获莫斯科作家协会颁发的友谊奖。

朱宪生

求学阶段　结缘俄罗斯文学

朱宪生于1947年2月生于江西北部一个书香之家。朱宪生少年时代便与俄罗斯文学结下不解之缘。他就读的名校南昌二中，1949年10月前称为心远中学，是著名文学家、出版家邹韬奋的母校，也是当代翻译家许渊冲的母校。朱宪生在读期间学的是俄语，南昌二中的俄语教学力量很强，该校曾经多次在高考中的俄语成绩排名位列全国前茅，朱宪生还是"马特洛索夫班"的班长。

后来，"文化大革命"爆发。1967年朱宪生在大串联中来到北京，当时正是写大字报和斗私批修的高潮时期。他在即将投入焚烧火堆的书籍中，偷偷地捡起当时正在批判的"别车杜"的著作和一部分俄罗斯文学名著。再后来，和许多同年龄人一样，他下放到了农场。在差不多有十年光景的农场生活中，陪伴他的一直是"别车杜"的著作和《马克思恩格斯论艺术》四卷本，还有一些俄罗斯的文学名著。此外，由于拥有扎实的俄语基础，具备极强的自学能力，在这漫长的岁月，他学完了一套北京外语学院的俄语教材。与此同时，他还撰写了一篇长达三万字的论文《论别车杜的美学思想》，并且还自己刻字油印了十几份分发给好友阅读。在农场时朱宪生做过多种工作，大队会计、食堂管理员、小学教师他都做过。最后，他还创办了一所中学——东风中学，邀请文化程度较高的知青担任教员，解决了农场子弟上中学的问题。朱宪生后来回过几次农场，大家还亲切地称他为朱校长。

1979年，朱宪生以同等学力身份考上华中师范学院欧洲文学史专业研究生，师从周乐群先生，这在当地引起不小的轰动。入学的第一天，导师告诉他："读了你的论文，各位老师觉得你不容易，非常难能可贵，但最后还是要看考试成绩。最早出来的是专业成绩，你名列第一，大家都很高兴，说即使外语成绩不好，也要录取你。后来外语成绩出来了，想不到你还是第一，而且还是高分——88.5分，总分也是第一。当时我准备去江西看看你，后来因要参加第二届文代会未能成行，于是便决定提前录取你，连你的档案都没有调。"听了导师的话，朱宪生非常感动。后来，在导师的耳濡目染之下，朱宪生在外国文学研究的道路上阔步向前，道路越走越宽广，在学业上取得了一系列不俗的成绩。

沐浴着改革开放的时代之光，朱宪生开始了他新的学术生涯，此时的他32岁。他把在"文化大革命"十年间所积蓄的全部力量，投入到他孜孜不倦追求的俄罗斯文学研究事业中去，并开始翻译和研究对中国现代文学影响最大的俄罗斯作家屠格涅夫。在研究过程中，朱宪生发现，高尔基在他的《俄国文学史》中多次提到的车尔尼雪夫斯基的一篇名文《幽会中的俄罗斯人》尚无中文译本，这篇论文是评论屠格涅夫中篇小说《阿霞》的，是研究19世纪俄罗斯文学不可或缺的重要依据。他决定把这篇长篇论文翻译出来，但翻译车氏的论著谈何容易，他的论文理论性强，有的地方还高深莫测，表述艰涩，令人一头雾水。经过几个月的日夜奋斗，朱宪生终于啃下了这块硬骨头。《幽会中的俄罗斯人》一文后来在上海的《文艺理论研究》上发表，与它同时刊出的还有屠格涅夫的《略论丘特切夫的诗》中译本。这两篇首次在国内译出的论文，在翻译界和学术界好评如潮，为国内屠格涅夫研究增添了很有分量的研究资料。

三年读研期间，朱宪生除了撰写论文以外，还翻译了屠格涅夫的抒情诗和四部长诗。1982 年，朱宪生的学位论文《论屠格涅夫的现实主义特征》通过答辩，论文得到答辩委员会的高度评价。论文闪光点频现，其中最引人注目的被读者反复提及的是朱宪生对俄罗斯长篇小说"三巨头"的比较论述，他在答辩中指出，作为现实主义的高峰，托尔斯泰以博大精深称著，陀思妥耶夫斯基以突兀险峻称奇，而屠格涅夫则以秀丽绰约称美。

正如十年前在农场苦读"别车杜"时一样，朱宪生没有想到后来能够有机会作为研究生来专门研究俄罗斯文学。在学位论文获得一致好评的时刻，同样令朱宪生没有想到的是，十年之后，他的这篇论文，成为《屠格涅夫全集》的总序而被收入全集。

苏联域内　追寻"大象"足迹

格非在评价列夫·托尔斯泰时指出："我感到托尔斯泰的作品仿佛一头大象，显得安静而笨拙，沉稳而有力。"在朱宪生看来，俄国文学更是一头"大象"，它在世界文坛享有崇高的声誉，具有深远的影响力。因此，有必要亲自到"大象"的故乡去追寻它的足迹。1985 年，朱宪生通过国家考试获得留学苏联的资格。1986 年 9 月，朱宪生赴苏联莫斯科师范学院和高尔基世界文学研究所访学。

莫斯科国立师范学院创立于 1872 年，朱宪生当时就在该校享誉全苏联的语文系访学，从事俄苏文学研究。朱宪生访学的另一个学术机构是苏联世界文学研究所，这是苏联科学院所属的一个文学研究机构，1932 年由全俄中央执委会批准，以高尔基的名义建立，是苏联最为重要的外国文学研究机构，在苏联国内外有重要的影响力。

1987 年 8 月，在俄罗斯"金色的秋天"，朱宪生造访了奥廖尔——俄国文学"三巨头"之一的屠格涅夫的故乡。奥廖尔的屠格涅夫纪念馆，建立于屠格涅夫诞辰一百周年的 1918 年，朱宪生作为中国客人在造访纪念馆时，受到了隆重的接待。纪念馆的七间陈列室按照作家创作年代的顺序展出作家的手稿、各种书籍的版本及图片。朱宪生依次慢慢地观看,在感兴趣的地方流连许久,认真地听取解说员对其问题的解答。在纪念馆 1960 年编辑出版的一本论文集里,朱宪生惊喜地发现了巴金先生的一篇文章《屠格涅夫的创作在中国》。朱宪生告诉解说员:"巴金是中国的著名作家,他的创作深受屠格涅夫的影响。"他还告诉解说员,屠格涅夫的作品大都翻译成了中文,译者几乎都是中国的著名作家,例如《父与子》《处女地》《散文诗》就是由巴金翻译的。当解说员听到朱宪生和他人一起翻译了屠格涅夫的四部长诗和抒情诗时,更是激动不已,一再请求他在这些书出版后将诗集寄给纪念馆留作纪念。离开纪念馆时,解说员代表纪念馆送给朱宪生一包书和一些画册,朱宪生也回赠了他专门为纪念馆带来的屠格涅夫作品的中译本及他自己写的关于屠格涅夫和俄国文学的书籍,并在纪念馆的留言簿上写下了巴金文章里的一句话:"中国读者热爱屠格涅夫。"

朱宪生(左)与苏联屠格涅夫研究家沙塔洛夫合影

在奥廖尔以北 65 公里的斯巴斯科耶,是屠格涅夫庄园所在地。驱车前往的路上,茂密的白桦林,辽阔的金黄色原野,从眼前掠过,尽管朱宪生在

《猎人笔记》中早就领略过俄罗斯中部这美丽的自然风光，但当这些树林和原野真的呈现在眼前时，那种震撼依然让其难掩心中的激动。在屠格涅夫的私人图书馆，朱宪生仔细观看了屠格涅夫的藏书，研究屠格涅夫在书旁所做的批注，叹服屠格涅夫诗人的热情与哲学家的深刻的完美交融。而当朱宪生慢慢回顾梳理屠格涅夫的创作与生平，他惊讶地发现作家的主要作品都是在这里完成，这不由得让他想起屠格涅夫说过的一句话："只有在俄罗斯乡村中才能写得好。"

当朱宪生走到庄园偏僻一隅——当年屠格涅夫被沙皇软禁所在的一座简陋平房时，灰暗的白墙、斑驳的油漆，不禁让其忆起屠格涅夫那一段被羁押的悲惨际遇，以及柯罗连科、赫尔岑、高尔基等许许多多俄罗斯进步作家或被流放、或被迫服苦役、或被公开半公开监视的悲惨命运。但即便如此，俄罗斯作家依然在心里深埋着对苦难人民的同情和对不平等的社会制度的愤懑，他们以笔为旗，奏响了反抗暴政的革命号角。这不由得让朱宪生想起《死魂灵》中果戈理所描绘的那架三套马车，他由衷感叹："这里不该生出英雄来么？"

在苏联访学期间，朱宪生走遍了莫斯科的名胜古迹，从中找寻俄罗斯作家的足迹。1987 年 2 月 10 日，是俄罗斯现代文学奠基人、享有"俄罗斯诗歌太阳"之称的普希金逝世一百五十周年纪念日。朱宪生来到莫斯科普希金广场，悼念这位俄罗斯最伟大的诗人，并撰写诗歌《致普希金》，以此对诗人表示敬意："在你的名字命名的广场上，耸立着你伟岸的铜像，你的脚下堆满了鲜花，你的四周是诗的海洋。"[1]1987 年春，朱宪生造访列宁格勒（今圣彼得堡），当他身处俄罗斯诗歌圣地皇村时，他不仅想起了普希金，同时也想起了俄罗斯诗歌黄金时代的诗人群体中的普欣、丘赫尔别凯、杰尔维格、莱蒙托夫。当然，他更不会忘记自己一直钟爱的抒情诗人丘特切夫，因为丘特切夫曾于 1873 年移居皇村，两个月后在此去世。朱宪生动情地写下了《致丘特切夫》一诗，他在诗中感叹道："在普希金的皇村花园里，在一座楼房的大门旁，丘特切夫，我看见了你的名字，知道这是你居住过的地方。"[2]

---

① 朱宪生：《俄罗斯抒情诗史》，陕西人民教育出版社，1993 年，第 1 页。
② 朱宪生：《俄罗斯抒情诗史》，陕西人民教育出版社，1993 年，第 2 页。

珞珈山下　徜徉俄罗斯文学海洋

1982 年,朱宪生从华中师范学院研究生班毕业并留校任教,不久后便担任外国文学教研室主任,同时还兼任《外国文学研究》杂志副主编。在华中师范大学工作期间,特别是从苏联留学归来后,朱宪生为母校的外国文学研究做出了杰出贡献,取得了一系列影响深远的学术成就。

他先是在《文艺报》发表了《苏联人民和诗》《在屠格涅夫的故乡》《俄罗斯心中不会把你遗忘——论丘特切夫爱情组诗》《火光依然明亮——纪念费特逝世一百周年》《想起了叶赛宁》和《俄罗斯诗人如何写作》等系列长文,文中观点和材料都富于新意,在社会上和学术界产生了良好的影响,受到读者的热烈欢迎。

朱宪生在工作中

1987 年,当时已经调入深圳教育学院工作的导师周乐群,邀请朱宪生与梁异华一起编著《俄苏文学史话》一书,研究生毕业不久的朱宪生尽管心头忐忑，但出于对俄罗斯文学的热爱，还是欣然应允。

《俄苏文学史话》是一部简明通俗、体现当时最新研究成果的俄国文学史和苏联文学史著作。虽然该书作者谦虚地在内容提要中写道：这不是一本纯学术著作，而是给中等以上文化水平的读者准备的通俗读物。但其实在书中，作者对历来较为忽视的文学史论争进行了较为全面的分析与评述，在对果戈理、赫尔岑、屠格涅夫、杜勃罗留波夫、陀思妥耶夫斯基、契科夫、高尔基、日丹诺夫、列昂诺夫、爱伦堡等作家和批评家的历史叙述中，提出了一些创新观念，并率先向中国读者介绍了柯尔卓夫、费特、迈科夫、丘特切夫、阿赫玛托娃、"悄派"和"吼派"等诗人和诗歌论争等文学史现象，开启了研究俄苏文学的新视角。《俄苏文学史话》一书中关于普希金、屠格涅夫、瓦西里耶夫和大部分诗歌方面的内容，都是由朱宪生撰写的。

《俄苏文学史话》的内容相当丰富，19—20世纪俄苏代表作家和代表作品基本上都包含在内。众所周知，俄罗斯文学真正进入中国读者视野是"五四"后的新文化运动，当时的中国革命知识分子受俄罗斯革命的影响，开始研究俄国，也研究俄国文学。很多知名作家，比如鲁迅、郭沫若、巴金都高度评价俄罗斯文学，并亲自参与俄罗斯文学的翻译工作。此后，虽然受中苏关系在60年代交恶，以及随后的"文化大革命"影响，苏俄文学作家在中国被批判，作品被禁止出版，但"文化大革命"结束，又掀起一轮翻译、阅读俄罗斯文学的热潮。从20世纪80年代末开始，中国对俄罗斯文学的评价逐渐发生变化，很多过去禁止发表的作品开始在我国出版。《俄苏文学史话》一书此时出版，为当时众多俄苏文学爱好者了解俄苏文学，进而深刻领悟俄苏文学提供了重要帮助。

后来，朱宪生的两部学术专著相继出版。一部是《论屠格涅夫》（1991年），另一部是《俄罗斯抒情诗史》（1993年）。朱宪生的《论屠格涅夫》是中国学者撰写的第一部关于屠格涅夫的专著，在学术界产生了不小的影响。当年，华中师范大学校长王庆生教授在《人民日报》（海外版）上曾撰文高度评价这部著作。三年后，朱宪生的屠格涅夫研究和翻译结出了丰硕的成果——《屠格涅夫全集》（1994年）相继问世。1993年，朱宪生带着从苏联购买的28卷本《屠格涅夫作品书信全集》来到广西南宁，一件在国内屠格涅夫研究领域的重要事情等待他去完成。在南宁火车站，出版家刘硕良先生早就在等候着他。刘先生接送朱宪生到他家对面的一家宾馆。朱宪生在这间房间里夜以继日地工作了近一个月的时间。他给全集撰写总序,为散文卷、诗歌卷、戏剧卷、长篇小说卷、中短篇小说卷和书信卷撰写分序,这些体现出中国研究水平的学术性序言加起来共有十几万字。他为每一篇作品添加注释,说明作品问世的时代背景和创作动机。他还从当年从苏联带回的几百幅精美的插图遴选合适的图片,并为这些图片在译本中找到合适的位置,从而为这套全集提供了十分难得的插图。工作中,朱宪生仿佛不知道疲倦,甚至还十分享受这种疲倦。

朱宪生在莫斯科师范学院和高尔基世界文学研究所访学期间,攻研屠格涅夫和俄罗斯诗歌,亲身感受了俄罗斯人民对诗歌和诗人的热爱,并由此产生了写一部俄罗斯诗史的想法。1991 年,在北京大学举行的苏联诗歌讨论会上,著名出版家、文学翻译家孙绳武在得知朱宪生有意写一部俄罗斯诗史的打算时,给予了热情的鼓励,并对朱宪生提出的"历史地展示和诗意地描述结合"之目标大加赞赏。文学翻译家魏荒弩也在给朱宪生的来信和发表的文章中,多次对朱宪生的俄罗斯诗史研究工作予以鼓励。前辈们的肯定对朱宪生既是支持也是鞭策,他开始系统地研究俄罗斯诗人及其作品,并将俄罗斯抒情诗作为研究的第一步。

在朱宪生看来,俄罗斯诗歌中有些诗人及其创作在当年诗坛上有相当的影响,然而由于种种复杂的原因,在一个相当长的时期中,他们及其作品在文学史或诗歌史中"消失",或受到不公正的评价,这是不符合历史唯物主义精神的。朱宪生试图将这些一度"消失"的诗人及其创作,放在诗歌史这一完整"链条"上作客观的展示,因此他在俄罗斯诗歌史的分期、对一些诗歌流派的评价及一些理论问题,提出了一些创造性的观点。在著书的过程中,朱宪生时常感到"吃力",这是因为在他看来,诗是不能解释的,一经解释便没有了诗。为弥补这一缺憾,他尽可能地将一些精美之作全文引用,而一些未曾介绍过的精品,也试着译出来,供读者欣赏、体味其中的诗意(如将丘特切夫著名的"杰尼西耶娃组诗"22 首译出,首次完整地介绍给中国读者)。

通过多年潜心研究,朱宪生的专著《俄罗斯抒情诗史》于 1993 年出版。朱宪生时常感叹说,《俄罗斯抒情诗史》的写作,"这是我一生中最幸福也最痛苦的时光",幸福是因为每天都在与其所崇拜的俄罗斯诗人"神交",或感受大师们笔下的诗情画意、五彩缤纷的自然世界,或体会他们充满幸福与渴望、痛苦与忧伤的感情世界;痛苦则是因为诗歌的描述也应该是诗意的,但

27

用"干涩的语言去解释诗,用抽象的概念去图解诗",都是对诗意的一种破坏。

朱宪生的《俄罗斯抒情诗史》是国内出版的第二部俄罗斯诗歌发展史著作,该书在写作体例上可谓独具一格。首先,朱宪生以"太阳星星月亮的对话,青铜黄金白银的交辉"一节作为《绪论》,既十分形象地将俄罗斯抒情诗人比喻成"太阳""星星"与"月亮",给予俄罗斯诗人以高度赞美。同时,"青铜""黄金"与"白银"又十分形象地展示了俄罗斯抒情诗的三个发展阶段。在"青铜时期"部分,作者详细介绍了俄国浪漫主义诗人茹科夫斯基的生平与创作。在"黄金时期"部分,作者陆续介绍了普希金及普希金时代的抒情诗人——莱蒙托夫、柯尔卓夫、屠格涅夫、丘特切夫、费特、涅克拉索夫等一系列黄金时代的著名抒情诗人。在"白银时代"部分,作者介绍了俄罗斯现代主义系列诗歌诗人,并以"俄罗斯诗歌尾声的二重奏"为题专门介绍了勃洛克和阿赫玛托娃的抒情诗。朱宪生的《俄罗斯抒情诗史》对俄罗斯抒情诗歌的发展提出一些真知灼见,例如,他将《伊戈尔远征记》"出土"前的漫长历史时期称作俄罗斯诗歌的"青铜时期"。又如,他在总结俄罗斯诗歌的特征时指出,"俄罗斯诗歌在其开始繁荣时受到现实主义洪流的冲击,这种冲击赋予俄罗斯诗歌以新的形式和活力,使它渗透着真实性和现实精神"。《俄罗斯抒情诗史》得到了业界的高度肯定,陈众议在其《当代中国外国文学研究:1949—2019》中评价其"是一部风貌独具的文体史"。[1]

黄浦江畔　深耕俄罗斯文学遗产

1995 年,朱宪生调入上海师范大学,成为国家重点学科——比较文学与世界文学学科俄罗斯文学方向的带头人。在上海师范大学人文与传播学院工作期间,他为本科生、硕士研究生、博士研究生开设了《俄罗斯文学史》《俄罗斯诗歌史》《屠格涅夫研究》《欧美文学》等课程。朱宪生严肃对待教学,教学方式灵活,课堂讲授幽默风趣,他的课程深受学生喜欢。许多学生听了朱宪生的课后,最大的感受是"朱老师尽管是知名教授,但为人随和,没有架子",而"朱老师的讲课风趣幽默,深入浅出,学识渊博"。

---

[1]　陈众议:《当代中国外国文学研究:1949—2019》,中国社会科学出版社 2020 年版,第 89 页。

在上海师范大学工作期间，朱宪生开始招收俄罗斯文学研究方向的硕士、博士研究生。在研究生的培养上，朱宪生也有自己独到的见解，"言传不如身教"是其一直秉持的教学理念。对硕士或者博士生，朱宪生认为导师既要给学生正确的世界观、价值观和人生观影响，同时也要对他们进行严格的学术训练。他鼓励学生参与自己的科研课题和翻译工作，经常带领学生参加各类学术会议，并定期组织学生进行读书汇报，他自己也会在这些活动中分享自己的最新研究成果。朱宪生还鼓励学生及时总结成果，积极撰写学术论文，许多学生在他的鼓励下，从开始的畏惧写作，害怕投稿，逐渐成长，经他指导的许多研究生、博士生在校期间就在《外国文学研究》《俄罗斯文艺》等学术期刊发表了高水平的学术论文，部分学生在读期间就出版学术专著和译著。他们在朱宪生的指导和督促下，在学术研究方面毫不懈怠，一丝不苟，很多研究生毕业之后在国内多所大学任教。一些学生成长迅速，很快评上了教授职称，担任了博导、硕导，不少学生成为所在学校的学术带头人或业务骨干。

朱宪生（中间）与研究生在一起

尽管教学工作繁忙，但朱宪生并未停止俄罗斯文学翻译与研究工作。朱宪生一生与屠格涅夫结缘，对屠格涅夫的兴趣及研究从读书时代就已开始。1998 年，朱宪生出版专著《天鹅的歌唱——论俄罗斯作家》，这是一本论文集，收集了他十余年来发表的论文和出版的著作中的部分篇章。从学术角度讲，这些文章大都属于当时"少有研究"的范畴，如对俄罗斯浪漫主义的研究，对丘特切夫和费特等诗人的研究，对一些我国读者十分熟悉的俄罗斯诗人和作家如普希金、屠格涅夫的探索，也都有新的视角。

《天鹅的歌唱——论俄罗斯作家》中最引人注目的是"天鹅的歌唱——屠格涅夫的《散文诗》散论"一文，朱宪生认为，屠格涅夫创作《散文诗》时，散文诗这一形式在俄国还未流行，或者说作为一种体裁，它还未完全成熟和定型。从这个意义上说，屠格涅夫算得上是俄国散文诗这一体裁的先驱之一。在朱宪生看来，屠格涅夫写作《散文诗》时，"西欧（特别是他长期居住的法国）象征主义诗歌方兴未艾，大有席卷整个欧洲之势。这一潮流在世纪末也波及俄国。从文学自身的发展规律看，诗歌以新的形态的'复兴'是对散文一统天下的一种反拨，在某种意义上说也是浪漫主义的一种回潮，或者说是一种回归"。[1]屠格涅夫的创作后期，大部分时间是在国外度过，他处于欧洲文化的氛围之中，自然也不可能不受到它的感染和影响。

另一方面，"屠格涅夫采用散文诗的形式来创作，也与他当时的创作状况及其他方面的条件有不可忽视的关系"。[2]暮年的屠格涅夫远离祖国，客居他乡，回首往事，"唯有一件心事有时会令他多少有些'惆怅'，那就是缪斯虽然爱他，却始终未真正地领他进入她的殿堂"。"疾病、孤独，对人生和生命的感慨，对往事的追忆，对祖国、故乡、亲人和朋友的思念无时不在缠绕着他"，[3]于是，他为自己记录下这一切感受与思索，这就是我们今天所看到的屠格涅夫奉献给俄国文学与世界文学的最后一份珍贵礼物——由 83 篇散文诗组成的《散文诗》，"这是他生命和艺术的绝唱"。[4]

1999 年，朱宪生出版了专著《在诗与散文之间——屠格涅夫的创作与文体》。屠格涅夫作为影响了我国好几代作家的文坛巨匠，其作品在我国广为

---

① 朱宪生：《天鹅的歌唱——论俄罗斯作家》，陕西人民教育出版社 1998 年版，第 57 页。
②③ 朱宪生：《天鹅的歌唱——论俄罗斯作家》，陕西人民教育出版社 1998 年版，第 58 页。
④ 朱宪生：《天鹅的歌唱——论俄罗斯作家》，陕西人民教育出版社 1998 年版，第 59 页。

传播。1843 年，极富诗人气质且年仅 25 岁的屠格涅夫发表了长诗《帕拉莎》，评论家对《帕拉莎》的肯定与赞扬极大地鼓舞了初出茅庐的屠格涅夫，但其随后的几部长诗和一些抒情诗并没有在文坛上引起多大反响。正当屠格涅夫准备放弃诗人的美梦、放弃文学的幻想的时候，他在散文领域的一篇"无意"之作《霍尔与卡里内奇》却出乎意料地获得了巨大成功，并由此开启了他文学生涯的新篇章。朱宪生敏锐地捕捉到了这一重大转变，认为"这是生活向文学提出的新的要求的必然，也是新的文学潮流即现实主义潮流对俄罗斯文学冲击的结果"，[①]并由此萌生了创作一部关于屠格涅夫的创作由诗转向散文的研究专著的想法。

在《在诗与散文之间——屠格涅夫的创作与文体》中，朱宪生试图从屠格涅夫的创作出发，研究其作品文体，重心是屠格涅夫创作的体裁和风格问题：屠格涅夫所选择的艺术形式的演变和发展轨迹及其内在原因；屠格涅夫所运用各类艺术形式的特点；屠格涅夫艺术风格的主要特征；屠格涅夫所创作的艺术形式对俄罗斯文学的意义和对世界文学的贡献。

《在诗与散文之间——屠格涅夫的创作与文体》作为我国第一部在俄罗斯作家文体研究领域的研究著作，不仅在国内学界引起剧烈反响，也得到了俄罗斯学界的极大认同。俄罗斯的屠格涅夫研究家、莫斯科大学普斯特沃依特教授不仅在朱宪生著书期间不远万里寄来有关资料，还多次在一些学术会议上谈到朱宪生的著作，并兴致勃勃地为此书作序，称该书是"中国第一部就屠格涅夫创作的艺术形式、体裁和文体风格进行全新研究的著作"，"对屠格涅夫的中短篇小说、散文诗这一类体裁有着全新的见解"，并"试图通过对审美形式问题的解决来确定屠格涅夫在俄罗斯、在中国及在全世界的地位"。[②]

继屠格涅夫创作文体的专门研究之后，朱宪生进一步萌生了对俄罗斯文学文体进行研究的想法。2006 年，中国举办"俄罗斯年"，也是在这一年，朱宪生出版了他的专著《走近紫罗兰：俄罗斯文学文体研究》。

在大约一个多世纪的时间里，俄罗斯奉献给欧洲文学和世界文学的大师和名著不胜枚举，俄罗斯文学掀起的"文学风暴"震惊了世界文坛。朱宪

---

① 朱宪生：《天鹅的歌唱——论俄罗斯作家》，陕西人民教育出版社 1998 年版，第 105 页。
② 朱宪生：《在诗与散文之间——屠格涅夫的创作与文体》，陕西人民教育出版社 1999 年版，第 1 页。

生认为，"苏联人对他们祖国文学的研究自有他们的体系，其中不乏科学的东西，应该尊重。后来，由于众所周知的原因，他们的观念与方法发生了翻天覆地的变化"，而"早先，我们几乎是照搬苏联人的观念与方法"，"作为有着深厚文化传统的国度，中国学者在任何时候对待任何民族的文学都应该有自己的思想立场和审美角度"。①可以这样说，朱宪生从中国学术话语构建的高度，对我国的外国文学研究提出了适应时代要求的见解。

基于上述观念，朱宪生研读了大量俄罗斯文学作品，普希金的"诗体长篇小说"《叶普盖尼·奥涅金》、果戈理的"小型史诗型小说"《死魂灵》、莱蒙托夫的"开放型心理小说"《当代英雄》、屠格涅夫的"感觉主义小说"《初恋》和"随笔体"《猎人笔记》、列夫·托尔斯泰"百科全书式的叙事风格与独特的史诗文体小说"《战争与和平》等等，以及茹科夫斯基、丘特切夫、费特等诗人诗歌作品。经过近十年的潜心研究，完成了著作《走近紫罗兰：俄罗斯文学文体研究》撰写工作。这部著作分"小说研究"与"诗歌、散文研究"两部分，分析了俄罗斯长篇小说的艺术特点、文体演变与发展历程，并从"美学宣言"的角度创造性地解答了学术界关心的俄罗斯诗人写什么和怎么写的热点问题。专著中表现的中国学者对俄罗斯文学的独立的态度与见解，体现出朱宪生的创新意识和学术追求。

想象与浪漫　俄罗斯文学经典的"再创造"

由于热爱翻译，痴迷于屠格涅夫，朱宪生从研究生时期就开始翻译屠格涅夫的作品。1994年，朱宪生作为学术主持人和主要译者，河北教育出版社编辑出版了我国第一部《屠格涅夫全集》。有评论说这是"实现了鲁迅先生的遗愿"，因为鲁迅先生当年说过这样的话："屠格涅夫译得最多，可惜没有全集。"此全集将屠格涅夫的全部作品搜罗齐全，一次推出，除长、中、短篇小说外，还收录其剧作、诗、散文诗、文论、文学回忆录和书信，体现了我国屠格涅夫研究的最新成就。朱宪生与中国翻译工作者协会会长、俄罗斯文学研究会会长叶水夫先生，著名屠格涅夫专家陈燊先生，一起为全集写总序，全面评介了屠格涅夫的思想及艺术。

---

① 朱宪生：《走近紫罗兰：俄罗斯文学文体研究》，上海文艺出版社2006年版，第1—2页。

该全集获得第二届中国国家图书奖提名奖,全集共12卷,以1953年至1958年苏联国立"文学出版社"出版的12卷本《屠格涅夫文集》为主要底本进行翻译,朱宪生主要参与的翻译工作是全集第十卷:《抒情诗、长诗、散文诗》。

　　一位合格的翻译家,应该具备出色的外语理解能力和出色的汉语表达能力,董桥说翻译家不仅要有"铁屁股",还要充满深厚的想象和婉约的浪漫。想象,为的是让译者摆脱辞书的枷锁;浪漫,为的是让读者进入原著的诗情画意中去,这一要求在诗歌的翻译中尤为突出。屠格涅夫作品翻译过程中的艰苦自不待言,常常为了一个字如何译而精益求精,但朱宪生却乐在其中。不过,上天不负有心人,《屠格涅夫全集》得到了业界的充分肯定和读者的高度认同。

　　此后20年,朱宪生一直致力于他所热爱的翻译工作,陆续翻译出版了《罪与罚》《套中人》《契诃夫短篇小说精选》《世界短篇小说四巨匠作品》《战争与和平》等一系列俄罗斯名家名作。在朱宪生众多的译著中,车尔尼雪夫斯基的《幽会中的俄罗斯人——屠格涅夫的中篇小说〈阿霞〉读后思考》,以及茨维塔耶娃的《忆巴尔蒙特——纪念他从事文学活动五十周年》系国内首译。

朱宪生在学术讲座

朱宪生看来,译诗有三种类型——诗人译诗、译家译诗、学者译诗。诚然,作为学者,朱宪生翻译的《丘特切夫诗全集》无疑属于第三类,它是为研究服务的,具有较高的学术价值。但是从某种角度讲,作为具有诗人气质的翻译家,朱宪生的这部译作当然也属于第一、二类。许渊冲在他的《谈唐诗的英译》一文中指出,翻译唐诗要尽可能传达原诗的"意美""音美"和"形美";但在他看来,"三美"之中,最重要的是"意美",其次是"音美",再次是"形美"。朱宪生对此观点十分赞同。他常说:"诗最重要的是'言外之意','弦外之音',或者说'诗意'。"译诗的魅力,不仅源于诗人本身的特质,而且也在于译者的再创造。而今天,当我们捧起《丘特切夫诗全集》,无疑能处处感受到译者的这种"再创造"。2020 年,《丘特切夫诗全集》再版,上海举行了一场别开生面的"丘特切夫诗歌朗读会",当人们竞相争诵丘特切夫的时候,朱宪生仿佛看到了瞿秋白的微笑。朱宪生感慨说:"作为译者,首次把《丘特切夫诗全集》呈现在中国读者面前,从某种意义上实现了瞿秋白先生的心愿。"

朱宪生在一次纪念屠格涅夫诞辰两百周年的学术讲座中曾经指出,是"时代的引力与个性的张力"成就了屠格涅夫这位俄罗斯最为杰出的现实主义作家,屠格涅夫在小说、戏剧及诗歌领域的成就令他成为"人类之树上一片特殊的叶子",而他的影响则是超越时代,超越民族,超越国别的。同样,朱宪生作为我国知名俄罗斯文学研究者和翻译家,他在俄罗斯文学研究领域的学术建树、丰硕的翻译成果、严谨的治学态度、丰富的育人成果,激励了一代又一代俄罗斯文学研究者,使得朱宪生当之无愧地成为"俄罗斯文学研究之树上一片特殊的叶子",他所从事的工作,必将对中国的俄罗斯文学研究与翻译产生重要而深远的影响。

（高荣国　撰文）

附一：朱宪生简历年表

1947 年 2 月 13 日	出生于江西九江一个书香之家。
1954 年 9 月	入南昌市干家前巷小学读书。

1959 年 9 月	入南昌一中读书。
1962 年 9 月	入南昌二中读书。
1965 年 9 月	入南昌市北郊林场工作。
1968 年 9 月	转入江西畜牧良种场工作,先后担任会计、管理员、中学老师和校长。
1979 年 9 月	考入武汉华中师范学院中文系外国文学研究生班。
1982 年	通过硕士论文(《论屠格涅夫的现实主义特征》)答辩,获文学硕士学位并留校任教。不久后,相继担任教研室主任和《外国文学研究》杂志副主编。
1985 年	通过国家出国人员的外语考试,同年赴上海外语学院培训。
1986 年 9 月	赴苏联留学,先后在莫斯科师范学院和高尔基世界文学研究所攻研屠格涅夫和俄罗斯诗歌。
1987 年 10 月	回国。
1988 年 9 月	晋升副教授。
1991 年	出版专著《论屠格涅夫》,该专著系我国第一部研究屠格涅夫的著作。
1993 年	晋升教授,同年出版专著《俄罗斯抒情诗史》。
1994 年	主持翻译出版《屠格涅夫全集》,获第二届国家图书奖提名奖。
1995 年	入上海师范大学文学研究所工作。
1996 年	获国家社科基金项目《屠格涅夫的文体研究》。
1998 年	翻译出版《丘特切夫诗全集》。
1999 年	《屠格涅夫的创作与文体》出版,国家社科基金项目《屠格涅夫的文体研究》结项。
2001 年	上海师范大学比较文学与世界文学成为国家重点学科,同年博士点获批,被聘为博士生导师。
2002 年	开始招收博士生。
2005 年	上海翻译家协会授予"翻译成就奖"。
2008 年	中国译协授予"中国资深翻译家"称号。

| 2016 年 | 因《丘特切夫诗全集》等作品的翻译被莫斯科作家协会授予"友谊奖"。 |
| 2020 年 | 新版《丘特切夫诗全集》在上海出版，组织并出席上海诗歌书屋"丘特切夫诗歌朗诵会"。 |

附二： 朱宪生主要论著、译著目录

（一）专著

《俄苏文学史话》（合作），湖北教育出版社 1987 年版。

《论屠格涅夫》，新世纪出版社 1991 年版。

《20 世纪世界文学史》（主编），华中师范大学出版社 1993 年版。

《俄罗斯抒情诗史》，陕西人民教育出版社 1993 年版。

《天鹅的歌唱——论俄罗斯作家》，陕西人民教育出版社 1998 年版。

《普希金》，辽海出版社 1998 年版。

《在诗与散文之间——屠格涅夫的创作与文体》，陕西人民教育出版社 1999 年版。

《外国作家传记丛书 20 种》（主编），海天出版社 2001 年版。

《走近紫罗兰——俄罗斯文学文体研究》，上海文艺出版社 2006 年版。

《理想爱情的歌唱家：屠格涅夫传》，重庆出版社 2007 年版。

《外国文学揽胜》，华中师范大学出版社 2008 年版。

《外国小说鉴赏辞典 2》，上海辞书出版社 2009 年版。

（二）译著

《丘特切夫抒情诗选》（合作），漓江出版社 1986 年版。

《屠格涅夫诗歌集》，河北教育出版社 1995 年版。

《屠格涅夫自传》，江苏文艺出版社 1998 年。

《丘特切夫诗全集》，漓江出版社 1998 年版；上海人民出版社 2020 年版。

《屠格涅夫抒情散文》（编选、翻译），上海文艺出版社 1999 年。

《克雷洛夫寓言全集》，华夏出版社 2006 年版。

《罪与罚》(第一译者),华夏出版社 2008 年。

《套中人》(第二译者),长江文艺出版社 2013 年。

《世界短篇小说四巨匠作品》(合作),长江文艺出版社 2014 年版。

《契诃夫短篇小说精选》,中国文联出版社 2014 年版、2015 年版。

《契诃夫短篇小说集》,中国文联出版社 2015 年版。

《契诃夫短篇小说选》,商务印书馆 2016 年版;浙江人民出版社 2019 年版。

《战争与和平》(第一译者),春风文艺出版社 2017 年。

(三)论文

《屠格涅夫笔下的两类女性》,《外国文学研究》1980 年第 4 期。

《屠格涅夫现实主义的两个特点》,《外国文学研究》1983 年第 2 期。

《幽会中的俄罗斯人——屠格涅夫的中篇小说〈阿霞〉读后思考》(合作),《文艺
　　理论研究》1983 年第 2 期。

《略谈丘特切夫的诗》(合作),《文艺理论研究》1983 年第 2 期。

《屠格涅夫和俄国现实主义性格学》(合作),《外国文学研究》1983 年第 4 期。

《论屠格涅夫的现实主义特点》,《南昌大学学报(人文社会科学版)》1984 年第 3 期。

《冷语严词斥群丑　悲歌壮曲颂英雄——读瓦莱斯的〈起义者〉》,《外国文学研
　　究》1984 年第 3 期。

《时代与个性——对屠格涅夫创作的再认识和再思考》,《外国文学研究》1985
　　年第 3 期。

《苏联文学批评方法论问题管窥》,《外国文学研究》1986 年第 4 期。

《苏联学者近年来对文学批评方法的探讨》,《文艺理论研究》1986 年第 6 期。

《自然世界的沉思　爱情王国的绝唱——略论丘特切夫的诗》,《外国文学研究》
　　1989 年第 1 期。

《俄国诗歌特色漫谈》,《苏联文学》1989 年第 4 期。

《天鹅的歌唱——屠格涅夫的〈散文诗〉散论》,《外国文学研究》1990 年第 3 期。

《屠格涅夫的美学思想初探》,《外国文学研究》1991 年第 3 期。

《柯尔卓夫简论》,《外国文学研究》1992 年第 4 期。

《俄罗斯诗歌的抒情序曲——论茹科夫斯基诗的创作》,《外国文学研究》1993
　　年第 2 期。

《屠格涅夫长篇小说的形式问题》,《汕头大学学报》1995 年第 3 期。

《在"阶级"和"人"之间求索》,《国外文学》1997 年第 1 期。

《俄罗斯抒情心理剧的创始者——屠格涅夫戏剧创作简论》,《上海师范大学学报(哲学社会科学版)》1998 年第 1 期。

《俄罗斯诗人如何写作》,《文艺报》1998 年 10 月 5 日。

《在诗与散文之间——论屠格涅夫的小说文体》,《上海师范大学学报(哲学社会科学版)》2001 年第 4 期。

《屠格涅夫的中短篇小说简论》,《外国文学研究》2002 年第 1 期。

《从古典到现代——纪念丘特切夫诞辰 200 周年》,《上海师范大学学报(哲学社会科学版)》2003 年第 5 期。

《译诗断想》,《文汇读书周报》2003 年 2 月 8 日。

《古典的"现代诗人"——纪念丘特切夫诞辰 200 周年》,《俄罗斯文艺》2004 年第 1 期。

《俄罗斯小说文体的演变与发展——19 世纪三四十年代俄罗斯长篇小说》,《上海师范大学学报(哲学社会科学版)》2004 年第 4 期。

《俄罗斯第一位诗人艺术家——普希金的抒情诗艺术》,《临沂师范学院学报》2004 年第 5 期。

《透视俄罗斯诗人的"美学宣言"》,《南昌大学学报(人文社会科学版)》2005 年第 4 期。

《诗情在散文中凝结——论屠格涅夫〈散文诗〉的文体特征》,《湖南师范大学社会科学学报》2005 年第 4 期。

《〈战争与和平〉的百科全书式叙事风格新论》(合作),《上海师范大学学报(哲学社会科学版)》2006 年第 1 期。

《欧洲文学中的俄罗斯文学》,《学习与探索》2006 年第 4 期。

《欧洲文学中的俄罗斯文学》,《俄罗斯文化评论》2006 年第 6 期。

《俄罗斯艺术散文的珍珠——从〈火光〉谈起》,《名作欣赏》2007 年第 21 期。

《失语与尴尬——对俄罗斯文学史研究如何走出困境的思考》,《湖北大学学报(哲学社会科学版)》2010 年第 1 期。

《史诗型家庭小说的巅峰——论〈战争与和平〉的文体特征》,《俄罗斯文艺》2010 年第 3 期。

《爱如潮水——论屠格涅夫的"大型中篇"〈春潮〉》,《外国文学研究》2012 年第 2 期。

《三十年造一车——评〈俄罗斯诗歌通史〉》,《中华读书报》2022 年 5 月 4 日。

以不息为体　以日新为道
——中国古典文学专家李时人传

　　李时人（1949—2018），辽宁锦州人。中国共产党党员。二级教授、博士生导师。国家社科基金重大项目"明代作家分省人物志"首席专家。1968年高中毕业后，当过插队知青和工厂工人，坚持自学十余年，1980年11月被破例录聘为徐州师范学院（今江苏师范大学）中文系中国古代文学专业教师。1986年破格晋升副教授。1989年10月调入上海师范大学，历任文学研究所副所长、所长和中文系副主任等职。1991年12月加入中国共产党。1992年10月破格晋升教授。2016年3月光荣退休。长期从事中国古典文学研究和教学，在中国古代小说和明代文学领域建树尤著。先后出版著作二十余种，发表学术论文近百篇。独立编校《全唐五代小说》（全八册）系今人编撰的第一部断代小说总集，被誉为与《全唐诗》《全唐文》鼎足的唐代艺文总集。编著的《中国文学家大辞典·明代卷》属中华书局组织实施的重大文化建设工程之一，是有关中国文学家传记与著述的集大成之作。论文《出入乾嘉：李汝珍及其〈镜花缘〉创作》《新罗崔致远生平著述及其汉文小说〈双女坟记〉的创作流传》分别荣获上海哲学社会科学优秀成果二等奖（1998年）、三等奖（2002年）。曾获江苏省总工会"自学成才"一等奖、中华全国总工会"自学成才奖"等。

生逢坎坷　自学成才

李时人

　　1949年3月6日，李时人出生于辽宁省锦县。父亲毕业于上海财政经济学院（今上海财经大学），这为他的成长提供了良好的家庭环境。父亲因工作原因，常常多地调动，孩童时代的李时人一直跟随父亲在北京、南京等地颠沛，直到1957年江苏化肥厂成立，父亲带着一家人迁居连云港，才开始过上稳定的生活。李时人自幼聪慧颖悟、酷爱读书，先后就读于连云港中大街小学、海州中学初中部，1965 年以全县第一名的成绩考入海州中学高中部。入学不久，他就经常到学校图书室里读书，一待就是半天，"近乎狂热地找各种'课外书'来读，从来不考虑这些书与功课有没有关系"①。正当他徜徉于知识的海洋的时候，"文化大革命"爆发，使他失去了进一步深造的机会，被迫去工厂当了工人，先后在运输队、工程队、玻璃厂等做工长达十余年。在一次开山采石中，不幸被爆炸的石料砸中，昏迷两三天后才被救醒，从此脸上留下了一道深深的伤痕。但也因为这样的经历，使他练就了壮实的体格，养成了刚毅不屈的品格，还因此学会了一些工匠手艺，后来家里房子的装修都是自己设计甚至亲自动手。

然而，就是在那样一个动荡和艰辛的年代，李时人仍心向光明，始终坚持着对书本、对知识、对真理的追求。每每做工之余，仍然四处搜书借书来读，当时流行的《红岩》《铁道游击队》《烈火金钢》等自不必说，《资本论》《家庭、私有制和国家的起源》《德意志意识形态》等马列著作也读，国内现当代作家鲁迅、茅盾、巴金的小说几乎读遍，国外的如法、英、德、意，尤其是苏联的小说能看到的也都阅读，实在没有书读了，就连《赤脚医生手册》也读，简直就是一个"书痴"！可以说，在那样一个动荡不安的岁月里，书籍就是他唯一的心灵慰藉。正因为这种坚持，当度过这段艰难岁月之后，他便有机会走上大学的讲台，而这种"无书不读""无时不读"的积累也为他后来的学术研究做足了储备。在众多的书籍当中，他对中国古代小说尤为痴迷，《三国演义》《水浒传》《西游记》等都反复读过不止一遍，这就成为他后来的学术起点和主攻领域之一。

1978 年 1 月，国家发布向社会公开统一招收研究生的政策，没有大学本科学历的人也可以报名参考，犹如春风化雨、突降甘霖，李时人当即毫不犹豫地报考了徐州师范学院中国古代文学专业。在长期积累和辛苦备战之下，他取得了专业课排名第一名的好成绩，但在政审阶段，因家庭出身问题未被录取。第二年，再次参加研究生招考，专业课仍然名列第一，可惜因英语分数不达标而终究未能如愿。所以，在李时人的履历中，学历一栏一直填写的是"高中"，以致以后在晋升职称、工作调动时教育主管部门都以为是搞错了而屡屡进行核实。面对命运之神的一次又一次错过，他也陷入了迷茫

---

① 李时人：《我的四年中学》，《中文自修》2001 年第 10 期，第 31 页。

和彷徨。此时,与他心意相通的恋人汪华女士毅然选择了信任他、支持他,简单准备之后就与他结婚了。成婚的第二天即是春节,仿佛预示着李时人的人生道路即将迎来新的春天。因在研究生考试中展露出过人的学识和才华,1980年11月徐州师范学院直接将李时人录聘为中文系教师,他由一名报名参加招考的考生成了学校的正式教师。

20世纪80年代,李时人在徐州师范学院家中书房

此时,父亲为他取了一个笔名"方悟",意即刚刚醒悟,对他以后的人生道路寄予厚望。事实上,李时人的学术之路也的确自此开启,好比飞龙入海、鲲鹏展翅,自由地展示着他的才华。从1981年发表《也谈〈狂人日记〉中的狂人形象》开始至辞世的前两年,几乎每一年都有文章或论著问世,仅1985年一年就在《中国社会科学》《光明日报》《文学遗产》等报刊上发表了十余篇文章。因其励志的人生经历、突出的专业能力和丰硕的研究成果,他先后被授予徐州师院先进工作者、徐州市全员劳动竞赛二等奖、江苏省总工会"自学成才"一等奖、中华全国总工会"自学成才奖"等荣誉称号,受到国家领导人的亲自接见,《人民日报》《中国青年报》《工人日报》以头版头条进行报道,中央电视台通过新闻联播向全国播放,多家地方媒体报纸也相继刊载他的事迹,使他成为家喻户晓的"明星"。1989年10月,上海师范大学将李

41

时人作为人才引进到文学研究所，在这里他有了更高更好的科研平台，学术研究日益精进，1991 年出版了他的第一部学术专著《西游记考论》。在接下来不到十年的时间里出版了 15 部不同类型的著作，其用功之勤可见，也因此奠定了他在学术上的地位。

学术之外，李时人最爱体育活动。在海州中学读书时，他就是学校的体育"特长生"，尤其篮球和乒乓球更是擅长。在徐州师院工作时，他经常参加教职工篮球比赛，因为三分球投得准，素有"三分教授"之称，多年后他还经常在学生们面前笑呵呵地"炫耀"此事。婚后多年得子，珍爱有加，起名李根，四五岁以后，他就亲自教儿子打乒乓球，后来李根在各种乒乓球比赛中多次获奖，还因此有过让李根将来从事体育的想法。

1984 年，李时人一家合影

治学广泛　硕果累累

李时人从事学术研究近四十年，著作等身，成就斐然，其卓然可表者，如

《中国禁毁小说大全》《明清小说鉴赏辞典》《全唐五代小说》《崔致远全集》《中国文学家大辞典·明代卷》，以及正在出版中的遗著《中国古代小说在东亚的传播与影响》《明代作家分省人物志》等。纵观这些成果，李时人的治学可谓"既宽广又突出"。"宽广"体现在诸多方面，如在范围上从先秦、魏晋到唐宋、明清，在文体上从小说、戏曲到诗词，在内容上从名家名著、文学史到文艺理论，在方式上从辑录、评选、校注到专论、通论，无不有所涉猎，惟是多寡深浅不同而已。"突出"则体现在对中国古代小说和明代文学的研究作出了杰出贡献，一些代表性的成果都出现在这两个领域。

李时人部分学术著作

就小说领域而言，李时人的研究内容包括文本、文献、理论、方法以及传播与影响等各个层面。在文本方面，除《西游记》《金瓶梅》以外，他对其他古典小说如《三国演义》《水浒传》《说岳全传》《红楼梦》《聊斋志异》《镜花缘》等，都给予了不同程度的关注。有的考索故事原型，如《〈西游记〉闹天宫故事形成考辨》《日本学者关于孙悟空形象来源的探索》；有的探讨作者身份，如《贾三近作〈金瓶梅〉说不能成立——兼论考证的态度与方法》《李汝珍"河南县丞之任"初考》；有的又是辨析文献版本，如《〈四游记〉版本考》《〈谈金瓶梅初刻本〉补正》，等等。其中，有关《金瓶梅》的研究，曾被评论认为是

"代表了目前《金瓶梅》研究的新水准与新成果"①，相关研究成果亦被收入"金学丛书"。

在小说文献的整理和编订方面，他对短篇小说、禁毁小说、唐人小说以及域外汉文小说等都做了大量工作，为相关研究者提供了极大便利。从1987年开始，他着手编订《全唐五代小说》，至1998年正式出版。该书曾被列入国务院"八五"古籍整理重点出版计划，共收唐五代小说2114篇，逾400万字，全部由他独立编撰完成，编订工作的艰巨性可想而知。作为今人编撰的第一部断代小说总集，《全唐五代小说》自面世以后就被誉为"文化积累工程"，成为学界研究中国古代小说，尤其是唐五代小说经常参引的重要依据，何满子则将此书定位为"唐代艺文总集的三鼎足"，高度评价说"他孜孜矻矻，辛苦经营十年，终于完成了这件与《全唐诗》《全唐文》鼎立的文化基础工程"②。

李时人对整个中国古代小说乃至"小说"文体都有着自己的思考和定见。比如"小说在某种意义上可视为用美学方法写成的历史——风俗史、心灵史"，"不仅是文化的产物，也是文化的载体和组成部分"；小说"是一个国家或民族叙事艺术达到一定高度的产物"，而散文体小说则是"叙事文学的最高形式和人类成年的艺术"；中国古代小说基本上可以分为"文言"和"白话"两大系统，这两大系统"实际上是同源异流，从而构成了中国古代小说发生、发展的总体格局和历史景观"；中国古代小说是在中国古代发生的一种文化和文学事象，"具有鲜明的民族文化特征"，所以"我们的古代小说研究理应提出契合自身文化属性和文化特征的理论、方法"，等等③。这些观点是他在长期的中国古代小说研究中产生的认识，也是他研究中国古代小说各种问题的理论基点。尤其在小说的观念上，他在长期研究心得基础上做了深入的理论思考，认为从《汉书·艺文志》到《四库全书》，正统的小说观在本质上都是非文学、非艺术的，从未强调过"小说"的叙事性和文学性，这种现象"严重阻碍了中国古代小说观念的进步，带来了种种理论上的混乱"④。因

---

① 魏崇新：《〈金瓶梅〉研究的新水平与新成果——评李时人〈金瓶梅新论〉》，《天津社会科学》1992年第3期，第72页。

② 何满子：《十年辛苦不寻常——谈〈全唐五代小说〉这一文化工程》，《出版广角》1999年第2期，第62页。

③ 李时人：《中国古代小说与文化论集·弁言》，中华书局2013年版，第1—2页。

④ 李时人：《小说观念与〈全唐五代小说〉的编纂》，《文学评论》1999年第3期，第142页、145页。

此,他与前辈何满子多次交流探讨,最终提出了符合现代美学的判定小说与非小说的"十条"标准,在学界引起了高度关注。

除了国内的古典小说,李时人对域外的汉文小说也颇为关注。他先后发表了数十篇相关研究论文,范围覆盖朝鲜半岛、日本和越南,还曾为韩国庆熙大学闵宽东教授的《中国古典小说在韩国之传播》撰写序言,与翁敏华先生、严明先生合作出版《东亚汉字文化圈古代文学论集》,在《弁言》中大力倡导对"东亚汉字文化圈"古代文学的研究理应成为"东亚汉字文化圈"研究不可或缺的内容,由对域外汉文小说的研究提升为对域外汉文学的重视。2009 年,他在香港大学作有关域外汉文小说的学术报告,对朝鲜半岛、日本、越南等"东亚汉字文化圈"内各国古代小说的渊源和发展作了全景式的描述,认为上述诸国古代小说的起源、发展乃至于繁荣都深受中国小说的影响,"是古代东方文学曾经高度发达的见证"①。为此,他又与聂付生、杨彬、刘廷乾、汪俊文等弟子合作,用时十七八年精心撰写了《中国古代小说在东亚的传播与影响研究》,全书分为三卷,分别对中国古代小说在朝鲜半岛、日本和越南的传播时间、传播途径、传播范围,特别是对各国小说产生、发展所产生的巨大影响进行了详尽论述,力图展现出中国古代小说在东亚各国传播与影响的立体式图景。

李时人还非常重视小说辞书的编纂工作。早在 20 世纪 90 年代,他就与何满子汇集明清两代白话长篇小说和包括文言、白话在内的中、短篇小说的鉴赏文章,合作主编了《明清小说鉴赏辞典》,其中列入的小说篇目基本包举了社会上有影响的、群众能见到的全部品种。后与张兵、刘廷乾合作编写了《〈西游记〉鉴赏辞典》,遴选 76 个重要情节和 31 个主要人物分别进行"故事情节鉴赏"和"人物形象鉴赏",该书被列入上海辞书出版社"中国古代小说名著鉴赏系列"之一,其知识性、趣味性、思想性的和谐统一的特点可以适应不同层次读者的阅读需求。这些辞书既为小说研究者提供了便利,也为小说爱好者提供了入门工具。

在明代文学领域,他首先是对一些基本的概念有着自己的理解和界定。如"文学",包括"古人使用各种文体所撰写的种种'有韵之文''无韵之文'"

---

① 李时人:《"东亚汉字文化圈"各国古代小说的渊源发展》,香港大学饶宗颐学术馆 2009 年版,第 1 页。

在内的"结撰文字成篇而着文采者"，都可以被视为"文学"。又如"作家"，凡是从事"文学作品"写作之人，"既包括著作等身、彪炳史册之大文学家，亦包括名不出乡里，甚至仅以写作自得自乐之作者"，都可以被称为作家。而对于"明代作家"之"明代"的界定，除了政治史上通常所说的自太祖朱元璋洪武元年（1368 年）至思宗朱由检崇祯十七年（1644 年）之间的 276 年以外，"对于由元入明和由明入清之跨代作家，则主要遵循年龄与政治态度的双重标准综合考量取舍"。一般来讲，不同的研究者因其研究目标和研究思路不一样，对于同样的学术概念界定和使用也会有所不同，但像李时人这样尽可能地放大概念外延的做法也着实不太多见。他之所以倾向于如此宽泛的概念，并不是随意为之，而是经过深思熟虑：一方面是想借此再现明代文学创作的全貌，从"最高的枝条"到其下面的"枝枝叶叶"都能够给予一定的关注；另一方面则是考虑到现在所谓的"小作家"很可能尚有未被发现的作品，因为"历经四百年历史沧桑，作品存佚多寡亦不同"，为避免遗珠，对于一些仅存一、两首诗歌或一、两篇文章的作者也不轻易地置于研究视域之外。①

在明代文学领域，李时人将其精力主要用在了对明代作家的全面考察和考订上。这方面的代表成果是《中国文学家大辞典·明代卷》。七卷本《中国文学家大辞典》是中华书局组织实施的一项重大文化建设工程，他应邀接受《中国文学家大辞典·明代卷》的编纂任务之后，首先遇到的一个难题就是到底应该选择哪些作家入编大辞典，而要解决这个问题又需要对将近三百年间所有明代的作家作品进行普查。最终，经过十余年的努力，共考索出明代有文学作品传世的作家两万多人，尚存于世的明人诗文总集、选集、别集约五千种。这是对长期以来困扰和阻碍明代文学研究的基本数据问题的有力回答，是继《列朝诗集》《明诗综》以来在明代诗文的研究资料上向前迈出的一大步。在如此近似"海选"的基础上，再从中遴选出三千余人入编《中国文学家大辞典·明代卷》，就显得合理得多和可信得多。

在对明代作家、文集进行广泛搜罗的同时，李时人也对明代文学的特点予以归纳。他曾在各种场合多次提及，认为明代文学有几个比较显著的特点：一是各种文学样式同步发展，"诗歌、散文、小说、戏曲（戏剧文学）同时发展，雅俗交融，并行不悖"，而且"文学人口（作者和读者）大量增加，呈现出一

---

① 李时人：《〈明代作家分省人物志〉编纂细则》，未定稿。

种不同于往古、带有一定'近代气息'的文学景观"。二是各种文学创作与社会文化的联系更为紧密,"在社会文化体系中所占份额增大,成为时代'文化生态'的重要组成部分"。三是文学创作与文学理论探讨齐头并进、相互影响,"从而更多地表现出文学的自觉和主体意识"。四是在很大程度上表现出古代文学"终结期"的特色,在中国文学的进程中,明代文学"庞杂却并非无序","陈陈相因却又充满了创造性和指向未来的张力"。①他的这些概括不仅高屋建瓴,对于认识明代文学的特质有着指导性意义,而且相对于当下一些有关明代文学史的研究来说,表述别具一格,更具个性魅力。

在明代文学研究中,李时人一直秉持着"时""空"交叉的观念和方法。今天的"地域文学"研究异常繁盛,但早在十几年前李时人就对此作过明确阐述:"文学也是在'时空'范围内发生的现象,因此不仅是一种时间现象,也应该是一种空间现象"。在他看来,此前的"文学史"研究比较注重"时间"维度,对中国古代文学规律的探讨比较注重文学的"时间性发展",而对"空间形态"及其流变有所忽视。他认为,只有"通过这样一种多维的研究和对历史动态的揭示",才可以"更多地发现中国古代文学发展流变的内在机制","进而探讨文学兴衰的直接动因"。而且,"中国的文学"因其独有的民族性特征应该更加重视"地域"维度的研究。②他主张"从'地域'角度出发的考察和研究,理应成为中国古代文学研究中不可或缺的部分……要想将研究推向深入,我们理应加强或重视从'地域'角度对古代文学的研究"③。他的明代文学研究正是循着这样一种思路展开的,所指导的硕士、博士研究生多以地域划分(分省或分府)进行明代作家和文学研究,所主持的国家哲学社会科学基金重大项目也是按明代"两京十三布政使司"(省)的划分,对明代两万多位有作品传世的作家的生平、著述以及文学创作活动进行全面考察,最终编纂出一套《明代作家分省人物志》,计划共有十六分卷,各分卷内的作家亦按府、县属地进行排列。可以想见,此成果一出,必将推动当前的明代文学研究登上一个新的台阶。

---

① 李时人:《中国文学家大辞典·明代卷·序言》,中华书局 2018 年版,第 1 页。
② 李时人:《论古代文学的"地域研究"与"流派研究"》,《赣南师范学院学报》2005 年第 1 期,第 40 页。
③ 李时人:《江苏明代作家研究·序言》,载刘廷乾:《江苏明代作家研究》,东南大学出版社 2010 年版,第 2 页。

以不息为体 以日新为道——中国古典文学专家李时人传

思想宏阔　终成大家

四十年中，李时人夙夜祗勤，兢兢治学，之所以能够取得如此丰硕的成果，一个很重要的原因是他有一套独具特色的治学思想，诸如"文人是靠笔说话的""一个时代有一个时代的学术研究""补空白、攀高峰、立新说"的三种研究范式等等，宏阔而细微，传统而新锐。其中，比较具有特色的有这样几点。

2006 年 8 月，李时人在学术会议上发言

第一，"工夫在诗外"的治学理念。"工夫在诗外"，本是宋代诗人陆游向其子传授写诗经验时的一句话，李时人经常借用这句话来教导学生如何才能做好学问，在讲课的时候也多次强调："如果单纯地抱着一本文献刻苦钻研，不结合其他知识，是什么也研究不出来的。"他自己的治学总是能从具体问题生发开去，联系问题所处的时代背景进行观照，而不是仅仅局限于问题本身。这种观照，既包括精神层面的、制度层面的，也包括物质层面的，这在

48

今天叫作"文化学"的研究方法。1985 年,他在《光明日报》上发表《元代社会思想文化状况和杂剧的繁盛》一文,提出以整个社会思想文化的视角去阐释元代杂剧兴盛的原因,引起学者共鸣。1986 年,在第二次《金瓶梅》学术讨论会上宣读《金瓶梅:中国 16 世纪后期社会风俗史》一文,引起热烈反响,与会者普遍认为这是一种具有开创性的研究视角,后来又发表《站在新的时代文化的高度观照〈金瓶梅〉》再次强调这一观点。此后,相继发表《出入乾嘉:李汝珍及其〈镜花缘〉创作》《〈三国演义〉:史诗性质和社会精神现象》《〈水浒传〉的"社会风俗史"意义及其"精神意象"》等论文,都是在这样一种理念下开展的研究。他曾明确指出:"从社会思想文化的角度,包括从社会思潮的角度研究古代小说,不仅有利于古代小说研究的深入,对古代小说研究的理论建设来说,也是有一定意义的。"①并将这种治学理念由小说推广至戏曲:"真正的中国文化其实并不全在孔孟程朱、庄老佛禅的典籍之中,不经的小说戏曲之类也常常凝聚、积淀着民族的精神文化。"②再由小说、戏曲扩展到对整个中国古代文学的研究:"各种文学创作突出表现出与时代社会生活、社会思潮、社会心理同步的态势,在社会文化体系中所占份额增大,成为时代'文化生态'的重要组成部分,更多地体现出了文学的职能、价值和意义。"当这种理念成熟以后,他就提出了更为铿锵的论断:"即使是那些艺术上几乎毫无可取的小说作品,作为一种文化遗存,也可能因其具有一定的文化内容而成为人们认识历史文化甚或探索民族心灵历程的资料。"③

第二,"求实、创新、循序渐进"的治学原则。李时人曾多次公开地表述这一治学原则,即"对于治学,我从来主张求实、创新、循序渐进。"④后来干脆直接将这句话放入各种"自我简介"中。在这三个词语中,"求实"是基础,"创新"是目的,"循序渐进"则是方式。《中国文学家大辞典·明代卷》的编纂就很好地体现了这一治学原则。自 1996 年接受编写邀请至 2018 年正式出版,前后经历了 20 余年,时间不可谓不长。《全唐五代小说》的编纂也是如此,从 1987 年开始到 1998 年出版,用了 11 年时间,到 2013 年再版又用了

① 李时人:《关于古代小说研究的一点思考》,《北方论丛》2009 年第 3 期,第 27 页。
② 李时人:《中国古代禁毁小说大全·前言》,黄山书社 1992 年版,第 2 页。
③ 李时人:《中国古代小说与文化论集·弁言》,中华书局 2013 年版,第 2 页。
④ 李时人:《江苏明代作家文集述考·序言》,载刘廷乾:《江苏明代作家文集述考》,南京大学出版社 2014 年版,第 6 页。

15年时间。《中国古代小说在东亚的传播与影响》，从2000年发表第一篇论文《越南汉文古籍〈岭南摭怪〉的成书与渊源》，至2011年完成初稿，获批国家社科后期资助项目后继续撰写，直至辞世前才基本修订成约170万字的成果，前后经历也有十好几年。其他成果或许花费的时间并没有这么长，但所用时间与成果规模之比也多超出常规，都是遵循着"求实、创新、循序渐进"这一原则展开研究的。

第三，"靠材料说话"的治学方法。"研究问题要靠材料说话"，是李时人常说的一句话，所谓"靠材料"，就是要有文献考证；所谓"说话"，就是能够理论阐述。两者结合实际上就是说研究问题要能考论并用、考论相长，即所谓的"辨章学术，考镜源流"。学界也普遍认为他"长于传统的文献考据学，又认真学习科学理论及各种研究方法"，"考论兼长是李时人同志治学的特点"。①一方面，他治学非常注重文献的搜集、整理和研读。在编纂《全唐五代小说》时他就说："我觉得，搞古代文史研究，首先应该是对对象的全面了解和正确把握，否则其他一切都谈不上。"②在谈到明代文学的研究现状时又说："20世纪以来的明代文学研究存在不少问题……在诗文研究方面，首先是作家考察和文献资料整理方面差强人意"③。正因为如此，他才不遗余力地进行各种文献的编选、辑校、评注，《大唐三藏取经诗话校注》《中国旅游文学大观·诗词卷》《全唐五代小说》《古今山水名胜诗词辞典》《中国古代禁毁小说大全》《古代短篇小说名作评注》《游仙窟校注》《崔致远全集》等等，莫不如是，直到卧病在床还在坚持选注《唐人小说选》。他在文献考订方面的特色和成就早已为学界所公认，原国务院学科评议组成员陈毓罴对他的学术研究作出"材料翔实、考证周密、眼光明锐"④的鉴定，原九三学社中央教育文化委员会委员魏崇新则评价他的《金瓶梅》研究是"论据充分，论证严密，考订精慎""考论兼长"⑤。另一方面，他也认为仅仅进行文献考订是不

---

① 佚名：《李时人教授与中国古代小说研究》，《上海师范大学学报（哲学社会科学版）》1993年第3期，第2页。

② 李时人：《小说观念与〈全唐五代小说〉的编纂》，《文学评论》1999年第3期，第143页。

③ 李时人：《李维桢研究·序言》，载鲁茜：《李维桢研究》，台北花木兰文化出版社2016年版，第3页。

④ 胡相峰：《艰难坎坷不坠鸿鹄之志——记自学成才的李时人副教授》，《人物》1988年第3期，第37页。

⑤ 魏崇新：《〈金瓶梅〉研究的新水平与新成果——评李时人〈金瓶梅新论〉》，《天津社会科学》1992年第3期，第72、73页。

够的,"考"只是手段、工具,"论"才是目的、旨归,任何"以繁琐考证、放弃思想创造"来做学问,都是"'现代'学术基础理论薄弱的表现"①。他自己进行理论阐述时则常常是大开大合、不拘一格。比如,在阐释"文化"一词的内涵时,他既引用《周易》"观乎天文,以察时变;观乎人文,以化成天下",《说苑》"凡武之兴,为不服也,文化不改,然后加诛"进行解释,也指出西方"文化"一词源于拉丁文cultura,是英国人类学家泰勒在《原始文化》一书中给"文化(culture)"进行的定义。②在论述科举制度发展时,他不仅认为"'科举制度'是以农业经济为主的中国古代社会'制度文化'高度发达的产物",是中国特有文化下产生的特有制度,而且依据西方传教士利玛窦、耶稣会士金尼阁等人的介绍,认为19世纪西方各国建立的文官考试制度,"首先是西方社会发展进步的结果,但与中国科举制度对西方的影响肯定不无关系"③。类似例子在李时人的文章中比比皆是,而像马克思、恩格斯、黑格尔、丹纳等人的名字和言论更是可以经常见到,甚至于像"哥德巴赫猜想"这种跨学科的术语也会被拿来使用。

教书育人　桃李天下

除治学外,李时人在教书育人方面也有自己的一套经验和做法。早在徐州师范学院任教时,就被学生评为"最受欢迎的教师",曾以全院最高票数当选为基层人大代表。调入上海师范大学以后,给学院研究生开设平台课,讲的是《中国古代小说史》,每次开课教室里都是座无虚席,来迟了的同学只能站在最后面听讲,一些初次来听课的同学往往都会向旁人求证一句:"这就是传说中的李时人吗?"而他那渊博的学识、敏捷的才思、恢宏的气度,也总不会令学生失望。

给自己指导的研究生上课,更能体现李时人的讲课风格。最初几届的学生数量较少,并且与他年龄相距不大,所以他就采用交流、讨论的形式进行知识传授。那时他们一家居住在长虹坊里一套学校分配的房里,面积有

---

① 李时人:《古代文学研究的现代道路与理论建设》,《光明日报·文学遗产》2003年3月26日。
② 李时人:《论古代文学的"地域研究"与"流派研究"——兼评邱昌员〈历代江西词人论稿〉》,《赣南师范大学学报》2005年第1期,第41页。
③ 李时人:《唐代文言小说与科举制度论略》,《上海师范大学学报(哲学社会科学版)》2004年第6期,第57页。

限，但由于就在学校附近，学生们经常到家里来上课、讨教。有时到了饭点就借机蹭蹭饭，师母汪华也特别平易近人，乐于展示自己的拿手厨艺，炒菜落锅声响，葱姜爆炒香气，师生其乐融融，逐渐形成了亦师亦友的关系。后来购置了自住房，面积大了许多，学生也越来越多，于是他就将家里餐厅当作上课的教室，固定每周一天约学生过来上课或讨论学业上的问题。泡上一杯绿茶就开始讲课，一旦讲开，思如泉涌，语似连珠，讲到紧要处会将右手食指微微伸直，连续地往下点几次，以示强调，停顿时又会用拇指和食指摸摸自己的鼻子，捋捋思路再继续往下讲。像这样的小课他从不用讲稿，确定一个主题就直接开讲，各种典故旧闻、学术观点、名家趣事都能够旁征博引而又信手拈来，滔滔不绝地讲上一两个小时。

2008 年 3 月，李时人与部分学生合影（第二排左六）

李时人从 1993 年开始指导硕士生，1996 年开始指导博士生，至 2017 年因身体原因停止招生为止，20 多年里共指导硕士近 80 人、博士 40 余人，另外还有数名合作博士后。这些学生毕业或出站后分布在全国各地，北至哈尔滨，南至广州，东至烟台，西至青海，以及美国、日本等海外国家和地区，真正是桃李满天下。他们身处各行各业，有的早已是业界翘楚、单位中坚、岗位能手,如他的第一届博士生关四平曾任中国三国演义学会会长,第一届硕士生朱振武担任(中国)中外语言文化比较学会小说研究专业委员会会长等。学生们的成就首先是自身努力的结果,但也离不开业师的指点和帮扶,这是李时人对祖国、对社会、对我国教育事业所做的贡献。

李时人的一生充满着"传奇"色彩。经历动荡,不坠鸿鹄之志;高中学历,终成海内硕学。在近四十年的治学和教育中,发表学术论文逾百篇、出版专著20余种、指导研究生120余人,其对中国古代小说的创新性研究、对明代文学研究的突破性贡献,映照后学,嘉惠学林。取材翔实、考证精审、论述严谨、体大虑周的治学自成体系,既有对传统学术的继承,也有自己的锐意创新,深刻影响着他的学生和学界同仁。1987年8月在全国总工会表彰大会上发言时,李时人引用刘禹锡"以不息为体,以日新为道"作为发言题目,这是他对自己生活、学习、治学经历的总结,更是他在学术研究中孜孜以求、不断拓新的真实写照。

(李玉栓　撰文)

附一：李时人简历年表

1949 年 3 月	出生于辽宁省锦县。
1957 年	随父迁居江苏省连云港市。
1965 年 9 月—1968 年 7 月	海州中学高中部。
1973 年 11 月—1976 年 6 月	连云港市连云港运输队。
1976 年 6 月—1978 年 4 月	连云港市第二建筑公司第四工程队。
1978 年 4 月—1980 年 11 月	连云港市玻璃纤维厂。
1980 年 11 月	聘为徐州师范学院中文系古代文学教师。
1986 年 11 月	破格晋升副教授。
1987 年	荣获江苏省总工会"自学成才"一等奖、中华全国总工会"自学成才奖"。
1989 年 10 月	人才引进到上海师范大学文学研究所。
1991 年 10 月	历任上海师范大学文学研究所副所长、所长和

	中文系副主任等职。
1991 年 12 月	加入中国共产党。
1992 年 10 月	破格晋升教授。
2010 年 1 月	聘任为二级教授。
2016 年 3 月	退休。
2018 年 3 月 28 日	因病逝世。

附二：李时人主要论著目录

（一）专著

《西游记考论》，浙江古籍出版社 1991 年版。

《金瓶梅新论》，学林出版社 1991 年版。

《全唐五代小说》，陕西人民出版社 1998 年版（全五册）；中华书局 2014 年版（全
　八册）。

《李汝珍及其〈镜花缘〉》，春风文艺出版社 1999 年版。

《中国古代禁毁小说漫话》，汉语大辞典出版社 1999 年版。

《古代短篇小说名作评注》（第二著者），上海古籍出版社 2000 年版。

《"东亚汉字文化圈"各国古代小说的渊源发展》，香港大学饶宗颐学术馆 2009
　年版。

《中国古代小说与文化论集》，中华书局 2013 年版。

《李时人〈金瓶梅〉研究精选集》，台湾学生书局 2015 年版。

《东亚汉字文化圈古代文学论集》（第一著者），人民文学出版社 2015 年版。

《点石集》，上海人民出版社 2018 年版。

《唐人小说选》（第一著者），中州古籍出版社 2019 年版。

《中国古代小说在东亚的传播与影响》（主编、第一著者），中国社会科学出版社
　（即出）。

（二）编著

《中国旅游文学大观·诗词卷》（上、下），三秦古籍出版社 1998 年版。

《古今山水名胜诗词辞典》(主编),陕西人民出版社 1991 年版。

《中国古代禁毁小说大全》(主编),黄山书社 1992 年版。

《明清小说鉴赏辞典》(第二主编),浙江古籍出版社 1992 年版。

《古训新编》,上海科技教育出版社 1995 年版。

《西游记鉴赏辞典》(第一主编),上海辞书出版社 2013 年版。

中《中国文学家大辞典·明代卷》,中华书局 2018 年版。

《明代作家分省人物志》(主编),出版中。

(三)整理古籍

《大唐三藏取经诗话校注》,中华书局 1997 年版。

《游仙窟校注》(第一校注),中华书局 2010 年版。

《崔致远全集》(第一编校),上海古籍出版社 2018 年版。

(四)论文

《也谈〈狂人日记〉中的狂人形象》,《徐州师范学院学报》1981 年第 3 期。

《〈大唐三藏取经诗话〉成书时代考辨》(第一作者),《徐州师范学院学报》1982
年第 3 期。

《〈金瓶梅〉中"金华酒"非"兰陵酒"考辨》,《徐州师范学院学报》1983 年第 2 期。

《〈西游记〉中的唐僧出世故事》,《文学遗产》1983 年第 3 期。

《贾三近作〈金瓶梅〉说不能成立——兼论考证的态度与方法》,《徐州师范学院
学报》1983 年第 4 期。

《〈西游记〉闹天宫故事形成考辨》,《徐州师范学院学报》1984 年第 2 期。

《关于〈说岳全传〉》,载《中国通俗小说阅读提示》,江苏人民出版社 1984 年版。

《〈西游记〉的成书过程和孙悟空形象的渊源》,载《西游记研究》,江苏古籍出版
社 1984 年版。

《中国古代小说的主题问题和研究方法》,《光明日报》1985 年 1 月 22 日。

《关于中国古典长篇小说"主题研究"的思考》,《中国社会科学院研究生院学
报》1985 年第 1 期。

《"百丈"也是人名》,《读书》1985 年第 1 期。

《谈〈金瓶梅〉的初刻本》,《文学遗产》1985 年第 2 期。

《写情入物，苍凉凄动——〈诗经·秦风·蒹葭〉欣赏》，《名作欣赏》1985 年第 2 期。

《关于〈金瓶梅〉的创作成书问题——与徐朔方先生商榷》，《上海师范大学学报（哲学社会科学版）》1985 年第 3 期。

《朱鼎臣〈西游释厄传〉考》，载《明清小说论丛》（第 3 辑），春风文艺出版社 1985 年版。

《"说唱词话"和〈金瓶梅词话〉》，《复旦学报（社会科学版）》1985 年第 5 期。

《日本学者关于孙悟空形象来源的探索》，《中国社会科学》1985 年第 18 期。

《元代社会思想文化状况和杂剧繁盛》，《光明日报》1985 年 12 月 31 日。

《"词话"新证》，《文学遗产》1986 年第 1 期。

《〈万历野获编〉"金瓶梅"条写作时间考》，《复旦学报（社会科学版）》1986 年第 1 期。

《中国古代小说的仿作和续书问题思考》，《光明日报》1986 年 7 月 1 日。

《〈四游记〉版本考》，《徐州师范学院学报》1986 年第 2 期。

《〈谈金瓶梅初刻本〉补正》，《文学遗产》1986 年第 3 期。

《关于〈红楼梦〉及其它古代小说研究若干问题的思考》，《云南师范大学学报》1986 年第 3 期。

《美人图及其人体美观念——读〈卫风·硕人〉》，载《诗经鉴赏集》，人民文学出版社 1986 年版。

《文化意义的〈文心雕龙〉和对它的文化审视》，《学习与探索》1987 年第 1 期。

《李汝珍"河南县丞之任"初考》，载《明清小说研究》（第 6 辑），中国文联出版公司 1987 年版。

《金瓶梅：中国 16 世纪后期社会风俗史》，《文学遗产》1987 年第 5 期。

《〈大唐三藏取经诗话〉发微》，《徐州师范学院学报》1988 年第 2 期。

《站在新的时代文化的高度观照〈金瓶梅〉》，《学习与探索》1990 年第 3 期。

《论〈金瓶梅〉的性描写》，载张国星主编：《中国古代小说中的性描写》，百花文艺出版社 1993 年版。

《萧兵的楚辞研究及有关问题》，《文学遗产》1992 年第 4 期。

《中国古代禁毁小说泛论——中国小说与中国文化谈片之一》，《北方论丛》1993 年第 3 期。

《中国古代小说的美学新风貌——谈〈金瓶梅〉的艺术新创造》，《河北师范大学学报》1994 年第 3 期。

《三国演义:亚史诗和亚经典》,《光明日报》1994年11月9日。

《三国演义纵横谈》,《文汇报》1994年11月27日。

《西门庆:中国"前资本主义"商人的悲剧象征》,《光明日报》1995年7月19日。

《出入乾嘉:李汝珍及其〈镜花缘〉创作》,载《国学研究》(第4卷),北京大学出版社1997年版。

《李渔小说创作论》,《文学评论》1997年第3期。

《中国古代小说在韩国的传播与影响》,《复旦学报(社会科学版)》1998年第6期。

《小说观念与〈全唐五代小说〉的编纂》,《文学评论》1999年第3期。

《越南汉文古籍〈岭南摭怪〉的成书与渊源》,《文史》2000年第4辑。

《新罗崔致远生平著述及其汉文小说〈双女坟记〉的创作流传》,载《文史》2001年第4辑。

《〈三国演义〉:史诗性质和社会精神现象》,《求是学刊》2002年第4期。

《古代文学研究的现代道路与理论建设》,《光明日报》2003年3月26日。

《唐代文言小说与科举制度论略》,《上海师范大学学报(哲学社会科学版)》2004年第6期。

《中国古代小说与古代朝鲜半岛汉文小说》,《人民政协报》2004年1月12日。

《中国古代小说在日本的传播与影响》(第一作者),《复旦学报(社会科学版)》2006年第3期。

《〈游仙窟〉的日本古钞本和古刊本》(第一作者),《上海师范大学学报(哲学社会科学版)》2006年第3期。

《〈水浒传〉的"社会风俗史"意义及其"精神意象"》,《求是学刊》2007年第1期。

《〈游仙窟〉古钞本、古刊本勘误与质疑》(第一作者),《徐州师范大学学报(哲学社会科学版)》2007年第6期。

《中国古代小说与朝鲜半岛古代小说的渊源发展》(第一作者),《上海师范大学学报(哲学社会科学版)》2009年第1期。

《中国古代小说与越南古代小说的渊源发展》,《复旦学报(社会科学版)》2009年第2期。

《关于古代小说研究的一点思考》,《北方论丛》2009年第3期。

《崔致远〈桂苑笔耕集〉的版本及校勘札记》(第一作者),《文学与文化》2010年第3期。

《越南古代汉文诗叙论》(第一作者),《上海师范大学学报(哲学社会科学版)》

以不息为体　以日新为道

中国古典文学专家李时人传

2010 年第 6 期。

《古代白话短篇小说的兴衰及其研究刍议》,《社会科学战线》2011 年第 1 期。

《宋代历史文化与文言短篇小说的流变》,《求是学刊》2011 年第 2 期。

《中国古代"才子佳人小说"论略——从西欧中古时期的"骑士传奇"谈起》,《南京师大学报(社会科学版)》2011 年第 4 期。

《崔致远〈桂苑笔耕集〉的版本及校勘札记(续)》(第一作者),《文学与文化》2012 年第 1 期。

《明代"文人结社"刍议》,《上海师范大学学报(哲学社会科学版)》2015 年第 1 期。

《译经、讲经、俗讲与中国早期白话小说》,《复旦学报(社会科学版)》2015 年第 1 期。

《〈红楼梦〉之叙述人身份和主体叙事方式》,《苏州科技大学学报(社会科学版)》2018 年第 3 期。

书山学海勤耕耘　师德立范守初心

——中国现当代文学与都市文化研究专家杨剑龙传

　　杨剑龙（1952—　），上海人。中国共产党党员。二级教授，博士生导师。中国现当代文学与都市文化研究专家，作家、评论家。1978年6月毕业于江西师范大学中文系，后留校任教。1987年6月毕业于扬州师范学院，获文学硕士学位，随后被引进上海师范大学中文系。1996年9月至1998年6月在职攻读华东师范大学中国现当代文学专业博士研究生。2000年担任教育部中文博士点一级学科通讯评委。2004年11月领衔成功申报教育部人文社会科学重点研究基地"上海师范大学都市文化研究中心"，并担任基地主任一职。2010年参与上海世博会的筹办活动。2013年10月主持"当代上海文学研究中心"成立大会，并担任中心主任一职。2016年获得国家社科基金重大项目"中国现代文学图像文献整理与研究"。获邀担任香港中文大学客座教授、美国纽约大学访问教授、澳门城市大学特聘教授，上海世博会主题论坛策划专家。兼任中国老舍研究会副会长、上海知识青年历史文化研究会副会长、上海炎黄文化研究会常务副会长，中国现代文学研究会常务理事、中国小说学会常务理事，中国当代文学研究会理事、中国鲁迅研究会理事，中国作家协会会员。出版个人学术著作二十余部，主编或合著著作二十余部，选编著作八部，发表学术论文数百篇。创作长篇小说《金牛河》、诗集《瞻雨书怀》、散文集《岁月与真情》，并发表中短篇小说、散文、诗歌多篇。获教育部高等学校科学研究优秀成果奖，多次获上海市哲学社会科学优秀成果奖、中国特色社会主义理论体系研究和宣传优秀成果奖、上海市人民政府决策咨询奖，荣获上海市模范教师、上海师范大学教学名师称号。

三地求学　锻造学术风格

　　1952年6月21日，杨剑龙出生于上海市，1958年9月进入上海市茶陵路民办小学就读，1964年进入上海市枫林中学学习。1970年，他报名"上山下

杨剑龙

乡"，前往江西省靖安县高湖公社西头大队第五生产队插队务农。在江西农村的六年时间里，他一方面忙于农田插秧、上山伐木、下水撑排、建设公路与电站等各项生产劳动，另一方面利用闲暇时光翻阅从上海带来的手抄的《唐诗选》《宋词选》等。1974年9月，杨剑龙被选派担任西头大队完全小学民办教师，走上了教书育人的道路。

1975年9月，杨剑龙因插队期间及担任小学教师期间的优异表现，经推荐进入江西师范大学中文系学习。在求学期间，他勤勉刻苦，大量阅读中外文学作品，视它们为精神食粮，既开阔了自己的文学视野，又加深了自己对文学及其研究的认识。由于其优异的成绩和优秀的品质，杨剑龙在1978年6月毕业后留校任教，成为一名大学教师，负责写作课程的教学。在教学过程中，他为了让这门看似最基础的课程变得生动并具有说服力，不仅认真备课与讲课，还积极从事文学创作。对此，他自述道："我当时的想法自己不会写，如何教导学生怎么写作呢？因此当时我创作的诗歌、散文先后在报纸杂志发表，也增强了我自己教学的自信心。"1983年，杨剑龙被调往《江西师范大学学报》编辑室工作，在审读稿件、浏览学术刊物中，进一步了解了学术论文写作的相关知识。在江西师范大学的几年时光，为其文学研究奠定了坚实的知识基础和写作基础。

1984年，杨剑龙考取了扬州师范学院（今扬州大学）中文系硕士研究生，师从著名学者曾华鹏、李关元。曾华鹏先生开创了中国现代文学作家论的研究范式，对鲁迅、郁达夫、冰心等作家的研究产生了广泛的影响。李关元先生在曹禺研究、鲁迅散文诗研究等方面也颇具影响。在两位名家的熏陶下，杨剑龙不仅具备了宽阔的研究视域，而且学习和掌握了两位先生的研究方法，能够在文本细读的基础上，结合作家的生活背景以及当时的社会环境分析作品的创作特点和风格，对研究论题作出更加准确的诠释。硕士生期间，杨剑龙得到了良好的学术训练，或独立撰写，或与导师合作，发表了多篇学术论文。有丰富的文学阅读和扎实的研究功底后，杨剑龙在曾华鹏先生指导下，确定以"论二十年代乡土文学"为硕士学位论文选题，研究以鲁迅为代表的乡土作家的创作,包括王鲁彦、台静农、许钦文等十余位作家。

1987 年 6 月,杨剑龙以优异成绩从扬州师范学院毕业,获得文学硕士学位,随后被引进上海师范大学中文系中国现当代文学教研室任教,从此与上海师大结下了不解之缘。

在上海师范大学,杨剑龙一方面积极从教,逐步成为一名教学成绩突出、深受学生爱戴的优秀教师;另一方面围绕乡土文学,展开了更深入的研究,并将硕士学位论文整理、修改为多篇单独的学术论文,发表在各类学术刊物上。不仅如此,他还在硕士论文的基础上,对结构和内容进行了补充与完善,于 1995 年出版了个人第一部学术著作《放逐与回归:中国现代乡土文学论》。贾植芳先生倾情作序,认为该著"是一部见解独到、论证严谨的有相当学术价值的著作,作者踏实认真的学术态度、深刻深入的学术思维、扎实严谨的学术功底等,都可在此著中窥见一斑"①。曾华鹏、李关元先生也为之作序,评价道:"这是一部扎实、丰富、富有新意的书稿,它对剑龙来说是一个良好的起点。因此,在他的第一部论著问世的时候,我们有理由对他的未来寄予更多的期望。"②

在江西师大和扬州师院的学习生涯中,杨剑龙形成了学术思维,锤炼了文笔,形成了扎实、严谨、辩证的研究风格。在上海师大任教期间,他不断深入研究论题,产出了高质量的学术论著。早在 1992 年,便已被破格晋升为副教授,但他却并不满足于现状,而是抱着对学术研究的热忱,选择攻读博士学位。

1996 年,杨剑龙在职考取华东师范大学中国现当代文学专业博士研究生,师从学术名家王铁仙先生。王铁仙为瞿秋白外甥,家学渊源,在文学研究中注重探寻文学作品所蕴含的人文意蕴和审美特质。在王铁仙教授的指导下,杨剑龙充分利用时间,勤奋刻苦,最终仅用两年时间破格获得了博士学位。他的博士学位论文主要研究"中国现代作家与基督教文化"。早在硕士阶段,他就对这一论题产生了浓厚的兴趣,阅读了大量相关作品,一度想以此为硕士论文选题,但曾华鹏先生考虑到当时的社会氛围及研究难度,便

---

① 贾植芳:《放逐与回归:中国现代乡土文学论·序一》,载杨剑龙:《放逐与回归:中国现代乡土文学论》,上海书店出版社 1995 年版,第 3 页。
② 曾华鹏、李关元:《放逐与回归:中国现代乡土文学论·序二》,载杨剑龙:《放逐与回归:中国现代乡土文学论》,上海书店出版社 1995 年版,第 6 页。

建议其更换了研究对象。回到上海后，杨剑龙坚持搜集整理相关资料，仔细研读大量文本，持续不断地思考中国现代作家与基督教文化之间的关系。经过深思熟虑后，杨剑龙最终选择这一论题作为自己博士论文的选题，并得到了王铁仙先生的肯定。其博士论文中有关鲁迅、周作人、许地山、郭沫若、老舍、北村、巴金、苏雪林等内容，则以单篇论文的形式先行发表在学术刊物上。1998 年 12 月，杨剑龙倾注心血的 22 万字博士论文《旷野的呼声：中国现代作家与基督教文化》由上海教育出版社出版，得到了学界同仁的高度赞赏。陈思和在该著序言中称赞："他仍然在填补现代文学史研究领域的某些空白。"①忙碌的博士学习生涯，不但令杨剑龙在学术上有所突破，同时也让他跟随王铁仙先生的脚步，不断提升着自己的学术研究水平。

1975 年至 1998 年间，杨剑龙三地求学，潜心学术，不仅以硕、博论文为主体出版了两部具有重要影响的学术著作，而且形成了自己的研究风格。正如他所言："应该说这两部著作奠定了我的学术研究的基本风格，以作家论作品论构成了这两部著作的基本格局，以对于作品文本的细致阅读，对于作家本身的深入考察，将作家作品放到历史背景时代氛围中进行研究，在文学史发展的格局中评价作家作品的长与短，在探究作家的成就、作品的价值时，注重对于审美形式文学风格的分析，这基本延续了曾华鹏、李关元、王铁仙先生的研究传统"②。

文学研究　寄托人文之思

杨剑龙的学术研究大致可以分为几个方面：中国现代文学研究、中国当代文学研究、中国文学与基督教文化研究、都市文化研究。其中，文学研究占有很大的比重。

在评析作家作品时，杨剑龙所有的感悟、论断都是以文本与作者自身为基础的，将宏观与微观结合起来，对文学作品、文学流派的基本主题、审美风格、主要特征进行分析。例如，《放逐与回归：中国现代乡土文学论》一书中

---

① 陈思和：《从〈两刃之剑〉到〈旷野的呼声〉·代序》，载杨剑龙：《旷野的呼声：中国现代作家与基督教文化》，上海教育出版社 1998 年版，第 5 页。
② 杨剑龙：《耕耘与收获：学术生涯之回眸与感悟》，《创作与评论》2013 年第 4 期，第 40 页。

的每一部分都是他对乡土文学作家作品细致阅读与深入思考后的论述和总结。在杨剑龙看来,如果不能对文学作品与流派进行更深层次的整体认识和审美分析,就不能真正深入到作品中去,也就不能得出有价值的论断。正是这种研究态度和方法,使他在乡土文学作品中发掘出了深邃的精神与思想,被其他研究者评价为"出色的研究"①。在《旷野的呼声:中国现代作家与基督教文化》一书中,杨剑龙深入浅出地分析了作家作品与基督教文化之间的关系,"在认真搜寻和研读资料过程中分析作家受基督教文化的影响,靠资料说话;而且力图从文学审美的角度,分析每位作家的创作从基督教文化、从《圣经》文本得到怎样的影响"②。以作品为本、凭资料说话,使他在"中国现代文学与基督教文化"这一课题研究上取得了令人赞叹的突出成绩,"为这一课题的宏观研究奠定了比较坚实的基础"③。

自 1981 年发表第一篇学术论文以来,杨剑龙一直醉心于学术研究。在 20 世纪 90 年代浮躁的社会环境中,他不为商业浪潮所动,而是继续埋头苦读、写作。他曾说:"我却依然故我,十分愚钝,孜孜不倦地写了一些看的人并不多的文学批评文章。"④正是这种以学术研究为己任的匠人精神,使其在研究中始终坚持不说"假话",这一特点在当代文学研究和文学批评中尤为突出。杨剑龙自 80 年代后期开始涉足当代文学研究。在对当代作家作品的研究中,他不会因为是当代作家或相识的作家甚至是朋友,就在文章中说一些违心的"假话"或溢美之词。他经常强调,不以文学作品好坏为依据的评论是经不起推敲的。在专著《现实悲歌:谈歌、何申等新现实主义小说论》中,杨剑龙对新现实主义小说的创作热潮、创作取向、分享艰难、得与失等十个方面进行了评析。他在该书后记中写道,"努力一分为二地批评他们创作的得与失,不一棍子打倒,也不一味吹捧拔高,在总结他们创作的独特内涵时,也努力观照他们的创作的艺术审美上的独特之处"⑤。他曾指出,文学批

---

① 刘卫国:《中国现代文学研究通史·第五卷(1997—2000):突破与创新》,广东人民出版社 2020 年版,第 393 页。

② 杨剑龙、黄保罗:《精耕细作 拓展视域 与时俱进——关于学术研究道路的回眸与对话》,《长江学术》2019 年第 1 期,第 6—7 页。

③ 刘卫国:《中国现代文学研究通史·第五卷(1997—2000):突破与创新》,广东人民出版社 2020 年版,第 243 页。

④ 杨剑龙:《现实悲歌:谈歌、何申等新现实主义小说论》,华夏出版社 2000 年版,第 211 页。

⑤ 杨剑龙:《现实悲歌:谈歌、何申等新现实主义小说论》,华夏出版社 2000 年版,第 212 页。

评中存在着一些偏向,比如"借批评对象抒发自己观点的自诩式批评,攻其一点否定其余的酷评式批评,穿靴戴帽恣意拔高的吹捧式批评"①。杨剑龙坚决反对和批评那些无法真正体现说长道短的"假话"式的研究,认为文学研究应寄托和反映一个学者的深思和情怀。

杨剑龙先后三次获得国家社科基金项目。他在1998年成功申请到国家社科基金项目"上海文化与上海文学——百年上海文学综论",从文化发展的视角研究上海文学的百年发展历史。该项目于2004年顺利结项,项目成果以《上海文化与上海文学》为题,较为全面地研究了百年来上海文学的发展状况,2007年由上海人民出版社出版。2003年7月,杨剑龙受香港中文大学崇基学院邀请,担任客座教授,为研究生讲授"基督教文化与中国现代文学"的选修课。授课之余,他充分利用当地的资源优势,搜集了大量有关基

2003年,杨剑龙在香港中文大学任客座教授

① 杨剑龙:《阅读与品味:杨剑龙中国当代文学论集·序》,上海文化出版社2015年版,第1页。

督教文学与文化方面的资料,留待回到上海之后,再作细密的整理和深入的研究。这种孜孜不倦的精神,使他对这一课题不断思索,并在 2005 年成功获批国家社科基金项目"五四新文化运动与基督教文化思潮",该项目成果《"五四"新文化运动与基督教文化思潮》,2012 年由上海人民出版社出版,并在 2015 年获得第七届高等学校科学研究优秀成果奖。杨剑龙在文学研究领域不断耕耘,于 2016 年获得国家社科基金重大项目"中国现代文学图像文献整理与研究",带领研究团队从图像的角度,跨学科地深入到中国现代文学图文互动研究、中国现代文学经典作品封面与插图研究、中国现代经典文学作品连环画改编研究、中国现代画报图像文学研究、中国现代期刊封面与插图研究,力图体现自己独到的发现和深刻的见解。

杨剑龙在文学研究中彰显了作为一名学者的人文主义精神。对乡土文学的研究,体现他对中国乡土社会和乡村人生的深邃思考,蕴含对乡土社会中人与事的浓醇而真实的感情。对现代文学与基督教文化的研究,体现他从宗教文化的角度,探寻作家心理及其所处时代社会心理的复杂变化,感悟作家性格与作品中复杂交织的人性,考量文学和时代的变迁。对上海文化与上海文学的研究,体现他对上海这座城市天然依存的内心情感,从上海都市文学的角度洞察上海都市文化的演变,进而体悟这座国际大都市中的人情冷暖。对当代文学和文学批评的研究,体现他对文学发展的当下性探索,保持对文学研究的前沿观察,勇于批评,敢于纠偏,展现出一个学者的学术良知。对现代文学图像的研究,体现他从跨学科的视域深入文学研究的内部与细部,以图像视角考察人们对经典作品的接受与理解,探究图像背后所蕴藏的有关人与事的复杂性和深刻性。

文学创作是杨剑龙对文学研究的延伸。其创作的长篇小说《金牛河》是对自己江西知青生活的忆写,反映了特殊年代的乡村生活与人生哲思。上海电视台"上海故事栏目"曾播出《大河奔流的岁月》半小时专题片,讲述杨剑龙的知青生活与长篇小说《金牛河》的创作。他创作的许多中短篇、微型小说展现了对大学生态、人际关系、教师心理的思考,以及对社会不良风气的批判,表现出浓厚的学者情怀和人文色彩。此外,他还创作并出版了诗歌集《瞻雨书怀》,散文集《岁月与真情》。杨剑龙认为:"我想作为从事文学批评文学研究的学者,适当地从事文学创作,了解与感受文学创作的过程,体会文学创作的经验,对于从事文学批评和文学研究,是有所裨益的,可以在文学批评和文学研究中更加贴近作家的创作，更加真切感受作家创作的情境，不致于使文学批评文学研究隔靴搔痒不着边际。"①不难看出，文学创作更好地促进了杨剑龙的文学研究，使他对文学的思考更加真实与深刻。

文化研究　彰显社会担当

2004 年，由杨剑龙领衔申报的上海师范大学都市文化研究中心，被批准为教育部人文社会科学研究基地。随后，他将一部分精力转到了都市文化研究。作为研究基地的首任主任，他在中心的建设与发展和都市文化研究方面取得显著的成绩。

2006 年，杨剑龙（第一排左一）组织主办"都市文化——文学学术研讨会"

在中心建设方面，杨剑龙组织主办了 30 余场有关都市文化的学术会议。例如，"交流与互动：上海、首尔文化比较国际学术研讨会"（2005 年 10 月

① 杨剑龙：《生活的积淀与创作的激情——关于〈汤汤金牛河〉的创作》，《文艺争鸣》2008 年第 4 期，第 166 页。

21—23 日)、"都市文化—文学学术研讨会"(2006 年 11 月 18—20 日)、"上海与东京城市文化国际学术研讨会"(2007 年 3 月 31 日—4 月 2 日)、"都市文化与都市生活:上海、纽约都市文化国际学术研讨会"(2008 年 6 月 24—26 日)、"21 世纪都市发展和文化:上海—巴黎都市文化国际学术研讨会"(2009 年 10 月 26—27 日)、"城市化进程与中非都市文化国际学术研讨会"(2011 年 7 月 9—10 日)、教育部"文化创新与基地建设高峰论坛"(2012 年 11 月 3—4 日)等。在上海世博会召开前后,杨剑龙参与主办了多场与之相关的学术会议:"世博会与文化建设研讨会"(2009 年 6 月 30 日)、"世博会与都市发展国际学术研讨会"(2010 年 10 月 28—29 日)、"上海世博会:城市更新与文明交流国际研讨会"(2010 年 12 月 8 日),同时积极参与上海世博会主题论坛的策划,参与《上海宣言》等的起草,从事上海市人民政府决策咨询项目"上海世博会效应的延续放大的瓶颈、问题与危机研究",组织"世博会文化系列报告会",主持上海世博会公众论坛 70 万字的整理,出席在宁波、苏州、无锡、南京、绍兴、杭州等六市举办的上海世博会主题论坛和上海世博会高峰论坛及闭幕式等。在杨剑龙的不懈努力下,都市文化研究中心取得了骄人的成绩及广泛的学术和社会影响力。

2012 年,杨剑龙(第一排右一)组织主办教育部"文化创新与基地建设高峰论坛"

2010 年，杨剑龙策划世博会主题论坛"城市更新与文化传承论坛"

在个人学术方面，杨剑龙进行了大量有关都市文化的研究，不仅发表了多篇高水平论文，还出版了《文化批判与文化认同》《新媒体时代的文化批评》等专著。他对都市文化的研究与探索，是沿着文化发展史的轨迹进行的，研究社会文化问题，分析都市文化现状，展望文化发展前景，注重理论与实际相结合。

面对中国城市化进程中出现的一些重大问题，杨剑龙总是能适时地展开研究。他在《改变农民工文化生活的"孤岛"状态》一文中关注农民工的生存境遇与精神状态，认为城市文化建设不应忽视农民工这一重要群体的精神文化需求。在《城市建设：走出审美误区》中指出，我国的城市发展尤其是小城镇建设中存在缺乏注重民族个性化的见识；缺乏以人为本，以民为本的思想；缺乏文物保护修旧如旧的意识；缺乏保持生态平衡的前瞻意识等问题。《论中国城市化进程中的文化遗产保护》一文，则对中国城市化进程中历史文物文化遗址遭到破坏的问题给予了关注。杨剑龙的都市文化研究既实事求是地关注了城市化发展存在的问题，又颇具创见地提出了应对之策，他的许多建议与策略具有前瞻性。

针对文化发展的浮躁倾向,杨剑龙进行了敏锐而深刻的批评。他在《荧屏选秀的文化分析》一文中,主张要重视节目内在的独特性和审美性。在《论推进文化的发展与大众传媒的导向》中指出,大众传媒要肩负起时代责任,树立正确的社会道德观念,健全传媒监督机制,加强传媒职业精神,引导文化市场和消费的良性发展。在《中国文化亟待提高影响力》中强调,要想抵御外邦文化的入侵,就必须发扬本民族的优秀文化传统。在《论幸福感与文化权益》中认为,丰富的文化生活应当成为现代社会生活的重要组成部分。

杨剑龙还以文化视角为我国的城市建设出谋划策。他在《推进上海国际文化交流中心建设之我见》《全球化背景中上海文化产业的现状和思考》《打造上海文化发展的"三个中心"》《上海加快推进国际文化大都市建设的机制与动力》等文章中,对上海文化的国际化提出了拓展文化发展空间、营造文化氛围、形成以市场为主体的文化发展趋势、搞活文化发展渠道、打造文化精品、突出文化品牌效应等建设性意见。在《提升中国国家形象的文化含量》《寻找后喻文化时代的都市文化动力》等文章中,从文化形象的角度,为中国城市文化的发展、文化形象的提升、文化建设的繁荣建言献策。在《世博会与上海文化建设》《上海世博会效应与上海的转型和发展》《世博后海派文化的建设和发展》等文章中指出,以上海世博会的召开为契机,推动世博文化与上海都市文化的融合发展,将世博文化视作新时期上海文化发展的重要组成部分。

杨剑龙说:"改革开放以后,中国在经济腾飞中,出现了社会转型过程中的种种值得深思的现象,尤其在社会文化领域中更甚,及时敏捷地关注这些现象,对于这些现象予以批评、分析,大概是我的文化批评所努力的一个方面。"①他在学习和借鉴域外文化理论成果的基础上,结合中国社会现实,从事都市文化研究与批评,显示出鲜明的批判精神。作为一名以文学研究起家的学者,他在都市文化研究领域辛勤耕耘,硕果累累。

躬耕教坛　培育后辈学人

从 1987 年到上海师范大学任教至今,杨剑龙已经在上海师大教书育人

---

① 杨剑龙:《文化批判与文化认同》,上海文化出版社 2008 年版,第 323 页。

超过三十五载，培养出一批又一批优秀的学子。1996 年 9 月，杨剑龙开始招收中国现当代文学专业硕士研究生。2002 年 9 月，开始招收中国现当代文学专业博士研究生。多年来，他指导了 140 余位博士生、硕士生、博士后和访问学者，近 20 位已成功晋升正高职称，有的已成为高校和研究机构的学科带头人与中坚力量，为文学学科的发展和教育事业贡献力量。

杨剑龙对学生的教学和培养具有如下特点：一是注重激发学生的学习兴趣。他时常将作家轶事与作品发表背后的趣事，串联在文学史的讲授中，从而避免了枯燥的单向知识输出，既丰富了学生对教材的理解，又有利于学生对作家作品的体悟。二是注重提升学生文本细读能力。他通过与学生共读作品、论文的形式，形成有效的课堂沟通，锻炼学生的基本功，强化他们对学术研究方法的掌握。三是分享个人心得与文学创作。在教学中，他经常与学生交流近期的研究心得，分享他创作的小说、诗歌、散文等，在潜移默化中加深了学生对学术研究的理解和对文学创作的感悟。四是注重课堂教学中的交互性。他平时总是督促学生关注学术前沿，了解学术动态，有时还会针对学术热点、文学新著，与研究生们一同探讨。通过阅读作品、查找资料、形成观点，他们在课堂上相互交流，直抒己见。有时，杨剑龙也会邀请一些知名学者、作家参与交流讨论，让学生们与作家零距离接触，极大提高了研讨的现场感。

杨剑龙还是一位十分注重实践教育的老师，他在组织研究生们针对特定论题进行研讨后，指导他们将讨论内容整理成稿，投往学术期刊发表。例如，《现实主义精神的延续与弘扬——"新现实主义小说"三人谈》（《上海师范大学学报（哲学社会科学版）》1998 年第 3 期）、《轰动后的思索与反省——"中国当代文学都是垃圾"三人谈》（《当代文坛》2007 年第 3 期）、《"不愿在事实面前保持缄默"——人类疫病与文学创作三人谈》（《曲靖师范学院学报》2020 年第 2 期）等文章，都是他与研究生们研讨的成果。这些论文的成功发表，不仅锻炼了研究生们学术实践的能力，也增强了他们学术研究的信心。研究生们都认为这种讨论、合作的形式，让他们受益匪浅，得到了高效率的学术训练，可以在交流与讨论中从导师和其他同学身上获益良多，让学生更有课堂参与感，在交流的火花中得到学术能力和思维能力的提升。

杨剑龙对其学生的关爱和教育，不仅体现在他们在校园中度过的时光里，更体现在他对学生长期、毫无保留地呵护与奉献的态度上。学生们在校时，杨剑龙倾囊相授，让他们尽可能地学习更多的知识，掌握更精准的研究方法，发表更高水平的论文。在指导学生论文选题时，他告诫学生不要盲目追逐热点，而应沉下心来，认真阅读作品和文献资料，选择他们自己感兴趣的、适合自己的论题。从选题到开题再到论文的每一章节，他总是认真把关，帮助学生调整思路、修改语句。学生们毕业后，无论是否继续从事学术工作，杨剑龙都会关心他们的发展状况，还会组织聚会，邀请他们回到母校参观、交流。对于那些继续从事学术研究的学生，杨剑龙会竭尽所能地帮助他们解决研究上的困难，比如为他们的论文、项目书提供精准的修改意见等，也会邀请他们一起参加学术会议、参与项目研究、编写书籍。每当学生们谈及导师对他们在学术和生活上的悉心指导与关怀时，总是满怀感激，铭记师恩。

2011年，杨剑龙（中间）与博士、硕士毕业生合影

正是由于在学术园地中的辛勤耕耘，杨剑龙才能取得丰硕的研究成果，推动上海师范大学中国现当代文学学科和都市文化研究的建设，赢得学界同仁的肯定和称赞。他于2013年4月获聘澳门城市大学特聘教授，同年10月领衔成立"当代上海文学研究中心"，并担任中心主任一职。他在《中国文

学学者与论著影响力报告——2000—2004 年中国文学 CSSCI 描述》中名列
"全国 CSSCI 学者影响力排名"第 17 位,在《2005—2006 中国文学影响力报
告》中名列第 11 位。目前,其被收录知网的学术论文有 500 余篇,多篇论文
被《人大复印报刊资料》《新华文摘》《高等学校文科学术文摘》转载、摘编,
其中为《人大复印报刊资料》全文转载的有 42 篇(截至 2023 年 6 月)。在
2021 年"知网中国文学研究学者排名"中,杨剑龙高居全国第 2 位。

在中国现当代文学和都市文化研究的道路上,杨剑龙始终以勤奋的研
究姿态和清醒的学术意识,孜孜不倦地追求着自己的学术理想。同时,他诲
人不倦地在教育岗位坚守初心、培育后辈学人,为他们树立了榜样。

（徐国庆　撰文）

附一：杨剑龙简历年表

1952 年 6 月 21 日	出生于上海。
1958 年 9 月—1964 年 6 月	就读于上海市茶陵路民办小学。
1964 年 9 月—1967 年 6 月	就读于上海市枫林中学。
1970 年 4 月—1974 年 9 月	在江西省靖安县高湖公社西头大队第五生产队插队务农。
1974 年 9 月—1975 年 6 月	担任西头大队完全民办小学教师。
1975 年 9 月—1978 年 6 月	就读于江西师范大学中文系。
1978 年 7 月—1982 年 7 月	担任江西师范大学中文系写作教研室教师,并兼任中文系 1977 级班主任。
1983 年—1984 年 8 月	担任《江西师范大学学报》编辑。
1984 年 9 月—1987 年 6 月	攻读扬州师范学院中文系硕士研究生。
1987 年 1 月	加入中国共产党。
1987 年 7 月	被引进上海师范大学中文系,在中国现当代文学教研室任教。
1992 年	破格晋升副教授。
1996 年 9 月—1998 年 6 月	在职攻读华东师范大学中文系博士研究生。

1997 年 6 月	晋升教授。
2000 年	担任教育部中文博士点一级学科通讯评委。
2003 年 8 月—2004 年 1 月	担任香港中文大学客座教授。
2004 年—2013 年	担任教育部人文社会科学重点研究基地"上海师范大学都市文化研究中心"主任。
2005 年 8 月—2006 年 1 月	担任美国纽约大学访问教授。
2008 年 3 月	被聘任为上海市人民政府决策咨询特聘专家。
2010 年 1 月	聘任为上海师范大学首批二级教授。
2010 年	担任上海世博会主题论坛策划专家。
2013 年 4 月	被聘为澳门城市大学特聘教授。
2013 年 10 月	开始担任"当代上海文学研究中心"主任。
2016 年	获得国家社科基金重大项目"中国现代文学图像文献整理与研究"。
2021 年 6 月	退休。

附二：杨剑龙主要论著目录

（一）专著

《放逐与回归：中国现代乡土文学论》，上海书店出版社 1995 年版。

《旷野的呼声：中国现代作家与基督教文化》，上海教育出版社 1998 年版。

《现实悲歌：谈歌、何申等新现实主义小说论》，华夏出版社 2000 年版。

《基督教文化与中国现代知识分子》，香港中文大学出版社 2004 年版。

《文学与文化：在传统与现代之间》，上海三联书店 2006 年版。

《上海文化与上海文学》，上海人民出版社 2007 年版。

《论语派的文化情致与小品文创作》，上海世纪出版集团、上海书店出版社 2008 年版。

《文化批判与文化认同》，上海文化出版社 2008 年版。

《后新时期文化与文学论》，上海文化出版社 2010 年版。

《文化的震撼与心灵的冲突：新时期文学论》，上海文化出版社 2010 年版。

《乡土与悖论：鲁迅研究新视阈》，台湾秀威资讯科技股份有限公司 2010 年版。

《历史与现实病症的互照》，上海文艺出版社 2011 年版。

《基督教文化对五四新文学的影响》，台湾秀威资讯科技股份有限公司 2012 年版。

《"五四"新文化运动与基督教文化思潮》，上海人民出版社 2012 年版。

《鲁迅的乡土世界》，安徽大学出版社 2013 年版。

《新媒体时代的文化批评》，广西师范大学出版社 2013 年版。

《坐而论道：当代文化文学对话录》，广西师范大学出版社 2014 年版。

《阅读与品味：杨剑龙中国当代文学论集》，上海文化出版社 2015 年版。

《新世纪文学论》，长江文艺出版社 2015 年版。

《耕耘与收获：杨剑龙中国现代文学论集》，上海文化出版社 2015 年版。

《书山学海长短录：杨剑龙学术书评集》，上海文化出版社 2016 年版。

《文化与文学研究的双眸》，台湾花木兰出版社 2016 年版。

《文学批评与人文精神：杨剑龙文学评论集》，陕西师范大学出版社 2019 年版。

（二）编著

《中国当代文学发展史》（小说史主编），上海文艺出版社 2002 年版。

《新时期文学二十年精选·中篇小说卷》（主编），上海教育出版社 2003 年版。

《中国现当代文学简史》（主编，主撰），华东师范大学出版社 2006 年版。

《文学的绿洲：中国现代文学与基督教文化》（主编），香港学生福音团契出版社 2006 年版。

《灵魂拯救与灵性文学》（主编），新加坡青年书局 2009 年版。

《都市发展与文化保存》（主编），加拿大文化更新研究中心 2010 年版。

《论陈赞一的文学世界》（主编），香港陈赞一修会有限公司 2010 年版。

《中国 2010 年上海世博会论坛文集·公众论坛》（主编），中国出版集团东方出版中心 2011 年版。

《双城记：上海、纽约都市文化》（主编），格致出版社 2011 年版。

《世博会与都市发展》（主编），加拿大文化更新研究中心 2011 年版。

《老舍与都市文化》（主编），广西师范大学出版社 2012 年版。

《瘦西湖畔薪火承传：中国现当代文学论集》（主编），江苏教育出版社 2012 年版。

《都市上海的发展和上海文化的嬗变》（主编，合著），上海文化出版社 2012 年版。

《上海文学与二十世纪中国文学》（主编，合著），上海文化出版社 2012 年版。

《鲁迅的焦虑与精神之战》(主编),台湾秀威资讯科技股份有限公司 2013 年版。

《都市文化研究读本·都市文学卷》(主编),上海人民出版社 2014 年版。

《都市文化研究读本·都市文化卷》(主编),上海人民出版社 2014 年版。

《新世纪初的文化语境与文学现象》(主编),中央编译出版社 2012 年版;中国书籍出版社 2017 年版。

《青春的回响:江西师范学院中文系 77 级回忆录》(主编),杭州出版社 2014 年版。

(三)创作文集

《岁月与真情》(散文集),台湾秀威资讯科技股份有限公司 2011 年版。

《瞻雨书怀》(诗歌集),广西师范大学出版社 2015 年版。

(四)小说

《汤汤金牛河》(长篇小说,摘刊),《芳草》2007 年第 4 期。

《汤汤金牛河》(长篇小说,繁体本),台湾秀威资讯科技股份有限公司 2008 年版。

《金牛河》(长篇小说),安徽文艺出版社 2008 年版。

《租赁男友》(中篇小说),《星火》2011 年第 3 期。

《清明时节雨纷纷》(中篇小说),《广州文艺》2012 年第 4 期。

《十指梅花》(中篇小说),《上海文学》2018 年第 7 期。

《寻猫记》(中短篇小说集),上海文艺出版社 2023 年版。

(五)论文

《论二十年代"乡土文学"的乡土特色》,《上海师范大学学报(哲学社会科学版)》1988 年第 1 期。

《论二十年代"乡土文学"的悲剧风格》,《中国现代文学研究丛刊》1988 年第 4 期。

《论废名小说的诗意美》,《上海师范大学学报(哲学社会科学版)》1989 年第 2 期。

《"美的瞬间的破坏与毁灭"——论何立伟小说的悲剧意蕴》,《当代作家评论》
　　1990 年第 2 期。

《论许钦文的乡土小说》,《中国现代文学研究丛刊》1991 年第 1 期。

《中国当代小说美学研究的现状与构想》,《云南社会科学》1992 年第 3 期。

《论"五四"小说中的基督精神》,《文学评论》1992 年第 5 期。

《论鲁迅的乡土情结与乡土小说》,《鲁迅研究月刊》1993 年第 6 期。

《反讽:鲁迅乡土小说的独特魅力》,《学术月刊》1994 年第 10 期。

《论鲁迅的乡土小说与文化批判》,《中国人民大学学报》1995 年第 3 期。

《恋乡的歌者——沈从文和汪曾祺小说之比较》,《小说评论》1996 年第 2 期。

《论周作人与基督教文化》,《鲁迅研究月刊》1997 年第 6 期。

《论曹禺〈雷雨〉的基督教色彩》,《戏剧艺术》1998 年第 1 期。

《新写实小说:现实主义传统的回归和深化》,《扬州大学学报(人文社会科学
　　版)》1999 年第 1 期。

《基督教文化与二十世纪中国文学——中国现代文学研究的一种视角与方法》,
　　《江苏社会科学》1999 年第 1 期。

《论新时期文化思潮与文学创作》,《上海师范大学学报(哲学社会科学版)》2000
　　年第 4 期。

《论幽默闲适小品创作热潮的滥觞与兴盛》,《社会科学辑刊》2001 年第 3 期。

《论语派小品文创作论》,《学术月刊》2001 年第 9 期。

《论王朔小说的反讽艺术》,《中国文学研究》2002 年第 1 期。

《论建国初期上海的诗歌、散文创作》,《上海师范大学学报(哲学社会科学版)》
　　2002 年第 2 期。

《论上海文学与中国现代文学传统》,《社会科学辑刊》2003 年第 2 期。

《小城文学的价值与研究方法谈》,《湛江师范学院学报》2003 年第 5 期。

《建设小康社会与弘扬都市文化传统》,《江西社会科学》2005 年第 3 期。

《论"五四"知识分子与基督教文化》,《江西师范大学学报》2005 年第 3 期。

《论鸳鸯蝴蝶派侦探小说的叙事探索》,《中国现代文学研究丛刊》2005 年第 4 期。

《论〈新青年〉的封面与插图的文化韵味》,《江汉论坛》2006 年第 1 期。

《论上海文化与二十世纪中国文学》,《文学评论》2006 年第 6 期。

《探究都市文化与都市文学之间的关联》,《文学评论》2007 年第 2 期。

《论中国现代文学论争与史料研究》,《河南大学学报(社会科学版)》2007 年第
　　2 期。

《应关注大众传媒的误导偏向》,《探索与争鸣》2008 年第 10 期。

《全球化背景中上海文化产业的现状与思考》,《上海经济研究》2008 年第 7 期。

《大都市文化发展趋势与上海文化发展坐标、定位问题研究》,《科学发展》2009 年第 7 期。

《论中国城市化进程中的文化遗产保护》,《中国名城》2010 年第 10 期。

《论新世纪上海城市书写的长篇小说创作》,《天津师范大学学报(社会科学版)》2011 年第 3 期。

《猫头鹰与狮子——鲁迅与森欧外小说创作之比较》,《华中师范大学学报(人文社会科学版)》2012 年第 2 期。

《论老舍散文中的都市印象》,《中国现代文学研究丛刊》2012 年第 10 期。

《莫言获诺贝尔文学奖的意义和隐忧》,《社会科学》2013 年第 1 期。

《论小康社会文化建设的目标与路径》,《都市文化研究》2014 年第 2 期。

《论巴金小说〈家〉的连环画改编》,《都市文化研究》2015 年第 2 期。

《论老舍的抗战鼓词》,《江汉论坛》2016 年第 3 期。

《论新世纪知青电影的叙事视角与情感基调》,《文艺评论》2017 年第 8 期。

《二十世纪中国文学整体观的回眸与思考》,《中国高校社会科学》2018 年第 5 期。

《论城市化进程与城市诗歌创作》,《甘肃社会科学》2019 年第 1 期。

《海外华文文学研究现状与 21 世纪文学史编撰的意义》,《甘肃社会科学》2020 年第 4 期。

《"用尽平生的力画圆圈"——论鲁迅〈阿 Q 正传〉阿 Q 画押的图像阐释》,《贵州社会科学》2021 年第 2 期。

《商务印书馆与中国现代文学》,《东方论坛》2021 年第 6 期。

《"五四"新文化运动与中国现代知识分子》,《齐鲁学刊》2021 年第 3 期。

《茅盾访问苏联的媒体视阈》,《汉语言文学研究》2022 年第 1 期。

《论中国当代学者长篇小说的大学书写》,《当代文坛》2023 年第 4 期。

《"成了当今阿 Q 的标准造像"——论赵延年的〈阿 Q 正传〉木刻连环画》,《上海师范大学学报(哲学社会科学版)》2023 年第 4 期。

教学相长传师道　独具匠心绣文章

——现代汉语教学与应用研究专家何伟渔传

何伟渔（1936—2024），浙江宁波人。教授。1956 年毕业于上海师范专科学校（上海师范大学前身），并留校任教。1992 年晋升为教授。在职期间，大部分时间在中文系任教，担任过中文系汉语教研室主任、中文系副主任（分管教学），现代汉语专业硕士点学科带头人。任上海语文学会理事、华东修辞学会理事、《语文学习》和《咬文嚼字》杂志编委等职。曾为教育部语用司和考试中心汉语能力测试（HNC）学术委员会委员、全国高考上海市自主命题语文学科专家组成员。任上海市徐汇区政协第七、第八、第九届委员。1998 年 3 月退休。主要从事现代汉语教学与研究工作，出版《中学语法体系新解》《中学语法教材讲析》《语言小品》等著作，主编《语音文字规范手册》《汉语成语词典》等工具书，发表论文三百多篇。多次获校先进、"记大功"奖励，1987 年被评为上海市普通高校先进教育工作者。

少年爱好　为终生当教师铺垫基础

少年时代，何伟渔十分喜爱沪上滑稽戏（含独脚戏）表演，崇拜姚慕双、周柏春二位大师，每晚六点到八点雷打不动地收听电台播放的姚、周二位的"自由谈唱"节目。那个时间段，上海淮海路上几乎所有商家都在播放"自由谈唱"，姚、周之大红大火，由此可见一斑。

何伟渔

从小痴迷滑稽表演，到了高中阶段，就变成了实际行动。何伟渔联络了多位志同道合的同学，共同促进五爱中学学生会成立了曲艺组，他担任组长。起初，他们模仿姚慕双、周柏春二位现成的滑稽节目。后来进一步尝试自编、自排、自演节目。所有新节目都由何伟渔创作，排练时则群策群力。他们常在班级联欢会上演出。1953 年春，团市委会同教育局要在西藏中路大众剧场(原黄金大戏院)举办全市中学生文艺会演。何伟渔闻讯,立即投入创作,编写了说唱《学习好》,并加紧排练。会演那天,何伟渔带领曲艺组男女组员(包括二胡演奏员)登台演出,只听得观众中笑声连连,掌声一片。五爱中学的说唱《学习好》和另一所中学的相声《身体好》双双获奖(当时的《解放日报》对此有报道)。

青年时期的何伟渔

20世纪50年代,每逢"五一"劳动节、"十一"国庆节,上海市都要组织各界庆祝大游行。游行沿途设立数十个宣传站。嵩山区(后并入卢湾区)政府将西藏中路南阳桥的宣传站交给五爱中学负责,校领导又将任务交给曲艺组和语文老师李锡澜先生。根据市大游行总指挥部颁发的宣传提纲和游行口号,何伟渔现场编写许多小段唱词,配上吴语区流行的民间小调来演唱。游行群众听到生动活泼的演唱,每每报以热烈的掌声和叫好声。这个南阳桥宣传站,年年受到区政府的表彰。

之后,何伟渔的曲艺创作和表演还延续了十多年。比如,1956年,上海师专中文科1班在民立女中教育实习的总结和告别会上,有一个余兴节目,便是何伟渔和同学徐传天的表演唱《上海师专好风光》(杨柳青调,共九小节,何伟渔作词)。民立女中的师生听得兴高采烈,啧啧称奇:"想不到!想不到!"1958年,在北郊区工农乡黎明高级社,生产队常在晚上召开社员大会。每次会前,何伟渔根据会议的中心内容,事先编好通俗易懂的唱词,开完会就由他本人和其他下放干部演唱社员喜闻乐见的节目,宣传党的方针政策。这样,到会的人十分踊跃,连兄弟生产队的社员也赶来旁听。同年,宝山县举办农民和下放干部的文艺会演。何伟渔创作的上海话对口快板《说三秋,道三秋》,由他本人和叶景烈参加演出,获得主管部门的好评。何伟渔还获邀到市工人文化宫观摩黄永生表演的上海说唱。

少年时代对滑稽戏的爱好,直接影响和促成了何伟渔后来热心组织和参加曲艺创作和表演。曲艺创作对语言文字艺术性的要求很高,说唱表演又要求口齿清楚,声音高低起伏适当,言辞和表情能打动观众,需要有很强

79

1958 年夏干旱，下放干部何伟渔、蒋哲伦、柳尚彭（自左至右）等踩水车包干生产队 80 亩水稻田灌溉任务

的语言表演能力，还要有随机应变临场发挥、用语言掌控和调动现场气氛的能力。这些活动，使何伟渔的语言运用和表演能力得到了很好的锻炼，为后来从事汉语教学和研究，打下了早期的坚实基础。

何伟渔的学生、同事和同行，许多人一致评价：何老师上课总是思路清晰，有条有理，主次有别，吐字、语音清清楚楚，没有多余的衬字、衬词。华东师大王群教授在完成"高校教师教学口语评价与训练"研究项目时，将何老师的教学语言视为教学口语的典范，并指出其具有如下特点：一是教学内容清楚，讲解深入浅出，语言规范，表达清晰、准确；二是重视所讲内容的难易度，重点突出，有主有次；三是有序而贯通，层次分明，前后照应，表达缜密；四是因势利导，具有启发性，善于调控语境，及时调整讲授内容与方式，表达灵活；五是音量适当，口齿清楚，不阻塞凝滞，节奏分明，语速适中，表达流畅；六是充分考虑课堂教学的时限性，做到干净利落，少而精，不讲废话，表达精炼。

不负重托　向全校开整学期公开课

1964 年 2 月 13 日，毛泽东同志在人民大会堂主持召开教育工作座谈会，提出教育要改革，教学要少而精，要精讲多练，要调动学生积极性。当时，吴从云先生刚到上海师范学院任副院长，主管教学。他努力落实毛泽东讲话精神，着力有效提高全校的教学水平。

他走访摸排各系教学情况，希望推出优秀教师典型，选出教学标兵。经与中文系领导商量，确定把何伟渔的现代汉语课作为优秀典型来抓。于是，学校决定在 1964 年春季学期，由何伟渔向全校教师开放，上一个学期的公开课(每周两次,每次两节课)。当时他教的是中文系 63 级 8 班。这班同学于 1963 年秋入学,第一学期就由何伟渔讲授现代汉语课的语音、文字和词汇部分,第二学期(1964 年春)继续讲授语法、修辞部分。刚开学,吴从云副院长就在全校教师大会上宣布,本学期,何伟渔的现代汉语课向全校教师开放,不管哪一天,文、理各系教师都可以前去听课,听一节听半节或听 10 分钟 5 分钟都行。那时,何伟渔所教的班上有 37 名学生,学校为便于老师们进教室听课,特意开了一个可坐 100 人的大教室。学生坐前边,教室的后门开着,前来听课的教师可在任意时间进来听课,也可以中途离开。学校对这项工作十分重视,专门从教务处新成立的教学科抽调陆云华和王玲老师(二位原来都是教育学教师)驻班蹲点。按照学校要求,她俩随学生上每一节课,不但要听完一个学期的课,而且要随时观察学生在课上的表现与反应,听取、收集前来听课的教师意见,并作详细记录,定期向校领导汇报。吴副院长有时在室外观察教学和教师听课情况。

这样,何伟渔向全校开了整整一学期的公开课。这在学校历史中实属鲜见。在完全开放的状态下进行课堂教学,任课教师必须投入大量的时间和精力,在业务上精益求精,前来听课和观摩的教师也能在教学方法和态度等方面受到启发。学生在这样开放的课堂上听课、学习,气氛活跃,大家积极参与讨论和练习,分析有趣的或习焉不察的语言现象。这种体验对于该班学生来说,无疑是独特的,甚至是终生难忘的。

这一学期的公开课能取得很好的成效,下面两方面情况值得一提。

一是下大气力备课。要向全校教师开一学期公开课,何伟渔接到这个任务时的压力可想而知。他化压力为动力,在备课上投入了超乎想象的时间和精力。为了上好每次的两节课,他通常要花 30 节课的时间去备课。对于每一节课,他都要尽可能详尽地查阅资料,精心研究教学内容,确定重点、难点,针对班上学生的情况,设计教学方案,调动学生课堂参与的积极性。开始时,备课笔记写得很详细,很具体,到后来就浓缩在一张小纸片上。小纸片上的内容就是上课时要全部写在黑板上的要点和用例,课间不必擦黑板。由于课前对教学内容、重难点处理、讨论和练习安排、讲课的节奏等做了精心的准备,因此,往往在完成了两节课的教学任务并对学生说了"下课"二字后,就正好是下课铃响的时间。数十年以后,当年 63 级 8 班的学生回忆起来,还称那真是神奇!

二是充分了解学生,师生融为一体。20 世纪 60 年代,何伟渔做过中文系 62 级 3 班、63 级 8 班和 64 级 8 班的班主任并担任现代汉语课教师。那时候新生报到前三天要进行入学教育,上午是集体活动,下午是小组讨论(何伟渔所带的班分成三个小组,每组十二三人)。何伟渔在拿到新生班级名单时,就先把每位同学的名字用拼音拼写一遍,为的是熟悉名字,见了拼音能默写名字。入学教育的三个下午,他分别参加一个小组的讨论,就记住了小组里每位同学的名字。新学期从周一开始上课,他总是让教务把现代汉语课排在周一前两节,上课时他能准确地叫出每位同学的名字。这一下子拉近了师生距离,使学生感到自己很受重视和关注。在教学和日常交流中,对那些第一志愿非上海师院、心理落差较大、不愿当语文老师的同学,何伟渔就像大哥哥一样,与他们交心,让他们体悟到当语文老师的意义和乐趣。经过第一学期的接触和教学,他和同学们已经非常熟悉,因而在第二学期的课堂上,大家都很愿意主动参与教学活动。这样,在 63 级 8 班上整学期公开课时,同学们十分配合,课堂气氛活跃,取得很好的教学效果,这些就都是十分自然的了。

一个学期的公开教学,也使何伟渔的现代汉语课成了中文系的一个品牌。1979 年,胡裕树先生主编的高校统编教材《现代汉语》修订本开始使用,该书的语法部分是上海师大张斌先生执笔的,采用了胡、张共同建立的语法新体系。何伟渔长期在张先生身边工作,对他的语法思想很熟悉,甚至上课的风格也跟张先生有几分相像,中文系办公室的一位同事就开玩笑称他为"小张斌老师"。当时,上海和外省市不少高校和教师进修学院的中文系都采用胡裕树主编的《现代汉语》,部分教师对新的语法体系不太熟悉,对怎么用好、教好这本新教材没有把握,就来上海师大中文系进修。那段时间,张斌先生主要上选修课、提高课,暂时不上现代汉语基础课。进修教师打听该怎么选课的时候,中文系办公室的老师就推荐去听"小张斌老师"的课。那时,中文系的小班一般 40 人左右,但后来教室坐不下,就换成了 120 人的大教室。最多的时候,进来听课的进修教师约有 50 位,超过了在册上课的中文系学生。

在职四十多年里,何伟渔教过的专业课、选修课和研究生课程等有七八种,他教得最多的、感到最满意的还是现代汉语课。

1996 年,何伟渔在阜阳师范学院做学术报告

四个笔名　致敬并传承四位好老师

　　何伟渔在科研方面起步较早。1956 年留校,1957 年就在《语文知识》杂志发表了两篇文章。但之后受批判白专道路和"文化大革命"的影响,他停止了投稿发表文章,不过他从事现代汉语教学和应用研究的工作仍在继续。改革开放以后,学术研究气氛活跃起来,他自己定了指标:一年至少发表十二篇(大到一本著作算一篇,小到数百字的短文也算一篇)文章。照此,大体上从 1979 年一直坚持到 2009 年。2010 年起,由于健康原因,缩减到一年六篇。几十年来,何伟渔发表的文章有许多是署了笔名,前前后后用过的笔名有四五十个,用得较多的有金易生、金柬生、金波生、马三生、余双人、魏雨、韦人、初崇实、高姜山、姚敬业、向五爱、贡釜、何令祖等等,其中,金易生、金柬生、金波生和马三生是用得最多的。

　　1986 年教师节,何伟渔获得了上海师范大学教学优秀奖,并作为教师代表在教师节表彰先进大会上发言。谢丽娟副市长和市教卫办、高教局的一些领导出席了这次会议。在这次发言中,何伟渔丝毫没有介绍自己的先进事迹,而是讲述自己最常用的四个笔名的来历,饱含深情地赞颂了自己的四位老师，他们是中文系的李锡澜先生、李金波先生、马茂元先生和张斌先生。

笔名金易生是取自李锡澜先生名字中的"锡"字。李先生有个笔名叫金易，那么金易生就是金易的学生。李锡澜先生原来是何伟渔在五爱中学的高中语文老师，后来调入上海师大中文系汉语教研室。何伟渔在高中阶段，担任学生会曲艺组组长，负责说唱表演活动的组织，还自己编写唱词并参加表演。他写好唱词，常请李锡澜先生修改润色。1954年到1955年，李先生做了一件为上海初中语文教育添砖加瓦的大好事。起因是1949年5月上海解放，9月份上海贫困家庭的子女，不管年龄大小，争先恐后进入小学一年级。六年之后，即1955年9月，初中一年级新生数量势必井喷，语文教师缺口很大，上海师专和华东师大毕业生人数有限，"远水救不了近火"。受市教育局委派，李先生主持创办了一年制语文师资短训班。1955年7月结业，短训班向全市输送了数百位语文新教师，填补了大大的缺口，解了燃眉之急，为上海市教育事业立了大功。由此，何伟渔格外佩服和崇敬李先生。

在上海师专中文科学习期间，何伟渔每周六下午三点离校，必定先到五爱中学看望李锡澜先生，他向老师汇报一周的学习情况，请教种种问题。至少交谈一个小时，才各自回家。这好像成了师生间的约定，两年中从未间断。后来成了同事，师生二人还是如同以往，一直亲密无间，畅所欲言，情同父子。

笔名金波生是取了李金波先生名字中的"金波"二字。李金波先生是何伟渔大学二年级"现代文选及写作"课老师。大学一年级也有这门课，同学中有不少调干生，还有新闻记者，他们既有生活积累，又有写作经验，他们的作文频频受到老师的重视和赞美，成绩多为"优""良"；而何伟渔的作文成绩停留于"中"。何伟渔一向崇拜老舍、赵树理等贴近生活的写作风格，痴迷说唱文学，他的作文自然也受到了潜移默化的影响。想不到大学二年级时，李金波先生在一次课上对何伟渔的作文大加赞赏，竟让他在有150名学生的大班上朗读自己的一篇习作《水电大会》，这对何伟渔是极大的鼓励。

最令他难忘的是"现代文选"课有一个"小说"单元，李先生精心选了五篇中外现代短篇小说，供大家阅读。课上，李先生突破了一般分析小说的"套路"，对五篇小说采用了五种截然不同的分析方法，不拘一格，别开生面，何伟渔感到耳目一新，十分佩服。后来，何伟渔到民立女中教育实习，指导教师安排他第一次上课就是两节课的公开教学，不仅要面向所在班的中学生,还要面向民立女中语文教研组的全体老师和师专的 49 位实习生。课文是康濯的小说《最高兴的时候》,备课时何伟渔想起了李金波先生及其分析小说的五种方法。心想,既然有五种,应当不排除还有更多的分析方法吧。他征得实习指导老师同意,毅然采用与五种方法完全不同的第六种方法。课后评议会上,民立女中的老师和上海师专的实习生对何伟渔第一次授课一致给予了肯定和赞许。

笔名马三生背后有个令人难忘的故事:马茂元先生在中文科 1 班的课堂上三次讲解柳永的词《雨霖铃》。第一次,一节课还剩下一半时间,只见马先生的讲课提纲写在香烟纸上(但他不需要看,课上讲到的诗词他全部能背诵),半节课正好讲完这首词,生动有趣。第二次,马先生意犹未尽,用两节课重讲《雨霖铃》,内容自然更加丰富多彩,学生不觉得跟上次所讲有多少重复。第三次,恰逢大暴雨,校园道路被淹,马先生身体不好,是工友把他背到教室里来的。出人意外地,他居然再一次讲解了《雨霖铃》,学生们感到又是一番别样滋味。听马先生三次讲这首词,内容有同有异,印象深刻,回味无穷。何伟渔每次都做了详细的听课笔记,几乎每句话都记了下来。到了期末考试,要抽题口试。何伟渔抽到的题目正好是分析《雨霖铃》,他就把马先生三次讲解的内容综合起来讲了一遍,讲得很顺利。没想到,马先生非常满意。考后他对许多熟悉何伟渔的老师说:"何伟渔讲得真好啊!"引得一些老师向何伟渔打听:马先生那么夸你,你是怎么讲的?

笔名金柬生中的"金柬"是来自张斌先生笔名文炼中的"炼"(鍊)字。张斌先生是何伟渔 1954 年读大学时的"现代汉语"课老师。第一次上课,张先生在黑板上写了一个句子,并就这个句子问了一个语法问题。前边被提问的两位同学都没说到点子上,张先生又问:"谁能回答?"何伟渔举手回答,张先生对回答很满意。当天晚上班级选举各门课的课代表,同学们一致推举何伟渔做现代汉语课课代表。从此,他就成了张先生和班级之间上通下达的桥梁,几乎每次课后他都带着大大小小问题向张先生请教,这些问题有语法词汇的,也有修辞的,有课内的,也有课外的,有他自己发现的,也有同学们讨论中提出的。张先生总是不厌其烦地一一解答。何伟渔 1956 年毕业留校任教,与张先生成了同事。他在教学、科研等方面受张先生的影响自然最深,与张先生共事与合作的机会也很多。

何伟渔在这次先进教师表彰会上,深情地叙述四位恩师的事迹,也是以一种特别的方式在传承师道。

何伟渔敬重的四位老师，他们有一个突出的共同特点，就是善于发现学生和同事身上的专长，及时给予赞扬和鼓励，促人奋进。这一点，何伟渔深受影响，并且化为自己的行为准则。何伟渔对学生也总是多加启发和鼓励。20世纪90年代，他的研究生中有不少在读研前是有些工作经验的，但对语法研究不太熟悉，提交的作业或小论文难免有种种缺陷。让学生们感动的是，何老师总是指出大家作业中的闪光点，相信学生，决不全盘否定。在他的鼓励下，有好几位学生在读研期间就在《汉语学习》《语文学习》《上海师范大学学报（哲学社会科学版）》等重要期刊上发表了论文。正如戴晓雪（何伟渔的学生和同事）所言："何老师对学生和同事永远是温文尔雅，说话做事井井有条，让大家没有压力，他从来不用命令的口气布置工作和任务，从来不会训斥人。"何老师的学生刘尚宝（上海市江宁路街道党工委书记）也深情地说："我不是何老师最好的学生，但何老师毫无疑问是我最好的老师。"

除了长期承担本科生的专业课教学，何伟渔还是上海师大第一批从事对外汉语教学的教师之一（1965年教越南留学生学习汉语），是学校第一位

1982年10月，日本大阪府日中友好协会中国语学院结业式上，何伟渔与高级班部分学员合影

被公派出国(赴日本)教汉语的教师,是学校第一个开设"对外汉语教学"研究方向的研究生导师。几十年间,他教过的各类学生不下 3 000 名,其中有不少在高校任教授或副教授等职,有多人在政府机关和企业担任领导工作,更多学生成了上海许多中学的语文骨干教师或中学校长。何伟渔多次获得学校和市教育部门的表彰和奖励:1986 年获得上海师大教学优秀奖,1987 年被评为上海市全日制普通高校先进教育工作者,1988 年学校给予"记大功"奖励,1993 年被评为校先进工作者。

编辑杂志 重应用尚务实勤写小品

1981 年 7 月,何伟渔开始在《语文学习》杂志社担任兼职编辑和编委,至 2021 年 12 月底(中间有半年赴日本任教),前后足足 40 年(自 2022 年 1 月继续任编委)。《咬文嚼字》于 1995 年 1 月创刊,至 2021 年 12 月底,他任该杂志编委,共 27 年(自 2022 年 1 月任顾问)。

1981 年 7 月,何伟渔受上海师大中文系委派,到《语文学习》编辑部担任兼职编辑。起初,他每周一、四早上 8:00 时到 10:00 时,先到绍兴路上海市出版局,为编辑业务进修班青年编辑讲授现代汉语语法。接着再赶到永福路《语文学习》编辑部审稿、改稿。那时候,语文刊物少,稿源丰足,光是"现代汉语"一个栏目,每周来稿都超过 100 篇,每月发稿两三万字。到了新世纪,《语文学习》改版,仍保留颇具特色的"语言"栏目。

《语文学习》编辑部原主任、编审顾景祥先生与何伟渔共事十多年,他说:"我敬重何伟渔老师,我们一起工作很协调和谐。""何伟渔老师是编辑部一张亮丽的名片,是王牌编辑。他经手发的文稿可以说毫无差错。"

何伟渔十分关注中学语文教学,从 1985 年到 2004 年他曾担任上海教育考试院语文命题专家组成员。20 年间,每年参加语文学科考试手册的修订和考后分析总结工作。他直接参加命题 5 次,其中两次担任命题组组长,8 次参加审题。

20 世纪 80 年代初,何伟渔由上海市语文学会会长濮之珍教授提名,担任语文学会的现代汉语组组长。1984 年 2 月,《中学教学语法系统提要》发表,并在各级各类学校开始试用。这份"系统提要"与之前中学语文课本里基于《暂拟汉语教学语法系统》的语法内容多有不同。不少中学教师对新教材所依据的"系统提要"感到陌生甚至困惑。面对这种情况,何伟渔提出由《语文学习》杂志社和上海市语文学会合办面向中学语文教师的语法、修辞讲座,于是在 1984 年、1985 年先后举办了"语法十讲"和"修辞十讲",讲座利用周日上午在向明中学礼堂进行。何伟渔负责讲座的组织工作,先后有四五百位中学语文教师参加了培训。胡裕树、张斌、张拱之等名家都分别主讲,何伟渔每周都在现场主持。这两套讲座很好地实践了语法、修辞研究与中学语文教学相结合,帮助学员更新了语法、修辞知识,体现了高校语法、修辞研究在语文教学中的应用价值。在 1984 年及以后的两年里,《语文学习》较为集中地刊发了不少讨论中学语法教学相关的文章,何伟渔也参加了讨论。后来,他出版了《中学语法体系新解》《中学语法教材讲析》等著作。

1994 年 9 月,郝铭鉴先生酝酿创办《咬文嚼字》杂志,当年 11 月就邀请何伟渔等五位教授担任编委。何伟渔是《咬文嚼字》杂志创刊的核心推动者之一。期刊初创时期,稿源、审稿、编稿等方面有很多困难,主编和几位编委全过程参与编辑工作。何伟渔当时说:"我们五位编委,人数不多,与众不同的是没有一个是'挂名'的,个个都是干实事的。只要刊物有需要,我们召之即来,有求必应。"上海师大张斌先生是杂志顾问,郝铭鉴几乎每月都去拜访张先生,汇报刊物近况,请教相关事宜。张先生对他说:"何伟渔和金文明是你的左膀右臂,一位擅长语法修辞,一位擅长文史典籍,有他们出力,刊物质量有保证。"

何伟渔主持的"时尚词苑"专栏,是《咬文嚼字》一直延续的特色栏目。经不断尝试和摸索,该栏目的选题范围、写作方式及行文风格等都独具特色。主编黄安靖先生说:"《咬文嚼字》责任编辑一茬接一茬,跟何先生打过交道的都知道,'时尚词苑'栏目的稿子是最成熟的,几乎不需要作任何修改,就可以直接上版面发表。其背后,何先生付出了大量心血,基本上每一篇文章都由他反复打磨而成,有时来来回回,修改过好几遍。"

多年来,《咬文嚼字》杂志每年都要举办具有全国影响的大型活动,酝酿这些活动的选题,何伟渔都发挥了关键作用。比如,2006 年,《咬文嚼字》组织检查了当年央视春晚的语言文字使用情况,一共查出了 28 处差错,引起了社会各界的关注。这个选题,最早是何伟渔提出的。这次活动受到了央视

何伟渔在书房工作

领导的高度重视。2007年,央视便邀请《咬文嚼字》派专家到当年的春晚播出现场把关。编辑部决定黄安靖和王敏二位赴京,郝铭鉴、何伟渔等编委、编辑留沪后台协助。后来,《咬文嚼字》连续几年关注央视春晚,并与央视建立了友好关系,为提高春晚语言文字质量作出了切实贡献。

自2008年开始,《咬文嚼字》每年年底公布年度十大流行语,在社会上引起了巨大反响,中宣部《新闻阅评》曾以专报形式,向国家有关领导汇报情况。何伟渔是这项工作的主要发起人之一。2008年,编辑部开展年度"十大流行语"的评选工作,《咬文嚼字》因此成为全国最早进行年度流行语评选的机构。此后,评选年度"十大流行语"就成为《咬文嚼字》的品牌项目之一。开展这项工作的前十年,流行语条目的选定和解释等工作主要由何伟渔汇总完成。

无论是在《语文学习》,还是在《咬文嚼字》担任编辑、编委工作,何伟渔都十分重视基于语言应用的原理,发现语言运用中的新现象、新问题,并切切实实地去分析、解决问题。几十年来,他发表的讨论语言文字应用的文章有三四百篇,大多是短篇,他将自己的这些文章称为"语言小品"。2015年,他的毕业多年的研究生从他发表的文章中选取了一百五十几篇,编成《语言小品》一书,该书被上海教育出版社列入"白马湖书系"重点推荐。

2021年下半年,考虑自己上了年纪,何伟渔向《语文学习》和《咬文嚼字》杂志社提出不再担任编辑工作。到2021年底编完两份杂志当年最后一期稿子,他将自己承担了几十年的编辑工作正式交给了接任者。

退休余热　为年轻同行们保驾护航

1998年3月从中文系退休后,何伟渔更是致力于帮扶年轻人关注和从事汉语应用研究。

2000年,上海师范大学女子学院成立,第一届汉语言文学(文秘)专业的"汉语"课,院长孙逊教授点名要何伟渔任教。这门课上,何伟渔重视引导学生关注语言使用,培养学生发现问题和分析语言现象的能力。最后,由30位大一学生提交的课程作业,经修改加工后竟有18篇在正式刊物上得以发表。1998年退休至今,何伟渔指导的本科生及研究生,在课程作业的基础上,经过一次次修改,由初稿、二稿,甚至改到五稿、六稿,最终向语文刊物投稿,总共发表了500多篇文章,这在上海师大退休教授中也算是一项纪录吧。

何伟渔退休后仍指导的众多研究生中,曹志彪和高丕永是比较突出的两位。曹志彪任上海市工商外国语学校基础教学部主任,并一直从事语文教学和研究工作。《咬文嚼字》杂志开设"时尚词苑"栏目,曹志彪就经常撰稿、投稿。有时,何老师向他提供一些选题,请他完成"命题作文"。他几乎每一篇稿子都要先交给何老师看,发表的每一篇文章都经过精修细改。曹志彪与何老师合著的《词辨百话》出版后,被国家新闻出版署列入了《2020年农家书屋重点出版物推荐目录》。高丕永是上海市工商外国语学校英语教师、校招生办公室主任,他善于从汉语、英语对比的角度去探究一些新词新语的由来和使用,但毕竟长期从事英语教学工作,用汉语分析汉语还是有些"心虚",所以他每写一篇文章都要先送给导师看,请他修改理顺、加工润色。二十多年来,高丕永已发表了一百余篇关于汉语新词新语的文章。

退休后,何伟渔在担任《语文学习》和《咬文嚼字》的编委和编辑工作中,也结识了不少年轻作者。他和一些年轻作者结成了类似师徒的关系。在这些作者中,太原师范学院文学院青年教师杨琦是比较典型的一位。她结识何老师时，还是上海师大中文系的一名研究生。经她导师推荐，她把自己的一篇习作放到了何老师家楼下的信箱里。没两天何老师就给她打了电话，在基本肯定的同时，也指出文中一些细节问题，并耐心而细致地讲解了半个多小时。这让刚读研不久的杨琦大为感动，对语言研究信心大增。之后，她又接连写了几篇文章。何老师对她的每篇文章都细加推敲斟酌。读研三年间，她总共发表了十几篇大小论文。由于各方面表现优秀，她在上海很容易找到了工作，但由于家庭的关系，她最后还是回到了家乡。此后，杨琦还是常与何老师电话联系。何老师每个月定期到邮局给她寄新出的杂志《咬文嚼字》，一寄就是 7 年多，共 80 多册。杨琦刚回山西时，工作上不是很顺利，何老师对她的鼓励，让她颇有感慨，她说："刚回老家那两年，我心里难免会有落差和沮丧。但何老师每个月从上海寄来的《咬文嚼字》，仿佛暗夜里一道充满力量的光芒，让我重拾自信和勇气。"后来杨琦又在北京师大获得博士学位，现在已是所在单位的青年骨干教师了。

何伟渔指导和帮助过的学生和青年教师很难一一计数，他乐在其中。他说："指导学生发表文章比自己发表文章更高兴。"一些学生也对何老师给予的指导充满感激。人文学院汉语言文字学专业 2023 届硕士生王冬雪在毕业论文"致谢"里写道："何老师对我的小文章总是不厌其烦、逐字逐句地修改，从行文逻辑到字词表达，精确到每一个标点符号。在他的帮助下，我的写作水平有了一定提高，为我撰写硕士学位论文奠定了基础。何老师不仅是给予我指导的老师，也是像爷爷一样给予我疼爱和关心的长辈。何老师那和蔼的笑容、鼓励的话语，是我这三年的珍贵记忆。"

何伟渔善于指导学生发现

2023 年夏，何伟渔（左）在指导学生的学生从事语言文字应用研究

和分析汉语使用中的问题并撰写文章发表,这个特点已经通过他指导过的年轻同行们在学生中间传扬开了。

得益于少年时代热爱说唱等语言艺术,在中学和大学又得到语文及语言学名师教导,加之天性诚恳勤奋敬业,何伟渔在现代汉语教学(包括对外汉语教学)和应用研究领域做出了杰出的贡献。在教学及研究方面,他精心研究安排教学内容,锤炼教学方法,教学相长,发表了诸多对现代汉语课程建设的重要论述。在应用研究方面,他的贡献主要在两方面:一方面,他以敏锐眼光观察语言生活,运用语言学理论分析和解决汉语使用(特别是新词新语的使用)的问题,发表了大量有关语言使用和规范化的论文和"小品";另一方面,他面向语文教学和应用实际需要,通过举办讲座、编辑杂志,大力促进现代汉语(特别是语法修辞)知识和理论在中学语文教学和语文生活中的应用与研究,培养了一大批优秀语文教师和研究人员。

(方绪军　撰文)

附一：何伟渔简历年表

1936 年 8 月 17 日	出生于上海。
1942 年 9 月—1944 年 12 月	上海崇实小学学生。
1945 年 2 月—1948 年 7 月	宁波鄞县姜山小学学生。
1948 年 9 月—1951 年 7 月	上海市敬业中学初中学生。
1951 年 9 月—1954 年 7 月	上海市五爱中学高中学生。
1954 年 9 月—1956 年 7 月	上海师范专科学校中文科学生。
1956 年 9 月—1998 年 3 月	上海师范大学(含上海第一师范学院、上海师范学院)任助教、讲师、副教授、教授。
1957 年 12 月 12 日—1959 年 7 月 27 日	下放农村(在北郊区工农乡黎明高级社)劳动锻炼。
1965 年 7 月—1966 年 6 月	留学生办公室教越南留学生汉语,任汉语教研室代主任。

1970 年 7 月—1970 年 11 月	去大丰五七干校劳动。
1970 年 12 月—1978 年 7 月	外语系汉语教研室教师。
1972 年 6 月—1972 年 12 月	去大丰—奉贤五七干校,半天劳动,半天为外语培训班(各语种)讲授汉语语法。
1980—1992 年	任中文系汉语教研室副主任、主任。
1981 年 7 月—2021 年 12 月	受中文系派遣任《语文学习》杂志兼职编辑、编委(自 2022 年 1 月任编委)。
1982 年 4 月 10 日—1982 年 10 月 6 日	赴日本大阪府日中友协主办的中国语学院任客座教师。
1985 年 6 月—2004 年 5 月	全国高考上海市自主命题试点语文学科专家组成员。
1987—1998 年	上海市徐汇区政协第七届、第八届、第九届委员(以"无党派人士"入选)。
1990 年	开始招收"对外汉语教学"方向硕士研究生。
1992 年	晋升教授。
1992—1995 年	任中文系副主任(分管教学)。
1995 年 1 月—2021 年 12 月	任《咬文嚼字》杂志编委(自 2022 年 1 月任顾问)。
1998 年 3 月	于上海师范大学退休。
2009 年 1 月	被聘为教育部语用司和考试中心汉语能力测试(HNC)学术委员会委员。
2024 年 2 月 13 日	因病逝世。

附二:何伟渔主要论著目录

(一) 著作

《中学语法体系新解》(独著),上海教育出版社 1987 年版。

《〈现代汉语〉自学要点与方法》(何伟渔、毛世桢编),华东师范大学出版社 1988 年版。

《汉语语法修辞词典》（张涤华等主编，何伟渔参编），安徽教育出版社 1988
年版。

《现代汉语精解》（张斌主编，何伟渔负责组稿、审稿并撰写"语法"部分），上海
文艺出版社 1989 年版。

《中学语法教材讲析》（独著），华东师范大学出版社 1990 年版。

《语音文字规范手册》（主编），华东化工学院出版社 1991 年版。

《小学生组词·造句词典》（主编），上海辞书出版社 1999 年版。

《现代汉语虚词词典》（张斌主编，范开泰、何伟渔、叶景烈副主编），商务印书馆
2001 年版。

《造句小词典》（主编），上海辞书出版社 2003 年版。

《汉语成语词典》（主编），上海教育出版社 2004 年版。

《汉语成语词典（增订版）》（主编），上海教育出版社 2007 年版。

《热词——采摘语言的鲜果》（主编，主要作者），上海锦绣文章出版社 2009 年版。

《词辨百话》（曹志彪、何伟渔著），上海画报出版社 2009 年版。

《语言小品》（独著），上海教育出版社 2015 年版。

（二）论文

《谈谈 ei iu-ung yng 到底怎么念》，《语文知识》1957 年第 2 期。

《谈"词素"》，《语文知识》1957 年第 9 期。

《语序二三题》，《语文学习》1979 年第 1 期。

《文理贯通和文气贯通——也谈句子的连贯》，《语文学习》1980 年第 7 期。

《"语段"杂谈》，《修辞学习》1982 年第 2 期。

《用语言实践来检验——回顾关于"恢复疲劳"的讨论》，《语文学习》1982 年第
4 期。

《为什么有些词没有反义词?》（署名余双人），《语文学习》1982 年第 4 期。

《杂谈模糊语言》（署名金易生），《语文学习》1983 年第 6 期。

《〈中学教学语法系统提要(试用)〉简评》，《教育与管理》1984 年试刊号。

《教日本人学汉语》，《语言教学与研究》1984 年第 3 期。

《复指短语·复指关系·复指成分》，《语文学习》1984 年第 10 期。

《延伸式修辞初探》，《上海师范大学学报(哲学社会科学版)》1985 年第 2 期。

《谈谈现代汉语语法练习的设计》，《教育与管理》1985 年第 5 期。

《怎样批改语法练习?》,《语文学习》1985年第12期。

《上海高考命题之我见》,《教育与管理》1986年第5期。

《汉语规范化三题》,《语文知识》1987年第1期。

《分类 归类 兼类——谈词类教学的几个问题》(署名余双人),《语文学习》1987年第3期。

《短语的层次分析》(署名魏雨),《语文学习》1987年第6期。

《多义结构与歧义结构》(署名金柬生),《语文学习》1987年第9期。

《"无标点文字"面面观》,《语文建设》1988年第4期。

《中心语的由来、名称、性质》,《语文学习》1989年第1期。

《胡附、文炼的析句理论——为两位先生从事语法研究和教学四十年而写》,《上海师范大学学报(哲学社会科学版)》1989年第3期。

《常式句和变式句 整句和散句》(署名韦人),《语文学习》1989年第12期。

《张斌教授和中国语言学研究》(署名魏雨),《上海师范大学学报(哲学社会科学版)》1990年第1期。

《简评〈中学教学语法系统提要(试用)〉》,《语文论丛》(第四辑),上海教育出版社1990年版。

《论口语与书面语的差异》,《上海师范大学学报(哲学社会科学版)》1990年第4期。

《谈谈多重复句的分析》,《中文自修》1991年第3期。

《关于语法研究的三个平面学说》,《上海师范大学学报(哲学社会科学版)》1991年第4期。

《为什么说汉语缺乏严格意义的形态变化》,《中文自修》1991年第7、8期合刊。

《句法、语义、语用三个平面的语法理论研究评述》,《高等学校文科学报文摘》1992年第2期。

《关于短语的分类和归类》(署名魏雨),《语文学习》1992年第2期。

《语法的静态分析和动态分析》,《上海师范大学学报(哲学社会科学版)》1994年第3期。

《要研究大学"现代汉语"的教学方法》,《语言文字应用》1995年第2期。

《区别歧义和多义——从〈鲁迅回忆录〉谈起》(署名金波生),《咬文嚼字》1996年第2期。

《汉语规范化典型个例观察与思考》,《上海师范大学学报(哲学社会科学版)》1996年第3期。

《对待异形词，不宜简单化》（署名金易生），《语文学习》1997 年第 1 期。

《〈二简〉影响今犹在》（署名余双人），《咬文嚼字》1997 年第 5 期。

《把字句的语法特点》（署名金波生），《咬文嚼字》1998 年第 3 期。

《时尚词语探索》，载陈章太、戴昭铭、佟乐泉、周洪波编：《世纪之交的中国应用语言学研究——第二届全国语言文字应用学术研讨会论文集》，华语教学出版社 1998 年版。

《数量表达三题》（署名余双人），《咬文嚼字》1998 年第 11 期。

《时尚用词例谈》，《语文学习》1999 年第 6 期。

《宽容口误》（署名金易生），《咬文嚼字》1999 年第 10 期。

《时尚词语的来源》，《语文建设》2000 年第 3 期。

《关于传媒流行词语的思考——从"风景"谈起》，《语文论丛》（第六辑），上海教育出版社 2000 年版。

《"阿诈里"一词调查记》（署名马三生），《咬文嚼字》2000 年第 7 期。

《时尚词语的来源举隅》，载范开泰、齐沪扬主编：《面向 21 世纪语言问题再认识——庆祝张斌先生从教五十周年暨八十华诞》，上海教育出版社 2001 年版。

《时尚词语和修辞》，《语文论丛》（第七辑），上海教育出版社 2001 年版。

《字母词的崛起》（署名金東生），《语文学习》2002 年第 12 期。

《漫议词语的应用与规范》，载苏培成等编：《中国语文现代化学会 2003 年年度会议论文集》，语文出版社 2003 年版。

《分分合合说"的""地"》（署名魏雨），《语文教学通讯》2004 年第 7 期。

《"名词+动词"也可以是状中关系》（署名金東生），《语文学习》2006 年第 2 期。

《不尽"新词"滚滚来》（署名金易生），《咬文嚼字》2008 年第 10 期。

《多功能的"纠结"》（署名金東生），《咬文嚼字》2010 年第 8 期。

《围观"围脖"》（署名马三生），《语文学习》2011 年第 4 期。

《"羡慕嫉妒恨"，其实并不"恨"》（署名向五爱），《语文学习》2012 年第 11 期。

《"压力山大"，堪称妙语》（署名贡釜），《语文学习》2013 年第 9 期。

《漫谈缩略语》（署名余双人），《咬文嚼字》2014 年第 10 期。

《词语更新面面观》（署名金東生），《咬文嚼字》2016 年第 12 期。

《从字音的"改变"谈起》，《咬文嚼字》2019 年第 4 期。

学高为师融中外　身正为范树品格

——汉语语法和应用语言学专家范开泰传

范开泰(1942—　),浙江慈溪人。中共党员。教授、博士生导师。1964年7月毕业于华东师范大学中文系,留校任教。1994年12月调入上海师范大学,历任语言研究所副所长、国际文化交流学院院长、应用语言学研究所所长。曾为美国佛罗里达州立大学访问学者和访问教授、马萨诸塞州立大学访问学者、俄亥俄州立大学访问教授、韩国东国大学访问教授、中国台湾中原大学客座教授。曾任上海交通大学、华东师范大学、华中师范大学、延边大学、上海财经大学、扬州大学等校兼职教授,中国应用语言学会(筹)副会长、中国语言学会理事、中国对外汉语教学学会常务理事、上海市语文学会副会长和学术委员会主任、上海市社会科学学会联合会委员、商务印书馆世界汉语教学研究中心顾问委员会委员、美国《中文教师学会学报》编委、日本《现代中国语研究》编委。2009年9月退休。主要从事汉语语法理论和应用语言学教学和研究工作,出版《语法、修辞、逻辑》《关联词语》《现代汉语语法分析》等著作,在《中国语文》《世界汉语教学》《语言教学与研究》《中国语言学报》等期刊和论文集发表论文六十余篇。主持完成国家社科基金项目、教育部规划项目、国家汉办规划项目等多项科研项目。获得奖项主要有:第一届上海市哲学社会科学优秀成果论文奖(1986年)、上海市教学成果一等奖(2001年)、全国高等学校优秀教材二等奖(2000年)、第七届上海市哲学社会科学优秀著作奖(2004年)、国家社会科学基金优秀成果奖(2006年)。

留母校　访海外　探索前沿

范开泰

范开泰,1942年9月出生于上海。在兄妹五人中,他是长兄。父母都在工厂上班,比较忙碌,他从小对妹妹们就多有照顾。他6岁上小学,很早在学习上就有优异表现,小学阶段连获表彰,跳级一年,五年修完六年学业。因此一直到大学毕业,都是班上年龄最小的学生。中学时,他表现出语文、数学两方面的兴趣和才能。初中毕业时获语文老师兼班主任施南池先生赠墨竹扇面,并题词"竹抱虚心是吾师",这也是范开泰一直铭记的箴言。高中阶段,范开泰是班上语文课代表,徜徉文海,浸润其中。沈嘉培、邓文华二位老师的"几何""三角"课为他以后的治学生涯打下了良好的数理功底。

1959年9月,范开泰考入华东师范大学中文系(五年制)读书,1964年7月毕业,以全五分的成绩留校任教,历任华东师大中文系副主任、对外汉语教学专业委员会主任。直至1994年12月,调入上海师范大学。

在华东师大中文系任教期间,"文化大革命"前他主要承担"语法、修辞、逻辑、写作"课的教学工作,"文化大革命"后承担"语法修辞逻辑"课教学并协助林祥楣教授带硕士研究生。在教学中,他不仅注重讲清汉语语法、修辞、逻辑和写作等各部分内容,而且重视各部分之间的联系,尤其重视语法、修辞与逻辑的关系,发掘语言使用中与逻辑有关的现象。他与同事合作,于1974年、1975年和1978年分别编写出版了统编教材《语法 修辞 逻辑》第一、二、三分册。这套教材中的《逻辑》分册由范开泰和王淑君老师共同负责编写,其中《说话、写文章中的逻辑》一章由范开泰独立撰写。这部分是基于他对语言使用中与逻辑相关现象的观察和分析,属于国内语法学界研究"语用"问题的滥觞。基于这些研究,他后来进行了多项与语用相关问题的探索。1981年,他和同事合作出版了《关联词语》一书。

20世纪80年代,学校公派一批年轻教师出国进行学术访问研究。通过考核,范开泰获得了出国做访问学者三年的资格。当时的世界语言学中心在美国。从30年代以布龙菲尔德为代表的结构主义语言学,到当时引领潮流的乔姆斯基生成语言学,美国的语言学研究在当时无疑是最有影响力的。从汉语语言学的研究来看,我国现代语言学之父赵元任就是在美国从事汉语研究的。国内的语言学前辈王力、吕叔湘等都大力推介赵元任的学说。在美国除赵元任之外还有李方桂、陆孝栋、屈承熹、邓守信、李英哲、戴浩一、汤廷池等一大批杰出的华裔汉语学者。基于这些考虑,范开泰决定到美国进行访问研究。

但当时他的英语却是零起点(他学生时代学的是俄语)。在系领导的支持下,他开始脱产集中精力突击学习英语。在刻苦学习的基础上,只用了一年的时间就通过了全国出国人员的英语考试,如愿被公派美国学习和研究现代语言学。

1981 年 9 月,范开泰到了美国佛罗里达州立大学(以下简称 FSU),跟随著名语言学家陆孝栋先生学习、研究现代语言学。虽然在国内通过了出国英语考试,但刚到美国,在课堂听教授们用英语讲课,用英语参加学术讨论,还是相当吃力。他就采用上课录音,课后再反复听讲的方式,跟一位北外毕业的同学共同校对笔记。毕竟课上讨论的是语言学问题,攻克语言关后,理解起来就比较顺利。在 FSU 期间,他广泛涉猎美国的现代语言学,包括较为传统的结构主义语言学、乔姆斯基生成语言学、功能语言学和生成语义学等。其间,他主要跟随陆孝栋教授系统学习现代语言学理论,记录和整理了陆教授的《现代语言学讲座》。该系列讲座厘清了西方语言学发展的基本脉络,尤其是对 20 世纪具有世界影响的美国结构语言学、转换—生成语法、格语法等作了清晰的阐述,在课堂讨论和师生交谈中重点讨论了这些理论和方法用于汉语研究的意义及存在的问题。范开泰还翻译了陆教授的《汉语量词研究》一文,该文讨论汉语全称量词、存在量词与否定表达的概念和关系,涉及汉语句子语义(主要是逻辑量词和否定)的形式化表达。他在 FSU 做访问学者期间,接受所在学校和陆教授的安排,在汉语班教授一些汉语课程,所教课程受到班上学生的热烈欢迎。学期结束后,班上学生甚至集体向系主任提出要求,希望范老师在新学期继续教课。

在 FSU 学习和研究两年后,1983 年 8 月至 1984 年 1 月,范开泰转赴美国马萨诸塞州立大学继续做访问学者。其间,他与该校邓守信教授广泛且深入地讨论了与动词有关的句法语义语用研究,建立了深厚的学术友谊。在美期间,范开泰参加了美国中文教师学会年会,并发表论文《汉语"态"的语义分析》。

范开泰 1981 年 9 月赴美做访问学者,原计划在美交流时间为三年。后来因为学校工作需要,他提前半年回国。回国以后,他继续深入在美进行的语义和语用研究,在《中国语文》等权威期刊和重要学术会议上发表了《语用分析说略》《语义分析说略》等论文,这些论文令人耳目一新,在汉语语言学界特别是语法学界产生了广泛而深远的影响。

1987 年 8 月至 1988 年 8 月,范开泰以访问教授的身份再次回到 FSU 进行学术研究。回国以后,发表了《论隐含》《省略、隐含、暗示》《汉语隐略现象的句法、语义、语用分析》《汉语名词项的有定性》《语法分析三个平面》等重要论文。这些研究成果深化了汉语语法研究的三个平面理论,特别是基于三个平面理论进行汉语语义和语用研究,引起了海内外汉语语法学界的高度关注。

1993年9月至1994年9月,范开泰第三次赴美,以访问教授身份到俄亥俄州立大学进行为期一年的访问研究。戴浩一和薛凤生二位先生在这所大学任教授,二位专注于认知功能语法研究,范开泰与他们交流甚多,对认知功能语法的背景、基本主张和研究方法等进行了深入了解和思考。他结合自己的研究和国内的语法研究传统,形成了侧重语言功能的语法研究方向。回国后,发表了《关于汉语语法分析的几点思考》《对外汉语教学与汉语语法的经济性特点》《逻辑感、语感与语用研究》《现代汉语虚词功能研究探新》等论文。

三次赴美,范开泰开拓了个人的学术视野,站到了汉语语法研究的国际前沿。回国时他带回了大量的图书和资料,其中有不少是复印的文献。当时,公派访问学者的待遇并不很高,这些资料基本上是靠省下的生活费购置的。回国后,范开泰发表了系列重要论文,对当代汉语语法研究的发展起到了重要的推动作用。在美国,范开泰常与之交流研讨的陆孝栋、邓守信、薛凤生等几位教授都来过上海师大进行学术访问和交流,邓守信教授更是来上师大为教师和研究生作了为期一周的主题为"华语语法及教学"的学术讲座。

随名师　研语法　锐意创新

80年代初,范开泰能赴美进修,跟胡裕树(复旦大学)、张斌(上海师大)和林祥楣(华东师大)三位先生的支持和鼓励分不开。三位先生的研究领域和学术兴趣志同道合,长期合作,发表著作和论文共用笔名林裕文("林"是林祥楣,"裕"是胡裕树,"文"是文炼,即张斌),这在学术界成了难以复制的佳话。

林祥楣先生是范开泰大学期间语言学概论课老师,又是教学实习时的指导老师。大学最后两年里,每周一晚上,范开泰都到林先生家中跟他交谈各种语言学问题。毕业后与林先生成了同事,请教、合作的机会自然更多。后来又参加了林先生主编的全国高等教育自学考试教材《现代汉语》及该教材的《"练习"与"习题"答案提示》的编著工作。范开泰常跟随林先生参加他与胡裕树、张斌先生的各种讨论,自然而然也成了胡、张二位先生不记名的学生。范开泰每有心得也常向几位先生汇报和请教。"文化大革命"结束不久,范开泰和同事合作撰写了《关联词语》一书,书稿完成后,上海教育出版社请张斌先生审稿,张先生对书稿提出了较为严厉的批评意见。范开泰被张先生一语惊醒,虚心接受了张先生的意见,取回书稿,细心地加以斟酌修改。一个半月后,他再把修改稿送到张先生家中,张先生看后很满意,还高兴地给书稿写了序言。

三位先生得知范开泰有出国进修的机会时,他们的一致意见是支持他出国学习。当时,范开泰正做着胡裕树先生主编的全国高校统编教材《现代汉语》的修订准备工作。为了让他能专心学习英语、做出国准备,三位先生就让他放下了教材修订工作。张斌先生还给他写了申请出国进修的推荐信,信中写道:"范开泰先生对语言学理论和方法的普遍性有强烈的兴趣,有志于学习和应用当代有关于语言普遍性的理论和方法来进一步探讨现代汉语语法的结构规律和规则。"

1992 年,林祥楣先生逝世。在胡裕树、张斌先生的支持下范开泰于 1994 年调入上海师大。不久,上海师大成立语言研究所,范开泰任副所长。在语言所,他跟张斌先生合用一个办公室。博士生上课、研讨时,每次都是他跟张先生共同主持。后来,范开泰为胡裕树、张斌先生编辑出版了《20 世纪现代汉语语法八大家——胡裕树张斌选集》和《文炼胡附语言学论文集》,并为二位先生撰写了学术评传。

1984 年初自美回国后,三位先生即要求他结合在美国的学习收获,开展在国内的研究。当时,三位先生正在主编《汉语语法修辞词典》,他们要求范开泰补充撰写有关当代国外的语法理论和汉语研究的词条。这实际上是让他从汉语语法修辞研究的角度梳理一下他在国外学习的要点,扼要地向国内同行介绍,同时也为自己今后的研究理清思路。当年年底,范开泰跟随胡先生和张先生参加浙江省语言学会的年会。主持会议的杭州大学王维贤先生请他在会上做《美国的当代语言学研究》的报告。后来,杭州大学又举办了一期应用语言学研讨班,也邀请范开泰讲一个专题。林先生要求说:"这次不能仅仅是作介绍了,要有自己的研究。"于是,他定了《语用分析说略》的题目。这个课题的研究也是缘起于在浙江语言学会年会准备报告时,张先生提示他要整理一下关于语用研究的理论、方法，特别是汉语语法研究中涉及的语用现象。胡先生在参加许国璋先生的首届博士生答辩时也曾给他写过一封信，信中非常仔细地提出了几十个有关语用研究的理论和汉语语用分析的问题。为了思考胡先生提出的那些语用问题，他仔细研读了在美国时邓守信教授向他介绍的与语义、语用研究相关的一些论文。后来，在这次研讨班讲座的基础上，范开泰写就了《语用分析说略》一文，发表于《中国语文》（1985 年第 6 期）。这是国内较早在三个平面理论框架下专门讨论与汉语语法相关的语用现象的论文，在汉语语法学界产生了重大影响，它不仅被后来发表的许多论文一再引用，而且被《三个平面：汉语语法研究的多维视野》（语文出版社，1998 年版）、《现代汉语通论参考文献精选》（上海教育出版社，2002 年版）和《二十世纪现代汉语语法论文精选》（商务印书馆，2005 年版）等多部语法研究文选收录，该文成了汉语语法研究的必读文献，也奠定了范开泰在当代汉语语法研究领域的重要地位。该文获得"第一届上海市哲学社会科学优秀成果论文奖（1986 年）"。这篇论文发表后，他又相继发表了《主语与话题》《汉语语用分析三题》《逻辑感、语感与语用研究》《省略、隐含、暗示》《汉语名词项的有定性》等多篇与语用相关的论文。

语义是三个平面语法的重要方面，但在语法研究中语义包含哪些内容，与语义学中的语义有何区别与联系，这些在 20 世纪 80 年代还不十分明确。在进行语用问题系列研究的同时，范开泰又开始了对语法研究中的语义问题的思考，于 1988 年发表了《语义分析说略》，这是继《语用分析说略》之后又一篇被高频引用的论文，被《现代汉语通论参考文献精选》等文集收录。此后，他还发表了《论隐含》《型式语义琐议》《汉语框架语义分析系统研究》等专门讨论语法研究中的语义问题的论文。90 年代末和 21 世纪初，风行一时的构式语法思潮刚刚传进我国，汉语语法学界对这种语法理论的认识还很有限。范开泰于 1999 年发表的《型式语义琐议》体现了构式语法的思想，他提出的型式语义是超越结构成分之间关系意义的语义内容，其实质就是构式语义。

在围绕语用和语义问题进行了多项深入研究的同时，范开泰又进一步思考汉语语法研究的方法论问题。他结合自己的研究，对胡裕树先生和张斌先生等提出的三个平面语法理论加以阐发和丰富，于 1993 年发表了《语法分析三个平面》。该文提出了三个平面理论在操作层面上的几种不同模式,着重阐发他对语义结构和语用因素分析的认识和主张。此后,他又发表了《关于汉语语法分析的几点思考》等论文。基于多年的汉语语法研究实践和思考,2000 年,范开泰和他的学生张亚军合作出版了专著《现代汉语语法分析》。该书系统地阐述了作者关于汉语语法研究的基本思想、论题和方法。这部著作二十多年来一直是现代汉语及相关专业硕士、博士研究生的必读文献。这以后,范开泰继续在更高的层次上思考当代语言学发展的一些基本问题,于 2009 年发表了《描写、解释和应用——关于当代语言学研究的一些思考》,研究视野更为广阔和深远。

范开泰在汉语研究方面取得的成就,为他在学界赢得了良好的学术声誉。

夯基础　搭平台　建设学科

1994 年,范开泰调入上海师大,任语言研究所副所长(所长为张斌先生)、教授、博士生导师、博士后联系导师。他的到来,加强了上海师大以张

2003 年春,范开泰(左一)在北京大学陆俭明教授寓所交谈

学高为师融中外　身正为范树品格

——汉语语法和应用语言学专家范开泰传

斌先生为首的现代汉语语法研究队伍的力量。范开泰十分重视与海内外语法学界的学术交流,短短几年间,他就邀请了十多位名家、教授来上海师大进行学术讲座,其中有中国人民大学胡明扬教授、华中师范大学邢福义教授、北京大学陆俭明教授和俞士汶教授、上海交通大学陆汝占教授和杨惠中教授、国家语委于根元教授、中国台湾师范大学邓守信教授、美国俄亥俄州立大学薛凤生教授、澳大利亚昆士兰大学陈平教授、南开大学马庆株教授等。这些讲座大大开阔了语言所师生的眼界,也使语言所的学术研究气氛更为浓厚。

1996 年,范开泰开始与张斌先生联合招收博士生。所有的博士生课程和专题研讨都由他和张先生共同主持。通常是提前一两周由二位导师提出或师生讨论议定下一次课程或研讨的议题,在接下来的一两周时间里学生们阅读文献、思考问题,到再次上课时,二位导师阐释基本要点,更多的时间是围绕某些问题或语言现象进行讨论,启发博士生的研究思路。

1999 年 6 月,范开泰(第一排左一)和张斌先生(第一排右一)联合培养博士生论文答辩会

1999 年,范开泰与学校相关专家合作成功申报了中国语言文学博士后流动站;2000 年,他又领衔成功申报了语言学及应用语言学专业硕士点和博

士点,并任语言学及应用语言学博士点负责人。范开泰在应用语言学领域的研究,主要有世界汉语(华语)教学和汉语信息处理两个方向。在进行具体研究的同时,他也着手大力进行新博士点的应用语言学学科平台建设,成立了应用语言学研究所,任所长。

(一)世界汉语(华语)教学研究

范开泰在美国学习和研究期间就承担过一些对外汉语教学工作,那时他也开始思考汉语教学的原理和方法问题。2000年1月,范开泰开始担任国际文化交流学院院长,由于学院的学术研究基础较为薄弱,范开泰就开始从师资和基础设施方面抓起。对学院教师,他强调学科建设和科研意识,同时调入和引进一些有较强科研基础的年轻教师,加强科研队伍建设。在基础设施方面,他向学校申请扩大学院的办学、办公和研究的空间,尤其是辟出专门房间建立资料室,并安排专人、专款进行资料室建设。很快,新建的资料室从无到有,常用的教材、工具书和研究资料初具规模。在繁忙的学院行政工作的同时,他本人也在继续进行汉语(华语)教学研究。

2002年8月,范开泰(左一)参加第七届国际汉语教学讨论会

范开泰在世界汉语（华语）教学领域的研究大体可分学科建设和具体研究两个方面。

在学科建设方面,他的研究涉及对汉语（华语）教学的目标、内容、教师素质等方面的探讨。在 20 世纪八九十年代国际外语教学界,交际语言能力理论已占主导地位,培养学生的外语交际能力是外语教学的中心任务。但当时,国内对外汉语教学界对交际语言能力的认识还很有限。范开泰较早地注意到这个问题,于 1992 年在《世界汉语教学》杂志发表了论文《论汉语交际能力的培养》,2000 年又发表了《论汉语交际能力的测试》。这两篇论文明确了世界汉语教学的根本目标,完整地阐释了在世界汉语教学领域进行汉语交际能力培养和测评的原理和方法,是有关汉语交际能力培养和测评的重要文献。1999 年发表的《素质教育与对外汉语教学》,不仅强调对外汉语教学要培养学生的汉语交际能力,同时也强调教师为培养学生的汉语交际能力应具备的理论修养和实践能力。范开泰的研究受到了学界和对外汉语教学主管部门的重视,他主持了"对外汉语教学的师资培养"和"外国人学汉语常见语病分析和频率统计"等国家汉办的重点科研项目,多次受邀参加国家汉办相关科研项目的评审、鉴定等工作。1999 年 3 月,国家汉办领导的《高等学校外国留学生汉语言专业教学大纲（语言部分）》草案完成,汉办教学业务处主持进行中期评估,范开泰作为专家参加评估会。评估专家对大纲提出了一些修改意见和建议。1999 年 9 月,范开泰参加汉办组织的专家评审会,会议通过了对大纲的专家鉴定。鉴定会后,汉办决定根据鉴定会上的专家意见,对大纲的语法项目表进行修改,这部分工作由范开泰负责。他组织沪上经验丰富的对外汉语教师金立鑫、吴中伟等进行这项工作。完成后通过了由张斌教授（组长）、邢福义教授、赵金铭教授、赵淑华教授等组成的专家组的评审鉴定。上海是国内对外汉语教学的重镇,上海师大则是这个重镇中的重要单位之一。时任国家汉办副主任的张德鑫先生、姜明宝先生先后来到上海师大调研,了解上海的对外汉语教学形势和需求。在海外华文教学研究方面,范开泰的研究主要在华文教学的学科建设、华文教学的宗旨、华文教师的素养及人才培养等方面,在这些方面,他发表了《关于华文教学学科建设的若干理论思考》《华语华文教育的宗旨:理解文化》《华语教师的教学能力与教学理论修养》（该文被《世界华文教育年鉴》全文收录）等论文。

在具体研究方面,范开泰主要关注具体的教学内容、教学方法、中介语和测试等方面。他强调在对外汉语教学中应重视汉语语法的特点,为此他发表了《对外汉语教学与汉语语法的经济性特点》《话题研究与对外汉语教学》《结构、表达、学习心理与对外汉语教学》等论文。为了提高汉语课堂教学效果,国家汉办组织编写了对外汉语教师资格考试参考用书之一《对外汉语教学课堂教案设计》(华语教学出版社,2003 年版),邀请了一些名师编写多种课型的教案,范开泰受邀对其中多篇教案进行点评,他对每篇教案的长处特别是可改进的地方都提出了具体入微的意见,大多涉及具体语言项目(如一个虚词、一个句式等)的教学处理,这对于提高一线教师的专业素养是十分难得的参考文献。中介语直接体现了汉语学习者的学习表现,通过考察中介语,可以直观地检验教和学的有效性。在考察学生中介语表现的基础上,范开泰发表了《中介语、中介文化和动态分析》《语言学习和语言交际中的中介现象》《中介语理论和偏误分析方法在对外汉语教学中的应用》等论文。测试是教学活动的重要环节,范开泰在发表《论汉语交际能力的测试》的基础上,更加深入地思考进行具体技能测试的原理和方法。他和上海交大朱正才教授合作,分析了汉语听解能力的认知结构,从"交际听能"的测试角度,提出了汉语听解能力的测试模型。基于交际语言能力测试的思想,他又组织编写了《商务汉语考试习题解析》一书。

范开泰对世界汉语(华语)教学的研究反映了他对该领域的学术思考,其中的许多研究也基于他所从事的教学实践。除了在赴美期间从事一些汉语教学工作之外,他还于2004 年 3 月至 12 月在韩国东国大学任访问教授,于 2010 年 9 月至2011 年 8 月在我国台湾中原大学任客座教授。在韩国讲学期间,他与韩

2007 年 10 月,范开泰参加第四届语义功能研讨会

学高为师融中外　身正为范树品格——汉语语法和应用语言学专家范开泰传

国的汉语教师多有接触,对当地的汉语教学有较为深入的了解,在韩国发表了论文《对韩汉语教学的特点》。范开泰是上海师大较早在我国台湾地区高校讲授汉语言文化的学者。在台湾期间,他与台湾华文教学界学者广泛接触,鼓励两岸学者和青年学生多加交流。他促进并参与组织在台北举行的"第四届世界华语文教学研究生论坛"并作总结发言。他还在台湾《中原华语文学报》发表论文《华语教师的教学能力与教学理论修养》。

(二)中文信息处理研究

20 世纪 90 年代,随着信息科技的发展,中文信息处理成了显学,对汉语研究提出了新的要求。范开泰积极投入到这方面的研究中去。中文信息处理是一门多学科交叉的领域,尤其需要计算机信息技术专家的参与。范开泰开拓自己的研究领域,与国内知名的多位计算语言学家建立了深入的合作关系,其中主要有上海交大陆汝占教授、北京大学俞士汶教授、山西大学刘开瑛教授等。在范开泰等教授的努力下,陆汝占教授被聘为上海师大兼职教授,在上海师大招收博士生,培养中文信息处理方面的人才。俞士汶教授和刘开瑛教授等也来上海师大做过中文信息处理方面的学术讲座。

范开泰认识到,与传统的语法研究相比,面向汉语信息处理的语法研究需要更加注重语法规则形式化和精密化,为此他发表了论文《开展面向汉语信息处理的现代汉语语法基础研究》,指出面向信息处理的语法研究应该抓住计算机可以理解的"形式标记",对显示句法结构功能类别的标记词(语)、功能词(语)及由它们构成的语法结构进行精细描写。他的意见受到了同行专家的重视。他参加了许嘉璐教授领导的国家社科"九五"规划重大项目"信息处理用现代汉语词汇研究"(1996 年),具体负责子课题"汉语文本短语结构的人工标注"项目。这个项目对语料的切分和标注工作主要是范开泰指导他的博士生、硕士生完成的,多位同学基于这个项目的工作完成了学位论文。这样,在进行项目研究的过程中也锻炼和培养了人才。作为这个项目的成果之一,范开泰发表了长篇研究报告《〈汉语文本短语结构的人工标注〉语料库的加工与应用》(合作)。项目进行期间,该项目的总负责人、全国人大常委会副委员长许嘉璐先生来上海视察时,还特意来上海师大语言所调研,向范开泰了解项目的研究情况。

中文信息处理的难点之一是对自然语言的语义理解。范开泰迎难而上，他带领研究生开始从事面向汉语语义处理的研究，于 2005 年在《中文信息学报》发表了《汉语语义分析模型述评》一文，文中提出了语义处理的三种分析模型，认为采取核心依存兼顾词语和概念，可能是最适合汉语语义处理需要的模型。在此基础上，他着手进行汉语框架语义系统研究，于 2005 年发表论文《汉语框架语义分析系统研究》，同年他也申请获得了国家社科基金项目"现代汉语框架语义系统研究"。围绕这个项目，也有多位博士生、硕士生完成了各自的学位论文。

宽思路　严要求　桃李满门

从教几十年来，范开泰鼓励学生开阔眼界和思路，发展自己的兴趣。他的博士、硕士研究生研究方向多样，有做汉语语法理论或事实研究的，有做汉语（华语）教学研究的，也有做中文信息处理相关问题研究的。他对学生的学术兴趣持开放的态度，但一旦确定了研究方向，他则强调（特别是对博士生）要做"专士"，追求对问题研究的"精"与"深"。他教导学生在做文献述评时，指出他人研究不足时谨慎使用"不全面""不系统"之类字眼，告诫学生不要自大地声称自己要做"全面的""系统的"研究，因为在他看来所谓全面、系统，都是相对的，说他人的研究"不全面""不系统"，有求全责备之嫌，说自己的研究是"全面的""系统的"，则显得浮夸不实。

针对有学生在读文献时满足于"看过"的情况，他常会就学生"看过"的文献，提出一些关键问题，学生有时哑然不知所云，才认识到光是"看过"是远远不够的，要读懂读透，知其所以然。范开泰很重视学术研究中的新理论新思想，也鼓励学生学习运用新理论新方法，同时又特别向学生们强调不要似懂非懂、似是而非地搬弄术语，切忌在所谓概念、理论上兜圈子，或套用空头理论故弄玄虚，所做的研究一定要能解决问题。有学生找他讨论问题，说要怎么做怎么做，他常说："你举些例子来！说说能解决什么问题。"或"你先拿点东西出来看看！"于是学生们都知道，找范老师谈论文，手里没"东西"是谈不下去的。

范开泰自己做研究、撰写论文是十分谨慎的，这与胡裕树、张斌和林祥楣等先生的影响是分不开的。所以，他每完成一篇论文总要斟酌再斟酌，他也要求学生撰写论文时，要把问题和道理讲得清清楚楚。他不鼓励学生发表"急就章"。一些学生出于种种原因,投稿心情迫切。范开泰看过学生的论文,经常会"泼些冷水",总会指出内容、思路、研究方法、表述上的问题。他经常对学生说,写完的稿子不要着急去投稿,先"冷藏"一段时间,要反复修改。他的学生吴中伟教授很有感慨地说:"确实,一篇文章刚写出来难免会有一些表达不严谨甚至讹误的地方,何况,一个人在短时间里很难摆脱自己固有的思维定式,如果把文章暂且搁到一旁,'冷藏'一下,过段时间再拿出来看看,就会发现原文无论在语言表达上,还是观点、内容上,都有很多不清楚、不准确、不完善的地方。范老师心目中的反复修改,我理解,大概起码得'冷藏'个把月,再改个三四遍吧。"

范开泰对学生作业、论文的严格要求是出了名的。就连研究生的课程作业,他也经常细细提意见,找来学生面谈,反复修改。对学位论文的严格要求就更不用提了。上海师大外语学院教授原苏荣提交了博士论文稿后,范老师把他叫到家里,说:"从明天开始你到我家来,我们一个字一个字修改。"整整一个星期,原苏荣天天到范老师家,在老师指导下仔细修改论文,师母矫思思女士则帮着做饭。答辩时,原苏荣的论文被答辩委员会评定为"优秀"。基于博士学位论文,他后来申请获得了国家社科基金项目、上海市哲社项目和市教委科研创新重点项目等。博士生张亚军的学位论文《现代汉语限定性副词研究》(2002年)则被评为上海市优秀博士学位论文。

在严格要求的同时,范开泰对学生的热情帮扶和具体入微的关心也是出了名的。在语言所工作期间,他的办公室对学生是开放的。他三次赴美带回的那些图书资料大都放在办公室,还有他自己的一些藏书,学生们都可进他的办公室查阅。后来,他担任国际文化交流学院院长,特别重视资料室建设。他特地安排研究生们参与资料室管理,希望资料室能成为研究室,而不是堆放图书资料的仓库。有些学生因论文研究需要联系校外老师,他也全力帮忙引荐联系。博士生刘慧清的学位论文涉及语料库词性和短语标注,中国人民大学胡明扬先生是学界的前辈,他主持过基于语料库的词类研究项目,范老师就帮刘慧清联系了胡先生,解决了她在写论文过程中的一些困难。在华东师大,范开泰住师大二村,离教学区很近,那时没有手机,学生经常不打招呼就上他家里交作业、谈论文什么的,遇到饭点在他家"蹭饭"是常有的事。做饭的自然都是师母。后来他调入上海师大,住得离学校稍远,但学生上家里谈论文顺带"蹭饭"还是一如往常。

2000 年 5 月,范开泰和夫人矫思思西湖合影

范开泰对已毕业的学生和年轻同事的成长和进步十分关心。他有一些硕士生在高校工作,他常对大家说,高校教师要做研究,鼓励他们继续攻读博士学位。在他的鼓励下,不少学生(像华东师大吴勇毅、复旦大学吴中伟、上海交大段沫等)都是工作多年后再攻读博士学位的。吴勇毅、吴中伟、段沫等已经是世界汉语教学界的名家或名师,吴勇毅、吴中伟、熊文被评为"全国对外汉语教学优秀教师"(全国仅十二位)。对一些学生和年轻同事,范老师强调学术研究不只是发表几篇论文,要有学科意识和持续的研究方向。对于任课教师,他主张大家扎根课堂,深入研究,潜心教书育人,上精每门课,培养出优秀学生。

在范开泰看来,博士生的学位论文是他们学术生涯的起点,起点很重要,甚至会影响他们一生的学术发展。不少学生获得博士学位后,学位论文经打磨提交出版,或有学生另有专著出版,范老师受学生之请,都很乐意为他们(如吴中伟、吴卸耀、韩蕾、李劲荣、王道英、姜春华、原苏荣等)的著作作序。

范开泰于 2009 年 9 月退休。他在华东师大和上海师大共培养中外博

111

士、硕士研究生 70 多位，指导博士后两位。这些学生中大多数在海内外高校任教授、副教授等职，还有多位学生在韩国、印尼和美国一些高校任教。

退休后，范开泰仍然关心他的学生们的学术研究和发展，有学生登门晤谈是他最开心的事。他的学生们建了个微信群，群名叫"学高为师　身正为范"。2022 年，范老师向他曾经工作过的单位捐赠了陪伴自己多年甚至几十年的千余册藏书，也向学生们赠送了部分图书，他希望大家能够牢记学海无涯，学无止境！范开泰先生从教四十余载，始终以兢兢业业的工作作风、严谨务实的治学风范、尽心尽情的育人情怀投入教育事业，培养了大批优秀人才，为学科发展做出了杰出的贡献。

（方绪军　撰文）

附一：范开泰简历年表

1942 年 9 月 12 日	出生于上海。
1948 年 9 月—1953 年 7 月	上海新声小学、永安路小学学生。
1953 年 9 月—1956 年 7 月	上海浦光中学初中学生。
1956 年 9 月—1959 年 7 月	上海光明中学高中学生。
1959 年 9 月—1964 年 7 月	华东师范大学中文系学生。
1964 年 8 月—1994 年 11 月	华东师范大学中文系助教、讲师、副教授、教授。
1981 年 9 月—1983 年 7 月	美国佛罗里达州立大学访问学者。
1983 年 8 月—1984 年 1 月	美国马萨诸塞州立大学访问学者。
1987 年 8 月—1988 年 8 月	美国佛罗里达州立大学访问教授。
1993 年 9 月—1994 年 9 月	美国俄亥俄州立大学访问教授。
1994 年 12 月—2000 年 3 月	上海师范大学语言研究所副所长、教授、博士生导师。
2000 年 4 月—2002 年 5 月	上海师范大学国际文化交流学院院长、教授、博士生导师。
2002 年 6 月—2009 年 9 月	上海师范大学应用语言学研究所所长、教授、博士生导师。

2004 年 3 月—2004 年 12 月	韩国汉城东国大学访问教授。
2009 年 9 月	上海师范大学退休。
2010 年 9 月—2011 年 8 月	我国台湾中原大学客座教授。

附二：范开泰主要论著目录

（一）著作

《语法　修辞　逻辑（第一、二、三分册）》（合著），上海人民出版社 1974、1975、
　1978 年版。

《关联词语》（合著），上海教育出版社 1981 年版。

《汉语语法修辞词典》（合著），安徽教育出版社 1987 年版。

《全国高等教育自学考试教材〈现代汉语〉》（合著），语文出版社 1991 年版。

《全国高等教育自学考试统编教材〈现代汉语〉"练习"与"习题"答案提示》（合
　著），语文出版社 1992 年版。

《全国高等教育自学考试指定教材〈现代汉语〉》（合著），语文出版社 2000 年版。

《现代汉语语法分析》（合著），华东师范大学出版社 2000 年版。

《语言问题再认识》（合作主编），上海教育出版社 2001 年版。

《现代汉语虚词词典》（副主编之一），商务印书馆 2001 年版。

《现代汉语虚词研究丛书》（合作主编），安徽教育出版社 2002 年版。

《20 世纪现代汉语语法八大家——胡裕树张斌选集》（编选），东北师范大学出
　版社 2003 年版。

《商务汉语考试习题解析》（主编），世界图书出版公司 2007 年版。

《文炼胡附语言学论文集》（编选），商务印书馆 2010 年版。

（二）论文

《汉语"态"的语义分析》，《美国中文教师学会学报》1984 年 2 月。

《语用分析说略》，《中国语文》1985 年第 6 期；《三个平面：汉语语法研究的多维
　视野》，语文出版社 1998 年版；《现代汉语通论参考文献精选》，上海教育出版

社 2002 年版;《二十世纪现代汉语语法论文精选》,商务印书馆 2005 年版。

《主语与话题》,《中文自修》1985 年第 9 期。

《汉语语用分析三题》,载《第一届国际汉语教学讨论会论文集》,北京语言学院
    出版社 1986 年版。

《语义分析说略》,载中国语文杂志社编:《语法研究和探索》(四),北京大学出
    版社 1988 年版;《现代汉语通论参考文献精选》,上海教育出版社 2002 年版。

《论隐含》,载《语文论文集》,百家出版社 1989 年版。

《省略、隐含、暗示》,《语言教学与研究》1990 年第 2 期。

《汉语隐略现象的句法、语义、语用分析》,载《世界华文教学研讨会论文集》,新
    加坡华文研究会 1990 年版。

《汉语名词项的有定性》,载中国语文杂志社编:《语法研究和探索》(六),语文
    出版社 1992 年版。

《论汉语交际能力的培养》,《世界汉语教学》1992 年第 1 期。

《语法分析三个平面》,《语言教学与研究》1993 年第 3 期;《三个平面:汉语语法
    研究的多维视野》,语文出版社 1998 年版。

《关于全国高等教育自学考试教材〈现代汉语〉语法部分的一些说明》,《中文自
    学指导》1993 年第 2 期。

《全国高等教育自学考试教材〈现代汉语〉自学指要》,《中文自修》1995 年第
    4 期。

《汉语语言学现代化之我见》,《上海教育报》1995 年 11 月 13 日。

《关于汉语语法分析的几点思考》,载中国语文杂志社编:《语法研究和探索》
    (七),商务印书馆 1995 年版。

《中介语、中介文化和动态分析》,载《中国文化与世界》(第四辑),上海外语教
    育出版社 1996 年版。

《对外汉语教学与汉语语法的经济性特点》,载胡明扬主编:《第五届国际汉语教
    学讨论会论文选》,北京大学出版社 1997 年版。

《一条无法兑现的广告》,《语文建设》1997 年第 11 期。

《逻辑感、语感与语用研究》,载《语言研究的新思路》,上海教育出版社 1998
    年版。

《现代汉语虚词功能研究探新》,载中国语文杂志社编:《语法研究和探索》
    (九),商务印书馆 1998 年版。

《语言文字应用讲座(一)——推广普通话和汉语的规范化》,《汉语拼音小报

（第 773 期)》1998 年 12 月 16 日。

《语言文字应用讲座(二)——规范化和标准化》,《汉语拼音小报(第 774 期)》
1998 年 12 月 23 日。

《语言文字应用讲座(三)——中文信息处理》,《汉语拼音小报(第 775 期)》
1998 年 12 月 30 日。

《素质教育与对外汉语教学》,载中国对外汉语教学学会编:《中国对外汉语教学
学会第六次学术讨论会论文选》,华语教育出版社 1999 年版。

《型式语义琐议》,《中国语言学报》(第九期),商务印书馆 1999 年版。

《现代汉语真实文本短语标注的若干问题》(合作),《语言文字应用》2000 年第
1 期。

《论汉语交际能力的测试》,载胡明扬主编:《第六届国际汉语教学讨论会论文
选》,北京大学出版社 2000 年版。

《当代汉语礼貌语言的特点》(合作),《语文建设通讯(香港)》2000 年 7 月。

《对外汉语教学学科的队伍建设和人才培养》,载《回眸与思考》,外语教学与研
究出版社 2000 年版。

《语言听力理解能力的认知结构与测试》(合作),《语言教学与研究》2001 年第
3 期。

《析特提式联合短语"A 特别是 B"》(合作),《世界汉语教学》2002 年第 4 期。

《独白语体中"呢"问句和语气词"呢"的篇章分析》(合作),《语言科学》2003 年
第 2 期。

《胡裕树、张斌先生评传》,载《胡裕树　张斌选集》,东北师范大学出版社 2002
年版。又收入《汉语学报》2003 年第 6 期。

《中介语和偏误分析方法在对外汉语教学中的应用》,《语文论丛》(八),上海教
育出版社 2004 年版。

《状态形容词的可及性等级及连用顺序》(合作),《南昌大学学报(人文社会科
学版)》2005 年第 3 期。

《汉语框架语义分析系统研究》(合作),载孙茂松、陈群秀主编:《自然语言理解
与大规模内容计算》,清华大学出版社 2005 年版。

《汉语语义分析模型述评》(合作),《中文信息学报》2005 年第 6 期。

《对韩汉语教学的特点》,《汉语教学与研究——在韩中国教师联合会会刊》2005
年创刊号。

《开展面向汉语信息处理的现代汉语语法基础研究》,载单周尧、陆镜光主编:

《语言文字学研究》,中国社会科学出版社 2005 年版。

《状态形容词的句法语义分类》(合作),《宁夏大学学报(人文社会科学版)》
2006 年第 1 期;《高等学校文科学术文摘》2006 年第 3 期。

《结构、表达、学习心理与对外汉语教学》,载周小兵、朱其智主编:《对外汉语教
学习得研究》,北京大学出版社 2006 年版。

《语言的系统性与规范化》,载谭慧敏主编:《汉语文走向世界》("南洋人文丛
书"),新加坡南洋理工大学中华语言文化中心 2006 年版。

《〈汉语文本短语结构的人工标注〉语料库的加工与应用》(合作),载许嘉璐、傅
永和主编:《中文信息处理现代汉语词汇研究》,广东教育出版社 2006 年版。

《"眼看"与"马上"的语义表达功能辨析——兼谈对外汉语近义虚词教学》(合
作),《云南师范大学学报(对外汉语教学与研究版)》2007 年第 5 期。

《华文教育的宗旨:理解文化》,《浦江纵横》2007 年 8 月刊。

《话题研究与对外汉语教学》,载《对外汉语教学研究》(三),商务印书馆 2007
年版。

《关于华文教学学科建设的若干理论思考》,《暨南大学华文学院学报(华文教学
与研究)》2008 年第 3 期;《世界华文教育》2008 年第 4 期。

《多功能副词"才"表短时义的相关问题考察》(合作),《语言科学》2008 年第
4 期。

《要加强〈汉语拼音方案〉的应用和推广的研究》,《语言文字应用》2008 年第 3
期。又收入《语言文字应用》2008 年增刊。

《描写、解释和应用——关于当代语言学研究的一些思考》,《暨南大学华文学院
学报(华文教学与研究)》2009 年第 1 期;又收入邵敬敏、谷晓恒主编:《汉语语
法研究的新拓展》(四),北京大学出版社 2009 年版。

《华语教师的教学能力与教学理论修养》,中国台湾《中原华语文学报》2011 年
第 7 期。

(三) 译作

《汉语的量词研究》,[美]陆孝栋著,载《逻辑与语言研究》,中国社会科学出版
社 1989 年版。

音韵丛中探前路　风清气正铸师魂

——演化语言学家与汉语音韵学专家潘悟云传

　　潘悟云(1943—　　)，浙江温州瑞安人。二级教授、博士生导师。中国共产党党员。演化语言学家、汉语音韵学专家。1982 年获复旦大学中文系硕士学位。1982 年至 1993 年于温州师范学院(现温州大学)任教，1991 年晋升为教授。1993 年调入上海师范大学中文系工作，后担任上海师范大学现代汉语(现名汉语言文字学)博士点负责人。此后历任上海市社会科学界联合会副主席，上海社联语言研究中心主任，上海高校比较语言学 E-研究院首席研究员，《中国语文》《民族语文》等杂志编委。曾主持国家社会科学基金重大招标项目 1 项(2013 年)、教育部哲学社会科学研究重大课题攻关项目 1 项(2009 年)、国家社会科学基金重点项目 1 项(2002 年)、国家社会科学基金中华外译项目 1 项(2013 年)。研究成果获得教育部高等学校科学研究优秀成果奖(人文社会科学)论文类三等奖 1 项(2009 年)，获上海市哲学社会科学优秀成果论文类一等奖 4 项、二等奖 2 项。

苦其心骨　玉汝以成

潘悟云

　　潘悟云，1943 年 3 月 12 日出生于浙江省温州市瑞安市莘塍镇九里乡，在几个兄弟中排行老大。自出生起，潘悟云就命运多舛。抗日战争刚结束时，潘悟云的父亲被推举为代理乡长，负责收取胜利公债。因为不能完成任务，被国民党政府抓捕入狱。潘悟云的妹妹刚生下来就被送进育婴堂，没多久便夭折。其后，家庭也出现一些变故，1955 年，潘悟云在完成瑞安县中心小学(现瑞安市实验小学)的学习后，随着家人搬到了温州。

　　沉重的家庭命运并没有拖住潘悟云一心求

学的步伐，反而让他越发自强，努力学习。他天生聪慧，从小学到高中，学习成绩一直都是名列前茅。1958年，在温州第四中学读高中时，除了体育，其他几门课程几乎都是全班第一，当时的潘悟云最喜爱的学科就是数学，每天都沉浸在试题中。他也憧憬着能参加高考，凭借自己的刻苦、努力，改变自己的命运。

然而，命运却早已在他本就坎坷的人生轨迹上安放了一块巨石。1961年，潘悟云高中毕业，这时的他才知道，因为之前家庭成分的原因，自己的档案早就打上了"此人高考不准录取"的印章，他想参加高考的梦想就此破灭。同样因为"出身问题"，毕业后的他也找不到像样的工作。现实并没有给他喘息的时间，作为家中长子，他还要肩负起抚养三个未成年弟弟的责任。于是，只有18岁的潘悟云刚离开校园，就进入当地工艺美术厂做学徒工。学徒的工资每个月仅有14元，远远不足以维持一家的基本生计。为了生存，他辞掉学徒工到各个地方做苦力，不得不忍受常人难以忍受的痛苦。他曾到木板厂同劳改分子一起拉板车，板车上的木头堆叠如山，后来都奇怪自己怎么

潘悟云在温州与兄弟四人合影（右一为青年潘悟云）

能把成吨重的轱辘拉得起来。他还到煤球厂同弟弟们一起去扛煤，双肩被磨得满是淤血。他在造船厂抬泥土，七月天只穿着短裤浸在水里，晒出一身的水泡，晚上无法入睡。腊月的天气却要泡在水中，朔风如刀，冻得浑身哆嗦。潘悟云并无怨言，每天回家，只能用读书来支撑他坚强的决心。

在刚开始工作时，他也曾伤心、迷茫，也曾用羡慕的眼光看到周围的同学走进大学课堂。但他没有气馁，潘悟云觉得："我应该对得起自己，过去我读书这么好，不应该这么自暴自弃，别人能在大学里学，我照样可以自学"。在工地休息的间隙，潘悟云就拿出《楚辞》来背读。在别人休息的时间，潘悟云忙着在工地上做高等数学习题集。那几年，他博览群书，哲学、文学、美学、历史、地理、音乐……各种门类的书他全看，相信总有一天会用到这些知识。读书成了他生命中最宝贵的精神食粮，是辛苦劳动间隙最宝贵的能量。

1969年，潘悟云转到温州锅炉厂工作。在厂里面，他做过钳工、车工、刨床工，唯一不变的就是利用空余时间看书。不过，漫无目的地读书，很难有更高的收获。这个时候，一个改变潘悟云命运的人出现了，他就是郑张尚芳。

郑张尚芳虽在温州渔械厂做磨工，但是在语言学研究上已经成名。1964年，他就在《中国语文》上发表了论文，受到李荣、王力、袁家骅等多位语言学家的赏识。一次非常偶然的机会，潘悟云认识了比他大10岁的郑张尚芳，两个人相谈甚欢。郑张尚芳知道潘悟云几年来一直认真自学，心中非常钦佩，于是想要带领年轻的潘悟云走上语言学的道路。当时中国社会科学院语言所所长、著名语言学家吕叔湘先生借给郑张尚芳一本《中国音韵学研究》，因语言所要整理图书，欲先收回。所以郑张尚芳对潘悟云说："老潘，这书后面的方言字汇是非常重要的材料，你能不能帮我抄一下？"潘悟云一口应承，其实当时他对国际音标也还是一知半解，但依旧认真抄写起来，而且一式两份，给自己也留了一份。郑张尚芳非常感动，认为潘悟云是一个能耐得住寂寞、能甘坐冷板凳，并且能做学问的人，于是便开始教潘悟云语言学的研究方法。从此，潘悟云也摆脱了看书的"游击战"，开始在郑张尚芳的指引下正式迈入了语言学的大门。

在1969年到1979年的十年光阴，潘悟云同郑张尚芳两个人亦师亦友，相互支持，相互鼓励。最让两个人开心的事就是能有新的发现。当时潘悟云一个月工资只有29块钱，妻子也只有30元，这点钱要养两个孩子以及双方的老人，还要去买书，日子过得紧巴巴的。但是潘悟云依旧觉得很开心，坚持利用工作之余学习音韵学的相关知识，还自学藏文、缅甸文、泰文等。因为不断地有发现，他的精神生活过得非常充实。

郑张尚芳和潘悟云分别住在温州城的两头，两个人见面往往约在城市中的某个地方，但也有时郑张尚芳会骑车走很久，来到潘悟云工作的地方，笑着说："哎呀，老潘！我又有一个新发现！"讲了十几分钟，讲完再骑车离开。当时两个人正在一起研究瑞典汉学家高本汉构拟的汉语中古音，对高本汉敬重之余，他们难掩心中遗憾："汉语是中国人的母语，为什么汉语语音史的奠基人会是一个只学过几年汉语的瑞典人呢？既然中古音的研究已经由高本汉完成，中国人必须在上古音研究方面作出自己的贡献，否则中国人无以面对世界的学术界。"于是，两个人很快就投入对汉语上古音问题的研究中来。1975年，郑张尚芳先给上古汉语构拟了七元音系统，潘悟云在做上古音韵表稿的过程中发现其中存在重要的问题，郑张尚芳就此进行改动，这就是汉语史界著名的"上古六元音系统"。他们都很兴奋，潘悟云说："尚芳，再努力十年，我们俩都要登上国际讲台。"说完两人哈哈大笑。那时，如果有第三个人听到，一定会觉得他们是发疯了。这是两个连大学都没读过的工人在痴人说梦。但梦想就像黎明前的火炬，光芒虽然微弱，但仍给他们前进的力量。十年后，他们果然实现了梦想，成功站在国际会议的舞台之上。

1970年，潘悟云（左）与郑张尚芳，他们在1969年提出著名的上古汉语六元音系统

复旦求学　锋芒初露

1978 年,党的十一届三中全会召开。潘悟云听到广播中的十一届三中全会公报后,兴奋地跳了起来,压在他身上多年的出身问题终于有了希望。随着政策逐步放开,潘悟云下定决心,直接报考复旦大学中文系研究生。终于在 1979 年,潘悟云收到了复旦大学语言学研究生的录取通知书,此时,他已经 35 岁了,也已是两个孩子的父亲。

然而,刚进入大学,还没进行体检,复旦大学人事处就找潘悟云谈话,原来还是档案的问题,尽管复旦大学党委专门开了六次会议,但还是让潘悟云退学。这让潘悟云心冷又心酸,回到宿舍后,他的同学朱晓农劝他再争取一下,于是潘悟云就给复旦大学党委写了封五千多字的信,信中开诚布公地申诉了自己的问题,以及十几年来的研究经历。时任复旦大学党委书记盛华、校长苏步青教授都非常重视,派人再去潘悟云工作单位温州锅炉厂调查。最后终于解决了档案的问题,潘悟云也终于可以入学。自此,潘悟云正式地踏上语言学研究之旅。

在研究生学习期间,潘悟云每天都往返于宿舍、教室、图书馆之间,抓紧宝贵时间学习。那时大学里的学习氛围非常浓厚,大家都争着把之前丢失的时间补回来。早晨起床号一响,潘悟云就起床跑步,然后看书,上课,去图书馆。等晚上回来,几个宿舍的同学再在一起讨论一天的学习心得。在这样紧张的学习环境之中,潘悟云每天能自学到很多新的知识,在周围交流中擦出学术的火花,锻炼出独立研究的能力。

这时,他遇到了影响自己人生的第二位重要人物——王士元。有次潘悟云在撰写一篇论文时,遇到一个问题一直无法解决,偶然在国际著名语言学期刊 *Lingua* 上看到一篇介绍美国加州大学伯克莱分校王士元教授提出的词汇扩散理论,可以解决困扰国内音韵学界的很多问题。他抱着试试看的态度给王士元先生写信,没想到王教授很快寄给他一些当时国内罕见的语言学著作。王士元作为国际知名的语言学大家,竟然能给一个普通研究生回信,这让潘悟云非常感动。他如饥似渴地读完这些著作,又写了一封长信,谈了自己对王教授理论的看法以及该理论能解决的问题。这次,王士元教授又回复一封长信,建议两人建立长期学术联系,并就自己主编的语言学

权威杂志 *Journal of Chinese Linguistics* 向潘悟云约稿。

潘悟云在把自己的论文寄过去后,得到梅祖麟、桥本万太郎、陈渊泉等语言学大家的好评。梅祖麟说:"这是一篇极其精彩的文章。"他非常喜爱这位音韵学的奇才,在了解到潘悟云正在研究汉语上古音以后,寄送了很多国外这方面最新的研究著作。潘悟云看过以后大吃一惊,1972 年著名的汉学家 Bodman 构拟了上古汉语六元音系统,而郑张尚芳与他在 1969 年就已经完成了。这无疑增加了潘悟云的信心,也让他在语言学研究之路上越来越有动力。

教学生涯　奠定地位

1982 年,潘悟云研究生毕业,被分配到温州师范学院工作。

那一年,王士元先生曾向美国国家科学基金会申请了一笔基金,评价"潘悟云先生对他们正在进行的研究至关重要",邀请潘悟云去美国作研究,但很遗憾潘悟云因为国内工作问题,未能成行。

1986 年,潘悟云终于有了访学的机会,应美国加利福尼亚大学伯克莱分校之邀,参加了中国语言学和方言会议,参加的代表都是语言学界响当当的人物,如朱德熙、林焘、王均、桥本万太郎等人。

在这次会议期间,潘悟云还遇到了著名语言学家、美籍华人张琨教授。刚开始,潘悟云还非常担心,因为在研究生期间他曾发表过一篇文章,指出了张琨的老师罗常培先生早年文章的一个错误,而且张琨教授还引用过罗常培的那篇文章。第一天会议休息的时间,张琨教授专门找到潘悟云,对他说:"你是潘先生吗? 我看了你发表在《语文论丛》的那篇批评罗先生的文章。"潘悟云说:"张先生,我当时年轻,不知天高地厚!"张琨笑着说:"不要这么说! 你的文章写得很扎实,当时罗先生也是年轻,你对他的批评是对的。"

后来张琨教授请国内著名民族语言学家戴庆厦教授、王辅世教授吃饭,还特意邀请潘悟云作陪,在吃饭的时候,张琨先生就给他们作了介绍:"这位是潘先生,他非常有学问。"

1986 年的会议以后,潘悟云还在美国加利福尼亚大学做了两个月的访问副研究员。在这次访问期间,他看到美国语言学研究所在用电脑软件进行方言分析,不光速度快,效率还非常高,这让他非常感慨。当时国内计算机还是一个非常新鲜的事物,更别说引用在语言学研究领域。强烈的使命感让潘悟云下决心要学好计算机,并构建出中国自己的音韵学和方言学分析软件。

1987 年,潘悟云申请到浙江省哲学社会科学重点课题《汉语方言学和音韵学的计算机处理系统》。当时他虽然已经四十多岁,对计算机几乎一窍不通,但却更激起他的好胜心。那段时间,他每天早上 8:00 时就跑去计算机室,晚上 11:00 时多才回家。每天兜里揣上两个馒头,饿了便随便吃一口,把全部的时间和精力都放在学习计算机上。那时的计算机屏幕分辨率很低,潘悟云视力并不好,经常看一会屏幕,眼

1986 年,潘悟云在加州伯克莱分校赵元任纪念室留念

泪就不停地流,根本睁不开眼睛。当时正值暑假,他就让读小学的大儿子来帮忙读屏幕中的文字。他边看边学,逐渐把语言学问题转换为计算机程序。过了一个暑假,潘悟云的编程技术提高了很多,终于有了收获,原本手工操作需要四天才能完成一个方言的同音字表,在引入计算机技术后只缩短到四分之一秒。这在当时国内语言学界可是一个创举,让后来的研究者获益匪浅。潘悟云也成为国内最早把计算机技术运用于汉语音韵学和方言学研究的学者之一。带着这种求学和研究的精神,1991 年 1 月,潘悟云在温州师范学院晋升为教授。

筚路蓝缕　继往开来

1993 年,在复旦大学胡裕树教授的大力推荐下,上海师大原现代汉语博士生导师张斌教授邀请潘悟云来上海师范大学工作。当时张斌先生已经 72

岁，即将退休，他所承担的现代汉语方向博士点非常需要一位新的博士生导师。当时，潘悟云刚刚评上教授，即由他来申请博士生导师资格。那时博导资格需要上报到国务院进行评定。当申请材料递交到国务院学位委员会时，戴庆厦教授是评委，特地介绍说："我在美国拜访过张琨先生，张先生特别介绍过潘悟云，认为他非常有学问。"1994 年，潘悟云的博导资格获得批准。1995 年，潘悟云正式开始招收博士生。

在得知自己获得博士生导师资格后，潘悟云没有丝毫放松，而是感到自己身上的责任更重了。未来不光要自己进行科研，也要努力为学校、为国家培养新的语言学人才，更希望能带领出一支能攻克更多语言学问题的团队。从此，潘悟云的学术生涯进入到一个新的阶段。

（一）建设上海师范大学语言研究所

为加强语言学学科建设，以及更好地集中力量进行语言学的研究，以适应上海师范大学中文系建设"国家文科基础学科人才培养和科学研究基地"的需要，潘悟云同张斌、范开泰、齐沪扬等教授共同提出了成立上海师范大学语言研究所的设想。学校非常支持。但是，在刚起步时也面临了无编制、无办公室、无经费的现实困境。大家一致认为，必须先把语言所建起来，再慢慢克服这些问题。1995 年 3 月 11 日，上海师范大学语言研究所成立了，张斌先生担任所长，潘悟云担任常务副所长。

语言研究所成立以后，潘悟云就思考如何解决"三无"的问题。他认为，最好的办法就是申请课题或重点学科，这样就会有经费支持。当时，上海市教委正在组织申报第三期重点学科建设项目，潘悟云意识到"应用语言学"这个学科能重视文理交叉，尤其要重视计算机在语言学研究中的重要作用。他抓住这个机会，组织学科建设团队，侧重于"计算语言学""汉语语音的计算机处理"等几个研究方向，领衔开展申报工作。潘悟云的这些想法在当时是非常超前的，他作为学科带头人申报的"应用语言学"顺利通过了上海市教委组织的专家评审，成功获批了上海市教委第三期重点学科，这不仅解决了语言研究所学科建设经费的需要，也使上海师大成为我国第二个应用语言学研究基地。学校也非常重视，将老图书馆二楼东侧的三间办公室划给语言研究所，并给了相应的人员编制。从此，语言研究所正式走上了正轨。

（二）创建上海师范大学语言科学实验室

西方的语音学研究，很早就引入了实验仪器，过去的"口耳之学"就可以通过实验数据进行量化,很多语音学的现象也有了科学的解释。80年代潘悟云去美国访学时,就意识到语音学实验室的重要性。1995年,在成功申请到"应用语言学"重点学科后,潘悟云将经费的大头用于购买实验设备仪器和计算机,并拿出一间办公室专门做网络建设、语音数据库和语音实验室。后来随着语言研究所的不断壮大,实验器材和硬件也进行着不断地改造和升级,逐渐拥有专业录音棚、语音学实验室、网络中心等。这使得上海师大成为国内最早拥有语言科学实验室的高校之一,实验室条件也达到国际领先水平。每年暑期,都有大量各地的学生到实验室观摩、学习,也扩大了上海师大语言学在全国范围的影响力。

依托先进的实验条件和数据库,潘悟云为语言学专业培养了大量理论功底扎实、懂得语音实验技术的现代语言学研究人才,很多硕士、博士生都成为各地高校语音实验室的骨干力量。

(三)语言学的数字化建设

除了人才培养之外,依托语言科学实验室,潘悟云也收获了更多学术成果。1997年,潘悟云获得了上海市哲学社会科学"九五"规划项目"短语音系学及其在汉语语音计算机合成中的应用"。2002年,由潘悟云主持的市教委重点学科项目"正常人的语音数据测试和分析",首次实现了语言学与医学的合作研究。这不仅为中国病理语音学提供基础数据,还对现代信息技术的语音识别和语音合成作出了贡献。

1997年,潘悟云完成了上海博士学科点建设基金项目"汉语方言学计算机辅助研究和辅助教学系统",通过这个系统,就可以实现对汉语的所有方言进行大规模的比较。与此同时,潘悟云也在着手解决语言学的另一个难题——语言学数字化,即开始用国际音标来记录和处理语言数据。1996年以后,他们先后研制成功国际音标字体 Ipa PanAdd 和 Ipa PanNew。后来还研制成功云龙国际音标输入法。1997年在汕头的方言学会上,潘悟云把这个音标字体送给学会。这是中国语言学数字化的一个重要日子。从那以后,这个字体不仅在国内普遍使用,而且也传到我国的香港、台湾及日本等。有一次在香港中文大学的研讨会上,主持人张洪年教授对学生说,潘悟云这个名字你们不一定熟悉,但是云龙国际音标输入法你们一定不会不知道。从此,这个国际音标字体也成为语言数据库、语言地理信息系统、国家语保工程的记音定点字体。

进入 21 世纪,潘悟云继续深耕计算机科学和语言学的交叉研究领域。

2002 年,潘悟云申请到"汉语方言计算机处理系统"的国家社会科学基金重点项目。2007 年在这个项目的基础上,他指导博士生李龙作做毕业设计汉语方言田野调查系统(TFW),后来又继续指导研究生韩夏把 TFW 改为斐风系统。这个系统首次把计算机技术应用于语言的田野调查上,可以快速地建立有声数据库,改变了传统的调查格局。目前,这个软件已经成为教育部中国语言资源有声数据库的专用软件,复旦大学、北京大学、中国社会科学院、南京大学、中山大学等二十几所院校也都在使用这个系统。2009 年,"汉语方言地理信息系统平台建设"项目获准立项。这是上海师范大学第一个教育部哲学社会科学研究重大课题攻关项目,也是教育部启动重大攻关项目以来第一个数据平台。

（四）上古音构拟及语音理论贡献

潘悟云在国内外语言学中最重要的贡献就是汉语上古音的构拟。国际汉语上古音构拟有三大系统:中国的郑张尚芳-潘悟云系统,美国的包拟古-白一平系统,苏联的斯塔罗斯金系统。但这一成果不是一蹴而就的,而是经过了几十年的努力和坚持。

20 世纪汉语上古音研究中有三本重要的国外著作。1940 年,瑞典高本汉(Bernhard Karlgren)在汉语上古音构拟的基础上,写成《汉文典》,这是汉语古音构拟的筚路蓝缕之作。20 世纪 70 年代以后,汉语上古音的研究有了突破性的进展,重要的著作有蒲立本(E. Pulleyblank)的《上古汉语的辅音系统》和包拟古(Nicholas Bodman)的《原始汉语与汉藏语》两本书。为了对汉语上古音做铺路工作,潘悟云对这三本书进行了十几年的翻译。

潘悟云早在复旦大学读研究生期间,就尝试与同学杨剑桥、陈重业、张洪明等人翻译《汉文典》。康奈尔大学亚洲研究系主任梅祖麟教授得到这个消息后,非常希望潘悟云能把这本书中很多的书证补齐,增加这本书的学术价值。如书中一开头的"苛"字,注释为"小草",只注明来自《战国策》,没有书证。当时除了燕京学社的几本引得之外,他们并没有其他的检索手段。潘悟云只有凭借细心和毅力,一页一页地翻遍《战国策》,终于在其中的《楚一》篇里,找到"以苛廉闻于世"这句话的准确书证。这个工作耗费了十多年,到 1997 年才最终完成,《汉文典》的汉语版也终于能在辞书出版社出版,并在 2021 年由中华书局进行了再版。

在翻译了《汉文典》之后,潘悟云又分别与徐文堪、冯蒸合作翻译了蒲立本的《上古汉语的辅音系统》和包拟古的《原始汉语与汉藏语》。这两本书的翻译难度都非常大,第一本书涉及许多上古域外译名,第二本则涉及大量的汉藏语材料。这两本书也都成为汉语史专业的经典著作。

潘悟云在20世纪80到90年代,还相继发表了一系列有关上古汉语的拟音研究成果的文章,解决了许多困扰音韵学界已久的难题。1997年他发表《喉音考》一文,首次为上古汉语构拟了一整套的小舌音,在学界中产生了重要影响。1999年发表的《汉藏语中的次要音节》一文,为上古汉语来母字构拟成有冠音加词根的音节结构,这又是一项非常重要的发现。

潘悟云对此并不满足,他在来到上海师大后,把几十年积累的材料、成果和新的发现都整理在一起,花费多年潜心著述,终于在2000年出版了集大成之作——《汉语历史音韵学》。这本书在国内一经出版,就被称为中国音韵学研究的主流,在国际上引发轰动反响。韩国高丽大学出版了此书的韩文版。欧洲汉学家何莫邪(Christoph Harbsmeier)聚集了欧、美、亚22个大学与研究单位的著名汉学家,建成大规模的汉语资料库“新编汉文大典”(The-saurus Linguae Sericae),并邀请潘悟云教授成为该计划的编委,负责古代语音的构拟。2003年,布拉格的查理大学邀请潘悟云为《汉语历史音韵学》做了一个月的宣讲。2005年瑞典社会科学高级研究院也邀请潘悟云为此书作了三个月的讨论。因为潘悟云的《汉语历史音韵学》和白一平的《汉语上古音手册》(A Handbook of Old Chinese Phonology)在汉语上古音的影响,2005年11月13日至18日,由白一平(Baxter, William H.美国密歇根大学)、金力(复旦大学生命科学学院)、沙加尔(Sagart, Laurent 法国科学研究院)和潘悟云共同发起了“上古汉语构拟国际学术研讨会”,这也是历史上规模最大的和上古汉语构拟国际研讨会之一,邀请了来自中国各地(包括香港和台湾)以及美国、法国、加拿大、英国、荷兰、泰国的五十余位学者参加。

(五)牵头成立上海高校比较语言学 E-研究院

为了聚集国内外在东亚比较语言学方面的一流人才,把上海建成东亚比较语言学的国际中心,带动其他地区,特别是少数民族地区的语言学发展;同时也为了在东亚语言历史比较、类型比较的基础上,作出语言学的理论创新,潘悟云在2006年成功申报“上海高校比较语言学 E-研究院”,并担任首席研究员。这也是上海师范大学第三个上海高校 E-研究院。

比较语言学 E-研究院的成立，使得上海语言学界多了一个重要的交流、合作平台，通过联合有关高校与研究单位，比较语言学 E-研究院建立了中国语言资源联盟和东亚语言资源中心，汇集了大量汉语方言和民族语的资源。这为学术研究提供了丰富的语言资料，促进了相关领域的深入研究和合作。

同时，潘悟云还通过建立东方语言学网（http://www.eastling.org），出版"东方语言学"丛刊和"比较语言学"丛书，以及推出四库全书原版图像全文检索系统，将比较语言学 E-研究院的各种学术知识、学术信息、学术成果都串联在一起，通过多种媒介进行传播，在学术界推动了交流，促进知识的传递与分享，使学术研究达到高度的自由、繁荣。这也大大提高了上海师范大学的影响力。

2008 年，潘悟云（右）邀请著名的语音学家 Ohala 做实验语音学的报告

（六）大力扶持少数民族语言专业

从 1996 年开始，潘悟云就依托汉语言文字学博士点，陆续培养了一大批少数民族优秀人才。2006 年，教育部对几个主要部属院校提出"少数民族骨

干计划"的培养任务。潘悟云得知后,就给教育部下属的少数民族语言司写报告,力陈上海师大在少数民族语言研究生培养过程中的经验和成果,为上海师大成功争取到这个培养任务。这对于培养西部少数民族骨干人才意义重大,从 2009 年开始,中国少数民族语言文学博士点招收一大批来自西部地区的少数民族骨干人才,这些人大部分都是教学第一线的教师,有些是学校的管理人员或者地方政府的民族语言工作委员会管理干部。

据不完全统计,在这些通过"少数民族骨干计划"来到上海师范大学的学生中,取得博士学位的有 35 人,合作的博士后有 9 人,其中后来成为教授的就有 20 人,包含 5 位二级教授,成为博士生导师的有 11 人。他们在研究方面也表现出色,共获得 10 个国家社科重大项目、44 个国家社科一般项目以及 66 个部属社科项目。除了在科研领域的显著成就,他们还积累了众多人才荣誉,包括省千人计划、省优秀专家、省特聘专家、中国社科院基础学者、省部级劳模、曙光学者等。在中国社科院的民族语专家中,有一半以上的优秀人才来自上海师大。

此外,潘悟云还多次前往广西、云南、新疆等少数民族地区,亲自指导和帮助当地民族语研究者进行田野调查、语言分析等工作。在潘悟云的努力下,上海师大语言所同中国社科院民族所、广西民族大学、云南民族大学、贵州民族大学等民族语言相关研究单位建立了紧密的合作关系,每年都有大批学者或学生到上海师大进修或学习。

(七)因材施教,培养大量语言学人才

在培养学生方面,潘悟云经常强调的一点就是学生不能太遵循"师命不可违"这样的观点。他认为,一个老师最大的悲哀就是学生不如老师。潘悟云 2002 级的博士生金理新在入学之前写过一本《上古汉语音系》的书,在书中对潘悟云和郑张尚芳的一些观点提出了批评。有人就对潘悟云说:"金理新当上了你的学生,现在不会再批评你了吧?"潘悟云笑着说:"学生批评老师应该大大加以鼓励,金理新在南京大学当硕士生时,他的硕士论文是我评审的。他(的论文)对郑张尚芳的理论进行批评。我当时的评语中有一句说:郑张尚芳是我的老师,我是金理新的老师,所以郑张尚芳是他的太老师。他敢于对太老师的学术方面提出不同意见,光从这一点就应该加以肯定。我想学术界应该这样,不要自己把自己封闭起来,学术应该是很开放的。"

　　此外，潘悟云还非常重视因材施教，有很多学生在考进来之后，语言学的功底并不出色。他就会结合学生的能力，为他们打造成适合的研究之路。语言研究所实验室刚刚成立时，曾招过一个计算机系的毕业生来当管理人员。一年后，这位学生就想报考潘悟云的硕士，但是语言学的功底不太好。潘悟云就帮助她入门，并结合她计算机专业优势，为她选择了用"phrase phonology"的音系理论来研究汉语停顿轻重问题的方向。后来这个学生经过努力顺利毕业。她的研究成果很快在业内引起重视，微软公司中国研究院邀请她去作访学，并让她到美国盐湖城参加语音处理的国际会议。中国香港中文大学电子工程系一位很有名的教授也对这个研究很感兴趣，邀请她去当助教，后来还收她当博士生。此后，这位学生就受聘为微软公司中国研究院，在文本的语音合成领域作出了很多贡献。

　　带着这样的培养观，潘悟云为中国语言学界培养了一批年轻有为的人才。20多年来潘悟云共培养了70多位博士生，14位博士后，其中有30多位在复旦大学、华东师范大学、中国社会科学院民族所等单位任教授。

1999年，潘悟云与几位博士、硕士生及韩国留学生在上海师范大学语言研究所合影

年近耄耋　兢兢业业

2013 年,潘悟云刚过 70 岁,结束了 30 多年的高校教学生涯,正式退休。中西书局一直邀请潘悟云编写一本《汉语古音手册》,在退休前夕,他向上海哲社办申请到《汉语古音手册》的项目,于是又开始重装上阵,继续语言学的研究征途。

2018 年 5 月 19 日,亦师亦友的郑张尚芳先生在温州去世,这让潘悟云非常难过,但也让他增加了更多的责任感和使命感。郑张尚芳先生去世之前,一直在与潘悟云合作国家社科基金重大项目《基于严格语音对应的汉语语民族语关系字研究》。这是一个非常庞大的工程,但很可惜郑张尚芳先生无法继续进行了。潘悟云说:"郑张尚芳去世后,我感觉肩上的担子更重了。"

2019 年 8 月底,潘悟云突发脑梗,被紧急送往医院。幸得抢救及时,没有了生命危险。但脑梗却让他患上失语症,不能说话,不能认字。医生、家人都劝他好好休息,不要多动脑筋。一个语言学家如果失去了语言,那是怎样的痛苦。潘悟云却用惊人的毅力,每天坚持锻炼认字、说话,一个月以后,他写出了病后的第一篇论文,华山医院的医生都说这是一个奇迹。

2022 年底,潘悟云在 79 岁高龄时染上新冠,这一突发状况让大家为他担忧,但经过艰苦的治疗和坚强的毅力,他最终成功战胜了这场病魔。

多次的健康问题,让潘悟云的使命感也更加重了。一方面,他还在继续着过去的研究,2023 年,历经十年的编纂,《汉语古音手册》终于在中西书局付梓。与此同时,从 2024 年开始,潘悟云又马不停蹄,继续完成新的工作——《汉语历史音韵学》的再版和《再订汉文典》的出版。另一方面,他还在学术之路迈上新的进程。这些年来,他一直在思考一个新的问题:19 世纪,在达尔文进化论影响下出现了历史比较语言学,这几十年来,潘悟云所做的工作基本上都是采用这种理论方法。但是在新世纪以后,经过几十年的研究与思索,潘悟云认识到过去传统的历史语言学必须转变到崭新的学科——演化语言学上来。所以,接下来他还计划完成以东亚地区的演化语素为主要研究任务的《东亚语言语素集》等工作。

他的任务很重,目标就是要研究中华文明的发生和传播。在潘悟云的心里,这样一个学科,是值得全身心投入,并作为终身追求的。他依旧不会忘记20世纪许下的诺言:争东方学之正统在中国。

（李盟　撰文）

附一：潘悟云简历年表

1943 年 3 月 12 日	出生于浙江省温州市。
1949 年 9 月—1954 年 7 月	就读于温州市瑞安县小学。
1954 年 9 月—1955 年 7 月	就读于温州市九山小学。
1955 年 9 月—1958 年 7 月	就读于温州市第四中学。
1958 年 9 月—1961 年 7 月	就读于温州第四中学高中。
1961 年 8 月—1962 年 8 月	在温州工艺美术厂学徒工。
1962 年 8 月—1964 年 1 月	在各地作临时打工。
1964 年 1 月—1969 年 1 月	在温州商校代课教师。
1969 年 1 月—1979 年 9 月	在温州锅炉厂工作。
1979 年 9 月—1982 年 7 月	就读复旦大学语言学专业硕士研究生。
1982 年 7 月	获复旦大学语言学文学硕士学位。
1983 年	浙江省 1978—1982 年度哲学社会科学优秀成果二等奖。
1982 年 9 月—1993 年 9 月	任温州师范学院(现温州大学)讲师、副教授。
1986 年 5 月	加入中国共产党。
1991 年 1 月	晋升教授。
1993 年 3 月—2013 年 7 月	在上海师范大学任教。
1994 年 3 月	晋升博导,并担任上海师范大学现代汉语博士点负责人。
1995 年 3 月	任上海师范大学语言研究所常务副所长
1995 年 10 月	获国务院政府特殊津贴。
1999 年	任上海社会科学界联合会(社联)副主席,上海社联语言研究中心主任。
2006 年	担任上海高校比较语言学 E-研究院首席研究员。

| 2013 年 7 月 | 退休。 |
| 2014 年 | 担任复旦大学中文系杰出访问学者。 |

附二：潘悟云主要论著目录

（一）著作

《汉语历史音韵学》，上海教育出版社 2000 年版。

《著名中年语言学家自选集　潘悟云卷》，安徽教育出版社 2002 年版。

《音韵论集》，中西书局 2012 年版。

《汉语古音手册》，中西书局 2024 年版。

（二）论文

《汉越语与〈切韵〉唇音字》（与朱晓农合作），载《中华文史论丛增刊・语言文字研究专辑》，上海古籍出版社 1982 年版。

Several problems in the development of Chinese tones, Journal of Chinese Linguistics, 1982, Vol.10.

《中古汉语方言中的鱼和虞》，《语文论丛》1983 年第 2 辑。

《轻清重浊释——罗常培〈释轻重〉、〈释清浊〉补注》，《社会科学战线》1983 年第 5 期。

《中古汉语轻唇化年代考》，《温州师专学报（社会科学版）》1983 年第 2 期。

《非喻四归定说》，《温州师专学报（社会科学版）》1984 年第 1 期。

《汉语词典的审音原则》，《辞书研究》1984 年第 5 期。

《不规则音变的潜语音条件》（与许宝华合作），《语言研究》1985 年第 1 期。

《章、昌、禅母古读考》，《温州师专学报（社会科学版）》1985 年第 1 期。

《词汇扩散理论评介》，《温州师专学报（社会科学版）》1985 年第 3 期。

《吴语的语音特征》，《温州师专学报（社会科学版）》1986 年第 2 期。

《吴语的词汇、语法特征》，《温州师专学报（社会科学版）》1986 年第 3 期。

《〈切韵序〉注》，载吴文祺、张世禄主编：《中国历代语言学论文选注》，上海教育出版社 1986 年版。

《〈六书音韵表序〉注》,载吴文祺、张世禄主编:《中国历代语言学论文选注》,上
　　海教育出版社 1986 年版。

《〈中原音韵序〉注》(与杨剑桥合作),载吴文祺、张世禄主编:《中国历代语言学
　　论文选注》,上海教育出版社 1986 年版。

《越南语中的上古汉语借词层》,《温州师范学院学报(社会科学版)》1987 年第
　　3 期。

《谐声现象的重新解释》,《温州师范学院学报(社会科学版)》1987 年第 4 期。

《谐声论》,《文字与文化》1987 年第 2 辑。

《汉藏语历史比较中的几个声母问题》,载《语言研究集刊》,上海辞书出版社
　　1987 年版。

《译文计算机语言识别》,载《语言与人类交际》,广西教育出版社 1988 年版。

《译文言语合成》,载《语言与人类交际》,广西教育出版社 1988 年版。

《高本汉以后汉语音韵学的进展》,《温州师范学院学报(哲学社会科学版)》1988
　　年第 2 期。

《青田方言的连读变调和变音现象》,载复旦大学中国语言文学研究所吴语研究
　　室编:《吴语论丛》,上海教育出版社 1988 年版。

《温州方言的指代词》,《温州师范学院学报(哲学社会科学版)》1989 年第 2 期。

《中古擦音的上古来源》,《温州师范学院学报(哲学社会科学版)》1990 年第
　　4 期。

An Introduction to the Wu Dialects, Journal of Chinese Linguistics monograph series
　　number 3, 1990.

《上古汉语的屈折形式》,《温州师范学院学报(哲学社会科学版)》1991 年第
　　2 期。

《苍南蛮话》,《温州师范学院学报(哲学社会科学版)》1992 年第 4 期。

《上古收-p、-m 诸部》,《温州师范学院学报(哲学社会科学版)》1992 年第 1 期。

《连调和信息量》,《温州师范学院学报(哲学社会科学版)》1993 年第 4 期。

《上古脂、质、真的再分部》,载《语苑新论:纪念张世禄先生学术论文集》,上海教
　　育出版社 1994 年版。

《释二等》(与许宝华合作),载《音韵学研究》(第 3 辑),中华书局 1994 年版。

《温、处方言和闽语》,载《吴语和闽语的比较研究》,上海教育出版社 1995 年版。

《汉语方言史与历史比较法》,《中西学术》1995 年第 1 辑。

《"因"所反映的吴语历史层次》,《语言研究》1995 年第 1 期。

On Nong(with Chen Zhongmin), Journal of Chinese Linguistics, 1995, Vol.23.

《对华澳语系假说的若干支持材料》,载《汉语的祖先》,中华书局 1995 年版。

《汉藏语、南亚语和南岛语——一个更大的语言联盟》,《云南民族语文》1995 年
　第 1 期。

《温州方言的体和貌》,载张双庆主编:《动词的体》,香港吴多泰中国语文研究中
　心出版社 1996 年版。

《温州方言的动词谓语句》,载李如龙、张双庆主编:《动词谓语句》,暨南大学出
　版社 1997 年版。

《上古阴声韵部不带塞韵尾的内部证据》,《中西学术》1997 年第 2 辑。

《喉音考》,《民族语文》1997 年第 5 期。

《三等腭介音的来源》,载《李新魁教授纪念文集》,中华书局 1997 年版。

《汉藏语中的次要音节》,载《中国语言学的新拓展——庆祝王士元教授六十五
　岁华诞》,香港城市大学出版社 1999 年版。

《论吴语的人称代词》(与陈忠敏合作),载李如龙、张双庆主编:《代词》,暨南大
　学出版社 1999 年版。

《吴语的指代词》(与陶寰合作),载李如龙、张双庆主编:《代词》,暨南大学出版
　社 1999 年版。

《缅甸文的元音转写》,《民族语文》2000 年第 2 期。

《上古汉语元音系统构拟述评》,载江蓝生、侯精一主编:《汉语现状与历史的研
　究》,中国社会科学出版社 1999 年版。

《温州方言的介词》,载李如龙、张双庆主编:《介词》,暨南大学出版社 2000
　年版。

《汉语音韵研究概述》,载丁邦新、孙宏开主编:《汉藏语同源词研究》(一),广西
　民族出版社 2000 年版。

《反切行为与反切原则》,《中国语文》2001 年第 2 期。

《上古指代词的强调式和弱化式》,载《语言问题再认识》,上海教育出版社 2001
　年版。

《避忌讳与古音韵考证》,《中国语文研究》2001 年第 1 期。

《吴语中麻韵与鱼韵的历史层次》,载丁邦新、张双庆编:《闽语研究及其与周边
　方言的关系》,香港中文大学出版社 2002 年版。

《汉语否定词考源——兼论虚词考本字的基本方法》,《中国语文》2002 年第 4 期。

《流音考》，载潘悟云主编：《东方语言与文化》，东方出版中心 2002 年版。

《吴闽语中的音韵特征词——三等读入二等的音韵特征词》，《声韵论丛》2002 年第 12 辑。

《语言接触与汉语南方方言的形成》，载邹嘉彦、游汝杰主编：《语言接触论集》，上海教育出版社 2004 年版。

《汉语南方方言的特征及其人文背景》，《语言研究》2004 年第 4 期。

《汉语方言的历史层次及其类型》，载石锋、沈钟伟主编：《乐在其中——王士元教授七十华诞庆祝文集》，南开大学出版社 2004 年版。

《字书派与材料派——汉语语音史观之一》，载董琨、冯蒸主编：《音史新论——庆祝邵荣芬先生八十寿辰学术论文集》，学苑出版社 2005 年版。

《上古汉语的流音与清流音》，载《汉藏语研究——龚煌城先生七秩寿庆论文集》，北京大学出版社 2005 年版。

《东亚语言的谱系分类》，载潘悟云、邵敬敏主编：《20 世纪的中国社会科学·语言学卷》，上海人民出版社 2005 年版。

《汉语的音节描写》，《语言科学》2006 年第 2 期。

《朝鲜语中的上古汉语借词》，《民族语文》2006 年第 1 期。

《中国的语言与方言》，载金力、褚嘉祐主编：《中华民族遗传多样性研究》，上海科学技术出版社 2006 年版。

《竞争性音变与历史层次》，《东方语言学》2006 年第 6 期。

《音变规则是区分自源性层次的主要标准》，载《山高水长——丁邦新先生七秩寿庆论文集》，《语言暨语言学》2006 年专刊。

《从几个词语讨论苗瑶语与汉藏语的关系》，《语言研究》2007 年第 2 期。

《上古汉语的韵尾 *-l 与 *-r》，《民族语文》2007 年第 1 期。

《藏文的 ç- 与 z-——读马蒂索夫的〈藏缅语手册〉》，《民族语文》2008 年第 5 期。

《吴语形成的历史背景》，《方言》2009 年第 3 期。

《从地理视时还原历史真时》，《民族语文》2010 年第 1 期。

《历史层次分析的若干理论问题》，《语言研究》2010 年第 2 期。

Compteting Sound Change and Historical Strata, Linguistics in China, 2010, Vol.1.

《面向经验科学的第三代音韵学》，《语言研究》2011 年第 1 期。

《汉藏语与澳泰语中的"死"》，《民族语文》2011 年第 6 期。

《复数词尾考源》，载徐丹主编：《量与复数的研究：中国境内语言的跨时空考察》，商务印书馆 2010 年版。

《吴语止摄开口的历史层次与演变》,《中国语言学集刊》2011 年第 5 卷第 1 期。

《汉语方言地理信息系统》,载《中国方言中的语言学与文化意蕴》,韩国文化社 2011 年版。

《有关计算机数据处理的记音规范建议》,《民族语文》2012 年第 5 期。

《汉语中古音》,《语言研究》2013 年第 2 期。

《汉语元音的音变规则》,《语言研究集刊》2013 年第 1 期。

《东亚语言中的"土"与"地"》,《民族语文》2013 年第 5 期。

《在东亚语言大背景下的汉韩同源观》,载《韩汉语言探讨》,韩国学古房出版社 2013 年版。

《一川烟雨,万里翻红——纪念蒲立本教授》,《文汇报》2013 年 5 月 6 日。

《对三等来源的再认识》,《中国语文》2014 年第 6 期。

《释丑》,载许全胜、刘震编:《内陆欧亚历史语言论集:徐文堪先生古稀纪念》,兰州大学出版社 2014 年版。

Middle Chinese phonology and Qieyun, The Oxford Handbook of Chinese Linguistics, 2015.

《方言考本字"觅轨法"》,《方言》2015 年第 4 期。

《再论方言考本字"觅轨法"——以现代韵母为 u 的滞后层为例》,《语文研究》2016 年第 4 期。

《侗台语中的几个地支名》,《民族语文》2016 年第 5 期。

On Some Theoretical Issues about Historical Strata Analysis, Macrolinguistics, 2016, Volume 4, Number 5.

《上古汉语的复杂辅音与复辅音》,《中国民族语言学报》2017 年第 1 辑。

Historical development of Chinese dialects: from perspective of georgraphical information(in Chinese), Journal of Chinese Linguistics, 2017, Vol.45.

《滞二等现象——考本字的一个特殊视角》,《方言》2018 年第 3 期。

《汉藏语的使动态》,《汉藏语与汉语史研究》2018 年第 3 辑。

《上古汉语鼻音考》,《民族语文》2018 年第 4 期。

《南方汉语中的"毒"字》,载何大安、姚玉敏、孙景涛、陈忠敏、张洪年主编:《汉语与汉藏语前沿研究——丁邦新先生八秩寿庆论文集》,社会科学文献出版社 2018 年版。

《东亚语言声调起源的内因与外因》,《韵律语法研究》2019 年第 2 期。

Phylogenetic evidence for Sino-Tibetan origin in northern China in the Late Neolithic,

Nature，2019.

《地理虚时与音变链》，《方言》2020 年第 2 期。

《上古音构拟》，《出土文献》2020 年第 2 期。

《郑张尚芳与六元音系统(代前言)》，载《中西学术名篇精读·郑张尚芳卷》，中西书局 2022 年版。

《同源语素与音变链》，《中国语言学研究》2022 年第 1 辑。

《语言借用和历史比较》，《语言战略研究》2022 年第 4 期。

《多向音变》，载胡方、杨蓓主编：《汉语方言的多维视角：游汝杰教授八秩寿庆论文集》，上海教育出版社 2022 年版。

The voiced and released stop codas of Old Chinese，Journal of Chinese Language，2023，Vol.1.

传承传播学界翘楚
立人立学良师风范
——语言学与国际中文教育专家齐沪扬传

齐沪扬（1950— ），浙江天台人。中国共产党党员。二级教授，博士生导师。1993 年博士毕业于上海师范大学中文系现代汉语专业，同年留校任教。历任上海师范大学中文系副系主任、人文学院副院长、研究生处处长和对外汉语学院院长。2004 年荣获"上海市育才奖"，2006 年获评"第二届上海高校教学名师奖"，2007 年荣获"全国优秀教师"称号，2008 年被授予上海市五一劳动奖章。2010 年聘任为上海师范大学二级教授。2012 年起获享国务院颁发的政府特殊津贴。齐沪扬长期从事现代汉语语法与国际中文教育的教学与研究工作，为国家社会科学基金学科评审组专家，国务院侨办华文教育专家组成员，教育部自学考试委员会"现代汉语"命题专家组组长，新加坡教育部课程发展与规划司外籍专家。任《对外汉语研究》（CSSCI 来源集刊）主编，多家 CSSCI 来源期刊编委。在专业期刊和高校学报发表论文 160 余篇，出版各类著作和教材 40 余种。主持完成国家社科基金重大项目等各类科研项目 20 余项。教学与研究成果曾获全国优秀教材二等奖、上海普通高校优秀教材一等奖、上海市教学成果一等奖、教育部高等学校科学研究优秀成果二等奖以及上海市哲学社会科学优秀成果一、二等奖等多个奖项。

齐沪扬

朝乾夕惕　百炼成钢

1950 年 8 月 27 日，齐沪扬出生于上海。他小学就读于上海市虹口区第一中心小学，1966 年 6 月上海市虹口区北虹中学初中毕业后，适逢"文化大革命"开始，终止考试升学。

1969 年 3 月响应时代号召,成为全国"知识青年上山下乡"运动中的一员,离沪至安徽枞阳县老庄公社谋道大队插队,开始中国知青一代的劳动生活。

提起知青岁月最难忘的经历,齐沪扬回忆:插队当年夏天,大雨、江潮,内圩水库大都破坝。为抢救水库,他奋勇跳入洪水施工,后来体力不支被老农救起,患疟疾、疔疮昏睡多日,醒来时洪水已退,被评为"安庆专区学习毛主席著作积极分子"。齐沪扬毕生获省部级乃至国家级的各类奖励和表彰数不胜数,他却颇为看重这个地市级的表彰,这也许正是中国文人骨子里的家国情怀吧。

1970 年 6 月,安徽省首批招工,因受父亲历史问题影响,齐沪扬未被录取。1971 年 2 月第二批招工,枞阳县知识青年办公室专门为他打报告,作为"可以教育好的子女"典型,他被化工部第三建设公司录用为正式工人。从学徒工开始,满师后成为正式木工;后来作为"有文化"的木工,升级调岗为车工。从 1975 年到 1978 年,齐沪扬年年被评为公司先进工作者。

1977 年冬,关闭了 11 年之久的中国高考大门再次向莘莘学子敞开。恢复高考后,齐沪扬白天从事繁重的工作,夜晚如饥似渴地自学高中文化知识。1978 年的高考,他在 610 万考生中脱颖而出,成绩高居安徽省淮南市文科第二名。齐沪扬高考所填报志愿为上海师范学院教育系,但还是因为政审问题,录取之路坎坷。最后时刻,安徽省高招委责令安徽师范大学淮北分校(后更名为淮北煤炭师范学院)将他录取至中文系。齐沪扬的高考成绩是当年该校中文系所有录取考生中最高的,一进校他就被指派为学习委员,直至四年后毕业。

1982 年 6 月齐沪扬本科毕业,因成绩优异而留在中文系工作。他本科毕业论文写的是《郭小川叙事诗的意境和叙事方式》,在中文专业偏好的是文学。但是公布岗位的时候,他被分至汉语教研室。那个年代的人"服从分配"的意识特别强,接到通知后他没有任何异议,一头扎进了汉语研究与教学的海洋。

工作一年后,1983 年 9 月至 1984 年 6 月,齐沪扬受单位指派,在北京煤炭管理干部学院日语系脱产学习。当时全班学员共十余人,全部为煤炭部所属高校教师。学员们大都没有日语基础,仅仅一年时间要达到国内高校日语专业专科水平,可想学习压力之大。整整一年时间里,学员们 3 天一课,3 天一考,每周 24 节精读,再加 2 节会话,2 节口语,2 节日语电影。多年以后,对外汉语学院为留学生开设"强化汉语"进修班,面对课程安排,齐沪扬十分感慨:如果这算是"强化班",当年他在日语脱产班的学习应该叫做"超级强化班"。

1985年齐沪扬在职考入华东师大中文系现代汉语专业硕士研究生,属于淮北煤师院建院后同意在职教师报考而考出去的第一批教师。硕士在读期间,他的论文《谈单音节副词的重叠》在《中国语文》1987年第4期发表。一名在读硕士生在专业最顶级期刊发表了学术论文,当时在华东师大中文系引起不小的轰动。他的硕士学位论文《论区别词》深得导师林祥楣先生的赞赏,其核心内容后来分别以《论区别词的内部分类》《论区别词的范围》《谈区别词的归类问题》和《谈区别词的语法特征》为题公开发表,并全部被《人大复印报刊资料》转载。

1988年硕士毕业后,因跟所在单位有委培合同,齐沪扬返回淮北煤师院,继续从事汉语教学与研究工作。

1990年年初,齐沪扬决心报考上海师大现代汉语专业博士研究生。在淮北煤师院经过多次努力,他终于获准报考。1990年9月,他成为上海师大第一个统招博士研究生。

跟随著名语言学家、上海师大第一位博导张斌先生攻读博士期间,齐沪扬刻苦钻研学问,在读期间成果丰硕,俨然成为一名成熟而高产的学界黑马:1991年,他作为第三作者写作并出版《汉语运用新论》,由华东师范大学出版社出版。博士在读期间,他还公开发表学术论文9篇,其中被《人大复印报刊资料》转载多达5篇。1992年,齐沪扬获得宝钢奖学金一等奖。

博士在读期间,齐沪扬还先后在华东师大中文系和上海师大中文系担任专业基础课"现代汉语"的主讲教师,均深受好评。

凭借出色的科研成果和教学表现,1993年6月博士毕业时,华东师大和母校上海师大均希望将齐沪扬招致麾下。在母校领导和导师的谈话感召下,他选择留校,从此开启了在上海师大20多年的教研生涯。

朝乾夕惕,百炼成钢。在导师张斌先生的指引下,在上海师大语言学科深厚土壤的滋养下,20多年来,随着上海师大迎来语言学科的发展强盛期,齐沪扬科研、教学与管理三管齐下,逐渐人如其名、声名远扬。

乘风破浪　学海领航

　　齐沪扬是个工作狂,学校著名的"年中无休"者。他每天来校早,回家晚,除了出差离沪几乎每个周末和节假日,都沉浸在自己的办公室潜心治学。他累计在《中国语文》《华东师范大学学报(哲学社会科学版)》等专业刊物和高等院校学报上发表论文160余篇,出版《现代汉语空间问题研究》《对外汉语教学语法》等各类著作和教材40余种。他主持完成国家社科基金重大项目、国家社科规划基金项目以及上海市哲社、教育部教育考试院、国家汉办、国家语委等各类科研项目20余项。他的科研成果曾获2002年、2004年、2006年、2008年、2010年上海市哲学社会科学优秀成果论文奖,2012年获上海市哲学社会科学优秀成果著作奖。连续六届获得上海市哲社优秀成果奖,这在上海地区同一学科的专家里也是屈指可数的。

2009 年 9 月,齐沪扬受聘担任国家社会科学基金学科评审组专家

　　齐沪扬既是语言学家,也是国际中文教育专家,他十分重视汉语研究的国际推广工作,将汉语语法本体及二语教学的研究成果传播到世界各地,扩大中国专家在全球国际中文教育领域的影响力和领航地位。1996年至1997年,齐沪扬在韩国高丽大学任客座教授。2011年9月至12月,他在新加坡南洋理工大学华文教育研究所任客座教授。他曾应邀在韩国东国大学、日本东京大学、越南胡志明师范大学、泰国朱拉隆功大学、非洲博茨瓦纳大学

和我国台湾师范大学、香港中文大学等数十所海内外高校和研究机构做学术报告。从 1998 年到 2019 年,他在韩国先后出版《HSK 中国语入门》《HSK模拟试验》《实用现代中国语语法》和《现代汉语现实空间的认知研究(韩文版)》(中文版由商务印书馆 2014 年出版),在当地汉语教学与研究界产生很大影响。2022 年,他的专著《现代汉语语法知识》由越南胡志明师范大学出版社出版,被指定为越南多所高校的现代汉语教材。

回顾四十年学术生涯,齐沪扬最引以为豪的是领衔做了三个大项目。

一是中国汉语水平考试"HSK(旅游)"项目。2002 年 10 月,国家汉语水平考试委员会发布了商务、旅游汉语水平考试(HSK)两个设计方案招标的通知,全国有 20 多所高校投标竞争。2003 年 2 月,经专家无记名投票,部分标书入围初选名单。随后"HSK 设计方案评审小组"经过公开量化评审,宣布中标单位:HSK(商务)为北京大学,HSK(旅游)为上海师范大学。上海师大是上海地区投标的 6 所高校里唯一中标的,更是非部属院校中的唯一一家。该项目两年的时间内获得经费 120 多万,这样的经费资助当时在全国范围内都是罕见的。2005 年 6 月,项目以"优秀"等第结题。

二是《现代汉语描写语法》。2010 年 11 月 27 日至 28 日,"庆祝张斌先生九十华诞、从教六十周年学术研讨会暨《现代汉语描写语法》首发仪式"在上海师范大学隆重举行。《现代汉语描写语法》以 20 章、近 200 万字的宏大篇幅,全面、系统地总结并吸收了百年来汉语语法研究的成果,在此基础上详尽地描写和分析了从语素到篇章的汉语语法的各个方面,力图完整地反映汉语语法百年来的研究成就。从这个意义上看,该书可谓是"百年汉语语法研究的集大成"①,体现着汉语语法研究的繁荣和成熟。这部书由齐沪扬的导师、九十高龄的张斌先生担任主编,以上海师大语言学科的教师为主体,作者还有北京大学、南京大学、复旦大学等 20 多所高校的数十位教师,齐沪扬是本书的实际负责人和协调者。从 2000 年着手准备,到 2002 年 12 月正式开始编写,再到 2009 年年初基本完稿,陆续交商务印书馆审稿,最后于2010 年 11 月出版。由于作者有很多人,在语法思想、学术观点上都有分歧,在体例上更是不易统一。在齐沪扬的带领下,编辑组统稿多达 7 次。"回过头来看,《现代汉语描写语法》的组织和编写过程体现了强大的团队意识和

---

① 丁萍:《迈向法语语法研究的新里程》,《中华读书报》2010 年 11 月 7 日,第 10 版。

力量，"齐沪扬说，"多所高校的学者集结于上海师大，共同努力，不仅产出了极大的学术成果，也让每一个参与其中的人收获颇丰。"2013年，《现代汉语描写语法》获上海市第十一届哲学社会科学优秀成果著作类一等奖；同年，该著作还获得了教育部第六届高等学校科学研究优秀成果奖二等奖。这部著作的组稿、完成以及最终被学界高度认可，集中体现了齐沪扬在全国语言学界的强大号召力、出色的组织协调和团队领导能力。

三是国家社科基金重大项目。2017年3月，齐沪扬领衔申报国家社科基金重大项目"对外汉语教学语法大纲研制和教学参考语法书系（多卷本）"，同年11月成功获批，担任该项目首席专家。2018年4月，重大项目开题，经过将近五年的研发，于2023年1月顺利结题。项目建设期间正值新冠流行，研发尤为困苦。课题组六十余人，上下努力，最终顺利完成，结项成果达700余万字。课题组不仅建立了对外汉语教学语法数据库及平台，还完成了综述类8本、大纲类4本、研究论文集1本、参考语法书系26册，共39本著作，以及论文100余篇。4本大纲中，2本为初级大纲和中级大纲，为国内首个分级大纲；2本为口语大纲和书面语大纲，为国内首个分语体大纲。参考语法书系26册，以教学中的常用问题为导向，将理论转化为实践，直接为教学和学习服务，是国内首套成系统的国际中文教育参考书系。该书系以"对外汉语教学语法丛书"为丛书名称，以北京语言大学出版社为申报单位，成功获批2022年国家出版基金资助。这是同一年度基于语言应用，直接服务于国际中文教育领域的唯一获批丛书。

良师风范　桃李芬芳

自1982年留校走上讲坛，尽管后期身兼繁重的行政管理工作，齐沪扬一直坚持在教学第一线，为本科生和研究生授课。他为人师表，自我要求严格，从教30多年没有迟到过一次。他关爱学生，尽管科研和管理工作繁忙，还经常花时间与学生谈心。他还有个令同事们颇为叹服的本领，只要上过课的班级，都能够叫出所有学生的名字。甚至，后期他担任对外汉语学院院长时，即使不是自己的研究生，只要是本学院的，他也可以叫出学生的名字。走在路上，学生跟他打招呼，当他直接叫出学生的名字时，尤其是没授过课的学生都深感意外，非常感动。一方面，这归功于他善于识记、过目不忘的

荣誉证书

（第200731024号）

授予 齐沪扬 同志全国优秀教师称号

中华人民共和国教育部

二〇〇七年九月四日

2007年9月，齐沪扬荣获"全国优秀教师"称号

本领，另一方面也是因为他的心里装着所有的学生。

齐沪扬给本科生讲授过"语言学概论""现代汉语""对外汉语教学语法"等专业基础课程。他热爱教学工作，在教学过程中，不仅注意教学内容的及时更新，还积极改革教学方法，精心制作并及时更新课件，讲授时注重和学生互动，充分调动其积极性，长期以来一直深受学生欢迎。在上海师大攻读博士学位期间，他曾经分别担任过华东师大和上海师大中文专业的基础课"现代汉语"课程的主讲老师，在两个学校的授课均大受欢迎，以至于1993年6月博士毕业时，两校中文系都希望他能留下来工作。

1996年齐沪扬在韩国高丽大学担任客座教授。也就是这一年，他开始接触并潜心钻研国际中文教育。当时，北京师范大学童庆炳教授也在这里工作，经常晚上给齐沪扬打电话，询问第二天如何上课的问题，大到教学方法、教学手段的运用，小到一个语法点的解释，电话一打就是一个多小时。童庆炳教授担任过北师大中文系主任、北师大研究生院院长等职务，是文艺学大家，而齐沪扬当时还是个副教授。一方面，这说明童先生虚怀若谷，人格高尚；另一方面也说明齐沪扬对于国际汉语教学的钻研有了收获，并得到了认可。就在这一年，齐沪扬完成了面向韩国中文学习者的《HSK中国语入门》《HSK模拟试验》《实用现代中国语语法》三部书稿，随后在韩国陆续出版。这三部著作全部被韩国高校中国语专业作为教材使用，在韩国汉语学界产生了相当大的影响。随后几年到中国学习语言的韩国留学生，很多人把上海师大作为留学首选高校。那些年,从中国高校汉语类专业毕业回韩国各大学工作的韩国毕业生中,上海师大培养的最多。2004 年 12 月,齐沪扬陪同俞立中校长访问韩国,其间中国驻韩国大使馆教育参赞还专门与俞校长进行交流,感谢上海师大语言学科为韩国高校培养了很多教学和研究人才。

2001 年,齐沪扬主持的"现代汉语语法教学的改革"获得上海市教学成果一等奖。2006 年,他主持的"对外汉语教学语法"被评为上海市精品课程,他本人获得上海市第二届教学名师奖。2007 年,作为策划人和总主编之一,他与北京语言大学对外汉语研究中心、商务印书馆联合开发"对外汉语本科系列教材"22 部,其中他本人编写的《现代汉语》在各使用高校中广受好评,该教材 2011 年获得上海市优秀教材一等奖。

在研究生培养上,齐沪扬开设过"现代汉语句法研究""现代汉语语法论文导读""语法应用研究"等课程。2002 年,他策划和参与的研究生教材"语法教学与研究"系列获全国优秀教材二等奖。

齐沪扬 1997 年开始担任硕士生导师,2001 年起担任博士生导师。他累计培养博士 55 名(其中留学生 22 名),硕士 117 名(其中留学生 12 名)。由于博士名额有限,他的硕士中有 24 名后来又攻读了国内外其他院校的博士学位。他指导的硕士生周泽龙、丁萍、李凰、张汶静先后获得上海市研究生优秀成果(硕士学位论文),博士生李文浩获得上海市研究生优秀成果(博士学位论文),是同时期上海高校本专业获得这一奖项最多的研究生导师之一。

齐沪扬的学生遍布海内外,其中很多都在积极从事汉语教学和中国文化的传播工作,可谓桃李满天下。尤其是具有博士学位的毕业生,大多已成长为所在单位汉语教学与研究的核心力量,有的已成为领域知名专家和所在单位的学科带头人。学生们眼中的他在工作上严肃认真,一丝不苟;生活里却亲切随和,对学生充满关爱。他指导学生时常说两句话"为学先做人""认真做事,低调做人",并且身体力行。一届又一届,这已经成为师门的门风。

"是齐沪扬教授赐我以攻读博士学位的机会,并让我独享他第一个博士研究生的那份荣幸。"北京语言大学教授、曾任北京语言大学副校长的 2004 届博士毕业生张旺熹说,"齐沪扬教授对我学业的督促、人生的指点以及工作的理解、宽容,常常使我默念师恩"。

齐沪扬在华东师大担任兼职博导时培养的 2013 届博士毕业生阿利耶

夫，感叹人生中"最大的挑战就是做了齐沪扬教授的博士生"。博士期间的严格要求和艰苦磨炼为他日后的发展提供了不竭的动力。毕业后，阿利耶夫选择留在中国工作，现在是北京外国语大学外籍专家、阿塞拜疆语教研室主任，是中国高校唯一的阿塞拜疆语专业的主要创办人，此外他还兼任中国"一带一路"青年汉学家联盟主席、阿塞拜疆中阿官方翻译。

现任黄山学院党委书记的李铁范是齐沪扬当年在淮北煤师院工作时的本科生，后来又追随他在上海师大攻读了硕士和博士学位。回忆导师的培养和教导，李铁范教授说："对老师不是能用'感谢'二字表达我的感激敬佩之情的……老师严谨负责的治学态度将是我一生学习与修行的目标。"

2003 年 1 月，齐沪扬（右一）和导师张斌先生及第一个博士生张旺熹师徒三代合影

谈及怎么培养研究生，齐沪扬体会最深也最愿意分享给其他导师的有两点：

第一，对导师来说，必须学会尊重学生。研究生培养过程中，他习惯于"换位思考"。比方说他舍得花时间和学生交谈，因为他知道，学生来找导师都是三思而行，要鼓足勇气，他们有许多学习、生活、就业上的事情要跟导师商量，听取导师的意见，这样的谈话对每一名学生来说都是很重要的。所以只要有研究生来找，他必定会放下手头的工作，让他畅所欲言。这么多学

147

生,他几乎跟每一个都深谈过。他和学生的关系,可以用一个"亲"来概括。即使毕业多年,师生亲情也是有增无减。无论海内外,齐沪扬每到一地讲学,在当地工作的学生只要得知消息,总是第一时间赶来看望,并全程陪同。2017年他应邀在日本樱美林大学讲课,一名在神户外国语大学攻读博士学位的学生(他的硕士生)专门从神户赶来看望他,而且他在樱美林的几天,学生都陪着他。接待他的樱美林大学的老师们很羡慕,感慨这样的师生关系很难得。

第二,他认为带学生要注意的是公平公正的问题。平等地对待每一个学生。对不同性别、不同个性、不同相貌、不同出身的学生都一视同仁,要为每个学生提供相同的起跑线。"己所不欲,勿施于人",对学生的要求,自己首先要做到。这是另一种公平。他从教这么多年,上课从不迟到;自己早早到了教室,再去要求学生不迟到,学生自然也不会迟到了。2008年秋季学期给博士新生第一次授课,一名学生提前3分钟走到教室门口向他问好,没想到他开玩笑似地说:"××,你迟到了!"这名学生走进教室一看,果然"迟到"了,因为其他同学都已经到了。原来,他给研究生们上课,有个不成文的传统,师生都要提前10分钟进教室聊聊天。这不是课程答疑,而是真的就专业内外的各种话题聊聊天。"课前10分钟"既活跃了气氛,给正式授课"暖了场",也拉近了师生的距离,作为院长的他还借此了解了学生们的状态和诉求,的确是一举多得。

创始院长　成绩辉煌

经常有大学教师抱怨教学和科研不能兼顾,教学型教师往往科研产出有限,而科研型教师在教学上又可能无暇投入太多。多年以来,齐沪扬除了在教学和科研上"比翼齐飞"、成果卓著以外,在管理岗位上也干得十分出彩,可谓三管齐下,声名远扬。

齐沪扬1993年7月博士毕业后留在上海师大中文系工作。仅一年半时间,1995年2月即担任中文系副系主任,主管教学。当年4月,中文系申报成功国家文科人才培养基地。1995年7月上报文科基地班考试录取方法、编制教学计划、设置课程。1995年9月招收第一届文科基地班学生。文科基地班是上海师大重点打造的品牌专业之一,多年以来文科基地班人才培养成效显著,在上海地区高校、中小学和高考家庭中一直享有盛誉。

1996年12月至2000年3月,齐沪扬担任人文学院副院长,主管教学工作。1998年2月负责上海师大的教育部"文科基地评估"工作,评估成绩获评"优秀"等第。

2000年3月至2004年1月,齐沪扬担任上海师大研究生处处长、研究生工作部部长职务。2000年12月组织学校申请学位点工作,成功申报计算数学、中国现当代史、语言学及应用语言学、比较文学与世界文学4个二级学科博士点,以及中国语言文学一级学科博士点,其中齐沪扬领衔并主持申报成功语言学及应用语言学二级学科博士点。

2003年齐沪扬组织并领衔申报国家重大项目"HSK(旅游)",成功中标后,上海有985高校和他联系,希望去他们的高校主持该项目的研制和开发。齐沪扬向学校党委和行政表达了想做好这项研究的决心。要完成这么大一个项目的研制,没有一个教学科研单位作为依托是不行的,当时上海师大校长俞立中支持他的想法,同意他从学校研究生处处长的位置退下来,带领一支学科和专业队伍到新组建的对外汉语学院担任院长。

在此之前,对外汉语学院名为国际文化交流学院,没有学科和专业,只从事单纯的留学生汉语培训工作。在此基础上新组建的对外汉语学院则集外国学生汉语培训、中外学生本硕博学历教育于一体,是教学和科研并重的二级学院。2004年2月27日,对外汉语学院成立当天,时任世界汉语教学学会会长、著名语言学家、北京大学中文系陆俭明教授专门从北京赶来,送上世界汉语教学学会的祝贺:"树立很强的学科意识,加强对外汉语教学学科理论建设,意义深远。我们相信,上海师范大学会在这些方面做出令人满意的成绩,对我国对外汉语教学事业作出新的更大的贡献。"陆先生的期望,在后来学院和学科建设上,具有前瞻性的指导意义。多年以来,学院与学科一直是按照陆先生的期望在建设。

从2004年1月担任对外汉语学院创始院长,一直到2013年4月卸任。在齐沪扬的带领下,学院快速发展,学科建设、人才培养、人均科研产出等等都走在了全国同类院系的前列。

2005年,齐沪扬率领学院团队申报成功上海市重点学科——对外汉语,成为全国对外汉语学科拥有的第一个省级重点学科。项目建设周期3年,2008年顺利通过验收。

2005 年,对外汉语学院创办《对外汉语研究》集刊,每年两期,由商务印书馆出版,齐沪扬担任主编。2006 年《对外汉语研究》被评为商务印书馆优秀期刊,2012 年进入 CSSCI 来源集刊至今,是国际中文教育领域全国唯一的 CSSCI 集刊。

2007 年,对外汉语学院成功申请了上海市普通高校重点研究基地"应用语言学"。项目建设周期 3 年,2010 年顺利通过验收。

2007 年,作为策划人和总主编之一,他带领学院部分教师与北京语言大学对外汉语研究中心联合编写"对外汉语本科系列教材"22 部,由商务印书馆陆续出版,是国内第一套对外汉语本科专业系列教材。

2008 年,对外汉语学院申报"汉语国际教育硕士"专业学位点成功,2009年开始招生。

从 2004 年至 2013 年,学院 20 多名专任教师仅获得的国家社科基金语言学项目就有 15 个,人均国家社科项目数在全国同类院系中名列前茅。尤其是 2013 年,这么小并且是单一语言学科的学院同时获批 4 个国家社科项目,一时间全校瞩目,传为一段佳话。

仿照著名语言学家王力先生汉语语法上的"三品说",齐沪扬主张对外汉语本科专业的定位也有一个"三品说"的培养目标,即"树品行、上品味和创品牌"。具体说就是在素质教育上要"树品行",在办学层次上要"上品味",在培养质量上要"创品牌"。他强调"一体两翼"模式:一体是指汉语语言学本体,这是基础,也是关键;两翼分别是对外汉语学科教学论和中外文化及跨文化交际素养。对外汉语专业的学生素质好、成绩好的美誉享誉学校,那些年里一直是全校文科高考录取考分较高的专业之一。齐沪扬在任期间,学院本科教学获得诸多成绩:全国优秀教师 1 位(2008 年),上海市教学名师 2 位(2006 年、2010 年),上海市精品课程 3 门,上海市教委重点建设课程 6 门;"对外汉语专业课程建设"获得上海市教学成果三等奖(2009年),《现代汉语》获得上海市高校优秀教材一等奖(2011 年);"对外汉语专业基础课教学团队"获批上海市第二届教学团队(2009 年),"对外汉语创新人才培养模式"获批为"上海市第四期教育高地建设项目"(2010 年)。

对学院研究生的培养,齐沪扬打破了以往传统的"小作坊"方式,逐渐形成一种有规模效应、节省培养成本、学和用紧密结合的教育模式。这个模式中的许多细节,都经过好几年的打磨才最后定型。2012 年 5 月,齐沪扬在北京语言大学召开的全国语言学科发展研讨会上,做了一个大会报告,题目是"注重学科建设,加强研究生创新实践能力的培养"。报告中齐沪扬提出研究生的培养过程中有五种创新能力需要培养,即科研的实践能力、教学的实践能力、管理的实践能力、团队合作的实践能力以及具有国际化视野的实践能力,并介绍了在培养过程中的具体措施。报告引起了与会专家的热烈反响。齐沪扬经常说"细节决定成败",在每一个具体措施后面,还隐藏着许许多多"细节"的考虑,正是这些细节,保证了这种独具一格的研究生培养方式的顺利实施。

在齐沪扬担任院长的十年间,学院研究生所获得的上海市研究生优秀成果(学位论文),在全校乃至当时上海地区各高校相同专业中也是名列前茅的。这些年来,对外汉语学院为国内对外汉语界的顶级高校——北京语言大学培养了三名博士毕业生,他们全部成为全国著名的语言学与对外汉语教学专家;作为一所地方高校的二级学院,更为上海地区的985、211大学,如复旦大学、上海交通大学、华东师范大学、上海外国语大学和上海大学输送了多名对外汉语专业教师。

"我们的毕业生中有全国知名的语言学家和对外汉语教学专家,有教育部中文专业教指委委员,有教育部高等学校科学研究优秀成果奖获得者,有大学领导,还有许许多多是所在单位的学科带头人……放眼海外,上海师大的语言学科还培养了韩国第一位汉语语法学博士,印尼第一位汉语语言学博士,越南第一位汉语语法学博士后……",提到这些,齐沪扬如数家珍,作为院长和语言学学科带头人,他颇为欣慰,也很为学院和学科的成就自豪。

其实对外汉语学院在建设过程中还有很多创举,在学校一直传为美谈:学院出面举办集体婚礼,新闻登上了"文汇报",被评为当年上海师大十佳好事第一佳;每年新年期间学院举办的留学生文艺演出晚会,在东部礼堂轰动一时,一票难求;学院开创的由导师亲自走红毯、拨金穗、授学位的仪式为当年大多数学院所仿效,弘扬了尊师重教的院风、校风。

2013年4月,齐沪扬卸下院长职务。2016年年底,他正式在上海师大退休。

2016年,齐沪扬即将退休的消息被一些高校知晓,他们开始通过各种渠道动员齐沪扬,邀请他退休后前去工作,其中就有杭州师范大学。杭州师大

2011 年 6 月，齐沪扬（第二排右六）在对外汉语学院研究生毕业典礼暨学位授予仪式上

校长在 2016 年暑假前就约齐沪扬见面，希望他能到他们那里担任国际教育学院院长一职。

2016 年，齐沪扬受邀来到杭州师大继续工作，担任国际教育学院院长。2017 年 2 月，他带领团队申请汉语国际教育硕士专业学位，当年 5 月获批。2017 年 11 月，他作为首席专家，申报成功国家社科基金重大项目"对外汉语教学语法大纲研制和教学参考语法书系（多卷本）"。67 岁，大多数这个年纪的专家已经退居幕后，甚至离开学界在家含饴弄孙。但是，齐沪扬却在 67 岁这一年作为首席专家斩获国家社科基金重大项目，开始攀向学术人生的又一个高峰。

齐沪扬的导师、著名语言学家、上海师大第一位博导张斌先生曾为对外汉语学院亲笔题写院训"传承传播、立人立学"。多年以来，对外汉语学院的师生秉承该院训踔厉奋发，勇毅前行，这其中作为创始院长的齐沪扬的经历，可以说是对该院训的最佳诠释。

（李文浩　撰文）

152

附一：齐沪扬简历年表

1950 年 8 月 27 日	出生于上海。
1957—1963 年	就读于上海市虹口区第一中心小学。
1963—1969 年	就读于上海市北虹中学（1966—1969 年停课）。
1969 年 3 月—1971 年 2 月	安徽省枞阳县老庄公社插队知青。
1971 年 2 月—1978 年 9 月	化工部第三建设公司工人。
1978 年 9 月—1982 年 6 月	淮北煤炭师范学院中文系学生。
1982 年 7 月—1990 年 8 月	淮北煤炭师范学院中文系教师。
1983 年 9 月—1984 年 7 月	北京煤炭干部管理学院外语系日语班学生。
1985 年 9 月—1988 年 7 月	华东师范大学中文系现代汉语专业硕士研究生。
1987 年	晋升讲师。
1990 年 9 月—1993 年 6 月	上海师范大学中文系现代汉语专业博士研究生。
1992 年	获得宝钢奖学金一等奖。
1993 年 7 月—2016 年 8 月	上海师范大学教师。
1995 年 2 月	晋升副教授。
1995 年 2 月—1997 年 2 月	上海师范大学中文系副主任。
1996 年 2 月—1997 年 1 月	韩国高丽大学人文学院客座教授。
1996 年 12 月—2000 年 3 月	上海师范大学人文学院副院长。
1999 年 7 月	晋升教授。
2000 年 3 月—2004 年 1 月	上海师范大学研究生处处长。
2001 年 3 月	聘为上海师范大学语言学及应用语言学专业博士生导师。
2001 年	获上海市教学成果一等奖。
2003 年	评为上海师范大学十大优秀教授。
2004 年 1 月—2013 年 4 月	上海师范大学对外汉语学院院长。
2004 年	获上海市育才奖和上海师范大学第一届校长特别奖。
2006 年	获第二届上海高校教学名师奖。
2007 年	评为全国优秀教师。
2008 年	获上海市五一劳动奖章。

153

2010 年 1 月	聘任为二级教授。
2012 年	获国务院颁发的政府特殊津贴。
2013 年 6 月—2016 年 10 月	兼任上海杉达学院国际教育学院院长。
2016 年 12 月	于上海师范大学退休。
2016 年 10 月—2023 年 10 月	杭州师范大学特聘教授。
2016 年 11 月—2020 年 10 月	杭州师范大学国际教育学院院长。
2017 年 11 月—2023 年 1 月	担任国家社科基金重大项目首席专家。

附二：齐沪扬主要论著、科研项目目录

（一）专著

《HSK 中国语入门》，韩国知永社 1996 年版。

《HSK 模拟试验》，韩国知永社 1997 年版。

《现代汉语空间问题研究》，学林出版社 1998 年版。

《实用现代中国语语法》，韩国 SISA 教育出版社 1998 年版。

《传播语言学》，河南人民出版社 2000 年版。

《现代汉语短语》，华东师范大学出版社 2000 年版。

《语气词与语气系统》，安徽教育出版社 2002 年版。

《与名词动词相关的短语研究》（第一作者），北京语言大学出版社 2004 年版。

《现代汉语语气成分用法词典》，商务印书馆 2011 年版。

《现代汉语现实空间的认知研究》，商务印书馆 2014 年版；韩文版，韩国学古房
  2019 年版。

《现代汉语语法知识》（第一作者），越南胡志明市师范大学出版社 2023 年版。

（二）主编

《汉语通论》（教育部人才培养模式改革和开放教育试点教材），中央广播电视大
  学出版社 2003 年第一版，2005 年第二版；国家开放大学出版社 2020 年第
  三版。

《应用语言学纲要》(第一主编),复旦大学出版社 2004 年第一版,2009 年第二版;中国人民大学出版社 2020 年第三版。

《对外汉语教学语法》,复旦大学出版社 2005 年版。

《现代汉语》(商务版·对外汉语专业本科系列教材),商务印书馆 2007 年版。

《现代汉语》(全国高等教育自学考试指定教材),外语教学与研究出版社 2013 年版。

《现代汉语》(高等学校文科教材),华东师范大学出版社 2014 年版。

(三)论文

《〈国文法草创〉对汉语语法学的贡献》,《淮北煤炭师范学院学报》1987 年第 2 期;《人大复印报刊资料》1988 年第 3 期。

《谈单音节副词的重叠》,《中国语文》1987 年第 4 期。

《也谈修辞与语法不能结合》,《修辞学习》1987 年第 5 期。

《论区别词的内部分类》,《淮北煤炭师范学院学报》1988 年第 2—3 期;《人大复印报刊资料》1989 年第 3 期。

《论区别词的范围》,《华东师范大学学报(哲学社会科学版)》1990 年第 2 期;《人大复印报刊资料》1990 年第 8 期。

《谈区别词的归类问题》,《南京师大学报(社会科学版)》1990 年第 2 期;《人大复印报刊资料》1990 年第 8 期。

《革新:修辞学走向科学化的必由之路》,《淮北煤炭师范学院学报》1991 年第 3 期;《人大复印报刊资料》1991 年第 11 期。

《论文学语言的认可性》,《暨南学报(哲学社会科学版)》1992 年第 3 期;《人大复印报刊资料》1992 年第 9 期。

《谈区别词的语法特征》,《华东师范大学学报(哲学社会科学版)》1993 年第 2 期;《人大复印报刊资料》1993 年第 5 期。

《“N+在+处所+V”句式语义特征分析》,《汉语学习》1994 年第 6 期;《人大复印报刊资料》1995 年第 3 期。

《上海浦东新区普通话使用状况和语言观念的调查》,《语言文字应用》1996 年第 3 期。

《表示静态位置的一种零动词句》,《南京师大学报(社会科学版)》1996 年第 3 期;《人大复印报刊资料》1996 年第 11 期。

《空间位移中主观参照"来/去"的语用含义》，《世界汉语教学》1996年第4期；《人大复印报刊资料》，1997年第3期。

《现代汉语空间系统》，《世界汉语教学》1998年第1期；《人大复印报刊资料》1998年第8期。

《表示静态位置的"着"字句的语义语用分析》，《华东师范大学学报（哲学社会科学版）》1998年第3期。

《表示静态位置的状态"在"字句》，《汉语学习》1999年第2期。

《上海浦东新区商业广告中繁体字使用情况的调查》（第一作者），《语言文字应用》1999年第3期。

《上海市徐汇区大中小学生称呼语使用情况调查》（第一作者），《语言文字应用》2001年第2期。

《汉语同日语的时相比较研究》（第一作者），《世界汉语教学》2001年第2期。

《"呢"的意义分析和历史演变》，《上海师范大学学报（哲学社会科学版）》2002年第1期；《人大复印报刊资料》2002年第5期。

《体词和体词性短语的功能差异》（第一作者），《华东师范大学学报（哲学社会科学版）》2002年第2期。

《试论现代汉语语气系统的建立》，《汉语学习》2002年第2期；《人大复印报刊资料》2002年第8期。

《语气系统中语气副词的功能分析》，《语言教学与研究》2003年第1期；《人大复印报刊资料》2003年第4期。

《与语气词规范有关的一些问题》，《语言文字应用》2003年第2期。

《带处所宾语的"把"字句中V后格标的脱落》（第一作者），《世界汉语教学》2004年第3期；《人大复印报刊资料》2005年第3期。

《试论负预期量信息标记格式"X是X"》（第一作者），《世界汉语教学》2006年第2期。

《沪上校园新词语的构成、来源及结构方式》（第一作者），《上海师范大学学报（哲学社会科学版）》2006年第4期；《人大复印报刊资料》2006年第12期。

《作为第二语言的汉语语法应该研究什么》，《世界汉语教学》2007年第3期。

《区别词功能游移的原因》（第一作者），《汉语学习》2008年第4期。

《突显度、主观化与短时义副词"才"》（第一作者），《语言教学与研究》2009年第5期。

《带处所宾语的"把"字句中处所宾语省略与移位的制约因素的认知解释》，《华文教学与研究》2010 年第 1 期。

《语气副词的隶属度量表和语气副词的界定——以"X 然"语气副词为例》(第一
作者),《对外汉语研究》2017 年总第 16 期。

《形容词的形性功能考察》(第一作者),《汉语学习》2019 年第 6 期。

《交流性语言和非交流性语言》(第一作者),《语言教学与研究》2020 年第 3 期。

《对外汉语口语语法大纲虚词项目析取的原则和方法》(第一作者),《对外汉语
研究》2021 年第 24 期。

《对外汉语教学语法书系编撰的几个理论问题》,《汉语学习》2023 年第 1 期。

(四) 科研项目

中国汉语水平考试(HSK 旅游),国家汉语水平考试委员会重大项目,主持人,
2004—2005 年。

现代汉语空间范畴的认知与理解,国家社科基金一般项目,主持人,2006—
2011 年。

现代汉语描写语法,上海市哲学社会科学重大项目,第一主持人,2009—
2010 年。

现代汉语语气成分的选择性研究,国家社科基金一般项目,主持人,2012—
2018 年。

对外汉语教学语法大纲研制和教学参考语法书系(多卷本),国家社科基金重大
项目,首席专家,2017—2023 年。

冰壶玉尺树典范　妙笔生花著文章

——汉语语法学专家张谊生传

张谊生（1952—　），出生于上海，祖籍浙江绍兴。二级教授、博士生导师和博士后联系导师，中国民主同盟盟员。曾任上海师范大学语言研究所副所长、汉语言文字学硕士点与博士点学科带头人、人文学院（人文与传播学院）学术委员会委员、中文系学科建设委员会主任、上海师范大学学位委员会委员、上海市语文学会常务理事与学术研究委员会主任、上海师范大学光启驻院研究员、中国语言学会常务理事。1990 年在江苏徐州师范学院中文系获硕士学位，师从廖序东先生、张爱民先生，硕士毕业后，在徐州师范学院担任讲师。1995 年在上海师范大学中文系获博士学位，师从张斌先生，博士毕业后，一直留在上海师范大学工作。曾获各类科研奖项 10 次，包括高等学校科学研究优秀成果二等奖（人文社会科学）1 次、上海市哲学社会科学优秀成果奖 8 次及安徽图书奖二等奖 1 次。2009 年获评上海师范大学"优秀教师"荣誉称号、2016 年上海师范大学"师德楷模"荣誉称号。在由"学术志"发布的中国语言文学专业学者期刊论文综合指数排行榜（2006—2018年）中名列第七，2019 年在由中国知网统计的中国引文数据库"万引学者"（文学与文化理论界）中排名第十。

张谊生

辗转三地　落叶归根

1952 年 11 月 10 日，张谊生出生在上海虹口的一户普通人家，从小在外婆的悉心照料下在上海逐渐长大，读了小学与初中。

1970 年 4 月，年仅 17 岁的张谊生与其兄张宏一道离开上海前往江西峡江县沙坊公社插队落户务农。1973 年 4 月，调到安徽凤阳县罗田公社插队落户。1974 年 12 月，由于凤阳县化肥厂的开办需要招收一部分知识青年进厂工作，张谊生有幸上调到凤阳县化肥厂成为一名正式的工人,担任司炉工。

1977年,恢复高考后,张谊生连续参加了两次高考,但均未达到自己的理想成绩。几年后,中央开办广播电视大学,设立了汉语言文学,张谊生考虑到自身的历史、地理和语文成绩尚佳,再三思索后,决定参加考试,录取后,兼职就读于安徽凤阳广播电视大学(1982年入学,1985年毕业),在读期间连续三年的学习成绩均名列全县第一,而且获评滁州地区优秀电大学生(连续三年)和优秀毕业生。在这三年的学习生活中,张谊生结识了同为电大学生的李黎女士,并最终喜结连理,相濡以沫至今。

电大毕业后,张谊生被化肥厂安置到行政办公室工作。1984年其父亲要求张谊生回上海经营自家酒楼,但他没有听从父亲的意见,而是在同学的建议下参加考研,把经营酒店机会让给了他的哥哥。在搜集考研院校信息时,张谊生发现徐州师范学院中文系有一位叫廖序东的教授,他与黄伯荣教授合编的《现代汉语》是中国四大现代汉语教材之一,发行量也是最高的,出于对廖序东教授的敬仰和对学术的热忱,张谊生在1987年考取了廖序东先生的硕士生,正式踏上了汉语语言学的研究之路。读研期间,由于廖序东先

1990年,张谊生(后排中间)在徐州师范学院参加硕士学位论文答辩

生到了退休年龄,所以学校就把张谊生转给了时任徐州师范学院文学院教师张爱民,由廖序东先生与张爱民先生共同指导张谊生完成硕士学位论文《多功能副词"才"的综合研究》。

1992 年的一天,张谊生前往师兄吴继光家中拜访,聊天中吴继光提到自己要去南京师范大学参加由邵敬敏主办的第三届现代汉语语法研究学术研讨会,并询问张谊生是否准备参会。在得知张谊生没有受邀参会后,吴继光就请张谊生以旁听者的身份一同去南京师范大学参会。当时,大家都没有想到,正是这一次偶然的机会,改变了张谊生的人生轨迹。在会议上,张谊生结识了当时已是张斌先生博士生的齐沪扬,因为二人都是浙江祖籍、生于上海,所以两人的对话也越来越合拍。后来,齐沪扬提到最近上海师范大学正在招收博士生,并建议张谊生可以试着报考一下。为了能够继续深造并照顾在上海的父母与因知青子女而落户上海的女儿张舒,张谊生下定决心要通过考博回到上海。在会议结束后,张谊生咨询了廖序东先生的意见,廖先生认为"要想获得更大发展,应该回到上海努力"。

当时,在上海只有两位现代汉语语法学的博导,分别是复旦大学的胡裕树先生和上海师范大学的张斌先生。二位先生私交甚笃,曾商定逢单数年份由胡裕树先生招收博士生,逢双数年份由张斌先生招收博士生。值此机遇,张谊生在会议结束后就给张斌先生写了一封信,用以介绍自己的情况和读博意愿。张斌先生收到信后,亲自写了回信,表示同意张谊生报考自己的博士。接着,张谊生写信给上海师范大学研究生院的相关负责老师,询问是否可以参加博士生入学考试,在得到肯定答复后,就来到上海参加了博士生入学考试。正是出于对亲人的牵挂、对家乡的思念和对语法的热忱,张谊生埋头苦干,终于 1992 年进入上海师范大学中文系攻读博士学位,成为张斌先生的现代汉语语法研究的第三届弟子。

在备考博士期间,他的父亲通过好友的帮忙,为他争取了一个去澳大利亚留学的机会,但是他还是把机会让给了弟弟张闯,继续徜徉在语言学的知识海洋中。

博士入学后,张斌先生手上正有一个虚词演化的研究课题,需要博士生一同参与。考虑到张谊生硕士期间就是以汉语副词为研究对象,且有扎实的研究基础,于是张斌先生就把现代汉语副词方面的研究交给了张谊生。

在张斌先生具体细致的指导、范开泰先生中肯精辟的意见和自身的三年苦读中,张谊生于 1995 年凭借博士学位论文《现代汉语副词的功能研究》顺利获得博士学位。

2000 年,张谊生(后排)为导师张斌先生庆祝八十华诞

读博期间,张谊生还兼任徐州师范学院的讲师,尽管忙碌,但家庭观念很重的他,仍会挤出时间来照顾在上海的父母和女儿。但三年时间一晃而过,博士毕业后是要离开上海、回到徐州师范学院继续执教的,这样一来,不仅照顾不了年迈的父母,还只能将年幼的女儿托付给哥哥照顾,心里很不是滋味。于是张谊生向徐州师范学院提出了调动申请,希望能留在上海师大工作。徐州师范学院考虑到张谊生的家庭情况、实际困难、自身意愿和个人发展,忍痛割爱,同意张谊生调离徐州师范学院,同时在张斌先生的帮助下,张谊生成功留在了上海师大任教。

笔耕不辍　多面开花

1995 年 9 月,张谊生调至上海师范大学中文系工作,1997 年晋升为副教授,2002 年晋升为教授,2004 年成为博士生导师,2009 年任上海市重点学科(三期)汉语言文字学负责人,2011 年晋升为三级教授,2020 年晋升为二级教授。

截至 2022 年,张谊生共出版专著 12 本,以第一作者身份发表论文 192 篇①,其中 CSSCI 来源期刊论文 73 篇、权威期刊《中国语文》8 篇、《人大复印报刊资料》转载 20 篇;主持项目 10 项,其中完成国家社科基金 4 项、教育部社科规划项目 2 项和上海市哲社课题 4 项(含合作 1 项);科研获奖 10 次,包括第八届高等学校科学研究优秀成果二等奖 1 次、上海市哲社优秀成果奖 8 次(二等奖 2 次、三等奖 6 次)、第六届安徽图书奖二等奖 1 次;发起会议 2 个,分别为"汉语副词研究学术研讨会"和"主观化理论与语法研究学术研讨会";主编论文集 4 辑,分别是《汉语副词研究论集》第一、二、三、四辑。

2011 年,张谊生在美国俄勒冈州尤金参加学术会议

---

① 数据来自上海师范大学学术资源统一检索系统中,选择"第一作者"字段搜索"张谊生"即可得到。

（一）开创先河　与时俱进

《现代汉语副词研究》（2000 年）、《现代汉语虚词》（2000 年）、《助词与相关格式》（2002 年）、《现代汉语副词探索》（2004 年）、《现代汉语副词分析》（2010 年版，2014 年再版）、《现代汉语副词研究（修订本）》（2014 年）、《现代汉语实词及相关问题研究》（2015 年）、《介词的演变、转化及其句式》（2016 年）、《现代汉语副词阐释》（2017 年）、《与汉语虚词相关的语法化现象研究》（2017 年）、《助词的功用、演化及其构式》（2018 年）和《当代汉语的流行构式研究》（2020 年）等 12 本专著既是张谊生经年累月、焚膏继晷的学术硕果，又彰显了张谊生求知若渴、与时俱进、知行合一的务实精神。

成果中最耀眼的是《现代汉语副词研究》《现代汉语副词研究（修订本）》《现代汉语副词探索》《现代汉语副词分析》和《现代汉语副词阐释》这个副词研究系列。该系列凝结着张谊生孜孜探求汉语副词性质、特点、功用和演变的多年心血，也反映着张谊生在汉语副词领域的学术思想和对汉语语法学界作出的卓越贡献。

《现代汉语副词研究》（2000 年）既是张谊生在张斌先生指导下完成的博士学位论文，也是博士学位论文完成后五年内的副词研究成果，还是多年研究汉语副词的一个阶段性总结。后来《现代汉语副词研究》在 2014 年由商务印书馆出版修订本。正是这部巨作奠定了张谊生在汉语语言学界中的地位和权威。

《现代汉语副词研究》及其修订本"讨论了副词的性质、范围与类别，分析了副词充当补语和修饰名词的深层原因，解释了副词重叠与连用的性质、特征、功能和作用，阐释了副词的预设否定功能与篇章衔接功能，总结了副词的生成与变化的机制和规律，并且多方面地探讨了副词研究的方法论问题"①。

张谊生在《现代汉语副词研究（修订本）》的后记②中写道："本书是中国第一本研究现代汉语副词的专著……这本书出版以来，曾经受到了广泛的关注和多方面的好评"，"本书涉及与汉语副词有关的一系列基本问题，

---

① 张谊生：《现代汉语副词研究（修订本）》的封底文字，商务印书馆 2014 年版。
② 张谊生：《现代汉语副词研究（修订本）》，商务印书馆 2014 年版。

以及长期以来困惑语言学界多年的争议问题，同时也全面探讨了副词研究的方法论问题。无论是学习、借鉴，还是批评、商榷，几乎都不太可能完全绕过本书"。陈昌来①教授评价道："《现代汉语副词研究》挖掘和使用了丰富的语言材料、吸取和运用了较为新颖的理论和方法、思考和解决了副词研究中的许多难题、归纳和提炼了许多可靠的结论，完全称得上世纪之交现代汉语副词研究的力作。"刁晏斌教授认为《现代汉语副词研究》至少具有三个特点："具体研究和阐述的内容，往往不囿于成见，时能另出新意""结合具体问题的研究，多方面、多角度地总结了副词研究的方法论问题"和"突出史的观念，强调动态的研究"②。时隔十年，该书修订版目前依旧畅销。

《现代汉语副词探索》（2004 年）是在张谊生承担的国家社科基金项目"面向应用的现代汉语副词研究"的基础上增删、修改而成的，与前一本副词专著《现代汉语副词研究》（2000 年）一样，"本书已然是对汉语副词的整体和局部问题展开多视角的考察和研究……本课题研究的目的在于：通过对现代汉语副词各基本小类中的一些尚未被充分认识而又带有普遍意义的问题的探讨，从各个不同的侧面进一步揭示汉语副词的基本特征和内在规律……鉴于汉语副词的研究现状以及前一本著作中已经设计过某些领域，决定将研究重点放在宏观考察和微观分析这两个方面"③。该书的出版还得到了上海师范大学学术著作出版基金的资助，同时也得到了时任上海师范大学人文与传播学院院长孙逊教授和上海师范大学应用语言学研究所所长范开泰教授的鼎力支持。④

《现代汉语副词分析》（2010 年）是在张谊生 2005 年度教育部哲社项目"汉语副词的性质、功能与发展"的基础上，加上其他一些相关的词汇化研究专题汇编而成的。此时，张谊生的研究兴趣"已经扩展到了当代汉语虚词的其他各个方面，主要是当代汉语虚词的发展演化规律，但有关汉语副词的功能和用法，以及副词的各种新兴发展和变化，仍然是张谊生极为关注的研究课题"⑤。

---

① 陈昌来：《十年磨一剑——读张谊生〈现代汉语副词研究〉》，《汉语学习》2001 年第 2 期。

② 刁晏斌：《评张谊生〈现代汉语副词研究〉》，《语言研究》2004 年第 3 期。

③④ 张谊生：《现代汉语副词探索》，学林出版社 2004 年版。

⑤ 张谊生：《现代汉语副词分析》，上海三联书店 2010 年版。

《现代汉语副词阐释》(2017年)是张谊生在2012年上海市哲学社会科学规划课题"当代汉语流行构式研究"和2015年承担国家社科基金"程度副词的生成、演化及其当代功能扩展的新趋势研究"的资助下出版的。"全书总共有15个研究专题,分为15章;每个专题阐释一组特定的副词功能,以期通过三组互相关联的15项个案,多方面地揭示汉语副词的特征与功能、演化与转变,尤其是副词内部小类的联系与转化。"①

（二）雨后春笋　捷报频传

　　自1995年留校任教以来,张谊生承担了国家级、教育部和上海市的多项科研课题,包括:2000年,承担国家社科基金项目"面向应用的现代汉语副词研究"。2006年,承担教育部社会科学规划项目"汉语副词的性质、功能与发展";承担上海市哲学社会科学项目"语法化理论与汉语虚词的发展演化",结项时评为优秀等第。2007年,承担国家社科基金项目"近30年来汉语虚词的演化趋势及其发展规律研究"。2009年,张谊生与齐沪扬、陈昌来联合申报上海市哲学社会科学规划重大课题"现代汉语描写语法"。2012年,承担上海市哲学社会科学规划课题"当代汉语流行构式研究"。2013年,承担教育部社会科学规划项目"介词演化的规律、机制及其句法后果研究"。2015年,承担国家社科基金项目"程度副词的生成、演化及其当代功能扩展的新趋势研究",结项时评为优秀等第。2020年,承担国家社科基金项目"汉语副词再演化的模式与功用、动因与机制的系统性研究",结项时评为优秀等第。

　　自博士毕业以后,张谊生在著书立说上取得了丰硕的成果,单单2006年度上海市哲学社会科学项目"语法化理论与汉语虚词的发展演化",就产出了20余篇学术论文,后经整理出版语法化研究专著《与汉语虚词相关的语法化现象研究》。张谊生每年至少发表1篇CSSCI来源刊物论文,其中2015年单年发表量最多,共发表9篇CSSCI来源期刊论文。截至2023年11月,中国知网显示,张谊生所著文章中被引数量最高的是发表在《语言研究》杂志上的《现代汉语副词的性质、范围与分类》一文,被引数达926次。

　　在科研奖项上,张谊生的论文和专著收获过多个奖项与荣誉:论文《交

---

① 张谊生:《现代汉语副词阐释》,上海三联书店2017年版。

互类短语与连介兼类词的分化》(《中国语文》1996 年第 5 期)获得第四届上海市哲学社会科学优秀成果三等奖;论文《从量词到助词——量词"个"语法化过程的个案分析》(《当代语言学》2003 年第 3 期)获得第七届上海市哲学社会科学优秀成果三等奖;著作《助词与相关格式》(安徽教育出版社 2002 年版)作为张斌、范开泰主编的"现代汉语虚词研究丛书"中的一种获上海市哲学社会科学优秀成果三等奖,同时获第六届安徽图书奖二等奖;著作《现代汉语副词探索》(学林出版社 2004 年版)获得第八届上海市哲学社会科学优秀成果三等奖;论文《"更"字比较句中多项比较的程序与格式》(《世界汉语教学》2009 年第 4 期)获得第十届上海市哲学社会科学优秀成果三等奖;论文《从错配到脱落:附缀"于"的零形化后果与形容词、动词的及物化》(《中国语文》2010 年第 2 期)获得第十一届上海市哲学社会科学优秀成果三等奖;论文《试论叠加、强化的方式、类型与后果》(《中国语文》2012 年第 2 期)获得第十二届上海市哲学社会科学优秀成果二等奖;论文《试论"有加"的附缀化与"X 有加"的构式化》(《中国语文》2017 年第 3 期),获得第十四届上海市哲学社会科学优秀成果二等奖;著作《现代汉语副词研究(修订版)》,2020 年获得第八届高等学校科学研究优秀成果奖二等奖。

在学术活动上,张谊生发起并主持了两个系列学术会议:"汉语副词研究学术研讨会"和"主观化理论与汉语语法研究学术研讨会"。

首届汉语副词研究学术研讨会于 2011 年 10 月 29 日至 10 月 31 日在广西桂林召开,是由上海市重点学科汉语言文字学、上海师范大学语言研究所主办,广西师范大学文学院协办的国内首届专题性的副词研讨会①,每两年举办一次,现已举办六届。从第五届开始,由张谊生的首届硕士邵洪亮教授主要负责,张谊生担任学术顾问,该届会议就有来自 52 所高校或学术机构的 108 位正式代表参加并宣读论文,另有 200 多位学界同仁进行了列席或旁听。会议收录的优秀参会论文均收编进《汉语副词研究论集》中,现已出版 5 辑,其中张谊生主编过 4 辑。该学术会议自召开以来,一直受到学界的重视和支持,曾在《中国语文》等权威渠道进行过报道,具有较大的社会影响。

---

① 《汉语副词研究学术研讨会在桂林举行》,《中国语文》2012 年第 1 期。

2017 年,张谊生在华侨大学发起第四届汉语副词研究学术研讨会并做演讲

　　"主观化理论与汉语语法研究学术研讨会"旨在促进主观化理论研究、汉语语法研究以及主观化理论视角下的汉语研究。首届主观化理论与汉语语法研究学术研讨会于 2014 年 11 月 21 日至 24 日在山东大学(威海)召开,由上海师范大学语言研究所与山东大学(威海)文化传播学院联合主办,并由张谊生主持。①该会议每两年举办一次,现已举办五届。从第三届开始,由张谊生的首届博士宗守云教授主要负责,张谊生负责担任学术顾问。研讨会召开以来,得到了许多全国知名语言学家的支持,具有很大的社会影响,《中国语文》、中国社会科学网等媒体都做过相关报道。

德才兼备　　春风化雨

　　除了在科研著述上成绩斐然之外,张谊生在教学方面的业绩也是硕果累累。他心无旁骛投入教学,钻研教学教法,注重教材建设,关爱学生成长。

---

① 　王长武:《首届主观化理论与汉语语法研究学术研讨会在山东威海举行》,《中国语文》2015 年第 2 期。

在 2009 年和 2016 年分别获评上海师范大学"优秀教师"荣誉称号和上海师范大学"师德楷模"荣誉称号。

（一）海纳百川　推陈出新

在教参编写上,张谊生在参考经典教参和教学实际的基础上,曾以主编、副主编或参编者等身份编写过多部教材:

2000 年,独立编写供中文系高年级选修课或研究生基础课使用的教材《现代汉语虚词》(共 5 本一套,张斌先生主编;华东师范大学出版社 2000 年出版、2003 年重印),获得世界银行贷款资助项目资助,是上海普通高校"九五"重点教材。

2002 年,参与编写张斌先生主编的、由复旦大学出版社出版的《新编现代汉语》和《新编现代汉语教学参考与训练》及其第二版(2008),为《新编现代汉语》(第一、二版)主要编写者之一。

2002 年,参与主编(副主编)由安徽教育出版社出版的《现代汉语虚词研究综述》。

2005 年,参与主编(副主编)由复旦大学出版社出版的《现代汉语虚词研究与对外汉语教学》。

2013 年,受中国人民大学出版社邀请而主编的《现代汉语》教材(45 万字)及《〈现代汉语〉练习与参考》(30 万字)正式出版。后在 2017 年经过修订,继续由中国人民大学出版社出版第二版教材及其练习册。

《现代汉语》教材第一版累计印刷 8 600 册,有上海师范大学、青海大学、华侨大学和淮北师范大学等 30 余所高校使用。2018 年,为了顺应新的教学形势和客观需要,张谊生带领作者团队对第一版进行了精心修订,并将配套练习册中的大量习题和考研指导揉进新版的配套资源,形成立体化数字教材。第二版教材累计印刷 7 000 册,有上海师范大学、北京理工大学、华南理工大学和云南大学等 40 余所高校使用,得到众多学生、教师的广泛好评。

该教材的主编和编者都是高校教学与科研一线的在职教师,全体编者都具有语言学博士学位,拥有较长时间的教学实践,除了主编之外,各位编者都是当前活跃在汉语教学与研究领域的中青年教师。教材以编者长期的授课经验为依据,在充分汲取以往各种教材的优点以及当前语言研究各方面已有成果的基础上编写而成,保证和突出了本教材的三方面特点——科学性与时代性、系统性与条理性、实用性与可教性。

（二）因材施教　爱生如子

张谊生在高校执教三十余载,可分为两个阶段。第一阶段是从20世纪80年代末硕士毕业留于徐州师范学院任教至赴上海获得博士学位为止,张谊生为本科生讲授"现代汉语"课程。第二阶段是从20世纪90年代中期博士毕业留于上海师大任教,面对本、硕、博学生进行授课。

1995年起,张谊生面向本科生相继开设"现代汉语""语言学导论""现代汉语虚词研究""现代语言学专题""现代汉语词汇学"和"英汉语语法比较"等课程。尤其是从1995年上海师大设立国家文科基地班以来,连续15年为每届文科基地班讲授三学期的现代汉语课程;2002年起,一直坚持每周去奉贤校区上课。此外,为了促进学院本科生知识素养的全方面发展,特地开设了"现代语言学专题"平台课。经过长年累月的积累,2010年6月,张谊生主持并领衔的"现代汉语"课程被评为2010年度"上海市精品课程"。

1998年起,张谊生为语言学及应用语言学、汉语言文字学专业硕士研究生讲授"现代汉语词法研究""汉语语法专著解读""现代汉语语法论文导读""现代汉语配价语法研究"和"汉语虚词及其语法化研究"等课程。2005年起,张谊生为汉语言文字学专业博士研究生讲授"当代汉语语法论文·专题导读"和"汉语虚词研究及方法论探讨"等课程。值得一提的是,2001年,张谊生与张斌、范开泰、齐沪扬、陈昌来联合主持的"现代汉语语法教学的改革"被上海市教委授予"上海市教学成果奖"一等奖;2010年,张谊生负责的上海市重点学科(三期)汉语言文字学专业在中期评估获得优秀,受到上海市和上海师大的奖励。

在对待学生上,张谊生始终恪守"奠定基础,激发潜能,提高素质,完善人格"这十六字箴言来培养学生,始终保持"爱生如子"的态度,不遗余力地帮助学生排除困难,取得进步。

在科研关怀上,张谊生每次把硕、博士生招进来后,都会给他们一份书单,要求学生按照重要等级并结合个人兴趣,有选择地阅读相关文献,为秋季正式入学后的研究生学习夯实基础。开学后,张谊生就会要求新生在第一学期交出一篇学术论文,一来可以作为课程作业;二来能够了解学生基础,以便及时查漏补缺;三来帮助学生找到学位论文的选题方向。当然,不仅是第一篇学术论文,只要是给张谊生指导的论文,都会得到满满一页手写指导意见,成为每位学生学习生涯中不可磨灭的"大师红"。这片"大师红"

体现的不仅是张谊生深厚的专业功底,还有渴望学生进步的热切期盼。

此外,张谊生还要求每位硕、博士生在每周课后到办公室当面汇报各自的论文进展和遇到的问题,并对汇报内容作出针对性的指导和点拨。正是在张谊生一丝不苟、诲人不倦精神的影响下,他培养了 112 位硕、博士生(92 位硕士生和 20 位博士生,包括俄罗斯、韩国、越南的博士生)和 6 位博士后。其中有 5 位硕士生的学位论文获得了上海市优秀硕士学位论文奖。

2019 年,张谊生(第二排左三)在上海外国语大学与自己曾经的学生聚会

对待本科生的教学,张谊生也是一丝不苟,从备课到答疑,十几年如一日。遇到特殊的情况,他也想尽办法要保证正常的教学。1998 学年的第一学期,97 级文基班的《现代汉语》课前来了一位临时代课的老师,他告知同学们张谊生老师因在外地开会,一时无法及时赶回来上课,经教务协调,由其来代课。但还没等代课老师开始讲课,张谊生就拖着行李箱走进了教室。刚下火车的他放心不下,来不及回家安顿,就直奔课堂。

张谊生不仅对在读学生如此,对那些已经毕业的学生也是甚为关心。

文基班 2007 级孔兰若同学的学士学位论文是由张谊生指导的,并在他的悉心关怀下,顺利考上了华东师范大学的硕士研究生。但孔兰若在 2014 年硕士学位论文盲审时遇到了问题,论文修改的时限近在眼前,孔兰若知道张老师是该研究领域的权威专家,但又觉得已经多年不跟老师联系,实在不好意思向老师求教。正在她焦急万分、一筹莫展的时候,张谊生闻知她的困难后,主动联系了她,向她详细阐述了其论文中出现的一些学术认识上的误区和错误,并在百忙之中抽出时间,从学术角度专门写了细致的分析报告送到她所在的学科点。张谊生作为权威专家给出的中肯、专业的意见立刻引起了华东师范大学学位委员会的重视,最终经过多番讨论,孔兰若的硕士学位论文得到重新评估,她也如愿获得了硕士学位。①

在日常生活中,张谊生也非常重视学生的心理健康。他常在交谈中勉励学生凡事都想得开一点,当下看起来的巨大困难,时过境迁后,就会发现

2001 年,张谊生(第一排右二)于家中跟第一、二届硕士研究生在一起

---

① 《朱笔鹤发写师魂 桃李芬芳育英才——记人文与传播学院张谊生老师》,搜狐网 https://www.sohu.com/a/163305547_660110。

已经变得微不足道了。许多毕业多年的学生,只要提起张老师,总是念及他对自己的诸多帮助和指导,小到论文的修改,大到落户、就业和成家,学生们把张谊生老师当成了亲人长辈,与他分享自己的喜悦和诉说困扰。尤其当学生遇到困难时,他会毫不犹豫地伸出援助之手。例如,2005 级硕士研究生朱燕。她学习刻苦,勤奋上进,考取了张谊生的硕士生,由于家境比较艰苦,欣喜之余面对入学必须缴纳的几千元学费,发起了愁。张谊生得知朱燕的情况后,立刻表示可以先给她垫付学费并亲自到财务处帮她缴费。如今,朱燕早已以优异的成绩毕业回家乡成为一名中学教师,她将老师给予的师爱和诠释的师德进一步播撒给更多的学生。[1]张谊生的弟子们在毕业后进入了机关、学校和公司等各行各业,不少人都成长为单位的骨干力量。

(三) 宝刀不老　运斤成风

张谊生虽然现在已年逾古稀,但仍笔耕不辍,孜孜不倦地伏案探究汉语语法奥妙。张谊生学术贡献杰出、学界地位卓越,2020 年他被聘为光启驻院研究员,同年被聘任为二级教授。

2020 年 11 月,张谊生光荣退休。但他退而不休,在 CSSCI 来源期刊上又以独作身份相继发表了 9 篇学术论文(截至 2023 年底)。在学术活动上,张谊生继续参加了第十一届现代汉语语法国际研讨会(2021 年 7 月)、第四届主观化理论与汉语语法研究学术研讨会(2021 年 11 月)、第六届汉语副词研究国际学术研讨会(2022 年 8 月)、第二十二次现代汉语语法学术讨论会(2023 年 4 月)、第五届主观化理论与语法研究学术研讨会(2023 年 11 月)和第五届汉语句式问题学术研讨会(2023 年 12 月)等重要学术会议。

张谊生性格纯粹,醉心学术。虽然已经在专业领域上取得了极高的成就,但他仍然一贯地谦和有礼、提携后辈,他的身边总是围绕着一群年轻人,听他讲副词、谈虚词、聊语言热点问题,这时的他们都能看到张谊生眼中对学术、对教育事业的那份坚定和热情,这份坚定和热情感染着每一个人,也鼓舞着每一个人。

(夏焕乐　撰文)

---

[1] 《朱笔鹤发写师魂　桃李芬芳育英才——记人文与传播学院张谊生老师》,搜狐网 https://www.sohu.com/a/163305547_660110。

附一：张谊生简历年表

1952 年 11 月 10 日	出生于上海。
1960 年 9 月—1966 年 6 月	上海虹口区昆山路小学。
1967 年 9 月—1970 年 4 月	上海虹口区"五七"中学。
1970 年 4 月—1973 年 3 月	知青下乡到江西峡江县沙坊公社插队落户。
1973 年 3 月—1974 年 12 月	以知青身份调至安徽凤阳县罗田公社插队。
1974 年 12 月—1987 年 9 月	安徽省凤阳县化肥厂司炉工人。
1982 年 9 月—1985 年 6 月	安徽凤阳广播电视大学兼职读书。
1987 年 9 月—1990 年 6 月	就读于徐州师范学院中文系,攻读硕士学位。
1990 年 9 月—1995 年 6 月	工作于徐州师范学院中文系,讲师。
1992 年 9 月—1995 年 6 月	在职就读上海师范大学中文系,攻读博士学位。
1995 年 9 月—2020 年 11 月	上海师范大学人文学院中文系工作。
1996 年 9 月	上海师范大学中文系语言研究所副所长。
1997 年	晋升为副教授。
2002 年	晋升为教授。
2004 年	聘任为博士生导师。
2009 年	担任上海市重点学科(三期)汉语言文字学负责人。
2011 年 9 月	聘任为三级教授。
2010 年 9 月	加入中国民主同盟。
2020 年 9 月	聘任为二级教授。
2020 年 11 月	退休。
2020 年 11 月—2022 年 10 月	聘任为光启驻院研究员。
2005 年 9 月—2017 年 6 月	上海师范大学人文与传播学院汉语言文字学硕士点学科带头人。
2008 年 9 月—2017 年 6 月	上海师范大学人文与传播学院汉语言文字学博士点学科带头人。
2010—2020 年	上海师范大学人文学院(人文与传播学院)学术委员会委员。
2011—2020 年	上海师范大学中文系学科建设委员会主任。

2012—2020 年	上海师范大学学位委员会委员。
2017—2021 年	上海市语文学会常务理事与学术研究委员会主任。
2014—2022 年	中国语言学会常务理事。

附二：张谊生主要论著目录

（一）专著

《现代汉语副词研究》，学林出版社 2000 年版。

《现代汉语虚词》，华东师范大学出版社 2000 年版。

《助词与相关格式》，安徽教育出版社 2002 年版。

《现代汉语副词探索》，学林出版社 2004 年版。

《现代汉语副词分析》，上海三联书店 2010 年版。

《现代汉语副词研究(修订本)》，商务印书馆 2014 年版。

《现代汉语实词及相关问题研究》，世界图书出版公司 2015 年版。

《介词的演变、转化及其句式》，商务印书馆 2016 年版。

《现代汉语副词阐释》，上海三联书店 2017 年版。

《与汉语虚词相关的语法化现象研究》，学林出版社 2017 年版。

《助词的功用、演化及其构式》，商务印书馆 2018 年版。

《当代汉语的流行构式研究》，上海三联书店 2020 年版。

（二）编著

《现代汉语虚词》(张斌主编，张谊生著)，华东师范大学出版社 2000 年版。

《新编现代汉语》《新编现代汉语教学参考与训练》(主要编写者之一)，复旦大学出版社 2002 年版、2008 年第二版。

《现代汉语虚词研究综述》(副主编)，安徽教育出版社 2002 年版。

《现代汉语虚词研究与对外汉语教学》(副主编)，复旦大学出版社 2005 年版。

《现代汉语》《〈现代汉语〉练习与参考》(主编)，中国人民大学出版社 2013 年版、2017 年第二版。

（三）论文（仅列部分独作论文）

《现代汉语副词"才"的句式与搭配》,《汉语学习》1996 年第 3 期。

《现代汉语预设否定副词的表义特征》,《世界汉语教学》1996 年第 2 期。

《交互类短语与连介兼类词的分化》,《中国语文》1996 年第 5 期。

《名词的语义基础及功能转化与副词修饰名词》,《语言教学与研究》1996 年第 4 期。

《副词的重叠形式与基础形式》,《世界汉语教学》1997 年第 4 期。

《汉语变换理论研究的总结、探索与创获——读〈汉语语法变换研究〉》,《世界汉语教学》1999 年第 1 期。

《近代汉语预设否定副词探微》,《古汉语研究》1999 年第 1 期。

《论与汉语副词相关的虚化机制——兼论现代汉语副词的性质、分类与范围》,《中国语文》2000 年第 1 期。

《现代汉语副词的性质、范围与分类》,《语言研究》2000 年第 1 期。

《程度副词充当补语的多维考察》,《世界汉语教学》2000 年第 2 期。

《"N"+"们"的选择限制与"N 们"的表义功用》,《中国语文》2001 年第 3 期。

《"就是"的篇章衔接功能及其语法化历程》,《世界汉语教学》2002 年第 3 期。

《当代新词"零 X"词族探微——兼论当代汉语构词方式演化的动因》,《语言文字应用》2003 年第 1 期。

《"副+是"的历时演化和共时变异——兼论现代汉语"副+是"的表达功用和分布范围》,《语言科学》2003 年第 3 期。

《范围副词"都"的选择限制》,《中国语文》2003 年第 5 期。

《从量词到助词——量词"个"语法化过程的个案分析》,《当代语言学》2003 年第 3 期。

《试论"由"字被动句——兼论由字句和被字句的区别》,《语言科学》2004 年第 3 期。

《现代汉语"把+个+NP+VC"句式探微》,《汉语学报》2005 年第 3 期。

《试论主观量标记"没"、"不"、"好"》,《中国语文》2006 年第 2 期。

《"看起来"与"看上去"——兼论动趋式短语词汇化的机制与动因》,《世界汉语教学》2006 年第 3 期。

《附缀式新词"X 门"试析》,《语言文字应用》2007 年第 4 期。

《从间接的跨层连用到典型的程度副词——"极其"词汇化和副词化的演化历程和成熟标志》，《古汉语研究》2007 年第 4 期。

《当代汉语摹状格式探微》，《语言科学》2008 年第 2 期。

《介词悬空的方式与后果、动因和作用》，《语言科学》2009 年第 3 期。

《"更"字比较句中多项比较的程序与格式》，《世界汉语教学》2009 年第 4 期。

《从错配到脱落：附缀"于"的零形化后果与形容词、动词的及物化》，《中国语文》2010 年第 2 期。

《语法化现象在不同层面中的句法表现》，《语文研究》2010 年第 4 期。

《预设否定叠加的方式与类别、动因与作用》，《语言科学》2011 年第 5 期。

《试论叠加、强化的方式、类型与后果》，《中国语文》2012 年第 2 期。

《现代汉语副词状语的标记选择》，《汉语学报》2012 年第 4 期。

《程度副词"到顶"与"极顶"的功能、配合与成因——兼论从述宾短语到程度副词的结构与语义制约》，《世界汉语教学》2013 年第 1 期。

《介词叠加的方式与类别、作用与后果》，《语文研究》2013 年第 1 期。

《试论当代汉语新兴的补语标记"到"》，《当代语言学》2014 年第 1 期。

《汉语否定的性质、特征与类别——兼论委婉式降格否定的作用与效果》，《汉语学习》2015 年第 1 期。

《从到顶义述宾短语到极性义程度副词——以"之极、至极"和"之至、之致"为例》，《语言科学》2015 年第 4 期。

《从介词悬空到否定副词——兼论"无以"与"难以"的共现与趋同》，《语言教学与研究》2015 年第 4 期。

《从情状描摹到情态评注：副词"生生"再虚化研究》，《语言研究》2015 年第 3 期。

《30 年来汉语虚词研究的发展趋势与当前课题》，《语言教学与研究》2016 年第 3 期。

《揣测与确信评注的兼容模式及其功用与成因》，《世界汉语教学》2016 年第 3 期。

《从相对到绝对：程度副词"最"的主观化趋势与后果》，《语文研究》2017 年第 1 期。

《试论"有加"的附缀化与"X 有加"的构式化》，《中国语文》2017 年第 3 期。

《从夸张类别到穷尽方式与强调程度——"百般、万般"与"千般"的表达功能与演化模式探讨》，《语言研究》2018 年第 1 期。

《汉语介词及介词短语再演化的模式、动因与功用》,《语言教学与研究》2019 年第 5 期。

《现代汉语摹状副词"可劲"与"死劲"的异同——兼论习语化"可劲儿造"的特征与功用》,《汉语学报》2021 年第 1 期。

《试论"不再²"的性质、功能以及"X 不再²"的构式化倾向——兼论"再²"转向语法化的历程与动因》,《古汉语研究》2022 年第 1 期。

《试论"看似"的主观否定倾向与逆转衔接功能——兼论"看似"与"貌似、像似、好似、疑似"的异同》,《语言科学》2022 年第 2 期。

《从延展组合到递进关联:"甚至于""乃至于"及"甚而至于"的功用与演化》,《世界汉语教学》2022 年第 2 期。

冰壶玉尺树典范 妙笔生花著文章——汉语语法学专家张谊生传

耕耘两宋自成体系
高屋建瓴推陈出新

——著名宋史学家朱瑞熙传

朱瑞熙（1937—　），字石之，上海嘉定人。研究员、博士生导师。中国国民党革命委员会党员。1961 年毕业于复旦大学历史系，1965 年四川大学研究生毕业，师从历史学家蒙文通先生。1986 年任上海师范大学古籍整理研究所所长。宋史研究中心主任。民革上海师范大学直属支部委员会主委。兼任中国宋史研究会会长、庐山白鹿洞书院院长。朱瑞熙主要从事宋史教学与研究，是享誉海内外的宋史研究大家。曾作为范文澜先生的重要助手，参与编写新中国成立后首部运用马克思主义理论系统论述中国历史的完整通史著作《中国通史》；主持国家社会科学基金重点项目 1 项（1992年）；获第十六届上海市哲学社会科学优秀成果奖学术贡献奖（2023 年，代表作《朱瑞熙文集》），研究成果获教育部第九届高等学校科学研究优秀成果奖（人文社会科学）著作论文奖二等奖，上海市哲学社会科学优秀成果论文三等奖 2 项（1996 年、2000 年）、著作二等奖 1 项（1998 年）。

年少读书未可量

1937 年 8 月，朱瑞熙出生于上海嘉定的一户粮商之家。青少年时期的朱瑞熙没有经历过叛逆期的挣扎，也没有陷入早恋的漩涡，相反，他的生活被如痴如醉的读书所填满。在高中时代，他的生活轨迹几乎固定在西大街 15 号的家和北大街上的嘉定第一中学之间。嘉定第一中学是一所师资雄厚、学风优良的名校。每天清晨，当寄宿生们开始晨读

朱瑞熙

时,作为走读生的朱瑞熙也开始了他的晨读之旅。他利用步行到学校的 20 分钟时间,大声背诵着课本。他那朗朗的读书声和着清晨鸟儿的鸣叫声回荡街头。

朱瑞熙对书籍的热爱也源于他的家庭环境。他的父亲是一个热爱读书、藏书的人,姑母是一位受过高等教育的大学生。在他们的熏陶下,朱瑞熙自小就对书籍产生了浓厚的兴趣,尤其对历史方面的书籍情有独钟。他熟读《精忠岳传》,对书中的故事和人物了如指掌,还喜欢收集各种古书、旧书、信札、古钱等"破烂",这些爱好为他日后从事的历史研究提供了广阔的视野。

1956 年,朱瑞熙以优异的成绩考入了复旦大学历史系。当时的嘉定隶属于江苏省,朱瑞熙回忆说,高考是到苏州去考的,那是他人生道路的一个重要起点。所在的嘉定第一中学在升学建议中曾写道:"该生对美术有特殊爱好,读美术最适当,读外语亦可。"这缘于他在校时,曾跟随朱育和先生专攻过绘画。然而,尽管朱瑞熙最初有意向报考中央美术学院华东分院,命运却将他引领至了复旦大学历史系的殿堂。

那时的大学生活远非轻松惬意,政治运动占据了学生们一半的时间,而真正的学习只能依靠自己见缝插针。朱瑞熙沉浸在图书馆,日复一日地认真看书,深入研究《资治通鉴》《宋史纪事本末》等重要文献史料,如醉如痴。当暑假来临,他却毅然选择留在寂静的校园,独享图书馆的宁静时光。对他来说,与书为伴的清净,才是他心中最好的时光。正是这段孜孜不倦的读书经历,为朱瑞熙打下了坚实的历史学基础,同时也激发了他对学术研究的无限热爱。此外,朱瑞熙还有幸被安排到谭其骧先生的历史地理研究所,参与了新《辞海》条目的编纂工作以及中国历史地图的精心绘制。在这个过程中,他学会了史料的搜集与整理等基本研究方法。得益于这段宝贵的经历,朱瑞熙甚至获免了本科毕业论文的撰写。这些经历都为他攀登学术高峰奠定了坚实的基石。

1961 年 7 月,朱瑞熙复旦大学毕业后被分配至四川大学工作,9 月即报考四川大学研究生,有幸成为蒙文通先生的两位关门弟子之一。50 年后,朱瑞熙依然清晰地记得在蒙文通先生家中听课的情景。那时,体格健壮、美髯垂胸的蒙文通先生已年近七旬,他坐在椅子上,一边抽烟一边授课,形象深邃而威严。蒙文通先生对中国宋史学的研究具有开创性的贡献,他是国内

耕耘两宋自成体系 高屋建瓴推陈出新——

著名宋史学家朱瑞熙传

第一个开设宋史课程的学者,对中国宋史学界产生了深远的影响。蒙文通先生不仅精通宋史,还涉猎经学、古地理学、佛学、道教等多个领域。他的博学多识为朱瑞熙树立起了人生榜样。有时,蒙文通先生会前往成都西南的一座寺庙,与方丈探讨佛学。他还热爱川剧,能唱出清脆悦耳的川剧清音,甚至会写诗来抒发内心的情感。

1964 年,在四川大学,朱瑞熙(第一排左二)与徐中舒先生、蒙文通先生及研究生同学合影

在蒙文通先生的悉心指导下,朱瑞熙夙兴夜寐、孜孜不倦地钻研学术。他的用功和努力也成为了四川大学历史系学生的楷模。对此,张邦炜先生曾回忆说朱瑞熙教他做卡片,"从那时起,瑞熙兄便以勤于积累,擅长做卡片闻名"①。正是在这一时期,朱瑞熙开始敏锐地发现现代史学研究中存在的一些不足和偏颇。他勇于探索,敢于质疑,逐渐形成了自己独特的学术见解。他的文章开始频繁地发表在《光明日报》《史学月刊》《历史教学》等知名报刊上,引起了学术界的关注。1964 年 7 月,朱瑞熙的研究生毕业论文《论宋代的佃客(论宋代农村各阶级之一)》写作完成。蒙文通先生对该文的评价是:

———————————

① 张邦炜:《无私无畏的益友:恭贺朱瑞熙教授八十大寿》,澎湃新闻:2017 年 7 月 11 日。

作者收集丰富的资料，进行了细致的工作，不仅对宋代佃客各方面的情况进行了历史的分析，而且还对各种类型的佃客——"自由"佃客、佃客、佃仆——以及全国各地区的不平衡情况都作了具体分析，提出了前人未曾论及的问题与材料，考证详明，对宋史研究是有一定贡献的。其论地主殴死佃客的减刑新制为熙宁初年事在熙宁六年前，尤为精审。其论保甲法为地主阶级军事组织控制佃农的制度，实大有助于对我国封建社会的认识。其论佃农在历次农民起义中的重要地位及原因，也足补近日农民战争史研究中具体分析不够的缺点。

编撰《通史》会通古今

1965 年 5 月，朱瑞熙因优异的成绩被时任中国科学院中国近代史研究所所长的范文澜先生所看重，成为范文澜先生的得力助手。1968 年，茅盾先生委托女儿找到范文澜先生，表达了他希望《中国通史》编写工作能够继续下去的愿望。此前，《中国通史》已经成功出版了四册，但由于"十年动乱"的来临，编写工作被迫搁浅。而第五册的内容正是宋史，朱瑞熙作为助手，负责为范文澜先生查阅和准备各种相关资料。

1965 年，在北京中国科学院近代史研究所团支部团员合影（第二排左三为朱瑞熙）

然而两年后,包括朱瑞熙在内的编写组的不少成员被下放到河南省信阳市息县的"五七干校"劳动。尽管身处困境,但朱瑞熙并未放弃学术研究。劳动之余,他坚持阅读史籍、抄录资料卡片,不断积累知识。直到 1972 年 10 月,他才得以再次回到研究所。但遗憾的是,此时范文澜先生已经去世。不过,《中国通史》编写组在蔡美彪先生的领导下继续工作,朱瑞熙也积极参与了《中国通史》第五、六、七册的编写工作。1978 年,《中国通史》第五册终于出版。一经出版便引起了轰动,印刷量累计达到上百万册,一时间"洛阳纸贵"。

此后,朱瑞熙陆续参与了《中国历史大辞典·宋史卷》《中国大百科全书·辽宋西夏金史》的编写工作,是主要的编写和审稿者之一。《中国大百科全书·辽宋西夏金史》,后来由中国大百科全书出版社抽出,与《中国大百科全书》中其他断代的中国史部分汇为一编,单独题为《中国历史概说》出版,"代表了中国史学界迄止于 80 年代关于中国史研究的最高成就"①。《中国历史大辞典·宋史卷》是一部融汇了众多宋史学者心血的巨著。在这部辞典中,朱瑞熙主要负责编写宋代选举、科举、学校等相关条目。由于当时学术界对宋代选举制度的研究尚显薄弱,可资参考的研究材料寥寥无几,朱瑞熙不得不从最基础的材料阅读入手,逐步构建起这一领域的知识体系。为了确保条目的准确和深度,朱瑞熙投入了大量的时间和精力。他不仅对一些关键问题进行了深入的专题性研究,还广泛涉猎了与宋代官制、铨选、科举、学校、法制等方面制度相关的各种文献资料。这一阶段深入扎实的探索,为他后来在这些领域的全面研究奠定了坚实的基础。经过数年的辛勤耕耘,这部《中国历史大辞典·宋史卷》终于在 1984 年年底由上海辞书出版社出版。这部辞典的出版,不仅为学术界提供了一部权威的工具书,也展示了朱瑞熙等宋史学者在宋代制度研究领域的卓越成就。

宋代社会研究第一人②

在宋史研究领域,朱瑞熙的研究兴趣最初主要集中在经济史方面。然而,随着《中国通史》编写工作的展开,他开始系统地探究宋代的政治史、社

---

① 王瑞来:《静如平湖,崇若高山——〈朱瑞熙文集〉出版寄语》,《文汇学人》2020 年 5 月 9 日。
② 于颖:《朱瑞熙:做宋史研究里的杂家专家》,《文汇报》2024 年 1 月 29 日第 12 版。

会史、思想文化史以及经济史,这使得他对唐宋之际的社会变革产生了许多独到的见解。同时,他也开始深入思考如何更为准确、恰当地评价宋代在中国历史上的地位。

1980年10月,中国宋史研究会在上海师范学院(上海师范大学前身)隆重成立。当时,这一盛会吸引了60多位在宋史领域颇具声望的专家学者,他们不仅积极参与了会议讨论,还提交了各自精心撰写的论文。这些论文在会后经过精心整理,被汇编成《宋史研究论文集》出版,为学术界提供了宝贵的研究成果。值得一提的是,对于那些篇幅较长、内容丰富的论文,编辑团队决定不收入论文集中,而是为它们另行出版专书。朱瑞熙提交给会议的长篇论文《试论宋代社会发展变化的新特点》正是其中之一。这篇论文凭借其深入的研究和独到的见解,在会上引起了广泛关注。在中州书画社的邀请和支持下,他对这篇论文进行了进一步的修改和补充,使其内容更加丰富、论证更加严密。最终,在1983年,这篇论文经过完善以《宋代社会研究》为名出版。这也是朱瑞熙个人独立撰写的第一部学术著作,它的问世无疑为宋史研究领域注入了新的活力,引起了学界的广泛关注与热烈反响。

在此之前,国内学术研究百废待兴,宋史研究领域尤为不景气,研究水平亟待提升,宋史研究方面的专著亦是鲜见。邓广铭先生在1980年中国宋史研究会成立大会上所致开幕词中直言不讳地指出:"从我国史学界对各个断代史的研究状况来看,宋史研究是相对滞后的。"①他进而呼吁学界同仁共同努力,加大研究力度,培养更多专业人才,以追赶国内其他断代史的研究水平,并争取在国际宋史研究领域取得领先地位。朱瑞熙《宋代社会研究》即是在此背景下应运而生。尽管全书篇幅不大,仅有12.7万字,但它却是"文化大革命"后首部运用历史比较研究法,全方位、系统地探讨宋代社会的专著。该书的特点在于其涵盖了宋代社会的诸多方面,全书共十章,从宋代的社会经济、社会阶级结构、土地占有制度、租佃制度,到政治和军事制度、教育制度、封建家族组织、妇女的社会地位,再到理学和哲学以及人民群众的阶级斗争等十个方面进行了深入阐述。书中一系列具有独创的见解,"是作者在深入研究中国封建社会内部特殊的运动规律,特别是深入研究宋代社会历史的基础上得出的"②,为学界提供了新的研究视角和思路。这部著

① 李华瑞:《四代学人深耕宋史七十载》,《中国社会科学报》2019年11月11日。
② 陆平:《宋史研究的一项新成果——〈宋代社会研究〉评介》,《史学月刊》1985年第2期,第120页。

耕耘两宋自成体系 高屋建瓴推陈出新——著名宋史学家朱瑞熙传

作的出版不仅填补了当时宋史相关研究的空白，也为后来的研究者奠定了坚实的基础，受到邓广铭先生的好评。王曾瑜先生也认为：

> 朱瑞熙《宋代社会研究》撮要性地论述了从社会经济、家族到理学、哲学等 10 个问题，提出了自己对宋代社会在中国历史发展长河中地位的见解。朱瑞熙是位研究领域广泛的学者，涉足社会经济、政治、文化、风俗等许多方面，对不少人们不经意的课题，他都有独到成果或知识积累，这是他的一大特长。在社会风俗方面，他就宋代的牙刷、押字、挂面、米面、南北食差别等，都发表了专文。①

至今，这本书仍是我国台湾地区清华大学中国古代史硕博招考的必读书目。

此书未涉及的赋役制度、职官制度、铨选制度、宗教迷信、生活风俗习惯、民族关系以及科学技术等问题，在他后来的研究中都作了补充探索。例如，在杨渭生等合著的《两宋文化史研究》一书中，朱瑞熙对宋代的军事、礼制与宗法进行了深入探讨，展现了他对这些领域的独到见解。而对于生活风俗习惯这一话题，他在《辽宋西夏金社会生活史》一书中也作了详尽的论述。《辽宋西夏金社会生活史》与过往学术界相关研究成果相比，有三个显著的特点：一是研究范围和内容上的全面性与系统性，二是研究领域上的开拓性与创新性，三是研究思维上的整体性与动态性，是当时学界全面展示 10—13 世纪不同社会生活风貌的开创之作。②

特别值得一提的是，朱瑞熙对宋代官制研究的贡献。宋代的官制因其复杂多变而著称，一直是宋史学者感到棘手的一个基本问题。然而他迎难而上，在 20 世纪 80 年代就对宋代官制进行了系统的研究。他的研究成果以《官僚政治制度的产物——复杂多变的宋朝官制》为题，在《文史知识》上连载，引起了学界的广泛关注。这一系列论文不仅涵盖了宋代官制的各个方面，包括官、差遣和职制度，选人、京朝官和使臣、诸司使等制度，权、行、守、试制度，以及爵、食封和食实封、结衔制度，中央和地方政府机构，官员品阶、恩荫、致仕、俸禄制度，附加性官衔、升迁、考课和荐举制度等，论述深入浅出，史料翔实，通俗易懂。尤其是对于当时刚刚踏入宋史领域的青年学者

---

① 王曾瑜：《宋史研究的回顾与展望》，《历史研究》1997 年第 4 期，第 151 页。

② 陈国灿：《〈辽宋西夏金社会生活史〉评价》，《中国史研究动态》1999 年第 11 期，第 31—32 页。

来说,无疑是一道重要的启蒙之光。此后,朱瑞熙的这一研究成果被收入杨志玖先生主编的《中国古代官制讲座》一书中,成为宋代官制研究的重要参考成果之一。虽然后来有学者对宋代官制作了进一步深入系统的研究,但朱瑞熙的这篇研究论文至今仍不失为宋代官制入门学习的重要参考资料。

他对宋代官制研究的开拓性贡献,也因此在学界获得了广泛的认可和赞誉。1979 年 9 月,他晋升为助理研究员,四年后,又晋升为副研究员,1987年 9 月,晋升为研究员。这充分说明了朱瑞熙的论著在学界同仁中产生了深远影响,其学术地位与影响力已然超越了同年代的其他学者。邓广铭先生在对朱瑞熙的"同行专家教授的鉴定意见"中评价道:

> 朱瑞熙在对宋代事实的研究方面,既能以宏观着眼,又能从微观的研究着手,能较好地处理二者的关系。他在广泛细致地研读宋代史料的基础上,力求对宋代事实具有贯通的全面的理解和认识,而再在此基础之上,精心研究一个个具体课题。他是我国宋史研究者中有突出成就的一位中年学者。我认为,理应把他提升为研究员。

这些荣誉和成就不仅是对他个人才华与努力的肯定,更是对他在宋史研究领域所做出的杰出贡献的认可。

宋代政治制度研究的主要奠基者

在朱瑞熙的丰富学术成果中,其撰写的《中国政治制度通史·宋代卷》(以下简称《宋代政治制度史》,其中第九章军事制度由张其凡先生执笔)堪称一部扛鼎之作,具有里程碑式的意义。

《宋代政治制度史》共分为十章,涵盖了绪论、皇帝制度、中央决策体制、中央行政体制、地方行政体制、立法和司法制度、监察制度、军事制度、财政管理制度以及人事管理制度等宋代政治制度的方方面面。朱瑞熙在绪论中明确指出,由于宋朝社会历史面貌与唐朝中叶以前存在显著差异,这种差异不仅体现在数量上的大幅增加,更体现在质量上的部分变化。因此,宋朝的政治制度也随之发生了四大显著变化:一是确立了皇帝、官僚政治体制;二是为了严密防范文臣、武将、女后、外戚、宗室、宦官等六种人专权独裁,制定了一整套集中政权、兵权、财权、立法与司法权等的"祖宗家法",并通过分割各级长官事权的办法将权力集中于皇帝,从而削弱了各级长官的权力;三是在政治领域和经济领域中,将一些强制性措施改为经济性手段解决,例如在兵制方面采用了雇佣性质的募兵制度,使封建国家在政治制度和经济制度方面更多地采用经济手段;四是宋朝官员彼此之间在法律上处于平等地位;五是宋朝建立了适合本朝需要的比较严密的中央决策系统以及相适应的运行机制。

此书的核心旨在对宋朝历代皇帝制度、中央决策体制及政体运行机制进行深入探索。朱瑞熙以此为重心,详细叙述了各项政治制度,并着重阐述了这些制度的运营机制和特点。他探讨了中央决策机构和决策的依据、信息传递渠道、决策和政策贯彻执行的程序方式以及角色的特点与效应等。与以往的宋代政治制度史成果相比,此书在研究的广度和深度上都进行了大幅度的开拓,成为迄今为止学界唯一一部综合性的对宋代政治制度史进行全面系统探索的研究成果。

白钢先生在该书前言中高度评价道:“本卷在统揽宋代政治制度全貌的基础上,细针密缕,写出了各单项政治制度演变的来龙去脉,揭示了宋代政治制度的特点。特别是结合人物、事件来写制度,基本上把制度写活了,真可谓曲尽其妙。显然这与作者都是‘升堂入室,究其阃奥’的宋史专家,既能席卷八荒,又能丘壑经纬的功力分不开的。”①邓小南先生也指出:“所谓‘活’的制度史,首先是指一种从现实出发,注重发展变迁和相互关系的研究范式。官僚政治制度不是静止的政府形态与组织法,制度的形成及运行本身是一种动态的历史过程。”在这方面,《宋代政治制度史》对制度的规定、运行及其实效性的探讨是连贯相结合的,并非单一平面的叙述,因而写得十分成功。

例如,书中详细论述了宋朝如何吸取唐宗室与外戚干政的历史教训,制定了严格的宗室与外戚约束制度。这些制度规定宋宗室与外戚不准干预朝政、不准执掌兵权、不许外戚与在朝执政大臣往来等,同时还通过台谏系统和封驳系统的监督、社会舆论的监督以及惩处严重违法者等手段来确保这些制度的执行。宋朝统治者对外戚采取激励机制的同时又采取严格的约束机制,并使之初步程序化和法制化,从而有效地杜绝了宗室与外戚的干政。

---

① 白钢:《中国政治制度通史·宋代卷前言》,人民出版社 1996 年版,第 4—5 页。

又如宋朝对宦官的约束机制也是成功的。宋朝的宦官皆娶妻、妾组建家庭，并不全部入宫居住，一些高级内侍是居住在宫外的深宅大第中。此外还与文、武官员一样实行俸禄制度，使宦官的管理制度完全官僚制度化。同时宋朝统治者吸取唐朝宦官弄权的惨痛教训，防微杜渐多方限制，使宋朝基本成为一个没有宦官祸害的朝代。这是宋代政治制度的一大特色和亮点。他在著作中引用了大量的资料和事例，论述了宋代政治制度中这些约束机制的有效运行。

这部著作既注重揭示宋代政治制度的发展变化，又深入剖析各机构运行机制之间的关系。既有宏阔的论述框架又有微观的洞察分析，可当之无愧地称为一部"活"的制度史。宋代实施"事为之防曲为之制"的治国方针，通过设官分职、分割各级长官事权的方法来加强皇权，形成了复杂多变的宋代政治制度。他凭借其深厚的学养和数十年的学术积累撰写了这部厚重的著作，将两宋三百多年错综复杂的政治制度及其运作机制清晰地呈现出来，并揭示了宋代政治制度运作机制形成的原因、制约因素和运作规律。苗书梅教授认为是书的突出贡献，"就是改变了传统的中国古代政治制度史以职官制度本身为研究对象、对官僚机构设置及其职能进行静态叙述的局面，运用较大篇幅对中央决策系统和政体运行机制，即政策法令的形成过程、政府机构的运作和政策法令的执行情况进行了开拓性研究，把政治制度史写活了"①。

《宋代政治制度史》堪称宋史研究领域的学术瑰宝，它的问世极大地丰富了该领域的研究成果，成为研究宋代政治制度史的权威之作，代表了中国大陆在宋史研究方面的最前沿水平。尽管国际上也有日本学者梅原郁先生的《宋代官僚制度研究》可与之相媲美，但两者在研究范畴上存在一定差异，梅原郁的著作并未涵盖财政管理、军事、立法及司法制度等方面。当然，每位学者的研究都会受到时代的局限，任何一部作品都无法穷尽一个领域的所有问题。《宋代政治制度史》出版以来，尽管学界不断有新的相关研究成果涌现，为该领域的研究增添了新的内容，但整体上，仍未能超越这部奠基之作的学术地位。

---

① 苗书梅：《〈中国政治制度通史·宋代〉评介》，《中国史研究动态》1998 年第 7 期，第 31—32 页。

1995 年，朱瑞熙在浙江杭州岳庙接受电视台采访

上师大古籍所发展的重要推动者

　　1983 年，上海师范大学古籍整理研究所（简称上师大古籍所）的成立，标志着该校在古籍整理与研究领域迈出了坚实的一步。首任所长、历史学家程应镠先生不仅致力于所内工作的推进，更以其独到的眼光，发掘并引进了才华横溢的朱瑞熙。早在合作编写《历史大辞典》时，程应镠先生就对朱瑞熙撰写的条目赞赏有加，对其学识深表敬意。1984 年底，朱瑞熙正式成为上海师范大学古籍所的一员。

　　朱瑞熙在古籍所的工作中展现出了非凡的领导才能和前瞻性的学术视野。自 1986 年夏天起，他担任古籍所所长，全面组织和领导所内的各项工作。他积极策划和推动了一系列重要的集体项目，其中最具前瞻性的莫过于他提出的使用电子化手段整理宋代笔记的设想。尽管当时的电脑硬件条件尚不成熟，但朱瑞熙已然着手储备相关人才，为这一设想的实现奠定了坚实基础。后来，上海师范大学古籍整理研究所成功启动了《全宋笔记》的整理工作,这一项目的成功与朱瑞熙早期的设想密不可分。在整理和研究过程中,朱瑞熙凭借其深厚的学术功底,提供了大量宝贵的指导意见,使得整理工作得以更加高效和完善。

2003 年,朱瑞熙在上海师范大学古籍整理研究所

除了在上海师大古籍所的行政工作外,朱瑞熙还积极投身于学术机构的恢复和建设中。1988 年,他出任恢复建制的庐山白鹿洞书院院长一职,并带领上海师大古籍研究所的几位教师共同完成了《白鹿洞书院古志五种》的标点工作。20 世纪 90 年代,他担任《传世藏书·集部》宋辽金元别集部分的主编,其间组织了多位中青年教师参与整理点校工作,对于提升他们的学术水平和研究能力起到了重要作用。自 1992 年起,他开始主编二十五史系列专书辞典中的《宋史辞典》。在长达近 30 年的时间里,朱瑞熙克服了经费紧张、编撰人员不固定等重重困难,凭借坚定的毅力和卓越的学术素养,统一了体例和文字风格,修改条目,并亲自一字一句审读校样。他的颈椎病时常复发,但他不顾疼痛,坚持工作,最终将总字数将近一千万的文稿完整交付给山东教育出版社,这种敬业精神和学术追求令人由衷敬佩。

朱瑞熙的学术影响力不仅限于国内,他还积极利用自身影响力推动国际学术交流。早在 20 世纪 80 年代初,他就受邀前往我国港台地区参加学术会议,与海外学者进行深入的学术交流;美国哈佛大学也数次邀请朱瑞熙前往讲学,遗憾的是因故未能成行。20 世纪 90 年代至 21 世纪初,他更是与日本学界展开了广泛的合作与交流。他的著作在日本学界有着广泛影响,如东洋文库举办的宋史研究班,将其著作作为不可或缺的重要研读书籍。2007 年 2 月,朱瑞熙受邀访问日本,其间在东洋文库发表演讲、出席研究会并发言,与日本学者广泛互动,积极推动了中日宋史学界的交流。此外,他多次受邀出席我国台湾地区的学术会议,参加海峡两岸的学术交流活动。2011 年,朱瑞熙参加由复旦大学历史地理研究所、上海师范大学中国古代史重点学科点主办的"王德毅、朱瑞熙:海峡两岸宋史双峰报告会",并在会上作题为《宋高宗与南宋建国》的学术报告。与台湾宋史座谈会召集人、台湾大学荣誉教授王德毅一起,共同交流海峡两岸在南宋史研究领域的最新学术成果。数十年来,先生身体力行,积极推动海峡两岸的学术交流,为两岸的学术交流和进步做出了重要贡献。

1984 年,在香港中文大学,朱瑞熙(第一排右一)与邝家驹、邓广铭、陈乐素、漆侠等教授合影

朱瑞熙的学术成就和影响力不仅体现在他的著作和学术活动上,更体现在他对年轻一代学者的培养和关怀上。他在上海师大古籍所指导的研究生都深受其影响,不仅在学术上取得了显著的进步,更在人格和品德上得到了提升。他的学生戴建国教授在回忆录中写道,由于朱瑞熙在学界的影响力,海内外诸多著名学者如王曾瑜、包弼德、田浩、李弘祺、王德毅、黄宽重等都应邀来上海师范大学讲学。"与这些学者接触,耳濡目染,浓郁的学术交流氛围对我而言,不啻是个绝好的学习机会,我在这些与外界的交流活动中受益匪浅。这些都是朱老师无形中带给我的重要的学术资产"。①他对学生充满爱心,以鼓励的态度给学生更多的努力机会,上海师大古籍研究所历届学生中有很多人都受益于他的教诲和关怀。朱瑞熙以卓越的学术成就、坚定的信念和无私的奉献精神赢得了广泛的赞誉和尊重。他将程应镠先生等老一辈学者开创的上海师范大学传统优势学科中国古代史,特别是宋史研究进一步发扬光大,使上海师范大学成为中国宋史研究领域的重要基地,享誉海内外。

特别值得一提的是,1988 年,经徐光烈先生介绍,朱瑞熙加入了中国国民党。1994 年 3 月至 2003 年 4 月,担任民革上海师范大学直属支部主委。在中共上海师范大学党委和民革上海市委领导下,朱瑞熙在支部工作中,团结同志,积极带头发挥民革集体力量,认真履行民主党派参政议政职责。围绕学校建设和发展中心工作,积极建言献策,参与民主监督。例如学校的汽车队和修理厂原本位于学校西部东门门内不远处,汽车的频繁进出,给进出校门的师生带来极度不便,且占据了学校有限的优质空间资源。为此,朱瑞熙向学校提出搬迁汽车队建言,这一建言被学校采纳。这只是他诸多建言中的一例。他的建议常常直言不讳,坦率而具操作性。他对学校的学术建设、人才培养、行政管理等方面都提出过很好的建议。为此他与王邦佐校长建立了深厚的友谊。朱瑞熙在长期的工作中兢兢业业,为民革党派事业,为学校的发展建设贡献了自己的智慧和力量。

鉴于朱瑞熙在宋史研究上的巨大成就,1993 年,他获得了国务院颁发的政府特殊津贴;1999 年,他被评为上海师范大学优秀教授,2002 年在中国宋

① 戴建国:《往事琐忆》,载戴建国、陈国灿编:《朱瑞熙教授八秩寿庆文集》,中国商务出版社 2017 年版,第 340 页。

191

史研究会第十届年会上当选为会长。

朱瑞熙耗费半个世纪的时光来探究绵延三百二十年的两宋历史。其研究成果由张剑光教授汇编为《朱瑞熙全集》八卷本。收录朱瑞熙的两种学术著作、一种论文集、两种辞典词典、六种合作著作、一种古籍选译以及多达一百八十五篇的各类文章。这些学术论著中，不乏国内相关研究的开创之作，它们不仅填补了研究空白，更引领了新的学术方向。部分论著通过严谨的论证，成功地纠正了前人的成见和错误观点，为历史的真相正名。还有一些论著则在前人研究的基础上，进行了深入的挖掘和拓展，将研究推向了新的高度。

2017 年，朱瑞熙在家中书房

2023 年，朱瑞熙荣获了第十六届上海市哲学社会科学优秀成果奖的最高荣誉——"学术贡献奖"。这一殊荣不仅彰显了他在学术界的杰出地位，更是对他多年深耕宋史研究领域的肯定。众多同行推荐意见中，前中国宋史研究会会长邓小南教授称赞他为"中国宋史学界的杰出学者，海内外公认的一流史家"，认为朱瑞熙学识渊博、著述丰富，在学术界享有盛誉，其学术精神、学术道路与学术成就，展现出了"中国学派"的鲜明特色。葛兆光教授也对朱瑞熙的研究成果给予了高度评价，认为朱先生的研究自成一体，学术视野广阔,研究领域涵盖宋代政治、经济、社会、文化等各个层面。特别指出,朱瑞熙对宋代资料的积累极为丰富全面,其研究考订精确入微,能够发掘出前人未曾触及的领域。他在宋代社会和政治制度方面的多项研究都具有开创性和里程碑式的意义,代表了宋史研究的前沿水平,为中国古代历史的研究作出了不可磨灭的贡献。前中国宋史研究会会长包伟民教授也对朱瑞熙的学术贡献表示高度认可,认为朱瑞熙在宋史研究领域的主要贡献,体现在其高远的眼界、宽广的视野以及深入的探索。这些评价无一不是对朱瑞熙学术成就的高度认可和赞誉。

朱瑞熙认为"做学问要贵成体系",他的学术成果充分体现了这一治学理念。纵观朱瑞熙研究宋史的历程,"由经济史而入社会生活史,最终进入政治制度史。这三个领域皆繁难而博杂,令人望而生畏。一个学者把这三个领域中的一个细部作为课题,都可以成为毕生的研究事业。而朱先生在这三个领域都有丰硕的创获"[1]。他对两宋历史的系统研究堪称精湛,对宋代历史地位的独到见解更是发人深省。他强调"研究宋史,既要能低下去研究历史的细节,也要能跳出来,把宋代放到时代的大背景下研究"。这种全面而客观的研究方法,不仅激起了学界的广泛讨论,更引领了研究方向的新风潮。更为难得的是,他整理出版的众多宋代珍贵文献,为后世研究者提供了丰富的第一手资料。朱瑞熙的著作不仅经得起时间的考验,而且被公认为是后人进入宋史研究领域的案头必备之作。他的研究成果和学术精神,将继续激励着后来的学者们不断探索和深化对宋代历史的理解。

(赵龙 撰文)

附一:朱瑞熙简历年表

1937 年 8 月	出生于江苏省嘉定县(今上海市嘉定区)。
1944—1949 年 7 月	江苏省嘉定县练西小学学习。
1949 年 9 月—1956 年 7 月	江苏省嘉定县第一中学学习。

---

[1] 王瑞来:《静如平湖,崇若高山——〈朱瑞熙文集〉出版寄语》,《文汇学人》2020 年 5 月 9 日。

1956 年 9 月—1961 年 7 月	复旦大学历史系学习。
1961 年 9 月—1965 年 4 月	四川大学历史系攻读硕士研究生。
1965 年 5 月—1984 年 11 月	中国社会科学院近代史研究所工作。
1979 年 9 月	晋升助理研究员。
1983 年 4 月	晋升副研究员。
1984 年 12 月	调入上海师范大学古籍整理研究所。
1986—1988 年	担任上海师范大学古籍整理研究所所长。
1987 年 8 月	晋升研究员。
2001 年 9 月	退休。
2002—2006 年	担任中国宋史研究会会长。

附二：朱瑞熙主要论著目录

（一）专著

《中国通史（第五册）》（与蔡美彪、李瑚、卞孝萱等合作），人民出版社 1978 年版，
人民出版社 2009 年重印，2015 年修订再版。

《中国通史（第六册）》（与蔡美彪、周清澍等合作），人民出版社 1979 年版，人民
出版社 2009 年重印，2015 年修订再版。

《中国通史（第七册）》（与蔡美彪、周良霄、周清澍等合作），人民出版社 1983 年
版，人民出版社 2009 年重印，2015 年修订再版。

《宋代社会研究》，中州书画社 1983 年版；后经少量删节，台北弘文馆出版社
1986 年再版。

《中国政治制度通史·宋代卷》，人民出版社 1996 年版，社会科学文献出版社
2011 年修订版。

《辽宋西夏金社会生活史》（与张邦炜、刘复生、蔡崇榜、王曾瑜合作），中国社会
科学出版社 1998 年版，中国社会科学出版社 2005 年、2018 年重印；英文版，剑
桥大学出版社 2017 年版。

《嫪城集》，华东师范大学出版社 2001 年版。

《宋史研究》（与程郁合作），福建人民出版社 2006 年版。

《朱瑞熙文集》，上海古籍出版社 2020 年版。

（二）古籍整理

《宋代笔记小说选译》（与程君健合译），巴蜀书社1991年版；凤凰出版社2011年增订再版。

《白鹿洞书院古志五种》（点校，主编），中华书局1995年版。

《传世藏书·宋金元别集》（点校，主编），海南国际新闻出版中心1996年版。

《南翔镇志》（点校），上海古籍出版社2003年版。

《安亭志》（点校），上海古籍出版社2003年版。

《义丰文集校注》（与孙家骅合注），华东师范大学出版社2006年版。

《嘉定碑刻集》（点校、注释碑刻二百多通），上海古籍出版社2012年版。

（三）主编文集、辞书等

《朱熹·教育和中国文化》，北京燕山出版社1991年版。

《宋史研究论文集（第十辑）》（与王曾瑜、李清凌合作主编），兰州大学出版社2004年版。

《宋史研究论文集（第十一辑）》（与王曾瑜、蔡东洲合作主编），巴蜀书社2006年版。

《宋史研究论文集》（与王曾瑜、姜锡东、戴建国合作主编），上海人民出版社2008年版。

《宋史辞典》，山东教育出版社，待出。

（四）论文

《宋代的"科配"不是差役》，《光明日报》1963年10月23日。

《关于北宋乡村下户的差役和免役钱问题》，《史学月刊》1964年第9期。

《试论唐代中期以后佃客的社会地位问题》，《史学月刊》1965年第6期。

《关于北宋乡村上户的差役和免役钱问题》，《史学月刊》1965年第7期。

《宋代佃农所受地租剥削及其抗租斗争》，《历史教学》1965年第10期。

《"四人帮"歪曲王安石变法历史的险恶用心》，《文史哲》1977年第4期。

《朱熹是投降派、卖国贼吗?》,《历史研究》1978 年第 9 期。

《论北宋末年梁山泊的农民起义与宋江》,载《中国农民战争史论丛》编辑委员会编:《中国农民战争史论丛》(第 1 辑),山西人民出版社 1978 年版。

《历史上的宋江是否投降尚难定论》(署名张嘉栋),载中国农民战争研究会编:《中国农民战争史研究·集刊》(第一辑),上海人民出版社 1979 年版。

《北宋王小波、李顺起义的几个问题》,《南开学报(哲学社会科学版)》1979 年第 1 期。

《再谈宋墓出土的太学生牒》,《考古》1979 年第 3 期。

《论方腊起义与摩尼教的关系》,《历史研究》1979 年第 9 期。

《南宋广西李接起义》,载《中国农民战争史论丛》编辑委员会编:《中国农民战争史论丛》(第 2 辑),河南人民出版社 1980 年版。

《"三面保义"辨》,《南开学报(哲学社会科学版)》1980 年第 4 期。

《两宋时期的台湾》,载《中国古代史论丛》编委会:《中国古代史论丛》(第 1 辑),福建人民出版社 1981 年版。

《关于〈容斋逸史〉的作者》,载《中国农民战争史论丛》编辑委员会编:《中国农民战争史论丛》(第 3 辑),河南人民出版社 1981 年版。

《宋代官员致仕制度概述》,《南开学报(哲学社会科学版)》1983 年第 3 期。

《宋代的"借借"》,《中国史研究》1983 年第 4 期。

《南宋福建晏梦彪起义》,载中州书画社编:《宋史论集》,中州书画社 1983 年版。

《〈春渚纪闻〉的作者何蓬父子》(署名朱石之),《中国史研究》1983 年第 4 期。

《论宋代国子学向太学的演变》(与张邦炜合作),载邓广铭、郦家驹等主编:《宋史研究论文集》,河南人民出版社 1984 年版。

《关于江阴北宋墓的墓主孙四娘子》,《文物》1984 年第 9 期。

《宋代商人的社会地位及其历史作用》,《历史研究》1986 年第 2 期。

《官僚政治制度的产物——复杂多变的宋朝官制(一)》,《文史知识》1986 年第 1 期。

《官僚政治制度的产物——复杂多变的宋朝官制(二)》,《文史知识》1986 年第 2 期。

《官僚政治制度的产物——复杂多变的宋朝官制(三)》,《文史知识》1986 年第 3 期。

《官僚政治制度的产物——复杂多变的宋朝官制(四)》,《文史知识》1986 年第 4 期。

《官僚政治制度的产物——复杂多变的宋朝官制（五）》，《文史知识》1986年第7期。

《官僚政治制度的产物——复杂多变的宋朝官制（六）》，《文史知识》1986年第8期。《官僚政治制度的产物——复杂多变的宋朝官制》（一）至（六）又收入杨志玖主编：《中国古代官制讲座》，中华书局1992年版。

《正确理解经典作家对王安石的论述》，《光明日报》1986年2月19日第3版；《新华文摘》1986年第4期全文转载。

《宋代幕职州县官的荐举制度》，《文史》1986年第27辑。

《宋代佃客法律地位再探索》，《历史研究》1987年第5期。

《宋代"苏湖熟，天下足"谚语的形成》，《农业考古》1987年第2期。

《唐宋之际地主阶级身份地位的演变》，载历史研究编辑部：《中国封建地主阶级研究》，中国社会科学出版社1988年版。

《〈须江郎峰祝氏族谱〉是伪作》，《学术月刊》1988年第3期。

《一论朱熹的政治主张》，载武夷山朱熹研究中心编：《朱熹与中国文化》，学林出版社1989年版。

《宋代理学家唐仲友》，载《刘子健博士颂寿纪念宋史研究论集》，日本同朋舍1989年版。

《岳飞思想述论》，载岳飞研究会选编：《岳飞研究论文集》（第二集），《中原文物》1989年特刊。

《范文澜》（与徐曰彪合作），载刘启林主编：《当代中国社会科学名家》，社会科学文献出版社1989年版。

《二论朱熹的政治主张》，载武夷山朱熹研究中心编：《朱熹与闽学渊源》，上海三联书店1990年版。

《范仲淹与泰州捍海堰》，台北《大陆杂志》（81卷），1990年第1期。

《范仲淹"庆历新政"行废考实》，《学术月刊》1990年第2期。

《宋元的时文——八股文的雏形》，《历史研究》1990年第3期。

《范仲淹和庆历新政研究中的一些问题》，《纪念范仲淹诞生一千周年学术讨论会论文专辑》，《苏州大学学报》1990年；台北《大陆杂志》（81卷），1990年第4期；《范仲淹研究论文集》，苏州大学出版社1995年版。

《宋代官员回避制度》，《中华文史论丛》1991年第48辑。

《宋朝的岁币》，载岳飞研究会编：《岳飞研究》（第3辑），中华书局1992年版。

《宋朝官员子弟初探》，载邓广铭等主编：《国际宋史研讨会论文选集》，河北大学

197

出版社 1992 年版；《上海师范大学学报（哲学社会科学版）》1993 年第 1 期。

《读〈赵普评传〉》，《历史研究》1993 年第 4 期。

《宋朝的宫廷制度》，《学术月刊》1994 年第 4 期。

《十至十三世纪湖南地区经济开发的地区差异与原因》（与徐建华合作），载杨渭
生主编：《徐规教授从事教学科研工作五十周年纪念论文集》，杭州大学出版
社 1995 年版。

《大陆地区"宋代家族与社会"研究的回顾》，台北《大陆杂志》（90 卷），1995 年
第 2 期。

《八股文的形成与没落》，台北《历史月刊》1995 年第 3 期。

《大运河与唐宋帝国的统一》，载《中国历史上的分与合学术研讨会论文集》，台
北联经出版公司 1995 年版。

《评〈北方移民与南宋社会变迁〉》，《历史研究》1995 年第 2 期。

《北宋人已发明牙刷》，台北《历史月刊》1995 年第 6 期。

《宋高宗时期中央决策系统及其运行机制》，载岳飞研究会编：《岳飞研究》（第 4
辑），中华书局 1996 年版。

《宋朝经筵制度》，《中华文史论丛》1996 年第 55 辑；《第二届宋史学术研讨会论
文集》，台北"中国"文化大学 1996 年版。

《宋代的丧葬习俗》，《学术月刊》1997 年第 2 期。

《十至十三世纪湖南地区的经济开发》（与徐建华合作），载田余庆主编：《庆祝邓
广铭教授九十华诞论文集》，河北教育出版社 1997 年版。

《宋代的刺字和文身习俗》，载《宋史研究论文集》，云南民族出版社 1997 年版；
《中国史研究》1998 年第 1 期。

《宋代人物与学术流派综合研究的新途径——读〈陈亮与南宋浙东学派研究〉》
（署名施宗璜），《史学史研究》1997 年第 4 期。

《一个常盛不衰的官僚家族：宋代江阴葛氏家族初探》（上编），《江阴文博》1999
年创刊号。

《宋代官员公费用餐制度概述》，《上海师范大学学报（哲学社会科学版）》1999
年第 4 期。

《宋朝的休假制度》，《学术月刊》1999 年第 5 期。

《宋代官员公费用餐制度初探》，《文史》1999 年第 49 辑。

《弥足珍贵的半篇朱鉴墓志铭》，《朱子研究》1999 年第 2 期。

《宋代官制研究的又一重要收获——评李昌宪著〈宋代安抚使考〉》（与范平合

作),《中国史研究》1999 年第 3 期。

《一个常盛不衰的官僚家族:宋代江阴葛氏家族初探》(下编),《江阴文博》2000
　年第 2 期。

《宋代官员礼品馈赠管理制度》,《学术月刊》2001 年第 2 期。

《宋代皇储制度研究(上)》(与祝建平合作),《文史》2001 年第 4 辑。

《宋代皇储制度研究(下)》(与祝建平合作),《文史》2002 年第 1 辑。

《宋代官场礼品馈赠制度初探》,《燕京学报》(新第 12 期),北京大学出版社
　2002 年版。

《宗泽佚文、佚诗考述》,载云南大学中国经济史研究所、云南大学历史系编:《李
　埏教授九十华诞纪念文集》,云南大学出版社 2003 年版。

《岳飞研究一百年(1901—2000 年)》,《岳飞研究》(第 5 辑),中华书局 2004 年版。

《中国古代的鲙鲜》,《饮食文化研究》2004 年第 2 期。

《论南宋中期四川的官员安丙》,《暨南史学》2005 年第 4 辑。

《蒙文通先生在中国宋史学上的开创之功》,载四川大学历史文化学院编:《蒙文
　通先生诞辰 110 周年纪念文集》,线装书局 2005 年版。

《宋代土地价格研究》,《中华文史论丛》2006 年第 2 期。

《重新认识宋代的历史地位》,《河北学刊》2006 年第 5 期。

《宋高宗朝科举制度的重建和改革》,《科举学论丛》2007 年第 2 期;《宋代文化
　研究》(第 18 辑),四川大学出版社 2010 年版。

《不可割断的南宋史》,《杭州研究》2007 年第 2 期。

《宋朝"敕命"的书行和书读》,《中华文史论丛》2008 年第 1 期。

《国内大学最早开设宋史课的准确时间》,《四川大学学报》2008 年第 5 期。

《简评〈永嘉学派与温州区域文化崛起研究〉》,《光明日报》2008 年 11 月 15 日。

《关于宋高宗的评价问题》,载何忠礼主编:《南宋史及南宋都城临安研究》(上
　册),人民出版社 2009 年版。

《宋朝〈贡举条式〉研究》,载刘海峰主编:《科举学的形成与发展》,华中师范大
　学出版社 2009 年版。

《讲述宰相的历史——王瑞来〈宰相故事——士大夫政治下的权力场〉评介》,
　《光明日报》2010 年 6 月 23 日。

《朱子与中国文化》,《国际社会科学杂志(中文版)》2011 年第 4 期。

《论宋朝的礼乐教化》,载《宋代文化研究》(第 19 辑),四川大学出版社 2011
　年版。

耕耘两宋自成体系　高屋建瓴推陈出新——著名宋史学家朱瑞熙传

《〈宋史〉点校本地名标点订正》,《中国史研究》2011 年第 3 期。

《宋朝的礼乐教化》,《河北大学学报》2012 年第 2 期。

《评杨渭生教授新编〈沈括全集〉》,《中国史研究动态》2012 年第 1 期。

《评〈中国妇女通史·宋代卷〉》,《中国史研究动态》2012 年第 4 期。

《西夏史研究的四点想法》,《浙江学刊》2013 年第 4 期。

《南宋理学家林栗研究——兼论林栗与朱熹的争论》,载《宋代文化研究》(第 20
辑),四川大学出版社 2013 年版;《第三届海峡两岸"宋代社会文化"学术研讨
会论文集》,浙江大学出版社 2013 年版。

《新兴的官僚地主阶级的首次全面改革尝试——北宋范仲淹"庆历新政"》,《浙
江学刊》2014 年第 1 期。

《宋朝举人的科举梦》,《科举学论丛》2014 年第 1 期;《宋代文化研究》(第 21
辑),四川大学出版社 2014 年版。

《钓鱼岛是中国固有的领土——以日本井上靖〈关于钓鱼岛等岛屿的历史和归
属问题〉为中心》,载《程应镠先生百年诞辰纪念文集》,上海古籍出版社 2016
年版。

《宋朝乡村催税人的演变——兼论明代粮长的起源》,《河北大学学报》2016 年
第 1 期。

《造福后代　嘉惠后世》,载中国历史文献研究会主编:《历史文献研究》(第 37
辑),华东师范大学出版社 2016 年版。

潜心治史立潮头　情系江南传薪火

——著名社会史学家与徽学研究专家唐力行传

唐力行(1946—　)，江苏苏州人。上海师范大学教授，博士生导师。中国社会史学会副会长。1969 年毕业于南京大学历史系，曾供职于安徽师范大学、苏州大学，2000 年调入上海师范大学。曾任上海师范大学中国历史学博士点一级学科带头人，上海市普通高校人文社科重点研究基地——中国近代社会研究中心主任，上海师大学术委员会委员、学位委员会委员。自1993 年起享受国务院特殊津贴。现为国家社科基金重大项目"评弹历史文献整理与研究"首席专家。

唐力行教授长期致力于徽学研究、江南区域史及评弹与江南社会研究。著有《商人与中国近世社会》《明清徽州区域社会经济研究》《苏州与徽州——区域互动与社会变迁(16—20 世纪)》《断裂与延续：徽州乡村的超稳定结构与社会变迁》《开拓社会文化史的新领域——苏州评弹与江南社会导论》等专著，主编《明清以来苏州社会史碑刻集》《中国苏州评弹社会史料集成》《江南区域史论著目录(1900—2000)》《江南文化百科全书》等资料集，在《历史研究》《中国史研究》等核心期刊上发表论文近百篇。唐力行教授有关徽学、江南学和评弹社会文化史的论著曾分别荣获安徽省、江苏省、上海市哲学社会科学优秀成果一等奖，并多次获省部级二、三等奖。他主编的"江南社会历史研究丛书""评弹与江南社会研究丛书"和《江南社会历史评论》集刊，以及创办的"江南社会史国际学术研讨会"，成为江南区域史研究的重要学术平台。

评话世家　早历磨砺

唐力行，1946 年 1 月 11 日生于苏州。父亲唐耿良为著名苏州评话表演艺术家，以演出《三国》而闻名。唐耿良因演出需要，经常跑码头，唐

唐力行

力行便随父母往来于各市镇码头。耳濡目染，唐力行懂事起就迷上了听书，三国政治的波谲云诡和英雄人物的纵横捭阖，成为他最早的历史启蒙老师。5岁时，唐耿良成为上海评弹团副团长，唐力行从苏州干将小学退学，转入上海邑庙区第二中心小学，在上海度过了从小学到中学的时光。

在20世纪五六十年代，上海文艺市场十分活跃，在此氛围熏陶之下，唐力行酷爱文学、历史和戏剧，1963年报考了南京大学历史专业。跨进南京大学校门的第一天，系主任韩儒林教授作《欢迎你，未来的历史学家》报告，这极大地鼓舞了唐力行从事历史研究的热情。在南大数年，唐力行不仅忘我地学习，同时也结识了同样来自上海的同学张翔凤，两人最终成为相伴一生的伉俪。

"文化大革命"爆发之后，全国的正常教学秩序完全被破坏了，父亲唐耿良因为卷入所谓的"香港特务案"被隔离审查，唐力行在南大也被牵连。1970年毕业分配，唐力行被发配到安徽白湖军垦农场接受"再教育"18个月，在那里学会了插秧、割稻、挑担、脱粒、修水利。当时，平均每人要种20亩水稻与小麦，劳动强度之大可想而知。唐力行这个"有问题"的人，在休息日也要被派去出公差、背大米或是背纤。"劳动是严酷的，但能把人炼成钢铁"，唐力行常常以此激励自己。1971年底结束农场生活，唐力行被分配到安徽省东至县东流公社的东流小学教书。

1973年，苦难中的生活有了一些温暖，父亲获得"解放"，8月，唐力行与相伴走过艰难岁月的张翔凤结婚，9月调入东至县五七大学任教。当时妻子任教的东流中学是一所民国创办的学校，校图书馆馆藏较为丰富，管理员是参加过五四运动的老文化人，唐力行与他结为忘年交，因而得以自由浏览图书馆藏书，他沉下心来阅读了

唐力行与张翔凤夫妇

大量古籍和理论著作,为此后的学术研究奠定了坚实基础。

1978 年,伴随着改革开放的春风,唐力行的人生也发生了变化。这一年,南京大学对唐力行的处分予以平反。同年,《安徽师范大学学报》第 4 期刊登了他第一篇公开发表的论文《秦末农民战争的光辉历史不容篡改》,安徽师大因此关注到这位学养深厚的青年。当时各行各业都极度缺乏青年人才,唐力行既可从政,亦可从文,但在关键时刻,他毫不犹豫地选择学术。1981 年,唐力行调至安徽师范大学,任《安徽师范大学学报》历史编辑,真正开始科研工作。

筚路蓝缕　开拓徽学

20 世纪 80 年代初,在思想解放的时代大潮中,唐力行开始关注历史与现实的关系,尤其是从中国封建社会长期延续这一问题出发,思考当代中国发生"文化大革命"的历史深层原因。1982 年,他发表了《论明清资本主义萌芽缓慢发展的原因》,此后几年他从宏观角度探讨历史的理论问题,如《试论中国封建社会的剩余劳动——兼论中国封建社会长期延续的原因》(1983年)、《清季社会经济改革刍议》(1984 年)、《从系统论的角度重新探讨几个史学理论问题》(1987 年)等,共同形成他对中国社会结构的整体思考。

20 世纪 80 年代初,中国社会史研究刚刚起步,唐力行敏锐地观察到这一学术新趋势,专程回母校南京大学拜访恩师洪焕椿教授。洪先生建议他就近选择既有地方特色又有重大学术意义的明清徽商进行研究。徽商研究起步较早,著名学者傅衣凌教授以及日本根岸佶教授、藤井宏教授等早在 20世纪三四十年代便对徽商做了开拓性研究,但对徽商进行全面深入而系统的研究仍有相当的空间与难度,唐力行不惧艰难,从此与徽学结下了不解之缘。

在选定明清徽商作为研究突破口后,唐力行与安徽师范大学历史系主任张海鹏教授恳谈,得到了认可,徽商研究被确定为安徽师大历史研究的特色方向。徽商研究最大的困难在于资料的匮乏。自古以来,商为四民之末,在传统史学领域里,商贾是没有一席之地的。有关商人的资料,分散在族谱、方志、笔记、小说、文集、碑刻、文书、档案之中。史料是历史学研究的基础,唐力行和同事们决定从徽商资料收集工作开始。他们冒寒暑、不舍昼

潜心治史立潮头　情系江南传薪火——著名社会史学家与徽学研究专家唐力行传

夜,先后在徽州、合肥、上海、南京、北京等地的图书馆、博物馆及民间搜集资料。当时条件有限,资料全凭手抄,住的是简易旅舍,吃的是冷饭冷菜。经过数年的努力,抄得近百万字资料。

1983 年 11 月,由中国社科院历史研究所明史研究室与南开大学历史系、南京大学历史系联合主办的"明代经济史讨论会"在无锡召开,这是新中国成立以来明史学界的第一次学术盛会。唐力行应邀出席了会议,并且在会上宣读了与张海鹏教授合作的《论徽商"贾而好儒"的特色》一文,得到好评,次年就发表于史学界的权威期刊《中国史研究》。

1985 年 8 月,在近百万字徽商资料基础上精挑细选 40 万字编纂而成的《明清徽商资料选编》(合编)由黄山书社出版,为徽商乃至徽学的发展奠定了基础。该资料受到首届明史国际研讨会全体与会者的高度评价,并先后获得全国优秀图书(1978—1987 年)二等奖、安徽省哲学社会科学优秀成果(1978—1985 年)一等奖。

在研究徽商的过程中,唐力行逐渐感觉到徽商不是一个孤立的现象,徽商能在明清时期执商界牛耳数百年,其缘由是复杂多元的,但首先是与其生长的区域社会环境相关。区域社会是整体中国的一部分,解剖某一个具有典型意义的区域社会,本身就有助于深化对整体中国的认识。带着这样新的思考,唐力行在 1985 年为明史国际学术研讨会撰写了《论徽商与封建宗族势力》一文,受到与会专家学者的关注和好评,在一百多篇会议论文中,此文是唯一为《历史研究》(1986 年第 2 期)和《中国社会科学》(英文版)(1988 年第 1 期)选用的论文,其后获得安徽省哲学社会科学优秀成果(1986—1991 年)二等奖。

其后数年,唐力行在徽学研究领域的视野不断拓宽。1987 年,他与美国普林斯顿大学博士贺杰合作完成《明清徽州地理、人口探微》,从历史地理角度来剖析徽州。1988 年他从心理史学角度撰写了《明清徽商心理研究》。1989 年他注意到"大徽州"与"小徽州"的内在联系,撰写了《论徽州海商与中国资本主义萌芽》,引发了一场关于"倭寇"讨论的学术热点。

1992 年唐力行凭借丰硕的优秀学术成果,在晋升副研究员后的第五年晋升为教授,并于 1993 年被评为享受国务院特殊津贴的专家。

20 世纪 90 年代,中国学界出现了向"传统文化""本土化""儒学",特别是向"国学"的复归,人们更加关注民国时期的国学大家,胡适便是其中之一。胡适作为徽州人，其实很早就已受到唐力行的关注，他一直在思考是怎样的地域社会孕育了胡适这样的人物，为此早在80年代，他从胡适的父亲胡铁花研究入手，先后发表了《胡适之父铁花先生评传》《胡铁花年谱述略》等论文。90年代后，撰写了《胡适的商业观》《胡适论商人与社会转型》等论文，多次参加有关胡适的学术研讨会，见证了胡适研究的破冰过程。

20世纪90年代是社会主义市场经济开启的时代，"全民经商"成为一个时代现象，因而商人自然也就成为学界关注的焦点。唐力行于1993年在浙江人民出版社出版了专著《商人与中国近世社会》，这是一部全面系统研究中国近世商人的专著，探讨商人在中国社会现代化过程中的作用。此书一面世就受到海内外学界的关注，先后又有了中国香港中华书局修订本（1995年）和中国台湾商务印书馆繁体本（1997年），此后由商务印书馆等多次再版。该书一版再版之际正是中国不可逆转地进入市场经济时代，因而受到社会各界的重视。《光明日报》《历史研究》《经济研究》《社会学研究》《中国社会经济史研究》《读书》和中国香港《中国社会科学季刊》先后发表文章，对该书予以很高评价。该书曾获得江苏省第五次哲学社会科学优秀成果一等奖、华东地区第八届优秀政治理论图书一等奖。此后入选商务印书馆《中华当代学术著作辑要》，又列入2015年度中华学术外译项目国外出版机构指导性目录，由英国劳特里奇出版社出版了英文版。

回归桑梓　另辟蹊径

"扬州驿里梦苏州，梦到花桥水阁头。"唐力行一直深爱着故乡苏州，他曾说："常年漂泊，心中感觉是家的就是苏州。"1994年，唐力行终于调到家乡的苏州大学工作，担任历史系地方史志研究室主任、校学术委员会委员。

回到苏大后，唐力行开始思考新的课题。在从事徽州区域史研究时，他已经提出区域社会的研究必须要超越疆界。每一个特定区域的研究，都存在一个小区域与大区域的关系，大区域是小区域的集散效应圈。在区域与其环境互动的研究中，区域比较是其中最具难度、最有挑战性的，研究者必须对两个区域的历史和现状以及它们之间的相互关系都有全面把握与深入研究。区域社会经济文化的内涵与变迁规律，只有在区域比较中才能突显出来。唐力行决定进行苏州与徽州的比较研究。

苏州是历史文化名城，自古以来人文荟萃，经济繁荣，历史上保留有大量的碑刻，虽然已经斑驳陆离，字迹漫漶，但是却留给今人大量的明清以来苏州社会史的信息。唐力行决定搜集整理有关苏州社会史的碑刻资料。他与苏州大学王国平教授等人顶烈日、迎朔风，奔走于江南市镇，穿行于深巷古宅，查找历史的印痕；还曾踏雪登上白鹤岭，察看天主教墓地，细辨南怀仁的墓志铭；他们还来到浩瀚的东海边，在郑和出海处的天妃宫寻觅当年海商留下的文字。

经过几年的搜集整理，1998 年他与王国平共同主编的《明清以来苏州社会史碑刻资料集》出版，这是关于苏州的第三本碑刻集，收录碑文计 500 件。此前的《江苏省明清以来碑刻资料选集》共收碑文 370 件，其中苏州为 322 件，占全书的 86%。《明清苏州工商业碑刻集》则收碑文 258 件（其中一百余件与《江苏省明清以来碑刻资料选集》重复）。《明清以来苏州社会史碑刻资料集》不再囿于经济史领域，而是以更为宽广的社会史视野来审视、取舍。这本碑刻集对于唐力行来说还有两点特别的意义。首先，《苏州工商业碑刻集》是由唐力行的老师洪焕椿先生主编的，因而编辑《苏州社会史碑刻集》有着学缘上的师承关系；其次，唐力行在知天命之年回到故乡苏州工作，编辑《苏州社会史碑刻集》成为向故乡致敬的礼物。在此基础之上，唐力行申报了国家社科基金"九五"规划项目《16—19 世纪苏州与徽州地区经济与社会发展差异的比较研究》。这一项目历时六年最终完成，2007 年，《苏州与徽州——16—20 世纪两地互动与社会变迁的比较研究》一书由商务印书馆出版，次年获得上海市哲学社会科学优秀成果著作类一等奖。

在苏大期间，唐力行不仅自身的学术研究日益精深，而且在培养人才方面也有了新的突破。1995 他被江苏省学位评定委员会评为历史学博士生导师，从 1996 年起开始招收博士生，他的学术研究开始有了传承。从苏大到上师大，唐力行培养了一批又一批的优秀青年学者，他们很多已经成长为独当一面的专家。

唐力行的学术成就也日益得到学界的广泛认可和尊重，1998 年他被评为江苏省"优秀哲学社会科学工作者"并获得苏州大学陆氏科研奖，次年又被评为江苏省省级"有突出贡献中青年专家"。1998 年，唐力行牵头主办了中国社会史学会第七届年会——"家庭、社区、大众心态变迁国际学术研讨会"，当选为中国社会史学会副会长。

移砚沪上　创建平台

2000年,唐力行受上海师范大学邀请,从苏大调动至上海师大工作,他面临的第一个挑战,就是作为学科带头人建立中国近现代史学科的博士点。

上海师范大学始建于1954年,是一所以文科为主的综合性师范类高校,其历史学系底蕴深厚、实力强劲,在国内高校中可排前列,1980年国务院学位委员会批准中国近代史为确定的首批硕士点之一。但上海师大的中国近现代史博士点申报却颇为坎坷,前后三次申报均未能成功,急需寻求一位学问精深且具有组织能力的学科带头人,帮助组建学科梯队和构建高水平学术平台。经过一番考察,上海师大决定引进时年已55岁的唐力行,来完成这项艰巨的挑战。

当时唐力行在苏州大学已经被评为博士生导师,是学界公认的徽学研究权威之一,对于上海师大投来的橄榄枝,唐力行深知这机遇中蕴含的风险。若是申报依然不能成功,不仅在上海师大进退两难,回苏大也会处境尴

2010年,唐力行(左二)率团队赴德国莱比锡参加国际学术研讨会

尬，自己年近六十，冒此风险是否值得？但回到上海这个幼时居住过的城市也是唐力行多年的愿望，而上海丰富的学术资源和广阔的学术平台亦是其他城市所不能比的。经过多番思量，唐力行决定接受这项挑战。

入职上海师大后，唐力行进一步拓展自己的研究领域，将江南社会区域史研究作为学科建设的重点，首先从厘清江南区域研究的学术史入手，与陈忠平合作主编了《江南区域史论著目录（1900—2000）》（北京图书馆出版社，2007年），然后开始设计搭建两个高水平的学术平台：《江南社会历史评论》集刊和"江南社会史国际学术研讨会"。经过长时间的筹备和酝酿，2007年首届"江南社会史国际学术研讨会"在徽州召开，参会代表都是江南研究的名家。首届研讨会的成功一举打出了上海师大江南区域史研究的"招牌"，使上海师大中国近代社会研究中心成为国内江南区域社会史研究的重要阵地。2009年，《江南社会历史评论》创刊，经过多年努力，2021年《江南社会历史评论》入选CSSCI来源集刊行列，成为长三角地区唯一以江南区域史研究为宗旨的C集刊。

唐力行（中间）牵头主办江南社会史国际学术研讨会

2019年，唐力行又积极响应上海市政府打造"江南文化""海派文化""红色文化"三个文化品牌的计划，主编《江南文化百科全书》，旨在编成内容涵盖传统江南地区以及长三角范围的物质文化、人文风貌等信息的"全景式图卷"，同时也是高质量的江南文化研究工具书。唐力行发挥自己的影响力,集结了长三角地区从事江南文化研究的学者团队从事编写工作。2020年,《江南文化百科全书》由世纪出版集团上海人民出版社出版,是江南区域社会研究的又一重要资料集。

在搭建学术平台的过程中,通过引进、培养等方法,唐力行为上海师大打造了一支专业能力强、学术水平高、年龄结构合理且有特色研究方向的科研教学团队,并以这支队伍构建了上海师大的中国近代社会研究中心。该中心立足于江南区域社会转型与发展研究,并衍生出三个特色研究方向:区域社会经济与文化研究、上海都市文化与社会问题研究、下层秘密社会研究。中心与团队相辅相成、共同发展,取得多项重要学术成果,堪称硕果累累。

同时,上海师大的学科建设也取得多项突破:2000年,"中国近现代史"博士点获批设立;2001年,中国近代史专业被评为上海市教委重点学科(2005年升为上海市重点学科);2003年,历史学博士后流动站设立;2007年,中国近代社会研究中心(1993年成立)被列入上海市普通高校人文社会科学重点研究培养基地。2011年,中国史获一级学科博士点授权。就这样,在唐力行极富前瞻性的设计和悉心培育下,上海师大历史学系又焕发出勃勃生机。

与时俱进 再探新路

2002年,唐力行前往英国参加一个社会史国际会议,这次会议向他展示了一个前所未有的广阔天地——社会文化史。20世纪七八十年代,国际史学界开始了"新文化史"的研究转向,进一步推动"视角向下",观察大众文化,重点解读文化因素在历史发展中的能动作用。在这一思潮的影响下,社会文化史研究渐渐为新世纪中国史学界所重视。唐力行很快发现社会文化史研究的新课题——苏州评弹与江南社会的互动关系。

在加盟上海师大的同时,唐力行开始为其父唐耿良整理回忆录。唐耿良是著名的苏州评弹表演艺术家,民国时期便已蜚声上海,1949年后又积极参与评弹组织化,先后担任上海人民评弹团副团长、艺术委员会主任等职,并担任过中国曲艺家协会理事、常务理事及上海曲艺家协会分会副主席。在唐力行看来,父亲的一生便是一部苏州评弹社会史,而在此之前尚无一位评弹艺人留下自己的历史，于是他自 90 年代起便鼓励父亲撰写回忆录，以期留下珍贵的历史记录。经过十余年的撰写修改，文稿初成，唐力行便主动承担起了为父亲校阅整理稿件的工作，利用业余时间阅读搜集了大量的档案、文献、书信、报刊。2007 年，唐耿良的《别梦依稀：我的评弹生涯》在中国台湾商务印书馆出版，2008 年又转由商务印书馆出版。在整理父亲文稿的工作中，唐力行发现了苏州评弹史这一崭新的学术领域。

唐力行治史，首重史料搜集。此前评弹研究多集中在艺术和文学方面，对评弹史研究关注不足，因为大量的评弹史料散落在史籍中，搜集难度很大。同时，评弹是一门"活"的艺术，艺人"背包囊、走官塘"，足迹遍布环太湖流域，也就意味着评弹史料也会出现在多个地域，增加了搜集难度。为此，唐力行发动研究团队展开集体攻坚，上海和苏州是评弹艺术的中心，资料最多，唐力行就指点学生多人协作，到这两地的档案馆、图书馆、评弹团等处搜寻史料，后来又把考察范围扩大到常熟、无锡、嘉兴等评弹流行区域，全力为学生做好异地考察的保障工作。数年下来，搜集了包括档案、报刊、笔记、日记、书信、文集在内的多种资料超过 1 000 万字，这些资料翔实、完整、丰富，涵盖了自明清之交到 20 世纪 60 年代之间的评弹历史。与此同时，唐力行察觉到了口述史料在评弹研究中的重要性，他认为"评弹是说话的艺术，不能不重视口述"，开始着意引导学生积极地对老艺人、老听客等相关人士进行访谈，并历时六年邀请相关人士到上海师大举办了 50 讲专题讲座，访谈与讲座双管齐下，不仅丰富了研究团队对评弹艺术的感性认识，还拓展了评弹艺术的社会影响力，可谓相得益彰。口述史料与文字资料的汇集，不仅使评弹艺术史得以鲜活起来，还提高了社会对评弹艺术的关注度。

在为父亲整理回忆录的时候，唐力行就开始了构筑"评弹学"的工作。当时，已有海外学者发现了评弹这一处女地，并开始运用新文化史的理论展开研究，但由于史料不足，导致研究成果稀少，未能引起学界的注意。唐力行悉心搜集评弹研究成果后，立刻与何其亮、马克·本德尔等从事评弹研究的海外学者建立联系，将现有成果进行消化，高屋建瓴地提出评弹研究的总纲：从江南看评弹，从评弹看江南。基于这一总纲，他结合年鉴学派的研究方法，提出了评弹"长、中、短"时段研究方向，创造性地提出了艺人、书目、书场、听众的评弹"四要素"。团队按此总纲对资料集进行反复筛选、校阅和分类整理，他自己也亲自参与辑录和校阅工作，使资料集能完整、丰满且层次分明地展现评弹流变、转型的全貌。2014 年,在十余年的评弹研究积累的基础上,唐力行作为首席专家成功申报国家社科基金重大项目《评弹历史文献资料整理与研究》,给研究和出版工作加上了引擎。2018 年,《中国苏州评弹社会史料集成》三卷本由商务印书馆出版,这是一部堪称巨人肩膀的大型社会史资料集,对于评弹史研究者来说是不可或缺的。2019 年,《光前裕后:一百个苏州评弹人的口述历史》(上、下卷)口述资料集由商务印书馆集结出版。该书上卷为五十位评弹人的讲座文稿,下卷为五十位评弹人的访谈文稿,由于大部分访谈人均已年高,因此口述的整理工作也堪称大型抢救性文化工程。

唐力行主要著作和主编丛书、集刊

理论方法不仅为资料集的整理编纂奠定了基础,还为评弹社会史研究打开了大门。唐力行指出:"我们研究苏州评弹,不是只研究这个曲艺,而是要以苏州评弹为'抓手'去研究整个社会。"为了更好地阐释自己的研究理路,唐力行撰写了《开拓社会文化史研究的新领域:苏州评弹与江南社会研究导论》一书,从学术史、新史料、评弹艺术本体论和研究方法等四个方面分别论述了进行评弹研究的学术价值和意义,该书后于 2020 年由商务印书馆出版。有了理论基础和方法指导,评弹社会史研究得以迅速开展。自 2005 年起,唐力行指导自己的硕士、博士系统展开苏州评弹的社会史研究,其子课题涵盖了性别史、经济史、文化史、政治史、传播史、都市史等若干领域,汇聚成《评弹与江南社会研究丛书》,至 2022 年已出版专著 18 部、回忆录 5 部。

史论并重　关注社会

史学家傅斯年认为,历史研究应坚持有一分材料说一分话,材料之外

"一点也不越过去说"。唐力行在史学研究的过程中,始终重视史料的基础性作用,每当开辟一个新的研究领域,他总是从最为艰苦的资料整理入手。唐力行主编或参编的《明清徽商资料选编》《明清以来苏州社会史碑刻集》《中国苏州评弹社会史料集成》都成为相关研究领域的基础资料,这些史料往往获取颇为不易,所付出的辛劳也是常人难以想象的。这些史料集不仅令许多唐门弟子在撰写论文中获益,也对其他学者的研究提供了帮助。

历史是人通过史料去认识过去发生的事实。人作为认识的主体,在这过程中发挥着能动性的作用,单纯的史料并不等于历史本身。早在安徽东至县"下放"之时,唐力行就十分重视理论研读,在进入史学研究领域之后,他更加重视史学理论所发挥的重要作用。他认为一项优秀的研究成果,除了要给出新的知识外,还应给出研究的新理论和方法,给其他研究者以学理上的启迪。在 20 世纪 80 年代,他将系统论运用到徽州社会的研究之中,提出在研究区域时,首先要将该区域的要素(即局部)提炼出来,从局部与局部以及局部与整体的互动中来揭示区域的整体特征。唐力行从社会文化史视角切入研究苏州评弹时,提出"从江南看评弹,从评弹看江南",指出微观的研究需要宏观的视角,即"一滴水见太阳"。当前中国社会史研究有着日益碎片化的倾向,这令唐力行十分担忧,他在《从碎片、拼图到整体:徽州乡村社会研究路径的回顾与思考》一文中指出:"每一个历史的碎片、每一幅历史的拼图都是在整体良性互动的系统与环境中存在的。"

唐力行学术研究曾经三易其地,每到一处他都没有"吃老本",在既有的成绩上裹足不前。作为徽学研究的大家,唐力行没有固步自封,而是不断追踪学术前沿潮流,晚年将主要精力用在开拓苏州评弹社会史研究的新领域上。在最初评弹研究过程中,他如同回到当年初入徽学研究领域一样,与学生一起跑遍苏沪等地的图书馆、档案馆可能保存有评弹资料的场所,也曾深入书场、团体与评弹界人士深入交流,以了解文献资料中湮没不闻的评弹历史,同时不断与学生深入探讨社会文化史的理论与方法,针对具体研究方向进行反复交流。他在开辟这一新的前沿领域的时候是带着整体性思考的。他认为从历史学的角度开展苏州评弹的学术研究,目标有二,一是重构苏州评弹的历史,二是对苏州评弹变迁过程进行历史的反思。重构与反思的关系是辩证的。重构是反思的前提,反思贯穿于重构的全过程。正是这样的思考与坚持,使得唐力行团队的评弹研究得到了史学界与评弹界的广泛认可,不仅开拓社会文化史和日常生活史的新领域,为社会史研究探索新的路径,也为地方戏曲乃至地方文化与地方社会互动关系的研究开拓了新的路径。

传道授业　桃李天下

古人云:"师者,所以传道授业解惑也。"表明为人师者,传承的不仅仅是知识技能,还有行为世范的职业道德。为人师表者,必须在学识、智慧、内涵、品格、道德等方面都令人敬佩。唐力行就是这样一位师者,除唐门弟子外,其他短暂求教者、课堂上有一面之缘者,都能领略到"老师"这一崇高名称的深刻意涵。

唐力行由于十年动乱而学业受阻,因而对于教育事业尤为重视。在安师大任教职期间,唐力行就以课堂精彩而受到学生欢迎,多年后毕业生杨春雷还充满感情地回忆当年的情形:"年轻一辈老师中有一个叫唐力行的,研究明清社会经济史,特别是对徽商、宗族的研究颇有建树,思想有深度,语言很犀利,还有点冷幽默,上课很受欢迎。"唐力行的《中国社会经济史》选修课之所以能受到学生的喜爱,在于他一直在努力将学术研究的方法教给学生,虽说本科生毕业后只有极少数会从事学术研究工作,但唐力行从不因此而怠慢教学工作。

1991年,唐力行被聘为硕士研究生导师,1995年又被聘为博士研究生导师。研究生阶段的教学重在学术能力的培养,所以学术成绩突出的导师往往不缺学生,但从其门下能走出多少学者,才能看出导师的教育理念和教育水平。而唐力行门下已走出6位博士后、45位博士和35位硕士,大多数博士后、博士都在全国各处高校担任教职,可见唐力行自有一套特别的教育方法。

第一,"板凳须坐十年冷",这是一种研究者必备的素质,于唐力行而言,治史尤应如此。整理辑录、爬梳史料犹如造房建屋时打地基,不深不广,则房不稳。他常对学生说:"做学问要认认真真,不能'拆烂污',没有史料不要妄言,没有新意不要陈言,要有坐冷板凳的准备和追求。"他是如此说,也是如此做。《明清以来苏州社会史碑刻集》《中国苏州评弹社会史料集成》等史料集的整理辑录过程中，唐力行从不缺席。正是唐力行的躬行垂范，才使其门下养成了踏实、质朴、纯粹的学风，并为学生此后从事研究工作奠定了扎实的基础。

同时，"坐冷板凳"还带有一种对物质追求和世俗名利的超然态度。研究生阶段乃是一个研究者学术道路的重要开端，忙于他事是对人才、时间和学习机会的极大浪费。世俗名利心太重，则急功近利、好高骛远等问题必然影响其学术道路的良性发展。所以他总是强调要把"冷板凳"坐下来，就是让学生身体力行地去保持一种相对安静的研究状态，自觉与繁华浮躁的都市社会做一定的分隔，天长日久，学生自会在阅读与思考中得到内心的愉悦和精神的充实。

第二，学习必须要学会思考。唐力行曾说："阅读必须要有思考，只有思考的贵客不加传唤地濒临自己的意识领域，阅读才会生产灵性。否则，你只能不停地阅读别人而永远不会被别人阅读你。"这段话阐释了唐老师的学习理念——人类历史有数千年之久，书籍、资料浩如烟海，作为研究者固然要多多阅读，但没有思考，阅读不能产生价值。但要如何思考，在唐力行看来有以下三个方面。

首先是培养"问题意识"。唐力行认为，带着问题去寻找答案才能形成思考，在思考过程中才能学会提炼观点、分析史料、强化逻辑，最后撰写成文只是让思考结果更为成熟完善。"没有'问题'，论文就是一篇流水账"。为了引导学生尽快养成"问题意识"，唐力行上课总会预先准备好材料和书单，要求学生撰写读书笔记和课上回答问题，学生的"问题意识"便逐渐养成。唐门弟子有不少人在学术道路上颇有建树，要归功于唐力行科学的教育方法。

其次要有现实关怀，要有以天下为己任的情怀。做学术，不是为学术而学术，重要的是学术关怀。唐老师常说："我们做学术要从一个具体的小问题入手，由小见大，看到一个大的时代和社会。"这需要有广阔的视野和丰富的知识积累，还要善于运用当代先进的理论工具，从而使我们的研究工作能推进现实社会的进步。唐力行自己在徽学研究中就引入了人口学、社会学、人类学、地理学等多个学科的理论，来分析徽州宗族社会、区域变迁和商人群体的历史，给人以启迪。

最后是要保有开放、坦诚的学术心态，学术研究不能闭门造车，要打开大门欢迎其他人的批评与审视,这是一种良性竞争。只要有机会,唐力行就会介绍学生参加高水平学术会议,帮助他们尽快与学界建立联系。另一方面,唐力行制定了"学习会"的规矩,每周组织硕博士聚会进行学术讨论。这种常态的门内聚会不仅使师门上下更加团结,而且也锻炼了学生的学术能力。

唐力行在学习上要求严格,但在生活中却十分平易近人。在他执教的近五十年中,每一位学生都会感受到他严父慈母般的爱。他总是带着微笑关怀学生的日常小事,尽全力帮助学生解决困难,让他们能全身心地投入学习中去。

在唐门弟子的回忆中,唐力行总在节假日邀请他们到家中或餐馆聚餐,因为想到很多学生都是离家沪漂,节日亦不能与家人相聚,所以"吃点好的"是他给予学生的质朴关怀。每有学术会议、讲座时,唐力行也总在招待客人的同时刻意多点些好菜,嘱咐学生们多吃,吃不了也可以打包回去当一两餐。"你们都还年轻,要注意身体,得多吃点",他总是这样絮叨着。

唐力行(中间)七十华诞合影

215

　　求学阶段的学生少有富裕的,经济虽不至于困窘,但碰到生活中需要大额支出时也会焦头烂额。唐力行总是能体察到学生的困难给予帮助,但又不失分寸。2000年唐老师工作调动到了上海师范大学,但还有硕士生在苏州大学没有毕业,为便于苏大学生在沪短住,唐老师想方设法为学生解决住宿问题。有学生要到外地查阅资料,唐老师更是主动为学生做好充分的保障工作,还为学生报销车票。而少数学子面临着家庭、工作的重压,以致学术上不能全身心投入而情绪焦虑,唐老师会循循善诱,让学生慢慢调整状态,兼顾家庭、工作和学业。

　　待到学生毕业,面临人生道路上的重要抉择,无论是升学、工作,还是已经毕业的学生想要重回校园或工作调动,甚至连同家眷工作、生活安排,唐老师总是尽他所能给予帮助。在唐门学子为唐老师七十寿诞出版的纪念文集《师门忆旧》中,就留下了诸多记载,桩桩件件,俱是琐事,但满满的都是他对学生的关爱。

　　教育是一个职业,更是一门艺术,既要有知识的传授,又要有精神的培育,既有严格的教导,还有温暖的关怀。这样的老师,才能成为学生人生道路上的指路明灯,唐力行教授就是这样一位老师。

（刘晓海、付楠、徐茂明　撰文）

附一：唐力行简历年表

1946 年 1 月 11 日	出生于江苏省苏州市。
1950 年 9 月	就读苏州干将小学,半年后辍学,迁居上海。
1951—1957 年	就读上海邑庙区第二中心小学。
1957—1960 年	就读上海力进中学(初中)。
1960—1963 年	就读上海比乐中学(高中)。
1963—1970 年	就读南京大学历史系(学制 5 年,休学 1 年,延迟分配 1 年)。
1970—1971 年	安徽白湖军垦农场接受"再教育"。
1971—1980 年	分配至安徽省东至县,先后任东流小学、东至县

<table>
<tr><td></td><td>五七大学教师。</td></tr>
<tr><td>1979 年</td><td>加入中国共产党。</td></tr>
<tr><td>1981 年</td><td>调动至安徽师范大学,先后任学报编辑,历史系
副教授(1986)教授(1992)。</td></tr>
<tr><td>1993 年</td><td>被评为享受国务院特殊津贴的专家。</td></tr>
<tr><td>1994—1999 年</td><td>调动至苏州大学历史系工作,任地方史志研究
室主任,校学术委员会委员。兼任中国社会史
学会副会长。</td></tr>
<tr><td>1999—2016 年</td><td>调动至上海师范大学人文学院历史系工作,先
后担任中国近现代史博士点、历史学博士后流
动站、历史学一级学科博士点学科带头人,上海
市重点学科带头人,上海市普通高校人文社会
科学研究基地(中国近代社会研究中心)主任,
国家重大项目《评弹历史文献资料整理与研究》
首席专家等。聘任为首批二级教授。</td></tr>
<tr><td>2016 年</td><td>退休。</td></tr>
</table>

附二：唐力行主要论著目录

（一）理论方法

1. 著作

《读史偶得:关于转型期中国社会的若干思考》,上海人民出版社 2011 年版。

2. 论文

《试论中国封建社会的剩余劳动——兼论中国封建社会长期延续的原因》,《江
海学刊》1983 年第 2 期;《新华文摘》1983 年第 8 期转载。

《清季社会经济改革刍议》,《安徽史学》1984 年第 1 期。

《论封建统治者的经济政策对社会发展的影响》,《阜阳师范学院学报(社会科学
版)》1984 年第 1、2 期。

《从系统论的角度重新探讨几个史学理论问题》，《历史研究方法论集》，河北人
　民出版社 1987 年版。

《徽州学研究的对象、价值、内容与方法》，《史林》1999 年第 3 期。

《论题：区域史研究的理论与实践》，《历史教学问题》2004 年第 5 期。

《超越地域的疆界——关于区域与区域比较研究的一点思考》，《史林》2008 年
　第 6 期。

《从区域史研究走向区域比较研究》，《上海师范大学学报（哲学社会科学版）》
　2008 年第 1 期。

（二）徽学研究

1. 著作

《商人与中国近世社会》，浙江人民出版社 1993 年版。香港中华书局修订
　本 1995 年版。台湾商务印书馆繁体字本 1997 年版。商务印书馆第一次
　修订本 2003 年版；第二次修订本 2006 年版。商务印书馆列入《中华当代
　学术著作辑要》2017 年版。

《商人与文化的双重变奏：徽商与宗族社会的历史考察》，华中理工大学出
　版社 1997 年版。

《明清徽州区域社会经济史研究》，安徽大学出版社 1999 年版。

《徽州宗族社会》，安徽人民出版社 2005 年版。

《唐力行徽学研究论稿》，商务印书馆 2014 年版。

《延续与断裂：徽州乡村的超稳定结构与社会变迁》，商务印书馆 2015 年版。

2. 资料

《明清徽商资料选编》（参编），黄山书社 1985 年版。

3. 论文

《论徽商"贾而好儒"的特色》（合作），《中国史研究》1984 年第 4 期。

《论徽商与封建宗族势力》，《历史研究》1986 年第 2 期。

《论徽州海商与中国资本主义萌芽》，《中国经济史研究》1990 年第 3 期。

《明清徽州的家庭与宗族结构》，《历史研究》1991 年第 1 期。

《论商人妇与明清徽州社会》，《社会学研究》1992 年第 4 期。

《徽州方氏与社会变迁——兼论地域社会与传统中国》，《历史研究》1995 年第 1 期。

《徽商在上海市镇的迁徙与定居活动》，《史林》2002 年第 1 期。

《重构乡村基层社会生活的实态——值得深入考察的徽州古村落宅坦》，《中国农史》2002 年第 4 期。

《从杭州的徽商看商人组织向血缘化的回归——以抗战前夕杭州汪王庙为例论国家、民间社团、商人的互动与社会变迁》，《学术月刊》2004 年第 5 期。

《历史视野中的徽学——走出一府六县》，《社会科学报》2004 年 7 月 1 日。

《朴元熇著〈明清徽州宗族史研究〉》，《历史研究》2005 年第 2 期。

《"千丁之族，未尝散处"：动乱与徽州宗族记忆系统的重建——以徽州绩溪县宅坦村为个案的研究》，《史林》2007 年第 2 期。

《徽州旅沪同乡会与社会变迁(1923—1953)》，《历史研究》2011 年第 3 期。

《徽州旅沪同乡会的社会保障功能(1923—1949)》，《上海师范大学学报(哲学社会科学版)》2012 年第 3 期。

《文化中介人——徽州人在上海》，《中国社会科学报》2015 年 8 月 20 日。

《从江南的视野解读徽州》，《光明日报》2019 年 6 月 17 日，第 14 版。

(三) 江南学研究

1. 著作

《江南儒商与江南社会》(主编)，人民出版社 2002 年版。

《苏州与徽州——16—20 世纪两地区域互动与社会变迁的比较研究》(唐力行等著)，商务印书馆 2007 年版。

《苏州通史·清代卷》(王国平、唐力行主编)，苏州大学出版社 2019 年版。

《地域、世代与性别：多元视角下的苏州评弹研究》(主编)，上海人民出版社 2023 年版。

2. 资料

《明清以来苏州社会史碑刻集》(王国平、唐力行主编)，苏州大学出版社 1998 年版。

《江南区域史论著目录(1900—2000)》(陈忠平、唐力行主编)，北京图书馆出版社 2007 年版。

《江南文化百科全书》(主编)，上海人民出版社 2021 年版。

3. 论文

《评吴仁安著〈明清时期上海地区的著姓望族〉》,《历史研究》1998 年第 2 期。

《评范金民著〈明清江南商业的发展〉》,《江海学刊》1999 年第 6 期。

《从碑刻资料看明清以来苏州社会的变迁——兼与徽州地区比较》,《历史研究》
2000 年第 1 期。

《明清以来徽州、苏州的区域互动与江南社会的变迁》,《史林》2004 年第 2 期。

《怎样的互动促成了江南的繁荣——以十六世纪的苏州与徽州为例》,《北京日
报·理论周刊·文史》2005 年 5 月 23 日。

《超越地域的疆界——关于区域与区域比较研究的一点思考》,《史林》2008 年
第 6 期。

《整体史视野下的学术新求索——评〈江南场景:社会史的跨学科对话〉》,《近代
史研究》2008 年第 2 期。

《明清以来苏州的社会生活与社会管理——从苏州碑刻的分类说起》,《上海师
范大学学报》2009 年第 3 期。

《从江南到长三角:16 世纪以来江南经济文化的整合与发展》,《都市文化研究》
2018 年第 2 期。

(四) 评弹社会文化

1. 著作

《开拓社会文化史的新领域:苏州评弹与江南社会导论》,商务印书馆 2020 年版。

《探骊得珠:江南与评弹》,上海人民出版社 2023 年版。

2. 资料

《别梦依稀:我的评弹生涯》(唐耿良著,唐力行整理),商务印书馆 2009 年版。

《中国苏州评弹社会史料集成》(主编),商务印书馆 2018 年版。

《光前裕后:一百个苏州评弹人的口述历史》(主编),商务印书馆 2019 年版。

《唐耿良说演本:长篇苏州评话〈三国〉》(唐耿良著述、唐力行等整理),商务印
书馆 2021 年版。

3. 论文

《走正路:周良先生伴评弹而行》,《江西师范大学学报(哲学社会科学版)》2015
    年第 2 期。

《苏州评弹与江南社会》,《中国社会科学报》2017 年 3 月 7 日。

《苏州评话的金戈铁马》,《中华读书报》2017 年 8 月 9 日。

《关于苏州评弹三个终极问题的理论探索——读周良先生〈苏州评话弹词史补
    编〉》,《艺术评论》2018 年第 1 期。

《苏州评弹,江南地域的文化符号》,《文汇报》2019 年 1 月 25 日,第 10 版。

《苏州评弹往哪里去?》,《社会科学报》2019 年 11 月 28 日,第 6 版。

《苏州评弹都市文化圈的形成》,《环球人文地理》2023 年第 13 期。

(五) 论文集、丛书、集刊

1. 论文集

《家庭、社区、大众心态变迁国际学术研讨会论文集》(主编),黄山书社 1999
    年版。

《国家、地方、民众的互动与社会变迁》(主编),商务印书馆 2004 年版。

《别梦依稀:说书人唐耿良纪念文集》(主编),商务印书馆 2015 年版。

2. 丛书

《中国近代社会研究丛书》(6 册),商务印书馆 2004—2013 年版。

《转型期中国社会研究丛书》(8 册),上海人民出版社 2011—2012 年版。

《评弹与江南社会研究丛书》(23 册),商务印书馆 2013—2023 年版。

《江南社会历史研究丛书》(16 册),上海人民出版社 2010—2015 年版。

3. 集刊

《江南社会历史评论》(主编),已出版 23 期,商务印书馆 2009—2023 年版。

潜心治史立潮头　情系江南传薪火

——著名社会史学家与徽学研究专家唐力行传

从多方结合到独辟蹊径

——魏晋隋唐史与宗教史研究专家严耀中传

严耀中(1947—),浙江慈溪人。中国共产党党员。二级教授、博士生导师。享受国务院政府特殊津贴。1982年研究生毕业于上海师范学院历史系中国古代史专业,留校任教。曾任中国魏晋南北朝史学会副会长、中国唐史学会理事、中国宗教学会理事、上海市宗教学会副会长。历任上海师范大学历史系副主任、人文学院副院长、中国古代史博士点学科带头人。出版《北魏前期政治制度》《中国宗教与生存哲学》《中国历史:两晋南北朝史》等学术专著8部,《耶城琐记》《思随心动》等学术随笔集2部,《佛教与三至十三世纪中国史》《华梵杂学集》等论文集5部,《宗教文献学研究入门》(合著)教材1部。曾主持国家社会科学基金一般项目3项(1998年、2003年、2010年);研究成果《麴氏高昌王国寺院研究》《论唐代前期的军府学官》获上海市哲学社会科学优秀成果论文二等奖(1994年、1996年),《汉传密教》《江南佛教史》《佛教戒律与中国社会》获上海市哲学社会科学优秀成果著作三等奖(2000年、2002年、2008年)。《佛教戒律与中国社会》一书入选了"三个一百"原创出版工程。

心系家国的孜孜求学之路

严耀中

1947年8月12日,严耀中出生于浙江慈城,幼年随家人来到上海,居住于四明村。1955年进入延安中路小学学习,1961年入培英中学(后更名为华东模范中学)求学,1964年入时代中学就读(高中)。"文化大革命"前他正在读高中,跟当时许多青年学生一样,大学理工科是未来的首选。由于各种原因,这个愿望并未实现。作为老三届的高中生,他进入工厂成为一名普通工人。"文化大革命"结束前夕,他曾被送到上海设计系统工大,脱产当了两年化工自动控制专业的工农兵学员,后来还在一家技校当了教物理及机械基础课的老师。然而"文化大革命"结束,研究生招生恢复时,他毫不犹豫地报考了历史学科的研究生。

由于家庭关系,他从小读古文,有一定学古代史的基础。他的四叔严摩罕是浙江美术学院西洋美术史的教授,他人在杭州,藏书却在上海,所以这些书"文化大革命"中安全无恙。再加上家里的和借阅的,从 1966 年起到整个 70 年代做到了读万卷书。虽然这些书很杂,但基本上属文史哲,其中包括《史记》《三国志》《资治通鉴》等。因此他的文史基础并不比当时一般文科本科生差,所以就直接考了研究生,研究方向是魏晋南北朝史。

严耀中(右二)与程应镠先生等人合影

"我的治学之路主要是在研究生时代养成的,这与我的导师程应镠先生有很大关系。"这是严耀中经常提到的一句话。

程先生是我国著名历史学家、历史教育家,笔名流金。程先生带教严耀中的方式很特别,主要是让他读从《三国志》到《隋书》的所有正史及《资治通鉴》。每隔一、二个星期到程先生那里,汇报一下读书的体会,然后提出问题请程先生解答,最后程先生开具相应的参考书目作为补充读物;时间长的有两三个小时,短的只有 20 分钟,决定于谈话内容,也决定于程先生是否有空。由于他从小就有读书习惯,觉得这样的方法很自在,现在读书有人指导,更是感到效率很高。后来他也经常教导自己的学生,多读书是搞文科的一项最基本的要求，没有相当的阅读量，没有不断的读书，是搞不好学术研究的。

因为西南联大的关系，程应镠非常崇拜陈寅恪，这自然也影响了严耀中。1980 年《陈寅恪文集》出版，他就买来反复读，直至现在还不时拿出来翻阅。他读陈寅恪的书，体会很多，经常提到的有以下两方面。

其一，陈寅恪治学有"三结合"，即文史哲结合、中西学结合、古今结合。关于文史哲结合，陈先生以文证史，以史证文的治学方法大家都已熟知。其实陈先生对儒学、佛教哲学，都有精辟的见解，是陈文中不可或缺的闪光点。关于中西学结合，他认为陈先生的论著，形式上是传统的考证发微，然而其视角和切入点，却有着近代社会学、政治学等意味，甚至可以说是中西学结合得天衣无缝。关于古今结合，读陈先生的诗，可知他不仅明了古代，也洞察当代。不知古无以知今，不知今也无以知古。文史哲、中西学、古今这三层关系结合的程度如何，决定着当代历史学者研究成就的大小。其二，以小见大，小题大做。陈先生的文章往往从一件具体的事件着手，将该事件脉络理清楚时，整个社会的背景、历史的走向也都显露出来了。这是文章写作技巧，也是做学问的方法。

陈寅恪的治学方法对尚在求学阶段的严耀中来说影响甚深，他之后的治学之路，始终是在努力地践行着这一治学方法。他研究宗教，更注重的是宗教与中国古代社会的方方面面关系及其互动演变，在研究中"尽量采用了不同类型的文献资料，除有关宗教典籍外，还广泛引用历代文、史、哲文献"[1]。他曾赴加拿大、以色列做访问学者，对西学有较深入的接触和了解，对当代国际人文社会科学的前沿也十分关注。因而他在治学中，大量借鉴国外的成果来丰富自己的研究。中西学结合在他所著的《两晋南北朝史》一书中表现得最充分，虽是写中国古代的历史，但研究的视角、分析的理路都不时透露出制度经济学、文化人类学、社会学、政治学等西方理论的智慧，且他对这些理论已烂熟于胸，信手拈来，绝无生搬硬套之感。他虽主要从事中国古代的研究，但对现实问题十分关注。关心时事是他对每一个学生的要求。他常说，我们研究古代历史，就是为了从历史中获得智慧，从而帮助我们深入地认识并更好地解决现实面临的问题；而对于现实的关注，也能帮助

---

① 方立天：《佛教戒律与中国社会·序》，上海古籍出版社 2007 年版。

我们更好理解古代历史的进程。这也就是太史公讲的"通古今之变"。他曾写过《关于陈文帝祭"胡公"——陈朝帝室姓氏探讨》一文,发表于《历史研究》2003 年第 1 期。从《陈书》卷三《世祖纪》一条材料的释读问题而引出对"陈"朝国号的讨论,进而指出这是"当时在门阀影响下的社会心理与风气"的一种表现。小题大做、以小见大正是他学术研究的重要特色。

多方结合的魏晋史学研究

严耀中的硕士学位论文题目是《魏晋南北朝劳动者称谓考释》,通过这篇论文及连带出来的一些文章的撰写,使他不仅对当时各种各色的劳动者有了较清晰的了解,更主要是认识到身份问题是中国封建社会中决定人与人关系的一个要害。由于身份问题和政治制度相关,所以他自然而然地对官员身份乃至官吏体制产生兴趣。根据程先生的要求,他在读书过程中做两种卡片:一种是史料卡片,正面摘录一条史料,背面记下当时为什么要录下这条史料的理由及衍生的想法;另一种是阅读当代学者的论著的摘要与体会,每张 800—1 500 字。前一种卡片他在 80 年代做了近万张,后一种的也做了四五百张。他认为做这两种卡片是相互促进的。阅读卡片可以了解当时学术动态及相关课题的研究现状,对摘录何种史料影响很大。更主要的是如果仔细读了数百篇文章,即如熟读唐诗三百首,不会作诗也会吟,通过广泛阅读而集思广益,无论如何也应该知道怎样写文章,写好文章。而做史料卡片除了能印证鉴别他人的观点结论外,还能为自己的研究提供大量的题目与材料。在一系列阅读和写作过程中,他的注意力逐渐集中到北魏前期的官制上,因为其中有相当多的职官名称,如三都、八部大人、中书博士、内行官、都将与幢将等等,罕见于其他朝代,《魏书·官氏志》也语焉不详。由于正史上没有关于北魏前期官制系统的记载,所以直至 20 世纪 80 年代还很少引起学者的注意,相关论著也寥寥无几。这方面严耀中写的第一篇论文是《北魏三都大官考》,初稿完成后交给程先生,当时程先生正要去参加 1981 年 8 月在北京香山举行的"中国民族史学术讨论会",看完初稿,程先生嘱咐他将文章打印出来并复制多份,由程先生带往北京并散发给会议代表。据程先生说,他曾征求过熊德基、王钟翰、蔡美彪诸先生的意见,评价都不错。于是程先生让他进一步修改并投稿,最终发表于 1983 年的《中华文史论丛》上。

　　此后严耀中便写了一系列有关北魏官制的文章,最后形成了《北魏前期政治制度》一书,由吉林教育出版社于 1990 年列入"少数民族文库"出版。这本书综合当时能收集到的几乎所有相关资料后,从行政、军事、经济、刑法、宗教等诸方面系统地介绍了北魏迁都洛阳前的社会和行政体制的特点。这在中国还是第一次。该书除了对北魏的分部制、中书学、曲赦、女性在祭祀中的地位等提出自己的见解外,有两个观点是发前人所未发的。

　　第一,北魏前期,从朝廷到地方,同时存在着分治胡、汉的两套行政班子,这首先存在于不同"部"的分合和性质的演变上,定都平城后逐渐演化为内、外两朝,贯穿于政治、赋税、兵制、教育、司法等各个方面。这是拓跋民族入主中原后,在体制上因势置宜的一大创新,对后来辽、元、清各个由少数民族统治的王朝均有重大的影响。

　　第二,孝文帝的汉化政策是为了适应迁都洛阳,而北魏当时的迁都不仅是为了便于统治愈来愈大的版图,更主要是因为平城周围地区生态环境的急剧恶化,灾害的频繁与土地的荒芜无法支撑不断扩大中的首都平城。而这又跟北魏初聚集大量"新民"在本是半游牧地区的京畿进行农垦有关。也就是说,迁都洛阳也是平城环境恶化的结果。而中国古代少数民族的汉化、封建化和农耕化是三位一体的进程,迁都到农业腹地就必然要汉化,因此孝文帝改革有被客观形势所迫的一面。

　　2006 年夏,人民出版社张秀平策划多卷本《中国历史》的撰写,这套书的作者大都是在各自断代内成就卓著的专家学者。其中《两晋南北朝史》一卷,本由韩国磐主笔,因韩先生不久去世,出版社就找到了严耀中。

　　《两晋南北朝史》的一大特色,是利用"行政系统运行的成本高低"的视角来考察这一时期的历史演进。如魏晋社会最重要的特征——门阀之兴衰的关键点之一,也是由行政系统运行的成本高低决定的。门阀政治在一定程度上避免了皇帝专制集权对扩展行政系统的资源需求,由于用扩大家族结构和能量的方式来实行政治,并维系社会之稳定,所以在朝廷上和地方上的行政运行对国家财政的耗费都相对较小。因此门阀的兴衰起落实际上与行政系统的运转关系重大,它应行政系统的扩展而产生、发展,以把持军政权位而势倾天下,又因脱离政务而走向式微。门阀制度也呈现出一种政治与文化相交错的"家世文章,甚为典正"之独特体制。在这样的体制下,由于

"自魏正始、晋中朝以来,贵臣虽有识治者,皆以文学相处,罕图庶务"。无心插柳,竟促成了中国文化发展的一次高潮,玄学的兴起、佛学的扩展、经学的演变、诗文与史学的繁荣都离不开门阀士族,这一时期名士们的文集竟多出两汉十倍以上! 这正是历史进程中的魅力所在。

严耀中赴日本参加国际学术研讨会

独辟蹊径的宗教研究探索

在研究政治制度史的同时,历史上的宗教,尤其是佛教,引起了严耀中浓厚的兴趣。魏晋南北朝是个佛教盛行的时代,1982年他留校任教开设的第一门课就是魏晋南北朝史选修课,在关于这个时期的诸方面历史中,当时他最不熟悉的是宗教,因此在备课时,绝大部分的时间花在了解宗教上。后来程先生要在当时的上海师院筹建敦煌吐鲁番文书研究室,于是严耀中就把研读敦煌吐鲁番文书当作用力点之一。严耀中参加了敦煌吐鲁番学会的最初几次年会,也写了几篇文章。敦煌吐鲁番文书的大多数内容与宗教有关,于是他又在这方面下了功夫,如《麹氏高昌时期的孝经与孝的观念》《麹氏高昌王国寺院研究》等。由此他对宗教与中国社会的相互关系,乃至宗教本身的性质义理产生了深入探索的念头。

这方面早期的主要成果是《中国宗教与生存哲学》。这本书和以前写的文章风格不一样,关注的是一个宏观的问题,企图找出中国社会和中国宗教之间特殊性方面的关联。在这本书中,他认为华夏民族特殊的生存环境,主要是其封闭型和艰苦性对大规模集体劳动的需要,推动了以家族为本的社会结构形成和早期政治统一的大型国家(夏、商、周)产生。其反映到上层建筑,是非常早地以祖先崇拜替代了图腾崇拜和以人为本的生存哲学,并由此形成政权、族权和祭祀制度中体现的神权合一。这种合一制度使得号称文明古国的华夏直到很晚(东汉初)才有成熟的宗教——道教与佛教,而且是汉晋之间的动荡,皇权严重削弱和人口急剧减少情况下,佛、道两教才在社会中弥漫开来。而这种社会结构与理念,也给中国宗教打上了深深的烙印。就道教而言,是通过对生命力的无限弘扬来解决人的生死与命运问题,以长生不老来消除现实世界和彼岸世界之间的界河,从而在世界宗教之林里独树一帜。而中国佛教有别于印度佛教的种种特点也是中国社会对其起作用的结果。这种作用也最后造就了所谓三教合一的趋势,因此该书也可以说是一本自成系统的中国宗教社会史。实际上这本书也是他开设的"中国宗教社会史"课程的主要内容。

1994—1996 年初,严耀中先后在加拿大麦克马斯特大学(McMaster Univ.)和多伦多大学(Univ. of Toronto)的宗教研究系做访问学者,得到了华裔学者冉云华、秦家懿等先生不少指教与帮助,他由此不仅对西方宗教学的各个方面有所了解,对宗教哲学有所领悟,并开始比较集中于对中国佛教史与佛教思想的探索。

当时对密教的研究在国内甚少而在海外甚多,严耀中做访问学者期间注意到,关于密教在中国社会中发展演变的来龙去脉在学术上还有很多空白,而通过宗教文献与一般文献的结合和文史哲结合的方法是一条行得通的路子。起初他是想写一本汉传密教史的,故而在麦克马斯特大学和多伦多大学的一年半时间里,把这两所大学所藏关于密宗的中西论著,几乎通览一遍。然而,当他回到国内,发现吕建福刚出版了专著《中国密教史》。他毅然决定,修改原来的研究计划。专找一些较少有人涉足的题目,即密宗与中国佛教和中国社会的关系——来研究,于 1999 年出版了《汉传密教》一书。

该书首先对汉传密教进行了界定,对中日学界流行的所谓正纯密教有所质疑。提出汉地密教的发展过程也是对印度密教内容扬弃的过程。指出密教经典是最早流入中国的佛教经典之一,没有密教此前在中国连绵不断的长期存在与发展,密教就不会有唐开元时期的盛况。同样,会昌灭法之后,汉传密教不仅没有消亡,而且高潮迭起。密宗作为一种"寓宗",广泛地存在与结合在中国佛教,乃至中国文化之中。广泛而深入地讨论密宗与佛教其他诸宗的关系是本书的一个特点。该书另一个切入点是从语言学入手:如认为"密教'三密(身密、口密、意密)'和禅宗'心心相印'共同表现着对语言的超越"及"禅密双方对语言的功用都有着深刻的理解,可以说是相反相成",等等。通过这些研究,围绕着文献而将文、史、哲融为一体,发展了佛教典籍研究的新路径。

在收集有关汉传密教资料时,除《大藏经》《续藏经》里有关经、传、论外,严耀中还通读二十四史,并将地方志及各种文集笔记等过眼了千部以上,并翻阅了 1999 年之前的所有《文物》《考古》等杂志和大量碑铭文书。作为一个史学出身的研究者,他深深懂得广泛的史料积累是学术创新的重要基础。为提高效率,他同时还摘录了有关江南佛教发展的资料,以及其他有用的材料。在这个基础上完成了一些论文和另一部专著《江南佛教史》。

《江南佛教史》是他在区域佛教史研究中最主要的成果。中国这样一个疆域广袤的国家,自古以来由于种种原因而存在着不同特征的区域文化,而佛教传入中国的历史,至少也有近两千年了,漫长的岁月使它融入了中国传统文化,作为文化的一部分,理应也有着它的区域性。选择江南地区,严耀中是这样考虑的:在诸多的区域因素中,江南尚鬼好祀的民俗及率先流行的道教成了佛教在汉末进入该地区的最早接引点。然而更重要的是,佛教和随着司马氏政权南渡的玄学的结合,以及伴随着的高僧和名士的合流,这使得佛教有机会被士大夫阶层所了解接受,从而有可能和中华文化实现真正的融合,并日后成为它的传统的一部分。

之后,严耀中的研究兴趣转移到佛教戒律和中国社会,特别是其中道德与法律的关系上来。2009 年出版了《佛教戒律与中国社会》一书。

严耀中指出:佛教在中国入世的结果,对戒律本身带来重大影响。

僧制作为佛教的世间法是对附着于僧侣的欲望章而规之,由于戒律传入的滞后和印中社会文化上的差异,以及儒家在意识上影响和官府在行政上的干预,汉人僧众的行为规范主要遵循的是僧制而非戒律。于是戒律在中国佛教里很大程度上具有的是符号上的意义。这种符号意义上的需要也使得戒坛和戒仪在中国佛教中变得更为复杂与重要,并竟然成了官府用以控制佛教僧众的一个关节。僧制运行主要是通过中国特有的僧官制度,其基础则是僧籍的实行。僧侣通过僧籍得到免役和创办寺院经济等优惠,作为交换,是受世俗法律的全面管辖,它包括度牒、设坛、赐额、赐紫等专门制度,刑律中的特殊规定等。这大致可由十六个字来概括,即"身份限定,王法至上,刑事从严,民事从俗"。

2007 年,严耀中在印度孟买大学参加一次学术会议,就是在这次会议上,他关注到印度的那些佛教研究者或自称佛教徒的其实基本上都是印度教徒,他们并不关注婆罗门教与佛教之间的界限。其间组织参观了埃罗拉、阿旃陀等石窟。云冈、龙门、敦煌等国内的大型石窟,他都去过不下三四次,因而在参观过程中,不免将中印石窟进行比较。正是在大量的观察和比较中,他深深地被婆罗门文化及婆罗门教与佛教之间的关系所吸引,其后的学

严耀中(右二)在印度进行学术考察

术兴趣就转到了中国古代的婆罗门教上,并于 2019 年在中华书局出版了《中国古代的婆罗门教和婆罗门文化影响》一书。

该书是关于中国古代所受到的婆罗门教和婆罗门文化影响的研究性著作。经过十余年的努力,严耀中从数以千计的文献和文物中钩沉出婆罗门教和婆罗门文化在中国古代存在的种种证据。这些证据包括一个成熟宗教所应该有的全部元素,如神职人员及其传教活动、宗教场所、经籍、信徒墓葬等等。他用"碎片分合""借瓶送酒"等机制来说明婆罗门教及婆罗门文化是如何输入中国的。为此,该书还在理论上阐释了一种宗教文化传播到异地或异文化领域的标准及标界,并通过多学科交叉的方法充分进行了图像和文献的相互释明。这些工作都是以往学者很少甚至没有做过的,对于中国宗教史和中印文化交流史的完整和准确有着重要意义。

2013 年 9 月至 2014 年 7 月,他远赴以色列国家高级研究院(Israel Institute for Advanced Studies)做客座研究员,在以色列国家图书馆和希伯来大学图书馆里为该课题研究的推进补充了很多资料。因而,大量借鉴国外学者的研究成果,亦是该书显著的特色。

严耀中(中间)赴以色列国家高级研究院访学

守正创新的学科建设管理

1996 年,上海师大中文系、历史系、古籍所合并成立人文学院,严耀中担任副院长,分管科研与研究生教育。20 世纪 90 年代至 21 世纪初是学院学科建设的重要发展期,严耀中积极配合院长开展学科建设工作。在历史学科的发展上,严耀中先后支持中国近现代史、世界史于 2000 年和 2003 年取得博士点授予权。此后,他又为申报历史学一级学科博士点积极奔走,终获成功。2006 年,我校获得历史学一级学科博士点授予权。人文学院成立之初,只有汉语言文字学、中国古代文学 2 个二级学科博士点,10 个二级学科硕士点。在他与学院同仁的共同努力下,学院逐步发展为拥有中国语言文学、历史学 2 个一级学科博士点,16 个二级学科博士点,22 个二级学科硕士点,涉及中文、历史、艺术学、法学等多个学科门类,奠定了人文学院学科发展的格局。

随着学科的发展,硕、博士点的新增,学院招收研究生人数快速增长。针对研究生教育工作中遇到的问题,严耀中先后起草了研究生学位论文、硕博导师工作等相关管理办法,为提升学院研究生培养和管理水平打下了坚实的制度基础。

如同做学问一样,在推进研究生教育的诸多工作中,严耀中都秉持着严谨认真的态度。人文学院成立后,学院借助多学科优势,设立学院层面平台课,为研究生学习跨学科知识提供平台。每学期严耀中都亲自选定开设的课程,联系邀请各学科知名教授为研究生开课。学院平台课作为人文学院研究生培养的特色,一直沿用至今。严耀中十分注重研究生学术道德规范的教育,每年新生入学,他都亲自为研究生作学术道德规范的宣讲,提醒学生在论文写作中要重视学术规范。在研究生导师大会上,严耀中也反复强调导师要在研究生培养的过程中融入学术规范教育。每年学院召开学位评定分委员会审核学生的学位论文,严耀中和学位委员会成员一起对研究生的论文进行严格审查。这些卓有实效的举措确保了人才培养的质量。

在科研管理工作中,严耀中在院长的支持下,制订相关政策激励教师科学研究,并在全院大会上鼓励教师申请各类科研项目,组织创新团队,申报重点学科,为学院的科研贡献自己的力量。他还为营造学院良好的学术氛围积极努力,支持并亲自邀请各领域的著名学者来学院讲学,为拓宽学术视野、促进学术交流创设了条件。严耀中任职期间,学院每年开设人文大讲堂百余场,中国语言文学、中国近现代史、中国古代史、历史文献学等一批学科获批上海市或上海市教委重点学科。学院的国家社科项目立项率不断增长,一批优秀的科研成果获教育部和上海市优秀成果奖,整个学院的科研工作呈现欣欣向荣之势。

言传身教的丹心育人生涯

从毕业留校工作到退休,严耀中在上海师大教书育人整整三十载春秋,培养了一大批优秀学子。1989 年开始招收中国古代史专业硕士研究生,2005 年开始招收中国古典文献学专业博士研究生,2007 年开始招收中国古代史专业博士研究生,并曾长期招收中国哲学史专业博士研究生。毕业的学生中,已有十多人获得正高级职称,成为高校或科研机构的学术中坚。

魏晋南北朝史与佛教史是严耀中主要的研究领域,因而在教学上,也主要是传授这两个领域的知识与方法。魏晋史方面,常年为研究生开设《资治通鉴》研读课。在严耀中的课堂上,学生每周须读完十卷《通鉴》,读书过程中需参考《读通鉴论》《十七史商榷》《廿二史札记》《十驾斋养新录》等相关的史论著作。学有余力的学生可以与相关的正史对读。他每次会布置一道讨论题,要求学生用《通鉴》中的材料来解答。下次上课时,先由一位学生主讲,然后其他学生补充,再由他进行点评和讲授。这些讨论题大都是学界研究十分深入的问题,但严耀中的讲授往往给学生耳目一新的感觉,在知识的传授中,还会渗透相关研究方法的示范。课堂的最后,就是学生的提问,从具体的字词到历史的书写,他经常会做出独到且精审的解答。

严耀中在佛教史的教学上,较早引入了项目制的方法。他在加拿大访学期间得知,加拿大佛教会每年都会举办国际性的青年学者佛学论文比赛,并通过冉云华、秦家懿等先生结识了相关的工作人员。回到国内,严耀中每年都会为历史系本科生、研究生开设"中国佛教史"课程,上课的学生自愿报名参加该项比赛,参赛论文可以作为期末的作业。除了正常的课堂教学外,他定期会召集参加比赛的学生进行辅导、讨论。因为比赛的题目是确定的,每位学生切入的角度不同,所以这种辅导主要就是学生提问,他回答,既有方法论的引导,也有相关文献资料的提示。初稿完成以后,他会对每一篇准备参赛的论文提出修改意见,学生修改后再次提交。严耀中再从修改稿中挑选参加比赛选手,并再次提出修改的建议。通过这种项目制的教学方式,极大提高了学生的学习积极性,并且较为系统地接受了相关的学术训练,培养了学生解决学术问题的能力。

严耀中的教学具有如下一些特点:其一,注重原始资料的阅读。在阅读的过程中,要求学生和正史中的相关记载进行对读,并注意相互间的异同。通过研读,锻炼学生文言文阅读能力,更为重要的是培养了学生在原始资料中寻找和解决学术问题的途径和方法,他指导的学位论文选题,大都源自于这段的读书经历。其二,不断更新教学的内容。他会根据每届学生的特点,同时吸收学界最新研究成果,对讲授的内容进行适当的更新。有一位从本科起就跟着他读书的学生谈及,他本科的时候跟着研究生听过一遍,自己硕士生和博士生的时候又各听过一遍,但是每次上课都能有新的收获。其三,注重研究方法的引导。他是非常重视研究方法的学者,在日常教学的过程中也加入方法论方面的指导,往往用深入浅出的研究实例,来剖析方法的使用如何做到适切性,并提醒学生不能将史料削足适履来配合理论方法。其

严耀中(第二排右一)参加博士生毕业论文答辩会

四，注重多学科的交叉。多学科交叉是他研究中的一大特色，在教学上亦是如此。他要求学生必须看几本重要的文摘，而且是必须通读的。通过对文摘的阅读，及时掌握人文社科领域其他学科的研究进展，拓宽历史学者的眼界，丰富史学研究的理论方法，多学科交叉来创造新的学术增长点。此外，从不和学生联合署名。他给学生修改论文不厌其烦，特别是作为学术成果发表出来的，帮助学生修改十多稿也是很常见的。因而学生正式发表出来的稿件，中间往往有很多是他自己的研究心得。因此不少学生想和他联合署名发表，但他每次都婉拒。他常讲的两句话就是："不和学生联合署名是程先生他定下的规矩"，"老师给学生改文章本就是老师的职责所在"。

2012 年正式退休后，严耀中先后被复旦大学、北京师范大学、浙江大学等聘为特聘教授，他的学术热情更为发抒，笔耕不辍，学术成果发表的频次甚至超过工作期间。十年间，共出版学术专著 4 部，论文集 2 部，每年还要发表学术论文五六篇。不少出版社向他建议，可以将早年出版的一些专著进行修订后重新出版，但都被其婉拒，因为他觉得自己还有兴趣和能力不断开拓新的研究领域。如 2021 年出版的《在分分合合中前行——印象中国历史魏晋南北朝卷》一书，有近 80% 的内容与此前出版的《两晋南北朝史》一书有所区别。近年来，严耀中主要从事魏晋玄学的研究，已经发表相关的学术论文十余篇，对于"魏晋玄学为新道家"这一传统观念进行了全面的辩证，明确提出"玄学也是儒学"的新观点，在学术界引起较大的反响。相关学术专著的书稿亦已完成，不久将正式出版。在玄学研究暂告段落后，新的研究计划也将随即展开。正如严耀中自己所说的，学术研究是他唯一的爱好，只要干得动，他将一直坚持下去。

（姚潇鸫、张虹　撰文）

附一：严耀中简历年表

1947 年 8 月 12 日	出生于浙江慈城。
1955—1961 年	就读于上海延安中路小学。
1961—1964 年	就读于上海培英中学（华东模范中学）。

1964—1968 年	就读于上海时代中学。
1968—1976 年	上海十三帆布厂工人、干部。
1974 年 8 月	加入中国共产党。
1976—1978 年	就读于上海设计系统工大化工电子班。
1978—1980 年	上海第二织布工业公司技校教师。
1980—1982 年	为上海师范学院历史系研究生。
1982 年	研究生毕业,获硕士学位,留校为助教。
1985 年	评为讲师。
1988 年	破格评为副教授。
1992 年	破格评为正教授。
1994—1996 年	为加拿大麦克马斯特大学(McMaster Univ.)宗教研究系和多伦多大学(Univ. of Toronto)宗教研究中心访问学者。
2012 年	自上海师范大学退休,同时受聘为复旦大学文史研究院特约研究员。
2013—2014 年	为以色列国家高级研究院(Israel Institute for Advanced Studies)驻院客座研究员,同时为 European Institutes for Study Fellowship Programme 的成员。
2017 年至今	为北京师范大学历史学院特聘教授。

附二：严耀中主要论著目录

(一) 专著

《北魏前期政治制度》,吉林教育出版社 1990 年版。

《中国宗教与生存哲学》,上海学林出版社 1991 年版,1997 年第三次印刷。

《汉传密教》,上海学林出版社 1999 年版,2006 年第二次印刷。

《江南佛教史》,上海人民出版社 2000 年版;2005 年增补本,更名《中国东南佛教史》。

《佛教与三至十三世纪中国史》,宗教文化出版社 2007 年版。

《佛教戒律与中国社会》,上海古籍出版社 2007 年版。

《两晋南北朝史》，人民出版社 2009 年版。

《魏晋南北朝史考论》，上海人民出版社 2010 年版。

《宗教文献学入门》（与范荧合著），复旦大学出版社 2011 年版。

《宏观与微观视野里的中国宗教》，华东师范大学出版社 2012 年版。

《晋唐文史论稿》，上海人民出版社 2013 年版。

《耶城琐记》，上海书店出版社 2015 年版。

《华梵杂学集》，上海古籍出版社 2016 年版。

《中国古代的婆罗门教和婆罗门文化影响》，中华书局 2019 年版。

《思随心动》，商务印书馆 2019 年版。

《在分分合合中前行——印象中国历史魏晋南北朝卷》，人民教育出版社 2021
年版。

（二）编著

《学思集》（与戴建国合编），上海古籍出版社 2002 年版。

《论史传经》，上海古籍出版社 2004 年版。

《唐代国家与地域社会研究》（中国唐史学会第十届年会论文集），上海古籍出版
社 2008 年版。

《中古社会文明论集》（与虞云国合编），天津古籍出版社 2010 年版。

（三）论文

《东吴兵制补论》，《上海师范学院学报（社会科学版）》1981 年第 4 期。

《北魏三都大官考》，《中华文史论丛》1983 年第 1 期。

《平齐民身份与青、齐士族集团》，《上海师范学院学报（社会科学版）》1983 年第
1 期。

《魏晋南北朝"佃客"辨》，《中国史研究》1984 年第 3 期。

《东晋南朝地方财政收支述论》，《中国社会经济史研究》1985 年第 2 期。

《魏晋南北朝的"役"与"力"》，《上海师范大学学报（哲学社会科学版）》1985 年
第 3 期。

《北齐食幹制再探》，《上海师范大学学报（哲学社会科学版）》1986 年第 1 期。

《北魏内行官试探》，载《魏晋南北朝史研究》，四川省社会科学院出版社 1986 年版。

《麴氏高昌时期的孝经与孝的观念》,《中华文史论丛》1986 年第 2 期。

《中国传统社会中的道德干预及其历史渊源》,《社会科学》1988 年第 2 期。

《试论北魏前期分部制的演变》,《中华文史论丛》1989 年第 2 期。

《北魏前期的宗教特色与政治》,《上海师范大学学报(哲学社会科学版)》1989
年第 3 期。

《北齐政治与尚书并省》,《上海师范大学学报(哲学社会科学版)》1990 年第
4 期。

《麴氏高昌王国寺院研究》,《文史》1992 年第 34 辑。

《论唐代前期的军府学官》,《中国史研究》1994 年第 1 期。

《论陈朝崇佛与般若三论之复兴》,《历史研究》1994 年第 4 期。

《唐代江南的淫祠与佛教》,《唐研究》1996 年第 2 卷。

《论隋以前"法华经"的流传》,《上海师范大学学报(哲学社会科学版)》1997 年
第 1 期。

《东吴立国与江南佛教》,《中国史研究》1997 年第 1 期。

《朱熹与密庵》,《中华文史论丛》1998 年第 57 辑。

《述论密宗在江南的流传》,《文史》1999 年第 49 辑。

《论六朝的神通禅》,《中国哲学史》1999 年第 2 期。

《魏晋南北朝时期的占卜谶言与佛教》,《史林》2000 年第 4 期。

《敦煌文书中的"平等大王"和唐宋间的均平思潮》,《唐研究》2000 年第 6 卷。

《传统文化中的卜筮与儒家》,《学术月刊》2001 年第 7 期。

《试论佛教史学》,《史学理论研究》2002 年第 3 期。

《佛教戒律与儒家礼制》,《学术月刊》2002 年第 9 期。

《论"三教"到"三教合一"》,《历史教学》2002 年第 11 期。

《述论占卜与隋唐佛教的结合》,《世界宗教研究》2002 年第 4 期。

《关于陈文帝祭"胡公"——陈朝帝室姓氏探讨》,《历史研究》2003 年第 1 期。

《唐初期的库真与察非掾述论》,《史林》2003 年第 1 期。

《跋隋〈故静证法师碎身塔〉》,《文物》2003 年第 8 期。

《佛教戒律与唐代妇女家庭生活》,《学术月刊》2004 年第 8 期。

《唐代中后期内侍省官员身份质疑》,《史林》2004 年第 5 期。

《唐代内侍省宦官奉佛因果补说》,《唐研究》2004 年第 10 卷。

《试论中国佛教戒律的特点》,《世界宗教研究》2005 年第 3 期。

《唐宋变革中的道德至上倾向》,《江汉论坛》2006 年第 3 期。

《魏晋经学主导说——对玄学盛行于魏晋问题的辨正》,《学习与探索》2006 年第 5 期。

《试说〈隋书・五行志〉中的佛教史料》,《中华文史论丛》2007 年第 1 期。

《从严佛调、朱士行说中土的僧姓法名》,《史林》2007 年第 4 期。

《从魏晋间关于肉刑争议看酷吏性质之变化》,《社会科学战线》2008 年第 5 期。

《唐代墓志中六条源流辨析》,《唐史论丛》2009 年第 11 辑。

《唐代的婆罗门僧和婆罗门教》,《史林》2009 年第 3 期。

《关于"搜神记"中佛教内容的质疑》,《中华文史论丛》2009 年第 3 期。

《关于北魏"三刺史"制度的若干诠释》,《学习与探索》2009 年第 5 期。

《〈隋书・经籍志〉中婆罗门典籍与隋以前中国的婆罗门教》,《世界宗教研究》2009 年第 4 期。

《〈魏书・地形志〉和〈水经注〉中的北方所祀诸神》,《社会科学战线》2010 年第 9 期。

《试说玄奘所见的婆罗门教》,《华东师范大学学报(哲学社会科学版)》2011 年第 3 期。

「北魏の堯帝崇拜について」,『魏晋南北朝における貴族制の形成と三教・文学——第二回日中学者中国古代史フォーラム論文集』に記載,汲古書屋 2011 年。

《关于华土石窟中弥勒和阿弥陀图像分布的一些解析》,《史林》2011 年第 6 期。

《政治控制下的信仰——中国古代僧官制度综论》,《社会科学战线》2012 年第 11 期。

Buddhist Discipline and the Family Life of Tang Women, Chinese Studies in History, Summer 2012, Vol.45, No.4.

《早期佛教与婆罗门教的差异和融合及相关影响》,《宗教学研究》2013 年第 2 期。

《试说公元 10 世纪时的印度"汉寺"》,《中华文史论丛》2014 年第 1 期。

《试释新疆达玛沟遗址出土千眼坐佛木版画》,《文物》2014 年第 2 期。

《综说隋文帝广建舍利塔的意义》,《唐研究》2014 年第 20 卷。

《试说乡村社会与中国佛教寺院和僧人的互相影响》,《史学集刊》2015 年第 4 期。

《社会的多元道德体系与宗教》,《社会科学》2015 年第 9 期。

《"四面像碑"与"四面佛像"》,《社会科学战线》2015 年第 9 期。

《〈法显传〉与〈入唐求法巡礼行记〉》,《欧亚学刊》2015 年第 13 辑。

《综说佛教前期对婆罗门教优势之因素》,《复旦学报(社会科学版)》2016 年第 1 期。

《玄学与理学在江南社会的比较》,《史林》2016 年第 5 期。

《在中国的加内塞和毗那夜迦》,《文物》2017 年第 2 期。

《关于魏晋玄学属性的再辨析》,《中华文史论丛》2017 年第 4 期。

《述论"阿修罗"形象在华土之演变》,《艺术史研究》2018 年第 20 辑。

《论魏晋六朝玄谈中的易学》,《社会科学战线》2019 年第 4 期。

《述论中国神话与小说里的婆罗门文化因子》,《华东师范大学学报(哲学社会科学版)》2019 年第 3 期。

《关于孝文帝行政改革的一些新诠释》,《史学集刊》2020 年第 6 期。

《北朝碑铭里的俗人维那》,《文史》2021 年第 3 辑。

《北魏成文法与司法实践的关系》,《华东师范大学学报(哲学社会科学版)》2021 年第 6 期。

《魏晋南北朝"医"身份辨析》,《史林》2022 年第 1 期。

《试释"庄老告退,而山水方滋":以阐述儒学影响为主线》,《文史哲》2022 年第 3 期。

《从天人合一到性情自然——汉魏六朝儒学发展的一条主线》,《中华文史论丛》2023 年第 1 期。

《萧梁"母子同陵"、"长子位"及相关风波》,《魏晋南北朝隋唐史资料》2023 年第 47 辑。

《魏晋思潮中名教与自然之"将无同"——兼说玄谈的历史功能》,《社会科学战线》2023 年第 10 期。

拼搏创新为人先　三尺讲台铸师魂

——世界史研究与教育专家裔昭印传

　　裔昭印(1953—　　)，江苏建湖人，中国共产党党员。二级教授，博士生导师，史学博士，世界史研究与教育专家。1986年于哈尔滨师范大学获历史学硕士学位，1998年于复旦大学获历史学博士学位，曾应邀赴美国、瑞士、澳大利亚等地访问或讲学，1992年至1994年系美国马里兰大学历史系访问学者，2011年为美国辛辛那提大学古典学系访问学者。1986年起在上海师范大学任教。历任上海师大学术委员会委员，世界史硕士点、博士点学科带头人，博士后合作导师；中国世界古代中世纪史研究会古代史专业委员会副理事长，上海师大女性研究中心常务副主任等学术职务。长期从事古希腊罗马史、西方社会文化史和妇女史研究与教育工作。主持国家社会科学基金项目"西方妇女地位的历史变迁""古希腊社会生活研究""古罗马社会生活研究"等多项科研项目。在《历史研究》《世界历史》《史学理论研究》等刊物发表论文60多篇，出版著译作7部。主编《世界文化史》《社会转型与都市知识女性》，代表作《古希腊的妇女——文化视域中的研究》获上海哲社著作二等奖，著有《古希腊人的爱》(合著)、《西方妇女史》[合著，获"教育部高等学校科学研究优秀成果奖(人文社会科学)著作三等奖"]，译著有《剑桥古代史第九卷》(合译)、《世界妇女史》(合译)。主讲的"西方文明史"课程被列为国家级双语教学示范课程建设项目、上海高校外国留学生英语授课示范课程；主讲的"世界文化史"课程被评为上海市精品课程，获得上海市市级教学成果奖三等奖。多次获上海市哲学社会科学优秀成果奖、全国妇联中国妇女研究优秀成果奖，教育部高等学校优秀成果奖等各级教学科研奖励。创办并主编学术刊物《妇女与性别史研究》，连续多年主办国际或全国妇女与性别史学术研讨会。自2000年以来，培养硕士、博士研究生、博士后近80名。被评为2001—2002年度上海市"三八红旗手"。

矢志拼搏奋斗　刻苦求学成才

裔昭印

裔昭印自幼生活在上海，受姑母裔式娟照料。裔式娟是新中国第一代全国劳动模范，是"郝建秀工作法"的优秀推广者和"高速生产操作法"的创造者，曾任第一至六届全国人大代表，第五届全国人大常委会委员。[1]姑母裔式娟拼搏奋斗的精神、在平凡的劳动中创造不平凡的事迹，深深感召着年幼的裔昭印。她以姑母为榜样，在日后的学习成长经历中逐渐养成了拼搏奋斗、追求卓越的精神品格。

1965 年，裔昭印考入上海市陕北中学（现上海市晋元高级中学）。然而，进入学校读书仅一年，就开始了史无前例的"文化大革命"，被迫中断了学习。1969 年 5 月，在上山下乡的洪流中，年仅 16 岁的她与许多同学一起告别了亲人，来到黑龙江生产建设兵团 4 师 43 团（后称兴凯湖农场）14 连。连队驻地位于祖国东北边疆，冬季漫长且气候寒冷，大地常被冰雪覆盖，生活非常艰苦。但她以坚强的毅力应对恶劣的自然环境和简陋的工作环境，发扬拼搏精神投入连队农业建设中。她出色的工作表现受到了连队干群的认可和重视。1969 年至 1972 年，她被连队评为"五好战士"。1973 年 8 月，她光荣地加入中国共产党。入党之后，她更加积极地投身连队和兵团工作。1972 年、1973 年、1974 年她连续获团部通令嘉奖，因工作成绩与能力突出，1974 年她被任命为 14 连副指导员，既参加劳动生产，也负责连队战士的思想政治和团支部工作。1975 年被评为"先进生产者"并荣膺"优秀团干部"称号。她在做连队和共青团的工作时既讲方法又重实效。一方面，她以身作则，用埋头苦干的行动感召身边战友；另一方面，坚持原则，秉持公理公心向连队领导提出意见建议，为同事战友争取更多的权益。她的工作方法既朴实又管用，深得连

① 闫云：《裔式娟：劳动织就出彩的人生》，载上海市妇女干部学校编著：《巾帼传奇》，上海人民出版社 2023 年版，第 197 页。

队领导和战友的肯定和信任。

在黑龙江兵团，她曾数次被推荐读大学，却因工作需要而被留下。"文化大革命"结束恢复高考制度后，她心中被压抑很久的学习愿望被激发。于是，在完成艰苦的劳动工作之余，她抓紧一切机会补习文化知识，借助连队广播室的收音机自学英语，并参加了1977年的高考。凭借着拼搏精神和顽强毅力，她终于如愿以偿继续学业生涯。1978年春，裔昭印进入哈尔滨师范学校历史专业学习。在经历了风风雨雨的艰苦岁月之后，她非常珍惜这来之不易的读书机会，学习十分刻苦，系统地学习历史学知识，为未来史学研究打下了坚实基础。1979年，她荣获哈

裔昭印在黑龙江省兴凯湖农场

尔滨市"三好学生"称号。1981年在哈尔滨市团员青年"近代史和党史知识竞赛"中，她凭借扎实的史学知识积累力拔头筹，取得了第一名的好成绩。

1979年7月，她毕业后到哈尔滨松江电机厂子弟校担任中学教师，并任团总支书记。即使担任中学教职，她也不放弃增进知识、提升素养的机会。从1980年1月起，她利用业余时间到黑龙江大学英语系学习一年，强化英语读写能力。从1980年9月至1982年7月，她在哈尔滨师范大学历史系进修学习。由于承担着毕业班的教学和学校的社会工作，她只能利用清晨、晚上和坐公共汽车的时间学习专业知识，背英语单词。1983年，多年苦读终于换来回报，她以同等学力的资格和专业考试第一名的成绩，考取哈尔滨师范大学世界史专业研究生，师从著名世界中世纪史专家戚佑烈先生和世界古代史专家陈唯声先生，开始了三年硕士研究生学习生涯。在此期间，她倍加珍惜学习机会，除系统地夯实世界史、中国史知识外，积极参加拉丁语、俄语培训学习。通过集中的语言训练，她能够熟练地阅读和翻译英文文献资料，起草英文文稿，并具备较强的英语听说能力，也能借助字典阅读历史专业的俄文资料。1986年，裔昭印以优异的成绩获得历史学硕士学位。

243

同年，她回到了阔别 17 年的上海，开始在上海师范大学历史系任教，承担世界古代中世纪史、专业英语等课程的教学工作。在教学过程中，她深深地感到，教师的业务水平对于教学质量至关重要，只有不断学习、充实自己，才能把课教好。作为世界史的教师，还必须走出国门，追踪国际学术前沿。1992 年至1994 年，她以访问学者的身份赴美国马里兰大学历史系进修学习。回国后，于1995 年至 1998 年在复旦大学攻读历史学博士学位课程，师从著名世界文化史专家庄锡昌先生，因其学习和科研成绩优异，先后获得日本 NKK 奖学金和韩国奖学金。在这期间，她仍然在上海师范大学承担教学任务，并担任 1995 级档案班的班主任工作。在老师、同学、同事、学生和家人的支持鼓励下，她克服了种种困难，高质量地完成了博士学位论文，以全优的成绩毕业，获得历史学博士学位。

裔昭印（左）博士毕业时与导师庄锡昌教授合影

勇闯新兴领域　研究独树一帜

在 20 世纪 90 年代美国访学期间，裔昭印接触了当时处于学术前沿的妇女史、社会文化史研究以及社会性别理论。她搜集和阅读了大量有关古希腊罗马与西方社会文化史和妇女史的论著和资料,选修了相关课程。攻读博士学位期间,她修读"女性与哲学"等课程,关注到妇女史这一令人瞩目的前沿性学术领域,意识到史学革新中兴起的这一领域有助于改变传统史学中"妇女无史"的状况,拓展历史研究的领域,并为当今社会妇女地位的提高和社会进步提供可资借鉴的经验。由于以往国内还没有学者对古希腊妇女的状况作过专门系统的研究,她选择从文化和社会性别的视角研究古希腊妇女的状况,撰写了博士论文。在博士论文的基础上,她又作了补充和修改,2001年,以《古希腊的妇女——文化视域中的研究》为书名,由商务印书馆出版,2019年重印。该书作为国内第一部研究古希腊妇女问题的专著具有学术开拓性,在我国学界,尤其是世界史和妇女史学界产生了颇大影响。北京师范大学郭小凌教授评论此书是我国学者的第一部深入具体研究外国妇女史的学术著作,表明我国学者对外国妇女史的研究迈上了一个新的台阶,步入广泛依据国外文字史料进行研究的层面。① 晏绍祥、徐松岩、徐善伟

裔昭印关于妇女与性别史研究的部分著作、译著和编著书影

① 郭小凌:《一位现代女性史家眼里的古代妇女——〈古希腊的妇女〉一书评介》,《世界历史》2001年第5期,第111—115页。

和蔡一平等学者也先后发表书评，对它作了充分肯定。出版次年，该书获上海市第六届哲学社会科学优秀成果著作二等奖，2004 年又获第一届中国妇女研究优秀成果专著类二等奖。首本专著的成功问世，深深地鼓舞了裔昭印，她逐步把西方妇女史研究作为自己未来重要的研究领域。

对古希腊罗马妇女史的研究，激发了裔昭印对了解西方妇女总体发展状况和性别关系变迁历程的愿望。为此，她申请了国家社科基金项目"西方妇女地位的历史变迁"，并获得立项（2002 年）。经过整整七年的潜心研究与努力，由她领衔与国内 10 多名学者共同撰写的 70 多万字的《西方妇女史》于 2009 年由商务印书馆出版。该书是国内第一本系统地研究西方妇女史的学术著作，运用历史学、文化学和社会性别的理论与方法，在翔实的史料基础上，对西方妇女自古至今的发展历程作了系统的阐述，并对其中若干问题进行了深入的专题研究；考察的对象涵盖西方不同历史时期的不同阶层和群体的女性，如上层社会女性、中产阶级女性、下层劳动女性、修女、女巫、寡妇和妓女等；探讨的内容涉及女性与政治、经济、文化、教育、宗教、战争、家庭、身体等；话语体系囊括不同时代的家庭、婚姻和性别观念、传统的男权主义及新兴的女权主义等；从不同侧面和视角展现出一幅幅多姿多彩的西方妇女生活经验的图景。

《西方妇女史》在研究西方妇女总体状况时，注意到了她们之间的差异，并尽力关注下层女性。从妇女史角度的探索，促使学者展开对雅典民主、文艺复兴、法国大革命等重要历史问题的反思，其研究成果有助于学者修正对于重要历史问题和历史分期的认识，推动历史学家用男女两性的双重视角来重新审视与建构人类的过去。俞金尧、赵立行、刘文明等多位学者在《世界历史》《光明日报》《中华读书报》等报刊撰文，对该书给予了充分肯定和好评。[1]该书获教育部第六届高等学校优秀成果奖（人文社会科学）著作三等奖。

随着裔昭印在西方妇女史和性别史领域研究的逐步深入，她持续出版了一系列高质量学术著作。2007 年，她与苏振兴、路光辉共同撰写了《古希腊人的爱》。2012 年，她主持了《世界妇女史》（上、下卷）的翻译工作，并与

[1] 俞金尧：《妇女的历史是一座值得深挖的富矿——评〈西方妇女史〉》，《世界历史》2010 年第 6 期，第 125—130 页；赵立行：《女性构建历史与历史构建女性——〈西方妇女史〉简评》，《光明日报》2010 年 4 月 27 日，第 12 版；刘文明：《从"他者"到"主体"的妇女历史建构》，《中华读书周报》2010 年 6 月 16 日。

张凯合译了其中的上卷。2015年,该套译著荣获第三届中国妇女研究优秀成果译著类二等奖。她撰写的《从城邦的特征看古代雅典妇女的地位》《从家庭和私人生活看古雅典妇女的地位》《古希腊妇女宗教地位探析》《中西妇女史研究的回顾与展望》《妇女史研究的兴起与当代史学》等20余篇妇女与性别史研究论文在《历史研究》《世界历史》《世界宗教研究》《学术月刊》等权威与核心期刊发表,其中《中西妇女史研究的回顾与展望》《妇女史研究的兴起与当代史学》等论文被《新华文摘》转载,《从宗教看古罗马社会的性别关系》《当代史学变革中的西方古典性史研究》分获上海市第八届(2006年)和第十四届(2018年)哲学社会科学优秀成果三等奖和二等奖。

在多年从事世界史教学和科研的过程中,裔昭印始终紧密追踪国际学术研究前沿,除了妇女性别史研究外,她也十分关注社会生活史研究,并作了很大努力。在以往大量的历史著作中,人类的文明史往往是一部男性精英的活动史,不但忽视参与历史创造活动的女性,普通民众也成了史书中的"缺席者"。从20世纪七八十年代起,随着史学革新的深入发展和社会文化史的兴起,日常生活史或者社会生活史成为历史学者开辟的学术新领域。近年来,裔昭印在继续进行妇女和性别史研究的同时,也把关注焦点放到了对古希腊罗马社会生活与民众的日常生活方面。2010年,她承担了国家社科基金项目"古希腊社会生活研究";2018年,又承担了国家社科基金后期资助项目"古罗马社会生活研究",并在《世界历史》《光明日报》(理论版)等权威与核心刊物发表了《古罗马托加的演变及其象征意义》《宗教与古希腊人的政治生活》《西方古典身体史研究与历史书写》《古罗马人的服装及其社会文化含义》等论文,受到了学界的关注和好评。

立足三尺讲台　心系学科建设

裔昭印曾下乡多年,1977年恢复高考后进入师范学校学习时,便立志做好一名光荣的人民教师。从此,她以诸多教育前辈为榜样,学习他们的敬业精神和高尚师德品质,并于1979年夏在中学开启了她的教师生涯。1986年,在研究生毕业步入上海师范大学历史系的工作岗位之后,她本着对教育事业的热爱,不断磨炼教学科研水平,不断提升自己的师德修养,在教书育人的道路上奋斗四十载不停息,为学生树立了优秀教师典范。

为了教好书，裔昭印孜孜以求，始终在思考历史教学应如何与时俱进、发展创新。改革开放以来，随着全球经济一体化步伐逐渐加快，我国与世界各国的经济文化交流日益加强。为了适应改革开放后我国高校学生和各界人士迫切要求了解世界各国的文化的需要，了解各民族、各国家、各地区文化的发展及其相互交流和融合情况，并引导学生以正确的态度对待中国传统文化和外来文化，吸取人类优秀的文化成果，她从 20 世纪 90 年代起就开设了"世界文化史"课程。为了提升课堂教学的质量，裔昭印对课程建设、教材编纂进行了长期深入的探索。2000 年，她主编出版了《世界文化史》作为课程配套教材。①该书努力破除"西欧中心论"，以全球的视野系统地阐述了多元一体的人类文化的发展历程以及世界各民族文化相互间的交流状况。与以往国内出版的一些世界文化史著作不谈中国文化的做法不同，该书把中国文化纳入世界文化史书写的体系之中。该书出版后广受专家学者的好评，顾銮斋、陈新、毛锐等学者在《中华读书报》《史学理论研究》《历史教学问题》等报刊发表书评，对该书提出的"多元一体"的文化观念、文化圈的阐释与编纂体系等方面的创新之处作了高度评价。②该教材的增订版于 2010 年由北京大学出版社出版。由于裔昭印对"世界文化史"课程建设的不懈努力，该门课程质量不断巩固和提升，授课范围也从本科生逐步延伸至硕博士阶段。该教材的学术水平得到了国内高校师生和学界的广泛认可。南开大学、东北师范大学、华中师范大学、湖南师范大学和上海师范大学等全国百

裔昭印主编的《世界文化史》（增订版）书影

---

① 裔昭印主编：《世界文化史》，华东师范大学出版社 2000 年版。

② 顾銮斋：《多元一体的文化概念》，《中华读书报》2001 年 1 月 17 日；易木（陈新笔名）：《世界文化的多元一体步履》，《史学理论研究》2001 年第 2 期；毛锐：《一部面向 21 世纪的文化史力作——评裔昭印主编的〈世界文化史〉》，《历史教学问题》2001 年第 5 期。

余所高校和上海社会科学院等研究单位将《世界文化史》作为教材和考研阅读书目。

在"世界文化史"课程建设过程中,裔昭印特别重视学生能力的培养,力推世界史教学国际化改革。在教学中,她注重发挥学生在学习中的主体作用,吸取国外研究班(Seminar)的经验,运用讲述法与讨论法相结合的授课方式,不仅调动了学生的学习积极性,也促使学生加深对有关世界文化问题的认识。2004年,该课程被评为上海市精品课程,次年获得上海市教学成果奖三等奖。

为了进一步培养符合社会主义现代化建设需要的综合型人才,帮助学生以全球的观念和中国学者的视角审视西方文明的发展进程,裔昭印广泛邀请国内外知名学者来校讲学,聘请外校和本学科的教师开设古希腊语和拉丁语等第二外语课程,开阔学生的国际视野。同时,鉴于世界史教学的特点和需求,她倾注心血打磨双语教学课程"西方文明史",取得了较好的教学效果。2009年,该课程获评上海市全英语教学示范课程项目;2010年被列为国家级双语教学示范课程建设项目;2011年获评上海师范大学教学成果奖一等奖,该课程经她和教学团队不断提升、改进,授课范围扩大到来华留学生;2015年入选上海高校外国留学生英语授课示范课程建设项目;2018年被评为上海高校外国留学生英语授课示范课程。裔昭印对于研究生课程建设改革也不遗余力,经过她和教学团队的努力,她领衔的"古希腊罗马文化史系列课程的建设与改革"项目荣获上海师范大学教学成果奖一等奖。

除了锐意进行教学改革,她也非常注重教育教学与科学研究的双向促进,并对文明史观和世界史著作编撰提出了自己的观点看法。《世界文化史》出版后,她先后发表了《论世界文化的"多元一体性"》《全球视野下的世界文化史编纂》《我们应当怎样建构世界史》和《如何在历史研究中超越"东方主义"》等文章①,提出"多元一体的世界文化"的观念,指出应当在史学研究中倡导全球史观,克服历史编纂中的"西方中心论",重视差异与思维的多向度性,摒弃东西"两元对立"的简单分析方法,要坚持历史共性与个性的辩证统一,慎用"宏大叙事",要坚持用动态、发展、联系的眼光对待历史现象。

---

① 裔昭印、徐善伟:《论世界文化的"多元一体性"》,《光明日报》2004年2月10日;裔昭印:《全球视野下的世界文化史编纂》,《学术研究》2005年第1期;裔昭印:《我们应当怎样建构世界史》,《世界历史》2006年第1期;裔昭印、石建国:《如何在历史研究中超越"东方主义"》,《史学理论研究》2008年第3期。

拼搏创新 勇为人先　三尺讲台铸师魂——世界史研究与教育专家裔昭印传

随着她对历史研究尤其是古希腊罗马社会生活史和史学理论研究的日益深入，其科研论文陆续在《历史研究》《世界历史》《史学理论研究》等重要刊物上发表。她先后承担三项国家社科基金项目、国家社科基金重大招标项目"《剑桥古代史》《新编剑桥中世纪史》翻译工程"子项目"《剑桥古代史》第九卷翻译项目"和教育部人文社科重点基地重大项目"世界大都市建设的实践与理论研究"等多项科研项目，较好地完成了课题研究任务。

裔昭印重视上海师大世界史学科建设①，始终为学科、专业的发展不懈努力。2003年起，在世界史学科博士点的建设过程中，她协助学科带头人舒运国教授做了大量工作。2013年起，她担任世界史学科带头人，在中国史同仁的支持下，与陈恒教授等同事一起为世界史学科发展为体系完备的一级学科博士点作出了重要贡献。她狠抓学科的梯队建设，先后引进了多名海内外英才和骨干教师，助力世界史学科打造一支年龄结构合理、梯队比较完整、充满活力的学术队伍。她关心引进人才和青年教师的教学、科研和生活，帮他们在开设课程、发表论文、出国进修甚至购置住房等方面出谋划策，为他们的进步提高铺路搭桥。在校院领导、世界史与中国史同仁、女性研究中心和全国各地学者、妇女组织的大力支持下，她两次主办全国世界古代史学术研讨会，组织国际或全国妇女与性别史研究会议达十余次，扩大了上海师大世界史学科的学术影响和社会影响。她与同仁努力创新世界史学科体制机制，在学科团队内形成了埋头苦干、拼搏进取的良好风气。上海师范大学世界史学科经过她与陈恒教授以及同事们的长期努力，成长为颇具实力和优势的学科，拥有国家级研究基地、一级学科博士点和博士后流动站等，在全国世界史学界享有良好的声誉。

彰显社会责任　构筑交流平台

在裔昭印看来，学者必须重视历史的垂训作用，应当利用研究成果修正对历史的认识，更应当架起学术研究与学术普及的桥梁，为增进中国人的文

---

① 上海师范大学世界史学科于20世纪80年代设立硕士点，2003年获准建立博士点，2011年成为一级学科博士点，2012年获准建立博士后流动站，2018年获批建立世界史本科专业，2019年成立世界史系。

化自信,建立和谐两性伙伴关系作出贡献,她将此视为知识分子的社会责任。

在从事学术研究工作的同时,裔昭印尽己所能关注社会当下的现实问题,尤其是妇女问题。她积极参加国际社会科学委员会"性别、全球化与民主"研究会、第三世界妇女科学组织和上海市妇女学学会的活动,为将社会性别意识纳入决策主流作出自己的努力。作为上海师大女性研究中心的常务副主任,她带领中心课题组成员先后完成了"上海高校女知识分子地位研究""都市文化与女性发展"和"社会性别视角下的公共政策评估研究"等课题。2001年至2002年,她率领"上海高校女知识分子地位研究"课题组用了一年时间在上海17所不同类型的高等院校进行了调查,出版了《社会转型与都市知识女性》一书,全面考察了以高校女教工和女大学生为主体的都市知识女性,在改革开放以来的社会转型时期的现状与特点,提出了完善维护女性权益的法律法规,逐步消除男女两性在退休年龄上的性别差异,增强性别平等意识,全面提高高校女知识分子的素质等建议,并针对高校女学生就业中经常遇到的性别歧视问题提出了相应的对策。该研究成果受到了邓伟志等专家的充分肯定[1],并获得了上海妇女理论研究优秀成果奖调研报告类二等奖和第二届中国妇女研究优秀成果调研报告类二等奖。此后,在她带领的"社会性别视角下的公共政策评估研究"课题组的调查报告中,还提出了加强法律建设,创造和谐的性别文化氛围;把社会性别观点纳入预算编列,加强性别统计工作;完善生育保险制度,补充男性生育责任的内容,实行父母双方带薪育儿假制度等建议。

裔昭印致力于推广女性研究学术成果,搭建学术交流平台。2002年9月,她组织了上海师大女性研究中心与日本的中国女性史研究会等举办的"社会性别视野中的中国女性史"国际研讨会。2010年、2013年,她组织举办"妇女史研究的理论与实践""新视野下的世界妇女史研究"国际学术研讨会。2016年,她依托世界史学科和上海师大女性研究中心,创办了学术刊物《妇女与性别史研究》。该刊是中国大陆首部以妇女与性别史为主题的高水平学术刊物[2],获上海高校服务国家重大战略出版工程专项资助,在国内该

---

① 邓伟志:《社会转型和都市知识女性·序言》,中国社会科学出版社2005年版。

② 林夏:《〈妇女与性别史研究〉首发,系中国大陆该主题的首份学术刊物》,澎湃新闻·私家历史: https://www.thepaper.cn/newsDetail_forward_1574851。

2018 年,裔昭印(第一排左二)组织上海师大举办妇女与性别史研究国际学术研讨会并与参会代表合影

领域具有领军作用。该刊每年出版一辑,目前已经正式出版七辑,为国内外从事妇女与性别史研究的专家学者提供了学术探索的阵地。2016 年起,她以每年出版《妇女与性别史研究》辑刊为契机,连年举办以妇女与性别史研究为主题的国际或全国学术研讨会,吸引了大批国内外该领域的专家学者和青年研究者,就中外妇女与性别史研究、女性主义和性别理论、中外历史上女性状况与性别关系等进行共同探讨,搭建起了我国妇女与性别史研究者交流与对话的高水平学术平台,扩大了女性研究的社会影响力和成果的普及推广,会议与刊物受到《中国社会科学报》《中国妇女报》《社会科学报》《澎湃新闻》等媒体的广泛关注与报道。

　　裔昭印十分重视中外学术文化交流和历史知识的社会化普及。1992—1994 年,她在美国马里兰大学访学与学习。2001 年,她受瑞士全国妇女联盟邀请访问瑞士,考察其教育情况。2002 年,应国际社会科学委员会邀请,她参加了在奥地利举行的“21 世纪的社会科学与社会政策国际会议”。2005年,她应邀赴澳大利亚南昆士兰大学讲学。同年,她赴瑞典马尔摩大学参加“第二届中国—北欧妇女与性别研讨会”。2010 年,她应邀参加了在北京召开的第三世界妇女科学组织第四届大会,并作学术报告。她于 2011 年再次赴美,到辛辛那提大学访学,并应邀在伊利诺伊州立大学作学术报告。2014年,英国银河制片公司在中国拍摄于英国广播公司(BBC)上映的历史纪录片《女性的崛起》的有关部分,她受邀在纪录片中讲授“汉代儒家的性别观念

2011 年,裔昭印(左)赴美国辛辛那提大学访学

与女性生活状况"。2016 年,她作为上海师大女教师代表团成员访问日本长崎,并作学术报告。作为历史研究与教育专家,她深感有责任向社会民众普及历史知识,宣传唯物史观,以自己的知识为社会大众服务。她多次面向高校师生讲授历史知识,受邀在上海广播电台、上海图书馆、中国社会科学网等大众文化平台普及妇女史和社会文化史等内容,并将马克思主义唯物史观和科学的历史研究方法融入通俗易懂的历史科普之中。

关爱学生成长　育人桃李芬芳

裔昭印躬耕教坛四十载,潜心教书育人,桃李芬芳。从 2000 年起,她先后指导近 80 名硕博研究生、博士后完成学业,培养出一批又一批优秀人才,尤其是教育人才。她指导的学生有 35 位在大学工作,其中 10 多位已经成功晋升高级职称,有的还入选省"高端创新人才"等人才计划,成为高校的学科带头人与中坚力量;20 人在中小学任教,多位学生在青海、西藏、贵州、云南等西部地区扶贫支教，很多学生在教育、编辑出版和博物馆等不同岗位上取得优异成绩，获得省市级教学与科研嘉奖。

裔昭印对学生充满爱心，不仅重视培养学生的专业能力，更重视提升学生的品德修养、人文素质和工作能力。在她看来，导师不仅要指导学生做学问，更应该无私地关爱学生，心系学生发展，为他们的人生领航。既充满爱心又严格要求是她对待学生最突出的特点。她教导学生要有严谨的治学态度，沉下心来认真读书，严格遵守学术规范。对于学生的论文选题、外文资料翻译、开题、各章节的撰写，她都认真把关，指导他们调整思路，反复修改，以期精益求精。经过她的指导训练，学生们的学业、学位论文水平均有明显进步。她指导过的多位研究生在《世界历史》《史学理论研究》《史林》等史学重要核心期刊中发表高质量论文，也有学生论文在中国妇女研究会、上海世界史学会、香港浸会大学等举办的论文竞赛中获奖。

裔昭印对学生们的就业和个人发展关心备至。她鼓励有学术研究兴趣和潜力的硕士研究生继续深造，主动为他们向国内著名高校导师写推荐信。在她的培养帮助下，她指导的12名硕士研究生考入复旦大学、南开大学等名

2016 年元旦，裔昭印（第一排左五）与培养的硕博士欢聚合影

校攻读博士学位,并有 10 名硕士研究生毕业后在本校继续攻读博士学位。她也鼓励学生赴海外学习并积极加以指导。在她的指导下,2010 级硕士生温珊珊被录取为海外名校荷兰莱顿大学博士研究生,并获得 2013 年国家留学基金委员会的"国家建设高水平大学公派研究生项目"资助,现已学成归国回上海师大任教。

每逢学生面临就业,她更把这当成自己子女的事来看待,积极出谋划策,倾尽全力为他们就业提供帮助,比如,有学生有意向求职大学生辅导员,她便邀请校内资深辅导员为学生传授学生工作经验,开展模拟面试;有学生拟在中学执教,她就介绍学生向中学教研员和资深教师学习;有学生应聘高校教师,她就与学生一起讨论备课思路,并邀请相关教师共同对求职学生进行指导,组织研究生听试讲课,进行讲评;有学生在求职过程中遇到困难,她总是及时提供建议。多年来,她先后帮助 20 多名学生在大、中、小学获得教学、思政或者行政管理工作岗位。

她像慈母般关心学生的思想和生活。有研究生新生来沪后不适应大都市环境,她便与之谈心积极引导;有学生因为学业和科研压力产生心理焦虑,她耐心地对学生作思想工作,以自己的成长经历鼓励学生,并帮助他们解决学业和科研上的实际问题,帮助他们走出困境;有学生遇到生活困难,她便慷慨帮助,并为他们争取获得勤工俭学、参与课题和科研项目的机会。她的爱生之情感动了学生,收获了学生爱的回报,赢得了学生的一片赞誉和深深的敬爱。在学生之中,大家都亲切地称呼她"妈妈导师"。

裔昭印将从教多年涵养的高尚师德体现在对教师岗位的热爱和对学生的高度负责上,以无私的奉献精神,帮助一批批学子成才。她几十年如一日兢兢业业地完成每一次讲课任务以及每一位学生的培养任务,从不懈怠。学生硕士、博士毕业之后,她会继续关心他们的求职、事业发展和生活情况。对于那些有志于在高校继续从事教学和学术研究的学生,她会竭尽所能地帮助他们解决教学和研究上的难题,对他们的论文、教学与科研项目书等提出修改意见,助力他们的事业发展和进一步成长。2011 年底,她被查出患有重病,需要手术治疗以及长期的静养。本该好好休息的她,即便在病榻上还不忘为学生修改论文稿件,出院之后,她继续抱病投入教学、科研和学科建设工作,每天接待学生答疑解惑,丝毫没有半点松懈。家人和学生担心她的身体,常常提醒她多点休息,少为学生操心了,她却说,她的工作现在还不能放下,还有学生需要她,放心吧,她身边有"三个法宝"保护她,那就是——"乐观、锻炼和学生对她的爱"。2020 年 12 月底退休后,她继续认真指导硕博研究生,关心他们的就业。她在自己从教三十年荣誉纪念的照片上写下了这样的话:"师生之爱——心灵的港湾;终身学习——创造力的源泉。"这句话充分地揭示了她多年来兢兢业业地坚持在教师岗位上的力量来源。

裔昭印以其拼搏奋斗的人生态度、孜孜不倦的学习精神、勤奋忘我的工作热情、锐意创新的教研旨趣、服务大众的责任意识和关爱学生的施教理念,树立起了一个优秀的世界史研究与教育专家的鲜明形象,她的奋斗经历深深感召并激励着身边同事和学生顽强拼搏、忠于事业、奉献社会。

(陆建平　撰文)

附一：裔昭印简历年表

1953 年 5 月	出生于上海。
1959 年 9 月—1965 年 9 月	先后在上海三所小学读书。
1965 年 9 月—1969 年 5 月	上海市陕北中学(现上海市晋元高级中学)读书。
1969 年 5 月—1978 年 4 月	黑龙江省密山县兴凯湖农场十四连班长、副排长、副指导员。
1973 年 8 月	于黑龙江省密山县兴凯湖农场加入中国共产党。
1978 年 4 月—1979 年 7 月	哈尔滨师范学校历史专业学生、副班长。
1979 年 7 月—1983 年 9 月	哈尔滨松江电机厂子弟校教师、团总支书记。
1980 年 2 月—1981 年 1 月	黑龙江大学英语系学习(在职)。
1980 年 9 月—1982 年 7 月	哈尔滨师范大学历史系学习进修(在职)。
1983 年 9 月—1986 年 7 月	哈尔滨师范大学历史系硕士研究生。
1986 年 9 月起	上海师范大学历史系教师。
1992 年 8 月—1994 年 8 月	美国马里兰大学历史系访问学者。
1995 年 9 月—1998 年 7 月	复旦大学历史系博士研究生(在职)。
1996 年 3 月	晋升副教授。
1999 年 5 月起	担任硕士生导师。

2000 年 8 月	获上海妇女理论研究优秀成果三等奖。
2001 年	上海师范大学,记大功。
2001 年起	上海师范大学女性研究中心常务副主任。
2002 年起	上海世界史学会副秘书长。
2002 年 1 月	晋升教授。
2002 年 9 月	专著《古希腊的妇女——文化视域中的研究》获上海市第六届哲学社会科学优秀成果著作二等奖。
2003 年 5 月起	担任博士生导师。
2003 年 3 月	获评 2001—2002 年度上海市"三八红旗手"。
2004 年	主讲的"世界文化史"获评上海市精品课程。
2005 年	主讲的"世界文化史"获上海市教学成果三等奖。
2006—2023 年	上海市妇女学学会理事。
2006 年 10 月	获上海妇女理论研究成就奖。
2006 年 10 月	论文获上海市第八届哲学社会科学优秀成果三等奖。
2007 年 1 月	获上海市政治文明建设课题研究成果理论研究类三等奖。
2010 年	主讲的"西方文明史"被列为教育部国家级双语教学示范课程建设项目。
2011 年 9 月—2011 年 11 月	美国辛辛那提大学古典学系访问学者。
2012 年起	上海师范大学世界古代中世纪史博士点带头人。
2013 年起	担任博士后合作导师。
2013 年 1 月起	上海师范大学世界史硕士点带头人。
2013 年 3 月	领衔撰写的《西方妇女史》获教育部第六届高等学校优秀成果奖(人文社会科学)著作三等奖。
2013—2018 年	上海师范大学世界史一级学科博士点带头人。
2013—2023 年	中国世界古代中世纪史研究会古代史专业委员会副理事长。
2013 年 7 月	2011—2012 年度上海师范大学,记功。
2015 年起	上海师范大学世界史学科建设委员会主任。
2015—2018 年	上海师范大学第七届学术委员会委员。

2016 年起	创办并主编学术刊物《妇女与性别史研究》。
2017—2022 年	中国世界古代中世纪史研究会常务理事。
2018 年 10 月	论文获上海市第十四届哲学社会科学优秀成果二等奖。
2020 年 9 月	聘任为二级教授。
2020 年 12 月底	退休。

附二：裔昭印主要论著目录

（一）著作与译著

《古希腊的妇女——文化视域中的研究》，商务印书馆 2001 年版，商务印书馆 2019 年重印。

《古希腊人的爱》（合著），中国青年出版社 2007 年版。

《西方妇女史》（合著），商务印书馆 2009 年版。

《世界妇女史（上卷）》（合译），［英］凯瑟琳·克莱等著，格致出版社 2012 年版。

《剑桥古代史（第九卷）》（合译），［英］J.A.克鲁克等编，中国社会科学出版社 2022 年版。

（二）主编

《世界文化史》，华东师大出版社 2000 年版。

《社会转型与都市知识女性》，中国社会科学出版社 2005 年版。

《世界文化史（增订版）》，北京大学出版社 2010 年版。

《妇女与性别史研究（第 1—7 辑）》，上海三联书店 2016 年 11 月、2018 年 3 月、2018 年 12 月、2020 年 6 月、2021 年 7 月、2022 年 8 月、2023 年 8 月出版。

（三）论文与译文

《古代希腊世界的阶级斗争——从古风时代到阿拉伯征服》，《世界史研究动态》

1986 年第 4 期。

《心理学原理在历史研究中的应用》,《上海师范大学学报(哲学社会科学版)》
1988 年第 2 期。

《论罗马商品经济的发展水平(公元前 2 世纪—公元 1 世纪)》,《上海师范大学
学报(哲学社会科学版)》1990 年第 4 期。

《罗马奴隶制繁荣时期农庄的类型》,《历史教学问题》1991 年第 1 期。

《从古希腊罗马看古代城市的经济特征》,《上海师范大学学报(哲学社会科学版)》
1995 年第 3 期;《人大复印报刊资料·世界史》1995 年第 12 期全文转载。

《论查士丁尼》,《学术月刊》1995 年第 10 期。

《论宗教在古希腊社会中的作用》,《上海师范大学学报(哲学社会科学版)》1997
年第 3 期。

《论希罗多德的宗教思想》,《北方论丛》1997 年第 4 期。

《试析妇女在韩国基督教会发展中起重要作用的原因》,载《韩国研究论丛》(第
4 辑),上海人民出版社 1998 年版。

《古希腊人妇女观的衍变》,《上海师范大学学报(哲学社会科学版)》1999 年第
6 期。

《从城邦的特征看古代雅典妇女的地位》,《世界历史》1999 年第 5 期。

《希腊化时代的妇女与东西文化交流》,《北方论丛》1999 年第 6 期。

《从家庭和私人生活看古雅典妇女的地位》,《历史研究》2000 年第 2 期。

《基督教与中国近代妇女运动》,《上海师范大学学报(哲学社会科学版)》2000
年第 2 期。

《中西妇女史研究的回顾与展望》,《山西师大学报(社会科学版)》2000 年第 2
期;《新华文摘》2000 年第 7 期转载。

《论斯巴达城邦的特征》,《历史教学问题》2000 年第 3 期;《人大复印报刊资
料·世界史》2000 年第 9 期转载。

《古希腊妇女宗教地位探析》,《世界宗教研究》2001 年第 1 期。

《妇女史研究的兴起与当代史学》,《学术月刊》2002 年第 3 期;《新华文摘》2002
年第 7 期转载。

《我国高校女知识分子性别观念研究》,《上海师范大学学报(哲学社会科学
版)》2003 年第 1 期。

《"新视野中的世界古代史"学术研讨会综述》(第一作者),《世界历史》2003 年
第 4 期。

《从宗教看古罗马社会的性别关系》，《世界历史》2004 年第 2 期。

《妇女史对历史学的贡献》，《史学理论研究》2004 年第 3 期。

《论世界文化的"多元一体"性》（第一作者），《光明日报·理论版》2004 年 2 月 10 日。

《全球视野下的世界文化史编纂》，《学术研究》2005 年第 1 期。

《我们应当如何建构世界史——从霍布森的〈西方文明的东方渊源〉谈起》，《世界历史》2006 年第 1 期。

《基督教在近代中韩传播不同境遇的原因与启示》（第一作者），《上海师范大学学报（哲学社会科学版）》2006 年第 2 期；《中国社会科学文摘》2006 年第 4 期转载。

《论古希腊男人与少男之爱》，《上海师范大学学报（哲学社会科学版）》2007 年第 1 期，《中国社会科学文摘》2007 年第 3 期转载。

《如何在历史研究中超越"东方主义"》（第一作者），《史学理论研究》2008 年第 3 期。

《从法律看文艺复兴时期意大利妇女的地位》，《上海师范大学学报（哲学社会科学版）》2009 年第 1 期。

《萨福和古希腊女同性恋》，《史林》2009 年第 3 期。

《国际妇女运动一百年》，《文汇报》2010 年 3 月 6 日，第 8 版。

《妇女史兴起的背景与研究路径》，《中国社会科学报》2010 年 3 月 11 日，第 6 版。

《古罗马托加的演变及其象征意义》（第一作者），《世界历史》2010 年第 5 期。

《论题：妇女史的兴起与发展》，《历史教学问题》2010 年第 5 期。

《宗教与古希腊人的政治生活》，《上海师范大学学报（哲学社会科学版）》2011 年第 1 期；《人大复印报刊资料·世界史》2011 年第 5 期转载。

《当代西方史学变革影响下的古典文明史研究》，《史学史研究》2011 年第 1 期，《中国社会科学文摘》2011 年第 9 期转载。

《论古罗马维斯塔贞女的性别角色和社会地位》（第一作者），《上海师范大学学报（哲学社会科学版）》2012 年第 6 期。

《地中海史研究的回顾与展望》，《上海师范大学学报（哲学社会科学版）》2013 年第 6 期。

《我的学习和研究之路》，载谢玉娥编：《智慧的出场——当代人文女学者侧影》，河南大学出版社 2013 年版。

《论芒福德的城市文明史观》,《史学史研究》2014 年第 2 期;《中国社会科学文摘》2014 年第 10 期转载。

《西方古典妇女史研究的兴起与发展》,《世界历史》2014 年第 3 期。

《西方古典身体史研究与历史书写》,《光明日报·理论版》2016 年 9 月 15 日,第 8 版。

《当代史学变革中的西方古典性史研究》,《历史研究》2017 年第 3 期。

《古罗马人的服装及其社会文化含义》,《光明日报·理论版》2019 年 4 月 1 日,第 14 版。

《西方妇女史研究的启示和世界历史的重构》,《中国社会科学报》2019 年 4 月 9 日,第 7 版。

《古代斯巴达妇女的土地权利探析》(第二作者),《历史教学问题》2019 年第 4 期。

《论古希腊女性在丧葬仪式中的作用》,《历史教学》2019 年第 20 期;《人大复印报刊资料·世界史》2019 年第 12 期转载。

《论早期罗马帝国的东方贸易及其社会文化影响》,《历史教学》2021 年第 8 期。

《一部推动我国全球史学科建设的力作》,《中国社会科学报》2022 年 8 月 1 日,第 5 版。

《论古希腊人的女性污染观念与净化仪式》(第一作者),《历史教学》2023 年第 14 期。

《城市》(译文),马克斯·韦伯著,载《世界史论稿》,《北方论丛》编辑部编辑出版,1991 年。

《护卫教皇的瑞士卫队》(译文),劳伦斯·彻里著,《文化译丛》1991 年第 2 期。

书山有路　学海先飞

——语言文字学专家徐时仪传

徐时仪（1953—　），上海市人。二级教授，博士生导师。1978 年至 1980 年就读于江西宜春师专中文系，1987 年在上海师范大学古籍整理研究所获硕士学位，2003 年在上海师范大学语言研究所获博士学位。曾任上海师范大学中国古典文献学硕士点、博士点负责人及中国语言文学博士后流动站站长，中国训诂学研究会常务理事、上海市辞书学会副会长，《汉语大词典》主要编纂人、第二版编委，《古文字诂林》《近代汉语词典》编委，上海师范大学少数民族联合会会长。

徐时仪四十年潜心文献学与汉语史研究，成果卓著。著有专著 12 种，合著 3 种，整理古籍逾千万字，发表学术论文百余篇；完成省部级以上课题十余项，为上海师范大学开创了多个先例，著作入选代表我国社科领域权威成果的《国家哲学社会科学优秀成果文库》；三度荣获教育部高等学校科学研究优秀成果奖（人文社会科学），十一次获上海市哲学社会科学优秀成果奖，两度荣获语言学界的最高奖项"王力语言学奖"；指导研究生九次获得上海市研究生优秀成果（学位论文）。

家庭薰炙　艰苦求学

徐时仪

1953 年 10 月 25 日，徐时仪出生于上海市广东路 192 号一个回族世家。父亲徐昌富，字达人，3 岁失怙，小学毕业后在宝华药房学徒，成为一名药剂师，先后在泰康药房、五里桥地段医院和瑞金地段医院工作，写得一手好字。母亲伍金珠，字惠芬，出生于南京经营古玩珠宝的伍氏回族世家。徐时仪刚略懂人事时，父母就谆谆教导他要敬惜字纸，要待人好，要做好人，好人总有好报。徐时仪的兄姊都喜欢读书，学习成绩优秀。他排行最小，兄姊对他宠爱呵护有加，尤其是哥哥徐时仁饱读诗书，用自己节省的零花钱买了数百册中外古今文学名著。徐时仪在家庭的言传身教熏陶下，三年级已开始阅读《家》《春》《秋》《子夜》《雷雨》《日出》《西游记》《水浒传》《三国演义》《红楼梦》《钢铁是怎样炼成的》《福尔摩斯探案》《战争与和平》《悲惨世界》《安娜·卡列尼娜》等中外名著，最初是囫囵吞枣，逐渐循着情节和内容能似懂非懂地理解文意，这或许也为 1977 年"文化大革命"后首届高考写就高分作文奠定了基础。

徐时仪（右一）与家人的合影

　　1960 年，徐时仪进入上海泗泾路小学，从一年级担任班长到六年级任中队长，一直是老师和同学喜爱的三好学生。1966 年小学毕业时，"文化大革命"爆发，徐时仪的父亲受异母弟弟牵连，惨遭抄家，抄家者轮番换班不让睡觉，徐时仪因此接连三天三夜不能合眼导致神经衰弱，长达数年头晕失眠。失学在家期间，他好学善思，酷爱读书，自学物理和化学等科学常识，学做木工和电工，能够自己组装矿石收音机和半导体收音机。

　　1968 年，徐时仪被就近分配至金东中学复课。因兄姊中二人在工矿，一人病休，1970 年 4 月徐时仪作为知识青年响应号召到江西省新余县姚墟公社盘塘村插队落户，干了数年农活后，1975 年被推荐至养路队负责保养公社修筑的泥沙路。在此期间，尽管身心疲累、无法读书，他一直还是踏踏实实地将该做的活做好，获得了县政府和社办厂颁发的再教育奖状、先进生产者奖状等。支撑着徐时仪度过漫长八年的是父亲每星期一封、每封长达千余字的数百封信。这数十万字，每一个字深深地倾注着一位父亲对孩子的挚爱，对正义的信念，对光明的憧憬。

1977年，得知即将恢复高考的消息，舐犊情深的父母来信鼓励徐时仪报名参加高考，兄姊亲友四处搜寻相关复习资料。父母兄姊竭尽心力不辞辛劳地抄录了一张又一张模拟试卷，摘录了一张又一张资料卡片，几乎每星期都不间断地及时邮寄到徐时仪手中。于是他每日收工以后，在千里之外父母眷眷爱意和兄姊浓浓亲情的笼罩中，开始伴着如豆的青灯温习迎考。功夫不负有心人，徐时仪最终在第一轮招生中脱颖而出，成为全县三千多名考生中被录取的六人之一。1978年春进入江西宜春师专中文系学习，开始了他的第二个学生时代。

经过寒冬的人倍觉春天的温暖，失去学习机会的人当然更加珍惜重新获得的学习权利，经历失而复得的磨难，徐时仪求知求真的欲望更加强烈。在读期间，家人亲友以自己读书的切身体验给予及时辅导，哥哥更是手把手传授大学学习经验，帮助他很快适应了大学学习生活。这段求学时光里，父亲一次次排着长队从新华书店里为徐时仪捧回了一本本重印书，一本本地包好书皮，写好书名，端正劲秀的字迹凝聚着一片爱子深情。徐时仪回忆，三十多年了，他还记得当年同窗们传看父亲寄来的中外名著时羡慕不已的神情，大家都如获至宝，教室里洋溢着文化沙漠后久旱逢甘霖的喜悦。当时百废待兴，面对如饥似渴的七七级新生，老师们皆倾囊而教，尤其是何一凡老师教授古代汉语和现代汉语，傅义老师教授古代文学，课上讲授，课后辅导，为徐时仪今后的学术研究打下了扎实的语言文学基础。

徐时仪对父亲眷恋极深，1996年父亲仙逝后的很长一段时间，一想到父亲，他就禁不住热泪盈眶，无尽的思念涌上心头，想到在插队时、在国外讲学时父亲的一封封来信，想到父亲帮忙誊录的一张张卡片、一篇篇稿子，想到发表第一篇论文时父亲的笑容是那么欣慰。他说，"我的父亲是平凡的，但他是我所珍爱的，我尝到了失去自己所珍爱的人时的深深的痛苦。父亲走完了他人生的路，他尽心尽责地走着每一步，他是问心无愧的。他走了，但他把爱留在了人间，留给了我们"。"我能告慰他的英灵的，唯有努力，努力，再努力"。

《汉大》起步　师大潜研

1980 年徐时仪的父亲退休,姐姐放弃转"大集体"的机会,使徐时仪能够重回上海,进入瑞金地段医院工作。不久适逢《汉语大词典》编纂处招聘编纂人员,徐时仪成功应聘。据王涛回忆,"被招聘进来的徐时仪,后来成长为知名教授和学者。他在学术上的研究起步于在编纂处工作期间。他与父亲一起收制了一万多条《朱子语类》的书证卡片,其中 1 566 张被《汉语大词典》采用,976 张用于第一义项,也就是为 976 条词语提供了源头出处,他所做的《朱子语类》卡片的质量是很高的。在这批资料卡片的基础上,他考释朱子词语,考释古白话俗语词,撰写了《朱子语类词语汇释》初稿,学业与日精进"。①

1985 年,徐时仪考入上海师范大学首届中国古典文献学研究生班,导师为程应镠、杨金鼎、马茂元、徐光烈、陈伯海和朱瑞熙先生。当时程应镠先生讲授魏晋南北朝史,程先生授课循循善诱,注重治学方法,一再强调研究任何问题必须注意到一定的具体时间、地点和条件。所撰《论北魏实行均田令的对象与地区》一文详细考证了北魏实行均田令的对象与地区。②在程先生的指导下,徐时仪根据相关史料记载和听课笔记,进一步对北魏实行均田的具体时间、对象、范围和目的作了较为全面的考察,③并以此作为课程作业。程先生对这篇作业给了"优+"的高分,批语为:"论均田及计口受田,极为用功,现有材料可谓完全占有了。可嘉,可嘉。畿内之地(可据史料确定)土地占有情况,可专作述论。目前还没有这方面的研究成果。我那篇收入顾颉刚先生纪念论文集的文章也只不过略示其端倪而已。"④他修读陈伯海先生"诗学导论"课程提交的作业《不离文字与不立文字——谈言和意》从文学与语言的角度探讨了中国传统文化中的言意观,这篇文章后来成为相关研究的重要论文。

---

① 王涛:《汉语大词典编纂纪事》,载《煌煌辞典著春秋——汉语大词典出版背后的故事》,中国书籍出版社 2020 年版,第 80 页。
② 程应镠:《论北魏实行均田令的对象与地区》,载《纪念顾颉刚学术论文集》,巴蜀书社 1990 年版。
③ 徐时仪:《北魏均田的对象、范围、目的和时间考探》,载《论史传经》,上海古籍出版社 2004 年版。
④ 徐时仪:《追忆程应镠先生》,《海派文化》2007 年 9 月 15 日。

1987年，徐时仪硕士毕业留校任古籍研究所助理研究员，从此以后他便一直为上海师大辛勤耕耘至今。留校后，徐时仪参加杨金鼎先生主编的《汉语大词典》第八册的编纂及《唐诗汇评》资料摘录工作，讲授《古代汉语》等课程，主审高等师范院校教材《古代汉语》第三版，同年发表第一篇论文《韩愈：善鼓瑟而学竽的立齐门者》（《上海师范大学学报（哲学社会科学版）》1987年第2期）。1988年，硕士论文《慧琳和他的一切经音义》通过答辩，获得硕士学位，论文收入佛光山文教基金会印行《法藏文库》硕博士学位论文《中国佛教学术论典》66册。

1992年，徐时仪破格晋升副教授，1993年担任硕士生导师，参编《古文字诂林》。其间自学英语，翻译美国的R.J.伍洛德考斯基和J.H.简纳斯著《引导孩子学习要诀》（上海远东出版社1992年版）。1994年，徐时仪出访澳大利亚南昆士兰大学讲学，他在澳大利亚国家词典中心为他来访主办的座谈会上介绍了我国古代辞书编纂的历史，着重指出语言研究和辞书编纂的深层底蕴在于民族文化，语言研究和辞书编纂要注重揭示包孕在语言中的民族之魂。民族魂将我们紧紧凝聚在一起，这种凝聚力是世界上最强大的力量，正是这种凝聚力形成了我们伟大的中华民族繁荣昌盛和生生不息的源泉。

1997年，徐时仪出版第一部专著《慧琳音义研究》，1999年晋升教授，标志着徐时仪的学术逐渐走向成熟。2000年，时已47岁的徐时仪再一次"入学"，2003年获得博士学位，博士论文《玄应音义研究》获全国百篇优秀博士学位论文提名，这也是他的最具代表性的成果之一。

近四十年来，徐时仪潜心文献学与汉语史研究，取得丰硕的成果，为上海师范大学开创了多个先例。2009年，徐时仪凭借《一切经音义三种校本合刊》荣获语言学界的最高奖

1995年，徐时仪访问台湾辅仁大学

项"王力语言学奖"二等奖(第十三届一等奖空阙),是上海师大首获此殊荣者。2012年,徐时仪积三十年之功写就的《朱子语类词汇研究》入选代表我国社科领域权威成果的《国家哲学社会科学成果文库》,是上海师大首部入选成果文库的学术著作,2017年又获第十七届"王力语言学奖"二等奖(一等奖空阙)。两获"王力语言学奖",为上海师大独一无二,学界亦少见。三十多年来,徐时仪三获教育部高校科学研究优秀成果奖,十一次获上海市哲学社会科学优秀成果奖,是上海师大研究成果最丰厚的学者之一。

时任上海师范大学学术委员会主任苏智良教授在2016届研究生毕业典礼上的致辞,可以作为徐时仪在上海师大的学术研究的总结:"我再介绍我身边的一位勤奋型教授,他就是我校古籍研究所的徐时仪教授。徐教授的古代语言研究尤其是《朱子语类》研究,非常出色,他的大作是我校第一本入围国家社科成果文库的著作;近十年来,上海的哲社奖,徐教授几乎没有轮空过。更可贵的是他指导研究生成就斐然。仅今年,他的学生就获得了3篇上海市优秀博、硕士学位论文奖,至今徐老师的学生们已九次获得上海市优秀学位论文。他平时足不出户,言必学术,孜孜不倦专业研究几十年,虽年逾花甲但红光满面,徐教授在勤奋学术中获得人生的意义和满足。"

文献语言　双峰并立

徐时仪的文献与语言研究成就主要集中在朱子语录、佛经音义与古白话研究等方面。

(一)朱子语录研究

徐时仪自1981年关注《朱子语类》,曾撰有《宋儒语录词语汇释》和《朱子语类词语汇释》,后裒集《池录》《徽类》等诸本,在文献校勘基础上,撰成《〈朱子语类〉词汇研究》,该书是专书词汇研究的典范之作,入选《国家哲学社会科学优秀成果文库》,并荣获教育部高校科学研究优秀成果奖与第十七届"王力语言学奖","堪称一项具有坐标意义的成果,为《语类》研究作出了重要贡献"。①同时,整理《朱子语类汇校》(黄士毅《朱子语类》)与《朱子语录》(李道传《池录》),此二本与王星贤点校的黎靖德《朱子语类》(1986)共

---

① 杨琳:《中古词汇研究的坐标》,《中国社会科学报》2014年2月12日。

2017年，郭锡良先生为徐时仪(左)颁发王力语言学奖

同构成了朱子语录文献现存的"一录二类"，是新时代语录研究的三种基本文献。2023年《朱子语类汇校》修订再版，改订其中千余处。

目前，许多思想史、朱子学研究者提出《朱子语类》中部分词语难以理解的问题，迫切需要一部针对《朱子语类》中方俗口语词的专书词典。有鉴于此，徐时仪正着手国家社科重点课题"朱子语录词语汇释"的研究，准备将四十余年《朱子语类》词汇研究的成果作出总结，撰成《朱子语类词典》和《朱子语录词语汇释》，以飨学林。

（二）佛经音义研究

佛经音义研究目前成为汉语史研究的热门，离不开徐时仪教授三十余年来的深耕与倡导。徐时仪1987年完成硕士学位论文《慧琳和他的一切经音义》，2003年完成博士学位论文《玄应音义研究》，后相继出版《慧琳音义研究》《玄应众经音义研究》《玄应和慧琳一切经音义研究》《佛经音义研究通论》等多部专著。其中博士论文获得全国百篇优秀博士论文提名奖，《玄应众经音义研究》获得教育部高校科学研究优秀成果奖。

这些成果在国内外学界引起巨大反响,学者认为其佛经音义研究为"填补空白之作"①、"近百年来佛经音义研究的集大成之作"②,董志翘先生称徐时仪教授为佛经音义整理与研究的浩大工程中"名副其实的主将","其对佛经音义研究之全面、深入,以及取得卓越成就,学界瞩目"③。"代表了当今国内外佛经音义研究的最新最高水平"④,"体现了相关学术领域在当代的前沿水准"⑤。

徐时仪所整理的《一切经音义三种校本合刊》成为佛经音义研读的经典之著,获得王力语言学奖,季羡林先生亲为之题签,徐文堪先生称之"无疑是佛经音义研究史上的空前盛举","其成就定将长存世间,嘉惠来学,归于不朽"⑥。从 2008 年初版面世至 2023 年第二次修订,《一切经音义三种校本合刊》多次售罄,也在多次修订中不断完善,2023 年最新校本中又修改正文字头字形近千处,补充校记 900 条,这也体现了徐时仪古籍整理孜孜以求、惟精惟一的精神。

徐时仪还与梁晓虹教授、陈五云教授合撰《佛经音义与汉语词汇研究》《佛经音义与汉字研究》等,并组织了第一至四届佛经音义研究国际学术研讨会,出版论文集,促进了国内外佛经音义研究的巨大发展。

(三) 汉语古白话研究

徐时仪教授长期关注古白话与白话发展史的研究,是该领域最早的系统研究者。2000 年,《古白话词汇研究论稿》出版,第一次以"古白话"为视角考察汉语词汇和词义系统,揭示文白演变内在规律和不同阶层雅俗文化相融合的价值取向。张斌先生撰序称徐时仪"长期从事古白话的研究,掌握了大量第一手资料,在方法上和理论上都有自己独到的见解"。许威汉

---

① 许威汉:《慧琳音义研究·序》,上海社会科学院出版社 1997 年版;白兆麟:《展示佛经文献之瑰宝,填补汉语研究之空白——评〈玄应众经音义研究〉》,《学术界》2006 年第 3 期。

② 徐文堪:《玄应与慧琳一切经音义研究·序》,上海人民出版社 2009 年版。

③ 董志翘:《孜孜以求 双玉合璧——评〈玄应和慧琳一切经音义研究〉》,《中国训诂学报》2013 年总第 2 辑。

④ 虞万里:《"音义""佛典音义"和〈一切经音义三种校本合刊〉》,《汉语史研究集刊》2010 年总第 13 辑。

⑤ 徐文堪:《玄应与慧琳一切经音义研究·序》,上海人民出版社 2009 年版。

⑥ 徐文堪:《一切经音义三种校本合刊·序》,上海古籍出版社 2008 年版。

先生指出该书"是第一部古白话词汇的成功论述"，"堪为继往开来之作，成效卓著"。①方一新教授点明该书"突破了近年来学术界较通行的中古、近代汉语的阶段划分，采取用古白话这条主线贯通起来的做法"②，这也正是徐时仪措意所在，近年来学界对文白演变问题的关注度越来越高，也逐渐采纳"古白话"这一说法。著名学者蒋绍愚先生主编的《古白话词语汇释》出版，标志着着眼于古白话的词汇研究已完全被学术界采纳。此后，徐时仪就这一论题又出版了《汉语白话发展史》《汉语白话史》。学界评价《汉语白话史》"是迄今仅有的汉语白话发展史著作，填补了汉语史研究中这方面研究的空白"。2021 年，作了大幅度订补的《古白话词汇研究论稿（增订本）》出版，增加了古白话书面语系统、习语俗谚的发展及其词汇化、古白话词语类聚系统、通语的南北分合演变、明清圣谕宣讲与通语传播、文白演变的动因、古白话词汇演变的价值取向等内容共 30 多万字。董志翘教授撰评称，《古白话词汇研究论稿》的《增订本》有大量独到的真知灼见，显示出作者极高的语言学素养，展示出了作者极高的学识。扎实的学术精神、渊博的学术知识体现在《增订本》的每一处内容中。因此，《增订本》乃是一部学术含金量极高的语言学著作，一部足以传世的经典之作，惠及学林，功德无量③。此书亦获教育部高等学校科学研究优秀成果奖。

（四）辞书编纂与辞书史研究

1980 年，徐时仪教授参加《汉语大词典》编纂工作，目前担任第二版编委。三十年来，他参与了《古文字诂林》《近代汉语词典》《宋语言词典》等中大型辞书的编撰工作，并撰成《汉语语文辞书发展史》，此书获得上海文化发展基金会资助，"以新理念、新视角、新材料全面系统地探讨了汉语辞书发展的历程"④，"填补了汉语语文辞书发展史的空白"⑤。

（五）语言文字基础理论与前沿问题探讨

徐时仪教授关注语言文字学科建设，编写了《语言文字》《近代汉语词汇

---

① 张斌：《古白话词汇研究论稿·序》，上海教育出版社 2000 年版。

② 方一新、王绍峰：《读徐时仪〈古白话词汇研究论稿〉》，《古汉语研究》2004 年第 2 期。

③ 董志翘、刘晓兴：《探源遡流　精益求精——评〈古白话词汇研究论稿〉增订本》，《辞书研究》2022 年第 5 期。

④ 周志锋：《一部别开生面的语文辞书发展史》，《辞书研究》2017 年第 2 期。

⑤ 周阿根、夏定云：《辞书史研究之津梁，辞书学研究之梯航——读徐时仪〈汉语语文辞书发展史〉》，《辞书研究》2017 年第 2 期。

学》等教程,并长期投身词汇学理论探讨。早在90年代,即已关注词汇化和语法化等前沿问题,撰成《论词组结构功能的虚化》等系列文章,在学界有相当的影响。近年,他又对语词分合问题颇为关注,撰《汉语词典语词兼收与语词分合探论》《习语俗谚的演变及词语连续统探论》等,明确指出汉语的词与语是既相互区别又彼此关联的一个双向连续统,研究汉语词汇,词和语是密不可分的。汉语词语研究的正途是紧扣汉语自身特征,在词汇学架构内多做实学实证的深入探讨。

2016年,徐时仪将多年发表的论文选取36篇结集为《学海先飞》,是他对多年文献学和汉语史研究的阶段性自我总结。此外,2012年至2018年还共同主编了《东亚文献研究》第十期至第二十三期。徐时仪教授的文献与语言研究成果使上海师大成为学界相关方面研究的重要阵地,在国内外都具有很大影响。

立德树人 薪火相传

(一)身正学高,立德树人

徐时仪数十年夜以继日地埋首学术研究的同时,更是不遗余力地倾注大量心血培养学生。他对待学问一丝不苟,为学生们树立了勤奋与严谨的典范,虽目力渐衰,仍亲自逐字逐句校勘体量极大的古籍,焚膏继晷,日复一日,为学术界贡献了多种古籍的权威校本,近年又多次加以修订,精益求精。他强调中国传统学问的精髓是朴学,任何学问都必须也必定是以实学实证研究作为基础的,从事学术研究的核心是一个"实"字,即下实功,做实事。这种脚踏实地、全心全意献身学术的精神,无时无刻不鞭策着学生们,每每想起老师通宵达旦地治学,后辈敢不奋起!

徐时仪不仅在治学上为学生树立典范,注重引导学生塑造高尚的人格与正确的是非观,告诫学生坚守人格底线,为学应有必要的社会责任感与担当,发挥专业特长为国家文化事业做出贡献,还鼓励学生积极投身传统文化精粹的传承保护与《汉语大词典》修订等文化工程。

(二)宽厚待人,严谨治学

"随着岁月的消逝,一届又一届的学生毕业离我而去,犹如匆匆过客,虽似鸟儿飞过天空而未在空中留下痕迹,但每一个学生的成长历程却永远刻在了我的心上。"诚如徐时仪在《朱子语类词汇研究》后记中所说，他对学生倾注了深厚的感情，不仅在科研学习上予以指导，且非常关心学生的身心健康与生活状况，不少学生曾有过徐老师到访寝室关心生活的经历。得知学生生病时，徐老师深夜送学生就诊，每天打电话了解病情，并嘱托周围同学多加关心，犹如对待自己的孩子一般。外地来沪求学的同学们，总能感受到父亲般的关怀。

最让徐时仪快乐的事就是看到学生学有所成，看到学生发表论文和获奖比他自己取得成果更高兴。二十余年来，学生发表过的每一篇论文甚至习作徐老师都细心保存，多年后学生自己遗失了却能在徐老师那儿找到存档。

徐时仪对待学生谦逊宽厚，几乎没有老师的架子，在学术问题上与学生多是平等讨论，但对待学生的学习，他向来一丝不苟，不容有任何马虎。徐时仪坚信在治学的道路上只有不畏崎岖山路，不畏艰辛劳苦，不断攀登，一步一个脚印，才能做出扎扎实实的真学问。他要求学生定期告知学习情况，提交读书报告，汇报论文进展，每一篇学位论文都是师生反复讨论的成果，他对每篇论文都会做出反复修改，大到选题立意，小到错字标点。

2021 年，徐时仪（中间）和学生们在一起

（三）启迪思想，金针渡人

一位优秀的老师不仅能指导学生写好论文，更重要的是指导学生对学术产生兴趣并具备研究能力。徐时仪往往结合自己的研究领域，指导学生从学术研究的薄弱环节或学科前沿切入，通过实践与讨论，培养学生独立研究的能力。如在点校《一切经音义》的过程中，徐时仪让研究生都参与到校勘中，师生围绕一个中心不断讨论，并以此为基础分别形成各自的研究点，如文字、词汇、辞书史研究。在研究《朱子语类》词汇时，徐老师带领学生们形成了多组围绕同一主题的论文，发表在《汉语史研究集刊》等学术刊物上，目前已刊出多组专栏。此外，他鼓励学生开拓学术视野，带领他们参加学术会议、拜访相关领域的前辈学者。这种研教结合的方式使学生最为切近地参与到学术前沿探讨中，培养学术思维，训练研究方法，获益良多，学生毕业后在各自研究领域都有所深入，能够独当一面。

徐时仪的教学往往在课上课后与学生互动求索，师生间一起探讨词义句意和概念场及语义场，还原文献异文所载活生生的语境，共享思想的火花和理念的升华，教学相长，让学生在讨论中获得提升。在讨论中，徐老师不轻易否定学生，哪怕一些比较不成熟想法也会鼓励继续思考。徐老师曾说，如果早早地把学生框住，那以后又如何会有创新的想法呢？杨艳在《朱子语类版本与语言问题考论》后记中回忆三年博士求学中每当有想法冒出便找老师讨教，老师总是以宽厚的胸怀面对，有时固执己见事后常为自己的幼稚可笑、固执愚蠢而倍感羞愧，徐老师依然笑着说："有想法胜过没想法。我们要像胡适说的那样'大胆假设，小心求证'。"还有，在徐老师的鼓励下，一位四年级的本科生将自己的习作投稿由哈佛大学举办的国际中国语言学会第18届年会，被大会选中而应邀赴美参加中国语言学界的高级别会议。

（四）融会文史，沟通古今

徐时仪教导学生任何研究都应建立在扎扎实实的文献基础上，传统小学研究应文史打通而不宜截然划分，徐老师以自身经历告诉学生们，他的《不离文字与不立文字——谈言和意》就是从文学与语言的角度这两个方面入手言意观，而他的论文不仅限于文献学与语言学，也发表在《历史研究》《文学遗产》《世界宗教研究》等历史、文学、宗教研究等各个领域的刊物。因此学生在文献考勘和语言研究的同时，也积极探索佛教史、朱子门人考证等史学问题。

徐时仪认为从事学术研究不应厚古薄今或是今非古,研究语言现象应承认现代汉语是近代汉语与古代汉语的延续,古今打通,在研究方法上既要有乾嘉朴学的传统考证,也要有现代语言学的理论探讨,并身体力行。如近年词汇化和语法化研究成为学术界关注的热点,徐时仪 1998 年已经关注词组结构功能虚化的问题,撰成《论词组结构功能的虚化》(《复旦学报(社会科学版)》1998 年第 5 期),是相关研究领域的经典论文,并指导刘红妮撰成博士论文《汉语非句法结构的词汇化》,目前刘红妮已成为词汇化研究领域的知名青年学者。

（五）教研结合,学科建设

徐时仪多年来一直为使学校的教学科研和学科建设更上一层楼而辛勤工作,2002 年至 2018 年,徐时仪历任中国古典文献学硕士点、博士点负责人及中国语言文学博士后流动站负责人。其间,在徐时仪的带领下,中国古典文献学学科走向新的发展。学科点开设俗文献研究、目录版本学、古白话文献研究、域外汉籍研究、佛经音义研究、朱子语类研究、古白话词汇研究等课程。同时作为负责人,为学科落实了发展规划和研究生培养计划,形成了古白话文献研究、域外汉学文献研究和诗学文献研究等特色研究方向,不少学生获上海市研究生优秀毕业论文及全国百篇优秀博士学位论文提名,在全国高校古典文献专业硕博生培养中享有声誉。徐时仪还将多年教学积累思考编为教材,广惠后学,其中《汉语白话史》是继《古白话词汇研究论稿》后迄今第一部较为系统地探讨汉语白话发展史的力作,列入 21 世纪汉语言专业规划教材,为北京大学等高等院校中文专业所使用的经典课本;《近代汉语词汇学》是"面向 21 世纪的研究生教学用书"。此外,《古白话词汇研究论稿》《语言文字》《佛经音义研究通论》《汉语语文辞书发展史》皆为汉语史与辞书学研究相关领域研究生的必读作品。

（六）传承学术,培养人才

徐时仪在上海师范大学执教三十多年间共指导硕士、博士与博士后近百人,并长年为古典文献本科生授课,培养了一大批文献学与汉语史研究的青年学者。这些学生多充分展现出驾驭所学文献学与语言学知识的功力,具有训练有素的从事中国古典文献综合研究和深层研究的专业学养和纯朴学风,已成为学界创获甚多的佼佼者。硕士研究生如江苏凤凰集团职业教育出版中心副总经理李丰园,上海辞书出版社《辞书研究》编辑部主任郎晶晶,《汉语大词典》编辑部副主任李丽静,浙江师范大学国际文化与教育学院教授林源等;博士研究生如上海师范大学人文学院教授、博士生导师、上海市曙光学者刘红妮,广西师范学院文学院教授杨艳,鞍山师范学院文学院教授、院长、辽宁省语言学会副会长冯雪冬等;博士后如南京林业大学教授、汉语言文字学学科带头人周阿根,唐山师范学院中文系教授、河北省重点发展学科"汉语言文字学"学科负责人、河北省人文社科重点研究培育基地"语言和文化研究中心"负责人李永等。他们活跃在科研、出版、教学等各个领域,逐渐在学术界崭露头角,成为各单位的核心骨干力量。

在徐时仪教授的指导下,学生们的学术作品与毕业论文屡获荣誉,如杨艳获全国百篇优秀博士学位论文提名,论文入选广西社会科学重点学术著作精品文库;王华权、耿铭、潘牧天博士学位论文入选上海市学术著作出版资助博士文库;李丰园、俞莉娴、刘红妮、潘牧天等共获得上海市研究生优秀成果(学位论文)9项,值得一提的是2015年博士沈叶露和硕士赵欣、虞思徵同时获奖。学生们在学期间也多次获得全国高等院校古籍整理研究工作委员会设立的中国古文献学奖学金,在与北京大学、浙江大学等名校一起参加的评选中多次胜出,其中潘牧天、虞思徵先后获硕士生一等奖,王华权获博士生二等奖,得到学界认可和刮目相看。此外,一些学生以优异成绩获国家奖学金、宝钢优秀学生奖、上海市优秀毕业生等奖励。

学问之道重在传承,治学之道贵在创新。正如徐时仪所说,"我深感研究型的大学不只是教师做学问,更重要的是教师要带领学生治学做学问,引导学生进入学术之门,鼓励学生与自己一起思考,一起探索,有抱负有追求,教师要一步一步循序渐进地培养学生由协助自己从事研究项目到最终具备独立的研究能力,升堂入室而学到真知灼见,活出各自生命的精彩和人生的价值"①。

(潘牧天　撰文)

---

① 徐时仪:《〈朱子语类〉词汇研究》,上海古籍出版社2013年版,第778页。

附一：徐时仪简历年表

1953 年 10 月 25 日	出生于上海。
1970—1977 年	江西省新余县姚墟公社盘塘村插队落户。
1978—1980 年	就读于江西宜春师专中文系。
1980—1981 年	瑞金地段医院工作。
1981—1985 年	汉语大词典编纂处工作。
1985—1987 年	上海师范大学古籍研究所攻读获硕士学位。
1987—1992 年	上海师范大学讲师。
1992—1999 年	上海师范大学副教授。
1994—1995 年	澳大利亚南昆士兰大学讲学。
1999 年至今	上海师范大学教授。
2000—2003 年	上海师范大学语言研究所攻读获博士学位。
2002—2018 年	上海师范大学中国古典文献学硕士点负责人。
2009—2015 年	上海师范大学中国语言文学博士后流动站负责人。
2015—2018 年	上海师范大学中国古典文献学博士点负责人。
2015 年	聘任为二级教授。
2020 年 11 月	退休。

附二：徐时仪主要论著目录

（一）专著

《慧琳音义研究》，上海社会科学院出版社 1997 年版。1998 年获上海市哲学社
会科学优秀成果著作三等奖。

《古白话词汇研究论稿》，上海教育出版社 2000 年版。

《玄应众经音义研究》，中华书局 2005 年版。2006 年获上海市哲学社会科学优
秀成果著作二等奖，2009 年获教育部高等学校科学研究优秀成果奖著作三
等奖。

《汉语白话发展史》，北京大学出版社 2007 年版。

《佛经音义研究通论》，凤凰出版社 2009 年版。2010 年获全国优秀古籍图书奖。

《语言文字》，南京大学出版社 2009 年版。

《玄应和慧琳一切经音义研究》，上海人民出版社 2009 年版。2010 年获上海市哲学社会科学优秀成果著作二等奖。

《朱子语类词汇研究》，上海古籍出版社 2013 年版。入选 2012 年《国家哲学社会科学成果文库》，2014 年获上海市哲学社会科学优秀成果著作二等奖，2015 年获教育部高等学校科学研究优秀成果奖专著二等奖，2017 年获第十七届王力语言学奖二等奖。

《近代汉语词汇学》，暨南大学出版社 2013 年版。

《汉语白话史》，北京大学出版社 2015 年版。2016 年获上海市哲学社会科学优秀成果著作二等奖。

《汉语语文辞书发展史》，上海辞书出版社 2016 年版。2018 年获上海市哲学社会科学优秀成果著作二等奖。

《玄应音义研究》，德国金琅学术出版社 2016 年版。

《学海先飞》，上海辞书出版社 2017 年版。

《古白话词汇研究论稿》（增订本），商务印书馆 2021 年版。2023 年获上海市哲学社会科学优秀成果著作二等奖，2024 年获教育部高等学校科学研究优秀成果奖专著二等奖。

（二）古籍整理

《朱子语录》，上海古籍出版社 2016 年版。

《一切经音义三种校本合刊》，上海古籍出版社 2008 年版。2009 年获全国优秀古籍图书奖、第十三届王力语言学奖二等奖。

《朱子语类汇校》，上海古籍出版社 2014 年版。2015 年获全国优秀古籍图书奖。

（三）论文

《慧琳〈一切经音义〉的学术文献价值》，《文献》1990 年第 1 期。1994 年获上海市哲学社会科学优秀成果论文三等奖。

《儒家经学与中国古代辞书编纂》，《辞书研究》1991 年第 2 期。

《〈朱子语类〉词语考释》，《上海师范大学学报（哲学社会科学版）》1991年第2期。

《王安石〈字说〉考论（上、下）》，《辞书研究》1992年第4—5期连载。

《介词"打"的最早使用年代及"虚化说"考探》，日本《俗语言研究》1993年创刊号。

《汉语两个书面系统与汉语词典的编纂》，《辞书研究》1997年第5期。

《"不离文字"与"不立文字"——谈言和意》，《上海师范大学学报（哲学社会科学版）》1997年第4期。

《"买东西"考献疑》，《历史研究》1998年第2期。

《论词组结构功能的虚化》，《复旦学报（社会科学版）》1998年第5期。2000年获上海市哲学社会科学优秀成果论文三等奖。

《略论〈朱子语类〉在近代汉语研究上的价值》，《上海师范大学学报（哲学社会科学版）》2000年第4期。

《试论"农"与"农"声字的关系》，《汉语史研究集刊》2000年第三辑。

《"帐"和"账"的形义考源》，《文史》2001年第1辑。

《〈玄应音义〉各本异同考》，《文史》2004年第4辑。

《"印度"译名管窥》，《华林》（第五辑），中华书局2004年版。

《"忙"和"怕"词义演变探微》，《中国语文》2004年第2期。

《佛经音义所引〈说文〉考探》，《中华文史论丛》2004年第74辑。

《"枪"和"抢"的衍变递嬗考探》，《中国文字研究》2004年第5辑。

《敦煌写本〈玄应音义〉考补》，《敦煌研究》2005年第1期。

《汉语词汇双音化的内在原因考探》，《语言教学与研究》2005年第2期。

《"马虎"探源》，《语文研究》2005年第3期。

《"喽啰"考》，《语言科学》2005年第1期。

《"锦筵"、"舞筵"、"绾綖"考》，《文学遗产》2006年第2期。

《金藏、丽藏、碛砂藏与永乐南藏渊源考——以〈玄应音义〉为例》，《世界宗教研究》2006年第2期。2008年获上海市哲学社会科学优秀成果论文二等奖。

《玄应〈众经音义〉引〈方言〉考》，《燕京学报》2006年新20期。

《"一味"的词汇化与语法化考探》，《语言教学与研究》2006年第6期。

《"民主"的成词及其词义内涵考》，《上海师范大学学报（哲学社会科学版）》2007年第4期。

《"掉"的词义衍变递嬗探微》，《语言研究》2007年第4期。

《词汇扩散与文献传本异文》,《中国语言学报》(第 13 期),商务印书馆 2008 年版。

《略论汉语文白的转型》,《上海师范大学学报(哲学社会科学版)》2008 年第 2 期。

《略论现代汉语的渊源和形成》,《南开语言学刊》2008 年第 1 期。

《玄应〈一切经音义〉写卷考》,《文献》2009 年第 1 期。

《略论汉语字与词的互动》,《上海师范大学学报(哲学社会科学版)》2009 年第 5 期。

《"嚏"、"欠"和"唾"、"涎"词义考探》,《古汉语研究》2009 年第 3 期。

《西学东渐与中国近代辞书编纂》,《辞书研究》2010 年第 3 期。

《略论中国语文学与语言学的传承和发展》,《上海师范大学学报(哲学社会科学版)》2011 年第 3 期。2012 年获上海市哲学社会科学优秀成果论文二等奖。

《"谰"、"赖"和"无赖"的词义关联演变考》,《历史语言学研究》2011 年第 4 辑。

《〈朱子语类〉若干口语词源流考探》,《汉语史学报》2012 年第 12 辑。

《〈朱子语类〉知晓概念词语类聚考探》,《上海师范大学学报(哲学社会科学版)》2012 年第 5 期。

《语言研究与古典文献整理考鞠》,《文献》2013 年第 3 期。

《朱子语录和语类各本考》,《传统中国研究集刊》2013 年第 11 辑。

《论汉语文白演变雅俗相融的价值取向》,《上海师范大学学报(哲学社会科学版)》2013 年第 5 期。

《词义类聚与词义系统探略》,载《词汇学理论与应用》(第八辑),商务印书馆 2016 年版。

《古白话的形成与发展考探》,《陕西师范大学学报》2017 年第 1 期。

《"喂"与"吓"探源》,《汉语学报》2018 年第 3 期。

《习语俗谚的演变及词语连续统探论》,《上海师范大学学报(哲学社会科学版)》2018 年第 5 期。

《汉语词的兼类现象探微》,《文献语言学》2021 年第 13 辑。

《略论建构自主的汉语史研究知识体系》,《社会科学报》2022 年 10 月 20 日。

《〈朱子语类〉理学词语探微》,《中国社会科学报》2022 年 12 月 6 日。

《古白话词汇特点考探》,《上海师范大学学报(哲学社会科学版)》2023 年第 2 期。

《训诂阐释的传承特点及开拓》,《东南学术》2024 年第 1 期。

《汉语词语阐释探略》,《古汉语研究》2024 年第 1 期。

书山有路　学海无涯　——语言文字学专家徐时仪传

玉尺量才教泽长　匠心学术风骚领

——宋史研究及古籍整理专家戴建国传

戴建国（1953— ），江苏泰兴人。二级教授、博士生导师。中国国民党革命委员会党员。1982年2月毕业于云南大学历史系，先后于上海师范大学、四川大学，获历史学硕士、博士学位，师从程应镠、朱瑞熙教授。1996年至1997年为美国亚利桑那大学访问学者；2003年为日本上智大学访问学者、客座教授。1999年7月任上海师范大学古籍所副所长兼文化典籍系副主任，2003年4月主持古籍所工作，2004年5月任古籍所所长。先后担任历史学博士后流动站负责人、历史文献学博士点学科带头人、宋史研究中心主任。兼任中国宋史研究会副会长、中国法律史学会常务理事、中国儒学与法律文化研究会常务理事、点校本"二十四史"及《清史稿》修订工程修纂委员会委员、《中国大百科全书·中国历史·辽金西夏金史》分支编委。任民革上海市委委员、民革上海师范大学委员会主委、上海市第十一届政协委员、上海市第十二届政协常委。2019年获聘为上海市文史研究馆馆员。戴建国主要从事宋史、宋代文献学教学与研究，是享誉海内外的唐宋法律史和宋代文献整理专家。成果获上海市第十四届哲学社会科学优秀成果一等奖，第九届、第十一届优秀成果二等奖及多次三等奖，教育部第八届高等学校科学研究优秀成果奖（人文社会科学）二等奖、第七届高等学校科学研究优秀成果奖（人文社会科学）三等奖以及中国社会科学院第五届优秀科研成果二等奖，首届邓广铭学术奖励基金优秀论文奖等。

戴建国

峥嵘岁月　风华正茂

1953年，戴建国出生于上海一个普通的工人家庭。他在上海市徐汇区的学校度过了小学和中学时光。1970年中学毕业后，他选择奔赴云南生产建设兵团工作。在那里,他严格要求自己,不畏生活条件的艰苦,努力工作,克服了生活和工作上的重重困难。他凭借出色的工作表现,荣获了"五好战士"和"先进生产者"等荣誉称号,历任一师二十团班长、排长、连队文书,生产建设兵团转制为国营农场后,担任勐满农场六队的会计。1971年5月,他被选拔入由云南省民族工作委员会和云南生产建设兵团联合组建的"边疆民族工作队",经过政治培训,他被派驻勐腊县的哈尼族寨子。在长达半年的时间内,他与质朴的哈尼族群众同住、同吃、同劳动,宣传党的民族政策,积极投身于勐腊县的边疆民族建设,与哈尼族群众建立了深厚的友谊,这段经历使他受到了很好的锻炼。

1978年3月,在度过了近八年的知青生活后,戴建国迎来了人生的一个新阶段,他成为恢复高考后的首届大学生,进入云南大学历史系学习。他深深珍惜这次来之不易的学习机会,他的学习热情如同燃烧的火焰,即使教室熄灯了,他仍会寻找有灯光的地方继续研读。当时的班长回忆道:"戴建国在专业学习中,目的明确,学习扎实,注重基本功的锻炼,他有一股奋发学习的劲头,平均每天学习时间达11小时以上。"在大学四年的学习期间,戴建国的成绩优秀,两次荣获"三好学生"的称号。他深入研究史学基础理论,努力钻研学术疑难问题,不断提升自己的独立思考和独立科研的能力。云南是辛亥革命时期同盟会活动的重要基地,也是"护国"运动的发祥地,留有许多珍贵的资料和遗迹,这引起了戴建国的兴趣。在老师的指导下,他撰写了多篇学术论文,其中《同盟会在云南》一文,发表在云南省社会科学院历史研究所编的《研究集刊》1981年第3期上。此外,《蔡锷党籍考》一文,是他利用暑假回沪探亲的机会,在上海图书馆查阅大量资料后撰成的,发表在《云南社会科学》1982年第2期上。

大学毕业后,戴建国于1983年考入上海师范学院古籍研究所,跟随程应镠先生攻读硕士研究生。学校的丰富图书资料和深厚的学术氛围为他提供了广阔的学习天地。在三年的研究生生涯中,他刻苦钻研,一丝不苟。在导师的指导下,他认真研读规定的专业书目,培养了严谨的治学精神。在教学实习环节,虽然课程安排只有八个学时,但戴建国把它看作是提高自己教学能力的宝贵机会。在李培栋老师的指导下,他认真备课,翻阅大量参考书,充分准备教学中的重点和难点,取得了良好的教学效果,圆满完成了教学实习任务。

戴建国（右一）与导师程应镠先生及同门师兄合影

戴建国在回忆自己的研究生岁月时说，他感到那三年的学习生活是如此的充实。几乎每天，他都会在早晨8点准时踏入资料室，沉浸于书海之中。午后，他会稍作休息，等待下午资料室的门再次敞开，便又投入那片知识的海洋。晚饭后，他会与同学们一起，从校园的西部漫步到东部，享受那一小时的宁静与闲适。然而，当夜幕降临，他并未停歇，而是继续秉烛夜读。上海的冬天寒冷刺骨，而他恰好住在朝北的宿舍。为了抵御这份严寒，提高学习效率，他用毯子将窗户遮挡得严严实实。三年的紧张学习，不仅丰富了他的知识体系，更使他获得了独立进行教学和科研的宝贵能力。这种自我实现的喜悦，让他倍感欣慰。1986年5月，他以题为《宋代刑事审判制度研究》的论文参加了硕士研究生的学位论文答辩。该论文详尽而深入地探讨了宋代刑事审判制度的一系列程序，显示出戴建国对于历史的深厚理解和独到见解。答辩委员会对他的论文给予了高度评价，认为该论文从历史唯物主义观点出发，全面观察并分析了宋代刑事审判制度的特点，对于制度的历史延续性和变革性进行了深入探讨，确实具有很高的学术价值。

完成硕士研究生学业后，戴建国选择留校任教，开始了他的教学生涯。

然而,他并未满足于此,而是决定继续深造,提升自己的学术水平。2000年9月,他开始了在职博士生学习生活。在繁忙的教学工作之余,他克服重重困难,坚持学习,成功修完了所有学位课程,并继续深入研究宋史。他的博士论文《宋代刑法研究》系统地探讨了宋代的刑法问题,对于一些在宋史研究中存在争议的焦点问题,他提出了自己独到的见解和分析,显示出他对于宋代刑法研究的深厚功底和敏锐洞察力。这篇论文不仅具有较高的理论意义,也具有很高的学术价值。

2006年,戴建国的博士论文获得了"全国百篇优秀博士论文"的提名,这是对他辛勤工作和卓越研究成果的最好认可。这一荣誉不仅提升了他在学术界的地位,也为他的教学和科研工作注入了新的动力。他深感自己的学术之路还很长,但他有信心和决心继续前行,为中国古代史研究贡献自己的力量。

教以潜行　授业育人

戴建国以宋史和历史文献学为教学重心,为本科生和硕博士研究生开设了多门课程,如"中国古代史""宋史""资治通鉴研读"等,他的教学涵盖了中国古代历史、法律、文献等多个层面。在教学中,戴建国总是尽心尽力,以大局为重,勇于承担责任。当他在1997年从美国访学归来后,面对因故不能上课的老师留下的"目录版本学"教学空缺,他毫不犹豫地接过了这门课程的教学任务,尽管这对他来说是一个全新的领域。他迅速投入备课中,确保了课程的及时开设。同样,当古籍所的其他老师因病无法上课时,戴建国再次主动请缨,承担起了"中国古代史"课程的教学任务。即使在攻读博士学位、可以减半工作量的情况下,他依然坚持认真教学,以确保学生们得到最好的教育。

戴建国不仅在教书方面表现出色,他更是一位擅长育人的良师。他对学生的关心与爱护溢于言表,这种情感深深地感染了学生,赢得了他们的一致好评。他积极探索教学模式的创新,将新的教学方法和手段引入课堂,以提高教学效果。为了培养学生的实际科研能力,他组织课堂讨论,鼓励学生围绕主题查找资料,积极参与讨论,使得教学效果显著提升。

戴建国坚信,一个合格的教师不仅要在科研上有所建树,更要在教学上

1997 年，戴建国在美国哈佛大学访学

投入足够的精力和时间。他一直以这一信念为指导，致力于本科教育教学，并在这方面取得了显著的成绩。他指导的本科生毕业论文在学院内一直名列前茅，为此，他本人也荣获了学校毕业论文优秀指导教师。这一荣誉充分证明了他在教学和育人方面的突出贡献。

戴建国不仅深耕于教学，也着力于实践与应用。他深知古典文献专业的学生在掌握理论知识的同时，更需要锻炼实际操作能力。但长期以来，古籍所一直未能给学生提供稳定的专业实习机会。为了有效解决这一问题，他积极主动地与上海图书馆、上海博物馆、上海古籍出版社等知名单位建立起了紧密的合作关系，成功地建立了一系列长期稳定的教育实习基地，为学生们提供了更加丰富的学习和实践机会。此外，他外聘多位古籍整理专家担任兼职教授，这些专家不仅具备深厚的学术造诣，还有着丰富的实践经验，他们的加入为学生们带来了更加专业、更加贴近实际的学习体验。

在研究生培养中，戴建国将培养学生的独立科研能力作为重中之重。他时常告诫学生，对于史料的研读必须持以严谨认真的态度，不能对任何存

2021年6月24日,讲坛最后一堂课留念

有疑问的文字掉以轻心。他坚信,只有对史料进行深入、细致的研究,才能够从中发现有价值的问题和线索。他强调,考订史料的价值是研究工作中不可或缺的一环。他教导学生们要关注史料的时间性、地域性和代表性,辨别其真伪,深入剖析其内涵和意义。他鼓励学生跳出传统的思维框架,透过史料的表面文字去探寻背后隐藏的史实和真相,真正做到"力透纸背"。

为了进一步提升学生的培养质量,戴建国在学术交流方面下足了功夫。他不仅积极邀请海内外的知名专家来校进行学术交流和讲学,还经常举办各种高水平的学术会议,为学生们提供了与学术界前沿接触和交流的机会。他深知学术视野对于学生成长的重要性,他鼓励学生不仅要认真学习专业知识,还要时刻关注学术界的发展动态。他经常提醒学生,学术交流是学术研究的重要组成部分,通过与他人的交流和碰撞,才能够更好地激发自己的创新思维和学术灵感。为了培养学生的学术研究能力,他鼓励他们积极撰写科研论文,勇于提出自己的见解和观点。他不仅在课堂上为学生们提供了丰富的学术资源和指导,还积极推荐他们参加各种校外学术会议和全国

285

性的学术交流活动。通过这些活动,学生们不仅能够展示自己的研究成果,还能够结识来自不同领域的专家学者,拓展学术资源。在戴建国的悉心指导和支持下,很多学生在毕业前学术研究方面即取得了较好的成果。他们的研究成果不仅在国内外的学术会议上得到了认可和好评,还为学校的学科建设和声誉提升作出了积极的贡献。

戴建国的努力和付出,为学生们的成长和发展创造了良好的条件和机会,也为学校的学术研究注入了新的活力和动力。多年来,他共培养了62名硕、博士研究生,并指导了7名博士后。这些学生在各自的岗位上都有着出色的表现,有的已经走上了领导岗位,有的成为业务骨干,更多的则是继续着他教书育人的事业,在高校任教,担任硕、博士生导师,为培养更多的青年才俊而默默奉献。

此外,戴建国为学校学科建设所做的努力值得称道。2002年,为了进一步推进古籍所的教学工作,充分发挥现有的师资力量潜能,同时适应上海文化事业的发展步伐,满足社会对编辑出版人才的需求,古籍所筹备设立"编辑出版学"本科专业。不久,时任所长朱易安开始担任民建上海市委副主委,"编辑出版学"专业的申报工作遂由戴建国负责推进。他积极向学校领导汇报,论证申报的可行性和必要性。6月下旬,经过多次与项家祥副校长深入的沟通,学校最终同意了申报"编辑出版学"本科专业的计划。在得到了学校的全力支持后,戴建国教授并没有停下脚步,他积极地与出版界的专家学者取得联系,寻求他们的意见和建议。他特别与古籍所的校友,如上海辞书出版社社长李伟国、华东师范大学出版社社长朱杰人等进行了深入的交流,征求他们对这一新专业的看法。在戴建国的精心策划和推动下,凭借古籍所在学术领域的深厚基础,他们成功获得上海出版局出具的关于设立"编辑出版学"本科专业的评估意见书。这一纸宝贵的评估意见书,为学校的申报工作奠定了扎实的基础。经过一系列的申报流程,古籍所成功地申报了"编辑出版学"本科专业,2003年便开始招生,使上海师大的本科专业体系得到了新的补充和发展。上海师范大学编辑出版学专业毕业的学生已成为文教出版战线的新生力量,为上海文化事业的繁荣作出了显著贡献。

在学校研究生学科点建设方面,戴建国也作出了较大贡献。2000年,由他负责申报的历史文献学硕士点学位授予权获得成功。两年后,他再次主持申报了法律史专业硕士点的学位授予权,同样取得了成功,为学校早期的学科建设增添了两个新的学科授予点。2005年,他积极参与学校历史学一级学科博士点的申报工作,提供了诸多具有竞争力的科研成果,仅他一人就有三篇《历史研究》、两篇《中国史研究》权威期刊刊出的论文,为申报的最终成功作出了重要贡献,推动上海师大的一级学科博士点发展踏上了一个新的台阶。

研以致远　笃志求实

上海师范大学的宋史研究,有着深厚的历史积淀。自程应镠、张家驹先生筚路蓝缕、开创性的研究起,经过朱瑞熙等先生的持续努力,不仅为学校构建了基础扎实的研究基地,还培育了一支充满活力、造诣深厚的学术队伍。在这支队伍中,戴建国无疑是一个杰出的代表。他的研究成果丰硕,在《中国社会科学》《历史研究》《法学研究》《中国史研究》等刊物发表学术文章90多篇,学术影响广泛,是上海师范大学宋史研究的一面旗帜。

(一) 治学趣旨指引治学之道

戴建国在他的《宋代法制研究丛稿》自序中写道:

> 由于年代的久远,中古时期流传下来的法律文献没有几部,法律制度的记载也是支离破碎,对于研究中国古代法律制度的学者来说,弄清法律文本文献的制定、流传以及法律基本制度,把散落在各种文献中的有关史料找出来,通过逻辑论证,尽可能描述出原先模糊不清的法典、制度、事件的原貌,显得尤为重要,的确是研究的第一要务。[①]

这使他一直把主要的学术关注点放在宋代法律制度的研究上,并成为他的治学兴趣所在。此后,他一直在这一领域深耕,结出累累硕果,并由发现宋天圣令而扩展到唐令研究。学术视野的进一步扩大反哺他的学术成果更上一层楼。

戴建国在深入研究宋代历史的基础上,凭借扎实的史学功底和敏锐的思维,发表了多篇学术论文,广受同行和外国学者的关注和引用。他的《宋代刑事审判制度研究》一文,以硕士学位论文为基础,经过精心修改和完善,深入细致地探索了宋代的司法制度。该文不仅展现了戴建国对于宋代法制

---

① 戴建国:《宋代法制研究丛稿》,中西书局2019年版,第1页。

史的深厚理解，更提出了一些新的观点和思考，被广大同行认为是该领域的一篇有影响力的佳作。朱瑞熙先生更是高度评价这篇文章，认为其中的新见"正确可信，发前人所未发"。

另一篇论文《宋代的公证机构——书铺》，则聚焦于宋史研究中的重要课题，详细阐述了宋代公证机构的各项职能，政府对公证机构的管理方式，以及书铺的性质和特点等。戴建国对于这一课题的研究，不仅补充了前人在这一领域的研究空白，更提出了具有卓见的立论和根据。朱瑞熙先生对这篇文章给予了高度评价，认为它"有新见，充实和丰富了中国古代政治制度研究的内容"。

在《〈宋刑统〉制定后的变化——兼论北宋中期以后〈宋刑统〉的法律地位》一文中，戴建国针对长期被忽视的宋代重要法典《宋刑统》制定后的变化问题进行了深入研究，并就学术界颇多争议的敕律关系进行了进一步探讨。他提出了新颖的观点，认为在有宋一代，敕律并行，"作为法律形式之一的敕，仅优于律首选适用而已，从未取代律"[①]。这一观点论述严谨，史料翔实，展现了戴建国深厚的学术功底和研究能力。

在著名学者王家范先生看来，戴建国发表的学术论文质量堪称上乘。他评价戴建国是"很有发展前途的青年学者"，学风扎实，勤于探索，在宋代司法监察制度史领域有着深厚的积累和造诣。他所撰写的论文资料翔实，论析缘由、影响极有见地；在前人基础上既有对旧说的纠谬，也有新的发现，在广度的开拓和深度的钻探上均有自己的建树，颇见功力。

（二）发现《天圣令》，引领学界研究新潮流

1998 年，戴建国在整理点校宋代法律典籍《庆元条法事类》时，偶然间发现《中国古籍善本书目》中记载了一条关于宁波天一阁所藏的明抄本《官品令》的信息。凭借深厚的学术功底，他推测这本书可能并非明代作品，而是一部源自唐宋时期的法典。在学术界的友人协助下，戴建国终于得以一睹此书真容。经过缜密研究，他提出这本书其实并非《官品令》，而是早已失传的宋代天圣年间编纂的法律典籍《天圣令》。为了证实这一观点，他撰写了论文《天一阁藏明抄本〈官品令〉考》，详尽地考证了天一阁所藏明抄本的体

---

① 戴建国：《〈宋刑统〉制定后的变化——兼论北宋中期以后〈宋刑统〉的法律地位》，《上海师范大学学报（哲学社会科学版）》1992 年第 4 期，第 47 页。

例、篇目及其保存的《唐开元二十五年令》原文，并于 1999 年将论文发表在《历史研究》上。这一法典残本的发现对于深入了解北宋的典章制度等问题具有重要的参考价值，更为唐史研究，尤其是唐令的研究和复原工作提供了宝贵的资料。这一发现是继日本学者仁井田陞的《唐令拾遗》及池田温等的《唐令拾遗补》之后，唐令研究领域的又一显著成果。

　　这一重大发现立刻引起了海内外学术界的热烈反响。特别值得一提的是，日本著名学者、东京大学的池田温教授，不远万里特地赶到上海师范大学，与戴建国就《天圣令》展开了深入的交流。他对戴建国的发现赞不绝口，表达了极高的认可与敬意。有一天，当戴建国在家中全神贯注地备课时，突然响起了敲门声。他打开门，一位陌生的访客深深地向他鞠躬，这突如其来的举动让戴建国感到有些惊讶。访客用略带生涩的汉语自我介绍说，他是日本九州大学研究唐令的坂上康俊教授。在阅读了戴建国在《历史研究》上发表的关于《天圣令》的论文后，他内心激动不已，于是毅然决定亲自来上海拜访戴建国。他费尽周折，终于找到了戴建国的住址。这种对学术的执着追求和对知识的无限渴望，让戴建国深受触动。此后，坂上康俊教授两次盛

2009 年，戴建国参加"新史料·新观点·新视角：《天圣令》国际学术研讨会"

情邀请戴建国前往日本九州大学进行学术交流,希望他能分享对《天圣令》的独特见解和丰富的研究成果。2003年,戴建国受日本学术振兴会资助赴日本上智大学访学,担任客座教授,并受邀前往日本东洋文库,就《天圣令》发表了主旨演讲,将他的研究成果进一步推向了国际学术舞台。2006年,《天一阁藏明钞本天圣令校证》一书经中国社科院历史研究所项目组整理,由中华书局出版。中华书局和天一阁博物馆联合在宁波天一阁举行了新书发布会。戴建国应邀出席发布会,受到与会者的热烈欢迎。在媒体对他采访时,他却低调地说他只是因缘际会先别人一步看到了此书,即使没有他的发现,以后终究也有人会发现的。

《天圣令》的发现,对于探讨唐宋社会转型、唐宋经济制度的传承演变等问题意义重大,还对唐令复原和研究工作、对于唐宋史乃至中国法制史研究以及日本古代律令研究,都产生了重要影响。由此出发,戴建国借引当代社会科学的分析方法与学术范式,发表了一系列高水平论文,颇有突破,不少研究成果在深度上有许多推进。2000年,专著《宋代法制初探》由黑龙江人民出版社出版。该书虽由戴建国多年研究的论文汇编,但由于研究的系统性,可视为一部考证缜密、创见颇多的高质量专著。

《宋代法制初探》出版后,《中国学术》2002年第3期、日本《东方》第255号先后刊登了方健和日本学者川村康的有关书评。国内有学者认为:戴建国关于宋代法制史的研究已走在国内同行的前列。李锦绣教授认为《天圣令》的发现,"是学界引人注目的大事",戴建国围绕《天圣令》开展的一系列研究,"成为中日学界最为关注的研究成果","为唐令研究提供了宝贵资料"。①日本学术界对此给予极高评价。池田温教授评价,这是"令人震惊的考证,使唐令复原研究呈现出完全意想不到的全新态势","东亚律令制的比较研究及唐令复原研究将因戴文的发表进入一个新的阶段"。②冈野诚教授认为戴建国的发现及研究,"不仅对唐宋史、中国法制史研究者,而且也对日本古代法研究者,全都带来强烈的冲击"③。学术界公认戴建国于21世纪初在唐宋法制和经济制度领域的学术发现和研究达到了国内先进水平。

---

① 李锦绣:《2000年隋唐五代史研究概况》,《中国史研究动态》2001年第12期。

② [日]池田温:《唐令复原研究的新阶段》,《创价大学人文论集》2000年第12号。

③ [日]冈野诚:《兼田信一郎著〈关于戴建国发现天一阁博物馆藏北宋天圣令田令的介绍与初步整理〉》,《上智史学》44号,1999年。

基于戴建国深厚的学养，他的研究成果获得了一系列奖项。1998年，《宋代编敕初探》获上海市第四届哲学社会科学优秀成果奖论文类三等奖；2002年，《唐〈开元二十五年令·田令〉研究》获上海市第六届哲学社会科学优秀成果奖论文类三等奖；2004年，他整理的《庆元条法事类》（收入《中国珍稀法律典籍丛书》）获中国社会科学院第五届优秀科研成果二等奖；2006年，《"主仆名分"与宋代奴婢的法律地位》获上海市第八届哲学社会科学优秀成果奖论文类三等奖；2008年，《宋代籍帐制度探析——以户口统计为中心》获上海市第九届哲学社会科学优秀成果奖论文类二等奖；2012年，《唐宋变革时期的法律与社会》获上海市第十一届哲学社会科学优秀成果奖著作类二等奖。

然而，戴建国并未停止探索的脚步。《宋代的民田典卖与"一田两主制"》（《历史研究》2011年第6期）、《宋代赋役征差簿帐制度考述》（《历史研究》2016年第3期）系列论文，关注两宋时期日益复杂的土地关系及赋役征差问题。2017年发表在《中国社会科学》第3期上的重磅论文《从佃户到田面主：宋代土地产权形态的演变》，将研究视角从宋代拓展延伸至明清，揭示了古代租佃关系在宋代发生的重大变化及其历史意义，坐实了学界长期以来未能解决的永佃权和田底田面权起源于宋代的问题，发前人所未发，进一步充实了中国传统社会土地所有制理论。这一成果获上海市社科联2016—2017年度推介论文荣誉，2018年获上海市第十四届哲学社会科学优秀成果奖论文类一等奖，2019年又获教育部第八届高等学校科学研究优秀成果奖（人文社会科学）论文类二等奖。

2020年，汇聚戴建国多年唐宋法律史研究心血的力作——《秩序之间：唐宋法典与制度研究》问世。该书的核心目标在于打破唐宋断代史之间的隔阂，通过多角度、跨领域的探究，深入揭示宋代法制在不同层面的实施状况及其对国家制度的影响。同时，也致力于深化我们对唐宋时期中国社会发展趋势的理解，揭示这一时期社会变迁的多元性和复杂性。这部著作深受陈寅恪先生治学理念的影响，既展现出宏大的历史视野，又不遗漏细微的史实考证，完美体现了"观点至远大而不疏忽于细目，考证之精细而不局限于枝节"的学术追求。这样的研究不仅极大地丰富了我们对唐宋历史的认识，也为后续研究提供了宝贵的学术资源和思路。刁培俊教授对此书给予了高度评价。他认为，《秩序之间：唐宋法典与制度研究》以整体史的视角切

玉尺量才教泽长 匠心学术风骚领——宋史研究及古籍整理专家戴建国传

入,巧妙地将唐宋法制与政治、经济、文化等多元素融合在一起,通过对具体法制议题的深入剖析,生动展现了各元素间的相互联系和互动。在个案研究中,作者更是融入了贯通的理念,使得整个研究既有深度又有广度。这种扎实的研究态度使得书中新见迭出,不仅深化了对宋朝法制史的理解,也极大地拓展了该领域的研究边界,"是一部自法制史角度出发探索唐宋政治、经济社会状况的上乘佳作"①。

(三) 整理文献经典,赓续中华文脉

作为当代中国历史文献整理与研究方面的代表人物,2007 年以来,戴建国与裴汝诚先生共同主持"点校本'二十四史'之《宋史》修订""《文献通考》整理"。他以首席专家身份主持国家社科基金重大项目"《全宋笔记》编纂整理与研究"。2006 年,组织古籍所人员完成《汉书补注》后续工作,由上海古籍出版社出版,荣获 2009 年度全国优秀古籍图书一等奖;他积极与中华书局联系,落实重新点校《文献通考》,2011 年出版,先后获全国优秀古籍图书一等奖、第三届中国出版政府奖图书提名奖、教育部第七届高等学校科学研究优秀成果奖(人文社会科学)著作类三等奖。

1. 主持《全宋笔记》编纂整理

古代笔记,以其朴素无华、不事雕琢的独特风格,全方位地描绘了古代文化的风貌和社会生活的场景。这些笔记蕴含着丰富的社会文化信息,为我们提供了了解中国古代文化和社会生活的珍贵的第一手资料。在 20 世纪 80 年代后期,上海师范大学古籍所已经在宋代大型文献整理方面取得了显著的成就。在朱瑞熙先生的积极倡导下,该所决定将古籍整理工作的重心转向宋代笔记。在全国高校古籍整理研究工作委员会的大力支持下,古籍所与本校计算机系展开了紧密合作,尝试运用计算机技术对宋代笔记进行系统的检索。

为了这一重要任务,古籍所特地成立了项目开发组,并成功向学校申请到了人事编制。他们从校计算机系招聘了一名优秀的应届本科生,并建立了专门的计算机房。此项目以中华书局和上海古籍出版社当时已经出版的宋人笔记作为试点对象,精心选取具有学术价值的关键词,致力于开发关键

---

① 刁培俊、张海颖:《戴建国〈秩序之间:唐宋法典与制度研究〉》,《唐宋历史评论》第 12 辑,社会科学文献出版社 2023 年版。

词检索编程程序。当时，戴建国刚刚研究生毕业，作为较早留所工作的年轻教师之一，他被委以重任，负责项目的具体管理事务。这段宝贵的工作经历使戴建国对宋人笔记的价值有了更加深入的认识和理解。

1998年，古籍所时任所长朱易安曾以《宋人笔记集成》为名申请整理项目，获得全国高等院校古籍整理研究工作委员会的立项资助，这一项目的开展，在整理宋人笔记方面取得了初步经验。进入21世纪后，由戴建国率领的古籍所同仁全面承担校点整理《全宋笔记》的工作，将传世并散见于各类丛书的近500种宋人笔记搜集起来，按统一体例编纂整理。《全宋笔记》第一编于2003年10月由大象出版社正式出版。

2010年，在前期已取得的成绩上，戴建国领衔申报"《全宋笔记》编纂整理与研究"国家社科基金重大项目获得成功。这是上海师范大学历史上的首个国家社科基金重大招标项目，在校内外产生了积极影响，标志着上海师大的科研工作迈向了新的阶段。以戴建国为首席专家的团队，经过不懈努力，于2016年6月按期顺利完成，项目鉴定专家组给予了"优"的评价。

该成果结项完成，赢得了社会的广泛关注。《中国社会科学报》《解放日报》《文汇报》《新民晚报》及新华网等众多媒体纷纷作了报道。著名学者王水照先生认为，《全宋笔记》的编纂整理，不但为宋代文学研究提供了更完备的文本，而且为宋代文学的阐释提供了新的视角。

《全宋笔记》共计 102 册，其整理与点校工作历时长达 19 年之久。在这段漫长的岁月里，项目组的老师们展现出了卓越的团队合作精神，最终在2018 年，圆满完成了全部工作，使得这套笔记能够完整呈现给世人。

戴建国作为该项目的首席专家，为《全宋笔记》的编纂、整理和出版倾注了全部心血。从整体策划与布局，到细微之处的标点符号纠正，乃至书籍封面款式的建议，他都亲力亲为、事必躬亲。正是因为他的不懈努力和无私奉献，才使得《全宋笔记》的编纂工作取得了如此显著的成果。他的贡献不仅体现在学术价值上，更彰显了一位学者对文化的执着追求与坚守。

2020 年，《全宋笔记》又推出了增订新版，这使得经过整理的宋代文献资料基本上呈现出一个完整的概貌。它与已整理出版的《全宋诗》《全宋文》《全宋词》以及点校本《宋史》《续资治通鉴长编》《宋会要辑稿》《文献通考》等一同构成了比较齐全的宋代研究资料库。《全宋笔记》的整理出版对于充分发掘和利用笔记文献的价值、传承祖国文化遗产、弘扬民族优秀文化、促进和繁荣学术研究具有重大的学术价值和社会意义。

与此同时，戴建国还主编出版了"宋代笔记研究丛书"，从文史结合的角度，全方位地探讨了宋代笔记的文献价值及其蕴含的丰富的社会文化价值。这些成果为我们认识有血有肉、丰富多彩的宋代社会提供了一个全方位的视角，具有颇高的学术意义。

2. 与裴汝诚先生共同主持《文献通考》点校

《文献通考》是宋元之际著名学者马端临的重要著作，与《通典》《通志》等同列我国古代典籍著名"十通"之中，也是历代政书中最有价值之作。《文献通考》自 1978 年以来上海师范大学曾先后整理过三次，前两次整理因多种原因都不完善。第二次整理成果由海南新闻出版中心 1996 年出版，收入《传世藏书》。横排、简体字印刷，在繁体字转为简体字的过程中，产生了一些不应有的错误。加上《传世藏书》是整套丛书捆绑式销售，学者们难以利用。因此学界期盼能重新整理出版。

2005 年，戴建国在《国家古籍整理出版规划》征求意见稿上看到《文献通考》被列入了出版规划之中，承担整理的单位是其他高校，而不是上海师范大学古籍所和华东师范大学古籍所。出于强烈的使命感,戴建国给出版单位中华书局副总编辑徐俊先生写了一封信,说起《国家古籍整理出版规划》所列《文献通考》之事,并谈了先前整理《文献通考》的历史以及计划整理《文献通考》的愿望。2006 年元旦节假内,徐俊先生亲自带了中华书局几位编辑来上海师范大学召开座谈会。会上,戴建国出示了古籍所保存的部分《文献通考》点校长编底稿,与会的教师们表达了再次整理《文献通考》的愿望。很快,徐俊先生代表中华书局同意由上海来承担《文献通考》整理任务。2006 年 4 月 24 日,中华书局和上海师范大学古籍所签订了约稿合同。上海师范大学古籍所和华东师范大学古籍所通力合作并进行了分工,华东师范大学古籍所承担六考,其余十八考由上海师范大学古籍所承担。

为争取工作经费,由戴建国领衔申报了全国高校古籍整理研究工作委员会的项目,获得高校古委会的支持和资助。整理出版《文献通考》的最初倡议者裴汝诚先生以其丰富的古籍整理经验,自始至终指导着这次点校。至 2007 年底,第三次点校工作全部完成。中华书局领导对《文献通考》的整理出版非常重视,经过三年多艰辛、细致的编校,2011 年 9 月,第三次整理本,约一千万字的巨作终于出版了。

《文献通考》从 1978 年第一次开始整理,到 2011 年中华书局版的问世,经历了 30 余年的曲折过程,它凝聚着不少人的心血和力量,是几代学人共同努力的结果。它的出版以一个实例见证了我国古籍整理事业繁荣发展的历程。在新书发布会上,复旦大学陈尚君教授称,这么大工作量的浩大工程就像是"翻一座高山"。《文汇报》2011 年 11 月 3 日以题为《30 年,一座"高山"翻三次》,作了专门报道。对这部古代巨著的出版,戴建国平静地说:"作为一名古籍整理人,我能参与历 30 余年才得以出版的《文献通考》的整理工作,实在是一种荣幸。"

3. 主持《宋史》修订

点校本"二十四史"及《清史稿》,是 20 世纪中国历史典籍整理的标志性成果,是中华人民共和国成立后最宏大的古籍整理出版工程,扩大了中国史学典籍的受众,推动了中国古史研究的发展。其中部帙最大的《宋史》点校,则由上海师范大学古籍所前辈共同完成。

进入 21 世纪,"国史"修订整理的步伐并未停歇,2006 年,中华书局启动点校本"二十四史"及《清史稿》的修订工程。基于上海师范大学古籍所在宋代文献整理研究方面的优良传统和优势，当中华书局组织人力进行《宋史》修订时，自然就想到了上海师范大学古籍所，将修订重任交给了古籍所，由裴汝诚先生与戴建国先生共同主持《宋史》修订。裴先生是当年《宋史》点校的负责人，有着丰富的古籍整理经验。戴建国年富力强，负责具体事务工作。2013年初，裴先生因病去世，工作重担全部压在了戴建国身上。他带领修订工作团队，克服了工作量大、难度高的困难，甘坐冷板凳，坚持不懈。为保证项目学术质量，他精益求精把好关，工作一丝不苟，通读每一卷修订稿件，提出修改意见，一卷稿件往往要几易其稿才能过关。2022年11月，修订初稿全部完成，提交给了"二十四史"修订委员会审核。

戴建国在他主持古籍所工作和任博士点学术带头人十多年的任期内，努力培养年轻教师，积极拓展海内外学术交流，积极营造学术研究氛围，率领古籍所同仁砥砺前行，赓续荣光，使得上海师范大学的宋史研究、宋代文献整理不断取得新的成果，成为全国宋史研究领域的学术重镇。

团结同志　履职民主党派事业

戴建国1998年加入民革，2002年当选为民革上海市第十一届委员会委员，并于2003年当选为民革上海师范大学直属支部主委。在支部工作中，戴建国团结同志，发扬民主，在民革上海市委和中共上海师范大学统战部领导下，十分注重带头发挥支部的集体力量。在努力做好本职工作的同时，认真履行民主党派参政议政职责。他率领支部成员，围绕学校的各项工作，积极建言献策，参与民主监督。2003年，学校制定了新一轮发展规划，并向校各民主党派征求意见。作为支部负责人，戴建国与支委其他同志一道，积极建言献策，撰写了"我们对学校新一轮发展规划的几点建议"，提出了很好的意见和措施。2003年在校统战部召开的座谈会上，戴建国就学校发展提出了"人才强校"的建议，受到校党委高度重视。如今"人才强校"政策的落实，已成为促进上海师范大学发展的重要推动力之一。

戴建国还带领上海师大支部积极参与"党委出题、党派调研"活动。例如承接调研课题"如何发挥民主党派在构建和谐校园中的作用"后，戴建国与支部成员一起认真落实调研措施，精心设计了调查问卷，撰写了调研报告，着重探讨了三个问题：进一步完善学校双月座谈会制度，民主党派积极参与民主监督,发挥民主党派在二级学院层面的作用。在课题结题会上,这份调研报告得到了校领导、与会各职能部门及各兄弟党派代表的充分肯定。此外,他还利用业余时间积极参与民革上海市委的调研、提案活动,以及民革市委理论研究小组的各项活动。

戴建国时刻不忘民革党员的职责,从身边的事情做起,为促进两岸交流添砖加瓦。2015 年 10 月,他随上海市政协"口述史与文化遗产保护利用"专题调研参访团赴我国台湾地区交流访问,加强了两岸交流,收获很大。2005 年暑假,台湾地区清华大学历史研究所师生访问团来上海师范大学古籍所访学。在此期间,他悉心安排接待活动,进一步增强了两校之间的联系。

2003 年到 2013 年戴建国任主委时期,他以个人素质魅力,积极而又细心地去做发展工作,民革上海师范大学支部先后发展了多名优秀的党员,队伍日益壮大,在学校的声誉不断提高。2013 年,为更好地开展工作,经民革上海市委批准,上海师范大学支部升格为委员会,戴建国当选为主委,这是对戴建国十年来主持民革党派工作的肯定。2012 年,戴建国因民主党派工作表现优秀而获得"上海市统一战线(工作)先进个人"荣誉称号。

2008 年起,戴建国担任上海市第十一届政协委员、上海市第十二届政协常委。作为政协委员,他积极履行职责,撰写提案,反映社情民意,为上海市的建设贡献自己的力量。他先后提交的有特色的提案有《关于促进本市民办博物馆(美术馆)事业大发展的建议》《关于进一步加快解决旧房改造遗留问题的建议》《关于加强保健品市场监管,切实维护老年人权益的建议》《关于把解决来沪务工贫困人员住房问题纳入公共租赁房机制的建议》《关于增加"三支一扶计划"招募人数和大学生志愿服务西部计划招募人数建议》《关于延伸地铁 12 号线至莘闵地区以解决该区交通拥堵问题的建议》等。社会民生,上海的发展,始终是他履行职责、撰写提案的关注点。他的提案得到了上海市政府有关部门的广泛关注。如后一条提案提交后,上海市规划和国土资源管理局答复函说:"委员针对莘闵地区交通出行不便问题提出的延伸轨道交通 12 号线至莘闵地区、服务莘闵地区居民出行的建议,对解决莘闵地区交通拥堵具有重要意义。"如今地铁 12 号线的延伸已纳入市政府的规划方案,正在落实中。

此外他还撰写了不少社情民意:《关于加强本市住宅小区内公共设施安全工作的建议》《"2009 上海花展"给我们的启示》《世博夜场专车返程终点

站交通接驳问题亟待解决》等，这些提案和社情民意凝聚了他积极建言献策、投身上海这座国际化大都市建设的心血和精神，展示了他在民革党派和社会事务中的别样风采，诠释了一个知识分子和民主党派成员应有的责任和担当。

回望戴建国治学之道和从教之路，充满了勤奋、专注和敬业的精神，他以自己的学识和智慧为宋史研究及古籍整理领域注入了新的活力；他以唯朴唯实的做人做事原则为广大师生树立了榜样。他的成功经历对于我们每个人来说都是一种激励和启示——只有不断追求进步、勇于探索未知领域、始终保持敬业精神的人才能走向成功。

（赵龙　撰文）

附一：戴建国简历年表

1953 年 12 月	出生于上海。
1960 年 9 月—1966 年 8 月	上海市徐汇区江南新村小学学习。
1967 年 11 月—1970 年 6 月	上海市徐汇区四新中学学习。
1970 年 7 月	云南生产建设兵团一师六团战士。
1971 年 6 月—1972 年 1 月	云南省勐腊县边疆民族工作队工作。
1973 年 6 月—1974 年 10 月	云南生产建设兵团一师六团十六营六连文书。
1974 年 11 月—1978 年 2 月	云南省农垦总局勐满农场一分场六队会计。
1978 年 3 月—1982 年 2 月	云南大学历史系学习。
1983 年 9 月—1986 年 7 月	上海师范大学古籍所攻读硕士学位。
1986 年 8 月	毕业留古籍所任教。
1993 年 7 月	破格晋升为副研究员。
1996 年 3 月—1997 年 7 月	美国亚利桑那大学访问学者。
1999 年 7 月	任古籍所副所长兼文化典籍系副主任。
2000 年 9 月—2004 年 6 月	四川大学历史文化学院在职攻读博士学位。
2002 年 1 月	晋升为教授。
2003 年 2—4 月	日本上智大学访问学者、客座教授。

2003 年 4 月	主持古籍所工作。
2003 年 4 月	当选为民革上海师范大学直属支部主委。
2004 年 5 月—2016 年 3 月	任古籍所所长。
2004 年	任博士生导师。
2006 年	任中国史博士后流动站负责人。
2007 年	任历史文献学博士点学科带头人。
2008 年 1 月	任上海市政协第十一届政协委员。
2013 年 1 月	任上海市政协第十二届常务委员。
2013 年 12 月—2017 年 11 月	当选为民革上海师范大学委员会主委。
2019 年 6 月	获聘上海市文史研究馆馆员。
2020 年 9 月	聘任为二级教授。
2020 年 12 月	退休。

附二：戴建国主要论著目录

（一）专著

《宋代法制初探》，黑龙江人民出版社 2000 年版。

《宋代刑法史研究》，上海人民出版社 2008 年版。

《唐宋变革时期的法律与社会》，上海古籍出版社 2010 年版。

《南宋法制史》（与郭东旭合著），人民出版社 2011 年版。

《宋代法制研究丛稿》，中西书局 2019 年版。

《秩序之间：唐宋法典与制度研究》，上海人民出版社 2020 年版。

（二）主编

《学思集》（与严耀中合编），上海古籍出版社 2002 年版。

《唐宋法律史论集》，上海辞书出版社 2007 年版。

《宋史研究论文集》（与朱瑞熙、王曾瑜、姜锡东合编），上海人民出版社 2008
年版。

《朱瑞熙教授八秩寿庆文集》（与陈国灿合编），中国商务出版社 2017 年版。

《开拓与创新　宋史学术前沿论坛文集》（与包伟民合编），中西书局 2019 年版。

《宋代笔记研究丛书》，大象出版社 2019 年版。

《宋代笔记国际学术研讨会论文集》，大象出版社 2020 年版。

（三）古籍整理

《庆元条法事类》（点校），黑龙江人民出版社 2002 年版。

《闻见近录》《甲申杂记》等 8 种（点校，与人合作），大象出版社 2005 年版、2008
　年版。

《文献通考》（主持点校，与裴汝诚等合作），中华书局 2011 年版。

《全宋笔记》（主编），大象出版社 2020 年版。

（四）论文

《宋代刑事审判制度研究》，《文史》1988 年第 4 辑。

《宋代的公证机构——书铺》，《中国史研究》1988 年第 4 期。

《宋代赎刑制度述略》，《法学研究》1994 年第 1 期。

《宋代编敕初探》，《文史》1997 年第 1 辑。

《宋代家族政策初探》，台北《大陆杂志》（第 99 卷），1999 年第 4 期。

《天一阁藏明抄本〈官品令〉考》，《历史研究》1999 年第 3 期。

《唐〈开元二十五年令·田令〉研究》，《历史研究》2000 年第 2 期。

《宋代从刑考述》，《中华文史论丛》2000 年第 64 辑。

《天一阁藏〈天圣令·赋役令〉初探》（上），《文史》2000 年第 4 辑。

《天一阁藏〈天圣令·赋役令〉初探》（下），《文史》2001 年第 1 辑。

《宋代的田宅交易投税凭由和官印田宅契书》，《中国史研究》2001 年第 4 期。

《关于唐食封制》，《中国经济史研究》2002 年第 5 期。

《宋代加役流刑辨析》，《中国史研究》2003 年第 4 期。

《〈庆元条法事类〉考略》，《文史》2003 年第 4 辑。

《"主仆名分"与宋代奴婢的法律地位》，《历史研究》2004 年第 4 期。

《唐〈开元二十五年令·杂令〉复原研究》，《文史》2006 年第 3 辑。

《宋代籍帐制度探析——以户口统计为中心》，《历史研究》2007 年第 3 期。

《〈天圣令〉所附唐令为〈开元二十五年令〉考》,《唐研究》(第 14 卷),2008 年
　　12 月。

《〈永乐大典〉本宋〈吏部条法〉考述》,《中华文史论丛》2009 年第 3 期。

《唐格条文体例考》,《文史》2009 年第 2 辑。

《从〈天圣令〉看唐和北宋的法典制作》,《文史》2010 年第 2 辑。

《宋代奴婢问题再探讨》,《中国史研究》2011 年第 1 期。

《宋代的民田典卖与"一田两主制"》,《历史研究》2011 年第 6 期。

《唐宋专卖法的实施与律令制的变化》,《文史哲》2012 年第 6 期。

《南宋基层社会的法律人——以私名贴书、讼师为中心的考察》,《史学月刊》
　　2014 年第 2 期。

《宋代赋役征差簿帐制度考述》,《历史研究》2016 年第 3 期。

《宋〈天圣令〉"因其旧文,参以新制定之"再探》,《史学集刊》2017 年第 5 期。

《从佃户到田面主:宋代土地产权形态的演变》,《中国社会科学》2017 年第 3 期。

《南宋中后期的土地清查和地籍攒造》,《历史研究》2022 年第 1 期。

《从南宋户籍制度看新见元湖州路户籍文书的制作》,《文史》2023 年第 2 辑。

《宋代户帖功能再探讨》,《中国史研究》2024 年第 2 期。

我国小学作文教学与研究的领跑者

——语文学科课程教学论专家吴立岗传

吴立岗（1941—　），江苏宜兴人。研究员。1964 年毕业于华东师范大学教育系。历任上海市胶州中学语文教研组长，上海师范大学教育科学研究所副所长、教育科学中心副主任兼教育科学研究所所长、教育科学学院副院长，上海市实验学校筹备组组长，《外国中小学教育》杂志主编，上海市语文义务教育教材主编，兼任全国小学语文教学研究会副会长和学术委员会主任。著有《语文教育寻踪——吴立岗小学语文教育文集》《引进、融汇、创新——吴立岗小学语文教育文集》《教学的原理、模式和活动》等。1999 年获上海市育才奖。《充分挖掘儿童少年智慧潜力的探索》（执笔）获上海市首届哲学社会科学优秀论文成果奖，专著《小学作文教学论》曾获上海市第五届教育科学研究优秀成果一等奖。

厚积薄发，漫漫曲折求学路

吴立岗

吴立岗祖籍江苏宜兴，1941 年 6 月 5 日出生于江苏南京。父亲吴凯声是 20 世纪 30 年代的著名大律师及外交家，因为不畏强权，仗义执言，维护公理，深受民众爱戴，被誉为"民国大律师"和"中国近代法律界的泰斗"，从反对围剿工农红军，到追随宋庆龄营救廖承志、陈赓等老一代革命家，曾为国家民族作过重要贡献。

吴立岗生在旧社会，长在红旗下。1947 年在上海中西女中附小读书。他从小受父亲的耳濡目染受到良好熏陶，热爱祖国，热爱党，并落实到学习、工作和生活的方方面面。1953 年 1 月，吴立岗加入了少年先锋队，被选为小队长,不久又成为中队长。小学毕业后,吴立岗考入了上海时代中学,三年后又以优异的成绩直升高中。进入中学的第二年,吴立岗担任了大队委员会主席。当时的学校盛行效仿苏联的升旗仪式,每当学校举行升旗仪式时,作为大队长的吴立岗常站在队伍前列,向升旗手发出升旗指令。几十年以后,他回忆起当年的情景,仍对庄严肃穆的场面感到激奋,印象尤为深刻。

中学六年,由于吴立岗努力学习,成绩优秀,并能积极带领同学参加学校的各项活动,深受老师和同学的赞誉,故于1955年6月光荣地加入了中国新民主主义青年团,还担任校团委的组织部部长,并兼任学生会主席。吴立岗对学生工作怀有饱满的热情,不仅担负着少先队工作,还承担着团员的审查、发展工作,每晚一般不到9点不会离开学校。学生工作虽然占据了他不少课余时间,但吴立岗的学习成绩始终名列前茅。1959年5月,吴立岗在纪念五四运动四十周年的活动中,荣获了团中央颁发的"五四纪念章"。同年9月,吴立岗考入华东师范大学教育系学校教育专业。

当时,高考录取尤其讲究考生的家庭出身,吴立岗的家庭成分一度成为他被录取时的严重障碍。幸亏时任华东师大党委书记常溪萍有胆有识,在看了其档案里全优的高中毕业成绩后,果断地把吴立岗列为"可以教育好的子弟",坚决主张接受他入学。进入华东师大后,吴立岗因学习成绩好而担任了班级学习委员。他在班里虽然年龄偏小,但与同学都相处得很好,每次考试前都会与同学分享自己领会的考试重点,帮助大家一起复习并顺利通过考试。

从小学到大学,良好的学习方法和丰富的学生工作经历,既为他储备了扎实的学科知识,又为他积累了为人处世的经验。

1964年吴立岗大学毕业后,曾以优异成绩考上了北京师范大学教育学专业的硕士研究生(后因故未能入学)。当时,因受到父亲身份的影响,吴立岗被安排到上海市静安区一所普通中学——胶州中学任语文老师。是金子在哪里都会发光。开始时,他对教语文并不十分感兴趣,但很快就感受到了语文的魅力,并全身心投入到语文教学与研究之中,并把"上好每节课"作为自己的目标。鉴于其出色的教学组织和协调能力,吴立岗很快便被学校任命为语文组教研组长。他还积极参与筹备区里的各项教研活动,经常为学校和区里上"示范课"。

"文化大革命"结束以后,在上海师范大学的前身——上海师范学院副

1999 年 9 月，吴立岗获上海市育才奖

校长张波、陈育辛以及著名教育家、育才中学原校长段力佩等的举荐和协调下，吴立岗于 1978 年 9 月被调到上海师院教科室工作，先后担任了教育实验研究室主任，教科所副所长、所长以及教育科学学院副院长。在上海师大，吴立岗主要承担课程与教学论和语文学科教学论的教学和科研工作，曾先后主持或参与多项国家社会科学基金研究课题和上海市教委重点课题的研究项目。20 世纪 80 年代中期又接受了筹备上海市实验学校的任务。陈育辛在向他布置任务时说，语文教学很重要，而重中之重是小学语文，故请你去从小学语文的基础做起。从此，吴立岗沿着这条探索小学语文教学与研究之路，一走就是 20 余年。1999 年荣获"上海市育才奖"，就是他一路辛劳的生动写照。

引进—融汇—创新，创立小学作文素描教学法

从 1978 年调入到 2004 年退休，吴立岗在上海师大整整工作了 26 年。其间，他在课程与教学论、比较教育学方面都撰写过多部学术专著和不少研究论文，但最钟爱的并为之呕心沥血的乃是小学语文学科教学论。可以说，在这 26 年中，吴立岗是沿着引进—融汇—创新的轨迹，与时俱进地致力于小学语文教学的研究，并在理论上和实践上都取得了丰硕的成果。

在 20 世纪 70 年代末至 90 年代初，吴立岗曾追随他大学时代的导师杜殿坤教授学习和翻译了赞科夫、苏霍姆林斯基、拉德任斯卡雅等许多苏联著名教育家的论著，并结合我国的实际情况，逐步创建了在国内具有较大影响的小学作文素描教学模式。

1982 年初，吴立岗翻译出版了由 T.A.拉德任斯卡雅主编的、荣获苏联乌

申斯基教育大奖的《俄语课上的作文教学的体系(4—8年级)》一书。除了记叙文和议论文外,该书把"描写"单独列为一种体裁,叫做"描写文"。这种文体要求学生用生动的语言去描绘对象的主要特征,表述自己的真情实感,从而使读者联想出鲜明的形象并受到特定的感染。该书还认为,在现实生活中,纯粹的描写文是不存在的。在科学著作中,描写总是同议论紧密地结合在一起,而在文学著作中,它又总是记叙文的一个组成部分。但就学生的习作而言,有必要把描写文单独列为一种文体,因为它有助于培养学生精细的观察力和丰富的想象力,有助于帮助学生熟悉客观世界的各个局部、积累各种语言材料。这种论述一下子就使吴立岗耳目为之一新。于是,他针对我国小学生作文中内容空洞、言之无物的弊病,借鉴苏霍姆林斯基关于观察作文能为科学的语文教学提供"三根支柱"——"鲜明的思想""活生生的语言"和"创造精神"的理念,又吸取了李吉林、贾志敏等著名特级教师创设作文情境的成功经验,开始借用美术教学中训练造型基础的专门科目——"素描"的名称,将苏联的文体训练——"描写文",改造成涵盖我国小学中年级语文习作训练的体系——小学作文素描教学体系。他还根据系统论"组合质变"的原理,从学生智力活动、作文内容层次、语言表达形式等几方面对素描作文作了纵向和横向的研究,进而把这三条线综合成小学中年级最优化的作文训练序列。具体地说,三年级重点进行片断训练,通过上、下学期两次循环,对静物,小动物,房间陈设,大自然一角,人物的外貌、动作、对话等分类进行描写,着重发展学生有顺序、精确的观察能力和大胆、合理的想象能力,帮助学生掌握段的习作技能,积累各个局部的知识和词汇,使他们能够写出思想健康、内容具体、条理比较清晰、语句比较通顺的一段话或几段话。四年级则从片断训练过渡到写好一件事的训练,从观察作文过渡到教师命题或自主拟题的作文。在持续发展形象思维能力的同时,注意发展抓住要点、突出重点的抽象逻辑思维能力,帮助学生掌握记叙文的结构特点和综合描写的技能,使他们能写出思想健康、具有中心、内容具体、条理清楚、语句比较通顺的简短记叙文。

就实践层面而言,从20世纪70年代末至80年代末,吴立岗不仅与他的同事编写出版了系统的小学中年级素描作文的教材,还在上海市和其他省市组织和指导了较大规模的推广实验。这些实验在上海、山东、广东、浙江、江苏、黑龙江、贵州等地都取得了较好的效果。

2018 年 4 月 14 日,在上海市吴立岗作文教学研讨会上,贾志敏老师上了他人生最后一节示范课,课后吴立岗(右)与贾老师拥抱

构建科学的小学作文教学体系

从 20 世纪 80 年代末到 90 年代末,吴立岗比较系统地学习了苏联维果茨基学派的心理学理论,特别是列昂节夫根据活动与意识相统一的原则而创立的活动心理学理论,并翻译了该学派著名学者达维多夫、玛尔柯娃建立"语言表达理论"实践课程的论著,以及列乌杜斯和涅枯列有关小学低年级作文教学理论和实验研究的论著。经过深入的学习和梳理,他又从下述三个方面对小学作文教学体系进行了理论研究和探索。

第一,小学作文训练包括语言文字训练、心理能力培养、思想内容积蓄以及语言交际功能发展等子系统。其中,语言的交际功能是人们为了实现某种交际目的而进行的语言活动,属于动机和内容的范畴,在小学作文训练中起着主导作用。但这种训练必须根据语言交际功能发展的年龄特点,来引导学生不断积蓄作文的思想内容。从小学的身心发展特点来说,低年级学生主要从事读、写、算入门活动和游戏活动,主要发展其初步的概括信息、交流信息和表现自己真情实感的语言功能。在这一阶段,讲童话故事、写童话体作文最能激励学生积蓄思想内容。中年级学生主要从事比较系统的读、写、算活动,主要发展比较系统的概括信息、交流信息和表现真情实感的语言功能。在这一阶段,应通过与各科教学的联系与专门设计的素描观察作文来帮助学生积蓄思想内容。而到了小学高年级,人际交往逐渐成为学生的主导活动,学生主要发展根据不同对象施加影响和自我教育的语言功能。在这一阶段,既可以根据形势组织一些带综合性的主题活动,也可以随机确定单项的人际交往活动,以帮助学生积蓄作文的思想内容。

第二,语言活动是交际和概括的统一。交际需要概括,而人的思维可以实现这种概括。小学生作文能力可以分为许多种,但概括起来是两种:产生文章思想内容的能力和表达文章思想内容的能力。前者是写好作文的关键所在,它的心理机制是将鲜明的表象和准确、生动的语言结合起来,以及正确地运用归纳推理、演绎推理。因此小学作文教学要根据儿童思维发展的年龄特征,来确定各种不同的作文训练形式,逐步培养学生各种作文的智力技能。具体说,低年级是儿童想象活动的"敏感期",因此最佳的作文训练形式不是复述,也不是看图作文和观察作文,而是创造型的想象作文和童话体作文。教师可着重安排系统的童话体作文训练,以培养学生有意地重现表象的技能,使学生的想象初步具有流畅性、变通性和独创性。中年级是儿童观察活动的"敏感期",最佳的作文形式是观察作文(素描作文)。教师可着重安排对静物,小动物,自然景物,建筑物,人物的动作、对话、外貌以及事情发生、变化的素描训练,以培养学生形成典型表象的技能,使学生的观察初步具有目的性、条理性和精确性。从高年级开始,学生的抽象概念思维进入"敏感期"。其作文训练应该从观察作文转向有明确表达需要的实用型作文。教师可根据社会发展和人际交往的需要让学生写目的明确的记叙文、简单的议论文和说明文、各种应用文和读书笔记,以培养学生归纳推理、演绎推理的技能,使学生的思维初步具有针对性、逻辑性、灵活性和独创性。

第三,必须把"从动机走向目的"作为作文训练的重要策略。根据活动心理学理论,动机和目的是既有区别又有联系的两个概念。动机是"为了什么",是回答原因的问题;而目的则是"达到什么",是回答结果的问题。众所周知,语言本质特性在于它是社会交际的工具,只有亲身体验语言的各种交际功能以及它的社会效益,儿童才能自觉地去学习语言,掌握语言。虽然词、句、句群和篇章都是语言表达的单位，但是能够完整地体现语言社会交际功能的不是词、句、句群，而是成篇的文章。因此，只有让小学低、中年级学生写成篇的文章，完整地表情达意，才能激发他们强烈的作文动机。当然，低年级要加强句子训练，让学生写完整、通顺、前后连贯的句子，中年级要加强段落训练，让学生写意思明确、条理清楚的片断，但这只是作文训练的具体目的，而不能成为学生写作文的动机。如果把目的变成动机，成天让学生进行单调的句子训练和段落训练，他们便会索然无味，甚至产生厌恶作文的心理。反过来，从篇章着手进行训练，鼓励低、中年级学生写"放胆文"，让他们把文章写开，把思路写活，把笔头写顺，产生强烈的作文兴趣，而到作文评讲时又以句子和段落训练为重点，学生就会感到这种句子和段落训练能提高表达效果，十分必要，而且联系作文实际，也会有血有肉，易于理解，收效更快。

在上述理论探索的基础上，吴立岗又以小学中年级素描作文教学的研究为基础，进一步尝试构建符合我国国情的、比较完整的小学作文教学体系。这个体系的要点如下：

第一，转变教育思想，科学地确定小学作文教学的任务，即不把应付升学考试作为作文教学的出发点、着眼点、着力点和最后归宿，而把提高学生素质作为作文教学的出发点和着眼点，面向全体学生，努力完成它的主要任务——培养语言文字的运用能力。同时，还要结合学生身心发展规律，切合实际地完成思想品德教育、发展认识能力、提高审美能力和培养健康个性的任务。

第二，根据马克思主义个性心理学原理和系统论的方法，科学地确定小学作文训练的序列，即不是脱离学生的实际生活，为迎合升学考试需要搞单一的语言文字技巧训练，而是根据学生所从事的活动和心理发展特点，认真分析作文训练这个大系统中的语言文字训练、心理能力培养、语言功能发展以及知识经验积累等子系统，找出其中起主导作用的系统，科学地确定并处理主系统和副系统、纵向发展与横向联系、主体直进和循环渐进、单项训练和综合训练之间的关系。

第三，根据现代心理学和教学论的研究成果，合理地制定小学作文教学的策略，即不是根据升学考试的要求对学生进行枯燥无味的机械训练，而是创设师生间合作教学的氛围，从激发学生动机入手，尽早实现说话训练向书面作文的转化，实现听、说、读、写的和谐发展以及语言能力和心理能力的同步发展。

第四,根据小学作文教学的任务、序列及策略,运用实验法、调查法、经验总结法等各种科学研究方法,大胆地改革现行的小学作文教材,科学地制订小学低、中、高年级的教学目标,训练内容,训练形式及训练方法。具体地说,一、二年级以说写童话体作文为主,辅之以看图和观察实物说话、写话和写最简单的应用文,主要培养通过想象产生作文材料的能力和用词造句的能力。三、四年级以观察作文为主,以命题纪实作文和一般应用文为辅。其中,三年级采取"片断素描"的方法,四年级采取"叙事素描"的方法,即三、四年级的作文训练主要培养通过观察搜集材料、命题、表现中心、组织片断和简单写记叙文的能力。五、六年级以写各类简单的实用作文为主,以写读书笔记为辅,主要培养根据交际需要灵活运用各种表达方式(如记叙、说明、议论、抒情、应用)的初步能力。

1993 年,吴立岗根据多年研究和实践,撰写出版的《小学作文教学论》一书,比较完整地阐述了小学作文教学的基本原理和体系,推荐了由他本人和同事经过多年实验的小学三至五年级作文实验教学设计。该书受到国内广大小学语文教师的欢迎,并在 1995 年 12 月荣获上海市第五届教育科学研究优秀成果一等奖。中国教育学会小学语文教学专业委员会理事长、人民教育出版社编审崔峦对吴立岗的作文教学体系研究给予极高评价,认为这是一项"顶天立地"的研究。所谓"顶天"是指用国外最新的教育学、心理学理论武装自己,使研究建立在先进的理论之上;所谓"立地",是指谙熟国内诸多有影响的作为教学流派,使研究根植于本国经验的沃土之中,研究高起点、宽视野,对我国作文教学的走向产生了重要影响。吴立岗是我国作文教学研究当之无愧的领跑者。

提出作文教学培育学生创造力的主张

2001 年 7 月,《语文课程标准(实验稿)》正式颁布。该《标准》对语文教学,特别是作文教学提出了培育学生创造力的全新要求。自当年起,吴立岗开始着重研究有关在作文教学中如何培育创造力的一系列问题,包括创造力的含义、培育策略和序列等主张。其主要内容和观点如下:

第一,所谓创造力,是为了达到一定的目标,运用已知信息产生出某种新颖、独特,具有社会和个人价值的产品的能力。吴立岗认为,这种产品可以是新观念、新设想、新理论，也可以是新技术、新工艺、新作品（包括创造性作文）等。它的最本质含义就是"新"，一般可以分为三个层次：第一层次的"新"是指人类社会前所未有的，通常将这一层次的创造力称为"特殊才能的创造力"；第二层次的"新"是指社会中某一特定群体前所未有的，而对整个人类社会来说它未必是最新的，通常称之为"群体比较的创造力"；第三层次的"新"仅仅是指个体自己前所未有的，而并不要求其他，通常称之为"自我实现的创造力"，这种创造力实际上是一种创造潜能。我们判断学生的作文是否具有创造性，应该以他个人（或同龄儿童）的经验和知识范围为依据。只要是能够摆脱常规经验和现成答案的影响，独立体验，独立思考，并表述自己的独特感受和独特见解的，这样的作文就算具有创造性。总之，在小学作文教学中培养学生的创造力，其核心就是培养其创造性思维能力（包括创造性想象能力和发散性思维能力），同时也要激发其创造意识，逐步形成创造性个性品质（如主动、好奇、自信、独立、变通等）。

第二，从策略上说，吴立岗提出了小学作文教学应从以下五个方面突破，以实现培育学生创造力的目标。在作文命题上提倡学生自主拟题，少写命题作文，提倡写简单的研究文章；在作文取材上除了纪实作文外，还应将想象作文列入教学计划，鼓励学生写想象中的事物；在作文体裁上要求不拘形式，淡化文体，灵活运用记叙、说明、议论、抒情等表现方法；在作文指导上对作文的立意、构思、用词、造句都要求具有开阔思路、自由表达、发展求异思维能力；在作文评价上对有创意的表达应予鼓励，并要求学生通过自改和互改，取长补短，促进相互了解和合作，养成独立思考习惯。

第三，吴立岗提出，培育学生创造力的要求应贯穿在作文教学序列之中。小学低年级的作文教学要着重发展学生初步概括信息、交流信息和自我表现的语言功能，培养学生的想象能力。这一学段应以想象性写话为主，训练要加强计划性，避免随意性。例如，上海市江湾中心小学曾为二年级的童话体写话设计了 18 次训练内容，共有 10 种课型，即根据故事开头说写童话；模仿已有故事的结构说写童话；根据多幅或单幅图编写童话；童话续编；童话新编；归纳情节提纲编写童话；用"架桥法"编写童话；听音响编写童话；观察某一个生活现象编写童话；命题编写童话。

小学中年级的作文教学要着重发展学生比较系统地概括信息、交流信息和自我表现的语言功能，培养学生的观察能力。这一学段应以情境性观察作文(素描作文)为主,因为这种作文为创造性想象和求异思维能力的培养提供了广阔的空间。一开始,教师可以在设计观察作文的内容时,故意安排一些可供想象的成分,激励学生在观察过程中开展创造性想象活动,使学生初步养成在观察过程中大胆想象的习惯。接着,教师可以训练学生用不同方法观察同一事物,培养学生"同中求异"的发散性思维能力。最后教师可以在安排各类观察作文的训练计划时,专门列入一项完全虚构内容的"想象性描写",以培育学生的创新能力。例如,在人物外貌描写中,让学生写《十五年后的×××同学》,在人物对话描写中,让学生写《关于是否有外星人的对话》;在房间陈设描写中让学生写《我理想中的校舍》等。

进入小学高年级以后的作文教学,要着重发展学生个别影响和自我教育的语言功能,培养学生的抽象概念思维能力。这一学段应该主要写具有明确交际目的纪实作文和想象作文,要求学生具有更强的独立思考能力。一方面,教师可以根据形势确定一些带综合性的教学主题(例如"迎接2010年世博会在上海举办"),让学生自己组织活动,在活动中自由撰写多类实用性的作文(简单的纪实作文和想象作文)。另一方面,教师也可以根据具体情况随机确定单项的人际交往活动,让学生自由确定作文题目,自由构想作文内容,充分表现自己的真情实感和独立见解。

吴立岗上述在小学作文教学中培育学生创造力的观点和思考,不仅祖国大陆和港、澳、台地区的高层学术会议上被广为推介,而且已经在上海部分学校付诸实验,初步取得了良好成效。全国模范教师、江苏省语文特级教师、江苏省苏州市吴江区盛泽实验小学教育集团总校长薛法根认为吴立岗在作文教学中培养创造力的思想,彻底打破了教学从写话起步的禁锢,让学生从低年级开始就能写完整的故事,就能够自由作文,以此夯实学生的作文基本功,对小学生作文教学极具启发意义。上海市崇明区实验小学校长、上海市语文特级教师张秀丽认为,吴立岗将创造力发展于小学作文教学融为一体的理念,对广大小学语文教师的教学实践起到了很好的引领作用。

发起成立"全国新体系作文研究共同体"

在《义务教育语文课程标准(2011年版)》颁布前,吴立岗曾任全国小学语文教学研究会副理事长兼学术委员会主任、上海市小学语文教材(实验本）主编。从 20 世纪 80 年代至 21 世纪初,他将 20 多年沿着引进—融合—创新的轨迹实践和研究的成果进行了梳理、整合,发表了许多专著、编著和译著及大量的学术论文,以期求证于语文学科教学论专家、学者和广大教师,同时也为全国语文教学改革提供参考和借鉴。在此期间,他还相继完成了"七五"国家社会科学基金研究课项及"中小学教育体系整体性改革实验""上海市高教局文科重点科研项目""中小学作文教学改革的理论与实践""童话体作文的教学实验"等科研项目,发表了《小学素描作文教学》《苏联教育家改革语文教学的理论和实践》《吴立岗作文教学研究文集》《小学作文教学论》《现代教学论基础》《引进·融汇·创新》《语文教育寻踪:吴立岗小学语文教育文集》《小学语文教学研究》等论著,以及《苏联的作文教学》《小学作文教学心理研究》等译著,还在国家级和省市级学术期刊发表论文 230 余篇。其学术专著《小学语文教学研究》一书被评为"2006 年中国教师教育优秀教育资源"。2008 年,该书又荣获"上海市高校优秀教材"一等奖。

2021 年,吴立岗获上海市高等学历继续教育"优秀教材"二等奖

　　近年来,吴立岗开始将研究重点放在如何引导广大一线教师深入学习《义务教育课程标准(2011 年版)》和贯彻落实教育部审定的义务教育语文教科书的要求上来。在总结 20 多年理论研究和实验研究的基础上,他带领自己的硕士研究生、《小学语文教师》编辑部负责人杨文华先生,并与上海教育出版社、上海师大语文教学研究中心合作,于 2014 年共同发起成立了"全

国新体系作文研究共同体",其主要目的探究和推广如何根据儿童少年语言交际功能和认知发展的年龄特点开展小学作文基础理论研究、小学作文教学序列研究、小学作文教学流派和风格研究、小学作文教学方法策略研究、小学作文评改与评价研究、统编教材习作教学研究等。目前,全国各地和上海市已有 300 多所学校参加了"全国新体系作文教学研究共同体"。各地的研究活动开展得十分活跃。例如,由杭州市天长小学教育集团和天长差异教育研究院施民贵和楼朝晖等特级教师组织的"童话体作文教学研究",已经举办了多次专题研讨会。2023 年 2 月 22 日至 23 日又召开了"第五届童话体作文实验研讨会",线上线下共有五千多人参加。

在此期间,为了推动全国新体系作文教学研究共同体的活动,上海教育出版社还出版了由吴立岗任主编、杨文华任副主编的一系列新体系教学理论书籍,包括《小学交际活动作文理论与实践》《小学童话体作文教学》《小学素描作文教学》《小学高段交际活动的作文研究与课例》等,还推出了配合统编教材实施教学的小学生一至六年级作文用书 12 册。

注重教书育人,助力研究生成长成材

吴立岗从 1994 年开始带教硕士研究生,基本上每年招收 1 名,在职期间共毕业了 8 名教学论专业研究生。吴立岗对学生的要求很严格:一是要求他们刻苦钻研,有担当、有责任感,树立把毕生献给祖国教学改革事业的志向;二是要求他们努力学好每门学位课程,认真思考课程的现实意义,学会融会贯通;三是要求他们博览群书,多阅读文献资料,多搜集、归纳、整理,并在积极参加导师的研究课题的同时,逐步确立自己感兴趣的领域,开展专题性研究,提出自己的实施见解,并争取在核心期刊发表文章。吴立岗不仅在学习上对学生循循善诱,而且在生活上给予关心和照顾。安徽籍一位研究生家境贫寒,住在学校经济上有困难。吴立岗就把他接到自己家中管吃管住,还腾出一间书房让他读书、研究,并经常在家里一对一地为他强化专业课,使他的学习研究能力得到了迅速提高。毕业后,这位研究生考上了复旦大学的博士生,博士毕业后进入南开大学,并很快地晋升为教授。正是因为吴立岗对学生既严格要求,又能因材施教,故其研究生毕业后个个成才。比如,邹芳毕业后进入上海市侨办工作,现任上海市侨办主任。赵先政毕业后考入上海戏剧学院汉剧传承发展与保护专业博士生，现为该校教师。杨姣平毕业后进入徐汇区教育学院，现担任科研部主任；兰玉蓉也进入徐汇区教育学院，现担任科研部幼教部教研员。杨文华毕业后进入上海教育出版社，现任《小学语文教师》杂志主编。关门弟子丁炜传承衣钵，在上海师范大学执教，曾任上海师范大学教育学院副院长，现任上海市写作学会副会长、中国语文报刊协会课程与教学专业委员会副理事长兼秘书长。

2021 年，吴立岗（中间）与部分前来拜年的硕士研究生留影于家中

现如今，吴立岗已年届 82 岁，但他依然十分关心国内小学语文作文教学的研究动态，还经常赴各地参加各类小学语文论坛和讲座，继续探讨研究专业的学术前沿问题，持续不断地为吴立岗作文体系注入着新鲜血液。凡此种种，都显示了吴立岗老当益壮、老有所为的人生志向和终身学习、皓首穷究的治学态度。

（丁炜 撰文）

附一：吴立岗简历年表

1941 年 6 月 5 日	出生于南京市。
1947 年 9 月—1953 年 7 月	上海市中西女中附小就读(后改为江苏路小学)。
1953 年 9 月—1959 年 7 月	上海时代中学并直升高中就读。
1959 年 9 月—1964 年 7 月	华东师范大学教育系学校教育专业就读。
1964 年 9 月—1978 年 7 月	上海市静安区胶州中学任教、任语文教研组长。
1978 年 9 月	调入上海师范学院教育科学研究室任教。
1978 年 9 月—2004 年 9 月	上海师范学院(上海师范大学)任教,先后任上海市实验学校筹备组组长、《外国中小学教育》杂志主编、上海市语文义务教育教材主编,兼任全国小学语文教学研究会副会长及学术委员会主任等职。
1986 年 7 月—1992 年 4 月	上海师范大学教育科学研究所副所长。
1992 年 4 月—1997 年 2 月	上海师范大学教育科学中心副主任兼教育科学研究所所长。
1995 年 12 月	《小学作文教学论》获上海市第五届教育科学研究优秀成果一等奖。
1997 年 2 月—2000 年 8 月	上海师范大学教育科学学院副院长。
1999 年	获上海市育才奖。
2004 年 9 月	退休。

附二：吴立岗主要论著目录

(一) 译著

《苏联的作文教学》,教育科学出版社 1982 年版。

《小学作文教学心理学研究》,文心出版社 1990 年版。

我国小学作文教学与研究的领跑者——语文学科课程教学论专家吴立岗传

（二）专著

《小学作文素描教学》，浙江教育出版社 1984 年版。

《苏联教育家的改革语文教学的理论和实验》，上海教育出版社 1988 年版。

《吴立岗作文教学研究文集》，广西教育出版社 1990 年版。

《小学作文教学论》，广西教育出版社 1993 年版。

《小学语文教学研究》，中央广播电视大学出版社 2004 年版。

《引进、融合、创新：吴立岗小学语文教育文集》，上海教育出版社 2007 年版。

《语文教育寻踪：吴立岗小学语文教育文集》，人民教育出版社 2010 年版。

《小学作文教学论》（新版），广西教育出版社 2017 年版。

《吴立岗作文教学研究论集》，上海教育出版社 2018 年版。

（三）主编、合编

《教学的原理、模式和活动》，广西教育出版社 1997 年版。

《现代教学论基础》，广西教育出版社 2001 年版。

《小学生交际活动作文》（一至六年级作文用书 12 册），上海教育出版社 2018
年版。

《小学交际活动作文理论与实践》，上海教育出版社 2020 年版。

《小学素描作文教学》，上海教育出版社 2020 年版。

《小学高段交际活动作文研究与课例》，上海教育出版社 2020 年版。

《小学童话体作文教学》，上海教育出版社 2020 年版。

（四）论文

《科学对待语文的工具性》，《光明日报·教育周刊》2010 年 7 月 1 日。

《语文教学改革要防止三种倾向》，《小学语文》2010 年第 1—2 期合刊。

《作文教学改革 30 年》，《小学语文教学》2010 年第 2 期。

《学习、融汇、创新》，《小学语文》2010 年第 12 期。

《对小学语文教学两个基本问题的探讨》，《小学语文教学会刊》2011 年 6 月。

《我对语文教学的认识》,《教育信息报·教师周刊》2011年7月2日。

《小学习作教学改革的昨天、今天和明天》,《现代基础教育研究》2011年第3卷。

《辩证处理阅读教学中的几个关系》,载《课程改革的探索之旅——〈课程教材教法〉创刊30周年百篇精粹》,人民教育出版社2011年版。

《思路开阔,精彩纷呈——近年我国习作教学改革鸟瞰》,《小学语文教师》2012年第7、8期。

《基础教育要从习惯抓起》,《现代基础教育研究》2012年12月。

《努力构建义务教育阶段作文教学新体系》,《小学语文教师》2013年第12期。

《中小学作文教学路在何方》,《学习报》2013年至2014年第20期A。

《从素描着手培养小学生独立写作能力》,《小学语文教师》2014年第4期。

《当前中小学作文教学须关注的三大问题》,《课程·教材·教法》2014年第7期。

《当前小学语文课程读写教学的新视野》,《现代基础教育研究》(第14卷),2014年6月。

《值得借鉴的作文教学改革探索》,《小学语文》2014年第11期。

《愿儿童想象作文生生不息——低年级童话体作文学理浅析》,《小学语文教师》2016年第5期。

《小学作文教学科学化的探索》,《中小学课堂教学研究》2016年第5期。

《借鉴国外先进经验 探索作文教学新领域》,《中小学教材教学》2016年第7期。

《袁瑢老师永远值得我们学习》,《小学语文教师》2017年第10期。

《一位严格按照科学规律教学的师长》,《小学语文》2017年第10期。

《"第一次",这样选——〈难忘的"第一次"〉作后指导教学实录及评析》,《小学教学(语文版)》2019年第5期。

为人为事为学温润如玉
立言立德立功静水流深
——高等教育研究与管理专家李进传

　　李进(1949—　　)，江苏武进人。中国共产党党员。二级教授，博士生导师，享受国务院政府特殊津贴专家。上海市第十届、第十一届政协委员。1982年本科毕业于北京师范大学，1988年硕士研究生毕业于上海师范大学。历任上海市高等教育局教学处副处长，上海市教育委员会高等教育办公室副主任、主任，上海东沪职业技术学院校长，上海第二工业大学副校长(主持工作)、党委书记，上海师范大学校长，上海杉达学院校长，上海外国语大学贤达经济人文学院执行董事长。曾任教育部全国高等学校设置评议委员会委员、教育部小学教育教学指导委员会副主任，教育部国家级教学成果评审委员会副主任、国家精品课程评审委员会副主任、国家教学名师评审委员会副主任，全国高职高专校长联席会议主席、全国高职高专示范性院校建设协作委员会会长、全国产学研教育学会副会长，上海市社会科学界联合会副主席、上海高教学会副会长、上海职教协会副会长、上海民办教育协会副会长、上海产学合作教育协会副会长兼秘书长、上海教育人才交流协会理事长、上海高职高专教师专业职务评聘领导小组组长。李进长期从事马克思主义哲学研究、高等职业教育发展研究和高等教育管理工作。共编著著作20余部，发表论文80余篇；先后主持完成包括教育部重大攻关项目在内的20余项各级各类课题；曾获高等教育国家级教学成果二等奖(2009)，上海市哲学社会科学优秀成果二等奖(2004)，上海市级教学成果一等奖(2009)、二等奖(2005)，上海市教育科学研究成果二等奖(2005)，上海杰出职业教育院校长(2005)，上海市教育功臣提名奖(2008)，全国大学生喜爱的大学校长(2015)等奖项。

乐学致远，成就教育家的不凡人生

　　1949年3月，李进出生于一个教育世家，父亲是著名心理学家，母亲是

李进

中学数学教师。受到家庭的熏陶,少年时的李进酷爱学习,成绩优异。1956 年 9 月李进就读于上海市民晏路小学,1960 年 9 月转入上海市漕河泾中心小学学习,1962 年 9 月—1965 年 9 月,于上海市南郊中学完成初中学业,1965 年 9 月—1969 年 3 月,在上海师院附中读高中。同年,他响应号召到吉林省梨树县插队务农。从南方大城市落户东北乡村,条件非常艰苦,但他能积极面对,冬天刨粪,春天播种,夏天护青,秋天收割,各项农活都干得很好。插队务农的经历,让出身知识分子家庭的李进真正接触到了农村农民,感受到农村民风的醇厚,农民本质的纯朴。1970 年 9 月,李进被选调到吉林省机床大修厂不久,赶上了"小三线转移",随工厂来到长白山西麓的山沟里。他工作积极肯干,吃苦耐劳,刻苦钻研技术,曾为完成军工任务,发高烧仍连日坚守岗位;为搬迁筑路、排哑炮、拆装设备,他不顾个人安危冲锋在前,因而年年都被评为先进,并于 1975 年 5 月加入中国共产党。务农务工的艰苦岁月锻炼了李进顽强的意志和坚韧的拼搏精神,为其今后的发展奠定了基础。

1978 年 9 月,李进以吉林省吉林地区文科第一名的成绩考入北京师范大学哲学系。他在北师大刻苦攻读,成绩优秀,连续三年被评为校三好学生、北京市三好学生。其中,1979 年被评为北京市新长征突击手,曾多次作为北京市大学生代表受到党和国家领导人接见。毕业那年被评为校、市两级优秀毕业生。

1982 年 7 月,李进北师大毕业后,被分配到上海师范大学政法系任教。主讲《马克思主义哲学原理》《认识论原理》《马列原著选读》《创造思维研究》《管理心理学》等本科和研究生课程,他多年坚持哲学认识论的学术研究,并逐步涉猎心理学、管理学。先后独著和参著了《理想与选择》《当代马克思主义问题研究》《对青年深层思想理论问题的若干思考》《高等学校马克思主义理论教育学》等著述,完成了"当代大学生的精神追求与理论教育面临的任务""人类思维特质研究"等教育部和上海市教委课题,先后荣获校记大功、"最受学生欢迎的青年教师"、优秀教育工作者等称号。1988 年 7 月,

319

获上海师范大学哲学硕士学位,同年 12 月被破格晋升为副教授。

1992 年 2 月,时任上海师大马列教研部副主任的李进被调任市高教局教学处副处长,负责高校专业教学、文科科研和思政教育的管理工作。1995年上海市教育委员会成立后,李进先后任高教办副主任、主任,并因其开创性工作,连续 5 年获市教委嘉奖,还获三等功 1 次,荣获市级机关优秀共产党员称号。

2000 年秋至 2005 年底,李进先后担任上海东沪职业技术学院校长,上海第二工业大学副校长(主持工作)、党委书记,组织完成了两校合并及全日制本科高校的设置,还确定了学校发展的"时间路线图",即"一年打基础,三年争飞跃,五年攀高峰",并将"品质、品位、品格"定为办学信条,制定了"厚生、厚德、厚技"校训及"高品位设计、高质量建设、高绩效管理"的工作要求。在他带领下,二工大举起"发展高等职业教育"旗帜,成为一所全国的标杆学校。

砥砺奋进,难忘的上师大校长生涯

2006 年 1 月,李进被任命为上海师范大学校长,回到了阔别 14 年曾经工作和学习过的母校,由此开启了上海师大的校长职业生涯。他立足时代发展、遵循高教发展规律,提出了"国际化、高水平、综合性"、突出教师教育形态布局的办学理念,并结合《上海中长期科学和技术发展规划纲要(2006—2020 年)》,进一步明确上海师大的定位和发展思路:学校是地方大学,但以国际视野办学;学校是师范大学,但以综合思路办学。鉴于上海师大是以应用型人才培养为主要目标、文科见长、文理工协调发展并具有师范特色的地方综合性大学,他提出了"学科引领,规范管理,民主治校,民生优先","学校事业发展与教职工福利同步增长"的思路,使学校得到了快速发展,教职工凝聚力增强,社会声誉提高,综合实力提升。由于在上海高等教育领域尤其是在上海师大的突出贡献,2008 年李进获上海市教育功臣提名奖。

(一) 建设教师教育特色更为鲜明的大学

李进提出,教师教育创新对于师范院校来说是一项综合工程,必须整体推进与整合建设,在建设教师教育高地以提升教师教育学科实力与服务能级,探索教师教育人才培养模式与完善培养机制,建设教师教育重点实验室以形成学科研究品牌等方面加以突破。[①]他领导组织基本完成的学校"上海教师教育基地"形态布局,和职前职后一体化的教育学院实施的基础教育师资创新培养模式,以及由上海师大、市教科院、中小学教学骨干合成的科研团队,针对基础教育实际和需求开展的实验研究,在上海基础教育界有较大影响。他创建的由附中、附小、实验学校和附属外国语学校系列构成的基础教育集团,以及与各区县全面合作、开拓高职教育研究和高职师资培训项目等,取得了突破性进展。他在全国地方师范院校中积极倡议和率先实施的免费师范生招收,也取得了良好的社会效果。2007 年 9 月,时任上海市委书记习近平到上海师大考察,肯定了学校工作并作出重要指示:"作为培养人民教师的摇篮,上海师范大学要以对党的事业高度负责的精神去培养未来的教师。"[②]

2008 年 2 月,李进(中间左一)参加上海师范大学首届免费师范生招生工作新闻发布会

(二) 加快学科建设、提高教学质量

李进在组织校、院两级制定学科专业发展规划时,强调指标导向,项目支撑,流程保证,预算保障,责任到人,调整激励和奖励政策,调动了全员积极性,使学校在较短时间内实现了国家重点学科、国家精品课程、国家教学名师等零的突破;上海市重点学科和各类市级研究基地数量级的突破;新增3 个一级博士点、2 个博士后流动站,博士生招生大幅增加;高级别科研项目

---

① 李进:《教师教育创新的实践领悟》,《中国高等教育》2009 年第 11 期。
② 《习书记勉励我们"未来做传播中华优秀传统文化的好老师"——习近平与大学生朋友们(三十七)》,《中国青年报》2022 年 4 月 11 日,第 4 版:要闻。

和奖项刷新了历史纪录,高水平科研论文大幅增加,科研经费突破亿元;教学质量稳步提高,各类市级教学质量工程建设项目获得数升至全市高校前列,学生在全国大赛中所获一等奖和奖项总数均达历史最高水平。他高度重视思政理论课和马克思主义理论学科建设,组织干部教师深入学习贯彻全国思想政治工作会议精神,有效整合全校相关学科研究力量,充分发挥全校哲学社会科学的潜在实力,大力提升思政课教学的有效性,并融通高校思政理论教育与学生思想工作,建立了全员参与学生思想政治教育工作的新格局。2008年10月,成立了上海高校中首个马克思主义学院,为学校马克思主义理论学科建设与发展、思政课教学改革与质量提升奠定了坚实的基础。

(三)加大师资队伍建设力度

在推动学校发展中,李进提出必须加强两支队伍的建设。一是专业师资队伍建设,他提倡"哥本哈根精神",加大中青年学科带头人和学术骨干培养、引进的力度和效度,逐步补足学科高端人才断层,加强学术创新团队建设管理,支持、促进学科后备力量成长,通过设立"申江学者"及"资深教授"岗位,组建"青年教师创新团队"等举措,在师资队伍建设质量提升上取得了显著成效。同时他还积极引进领军人才,并通过设立特聘研究员,构建学术

2008年6月,李进(右二)参加上海师范大学首批申江学者特聘教授受聘仪式

平台,以学术氛围吸引人才,并多次亲自登门拜访,以情动人,在引进一批知名教授和学科带头人中发挥了关键作用。二是育人队伍建设,他指出,随着学校办学规模扩大,以辅导员为骨干的育人队伍要探索育人的有效形式和途径,辅导员队伍得到加强了,学生的素质养成就有了可靠保障。

（四）扎实推进德育工作和素质教育

李进提出,坚持以学生为主体,以教师为主导,以管理为主线,通过有效的教育管理,充分发挥学生的主体作用,极力凸显学生的主体地位,促进学生社会主义核心价值观的养成并有个性地全面发展。他认为,学校德育工作的实质,就是在中国特色社会主义条件下,把个人需求与社会需要有机结合起来,根据社会需要来转化、发展、调节学生的个体需求结构,塑造学生的整体素质。据此,学校坚持开展德育特色项目,推进文明修身系列活动,实施学生宿舍自我管理模式,拓展爱心学校志愿者活动,培养了学生的吃苦精神、敬业精神、团队精神、奉献精神,并以此磨炼学生的意志,规范学生的行为。2006 年,上海师范大学爱心学校荣获"中国十大杰出青年志愿者服务集体"称号;2010 年,上海师范大学被党中央、国务院授予"服务世博全国先进集体"称号;2011 年,上海师范大学志愿者服务总队被中央文明办评为"全国优秀志愿服务组织"。

（五）大力提升办学的国际化程度

李进提出,国际化既是学科专业竞争力,也是学校文化竞争力。学校对外交流与合作要多元拓展,形式多样,既要扩量,加大各类国际合作项目,扩大留学生的招生规模;更要增质,就是要上层次,在课程层面交流提升,更多地承担高水平的科研合作项目,招收更多的专业留学生。在他主导下,学校与 20 多个国家 160 多所高校,尤其是与哈佛大学、早稻田大学等世界知名大学拓展了合作交流项目,与法国国家科学院、巴西国家科学院开展合作科研项目,在海外建立了 3 个"孔子学院"。2006 年 3 月,李进应邀访问哈佛大学,对两校国际合作与交流达成了系列共识,签订了联合培养研究生的合作协议,迈出了提高学校知名度、增强学校国际竞争力的重要一步。作为"世界合作教育协会"的理事,他还促成上海参加了第十四次世界合作教育大会,市教委主任作大会发言,并组织和主持了在沪举行的、中国教育部副部长参加的"世界合作教育协会 2006 年亚太地区大会",为提升上海城市与学校的教育影响力作出了积极贡献。

钟爱学术，注重现实关怀

作为马克思主义中国化博士点的学科带头人，李进的主要研究方向是中国特色教育思想研究。作为职业技术教育学博士点的学科带头人，他主攻高等职业教育政策和实践研究。他把博士点教学与承担教育部重大攻关项目以及上海市政府、中国高教学会等的课题研究结合起来，既为有关部门的教育决策提供了建设性咨询意见，也有效地提升了学生的学术视野和研究能力。

（一）坚持学以致用，积极投身真理标准问题大讨论

李进对学术研究的兴趣发轫于 20 世纪 70 年代末 80 年代初。彼时他尚为北师大哲学系本科生。1978 年，《实践是检验真理的唯一标准》一文引发了关于真理标准问题的大讨论。李进与同窗好友袁贵仁（曾任教育部部长）积极参与讨论并合作撰写了两篇论文。文中指出："实践是认识的源泉包括两层意思，一是认识产生的源泉——主客观交互作用的实践活动；二是认识内容的来源——作为实践对象的客观实在。但无论实践活动，还是实践对象，都是实践的基本因素。"①"真理属于认识的范畴。一切认识都是由主体和客体交互作用而形成，它既非纯主观，也非纯客观，而是主观对客观的反映。真理就是主观对客观的正确反映。这里客观的是真理的内容，而反映客观内容的主观的东西，我们称之为真理的形式。"②以在读本科生的身份撰写学术论文，积极为国家大政方针建言献策，贡献智慧，既显示了李进扎实的学术功底和浓厚的研究兴趣，又体现出其拳拳爱国情和殷殷报国志。进入上海师大任教后，他仍然锲而不舍地对真理标准等问题进行探究。

（二）坚持理论联系实际，聚焦高职教育改革发展

到上海第二工业大学担任领导职务后，李进的学术兴趣逐渐转向高等职业教育，并围绕高职教育发展和实践路径等主题承接项目、发表论文，在国内职业教育领域形成了重要的学术影响和实践导向。

进入 21 世纪后，积极发展高职教育成为科教兴国的重要举措。李进认

---

① 袁贵仁、李进：《实践是认识的唯一源泉——与则鸣同志商榷》，《社会科学》1980 年第 6 期。
② 袁贵仁、李进：《真理的形式是什么？——与山菊同志商榷》，《浙江学刊》1981 年第 3 期。

为："如何推进高职教育,本质上是一个实践问题。高职院校作为教育实体,应重在教育实践,着眼于区域背景的思考,立足于学校定位和教育模式的运作。"①他还提出:"校企合作是高职院校办学的重要路径。高职校企合作可以概括为:高起点,零距离,深层次,双战略。"②"职业教育的本质就是就业教育,其生存和发展以经济、社会发展为根本依据,以市场所需的人才及规格为导向。职业教育创新的根本就是彻底变革滞后的教育观念,克服思维障碍,把产业的业态变化和企业的人才战略作为跟踪、研究和服务的对象,成为企业创新人才的培养基地。"③2003年8月,时任国务委员陈至立到上海二工大视察,对学校坚持产学合作教育,"零距离培养"的办学模式给予了充分肯定。

转任上海师范大学校长后,李进仍没放弃对高等职业教育的深入研究。2009年,他主持的项目"银领工程:高等职业教育的教学综合改革研究与实践",提出了高职院校的专业建设、课程建设、实训建设、师资建设、教学管理等一系列的解决方案,在推动高职教育领域教育理念、教学手段和方法的创新,及全国高职教育的内涵建设上起到了重要的推动作用。2010年,他提出:"高职教育的可持续发展,是做强高职教育的持续过程。做强高职教育一是强化类型、强调特色,二是强化功能、强调内涵,全面地推进高等教育的人才培养、科技创新、社会服务的三大职能在高职领域充分而个性的展现。"④2014年,他又强调:"现代职业教育体系的有效运行,必须有治理现代化相匹配,从职业教育发展过程中遇到的现实问题,尤其是瓶颈问题出发,形成解决问题的价值导向、体制活力、制度保障以及运行能力。"⑤李进把对职业教育的深刻理解和独到判断与生动的办学实践有机结合,既拓展了职业教育的理论深度,又提升了职业教育的办学质量和水平,也因此成为全国职业教育领域当之无愧的领军人物。

（三）坚持守正出新,致力于中国特色教育思想研究

李进对马克思主义中国化问题的研究,得益于其哲学学术素养。在他

---

① 李进:《推进高职教育重在教育实践》,《教育发展研究》2002年第12期。
② 李进:《高职校企合作运作的思路和实践》,《中国高教研究》2004年第1期。
③ 李进:《构建创新理念 发展现代职业教育》,《教育与职业》2005年第31期。
④ 李进:《关于高职教育可持续发展的哲学思考》,《中国高教研究》2010年第2期。
⑤ 李进:《论现代职业教育体系的治理现代化》,《中国高教研究》2014年第11期。

主导下,上海师大形成了有本校特点的学科研究方向。2009年,他在《中国高等教育》撰文提出,马克思主义中国化学科建设,是对马克思主义中国化的基本经验、基本规律以及马克思主义中国化的理论成果的专门研究。我们必须要有仰视体系的敬畏,即遵循马克思主义中国化理论构成和发展的规律;又要有鸟瞰结构的眼光,即不断深入地探索具体理论延伸的发展。马克思主义中国化学科建设的平台,可以根据高校的具体情况,科学地把握学科的理论体系和方法论体系的系统内涵,组合不同的重点研究方向,形成各自的研究和建设特色。①

2009年,他在《中国高教研究》撰文对马克思主义中国化进程中的中国特色教育思想体系进行了阐析,并对中国特色教育思想指导实践的基本经验进行了归纳:"在教育工作目标上,始终坚持社会主义办学方向和保持坚定正确的政治方向;在教育工作方法上,始终坚持解放思想、实事求是、开拓创新的思想路线;在教育工作的方略上,始终坚持科学的前瞻的战略定位和

2008年12月,李进做中国特色教师教育专题讲座

---

① 李进:《理清思路　加强马克思主义中国化研究和教育》,《中国高等教育》2009年第17期。

实际的政策策略;在教育工作的主体上,始终坚持弘扬自觉的社会主义意识和创新精神。"①

教书育人,既为经师又为人师

李进在上海师大先后担任了马克思主义中国化研究和职业技术教育学两个专业博士点的学科带头人,招收博士研究生和硕士研究生,开设了"马克思主义中国化专题研究""中国特色教育思想研究""职业技术教育专题研究""现代职业教育体系建设研究"等课程,为培养研究生倾注了大量心血。

(一)博学睿智,乐观豁达,言传身教"润无声"

从教以来,李进言传身教,毫无保留地将自己的人生经历和经验分享并传输给学生。李进带教的研究生,都被他乐观豁达的为人所感染,被他博学睿智的学识所折服。他的言传身教对学生的成长和发展,起着"润物细无声"的潜移默化作用。

博士生曹寄奴谈起导师时说:"李老师经常教导我们要与人为善、宽以待人、谦虚待人、乐于助人,为人要豁达大度。"博士生徐雄伟说:"导师历任上海师范大学校长、上海杉达学院校长等职,由此与我的专业学习和日常工作内容有了更多的交集。课堂上导师是一位令所有学生尊敬的专家学者,他对我国职业教育的改革发展有着独到的见解,宏观建构的理念拓宽了我们的学术视野和管理思路,也为我的学术研究和学校管理工作打下了坚实的理论基础。"

博士生宋敏娟说:"老师的课使人如沐春风、启人心智,能够深切感受到他对学术主题的宏观把握、独到见解和精准判断,折射出深厚的哲学功底、扎实的学术素养以及宽广的学术视野。"博士生郭文富说:"老师作报告时激情澎湃与纵横捭阖,指导论文时高屋建瓴与深入浅出,让我领略了人格与思想的魅力,以及一种不可言说的穿透事物本质直达内心的力量。"

(二)因材施教,注重学习力和思考力的培养

1. 尊重学生特点,做到因材施教

李进能根据学生各自的人生经历和学术背景进行点拨,常常强调:"不

---

① 李进:《马克思主义中国化进程中的中国特色教育思想》,《中国高教研究》2009 年第 9 期。

能用一个尺度来衡量学生"。他针对每个学生的学术背景和潜质,进行个性化指导。博士生张永波说:"博士学位论文选题时,导师知道我有法律专业的背景,建议和法律结合起来,搞依法治教研究。"博士生吴跃东从事学生管理工作,对大学生资助非常熟悉,李进支持他结合工作实际开展教育公平研究。这种个性化的培养方式,充分激发了学生的研究兴趣和学术潜力。

2. 经典前沿并重,重在守正创新

李进给博士生讲授学术前沿的现状时,从历史与现实、理论与实践、国际与国内等方面进行全面系统的汇总与阐述,他旁征博引,见解独到,剖析深刻,能引起学生的共鸣,给学生以启迪。他强调要关注学术前沿,了解学术动态;要研读经典原著,守正创新,体现中国特色;博士学位论文要夯实学理基础,做好检索与综述,提炼出自己的学术观点。

3. 适时指导点拨,注重独立思考

李进在指导博士研究生时,尤其强调独立思考、聚焦探索,要求学生先形成自己的想法,然后再和他交流。博士生程水栋说:"导师对我的博士论文的选题、框架和表述等进行了精心点拨,我深受启发。"博士生顾相伟说:"老师鼓励学生独立思考,又适时予以指导点拨,也会关心在职博士生的工作和生活,鼓励克服工学矛盾,积极进取。几年相处下来,学生们感觉到这个校长没有架子,这个导师非常可敬,正所谓'半师半友半知己,半慕半尊半倾心'。"

(三) 关心成长,倾心相助倾情鼓励

读博是一场修炼,非常艰辛。李进经常和学生倾心交流,给予指导和鼓励。博士生徐晓明说:"在论文撰写的漫长的过程中,当我遇到困难产生消极情绪时,李老师总是用亲切而坚定的话语激励我继续前行,给了我莫大的精神推动力。"博士生刘建良回忆道:"导师的育人具有高超的艺术性,他几乎从来不批评学生,总是充满了理解和鼓励。由于自己是在职学习,工作事务比较多,有了延期毕业的想法。结果导师一句'小刘的论文我是最不担心的',令我感受到了鞭策与期望,瞬间打消了延期的念头,最后抓紧时间完成了学位论文,按期毕业。"

除了学业指导之外,李进在为人处世、工作发展等方面也对学生倾心相助。博士生吴跃东、彭元明、张永波等说:"除了学习以外,导师在做人做事方面也不断给予我们指导和帮助,提醒我们如何更加积极进取,如何跟人打交道,如何应对挫折等,使我们得以快速成长。"吴海燕是李进在职业技术教

2017 年 3 月，李进（中间）与部分博士生在一起

育学博士点的学生，曾参与上海市高校设置工作。她说："导师不仅关心我的学业，还指导我的工作。在近十年的上海高校更名、转设、升格、划转等一系列工作中，导师每次都能做到最精准的政策解读，最无私的现场支援。"

每当博士生的学位论文作为专著出版时，李进都欣然作序。博士生吴跃东说："我的博士论文以及第一本书的出版，从选题、写作、修改等方面都倾注了导师的大量心血。"李进则欣慰地表示："你们中有教授、副教授，博士生导师、硕士生导师，有的申请到了国家社科基金项目，作为老师，我非常高兴，希望你们的发展越来越好。"

永葆激情，服务高等教育改革创新

（一）以务实的改革思路，推进上海高校教学创新

李进在上海市高教局、教委工作期间，提出了上海高校教学改革思路：以更新教育思想观念为先导，遵循教育规律为原则；以培养 21 世纪高素质人才为出发点；以素质教学内容及课程体系和教育技术现代化为突破口；以激励学生自主学习和教师投入教学改革、管理为着力点；高起点、高标准、高投入、有突破地推进上海高校教学改革工作。他多次在全国高教处长会议上介绍经验，在全国产生重要影响。

围绕以上思路，他提出和主持完成了一系列在全国领先的开创性工作。比如，组织实施并完成了上海高校新一轮专业结构调整和建设，在全国率先

优化了本专科专业目录,编写出版了全国首部以行业分类的高职专业目录;设计并完成上海高校面向 21 世纪教材建设项目,在全国率先由政府拨款整体规划出版了一批高校新教材,建立了高校基础课程的外国教材中心;建立全国首家上海高等教育评估事务所,与中国香港学术评审局合作,在全国率先实施完成了上海高校新设专业检查和紧缺热门专业的评估;承担国家语委和教育部任务,首次制定了城市语言文字评估和高校语言文字评估方案;在全国率先实施市教委和市劳动局共同发文推进上海高校大学生职业技能鉴定,组织制定了工科大学职业技能鉴定工种标准;在全国率先组织完成由市政府督办的上海高校教师办公条件改善工程,使教师们的办公条件得到了历史性的改善等。由于突出的工作实绩,李进连续 5 年获得上海市教委嘉奖,记三等功 1 次,还荣获了市级机关优秀共产党员称号。

（二）以创新的研究实践,引领全国高职教育改革

李进对高职教育的改革创新和示范院校建设也作出了引领性贡献,在全国拥有很高的认可度。他倡议和组建的全国高职高专校长联席会议,得

2009 年 12 月,李进(左二)在北京主持全国高职高专示范性院校建设三周年大会,向时任教育部副部长林蕙青(左三)、高教司司长张大良(左一)汇报教学资源库建设情况

到教育部和各地教育主管部门大力支持,并连续 14 年担任联席会议主席。他创建的全国高职高专教育网,切实围绕教育部的工作要点开展工作。他策划编撰并公开发布的《中国高等职业教育质量年度报告》,受到教育部部长充分肯定的批示。作为校长联席会的领头人,他以务实的办学理念和特有的感染力,在高职教育高质量建设中,发挥着富有前瞻性的引领作用。

2005 年,李进被评为上海杰出职业教育院校长,他的办学实践和教育理念被《人民日报》《光明日报》《中国教育报》《解放日报》《文汇报》及中国教育电视台等多种媒体报道。2004 年《上海教育》和《职业技术教育》、2007 年《教育与职业》分别在"人物"栏目对其进行专门报道,其入选理由是:"在把对职业教育的深刻理解和独到判断应用到办学实践过程,体现出智慧的高度和激情的力量,证明了一位学者型校长的价值和魅力"。

按照教育部高教司安排,时任上海师范大学校长的李进,还担任了教育部全国高职高专示范性院校建设协作委员会会长,牵头组织协调教育部、财政部启动的,被喻为高职教育"211 工程"的"国家示范性高职院校建设"项目,他也自始至终参与了项目设计、实施、验收等工作,指导高职院校的内涵建设,取得了明显的实质性成效,对我国职业教育的发展起到了重大的推进作用。

(三) 以强烈的责任担当,推动民办高校发展

2011 年以后,李进先后担任上海杉达学院校长、上海外国语大学贤达经济人文学院执行董事长,在推动民办高校和民办教育发展中作出了重要贡献。令人感佩并津津乐道的是:在不同的学校,他都会以独到的哲学思辨,站在制高点上研究、设计、实施自己的教育思想。比如在上海杉达学院工作期间,他提出了"与众不同,追求品质,塑造未来"的核心发展理念,坚持诚信办学对待社会、严谨管理取信社会、可靠质量回报社会。他明确学校的定位是:地方高校、应用本科、民办示范、纳入现代职业教育体系建设,以"共建杉达,共享杉达"为价值目标,为了每一个学生的终身发展,最终成就"美丽杉达,幸福师生"。2015 年他被中国高教学会评为全国学生喜爱的大学校长。

清晰的办学理念、办学定位,以及到位的保障措施,使上海杉达学院成为上海市非营利性民办高校示范校、上海首批现代大学制度建设试点校。仅用 5 年时间,上海杉达学院就实现了跨越式发展,并获得良好的社会效益和声誉,教学质量和办学水平被社会充分肯定,获得了上海市"五一"劳动奖

状、"上海市先进基层党组织"等荣誉称号,成为全国著名的"应用型、国际化、高水平"民办高校。2012 年 9 月,时任上海市委副书记殷一璀在上海杉达学院二十周年校庆大会上赞誉道:"杉达学院以其非常有特色的办学理念、办学机制以及办学成果,提供了许多可为上海高等教育借鉴的经验。上海高等教育既为复旦、交大感到骄傲,也为拥有杉达这样的民办高校而感到骄傲!"

在任上海外国语大学贤达经济人文学院执行董事长期间,李进组织编制学校"十四五"发展规划,提出整体发展思路,设计"紧扣结构优化主题,从不同层面推进形成与新发展格局相适应,以特色发展为导向的高质量民办教育的结构体系",以"外语+""信息技术+"强化学校特色,在发展定位、实施策略、人才培养、管理优化等方面推进学校国际化、高水平发展作出了重要贡献。

几十年来,李进在积极做好所在学校本职工作的同时,还热情地为上海市教委和教育部、为上海乃至全国的兄弟院校提供尽可能多的服务和帮助,为上海乃至全国教育事业尽心尽责。他积极发挥上海教育的引领和示范作用,得到教育部、兄弟省市和院校的充分肯定,并在高等教育学术界产生了广泛的影响。

（刘建良、顾相伟、吴海燕、吴跃东、张永波、郭文富、彭元明　撰文）

附一：李进简历年表

1949 年 3 月	出生于上海。
1956 年 9 月—1960 年 9 月	就读于上海市民晏路小学。
1960 年 9 月—1962 年 9 月	就读于上海市漕河泾中心小学。
1962 年 9 月—1965 年 9 月	就读于上海市南郊中学。
1965 年 9 月—1969 年 3 月	就读于上海师院附中。
1969 年 3 月	吉林省梨树县务农。
1970 年 9 月	吉林省机床大修厂务工。
1975 年 5 月	加入中国共产党。

1978 年 9 月—1982 年 7 月	就读于北京师范大学哲学系。
1979 年 6 月	被评为北京市新长征突击手。
1982 年 6 月	被评为校优秀毕业生、北京市优秀毕业生。
1982 年 7 月	上海师范大学政法系任教。
1988 年 7 月	上海师范大学政法系哲学专业硕士研究生毕业。
1988 年 12 月	晋升为副教授。
1992 年 2 月—1995 年 5 月	任上海市高等教育局教学处副处长。
1994 年 5 月	晋升为教授。
1995 年 5 月—2000 年 10 月	任上海市教育委员会高教办副主任、主任。
2000 年 10 月—2001 年 10 月	任上海东沪职业技术学院校长。
2001 年 11 月—2004 年 5 月	任上海第二工业大学主持工作副校长。
2004 年 4 月—2005 年 12 月	任上海第二工业大学党委书记。
2005 年 9 月	获评为上海杰出职业教育院校长。
2006 年 1 月—2011 年 6 月	任上海师范大学校长。
2008 年 9 月	获上海市教育功臣提名奖。
2011 年 9 月—2019 年 2 月	任上海杉达学院校长。
2014 年 6 月	于上海师范大学退休。
2015 年 10 月	获评为全国大学生喜爱的大学校长。
2019 年 3 月	任上海外国语大学贤达经济人文学院执行董事长。

附二：李进主要论著、科研项目目录

（一）编著

《理想与选择》，工人出版社 1989 年版。

《上海高职高专指导性专业目录和专业介绍》，上海科技出版社 1999 年版。

《世纪之交的热门专业》，四川人民出版社 1999 年版。

《上海普通高校教学管理工作指南》，高等教育出版社 2000 年版。

《高职高专院校校长访谈录》，高等教育出版社 2004 年版。

《上海高校的合作教育理念与实践探索》，高等教育出版社 2004 年版。

《产学合作教育研究与探索》，上海交通大学出版社 2004 年版。

《提升内涵：高等职业教育教学与科研管理工作指南》，高等教育出版社 2005
年版。

《中国特色社会主义理论探微》，上海人民出版社 2008 年版。

《教师教育概论》，北京大学出版社 2009 年版。

《教育领导智汇》，北京大学出版社 2009 年版。

《教师教育与教育领导》，北京大学出版社 2009 年版。

《我的教师教育观：当代师范生之愿景》，北京大学出版社 2009 年版。

《理论经纬》，黄山书社 2009 年版。

《上海教育 60 年重大事件纪实》，上海教育出版社 2010 年版。

《高等职业教育研究新进展（2007—2009）》，上海教育出版社 2012 年版。

《一所民办大学的质量追求：杉达大学 20 年实践与探索》，上海交通大学出版社
2012 年版。

《马克思主义中国化研究丛书》，上海三联书店 2013 年版。

《新中国高等职业教育发展纪实》，上海教育出版社 2013 年版。

《高等职业教育研究新进展》（2010—2012），上海教育出版社 2015 年版。

（二）论文

《实践是认识的唯一源泉——与则鸣同志商榷》（合作），《社会科学》1980 年第
6 期。

《真理的形式是什么？——与山菊同志商榷》（合作），《浙江学刊》1981 年第
3 期。

《历史唯物主义的理论和社会主义的实践》，《上海师范大学学报（哲学社会科学
版）》1984 年第 2 期。

《真理的两种形态和真理发展的表现形式及其规律——兼与韩振峰同志研讨》，
《山东师范大学学报（哲学社会科学版）》1985 年第 1 期。

《真理在事实确认和价值评价的互相趋近中发展》，《上海师范大学学报（哲学社
会科学版）》1985 年第 4 期。

《社会预见认识论意义初探》，《社会科学研究》1987 年第 1 期。

《唯物主义方法与主客体关系》，《内蒙古社会科学（文史哲版）》1990 年第 1 期。

《毛泽东对个别与一般辩证关系理论的发展》，《上海师范大学学报（哲学社会科

学版)》1993 年第 4 期。

《论认识过程的实质》,《毛泽东邓小平理论研究》1993 年第 4 期。

《毛泽东邓小平的历史主体论》,《毛泽东邓小平理论研究》1994 年第 6 期。

《努力开创上海产学合作教育新局面》,《教育发展研究》1999 年 S3 期。

《推进高职教育重在教育实践——兼论上海第二工业大学的发展》,《教育发展研究》2002 年第 12 期。

《世博会与上海教育新一轮发展》,《教育发展研究》2003 年第 6 期。

《高职校企合作运作的思路和实践》,《中国高教研究》2004 年第 1 期。

《学习型社会视野中的高职教育》,《教育发展研究》2004 年第 3 期。

《产学合作教育三题》,《教育发展研究》2006 年第 7 期。

《高校就业三题》,《教育发展研究》2006 年第 21 期。

《马克思主义中国化研究学科建设之初探》,《马克思主义研究》2008 年第 5 期。

《对我国学位体系中增设副学士学位的思考》,《教育发展研究》2008 年第 17 期。

《地方本科院校长办学理念探微——基于上海师范大学的实践研究》,《中国高教研究》2009 年第 2 期。

《马克思主义中国化进程中的中国特色教育思想体系》,《中国高教研究》2009 年第 9 期。

《教师教育创新的实践领悟》,《中国高等教育》2009 年第 11 期。

《理清思路　加强马克思主义中国化研究和教育》,《中国高等教育》2009 年第 17 期。

《建设中国特色高职教育的理性思考——评〈中国高等职业教育历史的抉择〉》,《教育发展研究》2009 年第 19 期。

《关于高职教育可持续发展的哲学思考》,《中国高教研究》2010 年第 2 期。

《高职教育可持续发展与第一线人才可持续发展》,《中国高教研究》2010 年第 12 期。

《唯物主义方法与马克思主义中国化》,《马克思主义研究》2010 年第 7 期。

《水和谐"呼唤"水教育》,《探索与争鸣》2010 年第 8 期。

《我国教育改革发展的方向与路径》,《教育发展研究》2011 年第 3 期。

《高校教育质量的定位与保障》,《教育发展研究》2011 年第 23 期。

《高校学生事务管理工作中的信息公平问题》,《中国高教研究》2013 年第 8 期。

《现代职业教育体系研究的边界与维度》,《中国高教研究》2014 年第 1 期。

《论现代职业教育体系的治理现代化》,《中国高教研究》2014 年第 11 期。

《上海职业教育政策演变述论》,《教育发展研究》2017 年第 5 期。

(三) 科研项目

上海市技术技能型人才的现状、需求与培养对策,上海市教委"上海市人才白皮
　　书"委托项目,2002 年 9 月—2003 年 9 月。

高等职业教育人才培养模式与教学体系改革的研究与实践,教育部高教司委托
　　课题,2003 年 10 月—2005 年 10 月。

高等职业教育学制改革可行性分析与研究,教育部高教司委托课题,2004 年 9
　　月—2005 年 9 月。

示范性高等职业院校产学研结合模式研究与实践,教育部高教司委托课题,2006
　　年 9 月—2008 年 9 月。

在我国学位体系中增设副学士学位的可行性研究,上海市教委科研创新项目,
　　2007 年 3 月—2008 年 3 月。

地方本科院校办学特色研究,中国高等教育学会 2008 年重点专项规划课题,
　　2008 年 6 月—2009 年 6 月。

新时期地方本科院校改革发展理论与实践研究,中国高等教育学会重点专项规
　　划课题,2008 年 6 月—2009 年 6 月。

高等教育强国战略与上海地方高校发展研究,上海市教委科研创新项目重点项
　　目,2008 年 10 月—2009 年 12 月。

遵循科学发展,建设高等教育强国:做强高职教育,国家社会科学基金"十一五"
　　规划重点课题、中国高等教育学会重大研究项目,2008 年 10 月—2010 年
　　12 月。

职业教育培养模式与体制机制改革研究,上海市教委《上海市中长期教育改革
　　和发展规划纲要》专项委托课题,2008 年 12 月—2009 年 9 月。

职业教育实训基地模式研究,教育部财务司委托项目,2009 年 1 月—2010 年
　　12 月。

马克思主义中国化研究,上海市教委重点学科建设项目,2009 年 5 月—2012 年
　　5 月。

我国教师专业素质研究,教育部师范司委托项目,2010 年 4 月—2010 年 12 月。

中国现代职业教育体系建设研究,教育部哲社研究重大课题攻关项目,2010 年 6
　　月—2012 年 6 月。

民办普通本科院校教学评估指标体系研究,教育部高教司委托课题,2011 年 1 月—2011 年 8 月。

加强职业教育公益性的制度与措施研究,教育部职成司委托课题,2011 年 3 月—2012 年 3 月。

普通高等学校本科教学工作审核评估工作方案,教育部高等教育评估中心委托项目,2011 年 7 月—2012 年 7 月。

中国特色、上海特点的现代职业教育体系建设研究,上海教育科学研究规划重点项目,2012 年 9 月—2015 年 12 月。

高等院校设置分类研究,教育部规划司委托课题,2015 年 3 月—2015 年 12 月。

上海高等学校设置标准研究,上海市教委委托课题,2015 年 9 月—2016 年 9 月。

在基础教育的原野上深耕

——课程与教学论专家谢利民传

谢利民（1949—　），生于吉林珲春，祖籍山东聊城。中国共产党党员。二级教授，博士生导师。1976年毕业于东北师范大学并留校任教，1995年在东北师范大学评聘为教授，曾任东北师范大学课程教材教法研究所所长。1996年作为人才引进到上海师范大学，曾任上海师范大学学科教育研究所常务副所长、所长，教育科学学院副院长、课程与教学论专业学科带头人、课程与教学论博士专业负责人、教育学博士后流动站负责人。20世纪90年代，先后被国家教委聘请为"修订九年义务教育教学计划研究组"成员（1990年）、"制定普通高中课程计划工作小组"成员（1993年）。主持或承担了20多项全国教育规划研究项目、教育部及上海市人文（哲学）社会科学研究项目。独立或主编出版著作近20部，其中，《现代教学基础理论》获上海市高校优秀教材三等奖（2007年）；《教学设计》获上海市高校优秀教材一等奖（2007年）。曾在《教育研究》、*Frontiers of Education China*、《课程教材教法》等教育类学术期刊上发表论文200余篇。先后获得国家教委全国师范院校基础教育实验研究项目优秀成果二等奖（1997年）、上海市哲学社会科学研究著作类优秀成果三等奖（2004年）、上海市教育科研先进个人（2005年）、全国教育科研优秀成果一等奖（2011年）、上海市教育科学优秀成果一等奖（2011年）等。

谢利民

始于珲春　忠于春晖

1949年9月，谢利民出生于吉林省东部边陲小城珲春一个闯关东到东北的工人家庭。从小学到高中，他一直是一位学习刻苦、成绩优异的学生。1968年9月，作为"老三届"的高中生，谢利民到珲春板石公社下乡插队，成为一名战天斗地的"知识青年"。来到生产队的第二个月，当时的小学教学点教师因种种原因不能再给学生上课,谢利民便作为队里为数不多的高中生,以代课教师的身份执起教鞭,而这也成为他一生坚守三尺讲台的教师职业生涯的起点。任教期间,谢利民每天都切换于多重身份之中,上午要给复式班的孩子们上课,下午再到生产队参加劳动。珲春地处中、朝、俄三国交界处,北临苏联(现为俄罗斯),南接朝鲜,在晴朗的天气里甚至可以眺望到东边湛蓝的日本海。20 世纪 60 年代,中苏关系较为紧张,珲春作为我国朝鲜族人民最大聚居地之一也成为了"反修"前线,而谢利民所插队的板石公社距离中苏边界最近的只有几十公里。1969 年,身处边境重地的谢利民,除了坚守教师的教学岗位,还担任了生产大队的民兵连长,并兼任着大队的团总支副书记。1970 年 12 月,随着中小学的复课,教师尤其是汉族教师的短缺,成为制约教育均衡发展的关键问题。组织上根据谢利民各方面的表现和教学能力,选调他前往哈达门公社中学任教。第一年担任初中教师,第二年改任高中教学并负责班主任工作。面对满目疮痍的学校,谢利民以身作则,带领学生脱土坯,用土坯木板搭建桌椅,还带领学生去林场苗圃勤工俭学,在很短的时间里使学校的教学活动得到了恢复。为了提高自己及同事的教学水平,谢利民还和寄宿学校的青年教师们自发进行"自我革新",成立了业余学习小组,利用课余时间和晚上休息时间开展学习讨论,交流互助,还不时邀请经验丰富的老教师给予指导。功夫不负有心人,他们的付出也逐渐产生了卓有成效的效果和影响,学习小组曾被评为延边朝鲜族自治州教育战线先进集体。1971年 6 月,谢利民光荣地加入了中国共产党。

1973 年,谢利民被推荐到吉林师范大学(现东北师范大学)物理系学习。读书期间,他刻苦钻研,品学兼优,同时还担任学生会主席一职,积极为学校、为老师、为同学贡献自己的力量和智慧。1976 年,谢利民毕业留校,任教于物理系。1977 年高考制度恢复后,他先后担任了七七级、七八级的力学、电磁学、量子力学等多门课程的助教。在这几年的助教工作中,他努力钻研专业理论,不断提高教育教学能力,在出色完成了各项教学任务的同时,也日益深化自己对专业知识和教师职责的理解和领悟。在当时教学文献资料较为匮乏的情况下,为了更好地满足教学的需要,谢利民利用各种途径努力看书学习,勤做笔记摘录,在短短几年的时间里,制成了几大本读书笔记、文献摘编和两千多张资料卡片,与其他教师合作完成了手抄的《莫斯科大学理论力学习题集》。

1979 年完成《莫斯科大学理论力学习题集》的手抄本

这些努力和付出为他成为一位教导有方、桃李盈门的好教师奠定了扎实的基础。20 世纪 70 年代中期以来,谢利民开始从事(物理)学科教学论的专业教学工作,80 年代后期主要从事基础教育改革试验与研究工作,90 年代中期至今,他的教学与科研重点在课程与教学论领域。几十年来他先后为本科生、硕士研究生、博士研究生以及博士后开设并主讲了"物理教学论""学科教育学""教学基础理论""教学设计""教学艺术""教学测量与评价""现代教学论""课程理论与流派""教育研究方法论""基础教育改革与发展研究"等十多门课程。在教学过程中,谢利民充分发挥自己过往的任教经验优势,立足于教育教学实践,讲求知行合一,强调理论知识重要性,同时结合历届学生实习等教学实践中遇到的各种实际问题,强化有针对性的教学和指导。作为一名教师,谢利民在课程实施与人才培养方面破旧立新,自成一格,赢得了广泛赞誉,多次被评为"教学能手""教学名师"等称号,并获得东北师范大学校、系两级教学优秀教学奖。1993 年,谢利民与其他老师共同努力开展和实施的物理教学论学科建设与教学改革工作,获得"吉林省普通高校优秀教学成果奖"。

在物理系从事教学与科研工作期间,谢利民也承担了学生年级主任、工会主席、党支部书记等行政和社会工作,凭借一丝不苟、精益求精的工作态度,出色的工作成绩以及高超的组织领导能力,谢利民被评选为校级先进工作者(1994 年)。

与谢利民一同工作的领导曾这样评价他："在工作中严格要求自己，兢兢业业，能挑重担，关心和带领周围同志一道努力工作。"不少受教于谢利民的学生，在他润物细无声的熏陶和教导下，毕业后有的成为了大学教师、中学教师，甚至还有成为中国科学院院士，当他们聚在一起时，回忆起谢老师的课堂教学风采时，对于谢老师的言传身教和刻苦努力依然记忆犹新，称赞不已。珲春小城是哺育谢利民成长的土地，也是他桃李满天下，春晖布四方的教学生涯起点。

《东北师大校友》2008 年第 2 期对谢利民教授的专题报道

深耕细作　臻于至善

20 世纪 80 年代后期，在东北师范大学"全面为基础教育服务"办学理念的指引下，谢利民作为学校开展这项工作的骨干力量，被抽调到学校课程教材教法研究所担任副所长（后任所长），专职从事基础教育研究与改革的实验工作。在近八年多的工作实践中，他与团队的教师一起，不畏艰难，坚持深入到东北长白山地区和农村学校开展基础教育课程与教学改革实验研究工作。主持参与了国家"八五"项目、国家教委基础教育改革与发展研究项目、全国教育科学规划研究项目、香港华夏基金会资助项目等多项课题研究与改革实验工作,持续深入开展了学校基础教育改革服务区和实验区的各项课程与教学领域的改革实验工作。1994 年,谢利民被吉林省珲春市人民政府聘请为"珲春教育发展战略研究顾问"。谢利民凡事都亲力亲为,一丝不苟,与教师团队一起克服困难,坚持深入试验区学校开展工作,得到基础教育改革服务区和实验区、地方政府及当地中小学校长与师生的欢迎与赞扬。其中,1993 年、1994 年吉林省东丰县人民政府专门授予他"东丰县农村教育研究模范工作者""东丰县教育改革研究先进个人"等荣誉称号,他的工作不仅在所到各地称誉不绝,也受到当时国家教委负责人的高度赞扬。

由于谢利民为基础教育服务工作的出色成绩及其主持参与的基础教育研究课题及成果在国内引起了广泛的关注和影响,他先后被国家教委聘请为修订九年义务教育教学计划研究组成员(1990 年)、制定普通高中课程计划工作小组成员(1993 年),为我国的基础教育课程改革做出了积极的贡献。他多年来积极参与和致力于推进的基础教育改革与发展研究的工作及其丰硕的成果,也成为东北师范大学"211 工程"建设的重要组成部分。1995 年,东北师范大学成为国家"211 工程"首批重点建设的大学,而谢利民为此也获得学校"211 工程"建设突出贡献奖。

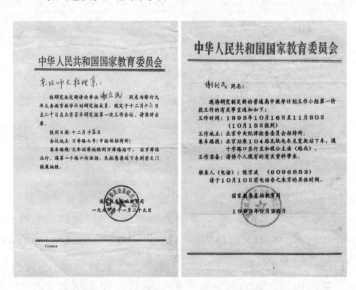

谢利民先后被国家教委聘请为修订九年义务教育教学计划研究组成员
(1990 年)、制定普通高中课程计划工作小组成员(1993 年)

在东北师范大学任职期间,谢利民严谨治学、刻苦钻研、任劳任怨、勤恳负责,得到学校的充分肯定。1993 年,他被遴选为东北师范大学中青年学术带头人和学术骨干。1995 年,又被确定为东北师范大学跨世纪中青年学科带头人和学术骨干。他坚持"己欲立而立人,己欲达而达人"理念,注重将理论研究与实践探索成果融通互济,相得益彰,先后公开出版和发表了 70 多部(篇)著作、教材和论文。1997 年获得国家教委全国师范院校基础教育实验研究项目优秀成果一等奖、二等奖;吉林省教育科学优秀成果一等奖、二等奖;东北师范大学优秀科研成果奖等奖项。

踔厉奋发　匠心筑梦

1996 年初,谢利民作为人才被引进到上海师范大学,开始了教学和研究生涯的新征程。在上海师范大学原学科教育研究中心的基础上,他牵头组建了上海师范大学学科教育研究所并先后担任了常务副所长、所长。该所也是全国高校中首个独立建制的教育科研与研究生培养相结合的实体性学科教育研究机构。在谢利民的带领下,该研究所在上海师大学科教育专业教师队伍建设、课程与教学论硕士专业建设、课程与教学论博士专业建设等方面,都发挥了不可替代的重要作用。

(一)坚持人才为要,打造教师队伍

学科教育研究所建立之后,首要工作就是按照研究所建设目标,努力建设一支高学历层次、高研究水平的专业教师队伍。在学校的鼎力支持下,谢利民坚持"人才第一资源"理念,紧紧抓住吸引、培养、用好人才三个环节,用最短的时间从华东师范大学、南京师范大学等高校招聘了四位博士,并着力整合学校各方面的有生力量,为研究所打造了一支高素质的专业科研与教师教育教学队伍。他以学科教育研究所为基地,积极动员和组织分散在各学院(系)的学科教育专业教师,充分发挥研究所和各学科教育专业教师的优势和长处,共同探索实践,倡导并实施了"集中和分散相结合"的学科教育专业研究生培养模式的改革实践,进一步提高了学校课程与教学论专业研究生的培养质量和规模,这项改革实践成果的论文《"课程与教学论"专业研究生培养模式改革实践探索》2001 年发表在《学位与研究生教育》。此后,随着人才队伍的不断壮大,逐步形成了一支所、院(系)相结合的 40 多位硕

士研究生导师、14 位博士研究生导师队伍。其中课程与教学论专业的博士研究生导师队伍，不仅是培养博士研究生的专业顶尖力量，也为日后上海师范大学成功建设教育学博士后流动站、教育学一级学科博士点，储备了十分重要的师资力量，奠定了扎实的学科与专业基础。

（二）注重学科建设，创建博士点

学科建设是学科教育研究所中最核心的长期性主体工作，而课程与教学论专业的学科建设工作更是重中之重。为充分发挥上海师范大学在学科教育研究与教师教育方面的特色与优势，谢利民作为课程与教学论专业的学科带头人，在研究所建立之后，便着手课程与教学论专业培养方向的拓展工作。在学校和各个部门的大力支持和帮助下，经过多年努力，使课程与教学论专业由 1996 年的 4 个培养方向，成长为学校最大的跨学院的二级硕士专业。目前，上海师范大学分布在各学院的课程与教学论专业的全日制硕士研究生已发展为 17 个招生与培养方向，为把上海师大打造成为上海市基础教育高地奠定了坚实的根基。

对于高校而言，博士点的建设是学科建设的重中之重，也是教学和科研水平的重要体现和发展基础。1998 年以来，在学校领导的直接指导和大力支持下，谢利民以学科教育研究所为依托，带领一批教师正式启动了课程与教学论博士点建设，从专业教师队伍优化、学科专业整体设计、专业研究成果的总结提炼等方面入手，经过几年坚持不懈的努力和建设，终于在 2003 年申报成功了上海师范大学课程与教学论专业博士学位授予点，实现了学校教育学科博士点零的突破。作为上海师范大学第一个教育学科博士专业，课程与教学论的建设成功，不仅为本学科的持续发展拓宽了更加广阔的空间，更为上海师范大学教育学科群的建设与发展、教育学科教师队伍整体数量和水平的提升，奠定了坚实的基础。即便如此，谢利民作为博士点专业的负责人依旧没有停下脚步，他带领教育学科团队成员再接再厉，于 2009 年获批了上海师范大学教育学博士后流动站，并担任了该流动站首任站长。该流动站的成功建设，也为上海师范大学后来成功建设教育学一级学科博士点奠定了重要的保障性基础。

事实上，谢利民自 2006 年起，就已经开始按照学院学科建设规划谋划并主持教育学一级学科博士点的筹建工作，并全身心投入教育学一级学科博士点的整体谋划设计、教师队伍组建、专业方向设计、相关成果的组合与提炼、申报表内容撰写暨调整修改，并组织了大量研讨与论证工作。2009 年，在学校和学院大力支持下,经过谢利民等人的共同努力,最终完成了教育学一级博士专业申报。2010年,上海师范大学教育学一级学科博士点正式获批。天道酬勤,谢利民及团队成员的付出与奉献,使上海师范大学教育学科从本科、硕士、博士到博士后,形成了完整的学科体系,为上海师范大学建设教师教育高地和教师教育学科群奠定了坚实的学科与专业的基础,也迎来了更大的发展空间和机遇。

(三)以科研引领带动研究所工作

科研工作是学科教育研究所的常规性、基础性工作,也是提高学科建设水平,提高教师队伍整体素质和研究生培养水平的拓展性、提升性工作。学科教育研究所建立之初,在学校领导下,谢利民领衔的研究所在带领团队成员努力认真完成上海市教委重点学科"学科教学论"建设工作的同时,还充分利用市重点学科建设这一机遇,围绕学科建设发展目标、重点学科建设目标、上海市课程与教学改革以及研究所自身发展目标,先后承担或主持开展了20多项全国教育规划研究项目、教育部人文社会科学研究项目、上海市哲学社会科学研究项目、上海市教委研究项目的研究工作,承担和主持开展了基础教育领域中近20项横向研究课题,真正做到了研究所的研究人员"人人有项目、年年有课题"。2001年,学科教育研究所被评为"上海市教育科研先进集体",谢利民被评为"上海市教育科研先进个人"。

初心如磐　奋楫笃行

教育兴则国家兴,教育强则国家强。基础教育作为国民教育体系的重要组成部分,是提高全民整体素质的奠基性工程,是实现中华民族伟大复兴的坚固基石。自加盟上海师范大学后,谢利民依然坚守在为基础教育服务的第一线。

20世纪90年代末,上海市开始全面实施实验性示范性高中建设工作,谢利民作为上海市实验性示范性高中评审专家组成员,在5年多的时间里全程跟进参与了40多所实验性示范性高中的发展规划、中期检查、最终评审等工作。与此同时,谢利民还积极参与了上海市基础教育课程与教学改革、课程标准建设与修订等工作。他作为上海市中小学课程改革咨询专家委员会的专家、上海市实验性示范性高中评审专家、上海市中学教师高级职务评审委员和学科评审组组长,多年来风雨无阻,坚持深入上海市各区中小学课堂教学实践,最多时一年内就在教学第一线听了 100 多节课。他和蔼可亲,平易近人,注重与各校校长、教师们的沟通和交流,与一线教学工作者合作开展了学校建设与课程改革、素质教育与课堂教学改革、教师专业素养与教学能力提升等多方面的研究。从理论到实践,从实践到反思,谢利民认真总结和提炼各方面的有益经验,在《教育研究》《课程教材教法》等权威期刊发表了多篇学术论文,促进了上海市实验性示范性高中建设工作的不断深入,还辐射影响了其他中小学及幼儿园的规划建设与改革发展,很好地发挥了上海基础教育改革对全国基础教育领域改革的示范作用和引领导向作用。

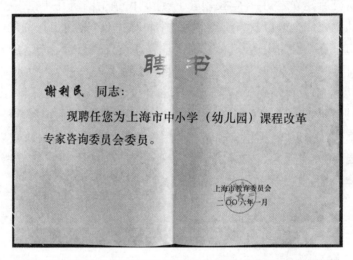

2006 年,谢利民被上海市教育委员会聘为课程改革专家咨询委员会委员

在上海师范大学的日子里,谢利民既肩负学科建设重任,又心系基础教育发展,同时还承担了校内本科生、硕士和博士研究生十多门课程的教学任务。其中,由他主持和主讲的“教学基础理论”被评为上海市精品课程(教育科学学院第一门市级精品课程)。多年以后,每当学生们回想和追述起谢老师在课堂的形象,他那高大健壮的身影,诲人不倦的神态,抑扬顿挫的语调,遒劲郁勃的笔迹,还会栩栩如生地出现在眼前。这一节节引人入胜的课业,不仅是师范学子的专业必修课,更成了他们的人生必修课。谢利民别具风格的教育教学艺术,赢得了学生们真诚的拥护与爱戴。2007 年,谢利民获得上海师范大学优秀教师等荣誉称号;2008 年,获得上海师范大学教学名师荣

誉称号;2009年,获得上海市模范教师荣誉称号。截至2014年退休,谢利民在上海师范大学共悉心培养和指导了100多位硕士、博士研究生,他们在完成学业并获得相应学位后,很快在各自工作岗位上独当一面,崭露头角,也展示了上海师范大学学子扎实的专业知识功底和强大的工作能力。

谢利民获得的部分荣誉称号

潜精研思　屡建致远

在教学实践领域,谢利民是一位优秀的人民教师,他始终坚持实践育人理念,一丝不苟、尽心竭力;而在教育研究领域,他秉持严谨、认真的态度,是一位卓越的教育研究者。长年的一线教学实践经验和专注的探索研究使他在教育科研领域稳步推进,并收获了累累硕果。在上海师范大学任职期间,他主持并完成了十余项全国教育科学研究规划项目、省部级以及校级课题的研究工作。独立或主编出版了著作近20部,包括《现代教学论纲要》《现代教学基础理论》《教学设计》等。其中,《现代教学基础理论》荣获上海市高校优秀教材三等奖(2007年)、《教学设计》荣获上海市高校优秀教材一等奖(2007年)。同时,谢利民还结合国内外教育发展的热点,融汇多年的教学实践和经验,在《教育研究》、*Frontiers of Education China*、《课程教材教法》等教育类学术期刊上发表了200余篇研究论文。凭借出色的科研成果,谢利民曾先后获得国家教委全国师范院校基础教育实验研究项目优秀成果二等奖(1997年),上海市教育科研先进个人(2002年),上海市哲学社会科学研究著作类优秀成果三等奖(2004年),上海市教育科研先进个人(2005年),全国教育科研优秀成果一等奖(2011年),上海市教育科学优秀成果一等奖(2011年)等。

在繁忙的教学科研工作中，谢利民常常专心致志而废寝忘食，但即便再忙再累，他仍注意挤出时间与学生们交流和探讨如何搞好学术、做好研究，毫无保留地向学生们传授做研究的经验与方法及心得体会。除此之外，他还积极参与校内外的各种育人育才活动。如名师进军营、与教授共进下午茶、研究生学术沙龙，以及关工委、老教协的关心下一代工作，以极大的热情、春风化雨般启迪学生的心智，悉心助力莘莘学子更好地成长成材。谢利民经常以"三好"来勉励广大学生的学习、工作与生活："不管做什么事，都要认真努力。要好好学习，好好做人，好好做学问。"

永葆初心　赓续传承

如果说成为一名德才兼备的教师，是谢利民的人生理想，那么力争成为"大先生"，做党和人民满意的好老师就是他毕生的追求。从学生时代开始，谢利民就立志成为一名中国共产党员，虽然年少，却严格要求自己，积极努力向党组织靠拢。高中时期，谢利民就曾向党组织递交了入党申请书。1971年6月26日，谢利民加入了中国共产党。此后，他一直坚持着自己的入党初心，要为党和人民的教育事业贡献自己的一生。从乡村小学教师到大学教授和博士生导师，作为新中国的同龄人，50多年来，他始终不忘来时路，脚踏实地走好每一步，始终牢记自己的入党誓词，锤炼党性修养，自觉履行党员义务。

谢利民曾说："做老师，一定要做最好的老师；作为培养教师的师范大学的老师，必须是最优秀的教师。"从教50多年来，他凡事都坚持亲力亲为，精益求精。面对学生，他始终以学生成长为中心，以立德树人为根本任务，成为莘莘学子人生道路的引路人。面对青年教师，他坚持以专业成长为主题，以培养"四有"好教师为己任，成为青年教师职业生涯的领路者。在上海市属高校青年教师培训、上海市民办高校青年教师培训、上海市高校辅导员培训工作中以及学院青年教师指导、"聊报国志　话教育情"历代教师代表座谈会等培训活动中，他始终把"为谁培养人""培养什么样的人"放在工作的首位，围绕"怎样做一名卓越的优秀大学教师"主题，讲授现代教育教学理念、教学设计与教学艺术、卓越教师素养与教学能力发展等课程，深受广大青年教师的欢迎与好评。

老骥伏枥，志在千里。即便是退休以后，谢利民依然不忘初心，保持一颗永不褪色的奉献之情,积极为党的教育事业贡献自己的力量。谢利民曾先后担任学校特邀党建组织员、学院关心下一代工作委员会副主任和老教授协会会长、退休教师党支部书记等职务,同时还兼任全国课程论专业委员会常务理事、全国教学论专业委员会常委理事、全国物理教学专业委员会理事,受聘国内多所高校兼职教授、客座教授以及博士生导师。谢利民主动为党员主题教育、党史教育等党建工作建言献策,全力支持并积极参与校、院两级相关党建教育活动,如"共话祖国好,奋进新时代""改革开放四十周年——读懂中国,读懂师大"主题教育、人生导师沙龙活动、"听历史故事,明使命担当"系列讲座等。为充分发挥党员的先锋模范作用,提高青年师生对党的认识,谢利民结合自身成长、50多年教师经历以及在党50余年的成长历程,为青年党员和入党积极分子上了一堂又一堂生动的党课。每年毕业季来临之时,他又走上讲台为毕业生党员送上诚挚的嘱咐与殷切的期望。在新冠疫情全球大流行之际,年逾古稀的谢老师还积极配合院、校党委的工作安排,充分利用线上或线下形式,助力立德树人,以党的初心使命感召青年,做青年朋友的知心人,取得了良好的成效。退休后的近十年,谢利民多次被评为上海师范大学关心下一代工作先进工作者(2020)、上海师范大学优秀共产党员(2021)、上海市教育系统关工委先行先试先进个人(2023)。此外,谢利民还充分发挥自己的专业优势,配合国家教育扶贫战略,为提升西藏、新疆、青海、贵州、云南、甘肃、广西等偏远和少数民族地区的中小学教师的教育教学水平与能力,促进教师的专业发展,不辞辛劳,东奔西走,为全国各地数万名中小学校长和教师培训做了大量的培训、指导工作。谢利民因地制宜的引导点拨,"理论和实践相结合"的培训特色,尤其是切合一线学校实际需要的指导方式,产生了较强的感染力和影响力,让各地的老师们倍受启发,获益良多。他在工作中所体现的高度责任感和奉献精神,完美诠释了一名中国共产党党员的人格风采,深受各地教育行政部门和广大一线教师的赞誉和好评。

谢利民以实际行动践行着一位党员的初心使命,以实际行动诠释着一位教育者的责任担当。三尺讲台,虽然一代芳华已过,却点燃了万家灯火,照亮了璀璨银河。

(宋美慧 撰文)

附一：谢利民简历年表

1949 年 9 月	出生于吉林省珲春县。
1956 年 9 月—1962 年 7 月	就读于吉林省珲春县小学。
1962 年 9 月—1968 年 9 月	就读于吉林省珲春一中(初中、高中)。
1968 年 9 月—1970 年 11 月	于珲春市板石公社插队知青(1968 年 10 月兼民办教师)。
1970 年 12 月—1973 年 8 月	任吉林省珲春市哈达门公社中学教师。
1971 年 6 月 26 日	加入中国共产党。
1973 年 9 月—1976 年 9 月	就读于东北师范大学物理系(时任学生会主席)。
1976 年 9 月—1989 年 9 月	任东北师范大学物理系教师。
1984 年 9 月—1985 年 7 月	北京师范大学物理教育研究生班学习(时任班长)。
1989 年 10 月—1995 年 12 月	任东北师范大学课程教材教法研究所副所长、所长。
1993 年	东北师范大学中青年学术带头人。
1995 年	东北师范大学跨世纪中青年学术骨干和学科带头人。晋升教授。
1996 年 1 月—1996 年 9 月	任上海师范大学物理系教师,学科教育研究中心副主任(兼)。
1996 年 10 月—1997 年 3 月	上海师范大学学科教育研究所常务副所长。
1997 年 3 月—2002 年 6 月	上海师范大学学科教育研究所所长,课程与教学论专业学科带头人。
2002 年 6 月—2006 年 10 月	上海师范大学教育科学学院副院长,院党委委员。
2005 年	获评上海市教育科研先进个人。
2007 年	上海师范大学优秀教师。获上海市高校优秀教材一等奖(《教学设计》)。
2008 年	获评上海师范大学教学名师。
2009 年 9 月	获评上海市模范教师。
2010 年 1 月	聘任为二级教授。

2014 年 10 月	退休。 任上海师大教育学院退休第一支部书记、老教授协会会长、关工委副主任,校党委党建特邀组织员。

附二:谢利民主要论著目录

（一）著作、主编

《现代教学论纲要》,陕西教育出版社 1998 年版。

《学科教育学》(合著),人民教育出版社 2002 年版。

《现代教学基础理论》(主编),上海教育出版社 2003 年版。2007 年获上海市高校优秀教材三等奖。

《教学设计》(主编),中央电视大学出版社 2004 年版。2007 年获上海市高校优秀教材一等奖。

《教学设计》(音像教材主讲 12 讲),中央广播电视大学音像出版社 2006 年版。

《教学设计应用指导》(主编),华东师范大学出版社 2007 年版。

《中小学教材比较研究》(主编),中国人民大学出版社 2009 年版。

（二）论文

《课堂教学艺术及其风格的形成与发展》,《课程・教材・教法》1997 年第 9 期。

《提高青少年科技素养的途径与方法研究》,《上海师范大学学报(哲学社会科学版)》1999 年第 2 期。

《学习化社会的知识传播》,《上海师范大学学报(哲学社会科学・教育版)》2000 年第 3 期。

《综合课程的再认识:关系、形态、目的和结构》,《课程・教材・教法》2000 年第 10 期。

《综合理科课程发展的历史、现状与建议》,《课程・教材・教法》2001 年第 1 期;《人大复印报刊资料・中小学教育》2001 年第 6 期全文转载。

《现代课堂教学理念的探索》,《上海师范大学学报(哲学社会科学·教育版)》2001年第3期。

《课堂教学生命活力的焕发》,《课程·教材·教法》2001年第7期;《人大复印报刊资料·中小学教育》2001年第11期全文转载。

《"课程与教学论"专业研究生培养模式改革实践探索》,《学位与研究生教育》2001年第9期。

《试论研究型课程生命活力的焕发——兼论研究型课程与基础型课程、拓展型课程的关系》,《课程·教材·教法》2001年第10期。

《素质教育背景下课堂教学理念与实践研究》,《河北师范大学学报(教育科学版)》2002年第1期。

《弹簧振子运动的实际动力学分析》,《上海师范大学学报(自然科学版)》2002年第2期。

《多维化视角:综合课程研制中综合主体研究透视》,《全球教育展望》2002年第8期。

《中国西部少数民族贫困地区学校发展模式研究》,《东北师大学报(哲学社会科学版)》2005年特刊。

《教学机智:跳荡在教学情境中的燧火》,《北京大学教育评论》2005年第1期。

《新课程改革:影响有效实施的因素透析》,《河北师范大学学报(教育科学版)》2005年第2期。

《影响教师教学艺术发展的因素及教学艺术风格的形成》,《上海师范大学学报(哲学社会科学·基础教育版)》2005年第3期。

《课程综合共同体:建构与解读》,《西北师大学报(社会科学版)》2005年第5期。

《中美科学教育目标的比较研究——基于〈普及科学——美国2061计划〉和我国〈2049行动计划〉的思考》,《外国中小学教育》2005年第9期。

《现代课堂教学艺术的特点》,《上海师范大学学报(基础教育版)》2006年第2期。

《反思研究性学习课程》,《天津师范大学学报(基础教育版)》2006年第2期。

《国外课堂生态研究评述》,《外国中小学教育》2006年第4期。

《价值、场域与愿景——论中小学校长的课程领导力》,《天津师范大学学报(基础教育版)》2006年第4期。

《概念规约与对象厘清——学科教育学研究的两个前提性问题》,《西北师大学报(社会科学版)》2006年第6期。

《教学观念研究:何去何从》,《教育理论与实践》2006 年第 13 期。

《课堂教学改革:实验性示范性高中建设的重要内涵——上海市实验性示范性
　　高中建设课堂教学改革》,《课程·教材·教法》2006 年第 9 期。

《国外课堂生态研究及启示》,《比较教育研究》2006 年第 10 期。

《南澳洲中学"课程指南"的特点浅析》,《全球教育展望》2006 年第 11 期。

《美国"评估三角形"研究:框架、设计及应用》,《外国教育研究》2007 年第 3 期。

《学科课程:关注学生的生命发展》,《湖南师范大学教育科学学报》2007 年第 3 期。

《东部沿海发达地区义务教育学段课堂环境的城乡差异研究——以上海、浙江
　　的 18 所学校为例》,《教育学报》2007 年第 3 期。

《我国当前中小学课程运作机制的转变研究——一个亟待关注的研究课题》,
　　《教育理论与实践》2007 年第 3 期。

《关注学生学习过程的学业评价——南澳洲中学教学过程中的学生学业评价》,
　　《外国中小学教育》2007 年第 5 期。

《学校发展规划的制定、实施与评价》,《教育研究》2008 年第 2 期。

《关于改进"新课改"运行模式的若干思考》,《西北师大学报(社会科学版)》
　　2008 年第 2 期;《人大复印报刊资料·中小学教育》2008 年第 7 期全文转载。

On the urban—rural differences in classroom environment in compulsory education in
　　the Eastern coastal developed areas of China, Frontiers of Education in China,
　　2008, Vol.2.

《课程三维目标的解读与实施》,《湖南师范大学教育科学学报》2008 年第 2 期。

《教学观念阐释》,《上海师范大学学报(基础教育版)》2008 年第 2 期。

《教育目的含义的哲学辨思》,《东北师大学报(哲学社会科学版)》2008 年第 3
　　期;《人大复印报刊资料·教育学》2008 年第 8 期全文转载;《新华文摘》2008
　　年第 15 期"'篇目辑览'教育首篇"。

《教学文化与教师职业幸福》,《教育科学研究》2008 年第 4 期。

《教育理论与实践的困境之思考》,《湖南师范大学教育科学学报》2008 年第
　　5 期。

《论有效课堂教学的教师基础》,《天津师范大学学报(基础教育版)》2009 年第
　　1 期。

《关于课程执行的调查——基于义务教育阶段课程改革》,《首都师范大学学报
　　(社会科学版)》2009 年第 2 期;《新华文摘》2009 年第 12 期"论点摘编",第
　　167 页。

《国际科学教育视野下的高中综合科学课程改革——透视香港高中〈综合科学〉课程》,《上海师范大学学报(基础教育版)》2009 年第 2 期。

《多元评价体系中制定评价标准的思考》,《全球教育展望》2009 年第 2 期。

《论有效课堂教学的教师素质》,《课程·教材·教法》2009 年第 5 期。

《行动导向理论的教学论解读》,《河北师范大学学报(教育科学版)》2009 年第 9 期。

《欧盟职业教育与培训质量指标主要内容与特点探析》,《外国教育研究》2010 年第 4 期;《人大复印报刊资料·职业技术教育》2010 年第 8 期全文转载。

以情优教砥砺奋进
火炬精神勇攀高峰
——心理学家卢家楣传

  卢家楣(1948—),浙江慈溪人。二级教授、博士生导师。无党派人士,上海师范大学知识分子联谊会名誉主任。1982年毕业于上海师范学院教育学心理学专业,同年留校任教。历任上海师范大学教育科学中心副主任兼教育学心理学教研室主任、教育科学学院副院长、院长、心理研究所所长;发展与教育心理学博士点学科带头人、心理学博士后流动站站长、教育学一级学科博士点学科带头人、心理学一级学科博士点学科带头人;上海市心理学会理事长、名誉理事长,中国心理学会副理事长、《心理科学》副主编;全国教育科学规划领导小组教育心理学科规划组专家、教育部高等学校心理学教学指导委员会委员、教育部教育专业学位研究生教育指导委员会委员、教育部全国中小学心理健康教育专家指导委员会委员、全国"田家炳杯"全日制教育硕士专业学位研究生教学技能大赛专家委员会副主任兼心理健康教育赛项专家组组长、被中央精神文明办聘为全国首届《心理学专家讲坛》主讲专家;上海市人民政府特邀教育督导、上海市人民教育督察员;教育部长江学者、国家教学名师、国家社科基金重大课题等评审专家。

  卢家楣长期从事心理学教学和科研工作,创立情感教学心理学,创建完整的情感教学理论,享誉全国。撰写著作和主编教材20多部,发表论文270多篇,其中以第一作者和通讯作者发表在A类刊物34篇(《心理学报》20篇、《教育研究》14篇)、B类刊物57篇(《心理科学》等)、SCI/SSCI一区/二区14篇;主持国家重大课题、国家哲学社会科学基金课题、全国教育科学规划国家课题、教育部重点课题等10多项;获国家高等教育教学成果一等和二等奖、国家优秀教材二等奖、国家规划教材(5部)、全国教育科学研究优秀成果二等奖(3次)、中国高校人文社会科学优秀成果奖(2次)、国家优秀科普作品奖以及上海市哲学社会科学优秀成果一等奖、上海市教学成果特等奖和一等奖、上海市教育科学研究优秀成果一等奖、上海市优秀教材一等奖等省部级及以上奖项 30 多个；中国心理学会首批心理学家、中国心理学会最高荣誉称号——会士、中国心理学会终身成就奖、中国心理学会学科建设成就奖；首届曾宪梓教育基金高师院校教师奖、首届宝钢优秀教师奖、教育部高等学校教学名师奖、国家高层次人才特殊支持计划领军人才（教学名师），享受国务院政府特殊津贴。

母校学子　40 年回报

卢家楣

卢家楣 1948 年 10 月出生于上海。1956 年就读于上海市北京西路第四小学。1962 年至 1968 年在育才中学就读初中、高中。高中毕业后，在静安区张家宅街道地区待业，其间参加社区义务工作，并加入共青团，任团支部副书记。1974 年在张家宅街道房屋修建队当木工，曾任泥木工队长、代理大队长。卢家楣的父亲曾是小学校长，受父亲及育才中学老师言传身教的影响，自幼向往成为一名教师。1977 年参加高考，以第一志愿考入上海师范学院物理系。入学后，他刻苦学习，专业成绩几乎全优。其间，学校特设教育学心理学专业师资班（简称教心班）。尽管选拔标准严苛，竞争激烈，卢家楣以优异的专业成绩和中、英文笔试以及面试中的出色表现入选。同时入选的还有来自本校中文、数学等专业的 29 名学生以及江苏师院、扬州师院的朱永新、袁振国等 7 名外校代培生。该班由校领导直接规划指导，从校内外抽调资深教师任课，以研究生要求培养。在教心班，卢家楣是燕国材先生《发展心理学》《教育心理学》《中国古代心理学史》三门课程的课代表，又是李伯黍先生从班中挑选出的唯一一名"特殊研究生"，跟着他做品德心理实证研究，并与其团队共同署名发表两篇论文于《心理科学通讯》（现名《心理科学》）。1982 年他以几乎全优成绩毕业留校任教。

当时学校急需用人，规定教心班留校生不准考研。他听从学校要求，安心公共课心理学教学。一般老师认为，公共课地位低，学生不重视，不好上，学术成果难出,但他却把公共课视为其教学的重要方面,即便当博导、院长后亦没变,且致力提升其在高教中的作用和地位。一些老师还认为,高校教学和科研难以两全,晋升职称靠科研,教学只求过得去,不愿下功夫;至于学科建设、社会服务往往不视为份内事,有余力才顾及。但他却将教学、科研、学科建设和社会服务视为一个高校教师应有的职责:他立足教学,发现问题,启发科研,并以科研成果反哺教学,以致教科并茂,同时,对内推动学科建设,对外服务社会。他就这样将四者有机结合,相互促进,形成融入时代的四重奏,深情演绎,弹奏出宏伟的交响乐章。他自己也陶醉其中,心无旁骛,以至于几十年来历经改革开放、社会转型等变迁,遇到很多机遇和诱惑,也不受外界干扰。曾有房地产公司以高薪聘请,他不为所动;甚至某高校以数百万奖励请他带着重大课题去搞研究,也不为所惑。他曾饱含深情地说:"选择上师大,我一生无悔。当一名好教师是我的梦想,而追逐梦想并为之奋斗,这样的人生充实而有意义。"他是这样说的,也是这样做的。他怀着对教育事业的无比热爱和对事业不懈追求的热忱,教书育人、乐教爱生、敬业奉献、潜心治学,躬耕教坛 40 多年,以践行"师道永恒"的精神,演奏出一首首的精彩乐曲,回报培育他的母校——上海师范大学。

他是上海师大从踏上教学岗位到退休,始终怀着热心从教、精心从教、终身从教的初心,兢兢业业坚守心理学公共课本科教学 36 年而未中断过一个学期的教授;

他是上海师大勇于创新,开拓新学科领域,创建一门学科——情感教学心理学的教授;

他是上海师大担当不忘弘道天下的使命,创立和实践情感教学理论,并以此服务社会,指导全国大中小幼(如清华大学、北京大学、北京师范

2008 年,卢家楣在人民大会堂接受国家教学名师奖状

大学等100多所高校及贫困地区、边远地区和革命老区）的40多万教师而享誉全国的教授；

他是上海师大第一位荣获全国性一级学科的学会——中国心理学会首批心理学家、学科建设成就奖、会士称号（学会最高荣誉）、终身成就奖等荣誉奖项的教授；

他是上海师大第一位担任上海市一级学科的学会——上海市心理学会理事长的教授；

他是上海师大第一位担任全国性一级学科的学会——中国心理学会副理事长的教授；

他是上海师大第一位带领团队拼搏20年，拿下心理学和教育学两个一级学科博士点、发展与教育心理学二级学科博士点、心理学博士后流动站，并任两个一级学科博士点学科带头人的教授；

他是上海师大第一位获评教育部高等学校教学名师奖的教授；

他是上海师大第一位获评国家高层次人才特殊支持计划领军人才（教学名师）的教授；

他是上海师大第一位获评国家高等教育教学成果一等奖的教授；

2019年9月10日，习近平主席在人民大会堂接见教育界700名教育先进代表，其中卢家楣等6人安排在第一排，与习主席亲切交谈后入座合影。这是上海师大第一位获此殊荣的教授。

卢家楣以其42年的踔厉奋斗，在教学、科研、学科建设、社会服务等方面取得的卓越成就，实现了当年毕业时母校提出的"今日你们以上师大为荣，明日上师大以你们为荣"的殷切期望。

教书育人　享誉全国

当一名好老师，是卢家楣的理想。他在长期的教书育人实践中，数十年如一日，全心投入，倾情奉献，并应用自己创立的情感教学理论，形成其独特的教学艺术和风格，在学界和广大师生中，久负盛名，享誉全国。

卢家楣刚走上师范公共课心理学讲台时发现，学生对非本专业的公共课往往不太重视：感兴趣会认真听，没兴趣则开小差，甚至打盹。如何调动学生积极性成为他面临的一大挑战。他边教学，边观察，研究学生的兴趣，

358

初获体会并发文《用心理学规律上好心理学课》(1985 年)。教学有起色，学生逐渐喜欢他的课，反响热烈，引起学校重视。校领导带队专程进他教室，听课后一致好评。1987 年学校教务处印发《教学信息》第 30 期和第 31 期，接连通报表扬卢家楣在居住条件差的情况下，用心备课，教学有方，受到学生欢迎的事迹。同年他获评上海师大优秀教学二等奖，受到莫大鼓舞。从此，他在教书育人的道路上越走越坚定，走出了自己教书育人的风格（学时有趣，学后有用，寓育于教，寓教于乐），走出了自己教书育人的理论（情感教学理论），走出了自己教书育人的艺术（体现"以情优教"思想）并日臻精湛。他认为，教学首先要激发学生兴趣，唯此教学内容、育人思想才能更好被接受内化，课堂纪律也能更好被遵守。凡听过卢家楣的课，都赞不绝口：不仅条理清晰、逻辑性强，而且思想性好，有趣、生动、幽默，形式多样、富有激情，传递正能量，其内容对学生现在和今后都非常有用，且纪律严明、要求严格。正如学生所说："卢老师上课生动有趣，连上 4 节课也不感到疲劳和乏味，相反让人在愉悦中学到了知识。260 多人一起上课，是所有选修课中人数最多的，但出席率却是最高的，且纪律非常严明，我觉得非常非常不容易。"（2005 级教育学院吴同学）。有教学经验的进修教师，更予以极高评价："卢教授讲课激情飞扬，抑扬顿挫，深深吸引每位学员。互动发言时，积极踊跃，打破了以往专家讲学员听的僵化局面。他谈笑风生，疏密有致：时而抽学生朗读，时而抽学生表演，幽默睿智的语言让课堂妙趣横生。他深入浅出，理论联系实际；他旁征博引的讲解让我们耳目一新。举例时，和风细雨，激动人心；精彩处，高潮迭起，悬念丛生；点睛处，水到渠成，豁然开朗，让我们对这次课记忆尤深，刻骨铭心，享受了一次教学盛宴。"（都江堰市团结小学彭老师）"卢教授独特的授课模式，彰显大师风范，给听课者以前所未有的震撼……深感是一种艺术熏陶，感叹大师就是大师，达到常人无法企及的高度，真正的高屋建瓴！"（沪江进修学院谢院长）

卢家楣认为，激趣同时，更要注重育人。教师不只是学科内容的传授者，更是学生人格的塑造者，要"树理想信念之魂，立民族精神之根"担起培根铸魂的使命。早在 1987 年他就发文"寓育于教要结合大学生的心理特点"，后又摸索出寓育于教的有效方法。（1）内容导入：如讲"创造力"时，先播放《火烧圆明园》电影中大清骑兵面对英军枪炮，无畏冲锋，战死

359

沙场的悲壮片段,说明落后挨打的道理,激励学生奋发图强,努力提高创新意识和能力。(2)举例说明:如讲"注意"时,播放神舟飞船发射前倒计数的视频,说明注意规律应用,同时激发学生民族自豪感。(3)形式宜人:如讲"人际吸引"时,组织学生当场讨论男女相互吸引的首要因素,最后拿出团中央调查结果——良好人格,从而非常接地气地勉励大家完善人格,使学生认同。(4)课堂管理:重视行为规范,上下课都要问候敬礼,迟到要鞠躬道歉,看手机要对手机"处罚",组织学生写出课堂精神文明建设《"十要"倡议书》,后发展为《学生课堂行为规范》(七条),每届必宣讲,一届届传承至他退休。(5)严慈相济:强调平等施教、尊重施教,学生违纪时,纠正违纪行为,尊重学生人格,营造育人氛围。(6)自身垂范:晚上赶校车摔倒,眼镜破碎,满脸淌血,再次上课时伤口尚未痊愈,他又出现在讲台上;教室突然停电,面对260多双期待听课的眼睛,年近70的他在无PPT和麦克风情况下,凭记忆用嘶哑嗓音照常上课,学生事后说"当时感动得哭了!"卢家楣的育人效果也可从学生反馈中略见一斑:"我要真心感谢卢老师,在我对大学快要失去期望、对自己失去信心的时候,他的出现改变了我对教师职业的看法,改变了原本要放弃这个职业的念头。"(2004级美术学院周同学)。"这门课是我性格、生活、价值观的一个转折点。虽然这只是一门选修课,但它的意义却超过任何一门必修课。它引导我们怎样去学习,怎样去创造,怎样去生活。凤凰涅槃,浴火重生。"(2016级人文与传播学院刘同学)。

卢家楣锐意教学改革,小至教学手段,从自画图表,发展到薄膜投影、自制幻灯片(被许多大学推广使用),直到PPT和小视频(曾获上海师大首届多媒体课件竞赛一等奖),大至课程体系,一切为了学生发展。他先在一门课内改革,以扭转以往教学脱离教育实际的倾向,提出原创性的"双主线"结构(以"教"和"育"两条主线串接教学内容)、"三特性"取向(以"针对性""操作性"和"时代性"筛选教学内容)和"三段法"模式(以"现象—规律—应用"呈现教学内容)改革思想,并发表文于《心理学报》(1992年),又主编新教材《心理学——基础理论及其教育应用》,获上海市教学成果二等奖和优秀教材二等奖;其升级版《现代心理学——基础理论及其教育应用》,获评"十一五"国家规划教材。

之后在杨德广校长支持下,他对师范类公共课,从课程目标、性质、体系,到内容、课时、方法等进行整体改革,尤其是打破长期以来师范类公共课仅心理学和教育学2门课的局限,拓展为7门课(心理学与教育、学习心理与教学、青少年心理与辅导、教育学原理、教学与课程导论、德育与班主任、教育科研方法),并主编了相应的教材,使学生获得更为全面的心理学和教育学知识。1998年4月教育部在昆明举行全国高师院校教育系科(公共教育类课程)教学改革座谈会上,他应邀作了两次大会讲话,介绍改革情况,反响热烈。他和其团队先后获评国家教材二等奖、国家教学成果二等奖、上海市教学成果一等奖、上海市优秀教材一等奖、国家"十二五"规划教材,直到2022年再获上海市首届高校新教材优秀奖。

2002年,卢家楣响应学校倡议,向全校本科生开设素质教育核心课程"助你成功心理学",以帮助广大学生更好适应学习生活和今后工作。他不惜路远耗时,到奉贤校区授课,17年风雨无阻,从未间断。选修该课的学生极为踊跃,262人的最大教室期期爆满,成为全校选修人数最多、最受学生喜欢的课。

卢家楣(第一排中间)与全校260多名来自各学院的本科生在"助你成功心理学"课后合影

从2012年起,卢家楣又把公共课从本科生拓展到研究生。原本他为自己研究生开设的学位课程"情感教学心理学",后成为全校教育硕士研究生每年"必选课",每次200多名研究生上课,场面壮观,好评如潮。

卢家楣（第二排中间）与全校 200 多名教育硕士生在"情感教学心理学"课后合影

卢家楣先后从 1996 年和 2004 年开始,带教硕士生和博士生。截至 2024 年,已指导研究生 169 名,其中包括学硕、教硕和专硕 131 人,博士生 38 人;另有博士后 6 人。卢家楣在带教研究生时也十分关心学生的成长,每届学生首次见面,讲"卢门规范",明确提出做人和求学两方面要求（做人:要求学生坚持正确的政治方向,尊师、尽孝、友爱,遵守校规校纪;求学:要求学生开拓创新、精益求精,掌握高新技术、坚持情感教育方向）。他指导学生撰写的论文,有 3 篇获上海市优秀博士论文,2 篇获全国教育硕士优秀论文,1 篇获上海市专业硕士优秀论文;他指导的学生,1 位获全国教育硕士优秀毕业生,多名研究生获国家奖学金。现他的学生有的已成为教授、博导、学科带头人,有的成为系主任、院长、校领导,有的被教育部聘为咨询委员会委员。

从助教到教授,直至博导;从教心室优秀教学奖到上海师大优秀教学奖、上海市育才奖、上海市教学名师奖、全国首届和第二届教育硕士优秀教师奖,再到两度荣获国家教学名师奖:在教学促进学生成长过程中,卢家楣也不断磨砺自我、完善自我、提升自我。2018 年他被评为"上海市最美教师"。2019 年他唯一被学校授予首届"世承"教学突出贡献奖。

卢家楣(第二排中间)与自己直接指导的硕博研究生们欢聚一堂的合影

倾情研究　创立学科

　　卢家楣长期致力心理学研究,特别是聚焦教学中的情感心理,创立情感教学心理学学科,创建一整套情感教学理论,独树一帜,享誉学界。他科研特色鲜明:以教学启发科研、以科研反哺教学,形成互促并茂的效果;强调社会需要取向,围绕情感教学拓进,力克"重知轻情"痼疾,促进"立德树人"实践;勇于创新,开拓前行,质疑"定论","挑战不可能";认定目标,持之以恒,锲而不舍,深耕不止,一生倾情研究。

　　如前所述,由于认识到兴趣在学生听课中的作用,卢家楣在经验层面萌生了研究教学中情感现象的初步想法。随后看到在应试教育背景下中小学生厌学情绪,令人堪忧,涉及情感因素的教育样板(如愉快教育等)又缺乏令人信服的科学解释。他翻阅心理学文献,有关情感内容匮乏,才知对情感的研究一直是心理学中的薄弱领域,被丹麦生理心理学家朗格①形象喻为心理学家族中的"灰姑娘"。到 20 世纪 70 年代,情感才渐被学界关注,但教育领域仍相对滞后。"直至 90 年代以前,在西方情感是一直被教育领域的心理学研究者所忽视。"②由此增强了他探索的愿望,并以自己熟悉的大学生课堂中的情感现象为研究对象,撰写了第一篇论文《大学生课堂教学中情感因素的作用、模式及控制》(1986 年),从此走上了对教学中情感心理的探索之路。7 年后他出版了该领域的第一部著作《情感教学心理学》(1993 年),比国外同类著作领先 9 年。1995 年该著作获全国高校第二届人文社会科学研究优秀成果奖,标志着新学科的初步形成。

卢家楣指出,情感教学心理学是从教师教的角度研究教学中情感现象的一门学科,是从教学心理学中新开拓的一个分支领域。由于教学心理学从 20 世纪六七十年代诞生起,所研究的都是教学中的认知问题,缺乏对情感问题应有的关注,暴露出明显的"重知轻情"倾向。因此,他才从教学实践的需要出发,另辟蹊径,研究教学中情绪和情感问题,其研究大致分为三个阶段:

第一是夯基阶段。卢家楣意识到,要研究教学中的情感现象,首先需要解决有关情感的基本问题,如情感的分类、情感的功能和发生心理机制等。这些都是棘手问题,一直没有很好解决。为此,他大胆前行,极富创新,深入研究并发表《对情感分类体系的探讨》(1986 年)、《情感的功能及其在教学中的作用》(1988 年)、《关于情绪发生心理机制的需要——预期假说》(1988 年)等论文,为教学中情感现象研究奠定基础。

第二是推进阶段。卢家楣带领团队从基础性和应用性两个方面深入推进研究。

作为基础性研究,主要涉及教学情境中的情感现象分析、实验佐证情感对认知的一系列促进作用、情感教学理念的构建、学习苦乐属性的判定、教学基本矛盾的揭示等,为应用性研究做好铺垫。卢家楣认为,上述最后两个研究涉及的是教学哲学问题,不仅对情感教学心理学深入研究和实践应用

---

① C.G.朗格:《心理学》,世界出版社 1914 年版,第 254 页。

② Pekrun, R., & Frese, M., Emotion in work and achievement. In C.L. , Cooper & I.T. Robertson (Eds.), International Review of Industrial and Organizational Psychology, 1992, Vol.7, 153－200, Chichester, United Kingdom: Wiley.

有重要意义,而且对于解决教学理论问题和"重知轻情"的教学实践问题都有重要作用。但由于学科的局限性,教育学内部无法解决,以致"学习的苦乐之争"从孔子时代起争了两千多年仍未争出结果;而"教学基本矛盾"的传统说法,明明有问题,却被视为金科玉律。因此,他尝试从心理学跨学科研究解决这两大问题,发文《学习的苦乐观新论》和《教学的基本矛盾新论》于《教育研究》(2000 年、2004 年),前文获全国教育科学优秀成果奖,后文获上海市哲学社会科学优秀成果奖和上海市教育科学优秀成果奖。

作为应用性研究,主要涉及情感教学原则提出、情感教学模式构建、情感教学目标设定及其评价的探索以及教师情感的探究等,其中又包括一系列原创性的、具有中国特色的研究,以冀指导教学实践。卢家楣对情感教学目标的设定和评价是针对美国心理学家布鲁姆的情感教学目标理论,原创性提出符合我国教学实际的"三维度四层次"形成性情感目标体系及其测评方法,分别发文《课堂教学的情感目标分类》(2006 年)、《课堂教学的情感目标测评》(2007 年)、《教学领域的形成性评价研究》(2007 年)等。情感教学模式更是国内外教学模式中的独创,为教学实践所实证,不仅发文《论情感教学模式》(2006 年),还出版《情感教学模式的理论和实证研究》(2008 年)著作。

第三是拓展阶段。随着研究的推进,卢家楣的研究视角也逐步从宏观和微观两个方面进行了拓展。

在宏观方面,他研究终极性教学情感目标,并向社会层面扩展。这是因为随着青少年伤熊、弑母等恶性事件发生,社会需要学校加强教学的育人功能。这就涉及终极性情感教学目标与评价这一国际性难题。他带领团队迎难而上,在研究终极性教学情感目标中,开创性提出"青少年情感素质"的概念,并打破传统的情感分类框架,构建二层次六大类新情感体系。二层次包括本体性层次(道德情感、理智情感、审美情感、人际情感和生活情感五大类)和操作性层次(情绪智力一大类),每一大类又有若干种情感(如道德情感包括爱国感、责任感、正直感等),还研制了测评工具,建成终极性情感教学目标与评价体系。

在微观方面,随着脑科学技术在心理领域中应用的逐渐扩大,卢家楣倡导了以应用为目标的基础性研究取向,从而打破了教育心理学不适合脑科学研究的局面。他带头组织团队进行这方面的技术培训,率先运用 ERP 技术,并结合自己提出的情绪—情感转换理论,研究母爱情感,以此突破 ERP 技术只适合情绪(emotion)研究而不适合情感(feeling)研究的局限。研究取得成功,其成果在 SCI 上发表,为情感的脑科学研究提供了范式。该团队运用多参数生物反馈仪、眼动仪、ERP 技术,fMRI 技术、fNIR 技术进行的实验研究,在国内外刊物上发表了系列论文。

随着时代的发展,出现了诸如网络教学、线上教学、微课教学以及教学代理等新教学形态。情感教学理论如何适用于新教学形态,他又带领团队开始新的探索,并已指导研究生写出《情绪设计对线上教学效果的影响:来自行为和 fNIRS 的证据》(2023 年)、《不同情绪设计通道的情感教学代理对线上多媒体教学效果的影响:来自眼动的证据》(2024 年)等。

在对情感教学心理学数十年研究的基础上,卢家楣进行概括提炼,形成了指导思想、十大理论和操作策略组成的完整的情感教学理论体系。其指导思想是"以情优教",即在充分考虑教学中的认知因素的同时,又充分重视教学中的情感因素,努力发挥其积极的作用,以完善教学目标,改进教学的各个环节,优化教学效果,促进学生素质的全面发展。其十大理论包括五大基础理论:教学的情感系统论、情知并茂论、情感发生论、情知矛盾论和情感导乐论;五大操作理论:情感教学目标论、原则论、模式论、评价论和教材论。其操作策略包括基于教学内容、组织、评价、环境四要素构成的策略体系和基于情感教学模式的诱发、陶冶、激励、调控四环节构成的策略体系,为情感教学心理学的实践应用提供了理论依据和操作方法,深受学界和一线教师的欢迎。

这一理论体系的构建获得一系列的创新,弥补了传统教学理论在情感方面的缺失与空白,有助于解决"重知轻情"教学失衡状况,促进立德树人、思政课程实践,具有突出的现实价值和深远意义。以这一理论体系为核心的教学成果"砥砺求索 35 年——情感教学理论的创立与实践"于2018 年获评国家高等教育教学成果一等奖(排名全国第二),引起全国高校轰动。

情感教学心理学的创立得到了学界的共识和赞誉:

2001 年中国心理学会为纪念成立八十周年组织百位著名心理学家编写《当代中国心理学》(人民教育出版社)宏著,展示中国心理学家的研究成果,卢家楣应邀撰写《情感教学心理学探索》一文。

2008 年为纪念改革开放三十周年,教育部组织,由黄希庭教授主编《中国高校哲学社会科学发展报告(心理学)1978—2008》(广西师范大学出版社),卢家楣应邀撰写情感教学心理学研究成果,置于"教学心理学"中"情感教学研究"标题下。

2011 年为纪念中国心理学会成立九十周年,《心理科学》2012 年第 3 期特设专栏,卢家楣应邀撰写《情感教学心理学研究》一文。该刊主编李其维教授在《编者按》中指出:"执笔者均为国内在这些领域深耕多年而卓有建树的学者:卢家楣教授团队开拓了以教学中的情感现象为对象的情感教学心理学并进行了一系列具有拓荒意义的研究……"

2015 年为了纪念《心理发展与教育》创刊三十周年,卢家楣受主编林崇德教授邀请撰文《对情感教学心理学研究的思考和探索》,刊于 2015 年第 1 期"教与学心理学"专栏的首篇。

2015 年 10 月 16 日,在天津师范大学举行的全国第十八届心理学学术大会上卢家楣作了特邀主旨报告"以社会需要为导向,开拓情感教学心理学领域"。

2021 年 6 月出版张侃教授主编的《中国大百科全书·心理学》(第三版)中列入了"情感教学心理学"学科词条、《情感教学心理学》著作词条[①]和"卢家楣"人物词条。

2022 年为纪念中国心理学会成立一百周年,在中国心理学会组成的学术委员会指导下,由广西师范大学主办"中国《百年百位》心理学家大讲堂",邀请中国当代著名心理学家讲述自己的学术成果和学术人生。卢家楣是第十讲的被邀请者,于 2023 年 10 月 17 日作"需要,信念,创新——情感教学心理学创立"报告,其内容成文于《中国"百年百位"心理学家讲演录》(第一卷)。

卢家楣创建的情感教学心理学,为最终形成有中国特色的情知结合的教学理论新体系做出了开拓性的贡献,成为中国心理学为世界心理学宝库作出贡献的标志性成果之一。

[①] 此书共有 50 部著作的词条,其中《梦的释义》(弗洛依德)、《认识发生论》(皮亚杰)等国外著作 28 部,《人类的行为》(郭任远)、《汉字问题》(艾伟)、《教育心理学》(潘菽主编)、《中国心理学史》(高觉敷主编,燕国材等副主编)等国内著作 22 部(新中国成立前 8 部、新中国成立后 14 部)。

竭力攻博　成就卓著

　　除教学、科研外，卢家楣还承担学校心理学科建设的重任。他身先士卒，全力以赴，在博士点、博士后流动站、重点学科、重点实验室等学科建设上，从大局出发，呕心沥血，精心谋划，奉献其所有的心力和智慧，为上海师大心理学科的建设和提升，特别是博士点的创建做出了重大贡献。

　　1997 年，卢家楣任教育科学学院副院长，除了分管研究生工作外，还全身心投入心理学科建设，开始了 20 多年踔厉奋发的征程。卢家楣认为，学科建设应有合理定位和鲜明特色，并取决于学科发展的基础和社会需要。老校长廖世承先生撰写我国第一部《教育心理学》教科书和《非智力因素的量化研究》博士论文；李伯黍先生研究品德心理的学术成果丰硕；燕国材先生对教育心理、非智力因素研究有重大贡献。这都为上海师大心理学科发展奠定了基础。如何进一步明确学科发展特色，卢家楣将目光转向社会需要。20 世纪八九十年代，我国基础教育改革中出现的愉快教育、成功教育、情境教育三大样板无不渗透情感因素，但学界因缺乏相关研究而支持乏力。因此，卢家楣将学科发展的教育心理学、非智力因素取向，聚焦于情感性和社会性上，并最终形成以社会需要为导向，以情感性、社会性为特色的心理学科建设的定位。

　　2001 年，卢家楣正式领衔担纲博士点建设的重任。作为学校"发展与教育心理学"拟建博士点学科带头人，他积极组织攻博工作。从了解攻博信息、分析攻博态势，鼓舞团队斗志，到制定"内练外联"攻博方针，开展了攻博梯队建设、专业方向调整、成果整理组合、对外联络等一系列富有成效的工作。他特别重视并组织整个团队发表高质量学术论文，以此提高核心竞争力，以弥补上海师大心理学实验硬件不足的缺陷。他带头在《心理学报》《教育研究》等 A 类刊物上发表论文，并以其丰硕的学术成果在西南师范大学获得博士生导师的资格，为随后攻博加分助力。他带领团队努力拼搏，即使在"非典"的特殊时期，也没有一丝松懈，直至最后冲刺。

　　2002 年攻博填表时，团队的成果与上次攻博时有明显提升。他个人带头贡献论文就有 23 篇（其中 A 类 5 篇、B 类 9 篇）、8 部主编著作和教材、8 项主持课题（其中国家级 1 项、部级重点 1 项、省部级 4 项）、12 个奖项（其中省部级及以上9项)、3项荣誉奖(包括首届曾宪梓教育基金高师院校教师奖、首届宝钢优秀教师奖)。终于在卢家楣担任院长后的2003年上海师大心理学科博士点取得"零"的突破,获发展与教育心理学二级博士点。但他仍不停歇,继续奋进。2005年获心理学一级硕士点,同年获上海市高地建设项目,2007年获上海市教委重点学科建设项目——情感教育心理学,2008年获上海市重点学科建设项目——发展与教育心理学,使上海师大心理学科建设屡上新台阶。

为了进一步推进学科建设,他与时俱进,带头学习并力推脑科学技术、眼动技术等新的研究手段,提出"以应用为导向的基础性研究"思想,拓宽研究思路。2008年他诚邀林崇德、杨治良等著名专家亲临指导,使心理学重点实验室在学校大力支持下得以成立,为心理学科的建设提速增效。2009年获建心理学博士后流动站。

2011年,正当心理学团队憋着一股劲等了8年终于等到新一轮攻博机会,而学校却重新布局,并与卢家楣商谈。已过花甲之年的他,顾全大局,服从学校安排,劝说团队放弃此次心理学攻博机会。他拿出积累多年的学术成果——47篇论文(其中A类10篇、B类27篇)、7部著作和教材、主持9项课题(其中国家级1项、省部级重点和一般各1项、上海市学科建设项目2项)、5个奖项(其中省部级4项)、4项荣誉奖(其中省部级3项),为教育学科拿下一级博士点发挥了重要作用。他则继续披甲上阵,带领团队奔赴下一轮心理学的攻博征程。

2013年,卢家楣获教育部哲学社会科学重大课题攻关项目《当代中国青年情感素质现状、问题与对策研究》立项,一方面,他带领团队攻坚克难,以更多成果为下一轮攻博积累"内练"力量;另一方面,他克服种种困难,积极争取申办第十三届全国心理学学术大会。2010年11月,1 200多名国内外心理学界知名专家、学者参加了在上海师大隆重召开的大会。卢家楣作为大会执行主席,不仅精心策划了会议主题、内容、程序,并组织编辑、宣传、会场网络、工作坊等12支队伍,发挥团队力量,确保大会圆满成功,极大提升了上海师大心理学科在全国的影响力。2015年8月,他克服夫人离世的悲痛和独立生活的困难,振作精神又积极组织团队筹办第九届全球华人心理学家学术研讨会,来自中国大陆、台湾、香港、澳门以及美国、加拿大、日本、新加坡、新西兰等国家和地区的400多位专家学者与会交流。卢家楣作为大会

369

主席,确定了"推进心理学研究的多元化、促进心理学应用的社会化"主题,带领团队围绕主题组织各种形式的学术交流活动,获得与会专家的一致好评,扩大了上海师大心理学科在全球的影响力。这两个会在客观上起到重要的"外联"作用。

卢家楣作为第十三届全国心理学学术大会执行主席主持开幕式

卢家楣作为全球第九届华人心理学家研讨会主席主持大会开幕式

2017 年,已古稀之年的卢家楣继续身先士卒,在心理学科攻博填表时又贡献了重要成果:33 篇论文(其中 A 类 12 篇、B 类 16 篇)、6 部著作和教材(其中国家规划教材 4 部)、1 项国家重大课题、11 个奖项(其中省部级 5 项、市级优秀博士论文奖 2 项、博士后面上资助 2 项)、2 项荣誉奖(中国心理学会会士、享受国务院颁发的政府特殊津贴)、2 项社会兼职(中国心理学会副理事长、上海市心理学会理事长),殚精竭虑支持学科建设。

他也因此放弃了许多。2007 年买车,从未驾车旅游,甚至上过高速公路一次。16 年行车仅 4.2 万公里,几乎用于学校和居家之间的往返。2015 年高峰高原学科建设项目评审时,正值他夫人病重晚期需转院的当天,他不忍留下孤身一人的妻子离开,而一贯支持他工作的夫人却一再催促,才忍痛赴会,并在汇报前最后一刻还竭力完善汇报材料。在赢得这一项目后 23 天他夫人离世。这是她生前对丈夫挚爱的事业的最后支持。苍天不负苦心人,2018 年上海师大心理学科终于拿下一级博士点,实现夙愿,从而走上了更高平台,获得更大的发展空间。在 20 年攻博征程中所取得的成绩,是在学校领导下,在团队共同努力下,在学界同仁支持下获得的结果,更饱含了卢家楣及其家人对学校的赤诚之心和无私奉献。

服务社会　使命勇当

卢家楣认为高校教师在教学、科研和学科建设的同时,还应担起社会服务的责任和使命。他当院长时就提出"顶天立地一支柱"学院发展理念。顶天——学科发展要占领制高点;一支柱——重视教师教育;立地——服务社会,服务基础教育。多年来,他把握时代脉搏,踏准社会需要的强音,将教学、科研及其成果应用于社会,福祉于社会,实现价值最大化,彰显了对祖国和人民的拳拳赤子之心。

1990 年,刚评上副教授的卢家楣,受市高教局邀请,第一次走出校门给上海各高校青年教师进行心理学培训,以提高他们的教学水平。他极其认真地对待每所学校的每一次授课,以其高超的教学艺术和丰富的教学内容使高校青年教师对来自上海师大的他刮目相看,一致予以高度评价。为此他受市高教局表扬并委托主编教材《高校教与育的心理学》(1991 年),使培训效果更上一层楼。

1992 年受市教育局领导的委托,卢家楣和两位青年教师一起深入上海一师附小,用情感教学心理学思想,潜心研究"愉快教育"现象。近两年努力,终于揭示愉快教育的本质特征,解决了理论问题,在《教育研究》发表了关于愉快教育的首篇论文《论"愉快教育"的基本特征》(1994 年),帮助学界和大众消除误解,科学认识愉快教育,获得包括北京师范大学在内的一些曾参与愉快教育研究的同仁们的赞誉。中央教科所领导发贺信感谢他们为全国"愉快教育"作出了理论贡献。此后,他们又致力教育模式、策略和操作层面的研究,支持全国几千所学校参加的"愉快教育"实验,出版了《愉快教学法的理论与实践》著作,获全国教育科学研究优秀成果二等奖。教育部也因此将愉快教育研究所建立在上海。

20 世纪末前后全国基础教育课程改革如火如荼,并首次提出教学的情感态度价值观目标。卢家楣从教师和学生两方面的互证视角,组织团队先在上海,后在全国,大规模调研学校教师在教学中落实情感目标的情况,发现教师们虽有意识,但缺乏理论和操作的指导后,便发文于《教育研究》《课程·教材·教法》《发展心理与教育》等刊物,引起学界重视。同时,他积极组织研究生课程班,自己带头执教,先后培训了 73 个班,惠及全国 1 057 所中小学的 4 258 名教师。崇明岛因交通不便,他带头顶风破浪,送教上岛,先后开设三期培训班。这些学员有的成为了崇明地区教育局长、中小学校长和骨干教师,发挥了在全岛推广情感教学的作用。直到今天这些学员还十分怀念当年卢教授热情送教的情景。

为使更多教师了解情感教学,卢家楣对全国 32 个省市自治区和直辖市的 40 多万大中小幼教师进行教学理论和实践操作的指导。他先在中小学,甚至幼儿园,其中包括边远地区、贫困地区、革命老区、灾区等,后扩大到高校。在对上海高校青年教师分批集中指导后,又应邀奔赴北京大学、清华大学、北京师范大学等在内的上百所高校,使情感教学之花开遍祖国大江南北! 他还为美国纽约大学学生,以及受国务院侨办委派到泰国,后又到马来西亚为华文学校教师进行情感教学指导,使情感教学走出国门,广受欢迎。清华大学老师们说:"卢教授的报告内容丰富,信息量大、开拓性强、充满激情、幽默风趣,报告过程更是体现了情感教学的魅力,令在场的师生深受感动,切身体会到了情感价值性与教学艺术性的统一。"泰国华文民校联谊会反馈:"老师们对卢教授充满热情和智慧的富有艺术性的讲课本身也给予高

卢家楣(第二排中间站着)对贵州六盘水地区名师名校长培训后合影

度评价,认为他讲课本身就是运用情感优化教学效果的生动体现。老师们在教学实践中也积极应用学习理论,取得初步成效,再次说明该理论的可行性和有效性。"

2021 年 4 月 28—29 日,北京师范大学破例连续两天邀请卢家楣在"四有"好老师大讲堂作两场报告,给予高度赞扬,要求"广大教师要认真学习卢教授的经验,立足本职工作落实立德树人根本任务,提高师德修养,促进职业发展,为建设世界一流大学贡献力量"。

2019 年和 2023 年,卢家楣先后两次应教育部全国高校教师网培中心邀请,为全国 363 所高校的教师讲授情感教学理论。2021 年 7 月 17 日在北京师范大学"中国好老师"公益行动计划 2021 全国育人论坛上,他又应邀给 7 000 所中小学老师作情感教学报告。湖南宁乡市姜赛飞老师听了他的报告后在微信里激动地写道:"如果全国的每一个老师都有机会聆听您的讲座,那么每一位老师、每一位学生、每一所学校、每一个中国家庭都会大大受益!"

卢家楣（第一排中间）应邀在北京师范大学"四有"好老师大讲堂给教师作报告后的合影

此外，卢家楣连任了全国教育专业学位研究生教育指导委员会三届委员，曾对吉林大学、西南大学、浙江大学、西北师范大学、西藏大学等30多所高校实地考评教育硕士培养情况。他每次深入课堂听课时，都会运用情感教学理论进行指导，受到学校领导和老师们的一致好评，为提高培养质量发挥了积极作用。

通过集中培训、专题报告、现场指导等，卢家楣的情感教学理论被越来越多的老师们接受，并运用于各自教学实践。据不完全统计，引用其理论的教改文章发表了17 600多篇！下载卢家楣的论文近39万次！涉及高教、基教、职教、特教及其语、外、思、史、地、数、理、化、生、音、体、美、信息、科学等几十个学科。卢家楣于1999年首次提出"以情优教"思想，已被2 529篇论文引用。足见他的理论和思想已日益为学界所接受并成为共识。

卢家楣组织团队编制情感素质测评工具，先后两次对全国三类地区（经济发达、较发达和欠发达地区）14座城市117所中小学和100所大学的近5万名10—30岁的从小学到博士各学段青少年进行现场调研，首次获取大量信息，揭开我国青少年情感素质的神秘面纱，为社会和学校了解和培养青少年情感提供了科学依据。《心理学报》《教育研究》《心理科学》等刊发表有关调研成果，《人民日报》《光明日报》《解放日报》《文汇报》《中国青年报》《中国教育报》等几十家报纸和几百个网站都作了报道，产生了巨大的社会反响。有关成果写入《内参》报中办国办，最高送至中央政治局常委。

卢家楣(中间)团队在全国100所高校进行大学生情感素质现场测评时部分情景

2007年,中央精神文明办在全国开设首届《心理学专家讲坛》,聘任卢家楣为主讲专家(全国10名),在上海面向全国作报告——《调节心理,把握人生》,教师、家长、学生8万多人在线上线下同步聆听。2010年,正值中央精神文明建设指导委员会在京召开全国会议之际,他作为唯一京外专家应邀进京在中国文明网,再次面向数万名教师、家长、学生作《健康情感是青少年

卢家楣(第一排中间)与有76所大学参加的第三届教学技能大赛决赛的专家和获奖选手合影

发展之本》报告,反响热烈。2020年在举国抗疫的严峻期间,他又应邀在教育部华中师范大学心理援助热线平台作《以心抗疫,以情克艰——调节情绪,促进学生健康发展》公益讲座,受众达35 000人,为大众平稳情绪,齐心抗疫,共克时艰作出贡献,再次彰显了一名心理学家的社会责任心和使命感。

近年来,他积极响应教育部关于加强和改进新时代学生心理健康工作的号召,担任全国大赛专家委员会副主任兼心理健康教育领域赛项专家组组长,指导全国全日制教育硕士专业学位研究生"心理健康教育"专业教学技能大赛。他秉持公正原则和奉献精神带领全国专家团队,克服疫情干扰,连续指导三届大赛,每届有70多所大学参加,使参赛学生和学校受益匪浅,发挥了以赛促教的积极作用,在心理学界、教育界乃至社会上产生积极影响。

卢家楣受中国心理学会委托,组织百名心理专家,以"服务社会、福祉后代、利在当下、义在深远"为宗旨,历时五年,写出我国第一套《人类心理十万个为什么》大型心理科普丛书(内含《婴幼儿心理十万个为什么》《儿童心理

卢家楣和中国心理学会理事长杨玉芳及《人类心理十万个为什么》分册主编等学界名师大家合影(第一排左起:张向葵、邹泓、李伟健、卢家楣、杨玉芳、钱铭怡、樊富珉、刘电芝教授;第二排左起:周宗奎、方晓义、傅宏、桑标、金盛华教授)

十万个为什么》《青少年心理十万个为什么》）。这套丛书突破以往《十万个为什么》只讲科学现象,不讲科学建议的局限,做到既讲现象,又析原因,再提建议,并有"心视界专栏""名言录专栏"及小插图等,内容丰富,形式多样,深受读者欢迎,被列为教育部面向中小学图书馆推荐书目,2022 年被评为全国优秀科普作品,为启迪教师、家长,润泽后代心灵,作出了巨大贡献。

以生铸师　以情优教

卢家楣在从教三十周年的寄语中写道:"以生铸师,以情优教"。这是他教育生涯的写照和境界,也是他砥砺奋进 40 多年,勇攀高峰获硕果的动力源泉。

常言"名师出高徒",怎会学子铸名师?卢家楣应邀在校图书馆组织的"师道永恒"讲坛上做的"以生铸师——心中有学生,师道方永恒"报告,回答了这一问题。他说,心中有学生,就有一种为学生服务的不竭动力。初上讲台,发现学生听课缺乏兴趣,因此提高学生的听课兴趣就成为他追求讲课艺术的起点;学生不仅要学知识,还要发展良好品行,才能成为国家和社会需要的人才,因此他在教书的同时始终不忘培根铸魂;师范生需要形成未来教师职业素质,因此他就大刀阔斧改革师范生心理学课程而全国闻名;学生需要教师提高教书育人的效果,因此他就把教学中情感的作用和调控问题作为其科研的出发点而创立情感教学心理学、创建情感教学理论;热爱学生会特别在乎学生的感受,因此学生对他教学的积极回应也就成为他不知疲倦、不断前行的动力。这里的"以情优教"中的"教"有两个层次:一是教学的"教",用情感优化教学;二是教育事业的"教",用热情来优化自己教育事业。他多次讲过,有人将教育看成一项职业,而他是看成一个伟大的事业,爱岗敬业是他的教育职业观。他是用满腔热情来优化自己所从事的教育事业,追求完美和极致。因此,以生铸师,以情优教,也就很好地诠释了他教育生涯的格局。

也正因为这样,卢家楣几十年来是如此全身心投入教书育人工作的。某中学学生发生自杀悲剧,家长和学校各执一词,《青年报》以《一朵小花是如何夭折?》为题,展开社会大讨论。他认为,一线教师加强对青少年心理的把握至关重要,为此特地挤出晚上时间在校开设"青年心理学"课,阐明青少年的心理特点,以利于未来教师更好地教书育人,选修学生竟达 616 人! 此后,他出版的 37 万字《现代青年心理探索》著作回应这场社会大讨论。《解放日报》《文汇报》和上海人民广播电台等媒体予以报道,引起社会反响。1991 年 4 月,他父亲病重,弥留之际,他一连两天通宵守候。第三天一早他仍骑自行车 30 多里路,从医院赶到学校给学生上课。到 11 点 25 分,办公室老师赶到教室通知他父亲离世的噩耗,要他立刻赶往医院。可当时离下课还有 15 分钟。他强抑着悲痛,继续上课,直至准点下课。学生走后,教心室领导走进教室看望他时,他这才忍不住失声痛哭。在一次课上,他让学生做心理健康测试,发现一位女同学有严重自杀倾向,下课后立即主动与她接触,了解到她因恋爱受挫而产生轻生念头后,就推迟其他工作,与她促膝谈心 4 个多小时,采用认知重评的情绪调节方法帮助她走出阴影。2003 年 12 月,初等教育系孙琳同学因车祸住院并昏迷 55 天,时任教科院院长的他,组织全院师生爱心募捐,并成立志愿者队伍,实施康复援助计划。爱心在孙琳同学身上创造了拯救生命、恢复记忆、重返课堂的三大奇迹。该事迹被《文汇报》《解放日报》及东方电视台等各大媒体报道,五十周年校庆时还被搬上话剧舞台。一位博士生骨折了,为了不影响学生上课,他干脆将课搬到她家上。多年来克服困难坚持为全校每一年级 5 000 名新生上入学第一课,开展心理健康教育和励志教育,累计学生达 40 000 人。有位博士生因"非典"被学校暂留,不能回家过年,他在夫人陪同下到超市购买年夜饭的食品给学生送去。学生高兴地邀请留校同学分享,还自豪地说是他导师送来的。为了让学生尽快学会使用脑电技术,他一连几年利用一切关系自费为新生提前开设脑电培训班,直至新冠疫情而止。新冠疫情期间,不能线下指导研究生论文,他通过微信语音与学生沟通,不顾嗓音沙哑连续近一个月轮番指导学生,每篇论文要反复指导多次,每次至少 1 个多小时。有一次学生发现上下午竟沟通长达 5 个半小时! 正因为这样,这届 10 篇论文未受疫情影响,每篇盲审都在 85 分及以上,3 篇 90 分以上,1 篇获上海师范大学优秀博士论文,1 篇获上海市首届应用心理学专业优秀硕士论文。而在世博会期间,他曾因带教学生获上海市优秀博士论文,得到全市仅有的 26 对"名师高徒同游世博会"活动的参加机会,之后他又另外请所有自己带教的 20 多位在校研究生同游世博会,让大家在紧张学习之际放松心情,感受祖国发展的气息,达到"寓教于乐"的效果。作为院长,为了让全院教师能更好教书育人,实现学院发展目标,他还在繁忙的教学、科研、学科建设和服务社会工作的同时,自觉担负起为学院创收的重任,至离任时还留下数百万元给后任。离任审计报告中竟有这样一句话:"卢家楣同志任教科院院长期间,为促进学院的全面发展,积极组织学院的创收工作,为改善学院的教学环境、提高教职员工的收入,做出了贡献。"

杨德广校长曾邀请卢家楣在上海市高等教育学会年会上讲讲自己如何从一名普通高校教师当上国家名师的,为此他作了题为《一个信念和五股力量——名师成长感悟》报告,获得在场的上海几十所高校,乃至之后全国许多高校老师赞誉。他谈的感悟,也是对"以生铸师,以情优教"的进一步阐述。他说其成长,除了党和国家的培养,同事、朋友及家人支持外,从自身角度讲,主要得益于一个信念和五股力量。这个信念就是相信自己能够成为一个受学生喜爱的,忠于党和人民教育事业的好教师。五股力量就是:心怀学生产生内在的驱动力,科教互促产生巨大的合成力,锲而不舍产生定向的穿透力,敢于创新产生无畏的创造力,心情愉快产生蓬勃的生命力。

卢家楣还提出教师的火炬精神以自励。他认为,以往都提倡教师的蜡烛精神,今天看来也要与时俱进。作为新时代教师,尤其是大学教师,应该崇尚火炬精神。它是蜡烛精神的升华。这是因为,蜡烛的亮会自灭,火炬的亮能再生,前者象征燃尽自己而发亮的奉献精神,而后者能不断汲取燃料持续发亮,既体现奉献精神,更象征教师在专业化发展道路上的新生。蜡烛的亮在于照明,火炬的亮还能探索,前者象征教师已有知识的传授,而后者象征教师在传授知识的同时又能开拓创新,不断攀登科研的高峰。蜡烛的亮是静态的,火炬的亮是动态的,前者只照亮学生一隅,而后者能照亮学生获取知识和人生发展的征程,这就象征教师要着眼于学生获取知识、毕生发展的前程。

卢家楣正是在一个信念和五股力量的驱动下,秉持火炬精神,全身全力全心全情投入教育事业达 40 多个春秋,不仅聚焦学校三尺讲坛,还辐射社会宏大讲堂,彰显了一个新时代大学教师的情怀与风采。

在学校第二十四届教师节主题活动"群英铸师魂"中,卢家楣应邀上台作获奖感言时,他讲了三句话:"感谢领导给予的关心和支持,感谢同事们给予的合作和帮助,更感谢同学们给予我站在三尺讲台上由衷的快乐和无穷的力量。"

时任上海师大党委书记滕建勇和校长朱自强在 2017 年 10 月 14 日"卢家楣教授情感教学思想研讨会"召开之际发的贺信中写道:"一个学校拥有

好老师是学校的光荣。正因为有着像卢家楣教授这样不忘初心、满怀爱心和独具匠心的好老师,学校的事业才能蒸蒸日上,培养出一代又一代德智体美全面发展的社会主义事业建设者和接班人！师大教师要学习卢家楣教授崇德立教、爱岗敬业的精神,忠于党和人民的教育事业,为祖国的教育事业向着更高水平迈进贡献力量。"

2019 年,卢家楣(左十二)应邀参加学校迎新答谢会并与时任校党委书记滕建勇(左十三)和校长朱自强(左十一)以及校级主要党政领导合影

(颜苏勤、王俊山、胡纬华、刘伟、李须、李冰冰、周惠玲　撰文)

附一：卢家楣简历年表

1948 年 10 月	出生于上海。
1956 年 9 月—1962 年 7 月	上海市北京西路第四小学。
1962 年 9 月—1968 年 7 月	上海市育才中学初中、高中。
1968 年 7 月—1974 年 5 月	张家宅街道待业并义务做社区工作。
1974 年 5 月—1978 年 5 月	张家宅街道房管所修建队。
1978 年 5 月—1982 年 7 月	上海师范学院物理专业、教心专业。
1982 年 7 月	毕业留校在教育研究教研室(教心室)任教。
1987 年 7 月	晋升讲师。
1990 年 7 月	晋升副教授。

1992 年 3 月—1997 年 3 月	教育科学中心副主任兼教心室主任。
1993 年 10 月—2015 年 10 月	中国心理学会心理学教学工作委员会副主任。
1995 年 6 月	晋升教授。
1995 年—2000 年	教育部第一届高等院校心理学教学指导委员会委员。
1997 年 3 月—2003 年 2 月	教育科学学院,副院长。
2001 年 9 月	获上海市育才奖。
2001 年 11 月	博士生导师(西南师范大学)。
2003 年 3 月	发展与教育心理学博士点学科带头人。
2003 年 3 月—2006 年 12 月	教育科学学院,院长。
2003 年 10 月—2015 年 10 月	中国心理学会教育心理专业委员会副主任。
2005 年 4 月	获上海市教育科研工作先进个人。
2005 年 12 月—2019 年 12 月	《心理科学》副主编。
2006 年 4 月—2018 年 4 月	国务院学位办组织的全国教育专业学位研究生教育指导委员会委员。
2006 年 8 月	获评上海高校教学名师。
2007 年 10 月	心理研究所所长。
2007 年 5 月—2018 年 5 月	教育部全国中小学心理健康教育专家指导委员会委员。
2008 年 6 月	校心理学重点实验室主任。
2008 年 9 月	获评教育部高等学校教学名师。
2009 年 12 月	心理学博士后流动站站长。
2010 年 1 月	聘任为二级教授。
2011 年 12 月	教育学一级学科博士点学科带头人。
2015 年 9 月—2019 年 9 月	上海市心理学会理事长。
2015 年 10 月—2019 年 10 月	中国心理学会副理事长。
2016 年 10 月	获评中国心理学会会士。
2017 年 11 月	获中国心理学会终身成就奖。
2017 年 12 月	心理学一级学科博士点学科带头人。
2018 年 2 月	获评国家高层次人才特殊支持计划领军人才(教学名师)。
2018 年 10 月	退休。

以情优教砥砺奋进 火炬精神勇攀高峰——心理学家卢家楣传

上海师范大学光启学者。

2018 年 12 月　　　　　获国家高等教育教学成果一等奖。

2022 年 3 月至今　　　全国"田家炳杯"全日制教育硕士专业学位研究生教学技能大赛专家委员会副主任兼心理健康教育赛项专家组组长。

附二：卢家楣主要论著、科研项目目录

（一）著作和教材

《现代青年心理探索》，同济大学出版社 1989 年版。

《高校教与育的心理学》，上海交通大学出版社 1991 年版。

《情感教学心理学》，上海教育出版社 1993 年版。1998 年获全国高校人文社会科学优秀成果奖。

《愉快教学法的理论与实践》（倪谷音、卢家楣主编），上海人民出版社 1998 年版。1999 年获全国教育科学研究优秀成果二等奖。

《心理学——基础理论及其教育应用》（卢家楣、魏庆安、李其维主编），上海人民出版社 1998 年版。2000 年获上海市优秀教材二等奖。

《心理学与教育》《学习心理与教学》《青少年心理与辅导》，上海教育出版社 1999 年版。2002 年获国家优秀教材二等奖。

《情感教学心理学》（第二版），上海教育出版社 2000 年版。

《心理学与教育——理论和实践》，上海教育出版社 2009 年版；《学习心理与教学——理论和实践》，上海教育出版社 2011 年版；《青少年心理与辅导——理论和实践》，上海教育出版社 2011 年版。2011 年获上海市优秀教材一等奖；2014 年获评"十二五"国家规划教材。

《以情优教——理论与实证研究》，上海人民出版社 2002 年版。2004 年获上海市哲学社会科学优秀成果二等奖。

《情感教学心理学原理的实践应用》，上海教育出版社 2002 年版。

《心理学——基础理论及其教育应用（修订本）》（卢家楣、魏庆安、李其维主编），上海人民出版社 2004 年版。2004 年获首届朱智贤心理学奖。

《情感教学模式的理论与实证研究》，上海人民出版社 2008 年版。

《高等师范院校教育科学丛书(10本)》(总主编),上海教育出版社2009—2012年版。

《心理学研究方法导论》(译),重庆大学出版社2011年版。

《教育科学研究方法》,上海教育出版社2012年版。

《中国当代青少年情感素质研究》,上海人民出版社2012年版。2014年获上海市哲学社会科学优秀成果一等奖。

《现代心理学——基础理论及其教育应用》(卢家楣、伍新春、桑标),上海人民出版社2014年版。2015年获上海市优秀教材奖;2006年获评国家"十一五"规划教材。

《给未来教师的心理学》(上中下),上海教育出版社2016年版。2022年获上海市首届高校新教材优秀奖。

《青少年心理十万个为什么》,科学出版社2018年版。

《人类心理十万个为什么》(丛书总主编),科学出版社2017—2018年版。2022年获全国优秀科普作品奖。

《心理健康教育》(秦爱君、卢家楣主编),清华大学出版社2020年版。2023年获评"十四五"国家规划教材。

(二) 论文

《用心理学规律上好心理学课》,《教育与管理》1985年第3期。

《大学生课堂教学中情感因素的作用、模式及控制》,《上海师范大学学报(哲学社会科学版)》1986年第2期。

《对情感分类体系的探讨》,《心理科学通讯》(现为《心理科学》)1986年第4期。

《寓育于教要结合大学生的心理特点》,《教育与管理》(教书育人专辑),1987年。

《关于情绪发生心理机制的需要—预期假说》,《心理科学通讯》1988年第4期。

《情感的功能及其在教学中的作用》,《教育研究》1988年第7期。

《关于我国高等师范院校公共课心理学教材整体改革的构想》,《心理学报》1992年第3期。

《论"愉快教育"的基本特征》,《教育研究》1994年第9期。

《理科类教学内容的情感性处理》,《课程·教材·教法》1994年第12期。

《对气质的情绪特性的探讨》,《心理科学》1995年第1期。

《情绪发生的心理机制及其对教育的启发》,《教育研究》1995年第2期。

《教学心理学情感维度上的一种教材处理策略——心理匹配》,《心理科学》1998

年第 6 期。

《教学心理学情感维度上的一种教材处理策略——超出预期》，《心理发展与教育》1998 年第 3 期。

《以情优教》，《上海师范大学学报（哲学社会科学版）》1999 年第 10 期。

《教材内容的情感性分析及其处理策略》，《心理科学》2000 年第 1 期。

《学习的苦乐观新论》，《教育研究》2000 年第 10 期。2006 年获全国教育科学研究优秀成果二等奖。

《师范专业基础课心理学教学改革》，《课程·教材·教法》2000 年第 10 期。

《对教材内容的情感性处理策略——赋予情感策略的实验研究》，《心理科学》2000 年第 6 期。

《认知匹配策略和形式匹配策略的实验研究》，《心理学报》2001 年第 6 期。

《发掘情感因素策略的实验研究》，《心理科学》2001 年第 6 期。

《对中学教学中教师运用情感因素的现状调查》，《心理发展与教育》2001 年第 2 期。

《中学教师在教学中运用情感因素的情况调查》，《教育研究》2001 年第 8 期。

《对中学教学中教师运用情感因素现状的学生调查》，《课程·教材·教法》2002 年第 10 期。

《超出预期策略的实验研究》，《心理科学》2002 年第 4 期。

《情绪状态对学生创造性的影响》，《心理学报》2002 年第 4 期。

《教学内容的情感性处理策略》，《教育研究》2002 年第 12 期。

《绿白两种颜色纸对学生心理影响的对比研究》，《心理科学》2003 年第 6 期。

《教学的基本矛盾新论》，《教育研究》2004 年第 5 期。2006 年获上海市哲学社会科学优秀成果奖，上海市教育科学研究优秀成果奖。

《不同人际关系群体情绪调节方式的比较研究》，《心理学报》2005 年第 4 期。

《对情绪智力概念的探讨》，《心理科学》2005 年第 5 期。

《焦虑对学生创造性的影响》，《心理学报》2005 年第 6 期。

《儿童道德情绪归因研究的进展及未来展望》，《心理科学》2005 年第 5 期。

《初中生数学焦虑的调查及其调控研究》，《心理科学》2006 年第 3 期。

《课堂教学的情感目标分类》，《心理科学》2006 年第 6 期。

《论情感教学模式》，《教育研究》2006 年第 12 期。

《不同情绪调节方式对记忆的影响》，《心理学报》2007 年第 6 期。

《课堂教学的情感目标测评》，《心理科学》2007 年第 6 期。

《情绪社会分享的研究现状与发展趋势》，《心理科学进展》2007 年第 5 期。

《中小学生的情绪表达方式认知及其与同伴接纳的关系》,《心理科学》2007 年第 5 期。

《教学领域的形成性评价研究》,《教育研究》2007 年第 12 期。

《诱发负性情绪时人际情绪调节与个体情绪调节对前瞻记忆的影响》,《心理学报》2008 年第 12 期。

《上海市青少年心理适应性研究》,《心理科学》2008 年第 6 期。

《情绪调节策略对推理的影响》,《心理科学》2008 年第 4 期。

《情绪智力结构的实证研究》,《心理科学》2008 年第 5 期。

《高职生压力源及应付方式特点研究》,《心理科学》2009 年第 6 期。

《大学生情绪社会分享的公众观》,《心理科学》2009 年第 1 期。

《情绪社会分享与情绪趋同的关系》,《心理科学》2009 年第 4 期。

《对大学生外语口语焦虑状态的聚类分析》,《心理科学》2009 年第 5 期。

《论青少年情感素质》,《教育研究》2009 年第 10 期。2011 年获全国教育科学研究优秀成果二等奖。

《我国当代青少年情感素质现状调查》,《心理学报》2009 年第 12 期。2013 年获中国高校人文社会科学优秀成果奖。

《教师职业活动幸福感的调查研究》,《心理科学》2009 年第 2 期。

《大学生情绪归因模式建构的实证研究》,《心理科学》2010 年第 3 期。

《我国现代气质研究的理论取向与展望》,《心理科学》2010 年第 5 期。

《中国当代青少年人际情感现状调查研究》,《心理科学》2010 年第 6 期。

《中国当代青少年生活情感现状调查研究》,《心理科学》2010 年第 6 期。

《中国当代青少年审美情感现状调查研究》,《心理科学》2010 年第 6 期。

《我国当代青少年情感能力现状调查研究》,《心理科学》2010 年第 6 期。

《中国当代青少年道德情感现状调查研究》,《教育研究》2010 年第 12 期。2012 年获上海市哲学社会科学优秀成果二等奖。

《青少年情绪弹性的影响因素研究》,《心理科学》2011 年第 3 期。

《青少年气质对其情绪调节的影响教师情感能力的作用》,《心理科学》2011 年第 4 期。

《我国中等职业学校青少年学生情感素质现状调查研究》,《心理科学》2011 年第 6 期。

《我国青少年理智情感现状调查研究》,《教育研究》2012 年第 1 期。2016 年获上海市教育科学优秀成果一等奖。

《心境对未来事件发生概率判断的影响》,《心理科学》2012 年第 1 期。

《情感教学心理学研究》,《心理科学》2012 年第 3 期。

《外倾个体何以有更多正性情绪体验？——情绪调节自我效能感的中介作用》,
　　《心理科学》2012 年第 3 期。

《移情反应的研究——基于个体倾向与情境的双重视角,《心理科学》2012 年第 6 期。

《重复刺激的末位优势效应》,《心理学报》2012 年第 6 期。

《情绪调节的理论观点、相关模型及其展望》,《心理科学》2012 年第 6 期。

《青少年负性情绪事件性质判断偏向的情绪弹性与性别效应》,《心理科学》2013
　　年第 2 期。

《情绪智力的基础:情绪觉察的研究现状与展望》,《心理科学》2013 年第 3 期。

《情绪感染的概念与发生机制》,《心理科学进展》2013 年第 9 期。

《人际共情鸿沟可以跨越:以教师预测学生情绪为例》,《心理学报》2013 年第 12 期。

《情绪调节目标的分类与优化》,《心理科学》2014 年第 1 期。

《情绪诱发的视盲———一种独特的功能性视盲》,《心理科学进展》2014 年第 3 期。

《RSVP 任务下双刺激重复的优势与劣势》,《心理学报》2014 年第 3 期。

《中小学班级氛围、班主任情感素质对青少年学生情感素质的影响:多层线性分
　　析》,《心理科学》2014 年第 5 期。

《教师共情预测能力及其策略的现状调查与启示》,《教育研究》2014 年第 9 期。

《职前教师情绪复杂性对情绪面孔加工的影响——来自行为、ERP 和眼动的证
　　据》,《心理学报》2015 年第 1 期。

《对情感教学心理学研究的思考与探索》,《心理发展与教育》2015 年第 1 期。

《情境真实性对悲伤移情调节的 ERP 研究》,《心理学报》2015 年第 8 期。

《情绪感染的发生机制》,《心理学报》2016 年第 11 期。

《中国当代大学生情感智力现状调查研究》,《心理科学》2016 年第 6 期。

《中国当代大学生生活情感现状调查研究》,《心理科学》2016 年第 6 期。

《中国当代大学生审美情感现状调查研究》,《心理科学》2016 年第 6 期。

《中国当代大学生人际情感现状调查研究》,《心理科学》2016 年第 6 期。

《当代大学生道德情感调查研究》,《教育研究》2016 年第 12 期。

《中国当代大学生情感素质的现状及其影响因素》,《心理学报》2017 年第 1 期。

　　2018 年获《心理学报》优秀论文奖。

《气质情绪特性测评工具的编制及其在 5 831 名大中小学生测评中的应用》,《心
　　理科学》2017 年第 3 期。

《中国当代研究生情绪智力现状及其影响因素研究》,《心理科学》2017 年第 4 期。

《中国当代研究生审美情感现状及其影响因素研究》,《心理科学》2017 年第 4 期。

《中国当代研究生生活情感现状及其影响因素研究》,《心理科学》2017 年第 4 期。

《中国当代研究生人际情感现状及其影响因素研究》,《心理科学》2017 年第 4 期。

《先苦后乐:英语乐学大学生在英语学习时情绪反应的脑认知特点》,《心理学报》2017 年第 11 期。

《当代研究生道德情感现状的调查研究》,《教育研究》2018 年第 1 期。

《中国当代研究生情感素质现状及其影响因素研究》,《心理学报》2018 年第 5 期。

《大学生目标内容与主观幸福感的关系:一个有调节的中介模型》,《心理科学》2019 年第 2 期。

《情绪词的加工过程及其情绪效应特点》,《心理科学进展》2019 年第 11 期。

《中国当代研究生情感素质的潜在类别分析》,《心理科学》2020 年第 6 期。

《精准的意义:负性情绪粒度的作用机制与干预》,《心理科学进展》2023 年第 6 期。

Lu Jiamei, Li Da, Xu Jingwei, An event-related potential study of maternal love in mothers brain topography, 2012, 25(4), 399–407.

Xie Dengfeng, Lu Jaimei, Xie Zhangming, Online emotion regulation questionnaire for adolescent: development and personality validation. Social Behavior and Personality, 2015, 43(6), 955–966.

Li Xu, Lu Jiamei, Li Bingbing, Li Haijiang, Jin Li, Qiu Jiang, The role of ventromedial prefrontal cortex volume in the association of expressive suppression and externally oriented thinking. Journal of Affective Disorders, 2017, 209(11), 112–119.

Li Haijiang, Chen Qunlin, Lu Jiamei & Qiu Jiang, Brain structural bases of tendency to forgive: evidence from a young adults sample using voxel-based morphometry. Scientific Reports, 2017, 7(1), 16856.

Li Haijiang and Lu Jiamei, The neural association between tendency to forgive and spontaneous brain activity in healthy young adults. Frontiers in Human Neuroscience, 2017, 11, 561.

Zhao Huanhuan, Lu Jiamei, Relation between awe and environmentalism: the role of social dominance orientation, Frontiers in Psychology, 2018, 9, article 2367.

Wang YaLi, Gu ChuanHua, Lu Liamei, Effects of creative personality on EEG alpha oscillation: based on the social and general creativity comparative study, The Journal of Creative Behavior, 2019, 53(2), 246–258.

以情优教砥砺奋进　火炬精神勇攀高峰——心理学家卢家楣传

Shangguan Chenyu, Wang Xia, Li Xu, Wang Yali, Lu Jiamei and Li Zhizhuan, Inhibition and production of anger cost more evidence from an ERP study on the production and switch of voluntary facial emotional expression, Frontiers in Psychology, 2019, 10, 1276.

Zhao Huanhuan, Zhang Heyun, Xu Yan, He Wen and Lu Jiamei, Why are people high in dispositional awe happier? The roles of meaning in life and materialism, Frontiers in Psychology, 2019, 10, 1208.

Zhang Lihui, Lu Jiamei, Li Bingbing, Wang Xia, Shangguan Chenyu, Gender differences in the mediating effects of emotion-regulation strategies: forgiveness and depression among adolescents, Personality and Individual Differences, 2020, 163, 110094.

Shangguan Chenyu, Gong Shaoying, Guo Yawei, Wang Xia & Lu Jiamei, The effects of emotional design on middle school students' multimedia learning: the role of learners'prior knowledge, Educational Psychology, 2020, 40(9).

Li Sijin, Zhang Lihui, Shangguan Chenyu, Wang Xia, Li Xu, Lu Jiamei, The influence of relationship closeness and desire for forgiveness on interpersonal forgiveness, International Journal of Psychophysiology, 2021, 167, 38 - 46.

Li Mingping, Shangguan Chenyu, Shi Huqing and Lu Jiamei, "Watching eyes" triggers third-party punishment: the role of emotion within the eyes, Frontiers in Psychology, 2021, 12, Article 681664.

Ma Jia, Lu Jiamei and Li Xu, The influence of emotional awareness on time perception: evidence from event-related potentials. Frontiers in Psychology, 2021, 12, 704510.

Yu MQ, Li X, Lu JM, Wang SY, Zhang LH & Ge Q, Empathy or counter-empathy? The victims' empathic response toward offenders depends on their relationships and transgression severity, Psychology Research and Behavior Management, 2023, 16, 1355 - 1363.

（三）科研项目

青年心理研究,上海市高教局项目,1989 年。
心理学在高等教育中运用的心理探索,上海市高教局项目,1990 年。

情感教学心理学研究,上海市高教局重点项目,1992年。

愉快教育思想及其教学方法研究,上海市教育科研项目,1994年。

从情感维度系统优化中学教学的研究,全国教育科学"九五"规划教育部重点项目,1996年。

面向21世纪公共课心理学的教学和课程改革,教育部重点项目,1997年。

高等师范院校心理学和教育学课程改革,上海市课程建设重点项目,1999年。

教学中学生的情绪状态对其创造性的影响,上海市教委项目,1999年。

情感教学的模式、策略和评价的研究,全国教育科学"十五"规划国家级项目,2002年。

教学的情感目标及其评价体系的研究,教育部人文社会科学"十五"规划项目,2002年。

青少年心理健康调查研究,子课题(上海青少年心理健康素质调查研究),教育部哲学社会科学重大课题研究项目,2003年。

当代青少年情感素质现状的研究,上海市哲学社会科学规划项目,2006年。

我国青少年情感素质现状、发展及培养的研究,全国教育科学"十一五"规划教育部重点项目,2006年。

和谐社会建构背景下的青少年情感素质研究,国家哲学社会科学基金项目,2007年。

情感教育心理学,上海市教委重点学科建设项目,2008年。

情感教育心理学研究生拔尖创新人才培养,上海市交叉学科研究生拔尖创新人才培养项目,2012年。

当代中国青年情感素质现状、问题与对策研究,教育部哲学社会科学重大课题攻关项目,2013年。

上海师范大学卢家楣教授高校课程思政教学科研示范团队,上海市高校课程思政教学科研示范团队项目,2018年。

中共中央组织部批发的国家高层次人才特殊支持计划教育科研项目,2018年。

无惧滔滔辨真伪　立心昭昭明是非

——宗教学专家李申传

　　李申（1946—　　），生于河南省洛阳县。中国共产党党员。二级教授。1969年毕业于哈尔滨军事工程学院原子物理专业，随即二次入伍在沈阳军区三局任参谋。1970年因抢救山林火灾受伤，被所在部队称为"硬骨头战士"，记二等功。1978年考入中国社会科学院研究生院攻读硕士学位，1981年毕业后在中国社会科学院世界宗教研究所工作。1983年，继续追随任继愈先生攻读在职博士研究生，1986年获哲学博士学位。1992年，被评为研究员，后享受国务院颁发的政府特殊津贴。1999年，获国家人事部有突出贡献中青年专家称号。2002年，调入上海师范大学。曾任中国无神论学会副理事长兼秘书长，中国社会科学院科学与无神论研究中心学术指导委员会委员。现任中国反邪教协会副会长、国际儒学联合会顾问。

　　主要研究方向为中国古代哲学、自然科学和宗教学，以及哲学、宗教与科学的关系等。曾参加国家社科基金项目"中国哲学发展史"、国务院特别委托项目"中华大典·哲学典""中华大典·宗教典"的编纂工作，参加国家社科基金委托课题"科学无神论基本理论问题研究"项目。主持完成了国家社科基金一般项目"中国古代哲学与自然科学""中国儒教论"，国家社科基金重点项目"中国儒教史研究""任继愈哲学文献整理与研究"等。

千磨万击还坚劲　任尔东西南北风

李申

　　1946年4月8日，李申生于河南省洛阳县第二区海资乡前海资村。他从小喜欢读书，初中时被保送到孟津县第八初级中学，在当时课业压力繁重之时，仍然如饥似渴地饱读文学名著，如《青春之歌》《红日》《林海雪原》《暴风骤雨》，还有苏联的《日日夜夜》《金星英雄》等等，基本上是一星期一本。当时学校图书馆里所有的书,同学之间互相转借,都饱览了一遍。高中时,读过《伊里亚特》《奥德赛》《牛虻》《钢铁是怎样炼成的》《死魂灵》《战争与和平》《安娜·卡列尼娜》等名著。此外,还读过苏联的一些文艺理论书籍。从这些书籍中,李申知道了赫尔岑、车尔尼雪夫斯基、果戈理、别林斯基、杜勃罗留波夫等著名文学家、理论家。那时,李申都会很认真地记笔记,虽然其时也不大懂得里面的诸多内容和意涵,但无疑为其人文素养奠定了深厚的基础,也为今后经历多舛命运、大风大浪,而仍能屹立不倒,铸就了重要的精神底蕴。

李申虽然出生于河南洛阳的一个小山村,但从小好学深思、求知若渴,因此学习成绩一直十分优异,每次都是名列前茅。不过初三毕业时,一向名列前茅的李申因为某些特殊时代原因,受到无端牵连,未被高中录取,是其人生遭遇的第一次挫折。在村里当会计一年以后,李申又通过卓越的自学能力,以全县第一名的成绩顺利考上了高中,使自己又一次返回了课堂。

高中三年,李申虽然担任了班干部职务,但学习成绩丝毫没有落下,始终稳居第一。到了高考填志愿的时候,李申本想报文科。但毕业前一个月,学校的党支部书记号召大家优先报考军事院校,李申报了哈尔滨军事工程学院。其中也有一件趣事,当时有老师突然找到李申,要他报清华,理由是学校过去还没有考上清华的学生。为了安慰这位老师,李申的第二志愿报了清华。最终他毫无悬念地被第一志愿录取了,据回忆他的高考各科成绩平均为86分,高出当时清华平均录取线十多分。

大学毕业后的1969年,中苏交恶,珍宝岛自卫反击战爆发,因部队需要,李申遂自愿第二次入伍,到沈阳军区三局任参谋13年。1970年4月18日,李申因抢救山林火灾而遭到严重烧伤,伤残鉴定为二等甲级。同年,所在部队称李申为"硬骨头战士""王成一样的英雄",记二等功。

李申回忆,当时救火时根本没多想,第一时间冲了进去,但后来一阵灼烧,便没有多少意识了。等到醒来,已经被战友送到医院了。先是被送到位于乌兰浩特市的吉林军区前线指挥部

1969年李申第二次入伍前的照片

352 医院抢救和治疗,后来又被送到沈阳 202 医院作整形手术。医院用了各种办法全力施救,设法挽救其生命。有一次,李申在昏迷中,听到护士在旁边议论,说是白血症,恐怕是难以治好了。他本能地觉得她们是在议论自己,她们以为病人昏迷了什么也不知道。其实,昏迷中的人,有时是能够听到的,但未必能够说出来。但那时,李申昏迷似乎还不算太重,于是对她们说:"那就不要用药了,浪费。我想得开。"护士没有说话,好像是哭着出去了。不多一会儿,副院长过来对李申说:"李申同志,你听错了。你不是白血症,是败血症。白血症现在咱们还治不好,但你的败血症已经有三次了,咱们都控制住了。这一次,咱们也一定能够治好。你要配合治疗。"李申这才说"那好,我配合治疗"。

李申回忆那个时候,死去很容易,没有痛苦。活着很难,要天天忍受着疼痛,特别是两天一次的换药。为此,李申被部队上下称为"硬骨头战士",的确如此,在整个治疗期间,不论多么疼痛,他从来没有呻吟过一声,包括十几次的植皮手术。李申回忆说,有一次植皮,打了麻醉药,医生开始动手。他感到疼,再打一点,医生又动手,割下了一块,他感觉还是疼,医生检查一下,才发现那个麻醉药已经过期失效了。类似这样的痛苦,李申都扛了下来。

不过,真正的疼痛还在后面,就是在伤口全面愈合的那一段时间,李申体会到了比疼痛更难受的感觉,那就是奇痒。疼痛可以用镇痛药加以控制,伤口大面积愈合时所带来的奇痒,医生简直没有办法。特别是他面部将要愈合的那几天,白天还好受一点。到了晚上,夜深人静,没有可能分散注意力的因素,只感到痒的难受。自己觉得是龇牙又咧嘴,实际上却不知面部表情究竟如何。发痒的部位,都是新的肉芽迅速生长的部位,不能触碰,而只能忍着。医生看李申难受,给他打"封闭",想阻断神经的感觉,不起作用。甚至还打过"氯丙嗪",是一种治疗精神病的药,镇静作用特别好,但李申仍然睡不着觉。李申说,这段时间,甚至让他怀念起前一段日子的疼痛:"我宁可疼痛。"不过,他终于熬过来了。值得一提的是,那位高中时就暗生情愫的姑娘,也就是后来的夫人杨素香老师,在这个时候,依然不离不弃陪在李申身边,帮助他度过了这段人生最难熬的岁月,并且于李申受伤一年半后与他结为夫妇,从此风雨同舟,伉俪情深,白头偕老,于今已经 50 多年了,仍然恩爱地像刚恋爱的小情侣一般,令人称羡。

2007年,李申与妻子杨素香在母校哈尔滨军事工程学院二系教学楼前合影

与病痛抗争的某一天,李申找了一张桌子,想试试手还能不能写字。护士给他拿来了纸和笔,他试着用右手拇指和食指捏住笔,黄脓冒了出来,但没有感觉到痛。于是他试着在纸上郑重其事地写下几个字:"入党申请书",竟然能写了!于是李申鼓起勇气,又另行写上:"我申请加入中国共产党",写完后署上了自己的名字。申请书被送到了部队,党支部讨论了李申的入党申请,因他的特殊情况在他没有参加会议的情况下通过了。那天,是1970年7月18日。

1972年,经过两年的治疗,李申又回到了部队,从事收发文件的工作,但读书、看书的习惯,从来没有丢弃。这样的日子一晃就度过了六年。突然有一天,政委找到李申,没有什么拐弯的话,直接说道:"你退休吧,我们能用的办法都用了。"这时候李申才知道,部队曾经为他今后的工作问题,花费了很大的力气。他们联系过部队曾经借住过的辽宁第一师范学院,人家不接收。也联系过《铁岭日报》,因为他们的局本部就在铁岭境内,人家也不接收。那时候,李申一家四口人,老幼病残俱全。虽然部队拿李申当个英雄,但人家地方上,哪里愿意背这么个包袱呢!

于是李申又要谋划后半生的人生出路。恰好1978年国家开始恢复研究生招生制度。经过两个月的复习备考,他考上了中国社会科学院研究生院世界宗教研究系中国哲学专业研究生,师从著名哲学家任继愈先生,人生自此与人文学科结下了不解之缘。

路漫漫其修远兮　誓将上下而求索

(一) 做学问,就是为了关照社会

李申自从做学问起,就关注现实问题,即使他所研究的对象是中国古代哲学,但关照的仍是当下社会。比如他的两次研究生毕业论文,对中国古代朴素唯物主义发展的研究,以及中国古代哲学与科学关系问题的研究,都与现实社会中的理论热点问题高度关联。

1981年,李申完成了他的硕士论文《王夫之与老庄哲学》,认为王夫之在遍注六经及注释张载《正蒙》之外,致力最多的是老子、庄子研究,其目的在于批判王守仁思想的根源。李申在完成论文的同时,简注和今译了王夫之的《老子衍》,这是历史上唯一的批判老子哲学的著作,也是中国古代朴素唯物主义集大成思想的渊薮。1990年、1992年,巴蜀书社先后以《老子衍今译》《老子衍全译》为名出版这部今译。

1986年完成博士论文《中国古代哲学和自然科学》,该文否定了中国古代哲学和自然科学无关的传统判断,认为自然科学不仅是唯物主义的思想基础,也为唯心主义提供着发展平台。比如关于董仲舒天人感应学说的基础,就是当时自然科学新发现的结果,这部分的论述,也是其中最精彩的部分。

李申在博士论文答辩时,中国社科院自然科学史研究所所长席泽宗是答辩委员之一。后来,卢嘉锡院长主编《中国科学技术史》,席先生负责其中《科学思想卷》的写作,他邀请李申一起参加。该书共七章,原分配李申写其中两章。后因编写组中一位成员出国,由他负责的两章遂陆续交李申撰写。部分稿件交给席先生以后,席先生遂把他负责的隋唐部分也交由李申来写。这样,全书七章,李申撰写了五章。《中国科学技术史·科学思想卷》后来获得了"郭沫若历史学奖"二等奖。

由早期参加《中国哲学发展史》哲学与自然科学部分,到博士论文《中国古代哲学和自然科学》的撰写,再到参与《中国科学技术史·科学思想卷》的写作,李申得以广泛接触到中国古代哲学、宗教和科学方面的原始材料,并且对长期以来学术界普遍认为"中国古代无科学"的断言产生疑问。这是个现实问题,中华古代文明曾长期领先世界,怎么可能到头来却是"无科学"!

为了回应理论界的这个问题,他决心撰写一部不讲技术、只讲科学问题的《中国科学史》。终于,《中国科学史》两卷本于 2018 年完成,由广西师范大学出版社出版。由出版社邀请的审稿人认为,该书处于国内"领先水平"。后来该书入选国家社科中华学术外译项目,将被译为俄、日、英、韩等国文字。

除了哲学、宗教学,李申还有一个重要的学术工作,就是从事无神论的研究、宣传和教育。他搞无神论不仅是为了学术,更是为了推动群体觉悟,推动社会的进步。

1996 年,李申参加中国无神论学会工作。无神论的工作是有目的性的,当时他们的对手,主要是所谓特异功能大师或自称气功大师的人。在这批人的影响下,造成当时社会诸多乱象。然而可悲的是,当时学术界还有不少人支持着这群伪科学家们。

2007 年 12 月 16 日,李申(左一)在中国无神论学会年会开会前的合影

无惧滔滔辨真伪 立心昭昭明是非——

宗教学专家李申传

　　李申在研究工作中发现，从古到今，被称为"神"的对象，并不都被认为是精神性的存在，这就是为何仅仅用唯物主义的哲学对付不了特异功能论者。李申发现，神的主要标志是被认为具有超自然力，而特异功能就是超自然力，这也是那些特异功能大师们后来纷纷自称为神的内在逻辑。而"什么是神"，在马克思主义宗教学学科中，和"什么是价值"在经济学中一样，都具有核心理论的意义，认清了这个基本事实，其他相关的问题也就容易说清了。因此，为了批判有神论，他撰写了三卷本的《宗教论》。

　　2021年11月，巴蜀书社出版了中国无神论学会委托李申撰写的《科学无神论原理》。该书被作为社科基金特别委托项目，在中国无神论学会专家及学术论坛的相关讨论中，得到好评。其主旨是要证明神的不存在，同时回答学界长期流传的"我们证明不了神的存在，你们也证明不了神的不存在"。

　　此时，李申还编著《怎样得道成仙》《道教洞天福地》等科普读物，专门详述历史上追求成仙而失败的过程，以告诉世人对超自然的追求，最终只能以失败告终。

　　要推动社会的大觉悟，最终还是要靠教育，尤其是常识教育。李申于2002年年底到上海师范大学工作以后，主动适应教学需要，编写了《简明儒学史》作教材。同时，为说明儒学的基本内容和性质，他又以原始材料为基础，编写了《儒学基础读本》。两本教材的基本观点，主要是认为儒学是治国平天下之学。他说："如果有人看了本人有关儒学的专著因而引起对于儒学的兴趣，可算是对弘扬儒学的贡献。"2011年，《简明儒学史》获上海普通高校优秀教材奖二等奖。

（二）做学问，要敢于说不一样的话

　　李申在学术研究上始终秉持学术精神，敢于突破既定说法。他在撰写《中国哲学发展史》唐代道教部分时发现，历史上的道家就是道教，于是提出了"道家即道教论"。尽管这一观点得到了主编任继愈先生的肯定，但并未得到主流学术界的认同。为了坚持并完善自己的看法，他于此后撰写《道教本质论》《黄老道家即道教论》等文，又撰写了《道教本论》一书，最终全稿得以《道教简史》为名，由广西师范大学出版社出版。

　　1988年，李申应武汉大学之邀，参加了"《周易》与中医学术讨论会"。会上有人大讲易学如何影响着中国医学，甚至认为《周易》是医学的源头。而李申支持了一位研究生的发言，认为《周易》和中医没有什么关系，也不是医学的源头。回到北京后,他又被邀参加"天地生人"学术报告会。报告者说《周易》中有一个"一分为二、二分为四……"的"太极序列",和近现代科学发现种种密切契合,可以用来预测地震云云。李申感觉特别离谱,要求也作一次报告。组织者也为此组织了一场辩论会,参加者约一百多人,但支持李申观点的却寥寥无几。李申的主要论点是,研究《周易》应分清哪些是原书本有的,哪些是你自己的见解,不能把你自己体会出来的东西说成是书中本有的。因为当时正值我国"《周易》热"的高峰时期,李申于是决心写一本"周易与自然科学"的书,厘清当时广泛流传的有关《周易》与科学和哲学的不实之词。

在"《周易》热"浪潮中,特别热的是《河图》《洛书》和《太极图》。不少论著都说那黑白点《河图》是伏羲画卦的根据,其中有近现代科学的种种理论。那阴阳鱼《太极图》也包罗了近现代科学的一切理论,比如相对论、量子论等等,甚至包含着尚未发现的科学理论。

在《太极图》的学术研究中,从宋代开始,就有人认为,作为宋代理学开山祖师周敦颐的《太极图》,其来源是道教,特别是道士陈抟,曾将《无极图》刻于华山石壁,周氏《太极图》就是《无极图》的改装。李申牢牢抓住这一问题,深入探究,他发现所谓陈抟《无极图》以及一系列道教的《太极图》,均出在周敦颐《太极图》之后,而那阴阳鱼《太极图》,更是元末明初才出现的,并且原名《天地自然河图》。为此,李申提出《太极图》作为一种哲学图谱,有自己的发展逻辑与历史,并无神秘性,且与医学或近代科学都没有关系。

这两件事,促使李申写出了《周易之河说解》一书。此后,又应出版社要求,改编为通俗读本《话说太极图》。张岱年认为,如此重要的学术问题,应写成学术本。于是该书定名为《易图考》再次出版。后来,对写作《易图考》所用的资料,也应国际易学联合会会长朱伯崑要求,集为《周易图说总汇》,并获国际易学联合会最高奖项。

1978年底,任继愈在中国无神论学会成立大会上作了《儒教的形成》学术报告,第一次公布了"儒教是宗教"的观点。第二年在太原召开的"文化大革命"之后中国哲学史研究的第一次全国性学术讨论会上,任继愈作为四个主题报告人之一,作《儒教的形成》报告。学术界自太原会议以后,在十几、二十年的时间里,几乎是众口一词地反对、批判"儒教是教说"。李申通过深入研究中国哲学史、儒学史，在反对声浪最为激烈的阶段，顶住压力，坚持了"儒教是教说"。他通过对正史中《礼志》的研究认为，稍微接触传统文化研究的人都知道，儒家最重要的工作，就是"制礼作乐"。孔子对礼的重视，也是尽人皆知。然而，礼是干什么的？或者说，礼的内容是什么？李申注意到当时的学术界似乎从未有人深究。然而正史中的《礼志》明明白白地记载着，中国古代的礼，其主要内容，就是确定该祭哪些神，如何祭祀。这，就是儒者们所制定的礼，是儒者们最重要的工作。正是在对儒教问题有了基本认识的基础上，李申撰写了《关于儒教的几个问题》，发表于《世界宗教研究》。

20世纪90年代末，中国社会科学院整顿，要把世界宗教研究所的儒教研究室合并到哲学研究所的中国哲学史研究室，理由是：儒教不是宗教，儒教研究室也不研究宗教。于是，李申撰写了《中国儒教史》，作为对取消儒教研究室的回答。1999年，该书上卷出版。第二年，下卷出版。

关于这部书的评价，最热烈赞成的是何光沪教授，他说："这是传统文化研究领域里的哥白尼革命，划时代的贡献。"①而最激烈的批评是，认为该书是"豆腐渣工程"，而且是"国家级的豆腐渣工程"②。对立的评论，一方捧到天上，另一方打入地狱，而争论也就特别的激烈。但在回应"豆腐渣"评价的争论中，李申几乎是一人面对众人。争论持续了整整一年。其结果是赞成儒教是宗教的学者越来越多。2002年10月，李申撰写了《中国儒教史遭控周年祭》，发在网上，算是他自己给这场争论作的总结。此后的零星争论，就不太重要了。

为进一步确认儒教是宗教的观点，李申教授主编了资料丛书：《儒教资料类编丛书》（已出版了十几本）与《儒教哲学丛书》（六册）两套丛书。2006年8月，在当时主持国际儒学联合会工作的杨波先生和秘书长曹凤泉、学术委员会主任周桂钿的支持下，国际儒学联合会和上海师范大学联合召开了"儒学、儒教和宗教学"学术讨论会。对于这件事，李申至今心存感激。因为这既是学术会议，也是李申和他的同学、同事向他的恩师任继愈先生九十寿辰的祝贺。

---

① 陈明：《太平天国与基督教问题漫说》，《开放时代》2013年第3期。
② 陈咏明：《学术研究的豆腐渣工程——读〈中国儒教史〉上卷有感》，《学术界》2001年第6期。

2006年8月26日,李申(右)与导师任继愈先生在"儒学、儒教和宗教学"讨论会休息时合影

(三)做学问,是一种人的自我实现

儒家主张要做"为己之学",做学问不是为了谋取什么利益,而是旨在人的自我实现。李申的学术一生,正是他"为己之学"的一生。

李申曾谦虚地说过,总结其四五十年的学术生涯,其实也就是做了一件"考证"或称"考据"的工作。从开始证明王夫之没有和清朝和解,就是一件考证。后来的太极图渊流、儒教是教、中国古代有科学等等,几乎都是考证工作。苏联学者把"哲学史"称为"哲学科学",指的也是这样的意思。其认为,哲学史专业不是创造哲学思想,而是研究以往的哲学思想,说到底,不过是考证工作罢了。他指出,做考证工作需要充足的资料,如同司法人员判案需要足够详细的证据一样。这些资料或证据,只能是取自古书。所以李申的导师任继愈先生曾不止一次地教导学生要多读书,要一分材料说一分话。时至今日,仍然觉得这些话最普通,却也是最具有真理性的话。

和考证哲学打了四五十年交道,李申也有讲一些纯哲学的东西的欲望。于中国哲学,他著有《中国哲学拾贝》;于西方哲学,又著有《西方哲学管窥》。印度哲学没有研究,但他始终想写一个《佛教哲学批判》。他认为,西方哲学

399

经过本体论阶段、认识论阶段。马克思把它提高到"实践论"阶段。

李申也曾撰作《哲学与实践》，认为实践是人类社会生活的开始和全过程，也应是哲学的开端和全过程。实践是个已知和未知交会的领域，康德的先天概念不过是人人在实践以前都具有的先期知识而已。认识就在这个已知和未知的交汇中展开。

实践论是一个纯哲学问题，但李申一刻也没有忽视对实践论的实践，这就表现在他的教书育人方面了，因此他带给学生的不仅是知识，更是无穷的正确价值观的力量。

采得百花成蜜后　为谁辛苦为谁甜

上世纪，李申撰成《隋唐三教哲学》，十多年前又撰成《道与气的哲学》，两本书的核心观点是，道与气是中国哲学两个最重要的范畴。抓住这两个范畴，可以涵盖其他。道可以理解为形而上，气可以理解为形而下。这两个概念伴随李申的，远不止哲学研究的对象，而是一切工作的内在价值。在李申的研究与教学工作中，他特别重视道术合一，"道"指做人的品行、做事的原则，"术"则指学术工作、教学方法。

（一）教书育人，先修正气

教书育人，有时候免不了要给学生讲大道理，但是谁都明白，大道理是学不来的，只能潜移默化的领会而来。

李申在世界宗教研究所做研究生时，学过不少佛教知识。在他参加《中国哲学发展史》写作以后，曾写过两篇与佛教相关的论文。20世纪90年代，他的师兄弟赖永海主持一个佛经翻译项目，有一天他告诉李申，希望李申能把《坛经》今译做出来。李申接受了这个任务，更重要的是，他极其认真地研究了此前的几个校本。他对任务不敷衍，对前人的成果不轻信。他经过大量对比发现，之前的《坛经》校本都有一个共同的缺点，即随意改动原文，造成许多错误。于是他先认真作了个敦煌《坛经》校本，定名《敦煌坛经合校》；然后今译了《坛经》，最后由台湾地区出版。此后，又撰写《敦煌三校本读后》，批评以往校本擅改古籍的错误。据说此文发表以后，李申版《坛经》译本在台湾销量大增。

这件事告诉我们，做学问需要"斤斤计较"，李申并没有给学生空讲大道理,而是以身作则,潜移默化地影响着自己的学生。

需要以身作则的不仅有做学问的态度,还要有正义感,这反映在他对司马迁的相关研究上。在写作司马迁哲学时,他发现司马迁被刑,乃是冤案。1990年,因《光明日报》发文称"司马迁替变节投降的李陵辩护,是他的一大污点",遂著《司马迁何罪之有》一文反驳。他的理由是:其一,司马迁陈言时,李陵只是被俘,并没有变节投降;其二,司马迁是被汉武帝质询时答问,并非主动辩护;其三,汉武帝后来发现了自己对李陵、司马迁的处置错误,一面提拔司马迁官职,一面派四万人马专门接应李陵回国。只是由于接应者的无能和撒谎,加上汉武帝私心作祟,才使这本来应成为千古佳话的光荣事迹成为更大的悲剧。

然而,由于当时的舆论环境的原因,该文未能如愿发表。后来,任继愈先生将此文推荐给《争鸣》杂志,并把原先带有辩护性质的标题改为《司马迁的冤案和汉武帝的私心》,并在文后又加上"平心而论,是汉武帝对不起李广、李陵祖孙三代人。"数十年后,李申又把此事的来龙去脉及其理论分析撰成《太史公遭李陵之祸》一文,最后被收录于大连图书馆百年纪念文集中。还撰成了小说《飞将军之家》,虽然种种原因至今未能出版,但这几篇考证文章与历史小说,都深刻反映了李申胸中深藏着凛然正气。

(二)读书写作,德性为先

落实在具体的指导学生方面,李申要求学生必须遵守德性为先的基本原则。在做学问与做人之间,他把做人放在第一位。

有一次,他在指导学生论文时,让学生直接将注释中的某一较为著名的文献的引用删去。学生不解,询问原因。李申告诉他,这一文献的作者在当年抗战时期,曾经美化日本侵略者的侵华行为,这类著作我们不引用。这样的教导不止一次。有一次,有位学生引用了当今一位知名学者的观点后。李申也在其论文上画了圈。原因是,这位知名学者曾经在"文化大革命"时,为自己的老师罗织罪名,品行不端。李申告诫说:"对于品行不端的人,即使他在学术上造诣很高,我们也不引用。尤其我们学习传统文化的人,而且是共产党员,更加要看重品行。"经师易得,人师难求。李申不仅仅教学问,更教做人。

其实,李申不仅仅传授知识,更是在教育引导正确的价值观。李申的课程中有一门是宗教发展史。他讲授宗教发展史时,不仅把宗教的形成、发展等来龙去脉讲清楚，他还告诉学生，传统的宗教发展史，其实也是一部无神论思想发展史。这就不仅仅是知识传授了，而且是价值观的引导。他让学生特别注意，宗教史的发展，就是有神论在思维发展达到一定阶段时遇到了瓶颈而不得不突破的历史过程。对过去有神论的否定，就是一种无神论的进步，这种进步是人类思维光辉发展的表现。因此，我们要对人类思维发展有坚定的信心，对人类通过自己的实践以创造美好的世界抱有坚定的信心。

（三）教学有方，诲人不倦

李申培养学生很有一套，懂得让学生"吃苦"。他在指导研究生时，并不是简单地布置参考书目，而是让学生直接从《四库全书》中搜寻材料，句读原文，这是一个极辛苦的活。很多研究生刚刚进入专业学习，对古文尚不能驾驭，又要句读，实在难上加难。李申勉励说，做学问就是这样的，克服了这个关口，后面就好了。他的学生都是 10 万字 10 万字地去句读古文，如此而形成师门传统。但李申并不是甩手掌柜，他对学生的句读是检查并修改的。他对学生句读作业的修改相当认真。遇到不少今天不常用的古代习语，他还会给学生解释，直到学生弄明白为止。

整理资料这个工作不仅李申布置给学生做，他自己也做。他先后参加了由任继愈先生担任主编的《中华大典·哲学典》《中华大典·宗教典》的编纂，担任常务副主编，并担任其中《儒学分典》《儒教分典》的主编，甚至亲自标点了约 2 000 万字，审阅 6 000 万字。后来他又应任继愈先生指派，参加《中华大藏经·下编》工作，担任其中《论衡部》《史传地志部》的组稿和审稿工作。《论衡部》是从古代儒者文集中选取涉及佛教的文章，《史传地志部》中，有"金石"一类，是选取古代碑文中有关佛教的文字。两者均有重要的学术价值，目前已基本完工。两部分加在一起，共约 3 000 万至 4 000 万字。资料编纂耗时费力，不算成果。然而这件事于己有用，于社会有功。李申深知其中的价值，坚持把这条路延续下去，并指导学生也要这么做。

李申做了很多古典文献今译今注的工作，他认为这是学习中国哲学的最好方法，因此他也鼓励学生做同样的工作。他的学生曾投入《正蒙》的译注工作，译后反复找李申商讨，李申就与学生字斟句酌的讨论。《正蒙》是一部佶屈聱牙的书，上下文也不连贯，前后逻辑并不相通。学生一遍一遍译，他就一遍一遍订正，不断提出修改意见，不厌其烦，乐此不疲。

其实，李申的教诲往往很朴实，他最常教导学生的就是要多读书，多分析,少人云亦云。即所谓博学、审问、慎思、明辨。几千年来的老生常谈,只有自己亲自实践过,才能有更深的体会,也才能彻底贯彻于自己的行动中。同时,有了研究结论,就要表达出来,这就是写文章。他叮嘱学生,古代的文献要多读司马迁、韩愈以及名家的文章。苏轼的文章,多在文学;理论文章,还是朱熹。尤其是一些很复杂的理论问题,朱熹都能委婉曲折地表达得清清楚楚,代表作就是他那篇《大学章句序》。文章贵在清通简要,不要枝蔓。所以李申特别推崇这些古代名家,要求学生熟读、深思。

李申是一个把学术带进生活中的人,他退休十年,仍笔耕不辍,退休后出版的著作就有《中医简史》《中国古代科学史话》《科学无神论原理》,尚未出版的著作还有《马克思主义宗教学基础》《西方哲学管窥》,以及古文新译系列、聊斋今译系列等。并且还在空闲的时间,帮助指导自己的学生们的学位论文选题及写作。他热切的学术追求、高尚的学术精神,无不潜移默化地滋润着学生们的心灵。

李申最近还和学生们聊起:“今后如天假以年,拟从传统哲学中挖掘一些现在仍然正确的东西。如再有精力,想在一般哲学理论上做点工作。”这样的话让后学晚辈心里既佩服又心疼,佩服的是他于古稀之岁,依然在学问上希望日益精进,不断勇攀高峰;心疼的是老师今已近耄耋之年,还在伏案埋首,潜心学术研究。不过,知我者谓我心忧,不知我者谓我何求,或许这样孜孜不倦地永远志在千里,才是为师者的快乐所在。

(高瑞杰、周赟　撰文)

附一：李申简历年表

1946 年 4 月 8 日	出生于河南省洛阳县第二区海资乡前海资村(今孟津县朝阳乡向阳村)。
1952 年春—1957 年	小学就读。
1958 年—1961 年	就读于孟津第八初级中学。
1962 年—1965 年	孟津县二中(现孟津县第一高级中学)。
1965 年	高中毕业,考入哈尔滨军事工程学院(简称“哈

军工")原子物理专业。

1969 年	第二次入伍到沈阳军区三局任参谋。
1970 年 4 月 18 日	因抢救山林火灾受伤，被所在部队称为"硬骨头战士"，记二等功。
1970 年 7 月 18 日	加入中国共产党。
1978 年—1981 年	攻读中国社会科学院研究生院世界宗教研究系中国哲学专业硕士研究生。毕业后留在中国社会科学院世界宗教研究所工作。
1983 年—1986 年	攻读中国哲学专业在职博士研究生，获哲学博士学位。
1988 年	参加《周易》与中医学术讨论会"。
1989 年	博士论文《中国古代哲学和自然科学》入选中国社会科学出版社博士论文文库。
1990 年	《老子衍今译》出版。
1992 年	晋升研究员，享受国务院颁发的政府特殊津贴。
1996 年	参加中国无神论学会工作。
1999 年	被评为国家有突出贡献中青年专家。 《中国儒教史》（上卷）出版。
2000 年	《中国儒教史》（下卷）出版。
2002 年	调入上海师范大学。
2006 年 8 月	发起国际儒学联合会和上海师范大学联合召开的"儒学、儒教和宗教学"学术讨论会。
2013 年	退休。

附二：李申主要论著目录

（一）古籍今译

《老子衍今译》（全译），巴蜀书社 1990 年版。
《庄子白话》，岳麓书社 1990 年版。
《阴符经今译》（全译），巴蜀书社 1992 年版。

《太极图、通书今译》（全译），巴蜀书社1999年版。

《敦煌坛经合校简注》，山西古籍出版社1999年版。

《论语精粹解读》，中华书局2001年版。

《孟子今译》（全译），巴蜀书社2001年版。

《四书集注全译》，巴蜀书社2002年版。

《周易经传译注》（主撰），湖南教育出版社2004年版；中华书局2018年版。

《六祖坛经》，东方出版社2016年版。

《敦煌坛经合校译注》，中华书局2018年版。

《四书章句集注今译》，中华书局2020年版。

（二）中国哲学史

《中国古代哲学和自然科学》，中国社会科学出版社1989年版、1993年版。

《气范畴通论》，华艺出版社1993年版。

《中国古代哲学和自然科学》（合订本），上海人民出版社2002年版。

《隋唐三教哲学》，巴蜀书社2007年版。

《道与气的哲学》，中华书局2012年版。

《中国哲学史文献学》，河南人民出版社2012年版。

（三）儒学和儒教

《中国儒教史》（上、下），上海人民出版社1999年版、2000年版。

《上帝——儒教的至上神》，台湾东大图书股份有限公司2004年版。

《中国儒教论》，河南人民出版社2005年版。

《儒学与儒教》，四川大学出版社2005年版。

《简明儒学史》，中国人民大学出版社2006年版。

《儒教、孔教、圣教、三教称名说》（资料），国家图书馆出版社2009年版。

《儒教报应论》（资料），国家图书馆出版社2009年版。

《儒教敬天说》（资料），国家图书馆出版社2009年版。

《儒经圣经说》（资料），国家图书馆出版社2009年版。

《儒学基础读本》，北京师范大学出版社2011年版。

《释奠孔子文献与图说》（资料），国家图书馆出版社2012年版。

《儒教简史》，广西师范大学出版社 2013 年版。

《中国儒教史》（上、中、下），江苏人民出版社 2018 年版。

（四）易学研究

《周易之河说解》，知识出版社 1992 年版。

《话说太极图》，知识出版社 1992 年版。

《周易和易图》，沈阳出版社 1997 年版。

《易图考》，北京大学出版社 2001 年版；中央编译出版社 2017 年版。

《周易图说总汇》（资料），华东师范大学出版社 2004 年版。

（五）道教研究

《怎样得道成仙》，四川大学出版社 1995 年版。

《话说得道成仙》，湖南人民出版社 1999 年版。

《道教洞天福地》，宗教文化出版社 2001 年版。

《道教本论》，上海文化出版社 2001 年版；《道教简史》（《道教本论》）广西师范
大学出版社 2013 年版。

（六）宗教学与无神论

《中国宗教百讲》，中国广播电视出版社 1993 年版。

《当代无神论教程》，中国青年出版社 2000 年版。

《宗教论（第一、二、三卷）》，中国社会科学出版社 2006 年版、2008 年版、2010
年版。

《科学无神论原理》，巴蜀书社 2021 年版。

（七）科学史

《中国科学史》，广西师范大学出版社 2018 年版。

《中医简史》，广西师范大学出版社 2023 年版。

（八）其他

《中国方术概论·杂术卷》（资料），人民中国出版社1993年版。
《任继愈传》，河北人民出版社2016年版。

（九）合著

《中国哲学发展史·秦汉卷》，人民出版社1985年版。
《中国哲学发展史·魏晋南北朝卷》，人民出版社1988年版。
《周易知识通览》（朱伯崑主编，李申副主编），齐鲁书社1993年版；中央编译出
    版社2018年版。
《易学基础教程》（郑万耕主编），广州出版社1993年版。
《中国哲学发展史·隋唐卷》，人民出版社1994年版。
《中国科学技术史·科学思想卷》（席泽宗主编），科学出版社2001年版、2022
    年版。
《儒学小百科》（王德有主编），中国大百科全书出版社2001年版。

（十）主编

《不信神的故事》，中国人民解放军出版社1999年版。
《解剖法轮功》，中国青年出版社2001年版。
《科学无神论（大学生读本）》，人民出版社2004年版。
《儒教资料类编丛书》（十卷），国家图书馆出版社2010年版。
《中华大典·哲学典》（常务副主编兼《儒学分典》主编），云南教育出版社2011
    年版。
《中华大典·宗教典》（常务副主编兼《儒教分典》主编），河北人民出版社2012
    年版。
《儒教哲学丛书》（六卷），中华书局2015年版。
《中华大藏经下编·论衡部等》（电子版），中华书局2019年版。

无惧滔滔辨真伪　立心昭昭明是非——
宗教学专家李申传

（十一）论文

《老庄哲学中的道》，《文史哲》1981年第2期。

《〈老子衍〉译解》，《中国哲学史研究》1981年第1期。

《王船山学说的历史命运》，《湖南船山学社〈王船山研究参考资料〉》1982年8月。

《王夫之论鬼神》，《求索》1982年第5期。

《王夫之怎样理解庄子的基本精神》，《齐鲁学刊》1982年第5期。

《气范畴研究》，《中国哲学》1983年第13期。

《吴三桂起兵反清期间王船山的活动》，《船山学报》1984年9月。

《浑盖通说》，《自然辩证法通讯》1986年第5期。

《道教的本质》，载《时代与思潮》（4），学林出版社1990年版。

《宗教本质新论》，《求索》1990年第5期。

《司马迁的冤案和汉武帝的私心》，《争鸣》1991年第3期。

《气质之性源于道教说》，载《道家文化研究》（第5辑），上海古籍出版社1994年版。

《关于儒教的几个问题》，《世界宗教研究》1995年第2期。

《论宗教的本质》，《哲学研究》1997年第3期。

《中国近代学术中西体用演变三阶段》，《学术月刊》1998年增刊。

《三部敦煌〈坛经〉校本读后》，《禅学研究》1998年第3辑。

《〈河图〉没有秘密》，《社会科学战线》1998年第4期。

《走出经学模式》，《人民论坛》1998年第1期。

《为科学辩护，为人文正名》，载侯样祥主编：《我的人文观》，江苏人民出版社2001年版。

《伪问题与舶来语》，《开放时代》2002年第4期。

《四库本〈新语〉与弘治本、王利器校本之比较——认识〈四库全书〉版本价值一例》，《文献》2003年第4期。

《儒教的鬼神观念和祭祀原则》，《复旦学报（社会科学版）》2007年第4期。

随缘做去　直道行之

——敦煌学家与佛教文献学家方广锠传

方广锠(1948—),江苏邗江人。中国共产党党员。二级教授,博士生导师。1981 年、1988 年中国社会科学院研究生院毕业,获哲学硕士、哲学博士学位。曾任中国国家图书馆善本部副主任,中国社科院亚太所研究室副主任,中国社科院世界宗教研究所佛教研究室副主任、主任,中国社科院哲学片学术委员。2004 年 5 月调入上海师范大学,为宗教学博士点学科带头人。兼任中国国家图书馆咨询委员、中华善本再造工程编纂委员会委员、中国文物学会文物鉴定专家、中国敦煌吐鲁番学会常务理事、中国宗教学会理事。主要研究方向为佛教文献学,兼及佛教史、佛教思想、敦煌学。主持完成及在研项目有国家社科基金特别委托项目"中国国家图书馆藏敦煌遗书总目录"、国家社科基金重大项目"敦煌遗书数据库建设"和"英国图书馆藏汉文敦煌遗书总目录"等10 余项。参与国家社科基金特别委托项目《中华大藏经》下编、国家"十一五"规划重大文化出版工程《中华大典·哲学典》与《中华大典·宗教典》、财政部文化部联合项目《中华再造善本》。参与或主持的项目曾先后获国家图书奖 8次,省部级奖 6 次。曾多次赴英国、法国、苏联、日本、新加坡、美国、印度、韩国及我国香港、台湾,任客座教授、参加学术会议、学术讲演与考察,从事敦煌遗书的调查与编目等,被公认为目前国内外查阅敦煌遗书原件最多的人。个人著作 20 种;参与合作著作 11 种;作为主编、副主编编辑论著、资料 19 种,其中包括敦煌遗书图录 204 册;发表论文 270 余篇。主要代表作有《佛教志》《中国写本大藏经研究》《敦煌学佛教学论丛》《敦煌遗书散论》《汉文佛教文献学概论》等;主编《藏外佛教文献》《佛教文献研究》。1998 年获国务院政府特殊津贴。2013 年 1 月获"2012 上海教育年度新闻人物提名奖",2014 年5 月获上海市"五一劳动奖章",2015 年 5 月被评为上海市先进工作者。

评法批儒结佛缘　燕园读研坐春风

1948 年 8 月 1 日,方广锠生于上海。1961 年 7 月,在上海诸翟镇小学毕

方广锠

业。在华漕中学读过一年初中后，于 14 岁随全家支边到新疆，在新疆沙湾县第一中学上初中、高中。在与小伙伴生活、交流过程中，受当地风俗习惯的影响，形成了北方人的性格。

方广锠的座右铭是："随缘做去，直道行之。"这是他读《红楼梦》的心得之一。初中三年级时，他就废寝忘食用了整整一周时间看完《红楼梦》，领略了一番看好书的满足感。1966 年，"文化大革命"开始。1969 年 1 月，他到新疆沙湾县乌拉乌苏公社头浮二队农村当农民，随身携带的一箱书中，《红楼梦》是看的遍数最多的一书，几乎所有的故事情节都可以复述。但每看一遍都能发现新的细节，从而获得新的享受。在一个风雪夜晚，他读到送玉救宝玉的和尚那一段，和尚临走时说的"诸事只要随缘，自有一定的道理"①，如闪电一样击中了他的心。他反反复复地琢磨这句话，与自己的人生经历去对照，与周围的社会环境去比较，越琢磨越觉得这句话是至理名言，觉得这个"缘"深奥难测。随缘做去，的确自有一定的道理："一个'缘'字，真是说尽了人间一切事物的精华。"②

佛教作为一种外来宗教，尽管在传播、发展过程中与中国传统文化结合，形成了有中国特色的汉传佛教，但并不是谁都能有"缘"了解佛教，认识和研究佛教。方广锠与佛教结缘，就是一连串阴差阳错的过程。1972 年，新疆塔城师范学校招生，方广锠应招入校。一同入校的同学程度参差不齐，教材则大体是高中水平。所以入学没几天，他就因成绩优异而被抽调出来当教师。先教初中班，后教师范班。塔城师范学校的校长是个懂教育、爱人才的校长。1972 年寒假，他派出人员到上海古籍书店买了一卡车的古旧书，其中包括《诸子集成》《纲鉴易知录》《桃花扇》《牡丹亭》等各种各样的书。方广锠因此通过阅读这些书而增长了见识。方广锠注意到，古书中列为儒家法统的范缜、韩愈等人，在"评法批儒"中范缜成了法家。如果说范缜主张神灭论，反对佛教就是法家，那么为什么同样反对佛教的韩愈却是儒家？而信

---

① 曹雪芹撰，高鹗续撰：《红楼梦》第 117 回。
② 方广锠：《随缘做去　直道行之：方广锠序跋杂文集》，国家图书馆出版社 2011 年版，第 2 页。

奉佛教的柳宗元为什么又是法家？为此，他就开始学习佛教方面的书。但当时能够找到的，就是任继愈著《汉唐佛教思想论集》，方广锠下了不少功夫，把这本书几乎翻烂。为了能学佛教，他甚至还给赵朴初写信，表达自己想学佛教的愿望，并表示如果需要，可以出家。虽然这封信后来没有寄出，此事其他人都不知道。但不管怎么样，评法批儒，评批出一个想学佛教的人，让一个读书并作思考的人与佛结缘，一定是发动这场运动的人始料未及的。

　　1977 年，塔城师范学校校长派时为教务员兼图书管理员的方广锠到北京购买古旧书。方广锠在东四中国书店门市部挑选旧杂志时，他看到该店库存的一部《现代佛学》，从创刊到 1964 年停刊，全套俱全，立刻选中。回疆后，将其借出放在宿舍中，有空就看，越看越有意思。1978 年，国家开始招收研究生，方广锠到地区教育局（时称文卫组）办事时，看到招生名录上竟有佛教专业，于是写了一篇二三万字的关于初期佛教的文章寄给招生办，报名后参加了初试。不过，招生单位因为方广锠是新疆的，认为安排他搞伊斯兰教研究更合适，就通知他参加伊斯兰教复试。在复试口试回答提问的过程中，他提到自己写的那篇佛教文章，引起主考官黄心川先生的注意，黄先生随即把文章找来翻阅。就因为这篇文章，老师们决定还是让他学佛教。

　　1978 年 9 月，方广锠成为中国社会科学院研究生院首届（1978—1981年）佛教研究生，圆了他深造进修的愿望。方广锠的方向是印度佛教，导师是黄心川。当时的研究生院没有自己的校舍，南亚系隶属南亚所，设在北京大学，他与北大的研究生同学习，同生活，并归北大研究生部管理，拥有北大学籍，戴北大教工校徽。三年的研究生学习生活，为方广锠此后的人生道路奠定了重要基础。

　　方广锠当时学习的主要专业课有黄心川的印度宗教哲学、季羡林的印度历史讲座、任继愈的佛教概论与古汉语等。黄心川当时担任世界宗教研究所与南亚研究所两个所的副所长，加上自己的科研工作，十分繁忙，但讲课一丝不苟。虽然每次听讲的只有三人，但他犹如面对满堂学生，非常认真。在黄先生一步步引领下，方广锠意识到，中观理论是印度大乘佛教哲学的关键。但开始时不能理解与掌握那套"非有非无、亦有亦无"的中道观。直到一天清晨，他在从宿舍去北大图书馆，路经燕南园的路上忽如醍醐灌顶，顿时豁然开悟。此后学习其他佛教理论，自觉再也没有窒碍。针对他的兴趣比较广泛，黄先生数次教导方广锠，做学问要专一。这一教导，让方广锠每每在被其他问题吸引时，就会勒住心猿意马，回到自己的课题上。

季羡林是北大著名教授，他的印度历史讲座除了研究生全部参加外，南亚所不少研究人员都来旁听。讲座不发教材，全凭自己做笔记。季先生讲课旁征博引、细致入微，特别是讲课时经常会讲到一些做学问的方法，使人终生难忘。遗憾的是季先生当时兼职较多，工作较忙，讲座时开时停，一直停留在古代。不过，方广锠体会到，学生向老师学习的，除了知识外，更重要的是方法。老师的一句点拨，学生能终身受用，主要是在方法上。

任继愈的讲课是另一种风格。如他的佛教概论课，发一堆教材，全部是佛典原著的选读，要求从原典起步来掌握佛教。讲课时，不讲那些原著，而是逐一解释佛教的基本名相。虽然没有系统介绍过任何佛教理论，却把复杂的佛教名相梳理得有条有理，清清楚楚。佛典难，就难在它有一套自成体系的名相概念，弄明白这些名相概念，佛典就不难了。他的古代汉语课也同样，课堂上讲虚词用例，课下发一堆作业，全部是从《弘明集》《广弘明集》中摘选的六朝文，要求标点、翻译。在攻下来《弘明集》《广弘明集》这样的六朝文后，读其他的文章自然也就没有大问题了。

北京大学有许多便利，一是图书馆的书多，二是名教授的课多。除黄先生的"开窍"课、季先生的"博细"课、任先生的"扎实"课外，方广锠还选听了不少其他课程，计有十几门。比如汤一介的魏晋玄学，林庚的楚辞等。后来实在顾不过来，只好舍掉几门。

作为"文化大革命"后第一批招收的研究生，方广锠与其他同学一样，十分珍惜来之不易的学习机会，当时学习氛围十分浓重。每天从早上到晚上，除了学习，就是学习。为了弥补与其他同学外语的差距，方广锠每天一大早起来就背外语。他自己做了一堆单词卡片，平时放在口袋里，遇到吃饭排队这样的空暇，就掏出来翻翻。觉得记忆得差不多了，就集中放在一个鞋盒中。每天晚上临睡觉前，把盒子中的那些卡片再翻腾一遍。当时南亚系 17个同学，分别学习印度政治、经济、文学、艺术、社会、梵文、宗教哲学等等。虽然专业不同，但大家互相讨论、切磋的风气很浓，经常相互交流各自的学习体会。除了学习努力外，思想的敏锐、开放与活跃，也非常突出。这一点对方广锠这样在一隅僻处的西北边疆长大的人来说，印象尤其深刻，也深受影响。开放的环境催动人思考，学习的气氛促使人奋进。良师、益友、良好的风气,是方广锠对三年硕士研究生生活的最大感受。

远梵近华学一流　沉潜笃实读大藏

1981 年 8 月,方广锠完成硕士学位论文《那先比丘经初探》,并全票通过答辩,获硕士学位。1984 年,他决定报考博士研究生。一方面是因印度佛教为中国佛教之源,但中国研究印度佛教的人太少,加强印度佛教的研究非常必要;另一方面是通过六年多的学习、研究印度佛教,方广锠有自己的体会和想法,但不知怎么突破,希望能通过深造把印度佛教的研究深入下去。当时在佛教研究领域有资格带博士的,只有季羡林和任继愈两位先生。经过联系并沟通交流,最终是考取了任继愈的博士研究生。

方广锠最先找到任继愈,表示想考他的博士生,并提出两个希望:一是继续研究印度佛教。二是自己的外语只有日语马马虎虎还能凑合,外语考试考日语。任先生几天后把方广锠叫到寓所,开门见山地说:"你说希望继续研究印度佛教。我觉得不合适。研究印度佛教需要相应的条件。首先是需要通梵文、藏文、英文这几门语言。如果下决心把这几门语言学好,那就要花费很多时间。你已 36 岁,有无这么多的时间? 不真正搞通那些语言,研究印度佛教,充其量只能做个二流学者。我这里只培养一流学者。再说,培养一个中国佛教的博士生,我心里有底。培养一个印度佛教的博士生,怎样才算合格,我心里没有底。你如想报考博士生,就要改专业,改为佛教文献学。佛教文献学是佛教研究的基础,我们现在正在编纂《中华大藏经》,国家需要这方面的人才。但是,佛教文献学在我国还没有建立起来,不能适应形势发展的需要。你以前在《世界宗教研究》上发表过这方面的文章,有这个基础。如果专业改为佛教文献学,你要下决心,从你开始,把中国的佛教文献学建立起来。"[①]并告诉方广锠回去好好考虑,给一个明确的答复,但允许反复。方广锠反复掂量,最终还是按照任先生的指引,改攻佛教文献学,并深深感到当年任先生指引的正确,让自己走上了佛教文献学研究这条道路。

博士研究生考试结束,还没有正式发榜,任继愈与方广锠进行了一次十

---

① 　方广锠:《任继愈先生是怎样培养学生的》,载方广锠:《随缘做去　直道行之:方广锠序跋杂文集》,国家图书馆出版社 2011 年版,第 9 页。

分严肃的长谈：一是立志做一流学者。我只培养一流学者。你自己要立下志向，向一流学者去努力。你以前兴趣比较广泛，但人的精力是有限的，要把精力放在专业上，不要旁骛。只有集中精力，才能作出成绩。"敲锣卖糖，你的铺子到底是卖什么的？要明确。"①二是培养自己"沉潜笃实"的学风。一切从原始资料做起，对自己进行彻底的改造。学问要做扎实。你以前的硕士论文，为什么不能充分说服人？就是材料与根据不足。材料充足了，问题自然清楚了。三是你的博士论文可以以"敦煌佛教"为题目。我们现在正在编纂《中华大藏经》，你的任务是从敦煌遗书入手，把敦煌遗书中那些没有被历代大藏经收入的资料整理出来，准备将来收入《中华大藏经》。你要踏实地从原始资料着手，对敦煌遗书一号一号地进行研究、整理，找到敦煌地区佛教的特点。还规定他每两周到任先生三里河寓所去一次，汇报学习情况。

于是，从1984年秋天开始，方广锠正式跟从任继愈学习佛教文献学。并按照任先生的要求，借来一部《敦煌宝藏》、一部《大正藏》，搬到宿舍。一号一号地阅读、记录、整理、研究。到1988年夏天论文答辩，整整四年中，风雨无阻，方广锠每两周与任继愈见一次面，汇报两周的学习。每次汇报，必须有扎扎实实的内容。对方广锠提出的问题，任先生均根据具体情况予以指导。有些当场给予解答，有些让他请教其他先生，如佛教文献方面向周绍良先生请教，历史方面让向张政烺、周一良等先生请教。几年中，方广锠几乎一直泡在大藏经及敦煌遗书中，把《大正藏》与《敦煌宝藏》翻了几遍。

在任继愈的严格要求与锤炼下，方广锠1988年完成了博士论文《八一十世纪的中国汉文大藏经》。由于在原始资料中浸润了几年，所以论文题目一经确定，仅三个月他就完成20多万字的正文，10多万字的附录，而且一遍成稿，几乎未作大的改动。博士论文答辩委员会主任季羡林夸赞说："方广锠的学风全变了。他的硕士论文，三分材料能讲七分话。现在的论文，扎扎实实全是材料说话。真好像变了一个人。"②任继愈在该书社科版序中说："本书……将敦煌资料与传世资料、金石资料结合起来，系统地考查了大藏

① 方广锠：《任继愈先生是怎样培养学生的》，载方广锠：《随缘做去 直道行之：方广锠序跋杂文集》，国家图书馆出版社2011年版，第9页。
② 方广锠：《任继愈先生是怎样培养学生的》和《债，总是要还的——怀念季羡林先生》，载方广锠：《随缘做去 直道行之：方广锠序跋杂文集》，国家图书馆出版社2011年版，第14、27页。

经的形成、发展过程,为中国大藏经的形成和演变勾画出了一个基本的轮廓。……作者还通过解剖敦煌这一特殊地区佛经的流通、传布、保管的实况,联系全国其他地区的同类情况,进而考察了世俗信仰、功德思想与大藏经形成的关系;大藏经编辑的宗派特点;皇家官藏的形成及其地位;大藏经的各种表现形态等诸问题。"①"这部著作的出版,加强了敦煌学的薄弱环节,赓续了我国前辈学者开创后又中断的事业,为学术界提供了可信的第一手资料,对于那些不专门从事佛教研究的敦煌学研究者也有参考价值。"②

论文出版后,在学术界有良好的评价。中国台湾汪娟在书评中指出:"本书作者……为中国汉文写本大藏经史建立了一个相当完整的架构,其重要贡献可以归纳成以下两点:一、弥补佛教大藏经史研究的空白。……二、敦煌文献的研究。……此书是一本学术水平极高的著作,对于从事目录学、敦煌学、佛教文献学研究的学术工作者而言,都具有很高的参考价值。"③日本著名佛教学者竺沙雅章等也给予了较好评价。日本有媒体肯定并赞誉方广锠为"大藏经研究权威"④。

藏外文献拓新域　导师助力编目录

1984 年以后,方广锠在任继愈指导下参与《中华大藏经》的编辑工作。在工作中他注意到,历代编辑大藏经的人或者见闻不广,或者收集困难,或者出于宗派立场,或者受物质条件限制,并没有把所有珍贵的佛教文献都收入大藏经。他把这些未为历代大藏经所收入的各类佛教文献称为"藏外佛教文献",注意到不少文献因散逸在藏外,处于自生自灭的状态,并因此湮没无闻,不论是对佛教还是中国文化都是一大损失。在编辑新的大藏经时,努力发掘、收集与整理现存的各种藏外佛教文献,就是一件不可忽视的大事。举例而言,敦煌藏经洞中的大批古佚佛典,为我们了解与研究中国佛教的历

① 任继愈:《佛教大藏经史(八—十世纪)·序》,载方广锠:《佛教大藏经史(八—十世纪)》,中国社会科学出版社 1991 年版,第 3 页。
② 任继愈:《佛教大藏经史(八—十世纪)·序》,载方广锠:《佛教大藏经史(八—十世纪)》,中国社会科学出版社 1991 年版,第 4 页。
③ 汪娟:《〈佛教大藏经史(八—十世纪)〉评介》,载敦煌学会编:《敦煌学》1992 年第 19 辑,第 117—122 页。
④ 方广锠:《做任继愈先生蓝图中的铺路人》,《中华儿女》2010 年第 2 期,第 29 页。

史打开了一个崭新的天地，也是促成"敦煌学"产生的主要资源之一。遗憾的是，藏经洞发现已经九十余年，对敦煌佛教文献仍然缺乏全面的系统的整理。此外，古代僧人的佛教著作，近代以来从梵文、巴利语、藏文、日文等翻译的印度佛教、藏传佛教原著数量甚巨；散见于正史、金石、地方史志、个人文集乃至诸种丛书、类书、专著中的各种佛教资料比比皆是。从建设与发展佛教文献学的角度，如果能团结各界人士，赓续古代佛教文献学的优秀传统，系统地发掘、收集与整理这些藏外佛教文献，以供宗教界、学术界之急需；俟条件成熟时，将这些珍贵资料收入新编的大藏经，无疑可以为中华民族的文化积累作出积极贡献。在长期的设想、酝酿、构思后，在有志于从事与支持佛教典籍整理及佛教文献学研究的同仁支持下，方广锠主编了《藏外佛教文献》这一整理藏外佛教文献、发展佛教文献学的出版物。

《藏外佛教文献》的目标，是致力于整理发表敦煌遗书及民间散落的历代大藏经未收佛教文献，参照借鉴日本学界牧田谛亮等学者用研究班方式来从事佛教文献研究的做法，以高度负责的态度，用"以精益求精之心，求尽善尽美之境"的精神向读者提供尽可能准确、完善的资料。具体做法是，编委会集体以研究班的形式对整理者递交的每一份初稿逐字逐句核对底本、校本，进行审读、修改、定稿。所以，发表在《藏外佛教文献》中的各种典籍、文章，一方面固然是整理者个人研究的成果；另一方面也是编委会集体心血的结晶。《藏外佛教文献》除收集原始资料时所遇到的种种困难外，文献的录文、校勘、标点都比较辛苦。如第一辑不少文献从敦煌遗书中整理出来，原件均为古代抄本，照片多有模糊不清。鲁鱼亥豕之处，在所颇多；文意漏断之处，亦为常见；至于文字之错讹变体，则向为敦煌学之难点。有的尚存校本，可以参用；有的只剩孤本，唯凭理校。经常为了一个文字的辨认，一个标点的使用乃至一段意群的辨析，编委会的人争论得不可开交。虽然明知这是"吃力不讨好"的工作，但大家都以精益求精之诚心，追求尽善尽美之境界。

《藏外佛教文献》1995年开始出版，收录的藏外佛教文献，包括近代以来从梵文、巴利语、藏文、蒙文等各种文字翻译的佛教典籍；敦煌藏经洞保存的佛教典籍；各地图书馆、博物馆保存的未为历代大藏经所收的古代佛教典籍；正史、地方史志、丛书、类书、个人文集中保存的佛教资料；与佛教有关的金石资料；近现代的佛教著作与资料。作为中华宗教古籍整理研究的开拓性新成果,该书出版后,得到国内外同行专家的高度评价。有人称这一工作"为保护我国的优秀文化遗产,对佛教研究事业的发展起到促进作用""是一件很有意义的大事"。认为《藏外佛教文献》必将成为"研修佛学之案头宝典",佛学界的许多大德、居士也称之为功德无量之举,赞叹不已。2008年,该书被收入CSSCI集刊。

从1984年开始,任继愈要求跟随自己攻读佛教文献学的方广锠,不仅阅读大藏经,还要查阅敦煌遗书,将敦煌遗书中的佛教典籍整理清楚,把其中为历代大藏经所不收的典籍清理出来,收入《中华大藏经》,并以此为基础研究中国佛教与敦煌地区性佛教。但是,敦煌遗书散藏世界各地,又没有一部可以完全依赖的总目录及相关索引,所以,方广锠的工作只能从最基础的敦煌遗书的编目,摸清敦煌遗书的家底开始。这一工作从开始至现在,已经做了近四十年。

最初面对一百多本中国台湾影印出版的《敦煌宝藏》,方广锠一时不知从哪里下手。任先生强调,一定要"沉潜笃实"地从原著着手,一个卷子、一个卷子地过。方广锠一开始以为这个任务并不难,按照现有敦煌遗书目录进行整理,列出未入藏佛典目录即可。但真正动手才知道,现有的敦煌遗书目录,并没有全面反映敦煌遗书的实际情况,无法真正依靠。于是他对敦煌遗书开始了一号一号的阅读、记录、整理和研究。其中包括对大量无名断片的鉴定、定名。

在整理过程中,方广锠面对的是这么一批中华民族的珍贵文化遗产,他萌发了自己编一个敦煌遗书目录的想法。任继愈对这项工作非常赞同,当即决定,为他设法招聘一名助手,并向季羡林、宁可先生打招呼,将敦煌遗书目录作为中国敦煌吐鲁番学会立项课题,提供经费支持。正是基于这一平台条件,方广锠请人将黄永武的《敦煌遗书最新目录》输入计算机,编撰成敦煌学界第一个计算机版敦煌遗书索引,极大地方便了他此后敦煌遗书的编目和研究工作。

敦煌遗书编目工作最开始主要依靠《敦煌宝藏》进行,但依据以缩微胶片为底本影印且清晰度不够的图版,无法真切把握敦煌遗书。1987年,任继愈被任命为国家图书馆(原名北京图书馆)馆长,方广锠1988年博士毕业后,于1989年调到国家图书馆,并担任善本部副主任,从而有了根据实物对国家图书馆敦煌遗书编目的条件。1990年底,国家图书馆敦煌遗书编目工作克服种种障碍，正式启动并顺利展开。任继愈强调指出：我们做的是工具书，一定要详尽、扎实、正确。不但要让使用者信得过，而且要让人家用得方便。"工作要精益求精。不做则罢，做就要做到最好。做过的工作，不要让后人再做第二遍"。①正是在任继愈的具体指导下，方广锠制定了较为全面、规范的著录体例，在领导编目组成员编撰国家图书馆藏敦煌遗书目录时，哪怕一些很小的残片，乃至背面揭下的古代裱补纸，一律从文物、文献、文字三个方面，尽量著录遗书上各种信息。在文献方面，尽力对遗书上的每一行字都作交代，以尽可能为研究者提供有关信息。2012 年，由任继愈任主编，方广锠任常务副主编的《国家图书馆藏敦煌遗书》共 146 册出齐，是世界四大敦煌遗书馆藏品中首部以"条记目录"方式——通过文字描述揭示敦煌遗书的"文物""文献"和"文字"信息——出版所藏图版的大型图录。

方广锠在中国国家图书馆工作

---

① 方广锠：《任继愈先生是怎样培养学生的》，载方广锠：《随缘做去　直道行之：方广锠序跋杂文集》，国家图书馆出版社 2011 年版，第 16 页。

由于辛勤耕耘，数十年如一日亲自查阅原件并对相关信息有切实的了解，广泛的搜罗鉴识，使得方广锠积学深厚，成果卓著，被誉为当今海内外敦煌学、佛教文献学的权威。2007年任继愈在一次讲话中曾说："前20年，我经常收到有关敦煌问题讨论和研究的信。最近10年来，我没有收到这样的信了。这些信都跑到我学生那里去了，我的学生研究敦煌很有成绩，全世界好多人都问他。"①他这里提到的"学生"，指的就是方广锠。

七赴英伦编英目　功德圆满抗蛮横

敦煌遗书发现后，英国的斯坦因捷足先登，在1907年第二次到新疆考古时，从王道士手里骗得大量敦煌莫高窟藏经洞文物。这批敦煌遗书后来主要被收藏在英国国家图书馆。20世纪上半叶，英国博物馆图书部东方部的负责人翟理斯，曾经为这些汉文敦煌遗书做过编目。他前后花了30多年时间，完成了6980号相对比较完整的遗书的编目。还剩下的7000多号，都是些没头没尾、大小不一的残片，一直没有人整理编目。

1985年，北京大学历史系张广达教授跟方广锠说：英国有一批敦煌遗书残片还没有编目。英国人希望邀请中国学者从事这一工作，并让推荐合适的人选。张先生说："下余残片大多是佛教文献，别人搞不了。你是搞佛教文献的，能不能承担这个工作？"②因为当时正在跟任继愈读在职博士，任先生要求他沉潜笃实地搞好专业研究，他博士生学习才一年就提出出国，不合适，故希望博士毕业以后再说。1988年方广锠写完博士学位论文，便委托正在英国访学的老同学葛维钧到英国国家图书馆询问，他们是否还有意邀请中国学者去编目。英方表示欢迎，并承诺代为申请经费。但当时这批东西还未修整，无法提供阅读，方广锠直到这批残片的修整工作基本完成，才最终成行，从而开启了历时18年的英国国家图书馆藏敦煌遗书的编目工作。

1991年，方广锠首次到英国国家图书馆，开始为时半年的英藏敦煌遗书后7000号的编目工作。他先用5个月完成了从斯6981号到斯8400号约1400号的草目，又用1个月把其他5600号残片粗粗阅览了一遍。1997年，

① 方广锠：《做任继愈先生蓝图中的铺路人》，《中华儿女》2010年第2期，第28页。
② 张丽：《寻访敦煌遗书（英藏篇）》，广西师范大学出版社2023年版，第14页。

他趁着到英国参加学术会议的机会，解决了前 1400 号草目中遗留的一些问题。为了提高在英国的工作效率，英国国家图书馆向他赠送了全套未编目敦煌遗书的缩微胶卷。2002 年方广锠请人根据缩微胶卷，在大藏经光盘中进行搜索，检索每个残片所抄文献是否已入藏及具体出处，然后按照方自己设计的条记目录格式，对残片的文物、文献及文字情况做初步的著录。如果没有查到出处，则往往需要录文，并著录该残片的文物、文字概貌。共完成了 1600 号遗书的初稿。同年夏天，他携带这个初稿，到伦敦对照原件，花两个月完成了对目录草稿的核正。2003 年，方广锠又利用缩微胶卷做了 2000 号敦煌遗书的初稿，与夫人张丽一同到英国国家图书馆逐件对照遗书原件，测量大小尺寸；记录遗书目前的文物形态；核对已录入的文字；根据纸张、书法、文字、整体风格与形态等信息，判定遗书的真伪与年代等。他们两人实行流水作业，逐号补充完善原来的初稿，编撰目录草稿，以便最终定稿。并最终用 3 个月时间完成了 2000 号遗书编目的定稿。剩下最后的 3600 多号，由于很多均为很小的残片，他们以相同工作方式，在 2005 年完成了全部工作任务。

2006 年 12 月，方广锠在中国书店考察敦煌遗书

2007 年 4 月,经方广锠提议,广西师范大学出版社有意出版英藏敦煌遗书图录,并与英国国家图书馆就在中国出版由上海师范大学与英国国家图书馆共同编辑的大型图录《英国国家图书馆藏敦煌遗书》签订了协议。这次出版图录所采用的图片,主要是 50 年前的缩微胶卷照片。由于英藏的敦煌遗书存在不断修复、揭裱等种种情况,不少遗书形态发生了变化,为了配合图录出版,2009 年方广锠组织了以中国国家图书馆敦煌遗书编目组为主的编目团队,根据此前已经设计成熟的编目体例,用原卷逐一对照此前在国内已经完成的初稿,鉴定敦煌遗书年代,补充记录每一号敦煌遗书的纸张形态、每纸的尺寸、行数、印章的大小以及文字、卷面状态等各种图录无法反映的文物信息。核对或补充题记、勘记、杂写、杂画等有研究价值的文献内容,对全部英国国家图书馆藏敦煌遗书进行编目,以便人们了解与研究这批敦煌遗书。

敦煌遗书的编目是一项十分浩繁、琐碎、细致的工作,属于那种"赖汉干不了,好汉不愿干"的事情。而到国外进行编目工作,面临的困难更多,除在异国他乡语言不通,水土不服,生活不便,经费不足,时间有限,工作紧张,生病不便投医,可能遭遇意外事件等外,在图书馆也存在查阅限件、原件模糊、提取不易等种种困难。

2009 年这次到英国国家图书馆,为了加快查阅速度,方广锠每次都是有备而去,即事先研究遗书图录,做了目录草稿,提原件只是针对图录中一些不清楚之处或疑点做查询,有些看到原件很快便可解决问题。工作方式采取两道工序。卷子(敦煌遗书大多为卷轴装)拿来后,其他人先做第一遍的工作:每人分别逐纸测量每个卷子的长度、数行数,在打印出来的初稿上补充填写这些数据和卷面的文物状态;对首尾题、题记、勘记、杂写等初稿上已有的著录进行核对,遗漏的进行补充。方广锠则负责第二道工序:审核每个人的工作,并对每个文献进行断代。对其中一些比较长或者破旧、不易卷好的卷子,则由李际宁和黄霞负责卷好。李、黄二人在国家图书馆善本部负责敦煌遗书多年,接触敦煌卷子较多,卷卷子最为拿手。再破烂、褶皱和糟朽的卷子,经过他们精心收卷,都会被卷得整整齐齐,松紧适度。他们的工作多次得到管理者吴芳思的夸赞。方广锠因为要及时汇总大家的数据、核对其他人做过的稿子、安排和准备下一步的工作衔接等,要操的心和要做的工作多,如果有的卷子的著录错误较多,他还得把著录稿带回住处加班。

421

方广锠（右二）与工作团队在英国国家图书馆阅览室

　　方广锠在英国图书馆藏敦煌遗书编目的工作，自始至终都得到管理者吴芳思的支持。吴曾经在中国留学，对英国图书馆藏敦煌遗书十分珍惜和负责，既最大限度地为研究者提供方便，又精心保护和管理。听说方广锠要完成英国图书馆藏敦煌遗书目录，她本来想退休，但因退休后出入书库不方便，遂决定为此推迟退休。按照图书馆借阅规定，一次次地分散办理借阅手续，来回要耽误很多时间，如果能直接到书库中看卷子，且没有数量限定，无疑可以大大提高工作效率。一般英国人办事，一切照规矩办。为了解决方广锠等人查阅不便的问题，吴芳思亲自带领方广锠等人下地库直接查阅和著录敦煌遗书，大大加快了英国图书馆藏敦煌遗书编目工作的进度。在她看来："这批东西本来就是中国的。主要的使用者也是中国学者。""应该支持中国学者。"①方广锠感叹道："流落到英国的这批敦煌遗书能遇到她这样的'守护天使'，是不幸中的万幸！"②他在新浪网上看到中央台在评选 2009 年度感动中国人物后，他选了任继愈与吴芳思。选吴芳思的理由是："无私

①　张丽：《寻访敦煌遗书（英藏篇）》，广西师范大学出版社 2023 年版，第 288 页。
②　张丽：《寻访敦煌遗书（英藏篇）》，广西师范大学出版社 2023 年版，第 269 页。

地帮助中国学者。"

与吴芳思对方广锠等人编目工作的支持不同,2009年8月下旬,时任吴芳思的上司苏珊要霸占方广锠等人辛勤劳动近20年的编目成果,遭到拒绝后,罔顾职业道德,利用职权,在方广锠英国敦煌遗书编目工作最紧张的收尾阶段,下令阅览室"禁止给方广锠看卷子",最终在英国国家图书馆馆长及主管副馆长的亲自干预下,未能得逞。苏珊曾在英国国家图书馆中文组工作,是吴的部下。后来她创立了"国际敦煌项目"(简称"IDP"),成为IDP的负责人。早在2002年,她就挟IDP之名,让方广锠把中国国家图书馆藏敦煌遗书编目的资料交给IDP。2009年7月1日后,她被任命为英国国家图书馆亚非部主任。最初,她单方面让方广锠签订协议,交出全部编目成果。在她看来:"我们请他来,我们提供经费,给他看资料,他应该把目录给我们。"①但实际上,从1991年到2009年,18年间,方广锠为了这个项目,总计赴英工作的工时为46.5个月,其中英方承担经费15.5个月,所做主要是斯6980号以后内容。中方单位和方广锠课题费承担经费31个月,主要是斯6980号以前的,也包括斯6980号以后的。英方承担的经费正好是全部经费的三分之一。即使所谓提供经费就有权利的说法成立,不论从经费比例分摊的原则,还是即使提供经费,事先没有约定事后无权提出要求的原则,苏珊的要求都是毫无道理的。而且实际上,英方提供的所有经费都是吴芳思设法从英国国家图书馆以外的各个基金会申请的,没有花费英国国家图书馆一分钱,更没有花费IDP一分钱。②因此,对于苏珊的这种强势索取,方广锠严肃拒绝。

由于前期工作进展较为顺利,苏珊下令封锁资料时,方广锠等人的编目主体工作已经基本完成,苏珊的禁令对他们的工作虽然有影响,但不伤筋动骨。所以,方广锠决定把问题公开,并请人向英国国家图书馆馆长递交了一封英文信,让她知道了事件真相。馆长弄清事实后,约见方广锠并在见面时说道:"我首先再次向您表示英国国家图书馆对您工作的坚定配合与支持。通过我同事的帮助,我了解了您的工作对世界敦煌学的重要意义。我很高兴,您与英国国家图书馆有长达近20年的合作,也很高兴在这个过程中,吴芳思、葛汉、葛朗姆·绍等人曾经对您的工作给予支持。我个人向您保证,

---

① 张丽:《寻访敦煌遗书(英藏篇)》,广西师范大学出版社2023年版,第395页。
② 张丽:《寻访敦煌遗书(英藏篇)》,广西师范大学出版社2023年版,第397—401页。

我们不会再要求您搞任何协议,我们将继续支持您把编目工作做下去。""非常希望您能够接受我个人代表英国国家图书馆对您的道歉。"①

文化汇流大藏经　敦煌写本文献学

从开始接触、研究佛教到编辑敦煌遗书目录,方广锠在佛教研究、大藏经研究、敦煌写本和佛教文献学方面均取得了创新性成就。

方广锠诸多佛教研究的成就中,最有代表性的当推他关注疑伪经问题数十年后,在研究过程中提出"佛教发展中的'文化汇流'"这一新的命题。他将其定义为:"不同文化间的交流,特别在不同文化的发展水平或体量大体相当的情况下,其交流过程与结果是双向的。佛教虽然产生于印度,但随着佛教走出印度,在亚洲其他地区流传、影响亚洲文化面貌的同时,它本身也受到亚洲其他地区文化的滋养。因此,佛教的产生固然得益于印度文化的孕育,而佛教的发展则得益于印度文化、中国文化乃至亚洲其他地区文化的汇流。"②也就是说,自走出南亚后,佛教已经并非印度文化自我逻辑的演化,开始踏入与亚洲其他地区文化汇流的长河,成为整个亚洲文化的代表之一。亚洲其他地区的佛教,固然起源于印度,都保存了印度文化的原始"基因",却也蕴含了当地文化,乃至其他地区文化之交汇的元素。就印度佛教而言,"佛教发展中的'文化汇流'"在承认印度文化影响了亚洲文化的同时,也强调亚洲文化同样影响了印度佛教。就中国佛教而言,在承认印度佛教影响中国,使"中国佛教化"的同时,也主张中国文化影响印度佛教,使"佛教中国化"。进而论之,"佛教中国化"又包含两层含义,一是传入中国的印度佛教接受了中国文化的影响,使自己成为更加适合中国这块土地、更适合中国人根基的"中国佛教",二是这种中国化了的佛教,又向西传入中亚、传入印度,对中亚佛教、印度佛教的发展产生影响。对于上述第一层含义,经过近百年来的学术研究,已经成为学界乃至教界的共识。

佛教发展中的"文化汇流"问题涉及佛教发展的全局,是一个有待进一步研究的大问题。深入研究这一问题,对当今世界范围的文化交流,乃至考

---

① 张丽:《寻访敦煌遗书(英藏篇)》,广西师范大学出版社 2023 年版,第 485 页。
② 方广锠:《疑伪经研究与"文化汇流"·自序》,广西师范大学出版社 2018 年版,第 3 页。

察佛教走向世界,也有重要的借鉴意义。方广锠指出:佛教发展中的"文化汇流"关涉整个佛教研究的全局,如果重视这一问题,将可打开佛教研究的新局面。

方广锠在家工作

对于大藏经研究,他除了《中国写本大藏经研究》外,撰写有系列大藏经研究论文,编辑为《大藏经研究论集》一书;对于敦煌写本,他基于对英藏敦煌遗书的物质形态,发现写本状态下,中国书史已经相当成熟,除《敦煌遗书散论》所论之外,对古代书籍装帧形式的研究成果,可以撰写成一部新的书籍装帧史。而2023年出版的《汉文佛教文献学概论》,是首部汉文佛教文献学的专著,标志着中国汉文佛教文献学的建立。

除了自己励精治学,方广锠还承担硕士生和博士生的教学任务,他以身作则,以严谨踏实的治学态度、虚心谦和的为人之道和爱生敬业的师者风范,用心培养博、硕士研究生,注重学术能力的培养和为人品格的教育,造就了一大批学术界的后起之秀。这些学生目前已在北京、上海等地学校和相关学术机构崭露头角。2014 年 5 月,作为对方广锠几十年来在科学研究、教书育人上取得杰出成就的褒奖,方广锠获得上海市"五一"劳动奖章。2018年,方广锠教授光荣退休,但他退而不休,一如既往地从事既往的研究工作,继续支持学校和学院各项事业的发展。

（侯冲　撰文）

附一：方广锠简历年表

1948 年 8 月 1 日	出生于上海。
1955 年 9 月—1961 年 7 月	上海市长宁区杨宅路小学、上海县诸翟镇小学上学。
1961 年 9 月—1962 年 7 月	上海市华漕中学上学。
1962 年 8 月	随家支边迁居新疆。
1962 年 9 月—1968 年 12 月	新疆沙湾县第一中学上初中、高中。
1969 年 1 月—1972 年 7 月	至新疆沙湾县乌拉乌苏公社头浮二队插队劳动。
1972 年 7 月—1978 年 8 月	新疆塔城地区师范学校学习、工作。
1978 年 9 月—1981 年 8 月	中国社会科学院研究生院南亚系研究生,获硕士学位。
1981 年 8 月—1985 年 7 月	中国社会科学院·北京大学南亚所宗教哲学研究室工作。
1984 年 7 月—1988 年 12 月	中国社会科学院研究生院世界宗教系在职博士生,获博士学位。
1985 年 7 月—1989 年 3 月	中国社会科学院南亚东南亚研究所(1988 年改名为亚洲太平洋研究所)工作。
1989 年 3 月—1993 年 5 月	国家图书馆善本部工作。
1993 年 5 月—1995 年 9 月	中国社会科学院亚洲太平洋研究所工作。
1995 年 9 月—2004 年 5 月	中国社会科学院世界宗教研究所工作。
2004 年 5 月—2020 年 1 月	上海师范大学工作,任教授、博士生导师。
2013 年 1 月	获"2012 上海教育年度新闻人物提名奖"。

2014 年 5 月	获上海市"五一"劳动奖章。
2015 年 5 月	被评为上海市先进工作者。
2018 年 8 月	退休。

附二：方广锠主要论著、科研项目目录

（一）著作

1. 个人

《佛教典籍百问》,今日中国出版社 1989 年版；台湾佛光出版社 1991 年繁体字
　　版；收入《佛教百问》（一）,今日中国出版社 1997 年版。

《八—十世纪佛教大藏经史》,中国社会科学出版社 1991 年版；台湾佛光出版社
　　2002 年第一次增订版。

《般若心经译注集成》,上海古籍出版社 1994 年版。

《敦煌佛教经录辑校》（上、下）,江苏古籍出版社 1997 年版。

《中国文化通志·佛教志》,上海人民出版社 1998 年版。

《敦煌学佛教学论丛》（上、下）,中国佛教文化出版有限公司 1998 年版。

《印度禅》,浙江人民出版社 1998 年版。

《英国图书馆藏敦煌遗书目录（斯 6981 号—斯 8400 号）》,宗教文化出版社 2000
　　年版。

《那先比丘经试探》（法藏文库本）,台湾佛光出版社 2002 年版。

《道安评传》,昆仑出版社 2004 年版。

《渊源与流变》,中国社会科学出版社 2004 年版。

《中国写本大藏经研究》,上海古籍出版社 2006 年版。

《敦煌遗书散论》,上海古籍出版社 2010 年版。

《随缘做去,直道行之方广锠序跋杂文集》,国家图书馆出版社 2011 年版。

《疑伪经研究与"文化汇流"》,广西师范大学出版社 2018 年版。

《佛教文献研究十讲》,复旦大学出版社 2020 年版。

《大藏经研究论集》（上、下）,广西师范大学出版社 2021 年版。

《汉文佛教文献学概论》,社会科学文献出版社 2023 年版。

2. 合作

《印度》（统稿），上海辞书出版社 1988 年版。

《佛经中的民间故事》（统稿），中国社会科学出版社 1989 年版；中国青年出版社 1995 年版。

《中国所藏〈大谷收藏品〉概况——特别以敦煌遗书为中心》，日本龙谷大学佛教文化研究所西域研究会 1991 年版。

《中国古代宗教百讲》，中国广播电视出版社 1993 年版。

《道藏与佛藏》，新华出版社 1993 年版。

《中国佛教基础知识》，宗教文化出版社 1999 年版。

《敦煌坛经合校简注》，山西古籍出版社 1999 年版。

《中国佛教》（五），中国社会科学出版社 2004 年版。

《敦煌典籍与唐五代历史文化》，中国社会科学出版社 2006 年版。

《中国国家图书馆藏敦煌遗书总目录·馆藏目录卷》，中国人民大学出版社 2016 年版。

《敦煌坛经合校译注》，中华书局 2018 年版。

（二）主编

1. 个人

《印度宗教与中国佛教》，《南亚研究》1988 年增刊。

《藏外佛教文献》（第一辑至第九辑），宗教文化出版社 1995—2003 年版。

《中国佛教文化大观》，北京大学出版社 2001 年版。

《中国宗教历史文献集成·藏外佛经》（共 30 册），黄山书社 2006 年版。

《中华大典·哲学典·佛道诸教分典》，云南教育出版社 2007 年版。

《藏外佛教文献》（第十辑至第十六辑），中国人民大学出版社 2008—2011 年版。

《中国国家图书馆藏敦煌遗书总目录·新旧编号对照卷》，中国人民大学出版社 2013 年版。

《务本堂藏敦煌遗书》，广西师范大学出版社 2013 年版。

《成贤斋藏敦煌遗书》，中国书店 2014 年版。

《滨田德海搜藏敦煌遗书》，国家图书馆出版社 2016 年版。

《敦煌卷子》，台湾联经出版公司 2022 年版。

2. 合作

《中国思想宝库》,中国广播电视出版社 1990 年版。

《东方思想宝库》,中国广播电视出版社 1990 年版。

《禅诗鉴赏词典》,中国人民大学出版社 1993 年版。

《佛教与历史文化》,宗教文化出版社 2001 年版。

《开宝遗珍》,文物出版社 2010 年版。

《英国国家图书馆藏敦煌遗书》(第一辑至第五辑,50 册),广西师范大学出版社
 2011—2017 年版。

《伍伦经眼古经图录》,国家图书馆出版社 2023 年版。

3. 副主编(常务副主编)

《中国国家图书馆藏敦煌遗书》(第 1 至第 7 册),江苏古籍出版社 1999—2001
 年版。

《国家图书馆藏敦煌遗书》(第 1 至第 146 册),北京图书馆出版社 2005—2012
 年版。

(三) 论文

《从历史必然性中追踪中国佛学思潮的起伏》,《中国社会科学》1983 年第 4 期。

《初期佛教的五阴与无我》,载《中国佛学论文集》,陕西人民出版社 1984 年版。

《关于佛教起源的几点思考》,《南亚研究》1990 年第 2—3 期。

《敦煌藏经洞封闭原因之我见》,《中国社会科学》1991 年第 5 期;《北京图书馆
 同人文选》(第二辑),书目文献出版社 1992 年版;《中国社会科学》(英文版)
 1994 年第 3 期。

《禅,从印度到中国》,《禅学研究》1992 年第 1 期。

《论大藏经的三种功能形态》,台北《宗教哲学》1997 年第 3 卷第 2 期。

《关于敦煌遗书的流散、回归、保护与编目》,《中国社会科学院通讯》1998 年 11
 月 18—27 日改版试刊 12—13 号。

《试论佛教的发展中的文化汇流附赘语》,《法音》2007 年第 3 期;《普门学报》,
 2008 年第 43 期;东京《国际佛教学大学院大学研究纪要》2007 年(平成 19 年)
 第 11 号。

《敦煌遗书与佛教研究——新材料与新问题》，载麻天祥主编：《佛学百年》，武汉
　　大学出版社 2008 年版。

《再谈佛教发展中的文化汇流》，《敦煌研究》2011 年第 3 期；《人大复印报刊资
　　料·宗教》2012 年第 1 期。

《写本大藏经的编纂、种类与系统》，《文史》2016 年第 2 辑。

《从"文化汇流"谈中国佛教史上的疑伪经现象》，载《佛教文献研究》（第一辑），
　　广西师范大学出版社 2016 年版。

《从敦煌遗书谈中国纸质写本的装帧》，《文献》2018 年第 1 期；《新华文摘》2018
　　年第 6 期。

（四）科研项目

敦煌遗书未入藏文献综录，国家社科基金一般项目，主持人，1998—2004 年。

《藏外佛教文献》（第二辑），国家社科基金一般项目，主持人，2005—2011 年。

中国国家图书馆藏敦煌遗书总目录，国家社科基金特别委托项目，主持人，
　　2005—2011 年。

敦煌遗书数据库建设，国家社科基金重大项目，主持人，2012—2014 年。

英国图书馆藏敦煌遗书（斯 6981—斯 14000），上海市社科基金重点项目，主持人，
　　2007—2012 年。

佛教古籍定级标准·敦煌遗书定级标准，国家标准局，主持人，2014 年。

中华古籍数字化整理新模式，上海市教委科研创新计划项目重大项目，主持人，
　　2017—2022 年。

敦煌遗书近现代流转鉴赏资料汇考，上海市社科基金重点项目，主持人，2014—
　　2022 年。

英国图书馆藏汉文敦煌遗书总目录，国家社科基金重大项目，主持人，2015 年开
　　始，正在进行中。

"学高身正"为铭 "不负使命"为要

——法学学科专家孙育玮传

孙育玮(1948—),生于黑龙江省绥化县。中国共产党党员。二级教授、博士生导师。1982 年毕业于黑龙江大学获哲学学士学位、1986 年毕业于吉林大学获法学硕士学位、2004 年毕业于黑龙江大学获哲学博士学位。历任黑龙江大学法学院常务副院长,上海师范大学法学学科带头人、法与社会发展研究中心主任、硕士及博士生导师、法学理论硕士点负责人。兼任上海市法理法史学会副会长、上海市立法研究所客座研究员。先后获得"黑龙江省优秀中青年专家""国家级有突出贡献优秀中青年专家"等荣誉称号,享受国务院政府特殊津贴。主要从事法理学(法哲学)、法社会学、法文化学的研究和教学。曾多次主持省部级以上研究课题,出版著作及主编教材 8 部,代表作为《走向法治的法理思考》(独著)、《都市法治文化与市民法律素质研究》(领衔合著)、《法理学与部门法哲学理论研究》(主编);在《中国社会科学》《求是学刊》《学习与探索》《政治与法律》《法制与社会发展》《法学》等学术期刊发表学术论文百余篇,代表作为《关于"法是统治阶级意志表现"命题的几点思考》《应重视角色法律意识的培养》《对法律意识内容结构的再认识》《中国实行依法治国的历史意义》《法治文化:都市法治化的深层底蕴——关于上海都市法治文化的理论思考》《关于我国"部门法哲学"研究的几个问题》《再论部门法哲学的"双边性"及其深入发展的路径选择》;其科研成果曾获黑龙江省社科优秀成果一等奖(1990 年),上海市依法治市调研成果一等奖(2003 年),上海市政府决策咨询研究优秀成果奖二等奖(2004年),中国法学会"法学家论坛"征文二等奖(2013 年)。

奋斗者的足迹:从优秀学生到知名学者

1948 年 2 月 12 日,孙育玮出生于黑龙江省绥化县。1955 年 8 月就读于哈尔滨市尚志小学。1958 年 8 月转入齐齐哈尔市师范第二附属小学,直至小学毕业。1961 年 8 月保送齐齐哈尔市第二中学,任班长。1962 年 8 月转入哈尔

孙育玮

滨市第二十九中学（其间因病休学一年），1963 年 5 月 4 日加入中国共产主义青年团，并任团支书、团总支委员。1965 年 8 月以优异成绩考入省重点哈尔滨市第三中学读高中，任班长；1968 年 6 月毕业。

1968 年 6 月，高中毕业后，下乡至黑龙江生产建设兵团一师三团（红色边疆农场），曾任连队排长、宣传股干事、宣传科副科长，其间于 1970 年 3 月 16 日加入中国共产党。

1978 年 3 月，作为恢复高考后首届（77 级）考入黑龙江大学哲学系，任班级党支部书记；1982 年 1 月，获哲学学士学位。其间 1980 年 11 月，经省文教办批准提前毕业，抽调到新成立的黑龙江大学法律系任教；并于 1980 年 11 月至 1981 年 6 月，参加司法部"全国第一期法律职业师资进修班"学习，获部颁结业证书。1984 年 8 月，赴吉林大学法学院在职攻读法理学专业硕士研究生，任法理班党支部书记，1986 年 6 月以"优秀研究生"荣誉毕业，获法学硕士学位。1999 年 6 月，在职攻读黑龙江大学马克思主义哲学专业"马克思主义法哲学"方向博士，2004 年 6 月获哲学博士学位。

1980 年 11 月至 2000 年 2 月，在黑龙江大学法律系（法学院）工作近 20 年，任助教至教授。历任法理学硕士点负责人、法学院副院长，并当选中国法理学会理事、黑龙江省法理学会会长。

2000 年 3 月，作为引进人才调入上海师范大学法政学院工作，直至 2011 年 3 月退休（后学院返聘至 2013 年 3 月）。任法学学科带头人、上海师大首个法学（法学理论）硕士点导师组组长、上海师大法与社会发展研究中心主任，教育部文科基地——上海师大都市文化研究中心特聘研究员，上海市人大立法研究所特聘研究员，上海市法理法史学会副会长。2010 年 1 月，聘任为二级教授。2013 年 1 月，《走向法治的法理思考》由中国法制出版社出版，该书是凝结着孙育玮 50 篇论文成果和心路历程的一个总结。

挑战者的选择：从青年创业到中年创业者

孙育玮喜欢挑战，立志要做一番事业。青年时代就参与了黑龙江大学法律系的筹建,成为创业者。人到中年、功成名就之后,又二次创业,创建上海师范大学法学理论硕士点,并配合学院创设法学本科专业,再次成为创业者。

（一）作为青年骨干教师,参与创建黑大法律系

1980 年 10 月,在国家加强法制恢复法学教育的背景下,黑龙江大学开始筹建法律系。因组建师资队伍补充新生力量的需要,经省文教办特批从黑大本科 77 级优秀学生中选拔五名,提前毕业留校到法律系任教。孙育玮是当时班级的党支部书记,在征得本人意愿的情况下,于 10 月底被抽调,成了创建黑大法律系时的第一批青年骨干教师。

到系里报到没出半个月,他就被派往西安的西北政法学院,参加在那里由司法部举办的为期半年带有快速回炉性质的"全国第一期法律专业师资进修班"。参加进修班的基本都是"文化大革命"前五六十年代有过法学专业背景的同志,授课的老师都是从北京大学、中国人民大学、中国政法大学、武汉大学等著名高校和最高法等部门请来的顶尖法学专家。孙育玮正是搭上了这趟"回炉班"的快车,抱着如饥似渴、虚心求教的态度主修了法理学和宪法学,同时又抢时间去另一个班听课,兼修了刑法学和刑诉法学,以超额完成任务的优异成绩,获得了司法部颁发的结业证书。回到黑大,经过一段时间的紧张备课,他就给 1982 级的法律系新生讲授了自己执教生涯的第一轮法理课,并深受同学们的好评。孙育玮 1984 至 1986 年到吉林大学法律系在职读研深造回来后,更是发挥了一名优秀中青年骨干教师的作用,为黑大法律系和法学院的发展做出了贡献。

（二）作为学科带头人,打破常规攻下法学理论硕士点

孙育玮被引进上海师大时,正值学校向综合性大学转变的关键时期,学校加大力度引进紧缺人才。1999 年 10 月,孙育玮应邀来校做了一次考察。在双方的交流中,校院领导开诚布公地向孙育玮表示,希望他一是协助学校尽快申办法学的本科专业,二是尽快建起法学硕士点。孙育玮愉快地接受了邀请,并承诺会竭尽全力地与学校和学院一同努力去实现这两项目标和任务。

在正式报到前,孙育玮就已经"进入角色":一边在做着黑大方面的善后工作,一边已经接手了上海师大急需开展的两项申报准备。孙育玮坦言:尽己所能帮助学校去实现申报目标,是自己来上海师大所肩负的重任,是接下来他工作的"第一要务"——这是对他自己一场新的挑战和检验。

按照常规的逻辑，一般是先有本科专业，然后才有可能申报该专业的硕士点。但孙育玮被引进后面临的申报次序恰恰是：硕士点的申报在2000年，而本科专业的申报则在2001年。校方和孙育玮都共同意识到，本来我们法学的起步比人家已经晚了很多，现在既然目标已定，那么只要是国家提供了可能的机会，我们都应当努力地去抓住。因此按照商定的工作节奏和部署，孙育玮自1999年11月份开始，人还在黑大，就已经不断地和学院及法学教研室的同志们保持着沟通和联系，开始了成果材料汇集和预填硕士点申报表的具体准备工作。

当时的难点问题有两个：一是要恰当务实地整合好上海师大既有的法学资源，包括梯队及成果；二是要充分论证好申报材料。对于前者，则是在充分挖掘法学教研室自身资源基础上，整合校内相关法学成果。对于后者，在论证中突出体现特色和长处，突出学科带头人在本领域的学术能力和贡献，并强调法政学院多个关联学科可提供的协力支撑。针对尚没有法学本科专业建设经历的问题，则用长期以来法学教研室的老师们承担学院和全校法学方面的课程，专业基础、梯队力量和科研能力扎实来补足。经过近半年反复的修改和论证，2000年年中，上海师大将法学理论硕士点的申报材料正式上报。此期间，上海师大还得到了来自孙育玮原单位的大力支持。

经过初评和学科评议组专家的集中评审，上海师大的法学理论硕士点，于2000年年底前被正式通过获准设立。随着2002级首届两名法理学研究生入学，上海师大首个法学硕士点的申办宣告成功，由此掀开了上海师大和法政学院学科发展的崭新一页。事后有朋友说："上海师大在没有法学本科专业的情况下，竟然拿到了法学理论的硕士点，真是走出了超常规发展的重要一步！"而担任那次专家评审组的两位组长则表示：他们了解该申报点学科带头人的资历、水平和能力，也充分注意到了上海师大老师们多年来为法学做出的刻苦努力，他们希望能有更多的专业力量和学科平台共同把上海的法学做强做大！

（三）顺势而为，创建法学本科专业

法学理论硕士点成功申报带来的良好效应，为法学本科专业的申报创造了有利条件。学院乘势而上推进法学本科的申报工作。成立了由院长、书记亲自挂帅和人员配置得力的"申报工作小组"，并于2001年6月专门召开工作会议,进行具体部署。孙育玮作为工作小组的重要成员被委以重任,负责申报材料文本的合成与撰写,协同教学副院长制定法学本科专业的教学计划和培养方案;在 7 月 30 日前形成供工作小组的讨论稿,8 月 10 日工作小组讨论后形成初稿,9 月初经送专家评审和听取专家论证会的意见后,最终修改定稿。由孙育玮主要负责的报告正式文本呈现给大家和送交学校教务处后得到了一致好评,有人称之为"可以作为范本供以后参考"。

报告把法学本科培养目标定位在"三小"的主攻方向上,即面向"中小学校、城市社区和中小企业的法律工作者"。这样既可保持师范院校的原有优势,又能体现错位竞争紧贴社会需求的鲜明特色,赢得了专家们的一致好评与认可。报告所附实际调研的第一手资料,也大大增强了其可信度与说服力。时任院长桑玉成在向专家评委做申办法学本科专业的简要汇报时,介绍了大家的集体努力,也强调了学科带头人孙育玮在法学界的影响力,特别提到法学理论硕士点的正式批准建立为申办法学本科专业提供了更为坚实有利的基础和条件。

在校院齐心协力的努力和专家评委们的大力支持下,上海师大的法学本科专业在 2002 年初被正式批准,并于当年正式招生。由此,实现了上海师大法学人多年的夙愿与梦想,掀开了上海师大法政学院法学本科专业历史的崭新一页。

(四)尽职尽责,努力推进法学学科建设

无论是在协助学校实现两项目标的过程中,还是在成功搭建起法学发展的两大基础平台之后,孙育玮都始终秉持一个理念,即"尽好作为学科带头人的职责,努力把法学队伍带强,把法学平台做大,以尽快积累起后续发展的优势"。因此,他勤奋耕耘,默默付出,为学校和学院做了很多有利于学科长远发展的工作。

1. 积极优化现有师资结构

来院不久孙育玮就了解到,法学教研室的老师除了仅有两位副教授,其余老讲师们的职称都已是积压了多年不得晋升,少的近十年,多的已是十几年。这种状况严重束缚了教师的积极性和学科的发展。2001 年,孙育玮郑重向学院建议:要用足职称晋升的名额,同时还要向学校积极争取名额,优化师资结构,否则谋求发展将无从谈起。该意见得到了哲学和思政等专业教授们共同支持。在大家促进、学院力争和学校理解支持的合力下,全院陆续晋升了 20 多位副教授（其中法学 6 位），极大地改观了师资队伍的职称结构，调动了老师们教学科研的热情和积极性。

2. 积极合理地聚才用才

积极帮助学校持续引进急需的法学人才，是孙育玮倾心尽力的一项工作。经他推荐引进的蒋传光教授，就是最具代表性的一例。孙育玮力主学院着眼大局，抓紧运作。经过耐心细致地做本人和院校两方面的工作，促成了蒋教授的顺利引进，这也对学校法学学科的发展起了很大推动作用。2013 年蒋传光被学校任命为法政学院的院长。

3. 筹建法与社会发展研究中心

由于清醒地意识到上海师大的法学起步晚，因此必须要更加努力和有所作为才能尽快缩小差距。为了凝聚起科研的力量，孙育玮一直致力于为法学建立一个学术机构，作为扩大学术交流的一个平台。2001 年初，"法与社会发展研究所"开始筹建，2002 年 10 月正式成立。经过五年的建设积累，2007 年初报经学院和学校批准，"法与社会发展研究所"正式更名为"上海师范大学法与社会发展研究中心"。中心成立后，不断发挥作用，为上海师大的法学发展赢得了良好的声誉。

4. 参与制定学院首个法学五年发展规划

2005 年 4 月，根据学校和学院的统一部署，孙育玮结合法学发展现状，协助系主任，共同制订了"法学学科 2005—2010 年的发展规划"。该规划对于法学的开拓进取和持续发展起到了十分积极的引领和促进作用。

5. 发挥法学理论硕士点的孵化作用

2005 年底，在中国社科院多年从事民法学研究的陈华彬教授被引进后，孙育玮便及时与学院和研究生处商定，法学理论硕士点培养方向中及时增设了"民法学"方向，并在 2006 年招生计划中为其增招 2 名。在孙育玮负责法学理论硕士点期间，曾连续招收过两届的民法学研究生，为之后申报民法学硕士点及法律硕士授予权奠定了基础。

法理学者的追求：法理学深耕与跨学科拓展

作为一名法理学者，孙育玮既是法理学的深耕者，又是跨学科研究的拓展者。其学术贡献集中表现在，深耕法理学也关注跨学科研究。前者做出突出贡献有:发表于《中国社会科学》的代表作产生广泛影响力并且获得省级社科优秀成果一等奖,成为省级重点学科的学术带头人,荣获"黑龙江省优秀中青年专家"和"国家级有突出贡献优秀中青年专家"荣誉称号,获得国务院政府特殊津贴。后者则注意学科融合,在法学内部,注重通过"部门法哲学"的研究,促进理论法学与部门应用法学的深度融合,同时对立法学也做出了自己的贡献;在法学之外,则注重与相近人文学科的有机融合,突出表现在参与"都市文化研究中心"建设方面。

(一)一项极具代表性的科研成果

孙育玮在黑大期间,发表的教学科研论著不下四五十项,相当一些成果被《人大复印报刊资料》《文摘报》《高校文摘》《新华文摘》所转载或转摘。获得的成果奖励有二十余项,其中有一项获奖成果是最具代表性的。该成果是在他本人法理学硕士论文基础上,浓缩而成的《关于"法是统治阶级意志表现"命题的几点思考》一文。

该文以 1.8 万字的篇幅,发表于《中国社会科学》1988 年第 2 期。论文发表后引起学界很大反响,《人大复印报刊资料》全文转载,同时被《文摘报》《中国法理学研究综述》《当代中国法学新思潮》《社会科学争鸣大系》《法哲学论》等多种权威性书刊摘登、转引或评介。在 1990 年黑龙江省第四届社科优秀成果评选中,该文以相当高的评价获得了一等奖。之后出版的《黑龙江社会科学优秀成果 50 年概览》一书,也把该项获奖成果收入其中。以一位中青年学者的长篇学术论文在《中国社会科学》发表,并在省社科优秀成果的评选中获得一等奖,这在黑龙江省尚属首次。

(二)实至名归的省级重点学科带头人

1991 年孙育玮被黑大破格晋升为副教授,1992 年被确定为校级学术带头人,1995 年又被确定为省级重点学科的学术带头人。

早在 1987—1990 年间,孙育玮就曾协助老主任吴方正教授,带过两届法理学专业的研究生。1996 年孙育玮正式晋升为教授,并接替吴老师成为黑大法理学硕士点的导师组组长。在前辈学者的基础上和孙育玮的带动影响下,黑大的法理学形成了一个实力可观的学术团队。该团队以其丰硕的成果和出色的水平,使黑大法理学硕士点学位授予权的申报在 1998 年获得成功,并开始招生。这是黑大法理学在历经 12 年的努力之后,也是继吉大法理学硕士点之后,东北地区有独立学位授予权的第二个法理学硕士点,是黑大和黑龙江省研究生法学教育的一个历史性突破。孙育玮当时还担任黑龙江省中国法理学会理事、黑龙江省法理学会会长。

（三）三项有分量的认可和荣誉

孙育玮付出的努力和取得的成绩，被学界的专家同仁所认可，同时也获得了三项有分量的重要荣誉。

1993 年 10 月，孙育玮享受国务院政府特殊津贴。1996 年 1 月，黑龙江省委、省政府授予孙育玮"黑龙江省优秀中青年专家"荣誉称号。1999年 3 月，国家人事部授予孙育玮"国家级有突出贡献优秀中青年专家"荣誉称号。

（四）参与都市文化中心建设，促进学科融合发展

上海师大的都市文化研究中心，于 2004 年被教育部批准为"人文社科重点研究基地"。此时孙育玮在"都市法治文化研究"上已取得很有影响的成果。2005 年 1 月，孙育玮被聘为都市文化研究中心的兼职研究员。

受聘后，孙育玮将科研选题集中到"法治文化"和"都市文化"的结合上进行挖掘。他的《法治文化：都市法治化的深层底蕴——关于上海都市法治文化的理论思考》一文，在《上海师范大学学报》2006 年第 2 期发表，随后即被《新华文摘》2006 年第 13 期，以 9 000 字的篇幅转载。这是孙育玮来上海之后，论文成果被多次转载中规格最高、力度最大的一篇。孙育玮还带领着自己的课题团队，经过一年的努力，完成了上海市法学会年度重点课题和都市文化研究中心重点资助项目成果的 20 万字学术专著《都市法治文化与市民法律素质研究》，并由法律出版社于 2007 年 3 月出版。

2007 年 3 月，都市文化研究中心主办召开"上海与东京城市文化国际学术研讨会"，孙育玮提交了学术论文《现代化转型中法文化意识研究的重要性——东京两位法学家著作给我们的深刻启示》，被收入会议成果《全球化进程中的上海与东京》文集并出版。2008 年 6 月，都市文化研究中心在上海师大主办召开"上海—纽约都市文化研讨会"，孙育玮应邀在会上做发言和点评。他提交的《替代性纠纷解决机制（ADR）的借鉴与融合——以纽约和上海为例的相关法文化法社会学思考》一文，被收入会议成果文集《双城记：上海·纽约都市文化》，并作为上海市人民政府发展研究中心的系列报告而出版。

2009年9月,孙育玮(右)出席"第24届国际法哲学与社会哲学大会",与德国著名法学家阿列克西教授合影留念

园丁的情怀:良好的师德与教书育人

2000年3月,孙育玮被引进到上海师大的法商学院工作,直至2011年退休。刚到师大不久的孙育玮,在接受校报记者的采访时表示,他非常赞赏校园东门口那尊巨石上镌刻的"学高身正"四个大字。他认为,依据陶行知先生"学高为师,身正为范"凝练而成的这四字箴言,是上海师大鲜明倡导的优良校风,也是自己敬业为人应终身遵循的座右铭。孙育玮教授正是用他在两所学校33年的执教生涯,践行了自己的信念和诺言。

(一)对法学理论硕士点实行规范化、制度化的管理

孙育玮始终铭记"传道、授业、解惑"的教书育人使命,不但在科研上刻苦钻研,在教学上也是全身心地投入,满腔热情地关爱每一位学生。他每学年都到奉贤校区给本科生上课,深厚的学识、认真的态度深受学生们的欢

迎。在研究生培养和教学管理中,他投入了大量的心血和精力。孙育玮始终重视硕士点建设管理的规范化、制度化,用严格的标准去规范学生,也规范导师。他带领着点上的导师,在认真总结前两届研究生指导工作的基础上,从 2004 年 10 月开始,陆续出台了一套务实管用的硕士点内"规范性文件"。例如《专业课程考核论文评定标准》《硕士论文开题的规定》《以研读前沿论文方式提高研究生培养质量的实施办法》等。2005 年初,他发现有的研究生对外专业选修课不够重视,便及时修改了关于考核论文的规范性文件,从制度规范上堵塞漏洞。孙育玮还把相关规范性文件,经过全面的修订后,打印成册给师生人手一份。

(二) 以课题带研究生,在实践中历练学生

在孙育玮看来,通过以课题来推动教师团队提高,是自己作为学科带头人义不容辞的责任;同时,在教授好研究生专业课程的基础上,以攻关课题的机会尽量吸收研究生参与进来,带他们到科研的主战场上去摔打历练,对他们大有好处。这也是对研究生高标准严要求的重要体现。2004 年 5 月,上海世博局和上海市法学会联合召开"世博会与上海法治化论坛",孙育玮除了自己代表上海师大做大会演讲,他还动员在读的研究生积极撰文参与,最终法学理论点有 7 位研究生的 5 篇论文,被收入到正式出版的《2010 年世

2004 年 5 月 8 日,孙育玮在"世博会与上海法治化论坛"上演讲

博会与上海法治化》论坛文集中。再如,在孙育玮带领课题组攻关完成"都市法治文化与市民法律素质研究"课题中,则吸收了在读的两届 8 名研究生作为课题组成员,他们在课题组老师们的指导下,既收获了成果,又增长了才干。

(三)与学生亲密无间的深厚友谊

说到孙育玮和学生间的友谊,举两个令人感动的事例。

宫建,是法理硕士点 2006 级的一位男同学,虽然孙育玮不是他的带教导师,但是他毕业前遇到的一些情况却引起孙育玮格外的关心。一是在他学位论文撰写后期的紧张阶段,他的母亲病重告急,而且就在他答辩前的几天去世了;二是由于母亲事情的影响,宫建学位论文的注释环节有所疏忽,因而导致了重复率检测没有通过。如果宫建不能如期答辩,则其当年的毕业和择业都将受到影响。事关一个学生前途命运的大事,孙育玮紧急与其导师沟通,搞清了重复率检测没有通过系引用的一些法规条文和宫建本人以往文章的内容未做注明所致。有鉴于此,孙育玮又紧急召集导师组讨论,一致决定,在宫建做出补注修改后再参加答辩,在孙育玮的不懈努力下,宫建

2005 年 5 月,法学理论硕士点首届研究生学位论文答辩会后孙育玮(第一排右三)与师生合影

后续顺利通过了答辩。宫建是位很有志向和爱心的学生，毕业时他选择了去云南加入"西部志愿者计划"和"扶贫工作队"。后来他通过公务员考试，入职到云南省交通运输厅，通过遴选又被调到国务院法制办和新组建的司法部工作，而且十几年间他荣获了很多奖励和荣誉，至今孙育玮还和他保持着朋友般的深厚友谊。

由于孙育玮对学生满腔热忱的关爱和付出，也赢得了学生们对他发自内心的尊敬和关心。2005年底，由于长时间劳累，孙育玮小肠疝气的毛病又犯且需要住院手术。事先孙育玮叮嘱爱人石老师，不要惊扰任何人，更不要告诉学生。可是，当时已经毕业离校继续在上海读博的两位"大师兄"，不知从哪知道了此事，就自觉组织几位研究生男同学轮流到病房来陪护。看到此种情景，不但孙育玮十分地感动，就连医生都感慨地跟石老师说："看得出学生们跟孙老师的关系真是太好了！"

孙育玮在上海师大执教13年期间，他作为硕士点负责人，和点上的导师们共培养了9届64名硕士研究生。现在这些学生在各自的岗位上都取得了

导师组老师与法理点2006级毕业研究生一起在校园合影留念（第一排中间为孙育玮）

相当可喜的成绩。孙育玮每每知道学生们的成长和进步,都由衷地为他们感到高兴;同时也为自己能为祖国的法治建设和法律人才的培养贡献智慧和力量,而感到莫大的欣慰!

鉴于孙育玮为上海师大的法学所做出的开创性和奠基性的贡献及他为教书育人事业所付出的辛劳和努力,上海师范大学于 2003 年和 2009 年,两度给予孙育玮"记大功"的奖励。

脚踏实地的理想主义者:立足现实与放眼未来

孙育玮既是一个理想主义者,又是一个现实主义者;既遥望星空,又脚踏大地;既放眼未来,又立足现实。

(一)形成上海师大法学的社会影响力

2001 年 6 月,上海市法制办与行政法制研究所在《上海法制报》向社会公开招标 10 个重点课题。获知该信息后孙育玮和法律系的老师都很兴奋,于是在孙育玮的带领下,组成了由他任组长的 7 人课题组去参与竞标。课题组以法律系的 5 位老师为主,同时邀请了系外擅长于统计学和社会学的两位老师参加。孙育玮不但对课题组的组成下了功夫,而且竞标的标书更是经过了严密的推敲与论证。结果在有 30 多家单位、组织参与投标的激烈竞争中,上海师大一举中标获得"上海市民法律意识调查"项目,而且是同类别中经费额度最大的一项。谈到参与这次竞标的初衷,孙育玮在一次采访中表示:一是想借这个机会,来拉练和提升学科团队;二是想通过这个平台,让上海师大的法学能够尽快得到社会的关注和认可,形成对上海法学的一定影响力。

实践证明,公开竞标的成功对申办本科专业起到了很大的促进作用。并且,在一套颇具新意的分析视角和思路理念的指引下,课题组用一年的时间,随机抽取上海 10 个区、20 个居委,发放 2 000 多张问卷进行调查。还举办了 5 个专门座谈会和 2 次专家访谈会。在取得实证数据的基础上,课题组提出了对上海市民法律意识现状的客观描述和理性分析,并对后续的法治宣传教育提出了相应的对策。该课题的结项成果《上海市民法律意识状况调查及今后的普法对策》发表后,在学界和政府方面引起重大反响。2004 年 1 月,该成果荣获上海市政治文明建设委员会办公室和上海市法治研究会联合颁发的"上海市 2003 年度依法治市课题调研成果一等奖"；2004 年 8 月，该成果又荣获了上海市人民政府颁发的"上海市决策咨询研究成果二等奖"。

（二）促进理论法学与应用法学的融合发展

"凝聚提升自己"和"扩大学术交流"是做强法学一体两翼的必由之路，这是孙育玮一贯坚持的。在这方面特别值得一提的是，他带领大家，以刚成立不久的上海师范大学法与社会发展研究中心的名义，经过精心策划、联系与准备，联合中国法理学研究会和吉林大学理论法学研究中心，于 2007 年 8 月 24 至 25 日，在上海师大共同主办的"法理学与部门法哲学理论研讨会"。会议主题鲜明，与会人员问题研讨的高质量，使得该会议面貌耳目一新，会议效果受到大家的一致好评，引起了学界的强烈反响。2007 年 9 月 13 日的《社会科学报》以一个整版对会议的精彩观点做了介绍，《中国法学》2007 年第 5 期也对会议情况给予了报道。2008 年 4 月，由我国著名法学家李步云先生作序，包括了 31 位学者论文和 4 个会议情况综述的，以会议主题命名的40 万字会议成果文集《法理学与部门法哲学理论研究》，由上海人民出版社出版。李步云先生在评价上海师大的这次会议时认为：这是有关"部门法哲学研究"给他印象最为深刻的继"海南博鳌会议"之后的"第二次会议"。"参加这次研讨会的，不但有法理学界的诸多名家，还有好几个部门法学方

2007 年 8 月，孙育玮（第一排右一）与"法理学与部门法哲学研讨会"代表合影

面的高手,盛况颇为了得"。"这两次会议是很有意义的,它们将会载入新中国法学发展史的史册"。上海师大的法学老师为本次会议提交的论文,有9篇被收入文集。通过这次会议,上海师大的法学和研究中心进一步在全国范围内扩大了自己的影响,被人们所了解。

纵观孙育玮教授在前后两所大学执教33载走过的全部历程,可以说他是非常认真也非常出色地践行了自己的诺言——"学高身正"为铭,"不负使命"为要!

(刘诚 撰文)

附一:孙育玮简历年表

1948 年 2 月	出生于黑龙江省绥化县。
1955 年 8 月—1958 年 7 月	哈尔滨尚志小学读书。
1958 年 8 月—1961 年 7 月	齐齐哈尔师范第二附属小学读书。
1961 年 8 月—1962 年 7 月	保送至齐齐哈尔第二中学读初中。
1962 年 8 月—1965 年 7 月	哈尔滨第二十九中学读初中。
1963 年 5 月	加入中国共产主义青年团。
1965 年 8 月—1968 年 5 月	考入省重点哈尔滨市第三中学读高中。
1968 年 6 月—1978 年 3 月	下乡至黑龙江生产建设兵团一师三团(红色边疆农场)任排长、副科长。
1970 年 3 月	加入中国共产党。
1978 年 3 月—1982 年 1 月	恢复高考首届考入黑龙江大学哲学系读本科,获哲学学士学位。
1980 年 10 月	经省文教办批准提前毕业,抽调到新成立的黑龙江大学法律系任教。
1980 年 10 月—2000 年 2 月	黑龙江大学法律系、法学院工作,任助教至教授,任法理学硕士点负责人,法学院副院长。
1984 年 8 月—1986 年 7 月	吉林大学法学院攻读法理学专业研究生,以获"优秀研究生"荣誉毕业,获法学硕士学位。

"学高身正"为铭 "不负使命"为要——法学学科专家孙育玮传

1993 年 10 月	享受国务院政府特殊津贴。
1996 年 1 月	被黑龙江省委、省政府授予"省级优秀中青年专家"。
1999 年 3 月	被国家人事部授予"国家级有突出贡献中青年专家"。
2000 年 3 月—2013 年 2 月	作为引进人才，调入上海师范大学法商学院工作，任法学学科带头人。
1999 年 6 月—2004 年 6 月	在黑龙江大学马克思主义哲学专业博士点，攻读完成"马克思主义法哲学"方向，获哲学博士学位。
2010 年 1 月	聘任为二级教授。
2011 年 3 月	退休。

附二：孙育玮主要论著、科研项目目录

（一）著作

《法理学》（主编），黑龙江人民出版社 1993 年版。

《法学概论》（主编），黑龙江科技出版社 1994 年版。

《当代中国法的理论与制度》（主编），上海人民出版社 2003 年版。

《都市法治文化与市民法律素质研究》（领衔合著），法律出版社 2006 年版。

《完善地方立法立项与起草机制研究》（领衔合著），法律出版社 2007 年版。

《法理学与部门法哲学理论研究》（主编），上海人民出版社 2008 年版。

《走向法治的法理思考》，中国法制出版社 2013 年版。

（二）论文

《论宪法的最高权威性》，《求是学刊》1983 年第 1 期。

《应当完整、准确地理解恩格斯关于法的论述》，《求是学刊》1985 年第 6 期。

《关于社会主义法的基本特征》，《求是学刊》1987 年第 6 期。

《关于"法是统治阶级意志表现"命题的几点思考》,《中国社会科学》1988 年第
　　2 期。

《法责任范畴初探》,《当代法学》1988 年第 3 期。

《论我国宪法实施的全方位保障》,《求是学刊》1989 年第 6 期。

《应重视对"习惯权利"问题的研究》,《求是学刊》1992 年第 5 期。

《简论法律体系的几个问题》,《学术交流》1994 年第 1 期。

《应重视角色法律意识的培养》,《光明日报》1994 年 8 月 24 日。

《辩证把握三个基本关系,努力提高教学质量》,《高教理论与实践》1995 年第
　　3 期。

《关于法律价值的几个问题》,《法学与实践》1995 年第 6 期。

《对法律意识内容结构的再认识》,《学习与探索》1995 年第 6 期。

《论尽快健全我国社会保障法制》,《求是学刊》1996 年第 3 期。

《"法制"与"法治"概念的再分析》,《求是学刊》1998 年第 5 期。

《中国实行依法治国的历史意义》,《上海师范大学学报(哲学社会科学版)》2001
　　年第 2 期。

《亚洲法制社会建构与发展的理念追求》,《上海师范大学学报(哲学社会科学
　　版)》2002 年第 3 期。

《中国法理学的世纪回顾》,《上海师范大学学报(哲学社会科学版)》2003 年第
　　4 期。

《中国法哲学的现实思考》,《上海师范大学学报(哲学社会科学版)》2004 年第
　　2 期。

《公民权利的维护要讲法治》,《文汇报》2004 年 4 月 13 日。

《关于认识政治文明涵义的几点方法论原则》,《政治与法律》2004 年第 3 期。

《都市法治文化本体的理论探析》,《政治与法律》2005 年第 6 期。

《法治文化:都市法治化的深层底蕴——关于上海都市法治文化的理论思考》,
　　《上海师范大学学报(哲学社会科学版)》2006 年第 2 期;《新华文摘》2006 年
　　第 13 期全文转载。

《肩负起提高全民法律素质的历史责任——关于"五五法制宣传教育规划"的理
　　论思考》,《政治与法律》2006 年第 2 期。

《"和谐社会法治文化"命题的理论与实践》,《法学》2006 年第 6 期。

《"公共利益"问题的法理学探讨》,《学习与探索》2006 年第 4 期。

《关于东亚法治文化的几点思考》,《法治论丛》2007 年第 1 期。

《现代化转型中法文化意识研究的重要性——东京两位法学家著作给我们的深刻启示》,载孙逊、杨剑龙主编:《全球化进程中的上海与东京》(《都市文化研究·第4辑》),上海三联书店2007年版。

《关于我国"部门法哲学"研究的几个问题》,《政治与法律》2007年第6期。

《科学发展观与中国法的现代性建构》,《上海师范大学学报(哲学社会科学版)》2008年第2期;《高等学校文科学报文摘》2008年第3期转摘。

《关于"中国法的现代性"问题的探讨》,《政治与法律》2008年第6期。

《再论部门法哲学的"双边性"及其深入发展的路径选择》,《法制与社会发展》2010年第3期。

(三) 科研项目

上海市民法律意识调查,上海市政府法制办项目,项目负责人,2001年6月立项,2002年7月完成。以《上海市民法律意识状况的调查及今后的普法对策》成果获奖:2004年1月,获上海市2003年度依法治市课题调研成果一等奖;2004年8月,获上海市政府决策咨询成果二等奖。

完善地方立法立项与起草机制的研究,上海市人大立法研究所重点项目,项目负责人,2004年3月立项,12月结项。

都市法治文化与市民法律素质研究,中国法学会立项及上海市法学会年度重点课题、上海市都市文化学重点学科资助项目,项目负责人,2004年5月立项,2005年6月结项。

当代中国法哲学的哲理建构,上海市教委重点项目,独立完成,2004年6月立项,2007年6月结项。

上海市五五普法规划课题研究,上海市法制宣传教育领导小组2005年重点课题,项目负责人,2005年4月立项,2006年8月结项。

法理学课程建设,上海市教委重点课程项目及上海师大研究生重点课程项目,项目负责人,2005年8月立项,2007年8月结项。

现代化进程中的都市法治文化研究,教育部人文社科规划项目,独立完成,2006年12月立项,2008年12月结项。

清贫学者　布衣教授

——笛龥艺术家与音乐史专家刘正国传

刘正国（1951—　），安徽无为人。二级教授，国家一级演奏员。1982 年1 月毕业于安徽师范大学艺术系，1996 年结业于中国艺术研究院研究生部。曾任中国音乐研究所《中国音乐文物大系》（国家"七五"重点项目）北京总编辑部副主任，安徽省艺术研究所研究部主任，安徽省音乐家协会常务理事，南京艺术学院、福建师范大学兼职教授。2003 年作为人才引进调入上海师范大学任教，2013 年 7 月退休。现为国家社科基金重大项目"中国古管乐器文献、图像及文物资料集成与研究"首席专家。

早年习笛，曾首创中国竹笛的咔腔双声吹奏新技法，创作并演奏有笛子名曲《巢湖泛舟》及《花三七》《皖乡恋歌》《新编小放牛》等。发明创制"九孔龥""七孔笛"等国家专利乐器。致力于中国上古乐史的古龥理论考证与演奏艺术的开发。多部（篇）论著获省部级哲学社会科学"优秀成果奖"：《贾湖遗址二批出土的骨龥测音采样吹奏报告》（上海市第九届哲学社会科学优秀成果论文类一等奖）；《"樂"之本义与祖灵（葫芦）崇拜》（上海市第十一届哲学社会科学优秀成果论文类二等奖）；《中国古龥考论》（上海市第十三届哲学社会科学优秀成果奖著作类一等奖、教育部第八届高等学校科学研究优秀成果奖"人文社会科学类"著作类二等奖）；《郭沫若〈甲骨文字研究·释龢言〉析案》（上海市第十六届哲学社会科学优秀成果论文类二等奖）等。曾应邀在中央音乐学院、中国音乐学院、上海音乐学院以及中国香港、澳门和欧美国家等地进行古龥的专题讲学和演奏活动，使失落久远的中华龥文化重新彰显于世。

痴迷竹笛的寒门子

1951 年 11 月 10 日（农历辛卯年 10 月 12 日），刘正国出生于安徽无为县城的一个贫寒之家。父亲是无城山窑合作商店的会计员，薪资微薄；母亲是一般的家庭妇女，除了料理家务、侍奉婆婆和丈夫、照顾四个孩子，还抽空摆个小

刘正国

摊补贴家用。少年时期的刘正国就展露出不同于一般的艺术潜质，他天资聪颖、爱好广泛，无论是对唱歌、跳舞，还是写诗、绘画乃至于雕刻，都表现出极大的兴趣。然而，由于家境的贫寒，他最后只能将兴趣定格在最简单最廉价的乐器——几毛钱就能买得起的竹笛上，并全身心地为之痴迷。

20世纪60年代初，刘正国入读了无为县城的杏花泉小学。他个头不高、身材瘦小，在千人之众的学生中，这个爱笛如命的孩子总是随身带着一根不起眼的小小竹笛来来去去，无论是上学还是放学，他都是一路走、一路吹，走到哪、吹到哪。因为家穷买不起好竹笛，他便自己动手做笛，没想到的是，那笛声吹起来竟也是无比的清越，得到了不少大人们的赞许。

然而，这近于痴迷的爱好，却没有得到家人的理解和支持，父亲只在乎他这个家中的老大如何帮着多分担些家务；母亲则常唠叨着吹笛没出息，伤气又伤力，担心儿子吹坏了身体。但少年的刘正国始终是倔强地坚持着自己的爱好。

那个年代的偏僻小县城，吹笛也没有老师指点，全靠自学自悟；时间一长，小小年纪的刘正国似乎还真的有点无师自通了。12岁那年，在小学的一次文艺表演会上，他有机会首次登台吹奏了一首《毛主席是咱社里人》，受到了师生们的热烈欢迎；后来县广播站还为此录了音，在全县播放。刘正国第一次从广播声中听到了自己的笛声，他简直不敢相信自己的耳朵，也更增添了吹笛的自信心了。

1965年，高小毕业的刘正国，以班上首屈一指的成绩升入了无为县第二初级中学读书。班主任是一个叫祝和森的年轻教师，很喜欢这个既聪明又调皮的学生。知道他家境贫寒，为其减免学杂费，给他助学金，还特地上门家访，劝说家长不要让这孩子失去读书深造的机会。他对刘母说："你们家的刘正国，一定要让他读高中、上大学，他将来可能成为国家的栋梁！"母亲听了后激动地当场表示："她就是讨饭也要供孩子上大学。"然而，仅仅还不到一年的时间，一场史无前例的"文化大革命"爆发了，不要说将来的高中、大学，就连眼下的初中也上不了了。像其他千千万万的在校学生一样，刘正国身不由己地卷入了停课闹革命、大字报、大辩论、大串联之中。而雨后春笋般的革命文艺宣传队的成立,倒使他手中的爱笛有了施展的用武之地,各种形式的文艺宣传演出,也使他的吹笛技艺随之日益大进,在小小的无为城里也逐渐地小有名气起来。

1968 年 10 月,"上山下乡"运动伊始,虽然只读了初中一年的 17 岁刘正国,也被作为 68 应届毕业生,下放到了本县东乡白茆洲六洲公社仔洲大队第十四生产队,"插队落户"当了农民,接受贫下中农再教育。他先是在生产队长家寄宿搭伙,后来借寄到一间废弃的养牛破草屋,开始独立门户了。不必问当时的吃喝拉撒、烧煮洗浆是怎么熬过来的,倒是他随身带着的笛子,似乎是大有了作为。"别人是广阔天地练红心,我是广阔天地练笛声。"当时的小刘常对人这么说。除了下地参加队里的大农活外,他惟一的喜好和寄托就是吹笛,尤其喜欢站在村外的大坝埂头上,在那片辽阔、葱翠、清静的田野上空,让他那欢快、明亮、悠远的笛声尽情地荡漾着……日出日落,冬去春回,不知不觉中,他的吹笛功力,已经大有了劲道,深受乡人们的欢迎,不久便在乡里乡外远近闻名了。

下放农村的两年间,刘正国活跃于大队、公社和区里的各级文艺宣传队,不仅是吹笛子,还尝试着吹唢呐、拉二胡、演样板戏以及自己编创一些宣传的歌曲、舞蹈、相声等。同时,他也试图通过自己的兴趣爱好为将来寻找更好的机缘。其间,他曾向往着能去附近的汤沟镇下放老师们组办的高中班学习,但家境的困顿,让他不得不打消了这个念头,继续在乡下"栽秧撒种、打坝犁田"来挣工分。后有幸又迎来了县庐剧团招生回城的机会,满怀信心的他参加了招生培训,不料最终却被剧团的工宣队以家庭成分问题而拒之门外,未予录取。

1970 年底,在眼睁睁地看着连续两批的下放学生上调都走后,刘正国终于等来了本该早就属于他的一个招工指标。而恰恰就在此时,另外的两个机缘也同时降临了:一是正在乡下征兵的四川后勤部队想招文艺特长兵,要直接带他走;二是安徽省艺术学校"文化大革命"中的首次招生,专业老师在无为县寻访特殊人才中,又只看中了他一人。如此,不到 20 岁的刘正国来到了他人生中的第一个三岔路口:招工? 征兵? 招生? 但此时的他,并没有自己选择的权利。父亲受当时流行的"读书无用论"和"工人阶级领导一切"观念的影响,坚决不同意他招生进艺校,此时家中也已有人参军,他唯一能走的路就是"招工"! 每月十几元的工资可以缓解家中不小的负担。刘正国理解父亲的苦衷,虽极不情愿,也无意去抗争。

1971 年初，刘正国正式上调回城了。他的原招工指标是"铜陵有色金属公司"的名额，却因其小有名气的吹笛特长，被正在筹建文艺宣传队的"巢湖航运局"看中。招工到巢湖航运局工作后，他担任港口作业区的仓库理货员，更多的工作和精力投入文艺宣传队的排练、演出活动中。当时的巢湖航运局文艺宣传队，通过招工网罗了不少歌舞、器乐、表演乃至于创作的优秀文艺人才，几乎就是一个半专业的文艺团体，在当时的巢湖地区颇具声名。

正是在宣传队常年排练演出中，刘正国得到了前所未有的历练，他更加奋发地练笛。不论寒暑，常常是半夜即起，跑到郊外习练，正所谓"冬练三九、夏练三伏"，有时候从早吹到晚，竟也不知疲倦。如此年复一年、日复一日地习练演奏中，他的笛艺渐趋一种自我的妙境，成了宣传队每场演出中的保留节目，所到之处有口皆碑。就这样的寒来暑往，他在宣传队经历了近七年的业余演出生涯。

命运眷顾的宠幸儿

1977 年，国家决定恢复高考。这一突如其来的惊天好消息，一下子震动了刘正国。真的是上天关闭了你的一扇门，也必然会为你打开另一扇窗。当年，本可以招生去省艺校科班学习的大门被无情地关上了；而今七年过后，这另一扇门窗才迟迟打开，虽说是太晚了点！但刘正国还是毅然向着这扇门窗走去，他决意要通过这扇门窗，用那多年刻苦练就的笛声吹出自己人生的一片新天地。

最初，刘正国想报考的是上海音乐学院，但信讯的答复是：1977 年来不及，1978 年才招，欢迎他明年报考。考虑到自己的 26 岁年龄已经超过了报考放宽的年限，不能再等。于是，他决定就近报考安徽师范大学的艺术系。对此，他也充满了信心。果然，功夫不负有心人，机会都是为有准备的人而到来的。虽然在当年高考积压的十年人才中，安徽有近千之众的笛子考生，却只能录取 1 人。刘正国凭借着自幼练就的童子功，成功地过关斩将进入了复试。在最后的考场上，他大胆地吹奏了自己创作的笛曲《割麦插禾忙》（后改名《春耕忙》），还专门临时赶写了一个手风琴伴奏谱，这在当时全国笛子专业考生中是极为少见的，由此也征服了在场的主考老师。毫无悬念，刘正国最终被录取了。当拿到录取通知书的那一刹那，全家人都惊喜万分！他以十几年如一日的刻苦努力,终于千里挑一地挤进了那个时代的"天之骄子"行列,第一次成了真正被命运眷顾的宠幸儿。在告别巢湖航运局的临行那天,他无限感慨地捡起一块瓦片,在自己宿舍的土墙上欣然划壁题诗道:

> 十年又复入黄门,有志始知事竟成;
> 此去前程须奋力,只争朝夕夺秒分。

进入梦寐以求的大学校园,刘正国如鱼得水,真正是如饥似渴、争分夺秒地学习。他一方面跟着中国竹笛南派演奏家陆春龄大师在皖传人洪安宁先生主修竹笛专业,一方面还随洪波、朱予、朱家红等著名音乐前辈老师兼修作曲、和声等音乐技术理论课程。其间,他在洪波先生的关注和指导下,成功创作了合唱曲《大学生夏令营营歌》,于全省征歌活动中脱颖而出,成为历届大学生夏令营活动传唱的营歌。而最令人称许的是,除了音乐专业的学习,他还到中文系旁听了一年的《古代汉语》和《古代文学》课程,以弥补自己的先天不足。一时间在学校师生中传为佳话,也为其日后的古乐史研究和古文献的释读奠定了基石。

大学四年的学习期间,刘正国更加勤奋地练笛,同时还遍访名师、广交笛友,博采众长地提升自己的竹笛专业水平,终于登堂入室、自成一格。他的演奏技艺精湛、气韵生动而极富感染力,颇让大学生们为之痴迷,是艺术系最受欢迎的演出节目。约当大三期间,他得灵感于巢湖航运局的独特工作经历和体验,成功地创作了笛曲代表作《巢湖泛舟》。1981年5月,在安徽省文化局等单位举办"安徽省大学生之春文艺会演"中,他登台首奏了这首《巢湖泛舟》,一举夺得"笛子独奏优秀奖"和"乐曲创作优秀奖"两个奖项。此后,该曲的演奏1982年又由安徽人民广播电台进行了专门录制,并在华东六省一市的广播电台连年展播,深受听众的喜爱,至今仍在笛界广为传吹,成了40多年来流行不辍的一首笛子名曲。

1981年,临近毕业的刘正国以安师大艺术系的竹笛专业选手身份参加了"全国民族器乐独奏观摩比赛"的安徽省选拔赛,并顺利进入了最后的决赛。然而,由于各种复杂情境所致,在决赛中明显胜出的他,最终却痛失了参加全国比赛的资格。这或许正是冥冥中的天意,也为他后来不能从事竹笛的职业演奏生涯埋下了一个伏笔。

1982年1月,刘正国以优异的学业成绩本科毕业,成为新中国成立以来的首批学士学位获得者。他被学校择优跨口分配到安徽省歌舞团,但在接下来的报到安置中，却几经迂回、一波三折，终未能如分配之愿，被临时暂置到安徽省京剧团乐队工作。不久，又借调到安徽省艺术研究所，1985 年得以正式调入，有幸归于著名黄梅戏音乐家时白林先生的麾下，从事民族民间音乐调研整理和《中国戏曲音乐集成·安徽卷》的编辑工作。其间，他还参与了《中国曲艺音乐集成·安徽卷》《安徽文化史》（上、中、下）等多部重典的撰写，主持并创编了集成工作的《编辑通讯》共 6 期，意外得到了中国艺术研究院音乐研究所资料室的青睐。

1995 年 9 月，刘正国赴北京入读中国艺术研究院研究生部硕士课程进修班一年，结业后被聘音乐研究所的《中国音乐文物大系》总编辑部副主任，任《中国音乐文物大系》"河南卷""四川卷"执行编辑，并参与编辑了"北京卷""上海卷"等多部大典。同时，他还兼任《中国民族民间器乐曲集成》北京总编辑部（中国音协）的特约编辑一年。1997 年由京返皖，先后任省艺研所的研究部副主任、主任。

在安徽省艺术研究所工作的近 20 年间，除研究编撰工作外，刘正国仍对笛子的吹奏情有独钟，从未言弃。他先后创作并演奏了《花三七》《岭南春谣》《双声小放牛》和《独酌》等风格各异的笛曲，其中《独酌》被选为全国第四届民乐作品比赛的安徽入围作品。特别是他首创的中国竹笛"咔奏双声"新技法（《安徽日报》首版报道），能在一根竹笛上同时吹出双声复调乃至和弦，至今仍为海内独步。同时，他还编词作曲，创作了一批歌曲作品，其中独唱曲《泥人儿》《不分离》《月照台》，合唱曲《我和我的共和国》《党在我们的心中》等，先后荣获过华东六省一市及安徽省的歌曲创作比赛的多个奖项。

当代古龠的开拓者

在大学毕业后工作的很长一段时间里，刘正国一直对自己未能如愿从事职业演奏而耿耿于怀、颇有不甘。以他对竹笛演奏艺术的执着与开悟，及其已臻的境界，本可以驰骋笛坛而声名大噪。然而，冥冥中的命运似乎是另有了安排：一件比"笛"更重要的关乎中华礼乐文明源头之所在，甚而涉及人类音阶缘起的神秘吹管乐器，正等待着他去探赜、开拓，那就是——"龠"。

"龠"（籥）是一件被公认为失传久远了的上古乐器，郭沫若甚至认为汉代人就没见过"龠"，从而以皮相的形训，将甲骨之"龠"误释为编管乐器"排箫"的象形(《释龢言》),并被当代学界拿来用作了定论。而千百年来的历史文献载说则是"龢如笛""龢似笛",但这"如笛""似笛"的"龢"究竟又是怎样的一种单管乐器,却一直是个千古未解之谜。

20世纪的80年代中,一个惊天的考古大发现引起了举世的瞩目:河南舞阳贾湖村新石器遗址(距今7 800—9 000年)的考古发掘中赫然现身了一种不开吹孔的、形状很像笛的骨质乐管,音乐界的专家们几乎无一异议将其定名为"骨笛",正是这一称名,遂使中国音乐史一下子出现了五六千年的断层("笛"名晚起于汉)。几乎没人想到:贾湖出土的其实并不是"笛",它就是先秦文献中斑斑可考的如笛、似笛的"龢"!而揭开这一千古奥秘的,正是吹笛出身的刘正国。

1992年10月,刚刚在笛子演奏上探索出一种"喉音双声"吹法的刘正国,应邀赴北京参加"中国民管研究会十年庆典"活动,展演新编的笛曲《双声小放牛》。最后,在恭王府内举行的闭幕式上,他听到了时已82岁高龄的中国音乐界泰斗人物吕骥先生的一句醍醐灌顶之语:贾湖出土的"骨笛",其实就是"骨筹"——骨头做的"筹"!会下,刘正国径直找到吕骥先生,告诉他安徽的民间也有"筹"。吕老当即嘱咐他:你是搞管乐器的,回去应该好好研究一下你们安徽的"筹"!——正是带着吕骥先生的这句嘱托,也出于对"筹"乐器的好奇,刘正国回皖后,便开始了对安徽民间的"筹"乐器(古"南箫")的积极寻访和考察,由此也开启了他对贾湖"骨龢"的正名考证及古龢演奏艺术开发的艰辛而漫长的学术之路。

1995年5月,刘正国撰写了第一篇学术论文《笛乎 筹乎 龢乎——为贾湖遗址出土的骨质斜吹乐管考名》(以下简称《考名》),该文通过对出土文物、民间遗存和文字训诂三者结合的相互释证,多重证据地论定了贾湖遗址出土的距今八九千年的骨质斜吹单管乐器既非"笛",也非"筹",而就是正宗原形的"龢"。与此同时,他还手格其物,成功创制出了既保留古龢"斜吹"的特征又有科学设置音孔的"九孔龢"(国家专利)。带着《考名》文章和"九孔龢"乐管,刘正国满怀信心地北上叩门问学。却未曾想到,《考名》一文的学术观点直接涉及动摇当时的音乐学界依据郭沫若考证所作的"龢为编管乐器"的定论,引起了学界的不小震动,发表上遭遇了重重阻力。最后,幸得吕骥、赵沨等中国音协老前辈的支持与帮助,于1996年9月终于以封面标题的形式发表在权威期刊《音乐研究》第3期上,在学界产生了相当的影响。

455

加拿大著名华裔学者吴赣伯先生在我国台湾出版的《中国人与中国音乐》一书中，曾以彩页刊登"笛子演奏家刘正国"图片的文字介绍道："刘正国，多年考证，历尽艰辛，终于突破重重封锁，公开发表了论文《笛乎　篪乎　龠乎》，对郭沫若等许多权威人士的'龠为编管'说，提出自己的看法；并研制成开孔新颖、吹法古朴的九孔龠。"①

　　当代著名音乐学家、原中国音协书记处书记冯光钰先生在《音乐之本在于民》中则写道："就目前所知，刘正国教授开拓龠研究之先河。……得到了吕骥先生的支持。其后，刘正国的论文发表在《音乐研究》上，揭开了古龠的新时代。"②

　　《笛乎　篪乎　龠乎》一文于1998年在安徽省第四届社会科学"优秀成果奖"评奖中获得论文"三等奖"（学科组提名为"一等奖"）。

　　2001年7月，积累了近十年古龠理论考证和"斜吹"技法习练的刘正国，应中国科技大学技术考古系的邀约，为贾湖遗址第二批刚刚发掘中出土的三支"骨龠"实物进行测音采样的吹奏，前所未有地揭示了这几支已经掩埋了八九千年的古老乐管实际存在的音阶、音响奥秘，为当代音乐史及乐律学的研究提取了这一国宝级文物出土实器吹奏的极其珍贵的视频音像资料。

刘正国（右）为贾湖出土"骨龠"测音采样吹奏的现场（2001年）

---

①　吴赣伯：《中国人与中国音乐》，台湾观念文化事业有限公司2001年6月出版，彩版第7页。

②　冯光钰：《音乐之本在于民》，《音乐周报》2008年2月27日。

2003 年 9 月,刘正国作为人才引进调入了上海师范大学音乐学院任教。在上海这个"海纳百川"的大平台上,他坚守着一个学者的纯粹,无意于任何任职,多年的学术积累得到了前所未有的迸发。他首先将此次测音采样的实物吹奏音响数据进行了最翔实、最系统也最具权威性的解读,撰写成了《贾湖遗址二批出土的骨龠测音采样吹奏报告》一文,于 2006 年刊载于《音乐研究》第 3 期(封面标题、刊物首篇)。该文于 2008 年荣获了"上海市第九届哲学社会科学优秀成果奖"论文一等奖。

2015 年前后,刘正国又将他凝聚了二十多年心血的古龠开拓性研究成果,撰成了《中国古龠考论》40 多万字的书稿,成功获得了国家社科基金后期资助的出版(上海三联书店)。该著为中国音乐史上的第一部系统的论龠之著,书以一"龠"贯通了华夏九千年的音乐文明,对中国音乐文化的本土发轫乃至于人类音乐文明起源的探赜,都有着筚路蓝缕的学术意义。2016 年 11 月,在"上海市第十三届哲学社会科学优秀成果奖评奖"中,《中国古龠考论》荣获了著作一等奖;又于 2020 年 12 月,再度荣获了教育部"第八届高等学校人文社会科学研究优秀成果奖"著作二等奖。

刘正国《中国古龠考论》专著获奖证书(2016 年、2020 年)

在以贾湖"骨龠"正名的开拓性理论考证为坚确基础上,自 20 世纪 90 年代末开始,刘正国对贾湖出土"骨龠"进行了仿制复原试验。先用竹管作为替材来复制"骨龠",后又成功采集到鹤鹰类的"尺骨"标本进行了实材复制,使八九千年的贾湖"骨龠"的真实声响在当代得以重现于世。同时,他创制的国家专利乐器"九孔龠",对古龠的"斜吹"演奏艺术进行了创造性的开发,使失传弥久的古龠在当代又重登大雅之堂,被誉为"古龠重

辉　国中第一人"①。

　　新世纪伊始的 2001 年 2 月，蜚声中外的"香港中乐团"，特邀了刘正国担纲在香港大会堂举行的大型民族音乐会《回响八千年》的古龠独奏，是为中国古龠乐器在海外的首现。香港《大公报》载图文特别报道，香港 TVB 则跟踪拍摄了以古龠为主体的《在湮没的边缘》专题片，由"翡翠台"对海内外演播。

　　2001 年 5 月 30 日，《刘正国古龠演奏会》在合肥成功举办，这是古龠在国内的首场独奏音乐会。安徽省音乐家协会名誉主席时白林老先生主持导聆，音乐会取得了圆满成功，作为主持的时白林先生激动地说："古龠重辉来之不易啊！这是我们安徽的骄傲。我送刘正国一联，叫作：立下坚忍不拔志，成在一鸣惊人时。"北京的《人民音乐》、安徽的《新安晚报》《合肥晚报》及《安徽商报》等媒体都给予了各种形式的评价和报道。安徽人民广播电台制作了音乐专题节目《回响八千年——记刘正国和他创制的"九孔龠"》，安徽电视台的"国际部"则拍摄了专题片《一个失落的文化》，在省内外广泛地宣介。

2001 年 5 月，"刘正国古龠演奏会"在合肥成功举办（右二为刘正国）

---

①　王惠舟：《古龠重辉　国中第一人》，《无为文艺》2015 年第 2 期。

除此之外,刘正国还先后应邀在北京"国际艺苑'丝竹之夜'室内乐音乐会"、天津音乐学院"中国民族音乐会"、杭州"'99杭州国际尺八学术研讨会"以及国际音乐考古学学术研讨会的"中国古乐器专场讲座音乐会"等各种音乐舞台上担任古龠独奏,使古龠的"斜吹"演奏艺术逐渐地广为人知。

　　2009年间,刘正国在上海又成功地创制出了新颖的"七孔笛"(发明专利),前所未有地拓展了竹笛的表现力,实现了中国竹笛在音域上千百年来的重要突破。11月21日,在上海音乐学院贺绿汀音乐厅成功举办了"霜竹神韵——刘正国笛子作品暨刘氏'七孔笛'首奏音乐会"(文化部老部长周巍峙题字)。通过自编自创的八首笛曲的演奏,全方位地展示了刘氏"七孔笛"的独特魅力。著名音乐学家伍国栋先生听后赞称说:能将学术和艺术如此的融汇于一身,这在中国音乐学界是难得一见的"刘正国现象"①。

　　刘正国的古龠开拓性研究成果,深受国内外同行的关注和青睐。中国音乐学院、中央音乐学院、上海民乐团、上海音乐学院、天津音乐学院、澳门理工学院艺术高等学校,先后邀请刘正国作《古龠考证与中国管乐源流》、《钩沉一个失落的文化》《遗风余韵九千年》《中华音乐文明九千年——国宝文物贾湖"骨龠"的出土、仿制与音响解读》《贾湖骨龠与史前音乐文化》等古龠专题学术报告及古龠演示会,产生了广泛的学术影响。

　　《中国日报》(海外版)曾以全版面载文:*Professor blows new life into ancient flute* 并附刘正国吹龠的大幅照片②,首次向海外宣介这一中华八九千年的古管乐器文明;《安徽日报》载文称他"以其独到的考证揭开了'龠如笛'的千古之谜"③;香港《大公报》则称其"开当代古龠演奏艺术之先河"④;台湾《省交乐讯》载著名学者唐朴林教授的《古龠重辉》一文,赞称他"使断响千年以上的古龠重续香火、焕发青春"等⑤。

　　21世纪以来,刘正国还先后应邀出访了瑞士、斯洛文尼亚、克罗地亚、意大利、美国、韩国等国,举办"骨龠"相关的专题演讲和演奏活动,让世界知晓了"音乐文明九千年的中国"。

---

① 《双声绝妙　七孔神奇——刘正国〈霜竹神韵〉独奏音乐会暨刘氏"七孔笛"专题研讨会在沪举行》,《音乐与表演》2010年第1期。

② Professor blows new life into ancient flute, CHINA DAILY, 2004.4.26.

③ 《青年学者考证千年古龠》,《安徽日报》1998年4月24日头版。

④ 《中乐团办管乐演奏会——邀刘正国演奏古龠骨龠鹰骨笛》,香港《大公报》2001年2月19日。

⑤ 《古龠重辉》,中国台湾《省交乐讯》1999年5月,第18页。

上古乐史的垦荒人

贾湖遗址骨管乐器的出土，一下子将中国乃至世界的音乐史向前推进了数千年。而刘正国对贾湖"骨龠"的正名，更使得因"骨笛"一名而造成的五六千年断层的上古乐史得以豁然贯通。正是以此为重要的切入口，他继而将研究的学术视野扩展到整个上古乐史的领域。

中国的上古乐史（夏、商、周及至史前远古），历时最长而又最为荒渺难稽，比不得汉以后世的中古、近古之史乃有历代官修史书乐志可考。但刘正国知难而上，他认为这一时期的上古乐史虽为荒远，但仍然探之有踪、寻之有迹，这是中华文化源远流长而从未断流的独特优势之所在。他的探寻途径是以载在典籍的"有文之史"、稽之考古的"有形之史"以及求诸村野的"有言之史"这三者的相互印证、相互发明，使得邈远难稽而最为荒阙的中国上古乐史中诸多重要事象得以渐次的彰显。其所论广涉语言文字、文献训诂、神话图像乃至民族民俗等诸科领域，多所创获而远出于寻常的说解之上。

首先是以远古"音"的起源、汉字"乐"的本义而为之探赜。

2007年他撰写了《人类用火的文明与自然音律的发现》的论文提要，入选上海市社会科学界第五届学术年会的"东方学术文库"。在此基础上又于2011年间撰写了《论人类"音阶"意识的觉醒》一文（载《黄钟大吕：东亚乐律学会1—6届学术研讨会论文集》）。文章以相关的文献和乐律资料，论证了"音阶"（音律）并不是人类的创造，而是一种物理使然的声学现象。人类可以凭借着不同于其他生物的灵智，去感知和认识这种"音的高低有阶"规律的存在，却并不能创造它。而最初启迪着先民们混沌未开的听觉、昭示着音的"高低有阶"规律，乃至影响到人类"音阶"意识的完全觉醒，则非人们早期生活必备的重要器具——"炊火筒"（管泛音）莫属。

2011年间，又撰写有《"樂"之本义与祖灵（葫芦）崇拜》一文（载《交响》2011年第4期），文以文化人类学的视野，以及大量民族、民俗学材料的引证，探赜了"樂"字的"葫芦"象形构意与"祖灵崇拜"之关联。翔实地论证了，在中华文明的长河中，是有着以天然瓜果"葫芦"作为"祖灵"象征来祀奉的古俗。"葫芦崇拜"就是"祖灵崇拜"，这一古老而幽远的习俗，曾经是一个真实的存在，现仍有斑斑遗俗可考。以此对古今议论纷挐的"樂"字本义，作出了前所未有的全新解释。该文于 2012 年 10 月获上海市第十一届哲社优秀成果奖论文二等奖。

其次是以先秦文献中所见载的上古几大重要乐律事象为探赜。

2005 年撰成《伶伦作律"听凤凰之鸣"解谜——中国上古乐史疑案破析》为之一（载《音乐研究》第 2 期）。文以"疑案文本""疑案从无""疑案从有""析案取证"和"结案语"来筑题构意，运用神话学、图像学、考古学及文献学等多重材料的释证，论定了所谓"凤凰之鸣"即是对"琴声"拟神化的描述，从而拂去了千百年来笼罩在这一史料上的神话迷雾，合乎事理地揭示了"伶伦作律"是以"琴声"来校定"管律"的乐史真相。2007 年间，又以《"田连"考——嵇康〈琴赋〉中的上古琴家发隐》的续论（载《中国音乐学》第 2 期），更是补证了古文献中见载久远的远古琴家"田连"，正是为黄帝时乐官"伶伦"作律来调比音高而操琴的宫廷乐人，发隐了中国古琴史上最早的一个琴师，也更坐实了对伶伦作律"听凤凰之鸣"这一重要乐史疑案的合理破析。

至 2023 年间，他又撰写了《伶州鸠论"律"疑案解谜》（上、下）为上古乐史（乐律）疑案破析之二（分载于《音乐研究》第 1、5 期）。对《国语·周语》中见载的、古今纷纭错说的"州鸠伦律"之语进行了原创性的全新解释。文章以他常年所涉律吕之本"龠"的格物致知所得；摘古人之遗误、发前人所未逮。既辨"钟律"为"黄钟"之律管，"立均出度"是为"黄钟"律管的两大功用之所在；又考"中声"，继以"吹律"的课物以解，揭示了"伶州鸠"千百年来未被识破的身份之隐，解开了"纪之以三、平之以六、成于十二"的音律"天道"之谜，案结"州鸠论律"的千古真相。

此外，他还以上古的乐歌、乐舞及乐器为探赜，撰写有《〈弹歌〉本为"孝歌"考》一文（载《音乐研究》2004 年第 3 期），所涉为黄帝时的古谣《弹歌》研究，文章指摘了该古谣辞上一个承袭数百年的错讹（"逐害"误作"逐宾"）和对歌属作为"狩猎歌"的集体误识。又有《夏代音乐文化与江淮遗迹》一文（载《中国音乐学》2021 年第 3 期），以历史文献与人文遗迹的考察释证，对夏代的南音《候人歌》及"夏籥九成"之乐舞等研究，饶有先此他人所未及之新见。还有《释"籁"——暨论中国远古"籁"乐管的西传》一文，则是以古文献的解读和文字考释为论，对"籁"字的本义与庄子天、地、人"三籁"的考辨及中国"乃依"乐管的西传推论、"唢呐"器名的语源新解等多所阐说，犹发千古之覆。

这些原创性的成果，都是中国上古乐史的拓荒之作。以此为基础，刘正国为研究生开设了"中国上古乐史专题讲论"的创新课程,引领学生们穿越数千年历史,拨开一层层的迷雾,去感受他们本科所未及的中国上古乐史的传奇。课程的设置共分为十讲:"音"的起源、"乐"的本义两讲为起首;中间的五讲为上古的乐律、乐舞、乐歌、乐器、乐人;最后三讲是说夏乐、说商乐、说周乐。该课程的每一讲都有新颖的观点与崭新的视角,涉猎历史、地理、人文、艺术等众多领域。新颖而独到的原创性见解、大胆又环环相扣的推理论说,极大地提升了研究生们的想象力和思辨力。

早在 2006 年间,刘正国即以"中国上古乐史探论"的课题,申请获得了教育部人文社会科学研究的立项。结项后,又为之近十年的充实和修改。及至 2021 年间,《中国上古乐史探论》通过上海师大"中华典籍与国家文明"创新团队研究丛书的形式,由上海古籍出版社正式出版面世,是为当代古乐史研究的第一部断代性的专题论著。

琼楼还上最高层

虽然成果卓著,但刘正国至今却仍是一个不折不扣的"布衣教授"。荣誉面前他十分淡然:"我还有太多的研究要做,太多的论文要写,我只想让更多的人知晓我们中华民族九千年的音乐文明史,使其更加发扬光大。"

2013 年 1 月,刘正国被聘任为二级教授。2013 年 7 月正式办理了退休手续。2017 年,基于前期的积累,他不负厚望地很快就成功地竞标了国家社科基金的重大项目——"中国古管乐器文献、图像及文物资料集成与研究"。如今,作为国家重大项目的"首席专家",刘正国深知自己所肩负的重要使命。他化用古贤张载的名言作:"为管乐立命、为学术立真、为先圣继绝学、为万世探文明",以为自勉。

2021 年间,他以极具挑战性的跨学科研究,完成了作为国家重大项目所必须直面解决的重大学术难题,对郭沫若的《甲骨文字研究》中《释龠言》全篇进行条分缕析的评骘,撰写了三万余言的《郭沫若〈甲骨文字研究·释龠言〉析案》(载南艺学报《音乐与表演》)。该文于 2023 年 11 月又一次获得了"上海市第十六届哲学社会科学优秀成果奖"的论文二等奖。

古稀之年的刘正国携年轻的弟子于东波先后受邀参加中央电视台《中国考古大会》(2021 年 11 月 27 日)、东方卫视《何以中国》(2022 年 9 月 28

2021 年 11 月,刘正国在央视《中国考古大会》上讲解并演奏"骨龠"

日)等节目,向全国的观众讲解并演示了中国吹管乐器的鼻祖——贾湖"骨龠",让更多的人了解、聆听到了远古"骨龠"的真声,感受中华九千年的音乐文化与文明,扩大了占龠文化的受众,产生了相当的社会影响。

2023 年 9 月 28 日,作为南京市高端人才引进项目的"刘正国南京龠文化工作室",由刘正国主持,其弟子传承人于东波执行实施。在南京夫子庙的癸卯祭孔大典上,成功地引进了八九千年的"龠"文化,让失声千百年的文庙祭孔乐舞之"龠"首次在夫子庙的祭孔大典中重新复响起来,实现了明代律圣朱载堉四百多年前的夙愿。同时,刘正国还配合祭孔大典在夫子庙精心策划了"从'贾湖'到'文庙':一'龠'贯通九千年"的专题展陈,并对公众举办了"舞羽吹箫、稽古开新——论南京夫子庙癸卯祭孔乐舞之'龠'的复响"专题学术讲座,展示了古龠的"斜吹"艺术,让更多的人了解到一贯九千年的中华龠文化。

人道是:坚持一件事,很难;一辈子坚持一件事,更难;而一辈子能痴心不改地坚持一件事则难上加难。刘正国正是这样一位常年坚持做一件事,把一件事做到极致的教授。他对古龠学术和艺术上的开拓,及其所涉的上古乐史研究,历经艰辛而初心未改。早年他随性而真实、纯粹而坚定,力排众议"独上高楼",望尽古龠学术的天涯之路。30 多年来,他恪守清贫、苦心探索,"为伊消得人憔悴,衣带渐宽终不悔"。而今,年逾古稀的刘正国,似乎

463

依然拥有着孤勇之士般的坚贞与果敢，在"蓦然回首"之间，他仍壮心不已，一如既往地登高远望，就像他在《退休感赋》一诗中所吟咏的那样：

莫道晚来秋雨急，琼楼还上最高层。

"师道永恒　历久弥新"，刘正国教授勇于创新的严谨治学态度和秉性正直的为人之道，是学者精神，也是师大精神，更是一种无言的、薪火相传的力量。这种"师道永恒"的力量必将会不断传承下去，影响更多坚守学术、追求真理的人们。

（文诗华、宋蓉洁　撰文）

附一：刘正国简历年表

1951 年 11 月 10 日	出生于安徽无为县城。
1960 年 7 月—1965 年 7 月	入读安徽无为县杏花泉小学。
1965 年 7 月—1968 年 7 月	入读安徽无为第二初级中学。
1968 年 10 月—1970 年 12 月	安徽无为县东乡白茆洲六洲公社插队务农。
1971 年 1 月—1977 年 12 月	安徽巢湖航运局，仓库理货员。
1978 年 1 月—1981 年 12 月	安徽师范大学艺术系本科竹笛专业学习。
1982 年 1 月—1985 年 7 月	安徽省京剧团，乐队演奏员。
1985 年 8 月—1995 年 8 月	安徽艺术研究所《中国戏曲音乐集成·安徽卷》总编辑部编辑、分卷主编。
1992 年—1993 年	借调华南师范大学音乐系执教。
1995 年 9 月—1996 年 6 月	入读中国艺术研究院研究生部硕士学位课程进修班。
1996 年 7 月—1997 年 7 月	中国艺术研究院音乐研究所《中国音乐文物大系》总编辑部副主任。
1998 年 8 月—2003 年 8 月	安徽省艺术研究所研究部副主任、主任，一级演奏员。
2003 年 9 月—2013 年 6 月	上海师范大学音乐学院教授、硕士生导师，校研究院特聘研究员。
2013 年 1 月	聘任为二级教授。
2013 年 7 月	退休。

附二：刘正国主要论著、作品、专利及科研项目目录

（一）专著

《中国古龠考论》，上海三联书店 2015 年版。

《中国上古乐史探论》，上海古籍出版社 2021 年版。

（二）参编的国家重点集成志书大典

《中国戏曲志·安徽卷》"含弓戏音乐"撰稿人，中国 ISBN 中心 1993 年版。

《中国戏曲音乐集成》（安徽卷、江苏卷、河南卷）省卷总编辑部编辑，安徽分卷撰
  稿人，中国 ISBN 中心 1994 年起陆续出版。

《中国音乐文物大系》（河南卷、四川卷、北京卷、江苏上海卷、陕西天津卷、湖北
  卷）总编辑部副主任，执行编辑，大象出版社 1997 年起陆续出版。

《安徽文化史》（上、中、下）主要撰稿人，南京大学出版社 2000 年版。

《中国曲艺音乐集成·安徽卷》"含弓调"撰稿人，中国 ISBN 中心 2006 年版。

《中国民族民间器乐曲集成·安徽卷》"尹明山笛曲"记谱整理，中国 ISBN 中心
  2007 年版。

（三）论文

《笛乎　籥乎　龠乎——为贾湖遗址出土的骨质斜吹乐管考名》，《音乐研究》
  1996 年第 3 期。

《关于"筹"进入黄梅戏早期伴奏文场一段史实的考访实录》，《中国音乐学》1998
  年第 1 期。

《中国龠类乐器述略》，《人民音乐》2001 年第 10 期。

《〈弹歌〉本为"孝歌"考》，《音乐研究》2004 年第 3 期。

《黄梅戏早期特色伴奏乐器"筹"考》，《西安音乐学院学报·交响》2004 年第 4 期。

《伶伦作律"听凤凰之鸣"解谜——中国上古乐史疑案破析》，《音乐研究》2005
  年第 2 期。

《贾湖遗址二批出土的骨龠测音采样吹奏报告》,《音乐研究》2006 年第 3 期。

《"田连"考——嵇康〈琴赋〉中的上古乐人发隐》,《中国音乐学》2007 年第 2 期。

《"乐"之本义与祖灵（葫芦）崇拜》,《西安音乐学院学报·交响》2009 年第 4 期。

《论当代辞书史著对"龠"的错误定说》,《西安音乐学院学报·交响》2009 年第 4 期。

《关于"龠"的考证诸家异说析辨》,《音乐研究》2011 年第 1 期。

《中国贾湖"骨龠"的出土、仿制与舞台呈现》,《南京艺术学院学报·音乐与表演》2014 年第 4 期。

《论人类音阶意识的觉醒》,载陈应时、权五圣主编:《黄钟大吕》,文化艺术出版社 2015 年版。

《夏代音乐文化与江淮遗迹》,《中国音乐学》2021 年第 3 期。

《郭沫若〈甲骨文研究·释龢言〉析案》,《南京艺术学院学报·音乐与表演》2021 年第 2 期。

《伶州鸠论"律"疑案解谜》(上、下),《音乐研究》2023 年第 1、5 期。

（四）笛曲、歌曲作品

《巢湖泛舟》(笛曲,作曲、演奏),1980 年、1983 年先后由安徽人民广播电台录制,华东六省一市广播电台展播节目;收入《中国竹笛名曲荟萃》,上海音乐出版社 1994 年版。

《花三七》(笛曲,编曲、演奏),1983 年安徽人民广播电台录制;收入《笛子曲集·第五集》,上海音乐出版社 1993 年版。

《独酌》(笛曲,作曲、演奏),1986 年创作,1988 年演奏首录于安徽人民广播电台,"全国第六届音乐作品评奖"安徽入围作品。

《泥人儿》(独唱曲,编词、作曲),陈蕾演唱,1989 年获华东六省一市新潮民歌"春申歌台"SMIEC 杯电视大赛歌曲创作"二等奖"(总第 3 名)。

《月照台》(独唱曲,编词、作曲),1990 年获安徽省首届"华夏之声"歌曲新作大赛"二等奖"。

《我和我的共和国》(合唱曲,作曲),安徽电视台 1990 年"春节晚会"演播曲目。

《夏令营营歌》(歌曲,作曲),安徽省首届"大学生夏令营"营歌征选曲目,载《月亮走　我也走——安徽优秀歌曲集》,安徽文艺出版社 1991 年版。

《岭南春谣》(笛曲,作曲、演奏),1994 年 1 月演奏录制于安徽人民广播电台。

《双声小放牛》(笛曲,编曲、演奏),1994年1月演奏录制于安徽人民广播电台。

《党在我们的心中》(合唱曲,作词、作曲),1999年获"安徽省庆祝建党七十周年征歌"创作银奖。

《小桥·流水·人家》(笛曲,改编、演奏),首奏于《霜竹神韵——刘正国笛子作品暨"七孔笛"首奏音乐会》,2009年11月广东海燕电子音像出版社出版光碟。

《江南吟》(笛曲,改编、演奏),首奏于《霜竹神韵——刘正国笛子作品暨"七孔笛"首奏音乐会》,2009年11月广东海燕电子音像出版社出版光碟。

《皖乡恋歌》(笛曲,合作、演奏),2011年应邀为刘功祥笛子音乐会创作,2012年演奏于《皖中韵 故乡情——刘正国教授回乡音乐会》)。

《月照台》(古籥曲,作曲、演奏),2018年12月由"清晨录音棚"音响视频录制,网络演播。

《锦绣溪畔的思念》(古籥曲,作曲、演奏),2020年1月由"清晨录音棚"音响视频录制,网络演播。

(五)专利

九孔龠,实用新型专利,专利号:ZL95227204.0。
七孔笛,发明专利,专利号:ZL200710036280.1。
一种新型可变七孔笛,实用新型专利,专利号:ZL201220451914.1。

(六)科研项目

中国龠类乐器概论(书稿附光盘),上海市教委2004年度人文社会科学研究"重点项目",项目负责人。

中国古龠乐器研究与开发(文化科技),文化部2005年度部级科技项目,项目负责人。

中国上古乐史综论(专题论集),教育部人文社会科学研究2006年度规划项目,项目负责人。

中国古龠考论(专著),国家社科基金2010年度"后期资助"项目,上海三联书店2015年版。

中国古管乐器文献、图像及文物资料集成与研究(系列丛书),国家社科基金2017年度招标"重大项目",首席专家。

精于学术研究 乐于教书育人

——常微分方程与动力系统专家韩茂安传

韩茂安（1961——　），山东菏泽人。中国共产党党员。二级教授、博士生导师。1982 年 2 月本科毕业于山东科技大学（原山东矿业学院）数学系，1984 年 11 月和 1987 年 6 月分别在南京大学获得硕士和博士学位。1987 年 7 月至 1996 年 10 月在山东科技大学工作，1996 年 11 月至 2005 年 5 月在上海交通大学工作，2005 年 6 月至 2021 年 12 月在上海师范大学工作。曾任上海交通大学数学系首席教授、上海交通大学数学系常务副主任（主持工作）、上海交通大学数学学科博士后流动站站长、上海师范大学数理学院副院长、上海师范大学数学系主任、上海师范大学学位委员会副主席、上海师范大学数学研究所所长与动力系统中心主任。在上海师范大学工作期间，作为学术带头人成功申请数学一级学科博士点，作为项目负责人成功申请上海市数学高峰学科。曾获国家中青年突出贡献专家称号、入选教育部新世纪优秀人才支持计划和上海市优秀学科带头人支持计划、获宝钢优秀教师奖。曾作为第一完成人分别获得教育部科技进步一等奖、上海市自然科学二等奖、上海市自然科学三等奖、上海市教学成果二等奖。已连续 8 次主持国家自然科学基金项目，目前主持一项国家自然科学基金重点项目（2020—2024）。已培养博士和博士后 50 多人。发表 SCI 论文 400 多篇、教学研究论文 10 多篇，在国内外出版专著和教材 13 部，受邀翻译国外专著 1 部。十年来，每年都入选中国高被引学者榜单。作为主编分别于 2002 年、2011 年、2019 年在上海交通大学、上海师范大学和浙江师范大学创办三家国际数学杂志 *Communication on Pure and Applied Analysis*（CPAA）、*Journal of Applied Analysis and Computation*（JAAC）、*Journal of Nonlinear Modeling and Analysis*（JNMA）。

群师引路 奋楫学海

1961 年 12 月 18 日，韩茂安出生在山东菏泽县赵楼公社何楼村（现已改

468

韩茂安

名),父母都是普通农民。从6岁起,他在何楼村读小学和初中。那时农村学校的条件很差,没有食堂,没有电灯。冬天上课脚冷,有时老师会让全体同学起立一起跺两分钟脚,这样会使脚和全身暖一些。在何楼小学读书期间,一天分为三段学习:天不亮就到教室点起煤油灯自习,然后回家吃早饭,早饭后到学校上课,中午回家吃午饭,下午又到学校上课。那时家里都没有钟表,他就根据家中屋檐在阳光照射下的影子位置来判断是否快到上课时间了。他学习认真、自觉,学习成绩好,平时争做好人好事,经常得到老师的表扬,小学和初中一直担任班长。1976年9月,韩茂安考入赵楼公社中学,学习条件得到改善,教室里都安装了日光灯。但中学距离他家约有三公里远,他每天步行上学往返两次,中午还要回家吃饭。赵楼中学属于农村中学,是面向全公社(即现在的乡镇)招生的。他刚到高中读书时就意识到自己的差距,学习上遇到困难时就主动请教学习成绩好的同学。教师中有公职的也有非公职的,有几位教师是菏泽市区高中"下放"到赵楼中学的,后来这些老师纷纷调回了市区中学,导致赵楼中学取消了高中生招生。

他刚读完高一就迎来了"文化大革命"后的第一次高考,考试时间是1977年冬季。在学校的安排下他有幸参加了这次的全国高考。他所在中学参加高考的应届毕业生有两个班,每个班有60多人,又从刚读完高一的两个班中挑选了6位同学一起参加那一次的高考。由于高二的课程还没有开始学习,老师特别为这6位同学安排了主要课程的辅导和补课。其实,在1977年9月才知道教育部决定恢复高考,复习和补课只有三个月的时间。由于韩茂安平时勤于学习,并独立完成作业,他的努力、坚持和付出取得了收获,那次高考中他所在中学参加高考的120多位考生中只有他一人考取了大学。他发自内心地感谢所有帮助过他的老师和同学。

录取他的大学是山东矿业学院,位于山东泰安市,后整体搬迁至青岛,并改名为山东科技大学。录取专业是数学,他原先报考的三个志愿中并没有这所大学。1978年春,他心怀憧憬地跨入了山东矿业学院的大门。入学后他得知所在的班级是数学师资班,命名为数学77班,这个班是为煤炭系统的大专院校培养数学教师的。数学 77 班的同学共 33 位,年龄最小者 16 岁,最大者 32 岁,他是最小的 3 位同学之一。大学第一年他感到了前所未有的压力,因为只读了一年多的高中,比起其他同学有明显的差距。年长的同学特别珍惜这次深造机会,白天在教室上课,晚上在教室自习。学长给他树立了学习的榜样,使得他在玩心初动的时候仍然努力学习。在任课老师和班主任无微不至地关怀和精心培养教育及同学们的帮助下,他进步很快。

《数学分析》是大学数学专业最重要的也是学时最长的一门课,主讲该课的张孝令老师用两年的时间来教这门课。他讲课声音洪亮,幽默风趣,条理清楚,重点突出,起伏得当,极有感染力。那时候,他们的《数学分析》教材是山东大学郭大均教授编写的油印稿,由于那时在书店里根本见不到大学教材,在图书馆可以借到微积分书籍和习题集。张孝令老师召集几位同学,分头解答一本习题集中的习题,计划出版一本习题解答。韩茂安积极响应,并很认真地完成了相当多的微积分习题。虽然后来发现这本书的习题解答已经出版了,他们只好放弃了出版计划,但这件事情对他帮助很大,使他在做题的过程中不知不觉地提高了自学能力,也逐步养成了思考的习惯。

另一门重要课程是《高等代数》,主讲该课的是袁云耀老师,所用教材是北京大学数学系编写的。袁老师讲课的特点是深入浅出,化难为易,注重思路分析,把这门较为抽象的课程用自己的体会讲出来。袁老师还邀请中国科学院的吴方研究员和赖炎连研究员给数学 77 班上《线性规划》的课,还召集几位同学组织了课题兴趣小组,学习和研读有关论文,其中多位同学后来都在吴方老师指导下攻读硕士、博士学位。

在大学里第一个指导韩茂安进行课题研究的是周毓荣老师。周老师经历坎坷,在中山大学毕业后曾在中学工作多年,后调入山东矿业学院工作。周老师给数学 77 班开过一门有关微分方程稳定性的选修课,结合自己的学术研究体会,不但讲经典理论,还介绍最新研究进展。他在张老师的建议下专门指导韩茂安的学习,并找到几篇在美国杂志上新发表的论文给韩茂安去读。韩茂安认真看论文,不明白就向周老师请教,并在完全理解之后做了一点推广工作,得到了周老师的热情鼓励和指导,就这样韩茂安在大学期间就完成了第一篇学术论文,该文于 1984 年在南京大学学报发表。

张孝令老师和袁云耀老师为数学 77 班的培养不辞辛苦、呕心沥血,他们后来都曾担任山东矿业学院的副校长。上过数学 77 班课程的老师还有李开隆、樊超、李良应、王福达、韩挺武、贾作皆、朱佐民、吴全胜等老师,还有来自复旦大学的李贤平等老师,他们都给数学 77 班的同学留下了十分深刻的印象。

那时从小学到中学,课堂教学模式基本上是满堂灌,课程的学习主要是被动接受,而大学阶段有更多的时间是用于自主学习。

大学期间韩茂安经常想的一个问题是如何提高学习效率,有没有好的学习方法。他感觉自己的记忆力不好,就经常抄书、做笔记,有时还会把整本书的主要章节都抄下来,写了好几本的读书笔记。当时的课程主要安排在上午,从周一到周六上午是排满了课,而下午很少有课,晚上根本不排课。因此,下午和晚上就是自习和做作业的时间。老师们也经常到教室来答疑。这种较为宽松的课程安排使韩茂安养成了自学的习惯,从而为他后来的学术研究奠定了良好的基础。

在读大学三年级时,班主任张孝令老师鼓励同学们报考研究生,周毓荣老师建议韩茂安报考南京大学叶彦谦教授的研究生。叶彦谦先生是我国德高望重的著名数学家,他在 20 世纪 60 年代率领一批中国数学家开创了二次系统极限环的研究,要考取他的研究生难度很大。为了考出好成绩,韩茂安1981 年春节没有回家过年,留在学校复习。春节那天他独自一人在教室学习,当周围鞭炮响声四起时,他含泪在黑板上写下了"我想回家"几个大字。1981 年的春天,他参加了研究生考试,功夫不负有心人,就在本科毕业前夕,他收到了南京大学的录取通知书。韩茂安写信给南京大学的叶彦谦先生,请教他需要做何准备。叶先生给他寄来了由美国著名数学家 Shui-Nee Chow 和 Jack K. Hale 合著的 *Methods of Bifurcation Theory*(当时尚未出版)的中文译稿的油印稿,让他先看一看,因为这本名著的作者之一 Jack K. Hale 教授要在 1982 年的秋天受邀到南京大学讲学,专门讲分支理论这门新兴学科。

1982 年 3 月,韩茂安离开山东矿业学院奔赴南京大学就读硕士研究生。他的研究生同学大部分都来自名校,这令韩茂安感到了巨大的压力,一方面面临学习的压力,一些没有学过的大学课程要通过自学补上,新开设的研究生课程的学习进度比大学本科更快;另一方面还面临学说普通话和生活习惯上的压力。韩茂安后来也回忆说,研究生学习阶段不单纯是课程学习了,而是学习和研究并重了,因此需要养成主动学习和善于思考的习惯,这是研究生应该具备的基本素质,是非常重要的,当然也是需要时间磨炼来逐渐形成的。

韩茂安的硕士研究生导师有两位，叶彦谦先生和何崇佑先生，叶先生主讲的研究生课程是"常微分方程定性理论"和"极限环论"，前者的教材是美国著名教授 Jack K. Hale 所著的微分方程的中译本，后者的教材是叶先生组织国内八位知名教授联合撰写的专著。这两本书都相当难读，很多内容需要反复读几遍才能领会。何崇佑先生主讲的研究生课程是"常微分方程稳定性理论"和"概周期微分方程"，概周期解理论在当时是很新的一个研究方向，不容易学习。除了这些课程，他们还学习了罗定军教授主讲的"动力系统"课程，参加了美国著名教授 Jack K. Hale 在南京大学的讲习班。这些课程都是下一步进入课题研究的基础。

硕士研究生学制为三年，前一半时间是课程学习，后一半时间是课题研究，并要完成硕士学位论文。在正式进入课题研究之前，先要了解最新研究进展，学习最新发表的有关论文。在 1983 年研二下学期，导师叶彦谦教授组织讨论班，安排韩茂安和他的同学朱德明、曹玉林等轮流报告当时刚刚发表的有关极限环存在性和唯一性以及分支理论等方面的论文，讨论班学习的重点是了解和掌握平面多项式系统的极限环问题研究方法和进展，这个问题起源于著名的希尔伯特第 16 问题的第二部分，是关于平面多项式系统的极限环的个数与分布问题，100 多年来这一问题迄今没有完全解决，但国内外很多数学家围绕这一问题开展了许多研究。叶彦谦先生是中国开展极限环研究的先驱和领导人，早在 20 世纪 60 年代就独自出版了专著《极限环论》。

为了更多地了解有关极限环问题的研究前沿，更好地学习极限环的研究方法，韩茂安经常在数学系资料室查阅文献，并对一些文献深入钻研，将这些文献的主要结果和方法认真领会和总结，写出了厚厚的读书笔记。通过学习文献，发现一些有价值的研究课题，并开展研究获得新结果。他完成的硕士学位毕业论文主要研究 Lienard 系统有界性与极限环的存在性，以及二次系统极限环的唯一性问题，这些结果整理成 5 篇论文在 1984 年和 1985 年分别发表在《南京大学学报》和《数学年刊》。

1984 年 11 月韩茂安从南京大学硕士毕业，回到了母校山东矿业学院工作。1985 年 3 月，他再次到南京大学在职攻读博士学位。在两年多的时间里，他查阅了一大批文献，在二次系统和曲面动力系统等方向开展了一系列研究，并完成了博士毕业论文，全文用英语书写，部分内容整理成 4 篇论文以独立作者在 1988 年分别在《数学学报》（英文版）和《数学年刊》（英文版）发表。

读博期间，韩茂安经常与导师到昆明、福州、西安等地参加学术会议，并做学术交流。每次参加会议，他都受到鼓舞，激发了学习数学的热情。1987年6月，他提前半年获得博士学位。在他与同学朱德明通过博士学位论文答辩之后，叶先生邀请他们到家里吃饭，并谆谆教导他们在毕业之后好好工作，与单位领导和同事和谐相处，学术研究更是要坚持不懈。导师的话他们都铭记在心，并以实际行动感恩导师的培养和教诲。

韩茂安在博士毕业后一直与导师叶彦谦先生保持密切联系，直到叶先生 2007 年去世。后来，韩茂安经常和自己的学生谈起叶先生，说先生一生淡泊名利、与世无争，但在教书育人和学术研究方面却又一丝不苟、精益求精。韩茂安在教学生涯中兢兢业业也是因为深受导师叶先生的影响。

1987 年 5 月，韩茂安（左）博士毕业答辩结束后与导师叶彦谦教授合影

有众多良师引路，韩茂安一口气读完本科、硕士、博士，成为恢复高考后我国自己培养的首批本科生、硕士生、博士生，这在同龄人中也是极少见的。

潜心学术　成果累累

　　1987 年 6 月，韩茂安博士毕业后回到阔别多年的母校山东矿业学院任教，成为了一名光荣的人民教师。山东矿业学院是工科类院校，隶属于当时的煤炭工业部，但并不是部里的重点大学。他是"文化大革命"后学校的第一个博士，参加工作第一年学校就在校内分配给了一套二室一厅的住房，上下班十分方便。在专业上，周毓荣老师积极鼓励他参与研究生助教班的课程教学和论文指导，这使他有机会把读研究生时学过的基础课"拓扑学"和专业课"极限环论"等主讲一遍。此外，他还给本科生主讲了"数学分析"和"常微分方程"。当时教授这些课他感觉还是蛮吃力的，但这个教学过程使他受益匪浅。通过边教边学发现了一系列以前未曾想到的研究课题，继而获得了一些新结果，并撰写成一系列论文发表。

　　1988 年，张孝令等多位老师鼓励他破格申报副教授，并很快获得通过。接着，他于 1989 年春成功申请了国家自然科学青年基金项目"动力系统的周期轨线、不变集和极限集"。1992 年，韩茂安破格申报教授成功，当时他仅有 31 岁，成为了山东省最年轻的教授。同年，他获得国务院政府特殊津贴。1993 年，他又成功申请了国家自然科学基金（面上项目）"对称分支、对称破缺问题及周期扰动系统的研究"。1994 年被国家人事部授予国家中青年有突出贡献专家称号，1995 年被评为山东省专业技术拔尖人才，1996 年被评为山东省优秀知识分子标兵，并在国家级人才计划中被评为煤炭系统专业技术拔尖人才，1996 年作为正式成员参加国家自然科学基金重点项目"常微分方程分支理论与多项式系统定性理论"。

　　韩茂安认为，做科学研究，了解最新研究进展是非常重要的，这需要查阅最新发表的学术论文和专著，更需要经常性的参加学术会议或邀请同行专家莅临讲学指导，与同行专家面对面交流。1989 年，他申请国家公派出国进修，作为国家公派的高级访问学者，赴英国 Warwick 大学访问半年。在英国访学期间，韩茂安前往剑桥大学和威尔士大学做学术交流，特别拜访了在威尔士大学任职的著名数学家 N.G. Lloyd 教授。他还多次受邀参加国内和国外重要学术会议，进行学术交流，1994 年 7 月受国际数学联合会资助赴瑞士参加国际数学家大会，1995 年受邀参加美国亚特兰大举行的微分方程与动力系统国际会议。

在山东矿业学院工作期间,韩茂安先后从事微分方程定性理论和分支理论的研究,从极限环的存在性唯一性等的定性研究转向含参数系统极限环的个数的分支方法研究。同时,从二维系统极限环的研究转向高维系统周期解和不变流形的研究。9 年间发表论文近 50 篇,1994 年出版专著《微分方程分支理论》。

在专著《微分方程分支理论》写作过程中,韩茂安还发现了一系列新的研究课题,促成了更深一步的学术研究,他对平面系统同宿环、异宿环的扰动分支有独特的研究工作。在 1992 年他与罗定军教授和朱德明教授合作在数学学报(中文版)发表了三篇论文,分别研究了平面一般系统的同宿环、对称的双同宿环和对称的两点异宿环经扰动产生极限环的唯一性问题,作为对 Bogdanov-Takens 余维二分支问题的应用得到了涉及同宿环分支中极限环的唯一性,从而弥补了国外文献中证明的不足。关于一般的同宿环产生多个极限环的问题,法国数学家 Roussarie 在 1986 年发表了一篇有重要价值的论文,韩茂安反复研读了这篇论文,发现其中主要结果的证明有一步出现错误,他经过几个月的奋战找到了一个正确的证明,并把Roussarie 的结果推广到对称的双同宿环和对称的两点异宿环,论文完成后投寄到《中国科学》(数学版),结果论文未经过评审就直接退回。他心有不甘,就把论文直接寄给《中国科学》(数学版)的时任主编吴文俊院士,并附信希望吴院士安排送审,这得到了吴院士的支持,并顺利通过了评审,于1993 年正式发表。

1996 年 10 月,韩茂安赴上海交通大学应用数学系工作。回忆起当时的调任,韩茂安感慨万千,表示自己在母校工作了九年半时间,母校老师对他的教育和培养令他终生难忘。

1997 年 6 月,他受张芷芬先生的邀请到北京大学数学系讲学,在张先生的主持下面向数学系老师汇报了他在微分方程同宿分支和不变环面方面的研究成果,并在张先生的指导下研究共同感兴趣的异宿分支问题,合作成果于 1999 年在国际权威杂志 *Journal of Differential Equations* 发表。

1998 年 9 月至 1999 年 8 月,韩茂安作为国家公派的高级访问学者赴美国 Georgia Institute of Technology 访问进修,访问期间得到了著名数学家 Jack K. Hale 教授的资助。

2002 年，韩茂安（左二）与同行在加拿大学术报告后合影

2002 年，韩茂安受邀请赴加拿大西安德烈大学参加微分方程国际会议，会议的组织者是安德烈大学应用数学系的郁培教授。与郁教授交流得知他是上海人，本科就毕业于上海交通大学。虽然这是二人的初次相遇，但他国遇同乡的感觉和共同的研究兴趣使他们开启了长达 20 多年的密切合作。此后的 20 年间，韩茂安几乎每年都邀请郁培教授到上海访问讲学开展合作，联合发表论文 20 多篇。同时，韩茂安和他的研究生也到加拿大访问郁培教授 10 多人次。

在交大工作期间，韩茂安充分利用学校的优质条件，潜心研究，硕果累累。他对近哈密顿系统的分支理论开展了一系列的创新研究，特别是在 Hopf 分支与同宿异宿分支方面建立了一系列的新理论与新方法，在国际范围内形成了鲜明的研究特色。8 年多他发表了论文 70 余篇，出版了两本专著。1997 年获教育部科技进步三等奖，1998 年入选上海市曙光学者，2002 年作为第一完成人获得教育部科技进步奖一等奖，2004 年度入选教育部新世纪优秀人才培养计划。

476

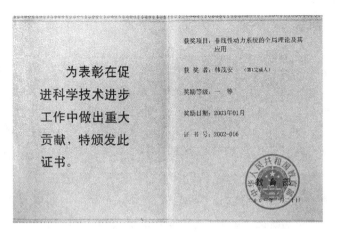

获奖项目：非线性动力系统的全局理论及其应用

获 奖 者：韩茂安 （第1完成人）

奖励等级：一 等

奖励日期：2003年01月

证 书 号：2002-016

为表彰在促进科学技术进步工作中做出重大贡献，特颁发此证书。

2002 年，韩茂安获得教育部科技成果一等奖（第一完成人）

2005 年，时任上海师范大学数理信息学院（后更名为数理学院）院长的张寄洲教授邀请韩茂安教授讲学。韩茂安受到热情接待，并见到了郭本瑜教授以及院党委书记徐生涵，他们一起劝说韩茂安加盟上海师范大学。6月，韩茂安正式调进了上海师范大学数理学院工作。上海师范大学专门成立了数学研究所和动力系统中心，并任命他为研究所所长和中心主任。他入职上海师范大学后，仍然一如既往地奋战在科研与教学第一线。

在 2006 年，韩茂安入选上海市优秀学科带头人支持计划，并作为第一完成人获得上海市自然科学二等奖。

2009 年受四川大学张伟年教授邀请到成都两次，每次半个月，与张伟年教授及其团队开展学术交流。第二次去成都时，韩茂安从浦东机场乘机，在拿到登机牌通过安检后到候机室等待。当时韩茂安一边等候登机，一边仍然思考有关非光滑系统的分支问题。突然灵感一闪，他连忙拿出笔记本和水笔演算起来，不知不觉中竟然半个小时过去了。等他发现时候机室早已空无一人，登机通道也闭门上锁。无奈之下，他只好重新购票改乘下一航班。这次误机却成就了一篇高质量的论文，作为他与张伟年教授合作的论文，于 2010 年在国际权威杂志 *Journal of Differential Equations* 发表，在同行中收获了相当高的引用次数。

类似事情时会有发生，2017 年的一个春天，韩茂安像往常一样坐班车从徐汇校区前往奉贤校区上课。由于路程远，韩茂安习惯性地闭上眼开始思

精于学术研究 乐于教书育人——常微分方程与动力系统专家韩茂安传

考一个数学问题。灵感又突然闪现，他突然想到了一个非常精妙的证明方法。然而身边无白纸，他就以餐巾纸当草稿，一边细细推算一边在餐巾纸上写下证明过程。该文整理出来投稿后，很快发表于 *Journal of Differential Equations*。韩茂安就是这样一个沉浸于探索，时刻思考数学问题的学者。

2010 年 7 月，在斯洛文尼亚召开的国际会议上，他受邀做了 50 分钟的大会特邀报告，当地报纸刊登了三位会议专家的照片，他是其中之一。

2010 年，他成为上海师范大学第一批二级教授之一。近 40 年来韩茂安一直从事常微分方程与动力系统的研究，主要研究领域是微分方程定性理论、动力系统分支理论、常微分方程与时滞微分方程的周期解及奇摄动系统几何方法。在周期解的 Hopf 分支、Poincare 分支，同宿异宿分支及亚调和解和不变流形的分支及奇异摄动系统和时滞微分方程的周期解分支和不变环面分支等方面进行了系统研究，解决了三维余维 2 分支中不变环面存在唯一及异宿环分支唯一极限环的遗留问题，证明了高阶尖点的开折系统关于极限环最大个数的猜想，发展了研究周期解个数的平均法和 Hopf 分支理论，丰富了研究极限环个数的 Melnikov 函数方法，建立了分段光滑系统的分支理论，在两点异宿环、同宿环与双同宿环的稳定性、意外极限环的存在性，以及利用 Melnikov 函数的渐近展开式研究极限环的个数等方面创立了有鲜明特色的理论和方法。

乐于学术研究，精于学术研究，韩茂安自 1989 年起，作为负责人主持完成了 9 项国家自然科学基金项目，主持在研一项国家自然科学基金重点项目，目前已发表学术论文 400 多篇，出版著作 13 部。

学科建设　大胆改革

从 2000 年开始，上海交通大学对教授定级加薪，经过竞选，韩茂安成为上海交通大学第一位数学首席教授。2000 年年底，韩茂安开始担任上海交通大学数学系常务副主任并主持工作，校领导对这一届班子寄予厚望。经过思考，韩茂安意识到，学科建设的关键在于人才队伍的建设。于是，他在 2001 年大胆改革，先是主动邀请国内外知名学者来讲学，积极开展学术交流。后来，又制定激励政策，催生科研成果。这一年有一批优秀教授引进到交大数学系。此外，还聘请了著名数学家周修义教授、陈关荣教授、李佳教授、V. Romanovsky 教授等一批海外特聘教授或客座教授。此外,韩茂安接待了陈省身院士、吴文俊院士、叶彦谦教授,2004 年与朱德明联合在华东师范大学和上海交通大学举办了全国微分方程定性理论会议。

通过引进和培养,学科实力大增。2003 年,在对 2002 年 SCI 论文收录情况的全国统计中,上海交大数学系名列第三位。韩茂安所在的微分方程方向也不断壮大,相继有三位教授被教育部列入新世纪优秀人才计划(韩茂安、肖冬梅、张祥),肖冬梅教授又申请到国家杰出青年基金(还曾任中国数学会副理事长)。韩茂安牵头并与朱德明、肖冬梅、张祥和李文侠教授联合,获得了 2002 年度教育部科技进步奖一等奖,这为上海交大在 2004 年申请数学一级博士点奠定了重要基础。

2002 年,在校领导的支持下,韩茂安与美籍华人胡守川教授联合创办国际数学期刊 *Communication on Pure and Applied Analysis*,共同担任杂志的主编。杂志编辑部设在主办单位上海交通大学数学系。2009 年,该期刊正式被 SCI 收录。

韩茂安在数学系实施的改革措施初见成效后,又于 2002 年暑假带领几位骨干教师到清华大学数学系调研取经,并提出按照学科方向来划分教研室的建议。

2005 年 6 月,韩茂安正式调进了上海师范大学。2006 年,韩茂安被推选为数理信息学院副院长。2006 年,韩茂安入选上海市学科优秀带头人支持计划,并作为第一完成人获得上海市自然科学奖二等奖。在韩茂安和时任院长张寄洲的共同努力下,于 2007 年成功为上海师范大学数学系申请了数学一级学科博士后流动站。2010 年,作为领衔人韩茂安又成功申请了数学一级学科博士点。2012 年,他作为学科带头人,成功申请了上海市数学一流学科。2015 年,作为项目负责人,又成功申请了上海市数学高峰学科,为上海师范大学数理学院争取到了丰厚的科研经费资源。

韩茂安发现学校有一些良好的激励政策,例如,国家级基金项目主持人可以入驻学校的研究院,享受特别待遇,校领导也很重视国际交流,并鼓励聘请兼职教授和协议教授。韩茂安充分利用这些资源,积极开展国内外合作与交流,每年邀请一批国内外优秀专家来访讲学,聘请了多位海外知名教授担任校级特聘教授和协议教授,他们直接参与研究生的指导,还邀请研究生到国外学习。这些合作与交流,成果丰富,效果明显,真正使双方的合作者、研究生、学校等多方都受益。

2011 年 5 月，他和浙江师大的李继彬教授，以及广州大学校长庾建设教授联合在上海师范大学举办了第一届动力系统最新进展国际会议。该会议由他们三人共同发起联合举办，每年组织一次，由各地高校轮流承办，之后成为国内常微分方程领域极具影响力的系列会议之一，为国内外专家学者互相交流提供一个良好的平台。

为了提升上海师范大学数学学科的国际影响力，韩茂安在学校领导的大力支持下，与美国华人教授吕欣博士于 2011 年联合创办了国际数学杂志 *Journal of Applied Analysis and Computation*，该期刊由韩茂安教授担任主编。三年之后期刊被 SCI 正式录取。对于这本期刊，韩茂安倾注了很多心血。由于学校资助有限，他便每年用自己的经费支持杂志建设，时间长达 9 年。

韩茂安在数理学院担任了两届副院长，负责学科和科研管理工作。他向学院提议，建立健全规范化管理制度，并促成了一系列制度的出台，在人才引进、项目申报、经费使用、研究生评优、课程建设等方面形成了公开化的规范措施。此外，他还在职称评审、干部聘任、财务公开、学科布局、绩效奖励等方面提出一系列建设性建议。他始终认为作为一名领导干部应当真正起到模范作用，制定好的政策、搭建好的平台，真心实意地关心、爱护、支持广大教师。一个学院或一个学科是否能够快速发展关键是选拔优秀的责任人，群众需要的是有眼光、有魄力、有能力、有度量、有诚信的领导者。

授业解惑 遍泽桃李

从 1987 年至 2021 年，韩茂安在教师岗位上已经辛勤耕耘了三十多个春秋。他视教书育人为最重要的本职工作，对授课从来不敢马虎，每次授课总要认真备课，总要认真写讲稿。他上过十多门不同的课程，"数学分析"已上过十多遍，每上一遍都会写出一本厚厚的讲义，每上一遍都有新的收获和理解。

他对待教学一丝不苟，主动实践"问题驱动、自学为主"的翻转课堂教学模式，踏实、严谨的教学使他能够发现国内本科生和研究生教材存在的缺陷，并发表了 10 多篇有价值的教学论文，纠正了教材中的漏洞。他与顾圣士教授合作出版了研究生教材《非线性系统理论与方法》（科学出版社

2001 年版),独立出版了专著《动力系统的周期解与分支理论》(科学出版社 2002 年版)。

在平时的教学中,他对学生严格要求,经常主动询问学生学习情况,调整教学进度。他认为考试不是目的,仅是手段而已,学习的过程才是最重要的。为了提高教学质量,他创建了"数学聊栈"微信公众号,录制了多门课的知识点慕课视频与各章各节的重点难点讲解,便于学生随时视听。他先后主持和完成上海市常微分方程课程重点课程项目、优质课程项目和慕课建设项目。2008 年,他获得了上海市育才奖和上海师范大学教学名师称号。2017 年,他将多年的教学积累进行梳理总结,作为第一完成人成功申报了上海市教学成果二等奖。2018 年他在科学出版社独立出版了两本用于本科生学习指导的《数学分析基本问题与注释》和《常微分方程基本问题与注释》,以及一本已被国内近 10 所大学选用作为研究生教材的《数学研究与论文写作指导》。2023 年,他出版了具有显著特色的研究生教材《常微分方程定性理论基础》。他的这些高质量教材、教学论文和教学成果,也为 2019 年学校成功获批国家级的一流本科课程常微分方程和一流本科专业数学与应用数学奠定了基础。

2018 年,韩茂安(右五)带领研究生参加学术会议

作为大学教师,韩茂安认为其首要任务是乐于教书育人、精于教书育人,其次是乐于学术研究、精于学术研究,两者相辅相成。只有坚持教书带

学生,才能保持学术研究的活力;只有做好学术研究,才能更好地指导学生。他始终坚持给本科生授课,始终坚持每届带多名硕士研究生和博士研究生。在上海交通大学和上海师范大学工作期间,韩茂安共培养了近 50 名硕士生,37 名博士生,15 名博士后。这些学生遍布东北、西北、西南等近 20 个省市的高校中,如今 22 名博士研究生已成为教授,12 名成为博导,15 名成为了副教授。除了担任教师之外,他们有的还在国外大学获得了稳定的工作,有的更是在国内重点大学担任校长、院长之职。他对研究生的培养可谓是呕心沥血,同时也不忘积极扶持这些学生毕业后的成长。

做韩茂安的学生,很不轻松。他要求每个学生每周做一次书面汇报,写得不好会挨批评,学生们有点怕他。放假了,学生们想出去玩,可以放松一下了,可如果你手头工作还没完成好,他会说,"暑假里抓紧做,不要因为玩而耽搁!"做韩茂安的学生,又很幸运,你不会担心拉下,毕业不了。因为他会时时关心你,教你怎么找材料,找课题。论文发表遇困难时,他会帮你一起出主意。找工作不顺时,他也会关心与帮助。韩茂安带的学生,没有一个是延期毕业的。如今,学生们虽然早已毕业,但是仍经常与导师交流联系。在他 60 岁生辰时,学生们还从各地赶来为他祝寿。

在从教的近 40 年中,韩茂安一直奋斗在教学科研和行政管理的第一线。他始终坚持潜心教书育人,立德树人,用爱启迪心灵、用心关爱学生。他积极投身科学研究,潜心治学,勇于探索,积极推动学科发展。他为人低调、淡泊名利,不计回报、甘于奉献,为学校、学院发展作出了杰出贡献。

(盛丽鹃　撰文)

附一：韩茂安简历年表

1961 年 12 月	出生于山东菏泽县赵楼公社何楼村。
1967 年 9 月—1976 年 8 月	何楼村读小学和初中。
1976 年 9 月—1978 年 2 月	赵楼公社中学读书。
1978 年 3 月—1982 年 2 月	山东矿业大学(后改名为山东科技大学)数学师资班,高考恢复后第一批大学生。

482

1982 年 3 月—1984 年 11 月	南京大学数学系攻读硕士学位。
1985 年 3 月—1987 年 6 月	南京大学数学系在职攻读博士学位。
1984 年 11 月—1988 年 6 月	山东科技大学工作。
1989 年 3 月	成功申请了国家自然科学青年基金项目。
1989 年 12 月—1990 年 5 月	申请国家公派出国进修,赴英国 Warwick 大学访问。其间,还前往剑桥大学和威尔士大学做学术交流。
1992 年 8 月—1996 年 10 月	山东科技大学教授。
1992 年	获山东省科技进步三等奖,同年获国务院政府特殊津贴。
1994 年	国家人事部授予国家中青年有突出贡献专家称号,同年再次获山东省科技进步三等奖。
1995 年	被评为山东省专业技术拔尖人才。
1996 年	被评为山东省优秀知识分子标兵,在国家级人才计划中被评为煤炭系统专业技术拔尖人才。
1996 年 11 月	上海交通大学应用数学系。
1997 年	获教育部科技进步三等奖。
1998 年	入选上海市曙光学者。
1998 年 9 月—1999 年 8 月	美国 Georgia Institute of Technology 高级访问学者。
2000 年	被聘为上海交通大学第一位数学首席教授。
2000 年 12 月	上海交通大学数学系常务副主任。
2002 年 1 月	创办期刊 Communication on Pure and Applied Analysis 并担任主编。
2003 年	教育部科技进步一等奖。
2004 年	入选教育部新世纪优秀人才培养计划。
2005 年 6 月	上海师范大学数学研究所所长、动力系统中心主任。
2006 年	入选上海市优秀学科带头人支持计划,并作为第一完成人获得上海市自然科学奖二等奖。
2007 年	成功申请数学一级学科博士后流动站,担任站长。
2007 年 5 月—2008 年 11 月	任上海师范大学数理信息学院副院长。

2008 年 11 月—2013 年 6 月	任上海师范大学数理学院副院长。
2008 年	获上海市育才奖和上海师范大学教学名师称号。
2011 年 3 月	创办了国际数学杂志 *Journal of Applied Analysis and Computation* 并担任主编。
2011 年 4 月	作为领衔人成功申请了数学一级学科博士点。
2011 年 6 月—2011 年 8 月	获得斯洛文尼亚政府专门给外国专家提供的杰出科学家研究基金，受邀到 Maribor 大学工作三个月。
2013 年 9 月	上海师范大学数学系主任。
2017 年	获宝钢优秀教师奖、上海市教学成果二等奖。
2021 年 12 月	退休。

附二：韩茂安主要论著目录

（一）著作

《光滑动力系统》（第二作者），华东师范大学出版社 1993 年版。

《微分方程分支理论》（第一作者），煤炭工业出版社 1994 年版。

Bifurcation theory and methods of dynamical system（The first author），World Scientific，Singapore，1997.

《非线性系统的理论和方法》（第一作者），科学出版社 2001 年版。

《动力系统的周期解与分支理论》，科学出版社 2002 年版。

《常微分方程》（第一作者），高等教育出版社 2010 年版。

《微分方程基本理论》（第三作者），科学出版社 2011 年版。

Normal forms，melnikov functions and bifurcations of limit cycles（The first author），Applied Mathematical Sciences Vol.181，Springer-Verlag 2012.

Birfurcation theory of limit cycles，Science Press 2013.

《数学分析基本问题与注释》，科学出版社 2018 年版。

《常微分方程基本问题与注释》，科学出版社 2018 年版。

《数学研究与论文写作指导》，科学出版社 2018 年版。

《常微分方程定性理论基础》（第一作者），科学出版社 2023 年版。

（二）论文

《具二阶细焦点的二次系统（Ⅲ）n＝0 极限环的唯一性》,《数学年刊 A 辑》（中文版）,1985 年第 6 期,第 661—668 页。

Han M, Conditions for a diffeomorghism to be embedded in a Cr Flow. Acta Mathematics Sinica, English Series, 1988,(2):111－123.

Han M, Properties in the large of quadratic systems in the plane. Chinese Annals of Mathemtics, Series A., 1989,(3):312－322.

《一类具三个奇点的微分方程的极限环》,《数学年刊（A 辑）》1991 年第 3 期,第 349—355 页。

《高维系统极限环的分支》,《数学学报》1993 年第 6 期,第 805—807 页。

《周期扰动系统不变环面与亚调和解的分支》,《中国科学（A 辑）》1994 年第 11 期,第 1152—1161 页。

《强共振情况下不变环面的分支》（韩茂安、朱德明）,《数学学报》1996 年第 1 期,第 96—102 页。

《一类异宿环分支极限环的唯一性》,《数学学报》1997 年第 2 期,第 246—253 页。

《周期流形的不变环面和次调和分支》（朱德明、韩茂安）,《数学学报》1998 年第 4 期,第 749—757 页。

Han M, Liapunov constants and hope cyclicity of Lienard systems, Annals of Differential Equations, 1999, 15(2), 113－126.

《同宿环的环性数和退化三次 Hamilton 函数》（韩茂安、叶彦谦、朱德明）,《中国科学（A 辑）》1999 年第 4 期,第 298—311 页。

《一类三次系统极限环的个数与分布》,《数学年刊 A 辑》2002 年第 2 期,第 143—152 页。

《快变量空间中的同宿轨道分支》（朱德明、韩茂安）,《数学年刊 A 辑》2002 年第 4 期,第 429—438 页。

Han M, Gu S, Bifurcations of subharmonic solutions in periodic perturbation of a hyperbolic limit cycle, Applied Mathematics and Mechanics, 2002, 23（8）, 871－875.

Han M, Bifurcations of periodic solutions of delay differential equations, J. Differential

Equations, 2003, 189(2), 396－411.

《奇异半线性反应扩散方程组 Cauchy 问题》(彭大衡、韩茂安),《数学年刊 A 辑》
2004 年第 6 期,第 735—744 页。

《一类含时滞 SIS 流行病模型的全局稳定性》(原三领、马知恩、韩茂安),《数学
物理学报:A 辑》2005 年第 3 期,第 349—356 页。

《积分流形的分支条件及其应用》(韩茂安、陈贤峰),《中国科学 A 辑》2005 年第
35 卷第 4 期,第 425—441 页。

Sun C, Lin Y, and Han M, Stability and Hopf bifurcation for an epidemic disease
model with delay, Chaos Solitons & Fractals, 2006, 30(1), 204－216.

Zang H, Zhang T, and Han M, Bifurcations of limit cycles in a cubic system with cu-
bic perturbations, Applied Mathematics and Computation, 2006, 176(1), 341－358.

《近哈密顿系统极限环的 Hopf 分支与同宿分支》(韩茂安、王政、臧红),《数学年
刊:A 辑》2007 年第 5 期,第 679—690 页。

Han M, Zang H, and Zhang T, A new proof to Bautin's theorem, Chaos Solitons &
Fractals, 2007, 31(1), 218－223.

Han M and Zhu H, The loop quantities and bifurcations of homoclinic loops, Journal
of Differential Equations, 2007, 234(2), 339－359.

Sun C, Han M, and Lin Y, Analysis of stability and hopf bifurcation for a delayed lo-
gistic equation, Chaos Solitons & Fractals, 2007, 31(3), 672－682.

Sun C, Lin Y, and Han M, Dynamic analysis for a stage-structure competitive system
with mature population harvesting, Chaos Solitons & Fractals, 2007, 31(2),
380－390.

Sun C, Lin Y, Han M, and Tang S, Analysis for a special first order characteristic
equation with delay dependent parameters, Chaos Solitons & Fractals, 2007, 33
(2), 388－395.

Wu Y, Gao Y, and Han M, Bifurcations of the limit cycles in a z(3)-equivariant
quartic planar vector field, Chaos Solitons & Fractals, 2008, 38(4), 1177－1186.

Zang H, Han M, and Xiao D, On Melnikov functions of a homoclinic loop through a
nilpotent saddle for planar near-Hamiltonian systems, Journal of Differential Equa-
tions, 2008, 245(4), 1086－1111.

Chen F and Han M, Rank one chaos in a class of planar systems with heteroclinic
cycle, Chaos, 2009, 19(4).

Han M, Zang H, and Yang J, Limit cycle bifurcations by perturbing a cuspidal loop in a Hamiltonian system, Journal of Differential Equations, 2009, 246 (1), 129 – 163.

Liu X and Han M, Bifurcation of periodic solutions and invariant tori for a four-dimensional system, Nonlinear Dynamics, 2009, 57(1 – 2), 75 – 83.

Xia Y and Han M, Multiple periodic solutions of a ratio-dependent predator-prey model, Chaos Solitons & Fractals, 2009, 39(3), 1100 – 1108.

Han M and Zhang W, On Hopf bifurcation in non-smooth planar systems, Journal of Differential Equations, 2010, 248(9), 2399 – 2416.

Xu W and Han M, On the number of limit cycles of a z(4)-equivariant quintic polynomial system, Applied Mathematics and Computation, 2010, 216(10), 3022 – 3034.

Huang W and Han M, Non-linear determinacy of minimum wave speed for a Lotka-Volterra competition model, Journal of Differential Equations, 2011, 251 (6), 1549 – 1561.

Tian Y and Han M, Hopf bifurcation for two types of Lienard systems, Journal of Differential Equations, 2011, 251(4 – 5), 834 – 859.

Yang J and Han M, Limit cycle bifurcations of some Lienard systems with a cuspidal loop and a homoclinic loop, Chaos Solitons & Fractals, 2011, 44(4 – 5), 269 – 289.

Yang J, Han M, and Huang W, On Hopf bifurcations of piecewise planar Hamiltonian systems, Journal of Differential Equations, 2011, 250(2), 1026 – 1051.

Han M and Li J, Lower bounds for the Hilbert number of polynomial systems, Journal of Differential Equations, 2012, 252(4), 3278 – 3304.

Liang F and Han M, Limit cycles near generalized homoclinic and double homoclinic loops in piecewise smooth systems, Chaos Solitons & Fractals, 2012, 45 (4), 454 – 464.

Chen F J and Han M, Dynamics of heteroclinic tangles with an unbroken saddle connection, Nonlinear Dynamics, 2013, 71(3), 409 – 415.

Hu Z, Han M, and Romanovski V G, Bifurcations of planar Hamiltonian systems with impulsive perturbation, Applied Mathematics and Computation, 2013, 219(12), 6733 – 6742.

Sun X, Su J, and Han M, On the number of zeros of abelian integral for some Lienard system of type(4,3), Chaos Solitons & Fractals, 2013, 51, 1 – 12.

Yu P and Han M, Bifurcation of limit cycles in 3rd-order z(2) Hamiltonian planar vector fields with 3rd-order perturbations, Communications in Nonlinear Science and Numerical Simulation, 2013, 18(4), 978 – 988.

Han M and Xiong Y, Limit cycle bifurcations in a class of near-Hamiltonian systems with multiple parameters, Chaos Solitons & Fractals, 2014, 68, 20 – 29.

Li J, Zhang T, and Han M, Bifurcation of limit cycles from a heteroclinic loop with two cusps, Chaos Solitons & Fractals, 2014, 62 – 63, 44 – 54.

Li L and Han M, Some new dynamic Opial type inequalities and applications for second order integro-differential dynamic equations on time scales, Applied Mathematics and Computation, 2014, 232, 542 – 547.

Xiong Y and Han M, New lower bounds for the Hilbert number of polynomial systems of Lienard type, Journal of Differential Equations, 2014, 257(7), 2565 – 2590.

An Y and Han M, On the number of limit cycles near a homoclinic loop with a nilpotent singular point, Journal of Differential Equations, 2015, 258(9), 3194 – 3247.

Xiong Y and Han M, Limit cycle bifurcations near homoclinic and heteroclinic loops via stability-changing of a homoclinic loop, Chaos Solitons & Fractals, 2015, 78, 107 – 117.

Yu P and Han M, Ten limit cycles around a center-type singular point in a 3-d quadratic system with quadratic perturbation, Applied Mathematics Letters, 2015, 44, 17 – 20.

Wang Y, Han M, and Constantinescu D, On the limit cycles of perturbed discontinuous planar systems with 4 switching lines, Chaos Solitons & Fractals, 2016, 83, 158 – 177.

Xiong Y, Han M, and Xiao D, Limit cycle bifurcations by perturbing a quadratic integrable system with a triangle, Journal of Differential Equations, 2016, 260(5), 4473 – 4498.

《一维周期方程的周期解问题》(盛丽鹃、韩茂安),《中国科学:数学》2017 年第 1 期,第 171—186 页。

Deng B, Han M, and Hsu S B, Numerical proof for chemostat chaos of Shilnikov's type, Chaos, 2017, 27(3).

Tian H and Han M, Bifurcation of periodic orbits by perturbing high-dimensional piecewise smooth integrable systems, Journal of Differential Equations, 2017, 263

(11), 7448 – 7474.

Tian Y and Han M, Hopf and homoclinic bifurcations for near-Hamiltonian systems, Journal of Differential Equations, 2017, 262(4), 3214 – 3234.

Han M, Sheng L, and Zhang X, Bifurcation theory for finitely smooth planar autonomous differential systems, Journal of Differential Equations, 2018, 264 (5), 3596 – 3618.

Tian Y, Han M, and Xu F, Bifurcations of small limit cycles in Lienard systems with cubic restoring terms, Journal of Differential Equations, 2019, 267(3), 1561 – 1580.

Yang J, Yu P, and Han M, Limit cycle bifurcations near a double homoclinic loop with a nilpotent saddle of order m, Journal of Differential Equations, 2019, 266 (1), 455 – 492.

Gong S and Han M, Limit cycle bifurcations in a planar piecewise quadratic system with multiple parameters, Advances in Difference Equations, 2020, 2020(1).

Han M, Llibre J, and Tian Y, On the zero-Hopf bifurcation of the Lotka-Volterra systems in r-3, Mathematics, 2020, 8(7).

Xiong Y and Han M, Limit cycle bifurcations by perturbing a class of planar quintic vector fields, Journal of Differential Equations, 2020, 269(12), 10964 – 10994.

Xiong Y and Han M, Limit cycles appearing from a generalized heteroclinic loop with a cusp and a nilpotent saddle, Journal of Differential Equations, 2021, 303, 575 – 607.

Yang J, Yu P, and Han M, On the Melnikov functions and limit cycles near a double homoclinic loop with a nilpotent saddle of order (m) over-cap, Journal of Differential Equations, 2021, 291, 27 – 56.

Yu P, Han M, and Zhang X, Eighteen limit cycles around two symmetric foci in a cubic planar switching polynomial system, Journal of Differential Equations, 2021, 275, 939 – 959.

不懈探索宇宙奥秘
勤恳奉献多元智慧
——著名理论物理学家李新洲传

　　李新洲（1946—2022），江苏无锡人。九三学社社员。二级教授、博士生导师。1968年毕业于复旦大学。曾任复旦大学教授，华东理工大学理论物理所所长、物理系主任，上海师范大学科研处处长、天体物理研究中心主任、校务委员会副主任。历任九三学社第八、九、十、十一、十二届中央委员，九三学社第十三、十四、十五届上海市委员会副主任委员，九三学社第十、十一、十二、十三、十四、十五届上海市委常委，上海市第九届人大常委，上海市第八、九、十、十一届政协常委。

　　李新洲长期从事理论物理相关领域的研究和教学工作，研究领域涵盖粒子物理、引力理论、宇宙学、数学物理、天体物理和高能物理等诸多方向，在国内外著名学术刊物上发表论文306篇，出版学术专著9部，译著8部。历年来获得包括上海市科技进步（自然科学类）一等奖在内的省部级奖10项。1999年获国际引力基金会优秀论文荣誉奖。曾任第七届中国物理学会理事，第五届中国引力与相对论天体物理学会理事长，第十五届国际引力和广义相对论学会学术委员，欧洲核子研究中心合作科学家，德国基尔大学客座教授。1991年被人事部、教育部授予"有突出贡献的回国留学人员"称号。1992年10月起享受国务院颁发的政府特殊津贴。

不畏艰辛　痴迷物理

李新洲

　　李新洲祖籍江阴，系蒙古族后裔，大江南岸的青阳镇至今仍有其先祖的遗迹。其祖父开设国药铺，祖父的哥哥行医，兄弟二人诚信经营，医术高明,远近闻名。我国著名地理学家李旭旦是其伯父。父亲曾担任小学教员,后到上海一家造纸厂工作,母亲则持家有道,并担任过街道干部。其父母非常重视子女教育,言传身教,寓教于乐。在良好的家庭氛围下,兄弟姐妹四人皆成为大学老师。

李新洲于1946年3月17日出生在江苏江阴青阳镇北新街,自幼求学于上海。1957年就读于沪上著名的复兴中学,1963年17岁时进入复旦大学数学系学习。李新洲从小就热爱学习,他的母亲也非常支持他,家中有一间他独享的书房。每逢节假日,家人都在放松、聊天、娱乐时,他自己却在书房中沉浸于知识的海洋。

在大学时代,李新洲深受数学家苏步青、谷超豪、胡和生、夏道行和李大潜,以及物理学家卢鹤绂等诸位先生的教诲。进入大学后,他被理论物理的美妙所吸引,请求苏步青先生同意他去物理系听课。经苏先生考试后,他被允许免修一些数学课程。于是,李新洲如愿去物理系听课了。要学习理论物理,必须与国际接轨,为此,每天天不亮,他就在昏暗的路灯下攻读外语。在"文化大革命"时期全国步行大串联时,他的背包里装着《量子力学》《时间空间的引力理论》等书籍,以便晚上在宿营点自学。

1968年,李新洲大学毕业。恰逢进行高校毕业生插队落户试点,李新洲来到崇明岛江口乡的一个普通小村子,在这里进行了两年的劳动锻炼。白天,他在田间劳作,学会了整套农活,插秧技术闻名于整个江口乡。晚上,他在煤油灯下苦读理论物理的研究生课程。

20世纪六七十年代,正值国际上粒子物理研究蓬勃发展的时期,不断有激动人心的新发现问世。而在我国,在李新洲大学毕业之后的10年间,却正是科学文化事业的非常时期,基础理论研究受到压制。但是,在上海,却有这样一批年轻人,包括顾鸣皋、李新洲、朱伟、陆继宗、张民生、冯承天等十多人,都是基本粒子理论研究的业余爱好者。他们大多在中学或工厂工作,因共同的理想和兴趣,加之各种机缘巧合而聚集在一起,并请到当时复旦大学的讲师殷鹏程先生为他们的学习进行指导,组成了一个业余的科学研究小组。他们克服重重困难,利用业余时间,坚持阅读相关国际学术刊物,通过自学和讨论,介绍并跟进国际上粒子物理学的最新进展。他们定期举行秘密报告会,交流探讨了"规范理论""基本粒子代数研究""动力学破缺机制""液滴模型""规范场的量子化"等粒子物理学的前沿问题。殷鹏程老师不顾自身有可能遭遇的风险，热情支持这些热爱祖国、刻苦好学的青年。

李新洲是小组的核心成员。那时，他是东升中学的数学教师。他每月拿到工资后，第一件事就是去书店买书。几年下来，他家书橱里有关基本粒子的书籍，已有两千多册。他完全沉醉于探索基本粒子奥秘的乐趣中，每天下班后一回家就埋头阅读和计算，往往工作到深夜，无暇顾及家庭和年幼的女儿。他的爱人沈丽娟一直默默地支持着他，担负了全部的家务劳动，使他能全力以赴地进行研究和探索。

基本粒子小组在讨论（右五为李新洲，图源：《解放日报》1978 年 6 月 12 日）

"文化大革命"结束以后，这个"地下课题组"终于能够公开地、理直气壮地进行科学研究了。1977 年，他们中的一些人相继参加了卢鹤绂先生负责的复旦大学现代物理讨论班，其中李新洲在短时间内就作了题为《超对称性》《超场》《统一模型》和《强子的非夸克模型》的四次学术报告，得到了卢先生的高度肯定。

1978 年，科学的春天来到了中国大地。这个研究小组的干劲更足了。很快，他们的第一批学术论文发表了。1978 年《自然杂志》创刊号上，第一篇是鼎鼎大名的华罗庚和王元的文章，而第二篇文章就是顾鸣皋、李新洲和殷鹏程的《反常弱作用和 $\Delta I = 1/2$ 规则》。同年，小组成员们大多数进入了大学或研究所，正式从事向往已久的科研事业。李新洲于 1978 年底调入了复旦大学物理系工作。

1978 年 6 月 12 日的《解放日报》以《基本粒子迷》为题,作为尊重知识、尊重人才的典型,报道了他们身处逆境、追求真理的事迹①。1979 年 8 月 12 日的《解放日报》,以《重访"基本粒子迷"》为题,报道了"基本粒子迷"们有了更好的研究条件后,更加自由地探索基本粒子世界的后续奥秘②。经过媒体的报道,"基本粒子迷"们的这种坚忍不拔、矢志不渝的精神在全国范围内产生了积极的作用,影响了一批年轻人刻苦自学,努力成才。

潜心科研　成果卓著

1980 年 1 月 5—10 日,在李政道、杨振宁两位先生的支持下,由中国科学院、国务院港澳办公室、外交部、教育部和中国科协联合发起,中国科学院主办的"广州理论粒子物理会议"在广东从化举行。这是"文化大革命"后召开的第一个国际学术会议,会议由钱三强总负责,李政道、杨振宁两位先生都出席了会议,时年 33 岁的李新洲作为最年轻的正式代表在会上作了题为《超对称场和袋模型》的学术报告。

1980 年 1 月,在广州理论粒子物理会议上,杨振宁先生(右一)与李新洲(左一)等交谈(图源:《新观察》1981 年第 19 期)

---

① 《基本粒子迷》,《解放日报》1978 年 6 月 12 日,第 1 版下半段和第 2 版整版。
② 《重访"基本粒子迷"》,《解放日报》1979 年 8 月 12 日,第 2 版。

　　此后，李新洲的学术创造力一发而不可收。他活跃在复旦大学、华东理工大学、上海师范大学、德国基尔大学、台湾"中央大学"、欧洲核子中心以及意大利国际理论物理中心，一直充满着创新活力，关注国际基础物理研究前沿，孜孜不倦追寻自然之律。

　　在 20 世纪 80 年代，能够走出国门，受邀到国际著名研究机构进行合作研究的中国学者为数并不多。1982 年以后，李新洲多次到瑞士欧洲核子中心（CERN）、意大利国际理论物理中心、德国基尔大学等进行合作研究。1984 年，应 CERN 理论部主席雅各布教授邀请，李新洲在那里进行了为期三个多月的合作研究。他是最早一批取得 CERN 提供薪金来此工作的中国学者。李新洲在 CERN 时，有幸见到了李政道先生，并得到他的当面点拨。李政道先生当时关注的非拓扑孤子研究方向给了李新洲很大启发。在后来的工作中，李新洲提出了将拓扑孤子与非拓扑孤子结合在一起的一种新型孤子——杂化孤子，并提出了兼有两种孤子特征的一种新型孤子星。在发表于 2014 年《世界科学》的一篇专稿《一位中国学者眼中的 CERN》中，李新洲特别对李政道先生的当面指导表达了感激。①

　　1983 年，李新洲关于孤子解和磁单极研究的成果获得两项山西省科技成果三等奖。

1984 年 7 月，李新洲在瑞士欧洲核子中心进行学术讨论

---

① 李新洲：《一位中国学者眼中的 CERN》，《世界科学》2014 年 11 月。

1984年,杨振宁先生到复旦大学访问,并作了一场学术报告。杨先生想了解复旦的教师在做什么研究,希望有人能给一个报告。毕竟是在杨先生面前做报告,大家都有些退缩。这时,胡和生先生点名让她的学生李新洲向杨先生汇报一下工作。杨先生对李新洲的报告很欣赏。会后交流时,杨先生称李新洲为教授,然而当得知他仍是讲师时,杨先生感到非常惊讶。

1985年,李新洲的科研成果以及对理论物理研究工作重要性的认识引起了钱学森先生的关注和赞扬。1985年12月30日钱学森先生给《中国科技报》编辑写了一封信,以《有必要办文化副刊》为题发表于《中国科技报》1986年1月22日。在这篇文章中,钱老用了三分之一的篇幅,谈了基础研究的重要性,并引用了李新洲发表在《自然杂志》1985年第11期第771页的文章《现代卡卢扎—克莱因理论》中的开头一段话①。6年后的1991年,科学传记作家、交通大学出版社副编审李顺祺先生著文《理论物理必须解决物理问题——评理论物理学家李新洲的学术思想》②。

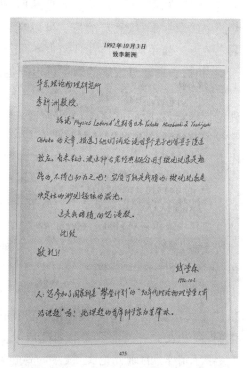

1992年10月3日,钱学森写给李新洲的亲笔信

钱学森先生读了这篇文章后,提笔给李新洲写信:"我近读李顺祺同志在《自然杂志》1991年5期文,更增加了我对您的认识和尊敬!我在1986年讲过那几句话有了更深层次的依据了。"1992年10月3日,钱学森先生又给李新洲写了亲笔信,就他所感兴趣的一些学术问题进行探讨。

① 钱学森:《有必要办文化副刊》,《中国科技报》1986年1月22日,第4版。
② 李顺祺:《理论物理必须解决物理问题——评理论物理学家李新洲的学术思想》,《自然杂志》1991年第14卷第5期。

1987 年，李新洲成为了复旦大学理科当时最年轻的教授。当年，课题"磁单极解和磁单极–费米子系统的动力学"荣获国家教委科技进步二等奖。

1989 年，李新洲应邀调入华东理工大学，成立了华东理论物理研究所，并担任创始所长。虽条件艰苦，他却踌躇满志，愿为科学而艰苦奋斗。他称自己的研究所为"陋所"，并仿照《陋室铭》写了《陋所铭》："山不在高，有仙则名；水不在深，有龙则灵。斯是陋所，惟吾德馨。复印缺硒鼓，寒夜有香茗。中西众学丁，谈笑友谊情。可以觅夸克，超新星。弃金钱之乱耳，喜伏案之劳形。当年玻尔所，昔日朝永亭，孔子云：'何陋之有？'"

当时，一批复旦大学的学生也追随他而来。短时间内，华东理论物理研究所在国际著名学术刊物上发表了一大批高质量的研究成果，享誉国内外理论物理学界，吸引了诸多国外学者来访，多次主办国内外学术会议，多次获得省部级科技成果奖。李新洲本人几乎年年都被评为学校的优秀教育工作者。1996 年 12 月，李新洲组织召开了全国引力与相对论天体物理年会，并当选为学会第五届理事长。

1999 年，在时任校领导的力邀下，李新洲加盟上海师范大学。当时他家住虹口区，为了节省路上的时间，他买了一张钢丝床放在办公室，夜以继日地读文献、做研究以及指导研究生。这种以办公室为家的状况持续了大半年，直到他举家搬迁才结束。他没有任何怨言，反而觉得节省了时间是他最大的收益。2002 年，李新洲创立了天体物理联合研究中心，此后研究和办公条件才大有改观。在 3 号楼一楼，李新洲带领着天体物理中心的教师和研究生们，又发表了一大批重要的研究成果。2005 年，他的 5 篇关于"暗能量""快子宇宙学"的研究论文，被 Thomson 列为天体物理领域的前百分之一论文。同年，凝聚了他 10 多年研究成果的《宇宙动力学及相关问题研究》荣获上海市科技进步一等奖，这不仅填补了上海理论物理研究的获奖空白，也填补了上海师范大学以唯一单位荣获一等奖的空白。

从 2002 年成立天体物理中心开始，随后的 10 多年，成为李新洲学术生命的又一个鼎盛时期。60 多岁的李新洲，学术活力丝毫不减，心无旁骛地沉浸于引力与宇宙学的前沿研究中。在这期间发表在国内外学术刊物的研究论文达 140 篇，据不完全统计，其中发表在 SCI 期刊的论文被他人引用达 2 130 次。

2016 年，李新洲年满 70 岁，但他退而不休，仍然来学校上班，依旧给研究生上课。2020年初，因疫情原因，进入学校极其不便，他才比较少到学校来了。但即使在家里，他仍然没有停歇，关注最新研究动态，活跃在学术科研的前沿，仍有不少署名论文和科普文章发表，直至突发疾病离世前仍在看文献、做笔记、写文章。他以前的学生从美国给他寄来两本新近出版的英文专著《引力波》，此后，李新洲便沉浸在对此前沿课题的钻研中，密密麻麻地记了500多页的阅读笔记。2022年逝世前，李新洲刚在《科学》杂志发表了一篇关于黑洞的科普文章，而他最后一篇署名论文则是在他逝世后才正式发表的。

从1978年发表第一篇论文开始，在其一生中，李新洲共发表出版论著323篇(部)，对理论物理学的发展起了重要的推进作用。他犀利的物理直观、厚实的数学底蕴和高超的解答难题的能力，为我国理论物理学的发展做出了贡献。

李新洲的学术成果不胜枚举，择其要者，叙述如下。在20世纪80年代，他证明了催化质子衰变的罗巴科夫效应的不存在性；证明了双子费米子系统存在动力学病态问题。20世纪90年代，他给出了广义相对论正质量猜想的反例；首创了广义采他函数正则化方法，被国际同行誉为"优雅的方法"，并收录在国外多本专著和研究生教材中；揭示了排斥和吸引的卡什米尔力依赖于几何的本性，得到美国学者的实验验证；找到了超弦模型中的超导弦解。新世纪，他首先提出了避免宇宙大撕裂的模型；给出了一种宇宙动力学系统整体分析方法；证明了坎图斯基-萨哈宇宙不能是闭的。

呕心沥血 拓展学科

李新洲为上海师范大学的学科建设和学位点申报做出了很大的贡献。

理论物理硕士点从1978年恢复研究生招生考试后开始招生，到1995年因各种原因停招了。1999年，李新洲来到上海师大后，与当时的系主任陆继宗教授和郑仁蓉等教授共同努力，使理论物理硕士点从2002年起恢复了招生。

在理论物理硕士点之外，由李新洲带头的"天体粒子物理"于2001年被确立为上海市教委重点学科。2002年，在李新洲的带领下，上海师范大学又申请到了天体物理硕士学位授予点，在全市高校范围内建立了第一个和天文物理相关的硕士点。

2002 年,依托重点学科的建设工作,上海师范大学和上海天文台成立了天体物理联合研究中心,由李新洲担任中心主任。2002 年 4 月 8 日,举行了天体物理联合研究中心成立大会暨揭牌仪式,上海市政协副主席、九三学社上海市主委谢丽娟和国家自然科学基金委主任汲培文为天体物理中心揭牌。天体物理中心的成立,在上海师大是一个创举。对于天体物理中心的发展,李新洲信心满满,他写道:"蜂鸟虽小,肺肝胃腰,心挂诸事,五脏俱好。蜂鸟虽小,翅频却高,舞之蹈之,谁知辛劳。蜂鸟虽小,却非丑鸟,美哉师大,增彩添宝。蜂鸟虽小,以希为巧,百鸟朝凤,岂可缺少。"

天体物理中心成立以后,在行政副主任孙珏岷老师的全力协助下,中心的各项工作运转良好。作为负责人,李新洲更是倾尽全力,积极为谋求中心的发展而不辞辛劳,全面考虑人才引进、科学研究、学术交流、基地建设等多方面的问题。

他认识到,研究基地的建设工作直接关系到整个学科今后的顺利运行,基地的基本设施和硬件环境也是吸引优秀人才和各类科研项目的必要条件。他克服了学校用房紧张等重重困难,在学校领导的统筹安排和各方面多次协调下,经过了近 9 个月的不懈努力,最终在 2002 年 10 月顺利迁入学校 3 号楼一楼,完成了基地建设用房的最终安置工作。至此,在学校的大力支持下,形成了以重点学科为龙头,以研究中心为载体的学科和机构相融合的良好运作模式,使重点学科的建设工作得到学校的行政运行保障。

在人才引进和培养方面,他尽全力做到了对外广泛交流、对内严格把关,力图寻求一种开放自由的社会化用人思路。他从相关研究机构和高校,聘请了一批有名望的教授为兼职教授。同时,努力建立起良好的学科梯队,引进了著名学者 Sean A. Hayward、童若轩等一批有才华的中青年研究人员。对于进入学科点工作的科研人员不断提出新的要求,使其不断谋求学术上的自我更新,以立足于学科前沿。

他为上海师范大学争取到了市重点实验室、国家自然科学基金项目和其他市级科研项目。其次,和国内外同行进行广泛的交流与合作,共享学术思想,相互激发创造灵感。同美国、中国台湾等国家和地区的学者进行多方面学术交流;加强了和上海天文台的学术交流和合作,双方研究人员定期进行学术情况的通报活动,并相互为对方的研究生、大学生授课;主持召开多个各类学术会议,例如,2007年主办了中国引力与相对论天体物理年会,2011年主办了亚太引力国际会议,并由新加坡世界科学出版公司出版了会议论文集。

李新洲在担任天体物理中心主任、校务委员会副主任期间,善于协调各方关系,团结同志,注重调动大家工作的积极性。他严于律己,对他而言,暑假、寒假、休息日都是工作的时间。他的榜样作用带动了中心的全体成员,使中心的研究人员和学生能够在一个充满学术氛围的环境中不断求知创新,产出一大批科研成果,在教学和科研等方面都取得了突出的成绩。他本人也获得了上海师范大学优秀教授等称号。

2011年,在李新洲的带领下,上海师范大学获得了物理学一级学科硕士学位授予点。同年,上海师大还申请到了数学一级学科博士学位授予点,其中的"数学物理"方向也是由李新洲带头的。

现在,上海师大的天文学已经获得博士学位授予权,并且有很好的发展势头,这与李新洲当初在学科建设上所做的努力和打下的良好基础是分不开的。

2002年4月8日,李新洲在天体物理中心成立大会暨揭牌仪式上发言

悉心育人　润物无声

　　李新洲培养了大量的博士、硕士研究生,毕业后主要遍布在国内外的各大学和研究机构从事教学和科研工作。他对学生的培养、教育和影响是全方位的,不仅仅限于传授知识和指导科研工作。在思想上,他教育学生在大是大非问题上站稳立场,坚决跟党走。在指导学生科研工作上,他注重培养学生的创新能力、独立思考能力和巧妙解决问题的能力。在生活上,他关心困难学生,对待学生如同对待自己的孩子。

　　1996 年 5 月,李新洲应邀赴台湾"中央大学"访问,其间募得一笔助研金,用于资助青年科研人员。那段时间,每月收到的 50 元补助金对年轻科研人员是不小的帮助。2004 年,来自台湾的学生林俊杰,由于不了解上海的天气,第一年过冬衣被准备不足,晚上冷得无法入睡,李新洲知道后,立即为他送去了御寒的寝具。李新洲曾经带过的学生中,有结婚的、生小孩的,甚至孩子升学的,他总是慷慨解囊。2022 年 12 月 24 日,李新洲突发疾病逝世,曾经的学生们得知噩耗后,震惊之余,悲恸不已。之后,纷纷写下文字,纪念导师。

　　李新洲在复旦大学指导的第一位博士生是徐建军,后来到英国跟随霍金做博士后研究工作。徐建军从复旦大学教授岗位退休后,现在负责上海市物理学会工作。徐建军回忆道:"我 1984 年硕士毕业后留校工作,和李老师成为一个教研室的同事。第二年考了在职博士研究生,在李老师的具体指导下从事理论物理的研究。李老师思维非常活跃,想法很多,是当时教研室发表论文最多的几位老师之一。李老师指导学生非常细致,常常能抓住我们容易忽略的点,也注意听取学生的想法。我经常晚上突然有了想法或者计算有了进展就第二天一大早冲到李老师家里跟他讨论,他从来不会因为我过分的打扰而不高兴。每次论文完成,尽管李老师是论文的主要贡献者,但他总是为学生考虑,让学生署名在前面,自己放后面,或者就根据高能物理领域的惯例按字母排序。有时候杂志请他写综述文章,他为了提携学生,经常让我一起参与,实际上他是主要撰写者。李老师也是九三学社的领导,在李老师的影响下我在 1987 年就加入了九三学社。可以说,李老师在很多方面都深深地影响了我。"

翟向华是跟随李新洲时间最长的学生。1991年,翟向华来到华东理工大学物理系读硕士研究生。在听了李新洲的《群论》课之后,被扎实的学识和极具感染力的讲课所吸引,之后经常到他的研究所来请教问题。1994年硕士毕业后,有幸留在研究所工作。1995年,华东理工大学申请到了应用数学博士点,翟向华顺利通过考试,成为李新洲在那里的第一位博士生,1998年取得博士学位。李新洲1999年调入上海师大后,翟向华也在一年后追随而来,继续共事20余年。在李新洲的培养下,翟向华已担任多年的理论物理硕士点带头人和数学物理博士生导师。她表示,"与先生相识相处30年,恩重如山,点点滴滴,难以忘怀。先生是严师,更是慈父。在探讨学术问题时,先生是严谨的,一丝不苟的,有不懂的学术问题请教先生时,他从不直接告诉答案,而是引导学生自己去搞懂;在畅谈文史哲时,先生又是博学多才、风趣幽默的,总是令人意犹未尽;在生活上,先生和师母待其如女儿,时时处处想着她。先生的恩情,永远铭记。"

在华东理工大学时,李新洲想从本科生中挑选学生,培养人才。他从1997年开始给本科学生开设《近代物理》选修课。那两届学生中最优秀的几个都来追随他继续学习。郝建纲、刘道军和金兴华是其中的三位,他们在取得博士学位后,都在从事教学科研工作。后来移居海外的郝建纲回忆道:"第一次见到李先生,是在大学一年级,当时参观了先生主持的华东理论物理研究所,被先生的学识和思想震撼,仿佛迷茫的夜航中看到了灯塔。……再之后,跟李先生读研,有了更多的接触。经常是每周面谈多次,有时一整天都在讨论,在黑板上推导公式,一起为有意思的发现而欣喜,一同为不满意的结果而遗憾。先生传道、授业、解惑,点点滴滴,使我终生受益。……先生是恩师,更是忘年的知音。"

2009年,上海师大天体物理中心引进了张宏升和冯朝君两位博士,他们分别是中科院理论物理研究所蔡荣根和李淼的高足。虽不是自己直接指导的学生,但在日后的接触和科研合作中,李新洲给予了他们同样的关心和爱护。先生逝世后,现为济南大学教授的张宏升回忆道:"早在读书时于各种渠道久闻先生之名。听同学说过神奇故事,比如非常复杂的群论问题一眼就看出答案。……听先生讲,他大学毕业即到崇明农村劳动,农村劳动也给发一些补助,同去的买烟酒消愁度日,先生则读书并开始写论文。设身处地,我完全无法想象,如此艰苦,如何能读书写论文?想起狄拉克对爱因斯坦和波尔评价，'他们的工作源于渴望理解自然界的内驱力，跟任何世俗的利益找不到瓜葛。'仅这一点就令后辈高山仰止，心向往之。"现为上海师大应用统计硕士点带头人的冯朝君回忆道："我与先生一起合作研究了很多问题，……先生治学严谨，每一次合作，他都要反复阅读稿件，计算和讨论关键过程，甚至修改每一句英文，才放心地投稿。……在我刚工作的几年，先生还时常关照我，为我的事情奔波劳累，帮我解决了一些生活和工作上的困难，还给了我很多机会，让我受益匪浅，终生难忘。"

现在湖南文理学院工作的李平是李新洲的关门弟子，虽然跟随先生的时间不算长，但每每谈及先生，李平的崇拜与景仰溢于言表。李平回忆道："我进入上师大读书时，先生已经65岁，但他精神矍铄，完全看不出来已过花甲之年。先生做科研是亲自看文章、推公式、做报告。……在农场那样艰苦的环境下，他仍然坚持学习。在我成为他学生之后的一天，他曾将所有学生都叫来办公室，问道：'天将降大任于斯人也，下一句是什么？'当时，我将整段都背诵了出来。他很欣慰，他说：'在我最艰苦的时候，我便时常背诵这一段，以此来激励自己。'"

李新洲也是一位非常注重因材施教的导师。他深刻了解到并非所有学生都适合从事学术研究，因此在指导学生时十分灵活。2011届硕士生彭家辉就是一个典型的例子。他对于教育创业充满了激情，在研究生二年级时就开始尝试创业。李新洲洞悉他的特长，对于他的选择给予了大力支持，并鼓励他在教育实业方面建功立业。彭家辉创立的"家辉培优"以优秀中学生为培养目标，如今已成为上海的知名教育品牌，在教育实业领域取得了惊人的成绩。这充分表明李新洲具有高瞻远瞩、不拘一格的指导理念。

李新洲主讲过的课程包括《数学物理方法》《群论》《广义相对论》《宇宙学》《天体粒子物理》《现代微分几何》，等等。他的讲课紧扣科学发展前沿，深入浅出，生动活泼，极具感染力，听过他课程或学术报告的学生或同行，有口皆碑。许多学生正是被他的讲课吸引，继而来追随他继续学习和研究。例如，在1996年的学术年会上，当时已是汕头大学副教授的陈光在听了李新洲作的学术报告后，坚定地要来跟随李新洲读博士。在取得博士学位后，陈光后来成为东华大学教授。

《广义相对论》是从事引力和宇宙学研究的一门重要基础课，李新洲一直亲自讲授，并在多年的授课过程中，结合最新研究进展，多次重写了备课笔记。即便在退休之后,他仍然坚持讲授了一学期。有一次上课时,他因低血糖晕倒,学生们都吓坏了,但他却喝了一点糖水,休息了一会儿,坚持上课。

在学生们眼中,不论数理天文,还是文史哲,先生皆有独特见地。先生是一位才识超群,又具有丰富内心世界的通人,渴求超越生命的极限,率领学生们不懈地追求人生的真实意义,以获得一种精神快乐。他经常强调学问皆始于问题而终于问题,他对学生们说:"在人的凡庸胸怀中,多装一些自然进去,少些俗事牵缠,就会取得更为丰硕的成果。"在学生们研读经典时,他会说,莫学天演论作者,曲解了赫胥黎。在学生们科研攻关时刻,他又会说,坚持下去,就是胜利,一万年太久,只争朝夕!他也常常教导学生们,要做渡时舟、病时药、寒时衣,多为他人着想。

2011年6月,李新洲与天体物理中心部分教师及毕业研究生合影

2016年,在先生将满70岁,且从事科研教学将满50年之时,跟随先生多年且已经成为学者、活跃在科研教育岗位上的一批学生,为他编纂了《李

新洲科学论文选》，权作庆贺之礼。尽管学生们对先生十分了解，面对编好的文选，对于先生的学术成就，学生们深深感到，世上无所谓或然与偶然，一切已然皆是本然与必然。

2016年，学生们为庆贺李新洲从事教学科研将满50年为其编纂的《李新洲科学论文选》

参政议政　建言献策

除了在科学研究和学科建设等方面取得突出成绩以外，李新洲还积极参政议政，展现了他的赤子之心和责任感。1985年，李新洲加入九三学社。此后，历任九三学社上海市委常委、全国青联委员、九三学社中央委员、上海市青联常委、上海市人大常委、上海市政协常委、九三学社上海市委副主委等诸多职务。在繁重的科学研究之余，他每年花费数十个工作日，切实履行参政议政、民主监督职能。就党和政府，以及人民群众关心的热点问题，他积极提出自己的意见和建议。他提交的很多提案得到了政府有关部门的采用，为党和政府制定政策提供了重要依据。他分管地区委员会的管理工作，积极指导九三学社各区县组织开展工作，听取基层组织对社市委的意见和建议。作为上海师范大学九三学社委员会的一员，他不仅认真指导校委员会工作的开展，而且在双月座谈会上积极反映群众的呼声，为学校的发展建言献策。

李新洲提交了大量的政协提案，例如，他提出过"应制定保安服样式与人民警察制服有明显区别的规定，防止保安服样式愈来愈类似警服的倾向"。在 2002 年的两会期间，他参与九三市委关于《加强法律监督》等 9 个提案，会议第二天他母亲突发大面积脑溢血，经抢救无效于三日后不幸病逝，作为教育一组召集人的他强忍悲痛，认真履行职责，自始至终参与会议。2005 年他提交了《关于基础研究科研项目问题》的提案。2008 年两会期间，李新洲参与了由市政协主办、东方网承办的委员与市民系列网上交流活动。在 2009 年的政协常委会上，针对不绝于耳的土方车"吃人"新闻和当时发生的地铁事故，李新洲认为事故频发，不仅是硬件的问题，实际上还有不少管理问题。2011 年，在政协分组讨论会场上，就"不久前公布的国际学生评估项目（PISA）测试中，上海中学生门门拿第一，这一成绩甚至震惊了美国教育界"。他认为，学校教育在传授知识的同时，更重要的是要教学生如何做人，做一个高尚的人。在 2012 年的提案中，他关注儿童食品安全。他递交的联名提案"关于建立废旧节能灯回收体系的建议"获得 2012 年优秀提案奖。

2010 年，在九三学社建社六十五周年之际，为了继承和发扬优良传统，表彰先进，九三学社中央对近五年来取得优异成绩的九三学社社员予以表彰。李新洲荣获九三学社中央优秀社员荣誉称号。

2018 年 12 月，在九三学社上海市委科普讲坛工作交流座谈会上，表彰了九三学社上海市委科普讲坛成立十五周年（2003—2018 年）来在科学技术普及中做出贡献的 13 名院士和 77 位专家，并颁发了荣誉证书。李新洲榜上有名。

热心科普　惠及大众

李新洲是一位有着强烈爱国情怀、有责任和担当的科学家。近些年，国际上在粒子物理、引力和宇宙学方面的重大发现层出不穷，每当出现热点话题，就会看到李新洲的忙碌身影。他接受报纸和电视台的专访，及时撰写科普文章,为《世界科学》《科学》《自然杂志》等科普类杂志撰写了大量的文章。宇宙的起源与宇宙的年龄、量子宇宙学、弦论与 M 理论、时间机器与祖父悖论、黑洞照片与事件视界望远镜,等等,公众眼中这些神秘高深的问题,正是理论物理家和天体物理学家们花费毕生精力所探求的,而李新洲却能娓娓道来,用生动形象、通俗易懂的语言向公众进行讲述。更令人称奇的是,他的科普文章中那些惟妙惟肖、精美绝伦的插图,竟然大多是他亲手绘制的。

2002 年,霍金 8 月到杭州和北京访问,就霍金和他的果壳宇宙以及霍金生平等问题,李新洲接受了《文汇报》、上海教育电视台等媒体专访。

2004 年,针对霍金关于黑洞信息佯谬的新假说,《文汇报》特邀李新洲在 7 月 24 日和 25 日的报纸上,以《霍金这一次要把骰子掷向何方?》为题,对黑洞理论的过去、现在和未来,进行了详细解读。他指出,要根本解决黑洞信息佯谬问题,首先要解决引力的量子化问题,这是 21 世纪物理学的最大难题,正吸引着许许多多的研究者为此而奋斗。

2008 年 9 月,在大型强子对撞机(LHC)在欧洲核子中心正式启动之时,《文汇报》记者对李新洲进行了采访。李新洲告诉记者,LHC 的首要任务是为了找寻被喻为"上帝粒子"的"希格斯玻色子",它被视为物质的质量之源。对于 LHC 的惊天一撞,李新洲满怀期待。果然,2012 年,希格斯玻色子发现了,2013 年的诺贝尔物理学奖颁发给了预测"上帝粒子"存在的两位科学家。

李新洲的译著《不论》,正如副标题所述,讨论"科学的极限与极限的科学"。本书自 2000 年首版后,于 2005 年发行了第二版,在 2018 年又一次再版了。这本书在读者中产生了深远的影响,引发了大量读者深度思考,如 2010 年 5 月 3 日有读者评论说:"这是一本优秀的思想与科学相结合的作品、人类思维的精华之一。很难用一句话来概括本书的阅读体验。也许是实在五彩缤纷,美轮美奂。一座思想的灯塔,照亮我们的思维中难以捉摸,昏暗模糊的地方。"

2010 年,李新洲主导翻译了著名理论物理学家、斯坦福大学教授伦纳德·萨斯坎德的《黑洞战争》一书,这是李新洲的又一项重要的科普贡献,在豆瓣读书上评分为 9.0 分。该书讲述了斯蒂芬·霍金与萨斯坎德、赫拉德·特霍夫特在黑洞信息悖论这一黑洞本性问题上进行论战的深层内幕。这一论战关系到我们对整个宇宙的认识。该书在 2018 年又发行了第二版,并多次重印。

《时空的密码》是李新洲在 2008 年出版的一本科普著作。此书遵循"人的能力是有限的"之明理,来讲述创新者如何创新,以此了解前人的伟大创造和未决问题,保持敏锐的目光、敬畏的心态,使人增加智慧和力量。书中蕴含了丰富的哲学思辨思想。有读者在 2023 年初还对本书进行了评论:"本书是 2008 年与 2006 年法文版《有限性之后》、2007 年《虚无的解缚》、2013 年《时间重生》同时期的中国对思辨实在论和量子引力的思考。"

2022 年 11 月,他还在《科学》杂志撰写了文章《黑洞的稳定性和数学美》,介绍今年普林斯顿大学数学家谢尔裘·克莱纳曼等人证明小角动量克尔黑洞的全局非线性稳定性这一近年来数学广义相对论的重大突破。

在他逝世前,他还未及看到他的最后一本译著《相对论成年史》正式出版。

观其一生,无论他对科学孜孜以求的探索精神,他所取得的学术成就,在学科建设上做出的贡献,抑或培养人才方面,参政议政方面,科普宣传方面所做的贡献等等,皆可谓之卓越。

（翟向华 撰文）

附一：李新洲简历年表

1946 年 3 月 17 日	出生于江苏无锡江阴青阳镇。
1951 年 9 月—1957 年 8 月	上海市四达路小学。
1957 年 9 月—1963 年 8 月	上海市复兴中学。
1963 年 9 月—1968 年 12 月	复旦大学数学系。
1968 年 12 月—1970 年 7 月	崇明县江口公社八大队十一生产队。
1970 年 8 月—1977 年 3 月	上海市东升中学。
1977 年 3 月—1978 年 12 月	杨浦区教师进修学院。
1978 年 12 月—1983 年 5 月	复旦大学物理系助教。

1982 年 1 月—9 月	意大利国际理论物理中心。
1983 年 6 月—1985 年 10 月	复旦大学物理系讲师。
1983 年	《在 BSS 超对称理论中的一类 J-R 孤子解》获山西省科技成果奖(三等奖)。
1983 年	《轻旋量磁单极》获山西省科技成果奖(三等奖)。
1984 年 5 月—8 月	瑞士欧洲核子中心合作科学家。
1984 年 8 月—9 月	意大利国际理论物理中心访问学者。
1985 年 10 月—1987 年 4 月	复旦大学物理系副教授。
1985 年 10 月	加入九三学社。
1986 年 3 月—1988 年 6 月	九三学社上海市第十届委员会常委。
1986 年 6 月—1990 年 8 月	第六届全国青联委员。
1986 年 12 月—1991 年 12 月	九三学社第八届中央委员会委员。
1987 年 2 月—1992 年 2 月	上海市人大第九届常委。
1987 年 4 月—1989 年 5 月	复旦大学物理系教授。
1987 年 5 月—1989 年 1 月	上海市青联第五届常委。
1987 年 7 月	《磁单极解和磁单极-费米子系统的动力学》获国家教委科技进步奖(二等奖)。
1987 年 10 月—1988 年 2 月	联邦德国基尔大学客座教授。
1988 年 5 月—8 月	意大利国际理论物理中心合作成员。
1988 年 6 月—1992 年 6 月	九三学社上海市第十一届委员会常委。
1989 年 1 月—1994 年 1 月	上海市青联第六届常委。
1989 年 6 月—1999 年 9 月	华东理工大学理论物理研究所所长。
1991 年	国家教委和人事部授予有突出贡献的回国留学人员称号。
1991 年 7 月	《孤子解和宇宙学、磁单极等方面的非线性研究》获国家教委科技进步奖(三等奖)。
1991 年 12 月—1996 年 12 月	九三学社第九届中央委员会委员。
1992 年 2 月—1998 年 2 月	上海市政协第八届常委。
1992 年 5 月—8 月	意大利国际理论物理中心合作成员。
1992 年 6 月—1997 年 7 月	九三学社上海市第十二届委员会常委。
1993 年 10 月	《物理学的统一之路》获首届华东地区优秀科普图书一等奖。

1995 年 5 月	《经典和量子宇宙研究》获国家教委科技进步奖（三等奖）。
1996 年 5 月	台湾"中央大学"访问教授。
1996 年 12 月	第五届中国引力与相对论天体物理学会理事长。
1996 年 12 月—2002 年 12 月	九三学社第十届中央委员会委员。
1997 年 7 月—2002 年 6 月	九三学社上海市第十三届委员会副主任委员。
1998 年 2 月—2003 年 2 月	上海市政协第九届常委。
1998 年 5 月	第九届市政协教育委员会委员。
1998 年 5 月	第七届中国物理学会理事。
1998 年 12 月	《宇宙弦与拓扑缺陷及其相关问题研究》上海市科技进步奖（二等奖）。
1999 年	国际引力基金会优秀论文荣誉奖。
1999 年 9 月—2000 年 3 月	上海师范大学物理系。
2000 年 3 月—2002 年 3 月	上海师范大学科研处处长。
2002 年 3 月—2016 年 3 月	上海师范大学天体物理中心主任、校务委员会副主任。
2002 年 6 月—2007 年 4 月	九三学社上海市第十四届委员会副主任委员。
2002 年 12 月—2007 年 12 月	九三学社第十一届中央委员会委员。
2003 年 2 月—2008 年 1 月	上海市政协第十届常委。
2004 年	《追寻自然之律》获中宣部科协等七部委科普著作三等奖。
2005 年 11 月	《宇宙动力学及相关问题研究》获上海市科技进步奖（一等奖）
2007 年 4 月—2010 年 7 月	九三学社上海市第十五届委员会副主任委员。
2007 年 12 月—2012 年 12 月	九三学社第十二届中央委员会委员。
2008 年 1 月—2013 年 1 月	上海市政协第十一届常委。
2010 年	获九三学社中央优秀社员称号。
2010 年 1 月	聘任为二级教授。
2016 年 4 月	退休。
2022 年 12 月 24 日	因病逝世。

附二：李新洲部分论著目录

（一）专著

《物理学的统一之路》，上海科教出版社 1989 年版。

《时空的维数》（第一作者），江西科技出版社 1992 年版。

《超对称物理导论》（第一作者），复旦大学出版社 1992 年版。

《追寻自然之律》，上海科学教育出版社 2001 年版。

《现代数学及其应用》（第一作者），上海科技出版社 2006 年版。

《数学物理方程》（第一作者），上海科技出版社 2008 年版。

《时空的密码》（第一作者），上海科技出版社 2008 年版。

（二）译著

《不论——科学的极限与极限的科学》（第一译者），上海科技出版社 2000 年版。

《通向量子引力的三条道路》（第一译者），上海科技出版社 2003 年版。

《宇宙的本源》（第一译者），上海科技出版社 2009 年版。

《黑洞战争》（第一译者），湖南科技出版社 2010 年版。

《相对论之路》（第一译者），上海科学技术出版社 2019 年版。

《后费曼物理学讲义》（第一译者），上海科学技术出版社 2021 年版。

（三）论文

Li XZ, Gu MG and Yin PC, Nonlinear Superfields and bag, in Proceedings of the 1980 Guangzhou conference on Theoretical Particle Physics, 1980, 2, 1283 – 1291, Van Nostrand Reinhold Company.

Li XZ, Wang KL and Zhang JZ, On the SO(10) monopole, Phys. Lett. B, 1984, 140, 209 – 214.

Li XZ, Wang KL and Zhang JZ, The singularity states of the system of a charged fermion and a Dirac dyon, Phys. Lett. B, 1984, 148, 89 – 92.

Li XZ and Zhang JZ, Hydrogen-like structure of bound-state energy for a fermion and a Dirac dyon with charge $Z_d < Z_{dc}$ and for $j > q/+1/2$, Phys. Rev. D, 1986, 33, 562 – 564.

Li XZ, Yu F and Zhang JZ, Generalized monopole in $(4+k)$-dimensional abelian theories, Phys. Rev. D, 1986, 34, 1124 – 1128.

Cai SS, Hu SZ and Li XZ, Fermions in the background field of a six-dimensional Abelian monopole, Phys. Rev. D, 1986, 34, 2523 – 2526.

Gu MG and Li XZ, Solar-neutrino oscillations from a supersymmeric E_6 grand unified theory, Phys. Rev. D, 1987, 36, 1266 – 1268.

Gu MG and Li XZ, E_6-SUGRA GUT with invisible axion, Phys. Lett. B, 1987, 185, 94 – 98.

Li XZ and Lu J, Supersymmetric tachyons, J. Phys. A, 1987, 20, 6113 – 6120.

Gu MG and Li XZ, The mass matrix of neutral fermions and application in some SUSY E_6-GUT, J. Phys. G, 1987, 13, 1469 – 1476.

Li XZ, Cai SS, Hu SZ and Xu JJ, Kaluza-Klein cosmology withscale-invariant scalar self-interactions, Phys. Lett. B, 1988, 201, 34 – 38.

Li XZ, Supermembrane monopole vacua, Phys. Lett. B, 1988, 205, 451 – 454.

Xu JJ and Li XZ, A class of generalized monopole solutions in Kaluza-Klein theories, Phys. Lett. B, 1988, 208, 391 – 395.

Xu JJ and Li XZ, Multidimensional monopole and supermembranevacua, Phys. Rev. D, 1989, 40, 1101 – 1107.

Li XZ, Towards a realistic Einstein-gauge cosmology, Phys. Lett. B, 1989, 220, 509 – 512.

Xu JJ and Li XZ, New higher-dimensional instanton and monopole solutions, J. Math. Phys., 1989, 30, 1861 – 1865.

Shi X and Li XZ, Existence and stability of nontopological fermion strings, Phys. Rev. D, 1990, 42, 2035 – 2039.

Shi X and Li XZ, Anomalous superconducting string and W-boson condensation, Phys. Rev. D, 1990, 42, 2146 – 2149.

Zhong Y and Li XZ, Quantum cosmology of Einstein-Kalb-Ramond theory, Phys. Rev. D, 1990, 42, 712 – 715.

Zhong Y and Li XZ, Towards a realistic $d=11$ supergravity cosmology, Phys. Lett. B,

1990, 246, 39 - 44.

Li XZ, Shi X and Zhang JZ, Generalized Riemann zeta-function regularization and Casimir energy, Phys. Rev. D, 1991, 44, 560 - 562.

Shi X and Li XZ, Epstein zeta function and toy p-branes, Class. Quant. Grav., 1991, 8, 75 - 81.

Shi X and Li XZ, The gravitational field of a global monopole, Class. Quant. Grav., 1991, 8, 761 - 767.

Li XZ and Zhang JZ, Superconducting strings from heterotic superstring, Phys. Rev. D, 1992, 45, 2888 - 2892.

Li XZ and Zhang JZ, Spinor structures of Bethe-Salpeter irreducible kernels, Phys. Rev. A, 1992, 46, 2250 - 2260.

Li XZ and Zhang JZ, Effective couplings of axigluons and technicolor pseudo goldstone bosons, Phys. Rev. D, 1992, 46, 5092 - 5097.

Li XZ and Zhang JZ, The solutions of the cosmic string loop equation, Phys. Lett. B, 1993, 312, 62 - 66.

Li XZ and Zhang JZ, Bound states of a fermion and a Dirac dyon, J. Phys. A, 1993, 26, 4451 - 4462.

Li XZ and Zhang JZ, Pair production of weak gauge bosons, J. Phys. G, 1993, 19, 1805 - 1810.

Li XZ, Dimensionally continued wormhole solutions, Phys. Rev. D, 1994, 50, 3787 - 3794.

Li XZ, Ni ZX and Zhang JZ, A new class of non-topological solitons, J. Phys. A, 1994, 27, 507 - 516.

Li XZ and Zhai XH, Fermion stars with a global monopole, Phys. Lett. B, 1995, 364, 212 - 215.

Li XZ and Cheng HB, The elliptic loop equation of cosmic string, Class. Quant. Grav, 1996, 13, 225 - 231.

Chen CM, Cheng HB, Li XZ and Zhai XH, Nonexistence of topological defects during inflation, Class. Quant. Grav., 1996, 13, 701 - 704.

Li XZ, Cheng HB, Li JM and Zhai XH, Attractive or repulsive nature of the Casimir force for rectangular cavity, Phys. Rev. D, 1997, 56, 2155 - 2162.

Li XZ, Zhai XH and Chen G, Boson D-stars, Astropart. Phys., 2000, 13, 245 - 252.

Li XZ and Lu JZ, Global monopoles in the Brans-Dicke theory, Phys. Rev. D, 2000, 62, 107501.

Li XZ, Hao JG and Liu DJ, Quasinormal modes of stringy black holes, Phys. Lett. B, 2001, 507, 312 – 316.

Li XZ, Hao JG, Liu DJ and Chen G, Gauged Q ball in a piecewise parabolic Potential, J. Phys. A, 2001, 34, 1459 – 1465.

Li XZ and Zhai XH, Rigorous proof of the attractive nature for the Casimir force of a p-odd hypercube, J. Phys. A, 2001, 34, 11053 – 11057.

Hao JG and Li XZ, Reconstructing the equation of state the tachyon, Phys. Rev. D, 2002, 66, 087301.

Li XZ, and Hao JG, Global monopole in asymptotically dS/AdSspace-time, Phys. Rev. D, 2002, 66, 107701.

Li XZ, Hao JG and Liu DJ, Quintessence with O（N）symmetry, Class. Quant. Grav., 2002, 19, 6049 – 6058.

Hao JG and Li XZ, Attractor solution of phantom field, Phys. Rev. D, 2003, 67, 107303.

Li XZ and Zhai XH, Tachyon inflationary models with exact mode functions, Phys. Rev. D, 2003, 67, 067501.

Hao JG and Li XZ, Phantom with Born-Infeld-type Lagrangian, Phys. Rev. D, 2003, 68, 043501.

Liu DJ and Li XZ, Born-Infeld-type phantom on the brane world, Phys. Rev. D, 2003, 68, 067301.

Li XZ and Hao JG, Kantowski-Sachs universe cannot be closed, Phys. Rev. D, 2003, 68, 083512.

Hao JG and Li XZ, Constructing dark energy models with late time de Sitter attractor, Phys. Rev. D, 2003, 68, 083514.

Li XZ and Hao JG, Phantom field with O（N）symmetry in an exponential potential, Phys. Rev. D, 2004, 69, 107303.

Hao JG and Li XZ, Phantom cosmic dynamics: Tracking attractor and cosmic doomsday, Phys. Rev. D, 2004, 70, 043529.

Liu DJ and Li XZ, Cosmological perturbations and noncommutative tachyon inflation, Phys. Rev. D, 2004, 70, 123504.

不懈探索宇宙奥秘　勤恳奉献多元智慧——著名理论物理学家李新洲传

Liu DJ and Li XZ, Non-commutative power-law inflation, Phys. Lett. B, 2004, 600, 1 – 6.

Hao JG and Li XZ, Phantom-like GCG and the constraints of its parameters, Phys. Lett. B, 2005, 606, 7 – 11.

Liu DJ and Li XZ, Dynamics of quintessence with thermal interactions, Phys. Lett. B, 2005, 611, 8 – 14.

Li XZ, Zhao YB and Sun CB, The heteroclinic orbit and tracking attractor in cosmological model, Class. Quant. Grav., 2005, 22, 3759 – 3766.

Liu DJ, Sun CB and Li XZ, Exponential Cardassian Universe, Phys. Lett. B, 2006, 634, 442 – 447.

Zhai XH and Li XZ, Casimir pistons with hybrid boundary conditions, Phys. Rev. D, 2007, 76, 047704.

Jin XH, Li XZ and Liu DJ, A gravitating global k-monopole, Class. Quant. Grav., 2007, 24, 2773 – 2780.

Liu DJ, Li XZ, Hao JG and Jin XH, Revisiting the parametrization of Equation of State of Dark Energy, MNRAS, 2008, 388, 275 – 281.

Li XZ, Xi P and Zhai XH, Global monopole surrounded by quintessence-like matter, Phys. Lett. B, 2008, 666, 125 – 130.

Li XZ, Sun CB and Xi P, Torsion cosmological dynamics, Phys. Rev. D, 2009, 79, 027301.

Feng CJ and Li XZ, Scalar Perturbation and Stability of Ricci Dark Energy, Phys. Lett. B, 2009, 680, 184 – 187.

Feng CJ and Li XZ, Viscous Ricci Dark Energy, Phys. Lett. B, 2009, 680, 355 – 358.

Feng CJ, Li XZ and Saridakis EN, Preventing eternality in phantom inflation, Phys. Rev. D, 2010, 82, 023526.

Zhang H, Li XZ, and Noh H, Brane tachyon dynamics, Phys. Lett. B, 2010, 691, 1 – 10.

Feng CJ and Li XZ, Quantum Spring from the Casimir Effect, Phys. Lett. B, 2010, 691, 167 – 172.

Zhang H, Li XZ and Noh H, Semi-holographic Universe, Phys. Lett. B, 2010, 694, 177 – 180.

Feng CJ, Li XZ and Shen XY, Thermodynamic origin of the Cardassian universe, Phys. Rev. D, 2011, 83, 123527.

Zhang H and Li XZ, De Sitter ground state of scalar-tensor gravity, JHEP, 2011, 1106, 043.

Ao XC, Li XZ and Xi P, De Sitter Gauge Theory of Gravity, JCAP, 2011, 1110, 039.

Zhai XH, Li XZ and Feng CJ, Fermionic Casimir effect with helix boundary condition, Eur. Phys. J.C, 2011, 71, 1654.

Li XZ, Xi P, and Zhang Q, Gravitating tensor monopole in a Lorentz-violating field theory, Phys. Rev. D, 2012, 85, 085030.

Xi P, Zhai XH and Li XZ, Alternative mechanism of avoiding the big rip or little rip, Phys. Lett. B, 2012, 706, 482 − 489.

Zhang H and Li XZ, MOND cosmology from entropic force, Phys. Lett. B, 2012, 715, 15 − 18.

Feng CJ, Li XZ and Xi P, Global behavior of cosmological dynamics, JHEP, 2012, 1205, 046.

Ao XC and Li XZ, Torsion Cosmology of Poincaré gauge theory and the constraints of its parameters, JCAP, 2012, 1202, 003.

Feng CJ, Shen XY, Li P and Li XZ, A New Class of Parametrizationfor Dark Energy Without Divergence, JCAP, 2012, 1209, 023.

Zhang H, Hayward S, Zhai XH and Li XZ, Schwarzschild solution as a result of thermodynamics, Phys. Rev. D, 2014, 89, 064052.

Li P, Li XZ and Xi P, Analytical expression for a class of spherically symmetric solutions, Class. Quant. Grav. 2016, 33, 115004.

Li P, Li XZ and Xi P, Black hole solutions in dRGT massive gravity, Phys. Rev. D, 2016, 93, 064040.

Li P, Li XZ and Zhai XH, Vaidya solution and its generalization in dRGT massive gravity, Phys. Rev. D, 2016, 94, 124022.

Huang Y, Liu DJ, Zhai XH and Li XZ, On the instability for massive scalar fields in Kerr-Newman spacetime, Phys. Rev. D, 2018, 98, 025021.

Li P, Huang Y, Feng CJ and Li XZ, Superradiant instabilities for a charged black hole in dRGT theory, Phys. Rev. D, 2020, 102, 024063.

不懈探索宇宙奥秘　勤恳奉献多元智慧——著名理论物理学家李新洲传

探寻昆虫奥秘　培育时代新人

——昆虫分类学专家李利珍传

李利珍（1956—　），山西榆次人。中国共产党党员。二级教授。1982年1月于山西农业大学植物保护学系毕业,留校任教。1992年1月,赴日本爱媛大学留学,获硕士和博士学位。1997年5月,回国后,在华东师范大学生物学博士后流动站从事昆虫分类学研究。1999年3月通过人才引进入职上海师范大学生命与环境科学学院生物系,从事教学和科研工作。历任生命与环境科学学院生物系系主任、上海市级生物科学与技术实验教学示范中心主任、上海市级精品课程《动物学》负责人、上海师范大学动物学学科带头人、上海师范大学校党委委员。

李利珍长期从事昆虫学教学和科研工作,曾任教育部高等学校教学指导委员会委员、中国昆虫学会理事、中国昆虫学会甲虫专业委员会副主任、中华人民共和国濒危物种科学委员会协审专家、上海市动物学会副理事长、上海市昆虫学会副理事长、上海市野生动植物鉴定中心专家、上海市自然保护区评审委员会委员、华东师范大学生命科学学院兼职教授,同时是日本昆虫学会、日本昆虫分类学会、日本鞘翅学会、美国 Kansas 昆虫学会会员。李利珍发现并发表世界上尚未记载的昆虫新种 540 种,新属 13 属。发表学术论文 285 篇,其中 SCI 论文 165 篇。他构建并开发了国内唯一的《中国隐翅虫数据库》,主编或参编学术专著和教材 19 部,译著 6 部。曾获国家授权发明专利 3 项、国家科技进步奖二等奖 1 项、省级科技进步二等奖 2 项、上海市科技进步奖三等奖 1 项、上海科普教育创新二等奖 1 项;上海市首届教学名师奖、上海市优秀共产党员、上海市劳动模范等称号。

胸怀大志报效祖国　投身科研精益求精

李利珍 1956 年 10 月出生于山西榆次。父亲少言寡语,为人和善,会多种手艺,亲手制作了家里许多的日常用具,还经常外出帮人做零活。父亲喜欢打猎,每逢冬天下雪后就上山打猎,常带着野鸡、野兔、山羊回来。故家里

李利珍

虽不富裕,但冬天还是能吃上肉。母亲是一名家庭主妇,虽然没有读过书,但聪明贤惠,知书达理,善于勤俭持家,尤其做得一手好饭菜,邻居们经常上门向她讨教。李利珍有两位姐姐和一位妹妹,从小生活在一个温馨的家庭里。受父亲的影响,他从小喜欢摆弄家里的各种工具,学着大人做事。

李利珍小学时成绩一般,到初中后学习成绩迅速提高,尤其喜欢数学,对解析各类代数和几何题颇感兴趣。他记得数学老师非常和善,允许学生在课堂上打断授课及时提问,这使他逐渐养成了在课堂上与老师探讨解题思路和方法的习惯。1973年虽然是"文化大革命"时期,但邓小平复出主持国务院工作,恢复了高中考试制度,李利珍成功考取了榆次市张庆中学。高中学习实行住校管理,生活条件好了不少。班主任是一位资深而严肃的物理老师,讲课极好,令李利珍对物理学产生了浓厚的兴趣。李利珍回忆道:"老师看出了我的兴趣爱好,于是教室的灯泡坏了就让我去换,有些实验课也叫我与他一起准备,这对我的鼓励很大"。当时的物理教材比较简单,李利珍就从学校图书室借来力学、电学、光学方面的图书,以及《十万个为什么》等书籍自学,与同学一起用漆包线和铁芯自制电动机。

1975年高中毕业回乡后,喜欢理工科的李利珍被指派到一个村办机电修配厂,做了一名车工。修配厂很小,但车、钳、铆、焊样样都有,负责全村的机电、水泵、脱粒机、拖拉机和汽车的维修。虽然只有十多名员工,但个个都是挑选出的能工巧匠,空闲时间他喜欢到不同的工种岗位去玩,从师傅们身上学到了不少书本上学不到的实践经验。李利珍的学历是当时修配厂里最高的,所以领导安排他负责各种计算和绘图方面的工作。由于当年大搞农田水利基本建设,用来灌溉农田的水泵严重不足,后来村里决定采购潜水泵原材料,再自己加工制造。李利珍参与了从泵体加工到电机绕组的设计和计算等多项工作,成功制造出多台潜水泵,解了燃眉之急。当时的电力供应也不足,经常停电,高音喇叭不能广播,就无法通知和安排各类农事活动,迫切需要一台发电机。领导把这个任务交给了李利珍,他用电动机成功改制了一台小型发电机,受到领导表彰。此外,他还参与了仿制大型脱粒机、播种机、切草机等农业机械的工作。总之,在回乡的三年时间里,李利珍认为自己的实践能力得到了锻炼和提高,过得很充实,生活得很开心。

大学时期的李利珍(1979年)

1977年"文化大革命"结束后恢复了高考制度,李利珍报名参加了高考,被山西农业大学录取,学习植物保护专业(包括昆虫学、植物病理学和植物化学保护三个方向)。"文化大革命"结束后,进入改革开放新时期,全国人民欢欣鼓舞,要把损失的时间追回来,大家都憋着一股劲,专心致志搞经济建设。在当时的形势和气氛下,作为恢复高考后的第一批大学生,自然备受关注,被寄予厚望。李利珍在山西农大忘我地刻苦学习,几乎每天晚上都要自习到10点钟以后才离开教室或图书馆。大学四年来,李利珍的各门课程学习成绩优秀,毕业后留校任教,从此开始了他的教学和科研生涯。

留校后,李利珍被分配到昆虫学教研室工作。他很快意识到,我国地大物博,跨越古北区、东洋区两大动物区系,昆虫资源极为丰富,种类至少在15万种以上。然而,当时国内已知的昆虫种类仅约3万种,其中绝大多数还是由外国人鉴定和命名的,模式标本流落海外(模式标本是独一无二的,物种鉴定上出现的任何问题都需通过它来解决),给我国的昆虫学研究带来了很大困难。面对这种状况,李利珍回忆说:"作为祖国和人民培养的新一代昆虫学工作者,当时的心情是十分沉重的。从那时起就,我就下定决心,一定要为我国的昆虫学事业努力工作"。从此他义无反顾地走上了昆虫资源和区系研究的道路。

昆虫种类很多,研究不可能面面俱到,必须选一个类群作为主攻方向,李利珍首先遇到的难题就是如何选题。选题很大程度上关系到研究的成败。他认为理想的研究类群应该既不能太大,也不能太小;既不能太难,也不能太易。因为太大了,标本虽然容易采集,但文献资料很难收全;太小了,资料容易收集,但标本很难采集;太容易了,大家都能做,研究基础就好,很难有新突破;太难了,研究的人就少,缺乏资料,研究会困难重重。所以为了选出一个合适的类群,李利珍查阅了大量的国内外资料,发现鞘翅目中的隐翅虫科适合探索。他总结出这个科的几个优点:首先类群较大,当时全世界已知 3 万多种,标本好采集;其次国外对隐翅虫的研究很多,有很多文献资料,鉴定上比较容易;第三是国内还几乎没人对此类群做过深入研究,我国虽然已记载 1 000 多种,但几乎都是由外国人研究的,按照"全球十分之一规律"计算,我国至少应该记载 3 000 种,可见我国未知种类很多,研究的潜力很大。

有了研究方向,还差贵人引路。巧的是,当时分管学校科研的副校长、著名昆虫学家李连昌教授正是他的指导教师,可谓李利珍科研道路上的首位"伯乐"。李校长非常理解和支持他的工作,希望他能拓宽研究领域并在隐翅虫分类方面有所作为,还邀请他参加了许多科研项目,在科研经费上给予很多帮助。1980 年代初期的研究室还没有计算机,李利珍就用打字机开始整理资料,打了数万张卡片。他至今仍记忆犹新,由于当时国内的研究基础几乎是零,许多重要的文献资料在国内没有馆藏,也没有标本的积累,导致研究工作进展缓慢,使得他有点不知所措。李校长得知情况后,鼓励他:有句古话叫"千里之行,始于足下",你要想登上泰山之巅,就必须从山脚下一步一步攀登。这句话对李利珍的影响很大,在他日后的科研生涯中内化为一种锲而不舍的精神。李利珍逐渐认识到,要想加快研究的步伐,最好的途径就是出国留学,收集国外的文献资料,查看国外的模式标本,学习国外的先进技术和经验。

1992 年 1 月,李利珍通过国外同行邀请,走出国门,东渡日本,来到昆虫分类学家聚集的日本爱媛大学留学,师从宫武睦夫先生。爱媛大学有采自世界各地的大量昆虫标本(标本拥有量在日本排名第三位),藏有大量昆虫分类的文献资料。怀着报效祖国和人民的满腔热情,李利珍再次投入紧张的学习生活中,他惜时如金、争分夺秒,在实验室埋头苦干,孜孜不倦地研究国外先进的技术和经验。5 年的寒窗苦读,终于结出了累累硕果,他不仅如期获得了硕士、博士学位,而且在尖腹隐翅虫这一研究领域中,发现了 31 个新种、1 个新属、1 个古北区新记录属、2 个日本新记录属,建立了 8 个新组合种,纠正了一批错误学名。他在日本的《昆虫学报》和《昆虫分类学报》等著名学术刊物上正式发表论文 20 余篇,成了当时在日本尖腹隐翅虫研究领域中发现新种最多、研究最详细的学者,受到了导师和同行专家的高度评价。

为此,他连续 5 年获得日本政府(文部省)的最高奖学金。

当时,许多同学毕业后都纷纷留在国外工作,而身为共产党员的李利珍不留恋国外的生活,他谢绝了加拿大国家农业研究中心 Smetana 教授和美国国家自然博物馆 Herman 馆长的工作邀请,于 1997 年毅然回到了祖国,投身到改革开放和建设祖国的行列中。为使研究工作更顺利开展,他来到华东师范大学著名动物学专家堵南山教授的门下,开始为期两年的博士后研究。李利珍运用自己在国外学到的先进的研究方法,潜心钻研,结合现代计算机技术,编制了一套隐翅虫昆虫分类辅助鉴定数据库。这一新的科研方法,为传统的昆虫分类学注入了新的活力,改变了以往分类学工作繁琐的卡片式查询方法,大大提高了工作效率和鉴定的准确性。一些国内外学者慕名专程前来学习这套软件的使用方法。缺乏经费资助,李利珍就自筹资金,他爬山涉水,实地考察,足迹遍及祖国的大江南北,采集大量研究标本,很快发现了我国的一批昆虫新种,填补了我国在尖腹隐翅虫分类研究领域中的空白,基于李利珍取得的突出成绩,1998 年他荣获"上海市优秀博士后"的称号。

一生执著昆虫研究　科研科普深度融合

完成博士后研究后,李利珍被上海师范大学生命与环境科学学院作为学术人才引进,专门从事昆虫分类、昆虫资源调查以及农业害虫综合治理方面的教学和科研工作。他的主要成绩和贡献体现在以下几个方面:

(一)野外采集不辞辛劳,潜心研究著作等身

曾有记者采访李利珍时,把他比喻成当代李时珍。两人不仅姓名只有一字之差,与遍尝百草、采药九州的先辈相比,李利珍的标本采集地也覆盖了约 30 个省份,只不过他采的都是"虫",整天忙于编录一部《本"虫"纲目》,为数万种昆虫制作"身份证"。四十多年来,李利珍每年都利用寒暑假去野外考察,采集标本,足迹遍布祖国的大江南北。他在新疆、吉林、山西、四川、湖北、浙江、福建等地的原始森林和自然保护区,在十分艰苦和危险的条件下,采得数以万计的昆虫标本,发现了我国许多昆虫新种。

野外考察充满艰辛,李利珍就遭遇过隐翅虫的毒手。一次,他在溪边点着夜灯,招来的小虫飞进了他的脖领,他下意识地扑打了一下,没想到竟是最熟悉的毒隐翅虫——这下糟了!这种橙黑相间的毒隐翅虫,不足 1 厘米

长,体液带毒,被拍后在皮肤上留下一道红印。一两天后,引发皮炎,感觉火烧一般。过了半月,伤处变黑,才逐渐恢复。还有一次去西双版纳的自然保护区,李利珍一失足踩进了马蜂窝,一只脚上顿时被叮上十几只马蜂。尽管隔着长裤子,脚踝上方仍迅速肿起,就像打了绑腿。深山老林里,得开一天车才能送医,李利珍等腿麻掩盖住了疼痛,咬咬牙继续上路。幸好只是土马蜂,如果是大马蜂,可能有性命之虞,至今在他脚腕处仍隐约可见当时留下的疤痕。

2005 年 7 月,李利珍在云南西双版纳采集昆虫样本

　　2000 年夏季的一个周末,李利珍骑着摩托车在上海佘山采集,在稻田田埂的草丛里,发现了一种仅约 1.5 毫米大的罕见的隐翅虫,仔细观察它竟然是珍稀的铠甲亚科的物种。由于当时上海还没有记载过此类昆虫,他非常兴奋,趴在地上一采就是几个小时。后来经鉴定,果然是一个隐藏在高度城市化、人工化大都市中的新物种。在回家的路上,由于激动和兴奋导致注意力不够集中,李利珍为了躲避横穿马路的老太太,竟连人带摩托车倾翻在公路边沟里,摩托车重重地压在腿上,幸亏一位路人帮忙扶车,他才能站起来,但腿上留下的伤疤至今还清晰可见。

　　几次三番受伤,他却仍不怕虫咬,不畏艰辛,哪里"原始"去哪里。长白山地下森林,最令李利珍兴奋。那里枯叶及膝,像踩在雪地里。他告诫身边

3 名师生,若离开栈道百米,务必及时回到栈道。自己却只身带着采集工具,一网一网地筛落叶,不知不觉中他深入林中竟迷失方向,找不到栈道了。李利珍只得孤注一掷,朝一个方向死命地走。尽管是走错了方向,但他最终幸运地在落日时回到同伴身边。每每提起野外采集的艰辛,李利珍常说,从事昆虫学研究的科技工作者都会遇到艰难和危险,他并不比其他人付出得多,相反他觉得能从事这项科研工作是他的幸运,这既是他的兴趣爱好,也是他一生的事业。几十年来,无论酷暑还是严寒,白天或是夜晚,李利珍都会开展野外采集的工作,但凡有一点新的发现,都会让他感到无比激动,任何苦和累对于他都不值一提。

长期的标本积累已经使得上师大昆虫标本室成为了沪上高校中最大的昆虫藏馆,在桌上、橱里以及橱顶,都叠放着带玻璃盖的标本盒。据不完全统计,这个"环境昆虫学实验室"保存了 30 万号昆虫标本,其中大约有 10 万号隐翅虫标本大多是李利珍带领着学生们从野外采集、灭活防腐后制作而成的。这些在常人眼里几乎没啥差异的标本,在他眼里却是宝贝,每头虫子采集后都会在显微镜下测量、拍摄、解剖,甚至连腹部末端有几根毛都记录在案。

随着研究工作的深入开展,李利珍每年都有大量的科研论文在国内外重要学术刊物上发表,尤为难得的是一些国外的重要期刊都来约稿。李利珍主编或参编出版了中国甲虫名录隐翅虫科英文版 *Catalogue of Chinese Coleoptera: Staphylinidae*(科学出版社,2019)、《中国甲虫图鉴:隐翅虫科》(海峡书局,2020)、《多彩的昆虫世界》(上海科学普及出版社,2005 年)等学术专著或教材 19 部、译著 6 部。公开发表论文 285 篇,其中 SCI 论文 165 篇。构建并开发了国内唯一的《中国隐翅虫数据库》,获国家授权发明专利 3 项。发现并发表世界上尚未记载的昆虫新种 540 种,新属 13 属。这些发现,极大丰富了中国和世界昆虫区系的信息,为隐翅虫的深入研究奠定了基础。

他主持和参与国家自然科学基金、教育部、省市级科研项目 20 余项,其中两项获省级科技进步二等奖,一项省级科技进步三等奖。《人民日报》(海外版)、《文汇报》、《环球时报》(英文版)、《上海日报》(英文版),以及上海电视台等多家媒体曾报道他的科研成果,为学校赢得了荣誉。李利珍还与美国、德国、英国、法国和意大利等国家的一流专家学者开展合作和学术交流,每年国外相关领域的专家前来学校举行学术报告,使上海师大昆虫实验室的科研工作始终走在国际同类研究的前缘。

《环球时报》英文版报道了李利珍科研
事迹"Beetlemania"（2014 年）

（二）昆虫世界丰富多彩，科研成果屡屡获奖

经年累积，李利珍忠实记录下这个"多彩的昆虫世界"，他与赵梅君教授
合著了同名生态图集《多彩的昆虫世界——中国 600 种昆虫生态图鉴》（上

2009 年，李利珍荣获国家科技进步奖二等奖

523

海科学普及出版社 2005 年版），展示了 600 余种昆虫在自然环境下的生活状态。图集中的每一张照片都是他们扛着沉重的微距摄影器材，静静守候多时才拍到的。这部饱含科学精神和科学审美的大作，与众多科研成果一起获得了 2009 年国家科技进步奖二等奖，这是目前为止以上海师大教师为主要完成人获得的最高奖项。

《多彩的昆虫世界》一书以野外昆虫生态图片为主要表现手法，形象而直观地讲解了我国昆虫绝大部分类群的形态特征、生活方式和生存环境，深入浅出地介绍了昆虫标本的采集、制作、保存方法以及昆虫民俗文化等，让读者在畅游昆虫世界的同时，认识昆虫、热爱昆虫，从中得到科学与艺术的熏陶，更好地了解我国昆虫的多样性和复杂性。该书一经出版，便深受广大读者喜爱，也得到专家和社会各界的一致好评。著名昆虫学家、中国科学院院士尹文英研究员从"原创性著作""立足中国种类""观赏性强""科普性强""专业参考价值高""作者专业基础扎实"等方面给予该书高度评价。①

自 2005 年 1 月出版以来，该书先后获得上海书展 10 种沪版推荐图书、科学时报读书杯科学文化科学普及佳作奖、上海市书刊印制质量一等品奖（2005 年）；上海市优秀科普作品奖、上海书展图书印制质量抽检优质品奖（2006 年）；国家图书馆文津图书奖推荐图书（2007 年）；上海市科技进步奖二等奖（2008 年）。并曾作为上海市青少年"探索昆虫世界奥秘"科技实践活动辅导教师培训班指定教材（2006 年）；上海市"生物多样性和自然保护"教师培训班指定教材（2007 年）；上海市"校园生物多样性教育资源的开发"中小学专业教师培训班指定教材（2008 年）。此外还被许多高校作为大学生动物学专业野外实习的参考书。

（三）专业咨询服务社会，百家讲坛科普大众

获得第五届全国职工微电影大赛银奖的纪录片"打开昆虫世界的大门"描述了李利珍带领的上师大昆虫研究团队，经过 30 多年的不懈努力，发现了 650 多个昆虫新物种的故事。开篇第一个桥段就是李利珍利用专业知识服务社会的真实写照。6 月的一天，上海师范大学徐汇校区生物系李利珍狭小的办公室里，放着一份上海海关派人送来鉴定的急件。小小的纸箱里，装着

---

① 尹文英：《多彩的昆虫世界——中国 600 种昆虫生态图鉴·序言》，上海科学普及出版社 2005 年版。

数百个报纸包裹的薄薄三角包。李利珍小心地剥开报纸，只看了一眼就立刻认出，这是我国二级保护动物——三尾凤蝶。一个收音机大小的纸盒里装着300多头三尾凤蝶标本，这是《濒危野生动植物种国际贸易公约》明文禁止交易的保护动物，根据规定，仅仅捕20头就已属于情节严重的犯罪行为了。李利珍慎重地写下了鉴定结果。

李利珍还接待过民间的专业咨询，他记得有一对老夫妇特意从几十公里外的宝山区赶来，他们在家中发现了一种从没见过的小虫，担心不明昆虫"入侵"，引发家庭虫灾。夫妇俩从报纸上听说李利珍是"研究虫子"的，专程来此请他来鉴定。李利珍看了看他们掏出的小玻璃瓶，耐心地解释道，这些虫子只不过是偶尔从窗外飞进屋的，无法在室内安家落户。他还翻出自己收集的昆虫数据库，两位老人看过小虫的"身世"，放心地走了。学校附近的居民家里有了蟑螂、螨虫，阳台养殖的花草生了害虫，地板被白蚁蛀了，经常会打电话或亲自到研究室来咨询害虫防治的办法，李利珍都会耐心地一一解答。

其实，早在2002年，李利珍就接受中央电视台"百家讲坛"栏目邀请，作了时长50分钟的题为"中国昆虫分类现状和国外研究动态"的讲座，得到了广大观众的好评。他还参加"上海市科技节"、上海科技馆"生物万象"等工程的建设，长期担任全国和上海市的"青少年科技创新大赛""明天小小科学家"以及上海市的"明日科技之星"等赛事的评委，全国"生物奥赛"上海市代表队的昆虫学知识培训工作以及上海市举办的"Bioblitz"青少年活动的辅导工作等。李利珍精通英语、日语、德语等，他主译了《21世纪少年儿童科学百科》（浙江教育出版社，1999年）和《21世纪少年儿童科学教室》（浙江少年儿童出版社，2001年）等科普书籍，为科学普及作出了较大的贡献，取得了良好的社会反响。此外，"环境昆虫学实验室"，这个沪上高校最大的昆虫藏馆，也会定期向全校师生和社会公众免费开放，李利珍和他的学生团队也会热心地为大众普及科学知识，介绍丰富多彩的昆虫世界。

三尺讲台默默耕耘　桃李芬芳教泽绵长

李利珍长期奋斗在教学第一线，十分重视本科生和研究生的教学工作，他坚持每年讲授多门本科生和研究生课程，坚持认真教书、一丝不苟，精心育人、兢兢业业，得到了学生们的一致好评。1999 年以来，李利珍开设和讲授了《动物学》《昆虫学》《普通生物学》和《环境保护概论》等本科专业必修课程，以及《生物多样性原理及其方法》《动物分类学原理和方法》《动物生态学》等研究生课程和实验教学。他不断改进和创新教学方法，利用自己的计算机特长，精心制作教学课件，注重理论联系实际，加强与学生的交流互动，取得了良好的教学效果。2011 年，由李利珍和俞伟东负责的上海市教委《动物学》重点课程建设项目完成了计划书中的各项指标，在"实验和实习的内容改革、教材和教参的修撰编写、课件和网站的制作建设"中取得了突出的教学成果，达到了同类课程建设的先进水平，通过了华东师范大学、上海交通大学动物学专家的评审验收，并建议申报教学成果奖。《动物学》课程在当年不负众望，荣膺了"上海市精品课程"称号。

李利珍宽厚仁慈、平易近人，对待学生就像对待自己的孩子一样。他经常询问学生的学习和科研进展情况，耐心倾听学生们的心声，及时指导和帮助学生，在学生身上投入了大量的时间和精力。在与学生的交流过程中，他总是循循善诱，通过摆事实和讲道理，用自己的人生体验和感悟来教育引领学生树立远大理想，立志报效祖国。比如生物科学专业有这样一名学生，刚入学时纪律比较松散，学习也不够努力，导致许多课程的考试成绩都不理想，但自从进入昆虫实验室后，在李利珍的影响和引导下，该生学习成绩从班里中下游水平提高到名列前茅，还决心要在生命科学领域中做出一番事业。此外，每当遇到学生生病，李利珍总是记挂在心，不时询问病情，尽自己所能帮助学生解决生活、工作中的碰到的实际困难。

李利珍在学业上对学生要求十分严格，在他的悉心指导下，他的多名研究生在国内外重点刊物发表论文，多人获得国家奖学金和上海优秀毕业生等荣誉。在他指导的本科生中，有的学生以优异的成绩直升硕士研究生，有的学生在学校科研评比中获得"学思杯"和"校长奖学金"等荣誉。李利珍对学生倾囊相授，鼓励和扶植年轻人在学术上尽快成长，论文发表时把第一作者的机会无私地让给学生。他经常对学生讲，"振兴我国的昆虫事业，希望寄托在你们身上"。李利珍教书育人、甘为人梯，无私奉献、忘我工作的精神深深感染着学生，在他的影响下，环境昆虫学实验室的学生勤奋好学、积极进取、成果丰硕，为全系的学生树立了榜样。环境昆虫学研究室在李利珍的带领下，培养出一大批昆虫分类人才，毕业留校的几位青年教师，不仅是昆

李利珍与学生交流、谈心（2010 年）

虫学界非常活跃的知名"昆虫迷"，而且专业水平过硬，受到国内外同行专家的赞扬。

教学科研无私奉献 伉俪事业比翼齐飞

李利珍科研教学水平高，管理能力也出众。他常常能从大局出发，把国家和集体的利益放在第一位，立党为公，无私奉献。1999 年夏，新组建的实验室里增加了几个做毕业论文的学生，一时间实验室的电脑及外围设备不够用了。为了不影响科研和教学质量，当时李利珍就用自己的工资买了一台扫描仪和一台打印机，还将自己从国外带回的一台苹果电脑和专用打印机也搬到实验室让大家公用。在他的实验室里到处可以看到他的个人财产。当有人问起他为何这样做时，他总是说："实验室的建设也需要国家、集体和个人共同来参与"。

进入 21 世纪，李利珍先后被推选为生物学系的实验室主任、生物科学和生物教育专业负责人、系主任等职务，他组织动物学教师，成功申报了动物学硕士点。在工作中，他始终以一个共产党员的标准严格要求自己，勤奋、廉政，从不为自己谋私利，用他自己的话说就是"大家推选我做系主任，是大家给了我一个为大家服务的机会"。他是这样说的，也是这样做的。除学科建设和日常教学管理事务外，教职工的生活他也常放在心上，哪位教师家里有事，身体抱恙，他都会嘘寒问暖，抽时间家访，使这些教师感到了组织的关怀和集体的温暖，激发了他们工作的热情，同时增强了院系集体的凝聚力。

2002 年，正值生命与环境科学学院启动徐汇校区、奉贤校区两校区办学，在教学计划、实验室设置、仪器设备的管理等方面都需要做大幅调整。在此期间，他和其他教师一起，利用课余时间，频繁往返于两校区做协调工作，理顺各方关系，并亲自参与改建实验室、配置仪器设备和协调师资等工作。他的家就在学校附近，但是他以校为家，一日三餐都在学校食堂解决，每天工作到晚上十点左右才回家，节假日也不例外。在李利珍的带领下，两校区生物系的合并工作紧锣密鼓地部署、有条不紊地推进，最终妥善地完成了各项调整工作，生物系的面貌也焕然一新，工作蒸蒸日上。

李利珍事业上的成功，离不开夫人赵梅君的默默支持。40 多年前，李利珍考入山西农大植物保护系，结识了同班同学赵梅君。两人双双毕业留校，从教多年后赶上"留学潮"，又相继赴日攻读硕博。昆虫是大自然中花粉传播的媒介，也是他们的"媒人"。虫鸣的季节，逢上周末，他们会骑着摩托车，到学校周边的山林中采集昆虫样本。学成后，两人双双归国，先后调入上海师大从事昆虫学研究工作。在事业上，他们互相勉励，携手共进；在生活中，他们同甘共苦，相濡以沫，曾获上海市五好文明家庭、上海市教育系统比翼双飞模范佳侣和模范佳侣标兵等荣誉称号。

李利珍夫妇的实验室在上海师大第一教学大楼，仿佛一座昆虫博物馆，隐翅虫是他们的宝贝。人虫共处一室，"虫媒现象"在实验室十几名学生中也传播开来。他的博士大弟子汤亮、二弟子胡佳耀留校任教，都与当年的实验室"室友"成了家。当年在读的博士生、如今也留校成为实验室顶梁柱的殷子为也是"夫妻档"，其他已毕业离校的同学还有好几对。李利珍笑着说："他们总是悄悄地，一开始不让人知道，后来才告诉我们。"

不止一个人问过这对"昆虫伉俪"：研究这些小虫子有什么用吗？"'有用'只是最后一步。"李利珍语气坦然，带着远见。在那些标本盒中，每根标本针的底下都插着一张小纸片，类似"出生牌"。如果标牌是红色的，就代表这头标本是首个被报道的新种,且独此一件物证。李利珍不无遗憾地说,从前中国昆虫学家研究国内新种,不得不去海外博物馆讨要"红牌标本",因为老外从19世纪起就来华搜集虫种。李利珍每每端详这些"红牌"小虫,就爱不释手。他说,隐翅虫潜在的用处或许不少,比如它们食肉,飞行速度快,可捕小害虫;它们也食腐,可分解动植物残体,成为大自然的"清道夫"。

李利珍已于2020年办理了退休手续,但他退而不休,依旧以饱满的精神投身于教学科研和社会活动,延续着他退休前忙碌而充实的工作节奏。他最大的愿望就是培养更多青年学子对昆虫分类学的浓厚兴趣,并有志于加入他们的研究团队,共同为"既辛苦又快乐"的昆虫分类学事业不懈奋斗。李利珍在追求科学研究与教书育人的道路上,步履不停,求索不止。他开拓进取、奋发图强、正直无私、关爱学生的师德风范和人格魅力鼓舞和激励着一代代学子努力攀登科学高峰。

(蒋韦斌 撰文)

附一:李利珍简历年表

1956年10月	出生于山西省晋中市榆次区张庆乡演武村。
1965年9月—1970年12月	山西省榆次市张庆演武学校学习(小学)。
1971年1月—1972年12月	山西省榆次市张庆演武学校学习(初中)。
1973年1月—1975年1月	山西省榆次市张庆中学学习(高中)。
1975年2月—1978年2月	山西省榆次市张庆演武机电修配厂车工。
1978年3月—1982年1月	山西农业大学植物保护系学习。
1982年2月	晋升为助教。
1986年1月	加入中国共产党。
1986年8月	《吕梁旱作枣树丰产技术的开发研究》获山西省科技进步二等奖(参加)。
1986年12月	晋升为讲师。
1991年9月	获山西农业大学"教书育人"先进个人。
1992年2月—1997年4月	获日本文部省奖学金。

1992 年 1 月—1994 年 3 月	日本爱媛大学农学部留学（硕士）。
1994 年 4 月—1997 年 4 月	日本爱媛大学大学院连合农学研究科留学（博士）。
1995 年 9 月	《枣粘虫性信息素应用研究》获山西省科技进步二等奖（第三完成人）。
1997 年 5 月—1999 年 2 月	华东师范大学生物系博士后流动站研究（博士后）。
1998 年 12 月	获"上海市优秀博士后"。
1999 年 3 月	晋升为副教授。
1999 年 11 月	获"'99 上海科技节先进个人"。
2000 年 11 月	获日本"明治乳业生命科学奖"。
2001 年 9 月	获上海师大"校先进个人"和"上海师大优秀中青年学术骨干"。
2002 年 1 月	晋升为教授。
2002 年 3 月	任上海师大生命与环境科学学院生物系主任。
2002 年 11 月	获上海师大"校先进个人"。
2003 年 1 月	《尖腹隐翅虫分类研究》获上海市科技进步三等奖（第一完成人）
2003 年 6 月	获"上海市优秀共产党员"。
2003 年 11 月	获首届"上海高校教学名师奖"。
2004 年 3 月	获"上海市教育系统比翼双飞模范佳侣"。
2005 年 6 月	获上海师大"教学标兵"。
2005 年 3 月—2022 年 12 月	任上海市动物学会副理事长。
2008 年 9 月	获上海师大"师德楷模"。
2008 年 5 月	任上海市级"生物科学与技术实验教学示范中心"主任。
2008 年 12 月	《多彩的昆虫世界》（主编）获上海市科技进步二等奖（第二完成人）。
2009 年 12 月	《多彩的昆虫世界》（主编）获国家科技进步二等奖（第二完成人）。
2010 年 4 月	获"上海市先进工作者"（劳模）。
2010 年 3 月—2019 年 12 月	任上海昆虫学会副理事长。
2012 年 12 月	获"上海科普教育创新奖二等奖"（科普贡献奖）。
2013 年 1 月	聘任为二级教授。

2013 年 4 月—2017 年 4 月	任教育部高等学校大学生物学教学指导委员会委员。
2013 年 11 月	《生物学基础实验平台建设与课程体系改革》获上海市教学成果二等奖(第四完成人)。
2014 年 4 月	获"上海市教育先锋号"(上海师大昆虫学研究室)。
2014 年 8 月—2023 年 7 月	任中国昆虫学会甲虫专业委员会副主任。
2016 年 3 月	获"上海市教育系统比翼双飞模范佳侣标兵"。
2016 年 10 月	获"上海市五好文明家庭"。
2017 年 10 月	任中国昆虫学会理事。
2018 年 1 月	《打开昆虫世界的大门》获第五届全国职工微电影大赛(纪录片)银奖。
2019 年 6 月	任山西农业大学上海校友会会长。
2020 年 10 月	退休。

附二：李利珍主要论著、科研项目目录

(一) 著作

《农业昆虫学(北方本)》(参编)，天则出版社 1990 年版。

《中国枣树害虫》(参编)，农业出版社 1992 年版。

《二十一世纪少年儿童科学百科》(主译)，浙江教育出版社 1999 年版。2001 年获第四届全国优秀科普作品三等奖。

《21 世纪少年儿童科学教室》(主译)，浙江少年儿童出版社 2001 年版。

《科学宝库》(主译)，吉林美术出版社 2001 年版。

《多彩的昆虫世界——中国 600 种昆虫生态图鉴》(主编)，上海科学普及出版社 2005 年版。2009 年获国家科技进步二等奖。

《动物学》高等师范院校新世纪教材(参编)，科学出版社 2007 年版。

《浙江天目山昆虫实习手册》(副主编)，中国林业出版社 2009 年版。

《十万个为什么(第六版)——动物》(参编)，少年儿童出版社 2013 年版。

《动物学实验指导》(主编)，科学出版社 2014 年版。

《动物学野外实习指导》（主编），科学出版社 2014 年版。

《中国昆虫模式标本名录（第 3 卷）》（主编），中国林业出版社 2014 年版。

《秦岭昆虫志：鞘翅目一》（副主编），世界图书出版公司 2018 年版。

《天目山动物志（第六卷）》（副主编），浙江大学出版社 2018 年版。

Catalogue of Chinese Coleoptera Vol.3, Staphylinidae. (Chief Editor) Beijing: Science Press, 2019.

《中国甲虫图鉴：隐翅虫科》（主编），海峡书局 2020 年版。

《罗霄山脉动物多样性编目》（主编），科学出版社 2022 年版。

《浙江昆虫志（第五卷）》（主编），科学出版社 2024 年版。

（二）论文

Two new species of the genus *Tachinus* (Coleoptera, Staphylinidae) from the Ryukyu Islands, Southwest Japan. Jpn. J. Ent., 1994, 62.

A revision of the genus *Tachinus* Gravenhorst (Coleoptera, Staphylinidae) of Japan I. Jpn. J. syst. Ent., 1995, 1.

A revision of the genus *Tachinus* Gravenhorst (Coleoptera, Staphylinidae) of Japan, II. Jpn. J. syst. Ent., 1995, 1.

Descriptions of three new species of the genus *Ischnosoma* (Coleoptera, Staphylinidae) from Japan. (Collaboration) Jpn. J. syst. Ent., 1996, 2.

The genus *Tachinus* (Coleoptera, Staphyliniade) from the Himalayas with descriptions of three new species. Jpn. J. Ent., 1996, 64.

The genus *Bryophacis* Reitter (Coleoptera, Staphylinidae) new to Japan, with description of a new species. Jpn. J. syst. Ent., 1997, 3.

A study on the Japanese species of genus *Bolitobius* Samouelle (Coleoptera, Staphylinidae). Jpn. J. syst. Ent., 1998, 4.

A revision of the genus *Lordithon* (Coleoptera, Staphylinidae) of Japan. Jpn. J. syst. Ent., 1999, 5.

A new genus of the subfamily Tachyporinae (Coleoptera, Staphylinidae) with description of a new species from Japan. Jpn. J. syst. Ent., 2000, 6.

Micropeplusshanghaiensis, a new species (Coleoptera, Staphylinidae) from shanghai, East China. Jpn. J. syst. Ent., 2001, 7.

A new species of the genus *Tachinus*（Coleoptera，Staphylinidae）from Mt. Emei，Southwest China. Spec. Bull. Jpn. Soc. Coleopterol.，Tokyo，2002，5.

Tachinus andoi，a new species from Hubei，Central China（Coleoptera，Staphylinidae）. Ent. Rev. Japan，2003，58.

A new species of the genus *Tachinus* from Yunnan，Southwest China（Coleoptera，Staphylinidae）. Jpn. J. syst. Ent.，2004，10.

Three new species of the group of *Stenus cirrus*（Col.，Staphylinidae）from China. Elytra，Tokyo，2005，33.

Two new species of the genus Quedius from Tibet，China（Coleoptera，Staphylinidae）. Ent. Rev. Jpan，2006，61.

A review of the genus *Coryphium* Stephens（Coleoptera，Staphylinidae）of China. Dtsch. Entomol. Z.，2007，54.

Contributions to the Knowledge of the Genus *Bolitogyrus*（Coleoptera，Staphylinidae）of China. Ent. Rev. Jpan，2007，62.

Three new species of Stenus cirrus-group（Coleoptera，Staphylinidae）from Guangdong，South China. Ent. Rev. Jpan，2008，62.

Discovery of the genus *Acrolocha* Thomson（Coleoptera，Staphylinidae，Omalinae）of China with description of a new species. Dtsch. Entomol. Z.，2009，56.

Taxonomical study on the genus *Pselaphodes* Westwood（Coleoptera，Staphylinidae，Pselaphinae）from China. Part I. Zootaxa，2010，2512.

Notes on the *Nazeris* fauna of Yunnan Province，China（Coleoptera，Staphylinidae，Paederinae）. ZooKeys，2011，84.

Five new species of the *Stenus indubius* group（Coleoptera，Staphylinidae）from China. ZooKeys，2012，165.

On the identity of *Pselaphodes walkeri*（Sharp，1892）（Coleoptera，Staphylinidae，Pselaphinae），with description of a new related species. Zootaxa，2013，3609.

Revision of the Oriental genus *Horniella* Raffray（Coleoptera，Staphylinidae，Pselaphinae）. Zootaxa，2014，3850（Monograph）.

Redescription of *Oedichirus flammeus* Koch，and description of two new Oedichirus species from China（Coleoptera，Staphylinidae，Paederinae，Pinophilini）. Zootaxa，2015，3911.

A new species and additional records of *Lobrathium* Mulsant & Rey（Coleoptera，

探寻昆虫奥秘　培育时代新人——昆虫分类学专家李利珍传

Staphylinidae, Paederinae) from South China. ZooKeys, 2016, 568.

Four new species of *Nazeris* Fauvel in Guangxi, China (Coleoptera, Staphylinidae, Paederinae). Zootaxa, 2017, 4312.

Four new species of *Pselaphodes* Westwood (Coleoptera, Staphylinidae, Pselaphinae) from Thailand, Laos, and China. Zootaxa, 2018, 4472.

Six new species and a new record of *Linan* Hlaváč in China, with a key to species (Coleoptera, Staphylinidae, Pselaphinae). ZooKeys, 2018, 793.

Eleven new species and new records of the *Tachinus nepalensis* Ullrich group of the subgenus *Tachinoderus* Motschulsky from China, Vietnam and Laos (Coleoptera, Staphylinidae, Tachyporinae). Zootaxa, 2019, 4686.

A review of the *Tachinus longicornis*-group of the subgenus *Tachinoderus* Motschulsky (Coleoptera, Staphylinidae, Tachyporinae) from China. Zootaxa, 2019, 4545.

A contribution to the knowledge of the genus *Lacvietina* Herman (Coleoptera, Staphylinidae, Tachyporinae) from China. Zootaxa, 2019, 4664.

A review of the genus *Olophrinus* from China (Coleoptera, Staphylinidae, Tachyporinae). Acta Entomologica Musei Nationalis Pragae, 2019, 59.

New species and new records of *Lesteva* Latreille, 1797 (Coleoptera, Staphylinidae, Omaliinae) from China. Zootaxa, 2019, 4560.

New species and new records of the genus *Deinopteroloma* Jansson, 1946 (Coleoptera, Staphylinidae, Omaliinae) from China. ZooKeys, 2019, 846.

(三) 科研项目

中国 Tachyporinae(鞘翅目,隐翅虫科) 的分类区系研究,国家教委留学回国人员科研资助项目,1998—2001 年。

中国尖腹隐翅虫的系统研究,中国博士后科学基金资助项目,1998—2001 年。

上海产毒隐翅虫资源开发研究,上海市博士后科研基金项目,1998—2001 年。

上海隐翅虫区系调查,上海师大科研启动项目,1999—2001 年。

农田捕食性隐翅虫及其在生防上的应用研究,教育部高校骨干教师资助计划项目,2000—2002 年。

上海产天敌隐翅虫资源研究,上海市教委科技发展基金,2001—2004 年。

中国尖腹隐翅虫分类研究,国家自然科学基金项目,2003—2005 年。2003 年获上海市科技进步三等奖。

云南《纳板河流域国家级自然保护区总体规划》动物本底调查（昆虫），中德合作项目，2004—2005 年。

华东地区突眼隐翅虫多样性及其优势种研究，上海市教委科研项目，2005—2007 年。

崇明绿地系统昆虫多样性构建及观赏性昆虫生境营建技术研究，上海市科委重大项目子课题，2007—2008 年。

江苏省盐城滩涂昆虫多样性研究，江苏省滩涂生物资源与环境保护重点建设实验室项目，2008—2010 年。

中国肩隐翅虫多样性研究，上海师范大学科研项目，2008—2009 年。

中国肩隐翅虫亚族分类及系统发育研究，国家自然科学基金项目，2009 年—2011 年 12 月。

中国昆虫分类图示检索表研制，上海师大产学研项目，2010 年—2012 年 12 月。

中国 Tyrini 族蚁甲分类及其属级系统发育研究，国家自然科学基金项目，2012—2015 年。

罗霄山脉地区北段昆虫多样性调查，国家科技基础性工作专项重点项目（科技部），2013—2018 年。

上海市主要农作物（粮油、蔬菜）主要病虫害图像数据库的开发与应用，上海市农委科技兴农推广项目，2016—2019 年。

浙江昆虫资源调查、信息管理与编撰，浙江省林业厅项目，2016—2018 年。

微藻世界精钻细研
躬耕教坛倾情倾力
——藻类分类学专家王全喜传

　　王全喜（1956—　），河南台前人。中国共产党党员。二级教授，博士生导师。1982年1月毕业于哈尔滨师范大学生物系，同年进入黑龙江省伊春师范学校任教。1985年9月考入哈尔滨师范大学生物系植物学专业攻读硕士学位。1988年毕业后在哈尔滨师范大学生物系任教。1994年10月至1995年4月参加比利时根特大学"国际浮游动物培训班"学习。2021年7月在东北林业大学获植物学博士学位。1999年5月调入上海师范大学。历任哈尔滨师范大学科技处副处长，上海师范大学生物系系主任，生命与环境科学学院副院长、院长，环境科学与工程博士后流动站站长，上海植物种质资源开发中心主任等职。

　　王全喜长期从事植物学的教学与科研工作。现任中国植物学会理事，上海植物学会监事长，中国孢子植物编辑委员会委员。曾任教育部生物科学类教学指导委员会委员，中国藻类学会常务理事，中国蕨类协会副理事长，上海植物学会副理事长等职。1997年获国家优秀教学成果二等奖（排名第五）；2009年、2013年、2017年三次获上海市教学成果奖（高等教育）二等奖（主持）；2004年获上海市育才奖，2007年获上海市教学名师奖，2022年获得上海市植物学会颁发的"上海植物科学贡献奖"，2023年获得中国植物学会颁发的"突出贡献奖"。主持国家自然科学基金面上项目8项，国家自然科学基金重大项目子课题2项，国家科技基础研究专项子课题2项；上海市基础研究重点项目3项，国家生态环境部课题4项，其他科研项目30余项；在国内外期刊上发表论文300余篇，其中SCI收录170余篇；主编教材1部与学术著作10部，获得国家科学技术学术著作出版基金2项；获省部级科技奖励5项。

出身贫寒　磨砺意志

王全喜

　　1956 年 11 月 20 日,王全喜出生在河南省台前县清水河村。自幼家里生活贫困,5 岁那年,全家与村里的人"闯关东"来到黑龙江省伊春市丰林林业局的一个林场,住在小兴安岭深山老林中自己建造的木刻楞屋里。林场有 30 多户人家,有一个小学,两位老师,30 多个学生分在两个教室,一至三年级一个教室,四至六年级一个教室,王全喜在这里读完了小学。

　　刚要上初中,赶上了"文化大革命",经历了停课、停学、学制缩短等变化。1969 年,王全喜来到另一个大一点的林场读初中。在这里遇到了从北京林业大学毕业上山下乡到林场学校工作的韩春生夫妇,王全喜开始学到一些初中的语文、数学等文化知识。1972 年正赶上实行升高中考试,他以林场考生第一名的成绩考入五营中学读高中。五营中学有一批毕业于名校"下放"任教的老师,他们的业务教学水平非常高,让王全喜在这里学到了许多知识,打下了较好的基础。虽然学校的师资水平较高,但林场来的学生被认为是"野孩子"被安排在集体宿舍,他们在学习和生活中经历了难以想象的困难和遭遇。

　　1974 年 7 月,王全喜高中毕业后与全班同学一起被分配到"上游林场",开始了林场的知青生活。在这里,他参加了平山、红卫、丰林河等林场的铁路改公路的大会战,做过伐木、造林等林区的所有活;还做过山沟里的炊事员,每天为二十多人劈柴、挑水、做饭。1976 年,林业局招聘一批代课教师,他被林场书记推荐参加考试,以优异的成绩被录取为林场中学的数学代课教师。这一段特殊的经历,成为他们这一代人不可多得的财富!艰苦的工作环境、锻炼了他们坚毅的性格;各种工作的实践,激发了他们解决困难的智慧;与领导同事的相处,教会了他们豁达的胸怀;淳朴善良的民情,养成了他们感恩的品德!

　　1977 年,我国恢复了高等学校入学考试制度。王全喜以全区第三的成

537

绩考入了哈尔滨师范大学生物系，在那里遇到了许多的良师益友，真正开始接受严格正规的教育，从一开始不知道什么是生物学，到爱上了生物学专业，从而打下了扎实的生物学专业基础。在选择毕业论文选题时，拜师于包文美教授，从此开始了孢子植物的研究，使之成为了一生孜孜以求的事业。

1982年1月，王全喜本科毕业后被分配到伊春师范学校从事教学工作，主讲了两届生物大专班的"植物学"课程，一届大专班的"生物化学"课程；还上过中师班的"普通生物学"课程、幼师班的"人体解剖生理学"课程。他把所有的精力都用在备课教学上，深受学生的欢迎，同时与学生建立了深厚的感情，至今与当年的学生保持联系，参加他们的聚会等活动。

20世纪80年代初，我国的研究生教育快速发展，此时王全喜深深感到需要进一步提高业务水平。1985年，他的本科导师包文美教授第一年招收研究生时，他又回到了包老师实验室，跟随导师开始了研究。随后是快乐、充实的三年研究生生涯，王全喜掌握了扎实的实验技能和科研思路，培养了独立科研的能力。

硕士毕业以后，他留在哈师大生物系工作，从事植物学的教学与科研工作，从讲师到教授，担任过班主任，植物教研室主任，省重点学科植物学科后备带头人，校科研处副处长。1995年赴比利时根特大学参加"国际淡水浮游动物培训班"交流学习。在这十几年里，王全喜的教学能力、科研素质、管理能力等多方面得到了锻炼，为今后开展创新性、系统性的科研工作，开展教学改革、组织学科建设奠定了坚实的基础。

王全喜常说："哈师大培养了我，上师大成就了我。"1999年5月，在章宗涉教授的推荐下，他作为水生生物学硕士点的负责人引进到上海师大工作，次年担任生命与环境科学学院生物系主任，2001年

王全喜（右一）指导研究生观察标本

12 月任学院副院长,2006 年任学院院长至 2016 年。到 2021 年 11 月退休,王全喜在上海师范大学工作了 22 年,为学院的人才培养、教学改革、科学研究、学科建设等方面做出了突出的贡献。

潜心教学　育人为先

王全喜从教 40 多年,做过中学教师,教过中师、幼师、大专和本科学生,带过硕士、博士、博士后等。来上海师大以后,他一直坚守在教学第一线,即便是担任学院院长以及其他职务时,也始终把教学放在工作的首位,坚持给本科生上课,直至退休。尤其在植物学教学中,王全喜有着扎实的专业基础和丰富的工作经验。这么多年来,身在教学第一线,根据专业和学生发展需求,推动和实践教学改革,获得了多项教学成果奖,《植物生物学实验室基本功能一体化改革》1996 年获黑龙江省优秀教学成果一等奖,1997 年获国家优秀教学成果二等奖。他本人也在 2004 年获得上海市育才奖,2007 年获得上海市教学名师奖。

(一)《植物学》教学改革成效显著

《植物学》是生物学专业的一门专业基础课,自 1982 年本科毕业起,他先后在黑龙江省伊春师范学校、哈尔滨师范大学和上海师范大学讲授《植物学》课程。在刚刚从事这门课的教学工作时,哈尔滨师范大学的刘鸣远教授曾和他说:中国的《植物学》教学长期以来沿用苏联的体系,先讲解种子植物形态结构,然后讲解孢子植物结构和分类,最后教授种子植物分类。这样的体系使得同一类群植物知识不连贯,造成学生学习困难。王全喜在之后的教学中,对刘老师的意见深有体会。同时随着我国科技和教育的发展,学生学习的课程内容不断增加,《植物学》的教学课时显得过长,教材和教学手段变得落后。面对日新月异的新形势新变化,王全喜认为必须进行教学改革,调整教学体系,重新编写教材。于是在 2002 年,他发起成立了全国地方重点师范院校生命科学学院院长联盟,在联盟的组织下,建立了"高等师范院校新世纪教材·生命科学系列"教材筹备委员会,并担任委员会主任。该套教材推出了一系列生物学专业课程教材,如《植物学》《生态学》《普通遗传学》《植物生理学》《保护生物学》《酶工程》《细胞工程》《基因工程》《微生物工程》等,在国内高校生物学教学中产生了重要影响。王全喜是《植物学》的主编,这本教材打破了植物学传统的高等植物形态解剖、孢子植物、种子植物分类三段的模式,将整个植物学的内容分为植物的细胞和组织、孢子植物、种子植物和植物的起源和演化四个部分,合为一册出版。书中减少大段文字描述,多用插图的方法,增加了很多新的知识。该书在 2007 年获上海市优秀教材二等奖,并被许多高等院校列为指定教材。

在教材改革的同时,王全喜还同时推进了课程体系的改革。在新时代科技迅速发展的背景下,传统的课堂教学已经不能满足教学需求,学生学习不能只局限于书本内容和教师讲授。教师应该运用更多更具时代特色的教学手段和方法,从课堂走进实验室,运用各种新媒体激发学生的学习兴趣,提高学习效率。他主持的"植物学课程体系的改革与实践"的项目,获得了2009 年上海市优秀教学成果二等奖。在《植物学》教学改革的基础上,王全喜主持开展的生物学基础实验平台建设与实验教学改革,2007 年获得了上海市教育高地建设项目支持,2008 年被评为上海市本科实验教学示范中心,2013 年主持申报的"生物学基础实验平台建设与课程体系改革"获得上海市优秀教学成果二等奖。

在教学改革中,王全喜特别重视对学生的能力培养。上海师大园艺专业是一个以应用为目标的本科专业,在他主持下,与荷兰应用技术大学经过7 年的合作和交流,获得了教育部批准的中外合作办学专业,并组织广大教师进行了以提升学生能力为目标的教学体系和培养模式改革。2017 年,他主持的"以能力训练为核心的园艺人才培养模式与实践"项目再次获得上海市优秀教学成果二等奖。

(二) 因材施教育人才,良师益友是表率

研究生教育不同于本科生,导师负责制下,既要引导他们独立科学研究能力,同时还要培养学生团队协作的能力,这就需要导师花很多时间加强与学生的沟通交流。王全喜和学生相处的时间远远超过陪伴家人的时间。担任行政工作时,他白天处理学院工作,晚上和双休日到实验室指导学生。每天他都是最早来,又是最晚离开的。他把学生当作自己的儿女,既是严师,又是慈父。在科学研究上,王全喜严格要求学生恪守学术道德底线,他对工作上的一丝不苟深深影响了一届又一届研究生。外出采样时,他不仅将多年的采集经验一一传授给学生,还教学生要重视团队协作能力,他常说:我们实验室的野外工作都是依靠大家协同完成的,无论是不是自己的课题,都应该有这样的合作精神。

　　进入上海师范大学工作之后，王全喜共指导了100多名硕士研究生，其中有28位继续深造攻读博士学位，有四分之一在高校、科研单位及政府机关工作，另有四分之一在中小学任教。如今，有的学生已经成为为教授、博导，有的担任所在学科的负责人或学院领导等职务。他们在各自领域里发挥着自己的才华。但是又有谁会想到这些卓有成就的学生，有的毕业于一般的本科院校，有的甚至都没有大学本科的学历。他不在意学生的学习背景，在指导过程中，因材施教发挥他们的所长，理解他们的不足之处，把实验室当作学生学习成长的平台，希望他们通过硕士、博士阶段的学习，能够有所收获。在生活上，王全喜关心爱护每一位学生，关注他们的身心健康，为他们排忧解难，被学生誉为"有求必应"。从他的实验室毕业的学生，不仅学业上提升了自我，为人处世的能力也得到很大的提高，他们在毕业时说得最多的一句话就是：没有王老师，就没有我的今天，这些都得益于王老师给予了我们实现梦想的舞台。

笃志科研　成效显著

（一）潜心研究藻类分类

　　王全喜自本科起，就开展藻类和蕨类的分类研究。藻类和蕨类属于孢子植物，在生态、环境和生物进化中有着重要的研究意义，但是由于形态上的"不起眼"，往往被人们所忽视，中国从事这方面研究的人员相对较少。王全喜的导师、哈尔滨师范大学的包文美教授常说：做藻类分类学要耐得住寂寞，坐得住冷板凳。在这样一个"冷门"的领域，王全喜一干就是一辈子，没有追逐"热点"，因为他觉得分类学是生物学研究的基础，中国这么大一个国家，需要有人从事孢子植物的分类学研究，不能因为它不是前沿学科而不去研究，否则我们的科学研究就会出现短板。三十多年来，他带领学生几乎走遍了全国所有的省份，致力于淡水藻类、蕨类的多样性、区系分布与生态领域的研究。

　　1. 编研中国黄藻志

　　王全喜在本科论文设计时，在导师包文美教授的引导下，开始研究哈尔滨的无隔藻，这个类群现属于黄藻门，而当时中国淡水藻类上将其放在绿藻门中,分类地位上颇具争议,鉴定困难,定种需要观察繁殖器官的结构。他采集了大量的标本进行观察和室内培养。当年由于没有照相机,藻类的图片都是手绘图,因此这项研究还需要掌握"绘画"技能,经过一段时间的练习,他掌握了生物绘图的要点和知识,不仅准确展现了无隔藻的结构特征,而且画出了立体感,这些手绘图的质量可以与国内外已经出版的书籍中的插图媲美。中国东北沼泽分布广阔,类型多样,是无隔藻多样性非常丰富的地区。因此王全喜在硕士研究生期间,开展了中国东北无隔藻科的研究。他跑遍了东三省各个地区,采集了上千号标本。为了节省经费,王全喜都是晚上坐车,有时候买不到车票就只能睡在车里的走道上,甚至是车座地下。天没亮的时候到达车站,就在候车室休息一会。早上到达采集地后,租一辆自行车,带着显微镜和采集设备,现场观察水体标本,往往弄得自己灰头土脸,与人们印象中整洁的知识分子相去甚远。就是这样的辛苦采集,让他不仅找到了大量无隔藻种类,也积累了丰富的野外经验。后来有一次他在火车行驶时,看到周围的一个池塘,和学生说,等下下火车到这个池塘采集,里面可能有大量藻类,让在座的学生吃惊不已。他笑说,这就是当年研究无隔藻的时候练就的"火眼金睛"。

在 20 世纪 80 年代的中国,研究无隔藻的绝大部分文献都是外文文献,查阅这些文献非常困难。为此,他写信给国外的专家"求助"。其中德国的 Alfred Rieth 教授是世界著名的藻类分类学家,曾经在 1956 年到访中国,采集过中国的标本。Rieth 教授将他发表过的所有文章都寄给了王全喜。此外,王全喜走遍了全国各大图书馆查阅资料,拜访了中国藻类学家黎尚豪院士。黎院士发表的第一篇论文就是关于无隔藻,因此当他看到有年轻学者愿意用心研究这个类群,感到非常高兴,将他拥有的所有资料复印给王全喜,两人还对其中的问题进行了深入的探讨交流。得到了这些前辈大家的鼓励和支持,王全喜颇为感动,更坚定了藻类分类学研究的信心和决心。之后,黎尚豪院士在担任中国孢子植物编辑委员会副主编时,将其中的无隔藻部分交给了当时还是副教授的王全喜负责。无隔藻是黄藻门的主要类群,拥有了这方面的研究基础,1997 年中国孢编会重新立项开展中国孢子植物志的编写工作,王全喜承担了《中国淡水藻志·黄藻门》的主编工作。《中国淡水藻志》相当于中国藻类的字典,让一位名不见经传的副教授主编其中的一卷是史无前例的,可见他的努力和成果得到了专家们的极大认可。

1992 年，王全喜（第三排左一）参加《中国淡水藻志》编辑会议（湖北武汉）

2. 淡水硅藻分类学的研究

硅藻是一类具有硅质细胞壁的真核藻类，广泛存在于自然界中，是地球上进行光合作用的主要类群，在环境监测和气候变化研究中具有重要意义。王全喜在硕士期间，曾协助导师开展硅藻分类学研究。硅藻处理需要强酸加热，那时候实验室没有通风橱，哈尔滨气候寒冷，只能利用两层窗户的中间进行硅藻烧片。尽管他的嗓子被酸性气体烧伤，但仍旧对硅藻产生了浓厚的兴趣。90 年代，随着老一辈研究硅藻分类的专家退休，中国硅藻分类出现了青黄不接的现象。1999 年王全喜调入上海师范大学，决心将硅藻分类作为重要的研究发展方向，开展相关科研工作和人才培养。20 多年来，王全喜开展中国淡水硅藻分类学研究，得到了中国硅藻学家齐雨藻先生的支持，并与美国硅藻分类学家 Eugene Stoermer、John Patric Kociolek 等教授合作，经过长期的积累，他主编了《中国淡水藻志》的硅藻卷 2 册，承担了 4 项国家自然科学基金面上项目，发表了 90 篇文章，发现 5 个新属 145 个新种，出版了 4 本中英文专著。

　　国内有关淡水硅藻的现有参考书主要是《中国淡水藻志》和《中国淡水藻类》等书籍，这些书籍中的分类系统都是 20 世纪中期制订的，大多数属种的特征依据是光镜下的形态特征。然而，近半个世纪以来，在电镜观察和分子系统发育研究的影响下，硅藻的系统分类发生了巨大的改变。在这种情况下，我国现有图书已不能满足当前的研究和鉴定需要。为了方便教学和分类及生态学研究的应用，王全喜组织了国内外专家，将中国淡水硅藻研究现有成果，结合国际上研究进展，对我国淡水硅藻科属进行梳理，提出我国淡水硅藻的分类体系，在国家自然科学基金和国家出版基金的支持下，出版了《中国淡水硅藻属志》一书。在从事硅藻分类研究的同时，王全喜也在这个专业方向培养了 6 位博士研究生，这些学生毕业后继续在各个院校从事硅藻分类研究工作，成为了这一领域的新生力量，上海师范大学藻类与生态实验室也成了中国淡水硅藻分类研究中心。

　　3. 开创中国金藻孢囊研究

　　金藻孢囊是金藻生活史中所特有的一个阶段，硅质外壳使得它成为沉

2009 年，王全喜(右一)访问加拿大女王大学 John P. Smol 教授实验室

积物中的重要类群,对环境监测、古气候重建和全球气候变化预测中具有很好的指示作用。早在 1990 年,王全喜参加第六次全国藻类学会期间,听到中国地质科学院李家英研究员说:"你们研究藻类分类的人,能否研究一下金藻孢囊的分类,我们在南极的地质样品中发现大量的金藻孢囊,不知道如何处理。"从那时候起,他牢牢记住了李家英的话。在之后的硅藻标本中,他发现了很多的金藻孢囊,打算进行这方面的研究,但国内没有任何这方面的研究报道和资料。2007 年在访问大英历史自然博物馆时,他看到了加拿大科学院院士、加拿大女王大学 John P. Smol 教授撰写的金藻孢囊专著。之后,王全喜专门拜访了 Smol 教授的实验室,受到了他的热情接待,Smol 教授不仅介绍了相关的研究过程和方法,还赠送了许多相关资料。王全喜回国后,自 2009 年开始培养博士研究生专门开展金藻孢囊的研究。

在 3 个国家自然科学基金项目的支持下,王全喜带领团队师生在中国的大小兴安岭、新疆、西南山区采集了几千号标本,发现了 170 个金藻孢囊新形态型,发表了十余篇 SCI 论文,出版了 1 本英文专刊和 1 本中文专著,培养了 1 名博士、3 名硕士。王全喜是中国第一个从事金藻孢囊研究的学者,得到了国内外专家的认可,也是全世界为数不多的金藻孢囊分类专家。

藻类是一个种类数目非常庞大的类群,王全喜专攻其中的"冷门",一攻就是十几、二十几年。除了上述的黄藻、硅藻和金藻孢囊,他还从事过鼓藻、鞭毛藻类(如裸藻、金藻)、丝状藻类(黄丝藻、绿藻门丝状藻类)等方面的研究。还获得了"湖北省自然科学二等奖",每一个类群研究的同时,都培养了几位硕士和博士研究生,为中国淡水藻类分类这个人才稀缺的领域提供了优秀人才。

(二) 走进山水,助力生态文明

分类鉴定是生物学研究的基础,王全喜带领团队师生在打下了扎实的藻类分类基础后,将其运用到藻类区系和生态学研究中。

1. 淡水藻类区系研究

藻类区系是在一定区域范围内所拥有的藻类种类,中国地域辽阔,藻类研究起步较晚,系统调查较少,需要开展藻类区系研究,摸清我们的"家底"。王全喜在办公桌对面的墙上挂着一幅中国地图,常常看着地图思考着这个问题:中国那么大,藻类区系研究从哪里开始着手呢?深思熟虑后,他选定了大兴安岭、新疆、西南山区和长江下游四个区域。

大兴安岭位于中国的东北,纬度高,气候寒冷湿润,植被覆盖率高,是中国沼泽类型最为多样的区域,而沼泽中藻类生物多样性最为丰富。100多年前,欧洲著名藻类分类学家Pascher曾在捷克波希米亚省北部的Doksy地区的一个284公顷沼泽中发现了115种藻类,之后捷克的藻类学家一直在该区域开展藻类分类学研究。大兴安岭沼泽多为与之类似的酸性沼泽,但是无论从面积还是生态环境类型远远超过Doksy沼泽,应该蕴藏着丰富的藻类多样性。

新疆是我国面积最大的省份,占我国陆地总面积的六分之一。区内既有中国海拔最低的吐鲁番盆地,也有冰川汇集的帕米尔高原,三山夹两盆的景观特征以及海拔和经纬度的巨大差异,使得区域内水热条件相差悬殊,新疆的生态系统呈现出多样性的特点,具有森林、草原、荒漠、高原、沼泽等多种生态系统。如此广阔的区域,生境类型特殊且多样,而之前关于藻类的报道非常少,非常具有研究的潜力和价值。

四川若尔盖位于青藏高原东北边缘,与大兴安岭不同的是,若尔盖是中国第一大高原沼泽湿地,也是世界上面积最大、保存最完好的高原泥炭沼泽,同时也是青藏高原高寒湿地生态系统的典型代表。那里的藻类组成不仅丰富,且与其他低海拔地区沼泽湿地相比具有较高的特殊性,是研究高寒湿地藻类的代表性区域。横断山脉是世界生物多样性热点地区,区域内动植物不仅种类丰富且特有种多,多个山脉河流形成天然的地理隔离,人为干扰相对较少,气候植被类型异常多样,是研究藻类多样性和藻类生物地理学的绝佳场所。

长江中下游平原是中国水资源最丰富的地区。长江天然水系及纵横交错的人工河渠使该区成为中国河网密度最大地区。同时该区是中国淡水湖群分布最集中地区,著名淡水湖有鄱阳湖、洞庭湖、太湖等。该区域工业农业发达,人口密集,水体富营养化严重。在这里的开展藻类区系调查不仅有利于研究藻类分布,更能够为该区域的水环境评价和监测提供基础数据。

在以上四个区域面积大,生境复杂,藻类多样性丰富,开展藻类资源调查,能够为中国乃至世界生物多样性分布和保护提供重要的基础资料。20多年以来,在6个国家自然科学基金的资助下,王全喜带领团队在这些区域进行了多次全面、系统地野外采集,获得了大量的基础数据,出版了三本书籍。以上海师范大学这样一个地方院校为独立单位,开展大范围区系调查,在全国也是绝无仅有的。

王全喜(左二)在生态环境部生物多样性调查项目采样(金沙江)

2. 长江干流水生生物多样性调查

习近平总书记在党的十九大报告中指出,坚持人与自然和谐共生。必须树立和践行绿水青山就是金山银山的理念,坚持节约资源和保护环境的基本国策,像对待生命一样对待生态环境,统筹山水林田湖草系统治理,实行最严格的生态环境保护制度,形成绿色发展方式和生活方式,坚定走生产发展、生活富裕、生态良好的文明发展道路,建设美丽中国,为人民创造良好生产生活环境,为全球生态安全做出贡献。在这样的背景下,从2016年起,在国务院批准启动的生物多样性保护重大工程中,王全喜先后承担了国家生态环境部在长江流域设立的4个"水生生物多样性评估与调查课题"。整个调查工作历时六年,从金沙江石鼓到长江入海口,先后进行了16次野外采集,采样行程八万多公里。白天一早赶路,晚上到了住宿地还要进行实验,往往到后半夜才可以休息。每一次野外采集他都亲自带队,常常一人分饰多个"角色",既是老师,又是领队、向导、司机、摄影师,往往其他人都休息了,他还要规划路线、设计采样点、观察沿途的环境变化。每一个采样点,王全喜都是第一个到达水边,等所有的采集工作结束了,他最后一个离开。这样不仅能掌握实地情况的一手资料,而且保证了采样学生的安全,这样的"传统"至今仍是实验室标本采集的不成文规定。他经常说:作为一名分类和生态工作者,不能只盯着标本和数据看,一定要去野外、去实地考察,才能有更多、更全面的认识,才会有灵感和新的启发。在王全喜的言传身教下,旅途中的艰辛,让同行的师生并没有叫苦叫累,并通过每一次采集提升了自己的野外工作能力和团体的凝聚力。在长江、金沙江生物多样性项目实施过程中,他先后培养了6位博士和15位硕士研究生,积累了大量的数据,为长江大保护和中国在2021年联合国生物多样性大会的报告提供了重要资料。

在长期从事生物多样性和生物监测的过程中,王全喜发现套用国外的一些生物检测指标,并不能很好地反映中国水生态面临的问题,于是以团队多年积累的硅藻数据为基础,建立了适用于中国淡水环境监测的综合硅藻指数(CDI),并被列入中国环境监测规范,今后将作为中国各级环境监测站的标准,开展相关的生物监测工作。近年来,随着生物监测越来越受到关注,各地各级环境监测部门都需要开展藻类监测,但是藻类个体小,观察鉴定困难,相关经典鉴定书籍多以手绘图为主,对鉴定者的专业要求较高。为了方便基层工作者的应用,王全喜组织团队师生,编写了三本关于长江下游地区藻类图集,其中高质量的显微镜拍摄照片是国内同类出版物中质量最高、种类最多的,受到了各个环境检测部门的广泛好评,《上海九段沙湿地自然保护区科学考察与整体规划》2006年获得上海市科技进步二等奖。

(三) 独树一帜、系统研究蕨类植物孢子形态

王全喜研究的另一个领域就是蕨类孢子形态,他的第一个国家自然科学基金就是《中国蕨类植物孢子形态的系统研究》。自2006年起王全喜担任中国蕨类植物学会副理事长。20世纪80年代,美国的蕨类植物学家Alice F. Tryon 曾遗憾地对中国蕨类植物学家王培善先生说:"我们的 *Spores of the Pteridophyta* 即将出版,但可惜取自中国的材料很少。"中国是世界上蕨类植物最丰富的国家之一,可惜没有利用扫描电镜从事蕨类孢子研究的专门人员。因此当王培善得知王全喜有志于此项工作,感到非常欣慰,并给予了很多的支持与帮助。在1994年至1999年,王全喜在导师包文美教授、贵州科学院的王培善研究员、中国科学院植物研究所的邢公侠研究员和张宪春研

究员、中国科学院成都生物研究所的孔宪需研究员、沈阳应用生态研究所的曹同研究员的帮助下，到中国植物标本馆在内的许多国内标本馆收集孢子，在全国各地采集标本，开展细致、繁重的电镜观察与拍摄，对孢子形态属于进行了补充和修订，对孢子形态进行类型的划分，研究了孢子形态演化与系统分类关系，分析了种间、属间的亲缘关系，从孢粉学角度对中国蕨类学家秦仁昌教授的蕨类植物分类系统的合理性进行了探讨，这些大胆的探索具有很高的创新价值。十余年间，王全喜发表了十余篇有关蕨类孢子形态的论文，出版了一本专著。他参与的相关蕨类植物研究在 1995 获得黑龙江省科技进步三等奖，2008 年获得了贵州省科学技术二等奖。

除了自身科研和教学工作之外，王全喜先后担任生命与环境科学学院副院长、院长，在任期间，他组织整合各方面师资力量开展团队协作，为人才培养搭建平台。在他的主持下，先后申报获批了上海市教委重点学科"植物学"（2007）；上海市高校知识服务平台"植物种质资源开发中心"（2012）；上海市协同创新中心"植物种质资源开发协同创新中心"（2014）；上海市高原建设学科 II 类"生物学"（2015）；"上海植物种质资源工程技术研究中心"（2017）。主持申报了植物学二级硕士点（2006）；生物学一级学科硕士点（2011）；在环境科学与工程一级学科博士点、博士后流动站的申报中，起到了关键的作用。在申报期间，为了撰写申报材料，王全喜为了咨询专家、整合师资力量和科研成果到处奔波。每次汇报的文案和答辩PPT，从素材的选取到文案格式都经过他一次又一次细致的修改，经常熬夜加班，几乎没有节假日。他的用心不在个人，而是整个学科、学院的发展，为各类人才创造可以发挥的平台。

王全喜创建"植物种质资源开发中心"以后，将优质稻米为主的作物种质资源创新及育种技术、以绿叶菜为主的蔬菜新品种培育及生产技术、以花卉为主的植物资源开发利用作为中心的核心内容，简称"米""菜""花"。在他的带领下，经过十几年的努力，水稻已有 8 个品种转让，转让经费 500 多万元；"菠菜种质资源创新利用及育种技术研究"2023 年获上海科技进步奖二等奖，各项工作取得了显著成绩，中心已成为学校的一张靓丽名片。

（庞婉婷 撰文）

附一：王全喜简历年表

1956 年 11 月 20 日	出生于河南省台前县清水河村。
1960 年 9 月	迁移至黑龙江省伊春市五营区上游林场。
1962 年 8 月—1964 年 7 月	河南省台前县清水河小学读书。
1964 年 8 月—1970 年 7 月	黑龙江省伊春市五营区上游林场学校小学。
1970 年 8 月—1972 年 3 月	黑龙江省伊春市五营区丰岭林场学校初中学生。
1972 年 3 月—1974 年 7 月	黑龙江省伊春市五营中学高中学生。
1974 年 7 月—1976 年 10 月	黑龙江省伊春市五营区丰岭林场知青。
1976 年 10 月—1978 年 3 月	黑龙江省伊春市五营区丰岭学校代课教师。
1978 年 3 月—1982 年 1 月	哈尔滨师范大学生物系本科学生。
1982 年 1 月—1985 年 8 月	黑龙江伊春师范学校教师。
1985 年 9 月—1988 年 7 月	哈尔滨师范大学生物系植物学硕士研究生。
1988 年 7 月—1999 年 4 月	哈尔滨师范大学生物系讲师、副教授、教授、科技处副处长。
1994 年 10 月—1995 年 3 月	比利时根特大学参加"国际淡水浮游动物培训班"。
1998 年 4 月至今	中国孢子植物编辑委员会委员。
1998 年 9 月—2001 年 7 月	东北林业大学植物学专业博士研究生。
1999 年 5 月—2021 年 11 月	上海师范大学生物系教授。
1999 年 10 月—2019 年 11 月	中国藻类学会常务理事。
2000 年 1 月—2020 年 1 月	上海市植物学会副理事长。
2000 年 7 月—2016 年 5 月	上海师范大学生命与环境科学学院生物系系主任，副院长、院长。
2003 年 10 月—2023 年 10 月	中国植物学会理事。
2006 年 5 月—2019 年 5 月	中国蕨类协会副理事长。
2010 年 1 月	聘任为二级教授。
2012 年 1 月—2021 年 6 月	上海植物种质资源开发协同创新中心主任。
2013 年 5 月—2018 年 4 月	任教育部生物科学类教学指导委员会委员。
2014 年 9 月—2021 年 11 月	上海师范大学"环境科学与工程"博士后流动站站长。
2015 年 5 月—2018 年 5 月	上海师范大学学科建设与科学研究委员会主任委员。
2017 年 8 月—2020 年 7 月	上海植物种质资源工程技术研究中心主任。

| 2020 年 1 月至今 | 上海市植物学会监事长。 |
| 2021 年 11 月 | 退休。 |

附二：王全喜主要论著、科研项目目录

（一）著作与教材

《中国淡水藻志(第六卷)·裸藻门》(施之新、王全喜、谢树莲、戴健寿)，科学出版社 1999 年版。

《黑龙江省草本早春开花植物》(王全喜、张启华、张贵一)，东北林业大学出版社 2000 年版。

《植物学》(王全喜、张小平等)，科学出版社 2004 年版，2007 年获上海市优秀教材二等奖。

《中国淡水藻志(第十一卷)·黄藻门》(王全喜、包文美、谢树莲等)，科学出版社 2007 年版。

《上海九段沙湿地自然保护区及其附近水域的藻类图集》(王全喜、曹建国、刘妍、钦娜)，科学出版社 2008 年版。

《中国水龙骨目(真蕨目)植物孢子形态的研究》(王全喜、戴锡玲)，科学出版社 2010 年版。

《植物学(第二版)》(王全喜、张小平等)，科学出版社 2012 年版。

《植物学实验指导》(曹建国、戴锡玲、王全喜)，科学出版社 2012 年版。

《九寨沟自然保护区常见藻类图集》(王全喜、邓贵平、庞婉婷、徐荣林、尤庆敏等)，科学出版社 2017 年版。

《大兴安岭金藻孢囊图集》(庞婉婷、王全喜)，科学出版社 2017 年版。

Liu Q, Kociolek JP, Li B, You QM, Wang QX*, The diatom genus *Neidium* Pfitzer (Bacillariophyceae) from Zoige Wetland, China, J Crramer, 2017.

Liu Y, Kociolek JP, Fan YW, Wang QX*, The diatom genus *Pinnularia* from Great Xing'an Mountains, China, J Cramer, 2018.

《中国淡水藻志(第二十二卷)·硅藻门管壳缝目》(王全喜、尤庆敏等)，科学出版社 2018 年版。

《长江下游地区常见浮游植物图集》(王全喜、庞婉婷等)，科学出版社 2023 年版。

《长江下游地区常见硅藻图集》（王全喜、尤庆敏等），科学出版社 2024 年版。

《中国横断山区硅藻研究》（罗粉、尤庆敏、于潘、王全喜），上海科学技术出版社
2024 年版。

《中国淡水硅藻属志》（王全喜、刘妍、Kociolek JP、尤庆敏、范亚文、齐雨藻），科学
出版社 2024 年版。

（二）论文

《中国东北无隔藻科的研究》（王全喜、包文美），《植物研究》1991 年第 11 卷第 2
期，第 37—58 页。

Segers H, Wang QX, On a new species of *Keratella* (Rotifera, Monogononta, Brachionidae), Hydrobiologia, 1997, 344, 163 - 167.

《中国蕨类植物孢子形态的研究 I·海金沙科》（王全喜、于晶、张宪春、张大维、
包文美、王培善），《植物分类学报》2001 年第 39 卷第 1 期，第 38—44 页。

《中国蕨类植物孢子形态的研究 II·中国蕨科》（于晶、王全喜、包文美），《植物
分类学报》2001 年第 39 卷第 3 期，第 224—233 页。

《囊裸藻属与陀螺藻属囊壳的微细结构与元素组成比较研究》（王全喜、刘洪家、于晶、
孙世琴、张大维、包文美），《植物学报》2003 年第 45 卷第 12 期，第 601—607 页。

《扫描电镜下真蕨目孢子表面纹饰的分类》（王全喜、于晶），《云南植物研究》
2003 年第 25 卷第 3 期，第 313—320 页。

Ma WM*, Wei LZ, Wang QX*, The response of electron transport mediated by active NADPH dehydrogenase complexes to heat stress in the cyanobacterium *Synechocystis* 6803, Science China Life Sciences, 2008, 51(12), 1082 - 1087.

You QM, Liu Y, Wang YF*, Wang QX*, Taxonomy and distribution of diatoms in the genera *Epithemia* and *Rhopalodia* from the Xinjiang, China, Nova Hedwigia, 2009, 89(3 - 4), 397 - 430.

Cao JG*, Wang QX*, Yang NY, Bao WM, Cytological events during zygote formation of the fern *Ceratopteris thalictroides*, Journal of Integrative Plant Biology, 2010, 52(3), 254 - 264.

Pang WT, Wang YF*, Wang QX*, Ten new chrysophycean stomatocysts ornamented with spines from bogs near Da'erbin Lake, China, Nova Hedwigia, 2012, 94(1), 193 - 207.

Liu Y, Kociolek JP, Fan YW, Cao JG, Dai XL, Wang QX*, *Pseudofallacia* gen. nov., a new freshwater diatom(Bacillariophyceae) genus based on *Navicula occulta* Krasske, Phycologia, 2012, 51(6), 620 – 626.

Luo YT, Wang QX*, Segers H, A peculiar case of intraspecific variability in the Chinese *Notholca dongtingensis* (Rotifera, Monogononta, Brachionidae), Zootaxa, 2012, 3532, 37 – 44.

Pang WT, Wang QX*, A new species, *Synura morusimila* sp. nov.(Chrysophyta), from Great Xing'an Mountains, China, Phytotaxa, 2013, 88(3), 55 – 60.

Pang WT, Wang QX*, Chrysophycean stomatocysts from the Aershan Geological Park (Inner Mongolia), China, Phytotaxa, 2014, 187(1), 001 – 092.

Kociolek JP, You QM, Wang QX*, Liu Q, A Consideration of some interesting freshwater gomphonemoid diatoms from North America and China, and the description of *Gomphosinica*, gen. nov. Nova Hedwigia, Beiheft, 2015, 144, 175 – 198.

Zhu WJ, Pan YD, You QM, Pang WT, Wang YF, Wang QX*, Phytoplankton assemblages in a newly man-made shallow lake and surrounding canals, Shanghai, China, Aquatic Ecology, 2015, 49(2), 147 – 157.

You QM, Kociolek JP, Wang QX*, Taxonomic studies of the genus *Halamphora*(Bacillariophyceae) in southwest mountains of China, Phytotaxa, 2015, 205(2), 075 – 089.

Xu LL, Li DZ, Wang QX*, Wu SX*, Improved hydrogen production and biomass through the co-cultivation of *Chlamydomonas reinhardtii* and *Bradyrhizobium japonicum*, International Journal of Hydrogen Energy, 2016, 41(22), 9276 – 9283.

Wang X, Wang ML, Cao JG, Wu YH, Xiao JB, Wang QX*, Analysis of flavonoids and antioxidants in extracts of ferns from Tianmu Mountain in Zhejiang Province (China), Industrial Crops and Products, 2017, 97, 137 – 145.

Zhao K, Song K, Pan YD, Wang LZ, Wang QX*, Da LJ*, Metacommunity structure of zooplankton in river networks: Roles of environmental and spatial factors, Ecological Indicators, 2017, 73, 96 – 104.

Xu LL, Cheng XL, Wang QX*, Enhanced Lipid Production in *Chlamydomonas reinhardtii* by Co-culturing with *Azotobacter chroococcum*, Frontiers in Plant Science, 2018, 9, 741.

Shen RR, Ren HY, Yu P, You QM, Pang WT, Wang QX*, Benthic Diatoms of the

Ying River(Huaihe River Basin, China) and Their Application in Water Trophic Status Assessment, Water, 2018, 10(8), 1013.

Yu P, Kociolek JP, You QM, Wang QX*, *Achnanthidium longissimum* sp. nov.(Bacillariophyta), a new diatom species from Jiuzhai Valley, Southwestern China, Diatom Research, 2018, 33(3), 339 – 348.

Zhao K, Wang LZ, Riseng C, Wehrly K, Pan YD, Song K, Da LJ, Pang WT, You QM, Tian H, Liu SQ, Wang QX*, Factors determining zooplankton assemblage difference among a man-made lake, connecting canals, and the water-origin river, Ecological Indicators, 2018, 84, 488 – 496.

You QM, Yu P, Kociolek JP, Wang YL, Luo F, Lowe R, Wang QX*, A new species of *Achnanthes*(Bacillariophyceae) from a freshwater habitat in a karst landform from south-central China, Phycological Research, 2019, 67(4), 303 – 310.

You QM, Cao Y, Yu P, Kociolek JP, Zhang LX, Wu B, Lowe R, Wang QX*, Three new subaerial *Achnanthidium*(Bacillariophyta) species from a karst landform in the Guizhou Province, China, Fottea, 2019, 19(2), 138 – 150.

Yu P, You QM, Kociolek JP, Wang QX*, Three new freshwater species of the genus *Achnanthidium*(Bacillariophyta, Achnanthidiaceae) from Taiping lake, China, Fottea, 2019, 19(1), 33 – 49.

Yu P, You QM, Pang WT, Cao Y, Wang QX*, Five new achnanthidiaceae species (Bacillariophyta) from jiuzhai valley, sichuan province, southwestern China, Phytotaxa, 2019, 405(3), 147 – 170.

Luo F, You QM, Yu P, Pang WT, Wang QX*, *Eunotia* (Bacillariophyta) biodiversity from high altitude, freshwater habitats in the Mugecuo scenic area, Sichuan province, China, Phytotaxa, 2019, 394(2), 133 – 147.

Guo ZH, Wang Z, Li Y, Wang QX*, Effect of different concentrations of ozone on in vitro plant pathogens development, tomato yield and quality, photosynthetic activity and enzymatic activities, Ozone Science and Engineering, 2019, 41(1), 1 – 10.

Xu LL, Yong HW, Tu XM, Wang QX*, Fan JH*, Physiological and proteomic analysis of *Nostoc flagelliforme* in response to alkaline pH shift for polysaccharide accumulation, Algal Research, 2019, 39, 101444.

Xu LL, Fan JH* & Wang QX*, Omics application of bio-hydrogen production through green alga *Chlamydomonas reinhardtii*, Frontiers in Bioengineering and

Biotechnology, 2019, 7, 201.

Zhao K, Cao Y, Pang WT, Wang LZ, Song K, You QM, Wang QX*, Long-term plankton community dynamics and influencing factors in a man-made shallow lake, Lake Dishui, China, Aquatic Sciences, 2021, 83(2), 1-14.

Zhao K, Wang LZ, You QM, Pan YD, Liu TT, Zhou YD, Zhang JY, Pang WT, Wang QX*, Influence of cyanobacterial blooms and environmental variation on zooplankton and eukaryotic phytoplankton in a large, shallow, eutrophic lake in China, Science of The Total Environment, 2021, 773(15), 1-13.

Luo F, You QM, Zhang LX, Yu P, Pang WT, Bixby RJ & Wang QX*, Three new species of the diatom genus *Hannaea* Patrick(Bacillariophyta) from the Hengduan Mountains, China, with notes on *Hannaea* diversity in the region, Diatom Research, 2021, 36(1), 25-38.

You QM, Zhao K, Wang YL, Yu P, Kociolek JP, Pang WT, Wang QX*, Four new species of monoraphid diatoms from Western Sichuan Plateau in China, Phytotaxa, 2021, 479(3), 257-274.

Pang WT, Jiang XD, Cao Y, Leliaert F, Wang QX*, Morphological and phylogenetic data confirm the identity of *Prasiola fluviatilis*(Prasiolales, Trebouxiophyceae) from glacier streams in the Tianshan Mountains, China, Cryptogamiealgologie Algologie, 2021, 42(4), 47-58.

Yu P, You QM, Pang WT, Cao Y, Bi YH*, Wang QX*, Development of a Periphytic Diatom-Based Comprehensive Diatom Index for Assessing the Trophic Status of Lakes in the Lower Reaches of the Yangtze River, China, Water, 2021, 13(24), 3570.

Zhao K, Wang LZ, You QM, Zhang JY, Pang WT*, Wang QX*, Impact of cyanobacterial bloom intensity on plankton ecosystem functioning measured by eukaryotic phytoplankton and zooplankton indicators, China, Ecological Indicators, 2022, 140, 109028.

Yu P, You QM, Pang WT, Wang QX*, Two new freshwater species of the genus *Achnanthidium* (Bacillariophyta, Achnanthidiaceae) from Qingxi River, China, Phytokeys, 2022, 192, 11-28.

Jiang XD, Chen X, Pang WT*, Wang QX*, Phylogeny of Trachelomonas and Strombomonas(Euglenaceae) Based on Morphological and Molecular Data, Diversity-Ba-

微藻世界精钻细研 躬耕教坛倾情倾力——藻类分类学专家王全喜传

sel, 2022, 14(8), 623.

Yang L, Yu P, You QM, Li GS, Wang QX*, Morphological and phylogenetic analysis of a new *Melosira* species and revision of freshwater *Melosira* in China, Journal of Oceanology and Limnology, 2022, 40(2), 712 – 728.

Qian ZP, Cao Y, Wang LZ, Wang QX*, Developing cyanobacterial bloom predictive models using influential factor discrimination approach for eutrophic shallow lakes, Ecological Indicators, 2022, 144, 109458.

Pang WT, Pan YD, You QM, Cao Y, Wang LZ, Deng GP, Wang QX*, Causes of aquatic ecosystem degradation related to tourism and the feasibility of restoration for karst nature reserves, Aquatic Ecology, 2022, 56(4), 1231 – 1243.

Yu P, You QM, Bi YH, Wang QX*, A new freshwater species *Achnanthidium kangdingnese* (Bacillariophyta, Achnanthidiaceae) from Sichuan Province, China, Phytokeys, 2022, 204, 97 – 108.

Yu P, You QM, Bi YH, Wang QX*, A new freshwater species *Conticribra sinica* (Thalassiosirales, Bacillariophyta) from the lower reaches of the Yangtze River, China, Fottea, 2022, 22(2), 238 – 255.

Cai XF, Sun XP, Xu CX, Sun HL, Wang XL, Ge CH, Zhang ZH, Wang QX*, Fei ZJ*, Jiao C*, Wang QH*, Genomic analyses provide insights into spinach domestication and the genetic basis of agronomic traits, Nature Communications, 2022, 13(1).

Yu P, You QM, Bi YH, Kociolek, JP, Wang QX*, Three new *Gomphonema* Ehrenberg (Bacillariophyta, Gomphonemataceae) species from the lower reaches of Yangtze River, China, Fottea, 2022, 22(1), 13 – 29.

Hu JW, Yang ZX, Yi YX, Shu ZQ, Yu Pan, You QM, Wang QX*, Possible Origin and Distribution of an Invasive Diatom Species, *Skeletonema potamos*, in Yangtze River Basin, China, Water, 2023, 15(16), 2875.

Yu P, Yang L, You QM, Kociolek, JP, Wang KY, Bi YH, Wang QX*, *Lineaperpetua* gen. nov. a new diatom genus in the Thalassiosirales supported by morphology and molecular data, Journal of Oceanology and Limnology, 2024, 42(1), 277 – 290.

（三）科研项目

中国淡水藻志·黄藻门，国家自然科学基金重大项目子题，2004—2009 年。

中国淡水藻志·管壳缝目,国家自然科学基金重大项目课题,2004—2009年。

中国淡水藻志·硅藻门管壳缝目,国家科技基础研究专项课题,2006—2011年。

中国淡水藻志·单壳缝目,国家科技基础研究专项课题,2013—2018年。

中国蕨类植物孢子形态的系统研究,国家自然科学基金,1996—1998年。

中国真蕨目孢子主要类型孢壁结构及其发育的研究,国家自然科学基金,2003—2005年。

大兴安岭沼泽藻类生物多样性的研究,国家自然科学基金,2005—2007年。

新疆硅藻植物区系分类研究,国家自然科学基金,2007—2009年。

大兴安岭沼泽硅藻分类生态研究,国家自然科学基金,2009—2011年。

大兴安岭沼泽金藻孢囊分类学研究,国家自然科学基金,2011—2013年。

若尔盖湿地及其附近水域的硅藻分类生态研究,国家自然科学基金,2013—2016年。

中国淡水硅藻分类修订及系统重建,国家自然科学基金,2018年1月—2021年12月。

蕨类植物孢壁结构与系统发育关系的研究,上海市自然科学基金,1999年10月—2001年12月。

陆生蓝藻发菜对极端环境适应机理的研究,上海市基础研究重点项目,2004—2006年。

产氢微藻藻种选育及其代谢调控的研究,上海市基础研究重点项目,2007—2009年。

高校产氢基因工程藻的构建与代谢调控,上海市地方院校能力建设项目,2009—2012年。

长江下游干流浮游生物多样性调查与评估,环境保护部(课题),2016年7月—2017年12月。

鄱阳湖浮游生物、着生藻类多样性调查与评估,环境保护部(课题),2017年7月—2018年12月。

金沙江石鼓至宜宾段浮游生物、着生藻类多样性调查、观测与评估,生态环境部(课题),2019年7月—2020年12月。

长江干流水系(宜宾至湖口段)浮游生物、着生藻类多样性调查、观测与评估,生态环境部(课题),2020年7月—2021年12月。

走遍地球三极　坚守匠心一颗

——极地研究专家康建成传

康建成(1957—　)，甘肃天水人。中国共产党党员。二级教授、博士生导师。1982年1月新疆工学院毕业获工学学士学位；1984年10月获中国科学院兰州冰川冻土研究所理学硕士学位；1990年12月获兰州大学地理系理学博士学位。历任兰州大学，中国海洋大学，华南师范大学兼职教授、博士生导师，上海师范大学城市生态与环境修复重点实验室主任，上海师范大学旅游学院教授、博士生导师，城市生态与环境研究中心副主任，上海市教育委员会重点学科《地理学与城市环境》学术带头人，兼任上海市地理学会副理事长。

康建成长期从事地球科学、环境科学科研和教学工作，先后参加南极、北极冰川、冰盖、海冰考察研究，青藏高原及极高山区地理气候环境考察研究，黄土高原第四纪地质气候环境考察研究。曾两次参加澳大利亚国家南极考察队，多次参加中国国家南北极考察队。在国内外知名刊物发表论文、著作（含合作）260多篇（部），先后获得国家教育委员会、国家海洋局"科学技术进步三等奖"（1991年，2000年），中国地理学会冰川冻土分会"雪冰冻土优秀基础理论奖"（1999年），国家海洋局海洋创新成果奖二等奖（2006年），中国极地研究所"科学技术进步二等奖"（2012年），"上海市地理学会先进工作者"（2012年），"上海市地理学会突出贡献奖"（2017年）等奖项。入选国家级人才计划第一、二层次（1996年），首批国家海洋局"双百人才工程——第一梯队"（1997年），上海市浦江人才计划（2005年），享受国务院政府特殊津贴（1997年）。

初心铸就辉煌　极地研究的筑梦者

1957年4月，康建成出生于新疆乌鲁木齐市的一个革命军人家庭。康建成的父亲是中国人民解放军二军解放新疆的老战士，历任新疆军区警卫连指导员、教导营教导员，后任团场政委和公司经理；母亲参加过解放全中

康建成

国的渡江战役,解放后被部队选送到南京医药大学学习,1952 年由华东军区调干进新疆军区,是医务工作者。

1963—1974 年,康建成就读于新疆生产建设兵团农四师原 12 团(现 71 团)、农三师原 43 团(现隶属 45 团)、前进水库等子弟小学、中学(随父工作调动、转学),1975 年,高中毕业于新疆生产建设兵团农三师原 53(现隶属 51 团)团子弟中学。求学期间,康建成遇到了很多好老师,对他的人生有很大的启发和帮助,其中就有他的物理老师周志成。周老师是西南联大的毕业生,曾在浙江大学工作,是个老中共党员,解放前是浙江大学的党总支书记。他知识渊博、为人诚恳、任劳任怨,把自己所有的知识奉献给了农场的子弟,并且时刻鼓励学生坚定信念。康建成当时的数学老师是解放前毕业于黄埔军校学航空测量的罗老师,曾在新疆兵团的设计院工作;化学老师曾在新疆八一农学院任教过,是 20 世纪 60 年代初北京农业大学土化系毕业的研究生。他们坚信社会发展需要科学文化知识,他们把毕生所学都传授给农场的子弟。当时农场的条件虽然很差,经常缺电,但在老师的鼓励下,康建成和同学们大都自觉加班加点学习,甚至晚上点着蜡烛在教室学习。老师们除了白天上课外,晚上也自愿来辅导、加课,那时大家的学习积极性很高,大家相信社会需要知识的趋势不会变。正是秉持这一理念,后面康建成虽然在兵团农场劳动,在喀什汽车运输公司学习汽车驾驶,都没有放弃想要继续进大学深造的信念。

当时能够在运输公司开车,掌握方向盘,在新疆这个地广人稀的地方,已是相当好的职业了。但康建成希望能上大学,将来成为一名工程师、科学家的念头始终未变。父母亲也支持鼓励他,把从老高中生处收集到的教材给他寄去。此后,康建成便白天开车运货,利用装、卸货的时间看书,晚上又加班加点看书学习。1977 年高考,当时的考点就在康建成所在运输公司子弟学校里。录取名单张贴在喀什市中心电影院的门口,白天他不敢去看,害怕考不上。第二天早上 4 点,康建成跑到电影院门口去找,当找到自己的名字时,兴奋不已。

1978 年 3 月,康建成进入新疆工学院地质系(现为新疆大学地质与矿业工程学院）。康建成原来报的是机械制造专业,但是报机械制造专业的人太多,被调剂到了区域地质与矿山勘探专业。进大学的第一学期,康建成情绪不稳,上课注意力不集中,成绩考得不好,有门课刚及格。假期回家,母亲看到成绩后严肃地批评了他,康建成暗自下了决心争取下学期一定把学习成绩考好。大学第二年,周志成老师调回北京前来学校看望康建成,以自己的人生经历鼓励康建成珍惜学习机会,好好学习,争取考研究生。周志成有个老同事叫施雅风,周志成鼓励康建成:"新疆出来的孩子不怕吃苦,以后去跟施先生搞冰川研究吧。"

从此康建成有了新的奋斗目标,他在学校里认真学习,1982 年 1 月,大学本科毕业,获工学学士学位。1982 年 2 月考入中国科学院兰州冰川冻土研究所(1999 年 6 月,中国科学院兰州冰川冻土研究所与中国科学院兰州沙漠研究所、中国科学院兰州高原大气研究所整合为中国科学院寒区旱区环境与工程研究所),师从施雅风院士。当时新疆工学院全校只有两个学生考上研究生,一个考取本校,另外一个就是康建成,考上中国科学院的研究生,导师施雅风是非常有名的地理学家,康建成在学校一下就出名了。

到中科院冰川冻土研究所报到后,康建成拜见施雅风先生,施先生告诉康建成:"周志成老师专门为你写了推荐信,希望你好好学习。"康建成听了心里非常温暖,衷心感谢中学的老师们,一路护送他的读书梦。

康建成是"文化大革命"后中科院招收的首批正规本科毕业的研究生。当时,中科院冰川冻土研究所只有一个研究员、4 个副研究员。施雅风院士工作非常忙,他是研究员、所长、科学院学部委员,还是中科院地球科学学部的副主任,经常开会、出差等。但是,只要施先生在所里就会把学生召集起来开讲座、讨论、座谈。

康建成还记得,当时问施先生的第一个问题是:从大学生转变为研究生,怎么来做科学研究? 施先生告诉康建成:"首先找到一个学习借鉴的样板——学术导师,要找到这些导师的代表性论著,去反复地研读,在研读的基础上再去收集新的资料证据,进一步分析,然后就会发现新的问题,再去进一步研究,逐渐地就从单纯的学习转变为研究人员。"

中科院冰川冻土研究所每年都要派遣野外科学考察队,赴青藏高原、西部高山区从事大量的野外观测、勘探和调研,康建成等在研究生学习阶段的第二年就被编入了野外考察队。在野外考察队,白天研究生跟着老师们去考察、去观测,晚上大家围着篝火,听老师们讲述他们的生活经历,从中体悟丰富的人生。大家同甘共苦,学习上指导、生活上关心,他们既是良师又是挚友。那时的经历让康建成至今难忘。

中科院冰川冻土研究所经常会请外国专家学者来所里开讲座,举行学术活动,也会安排研究生报告研究进展,请这些专家来点评。康建成记得,他研究生毕业前夕,研究所请了国际著名的冰川学家和地理学家、英国基尔大学地理系主任德比希尔教授来所里访问,所里安排他们几位研究生报告论文情况。康建成汇报后,德比希尔教授提问、点评,然后转过头去和施先生耳语了几句。结束后,施先生专门找到康建成,叫他尽快把论文修改好,说德比希尔先生对他的报告评价很好。1984年10月,康建成从研究所毕业,获理学硕士学位。

硕士毕业后,康建成留在中科院兰州冰川冻土研究所现代冰川研究室工作了一年。康建成刚到研究所时,百废待兴,当时国内没有冰川物理学方面的教材,只有把外文专著买回来,拆分成各个章节发给研究生先翻译,再由张祥松老师逐句校对,然后张老师再根据多年现场考察经验讲解。张祥松老师是华东师范大学严钦尚教授60年代初的研究生,终身献生于祖国的冰川考察研究事业,是康建成学习的好榜样。其间,康建成跟着研究室主任张祥松研究员去喀拉昆仑叶尔羌河源、世界第二高峰——乔戈里峰(K2)地区(位于中国-印度-巴基斯坦的边境)考察。考察离开公路后,考察队只有根据航片和军用地图,在极高山区、无人区,再自己开路前行七八天才能到达考察区的冰川上。极高山区的冰川考察非常艰苦、危险,但是它又使康建成领略到常人无法领略到的景观,品观到常人无法品观的胜景。

1985年,康建成调到兰州大学给地理系主任李吉均教授当助手。1987年兰大地理系博士点获批,9月康建成考入兰州大学,师从李吉均院士,也是李老师的第一届博士研究生。

到了兰州大学,作为大学老师,不是科研所,不能光搞科研,还必须要给大学生上课。记得第一次上课之前,李吉均老师专门把康建成叫到家里,叮嘱道:"备课要认真,对学生不能放任自流,要严格管理。学生的心里是很清楚的,哪个老师是认认真真教学的,哪个老师是随随便便混日子的,今天你放任学生自流,将来学生会抱怨的。学生的心里有一杆秤,一定要严于律己,以身作则,上好课。"

　　李吉均老师的知识面非常广，时常带学生去野外考察、收集资料，在考察中，李老师会把整个区域的气候环境演化过程伴随的地质地貌的变化结合起来讲，每次都能听他讲授一个完整的、有趣的、生动的地球区域的变迁故事。学生们也会时常提出异议和争辩，他都会耐心地讲授前人在这个方面的考察、研究过程，说得大家心服口服。在地理学界，李吉均教授的逻辑思辨和总结归纳能力是得到称道的。1990 年 12 月康建成从兰州大学毕业，获理学博士学位。

　　1989 年中国极地研究所在上海浦东新区成立。这是一个全新的研究所，急需从事极地冰川方面的研究人才。1990 年，康建成作为人才引进，进入中国极地研究所中国极地研究中心工作。赴极地所报到前，康建成向导师李吉均教授求教：到一个新建的单位，怎样开展研究工作？李老师告诫他："一定要抓住国际南极研究的前沿，抓住国际关注的热点开展研究。"自此，康建成在极地所历任助理研究员、副研究员、研究员、主任研究员，极地冰川学研究室主任，中国极地研究所中国极地研究中心党委委员。多次参加中国南、北极考察，是中国首次南极内陆冰盖考察队队员、中国首次北极科学考察队成员，并两次参加澳大利亚国家南极考察队。

　　20 世纪 90 年代以来，康建成先后在美国新罕布什尔州立大学地球海洋空间研究所、法国原子能委员会气候与环境科学实验室（LSCE）、法国国家科学研究中心冰川·地球物理·环境实验室（LGGE）、美国阿拉斯加州立大学国际北极研究中心从事研究工作，承担了国家攻关、国家专项、国家基金、国际合作、省部级项目等 40 多项。他从事极地研究 30 多年来，在 *Science*、*Quaternary Research*、*Journal of Coastal Research*、《中国科学》《科学通报》*Journal of Tropical Meteorology*、*Sciences in Cold and Arid Regions*、《海洋与湖沼》《环境科学》《中国环境科学》《地球科学进展》《冰川冻土》等刊物发表260 多篇论文、著作（含合作）。由于康建成在研究南北极方面取得了显著的成绩，受到新华社《人民日报》、中央电视台、中央人民广播电台、*China Daily*（《中国日报》英文版）、东方卫视、《解放日报》、《文汇报》、*Shanghai Daily*（《上海日报》）、深圳卫视、《新京报》、21 世纪经济报道、《新闻晨报》、《新民晚报》、新发现、海峡之声网、上海科技网、新民网等媒体的关注与报道，并多次受邀在《东方讲坛》作报告。

地球三极考察　不畏艰险的攀登者

对我国早期探索极地的科研人员而言,能在地球三极(南极、北极和珠穆朗玛峰)留下足迹的人屈指可数,而康建成就是其中一位。

1988 年,美国南加州大学博尔班克教授希望在中国珠峰地区开展科学考察,需要在中国有合作者共同进行,因此求助于李吉均教授。李吉均教授派康建成去北京到国家教委、科委申报与美方合作在珠穆朗玛峰地区开展科学考察的批件,并派他参加了美国珠穆朗玛峰登山队,赴珠峰地区合作考察。年轻的康建成借助这个平台参加了青藏高原珠穆朗玛峰地区的考察,对青藏高原周边高山存在了几十万年的冰川地貌有了较为细致的了解。

在攀登者的眼里,珠穆朗玛峰存在两个死亡地带:海拔 8 000 米以上与海拔 6 200—7 000 米。由于任务在身,康建成并不需要像极限登山者一般问鼎珠峰,但 6 500 米以上的海拔高度,对科研人员来说并不轻松。他们面对的是人类难以生存的极端环境与巨大的心理压力。考察期间,康建成既要配合登山队的后勤补给任务,又要完成自己的科考工作,时常是一个人背着行囊,登山脊、下谷底,在古冰川形成的乱石堆中和现代冰川的冰塔林中观察、测量,追踪、思考冰川地貌的形成演化过程和隐含的气候变化的历史。饿了吃一口饼干,渴了喝一口冰水;晚上,在冰川河谷中,找一个稍能伸展的地方搭帐宿营。晴天,冰雪的强烈紫外线反射,把脸部灼伤、撕裂。阴雨天,衣服淋湿,也只有找巨石缝中躲避。夜晚,晴空时,可以看到珠峰顶上闪烁的星星,使人遐想连篇;风雨天时,听着帐篷上的雨声,不得不随时检查哪里漏雨,还时刻担忧着帐篷,唯一的栖身之地,是否会被风撕裂,就这样度过了一个个不眠之夜。在珠峰考察的两个多月里,康建成送走一个个晚霞,迎来一道道曙光,用双脚去测量出冰川地貌的变化轨迹。在困难面前,康建成和队友们始终选择的是坚持,凭借着过硬的身体和心理素质,他们圆满地完成了任务。6 500—6 800 米,是康建成到达的珠穆朗玛峰地区的最高高度。

为了能在南极进行长期的考察研究,我国建立了中国极地研究所,并在全国征召冰雪研究方面的专家。凭借着过硬的专业素质和丰富的经历,康建成被选中,赴南极长城站、中山站考察,并参加了中国首次南极内陆冰盖考察,之后更是参与了中国首次北极考察。

走遍地球三极　坚守匠心一颗——极地研究专家康建成传

1999 年,康建成(右一)参加中国首次北极考察

　　1989—1990 年,康建成第一次参加南极考察时,已是兰州大学的讲师了。他硕士期间同班同宿舍的同学——班长韩健康,当时是中科院兰州冰川冻土研究所科学计划处的负责人,从国家南极考察委员会争取到开展南极冰川考察的项目任务。韩健康看重康建成野外工作的能力,力邀康建成一同前往南极考察。导师李吉均教授、系主任和学校都非常支持。当时康建成是第一个由兰州大学派出到南极参加国家南极考察的老师。

　　那是康建成第一次踏出国门,看到外部的世界。他们乘飞机,途经美国旧金山、迈阿密飞到南美智利首都,再从智利港口城市瓦尔普莱索登上从国内出发的"极地号"考察船。经智利内水道,穿德雷克海峡到南极长城站。德雷克海峡位于南美大陆和南极大陆之间,地处西风带,风大浪高流急,万吨大船在海上犹如一片树叶,上下颠簸摇晃的非常厉害,船舱桌面上的东西全都被掀翻到地板上。康建成也几天呕吐不止,无法吃喝。老考察队员来安慰说,第一次都是这样的,以后就会好的。直到接近南极,远处呈现出陆地的轮廓时,船才慢慢平稳了下来。

到达南极,考察队员们要把船上千吨物资尽快卸运到岸上站区。当时站上的条件比较差,搬运的机械比较少,很多物资都是靠考察队员肩扛、手拉卸运到站上的。为了能尽快地适应艰苦、高强度的劳作,老队员给大家泡了浓浓的糖水,以便尽快恢复体力。

南极的夏季是非常短暂的,在快速的卸完货之后,就得赶紧开始野外考察。当时考察站的条件比较差,没有卫星导航设备,只能给冰川考察组提供几台雪地摩托帮助上冰帽去观测、采样。冰帽上一片雪白,晴天可见上面是蓝天白云,下面是白白的雪面,远处是蔚蓝的海洋。但当南极的白化天气来临,大雾天,四周都是白的,就是什么也看不到。雪面下有很多暗藏的裂隙,稍不注意就可能丧生其中。上冰帽时,要边走、边探着路,插上标杆,以便返回时沿着标杆返回。野外考察计划采样的地点,距离冰帽的边缘,有30公里左右。开始几天,天气挺好,也比较顺利,队员们每天探路、插路标、测量、采样,逐步到达了计划的点位。

南极的天气变化的很快,一阵风上来,带来大雾,看到天气要变了,队员们就赶快后撤,撤到半途,风一过去天就晴了,浪费半天时间。到顶部挖雪坑时,天气变了,队员们不甘心,期望一次挖好、盖上,不要叫风雪埋掉,然后再后撤。不想当天大雾越来越浓,等到他们干完后撤时,就找不到后撤回去的标杆了。在原地转了几圈,又回到了原地,这时他们知道已迷路了,只好待在原地,等待天气变晴。可不知,这场大雾暴风雪持续了三天三夜,康建成所在冰川组三个人(康建成、韩健康、温家洪),紧缩在帐篷里,靠带着的一点饼干维持着,风大时,不知帐篷是否在移动,也不知整个帐篷是否会被刮到海里。风小时,外面是大雾,根本看不到周边的东西,没有办法,只有听天由命。这样熬了三天三夜,感觉到风稍小了些,稍微能看到远处的第一个标杆,他们决定不能再等了,要活着回去,赶紧出帐篷,发动雪地车,拉着帐篷,向冰帽下摸索着求生。

刚走过两三个标杆,远处传来了机械的马达声,逐渐远处天边有个黑影,两辆雪地车隐约开来,是站上的领导带着"敢死队"来了。张福刚处长正拿着话筒和在北京国家海洋局值班室守候的局长通话,局长在话筒中不断地喊着:"找到没有?找到没有?"张处长告知,局长已在值班室蹲守了三天三夜了。在暴风雪来的第一天,站上见大家没有回到驻地就着急了,但是又联系不上。一查天气预报,这个气旋暴风雪要持续的时间比较长,没有办法,站上出不来,队员回不去。半夜,到每日向北京汇报的时间,站领导立刻向北京国家海洋局汇报,国家南极考察队出事了,冰川考察组没有回来,三名考察队员被困在冰帽上了,情况不明。国家海洋局第一时间向国务院办公厅报告此事,积极协调各方力量协助寻找失联队员,但天气条件恶劣,无法实施营救。站上时刻观察天气情况,组织了敢死队员,随时准备结绳营救。到了第三天凌晨,天气预报显示,在两个气旋之间有一个间隙,窗口期很短,站上立即出动,上冰帽,考察组终于得以脱险。

由于在冰雪研究方面的突出贡献,康建成在 1999 年获中国地理学会冰川冻土分会"雪冰冻土优秀基础理论奖";地球三极的经历和研究成果,让他获得了 2002 年国家海洋局海洋科技精英称号与 2006 年国家海洋局海洋创新成果奖二等奖;2012 年他被评为上海市地理学会先进工作者,2017 年荣获上海市地理学会突出贡献奖。

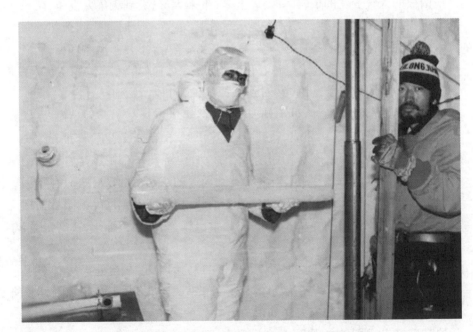

1991—1992 年,康建成(左一)在南极乔治王岛冰帽钻取冰芯

1999 年,康建成(右一)在北冰洋海冰考察

明规立矩授业　科学知识的传道者

从山脚到山巅,荣耀背后,充满了艰辛;从地球三极到课堂讲台,言传身教,是不忘初心。一次次的外出实地考察,不断提升和拓展了康建成的专业知识。从青藏高原走向地球两极的考察之旅,也为他开展生动有趣的课堂教学作了厚实的铺垫。

康建成从 2005 年作为人才引进调入上海师范大学地理系,到 2022 年退休,17 年来他一直牢记着立德树人的使命责任,奋战在教育教学一线,坚持把自己的教育追求融入党和人民的伟大实践,为培养新一代的"攀登者"呕心沥血。他刚到上海师范大学当老师时,经常和同学们待在一块,中午饭约在一块吃,边吃、边讨论交流。他曾在法国原子能委员会气候环境研究所和法国国家科学研究中心冰川地球物理实验室工作过一年。在那里,工作人员上班时在各自的岗位上做实验、观测和分析工作,经常利用中午吃饭的时间聚集在一块讨论工作中遇到的问题。这种氛围既轻松愉快又高效的解决了科研中碰到的困惑,这一做法同样也被康建成有效的用在平时的教学实践中,通过师生之间的讨论交流,深入学生、深入心灵,启智润心、润物无声,取得良好的教育效果。

康建成认为,为人师表,就要以身作则、严于律己。要求学生做的,自己首先做好。他会在第一节课给学生"教师承诺":对每一个学生负责;认真备课、讲课、管理课堂秩序;欢迎学生的批评、建议、指正、商讨;保证上课时间;不无故缺课,有事调课提前协商、通知;成绩、考试,遵守学校规定,公正、透明;积极与同学协商,在校规许可的范围,人性化教学。他会在第一节课对学生提出明确的"课程要求"——"五不""两要":上课不迟到、不早退,不饮食,不讲与课程无关的话,不睡觉,不做别的事;要积极提问/讨论,要把教科书至少认真阅读一遍。在授课过程中,康建成会从基本学科概念,作用营力、过程,典型形态、特征,影响因素和成因机理,空间分布组合和时间演化过程等几个板块,分层次、系统介绍学科的基础知识、基本理论和研究方法,提高学生的接受、理解能力。

结合自身的科研和考察经历,康建成时常与专业研究院所的专家们交流,实时收集国内外本学科前沿研究成果,充实到相关的教学内容中去,进一步培养学生摄取新知识的能力,提高学生的探究意识;并尽可能将课本中的知识与学生平时在旅游中和媒体上所接触到的知识相衔接,帮助学生在脑海中建立、形成活化的地质、地貌、气候、环境等方面的过程图景,经常采用照片、影像、模拟图片,实景授课,帮助学生形成地质、地貌、气候、环境等方面的形态和过程的物理情景,进一步完善学生对作用过程的理解,培养学生自主学习、自主发展和实际解决问题的能力。

除此之外,康建成充分利用新媒体手段,建立课程微信群。在每一部分(章节)结束时,给学生准备复习提纲。复习提纲包括学科的基本概念、机理过程,不仅强调知识点,强化学生记忆,还增加教学效果,巩固所学知识。对课本上的概念,康建成鼓励学生上网找出不同的解释,对比分析,培养学生的批判性思维。平时也会通过开卷作业,鼓励学生自主查找资料和交流合作,培养学生沟通交流的能力和摄取信息的能力。

执教近 20 年,康建成被问及最多的问题就是:在科技发达的今天,几乎各类的知识都可以通过网上进行学习,方便而又快速地进行知识检索。同样都是知识的获取渠道,老师在教育事业中起到的作用是不是日益渐微?对此,康建成有自己的看法:教育是发展的根本,而老师存在的意义,就是通过老师自身的感悟和实践经历,对于知识有了新的理解,再将知识和自身体会传输给学生,让基础理论对于学生来说不是那么晦涩难懂,一个老师如果对于自己专业领域的知识不够了解,那么这个老师是不合格的。

康建成自环境与地理科学学院成立以来,一直为学院的建设尽心尽力,他帮助学院建立起了较为完整的环境学科体系。多年来,康建成为上海师大环境与地理科学学院本硕博学生开设了"地质学""地貌学""地质地貌学""自然地理学""全球环境问题""全球环境变化科学导论""全球气候变化与城市环境""全球环境变化与地球系统科学""区域环境过程分析"等学位课程和选修课程,除此之外,康建成还为全校本科生开设"全球化环境问题与挑战""气候变化及其影响""陆地、海洋、大气——地球家园"等通识教育课程。不少学生听了他的课后,最大的感受是:康老师上课干货十足,受益匪浅。

地球上千姿百态的景观都与所处的地质区域、地貌部位、气候地带、周围环境有关。一地的地质、地貌、气候、环境特征既有区域性特色,又有大区域乃至全球的共性。有关地质、地貌、气候、环境的景观、特征、术语、知识,是人类的共同认知和交流的"语言"。对于冰川、断层、褶皱等等地理景观,大多数的同学对它们的了解只能停留在书本上的几段文字,几张照片。三尺讲台上,康建成将自己的考察探险故事娓娓道来,讲述了他在实地考察时发生过的趣闻逸事,让同学们通过曲折而又新奇的故事了解到更加详尽的知识;康建成在课堂上展示了自己在地球三极的考察照片,让同学们感觉到这些书本上的知识并不是那么的遥远。

2020级地理科学(师范)本科生李湘儿同学说:"康老师真的用心做到了身体力行。作为一名游历各地博闻强识的资深教授,康老师总能将自己从前考察的经历与书本知识结合,也常给我们讲述从前参加南极考察队的故事。'这个地方你们有没有去过? 推荐你们以后一定要去。'大家经常能被康老师拍的照片而对某个地貌所在地区很心驰神往,读万卷书不如行万里路,这句话对于我们地理专业的学生来说显得更加贴切,而我们从康老师上的地质地貌课上不仅学到系统的专业知识,更培养了渴望实地探索的决心以及对地理的热爱。"

　　康建成作为我国为数不多的极地研究专家，为了祖国的科研事业多次深入人迹罕至之地。在登顶的同时，他为学生传授经验，培养着一批又一批的"攀登者"。他在科研与教育方面扮演着同一个角色：攀登者。他所攀登的，不仅仅是皑皑雪山，也是教育的高峰。康建成通过课程的讲授，为学生们鉴赏家乡之美、祖国之美、地球景观之美提供了基本的思路和方法；老师的身份，时刻提醒着他理论与实践应当共行。他培养和指导一届届学生用科学的方法、视角，观赏自然景观，提高他们理解有关的地质、地貌、气候、环境问题和预估自然环境灾害的能力，进一步激发学生们探求未知世界的求知欲，增进学生们热爱家乡、热爱祖国的情感。对于环地学子来说，讲台上的康老师，就是他们希望今后可以成为的那个人——在科研和教学上都能勇攀高峰的"攀登者"。无数的攀登者沿着前人走过的路，又开辟新的路，这就是知识的传承。2020年康建成获得了上海师范大学第四届"我心中的好老师"的称号。

康建成与指导的 2016 级博士研究生陈志伟合影

深耕育人沃土　青年奋进的引领者

康建成不仅是一位优秀的教育者,更是一位关心青年师生健康成长发展的良师益友,他的关怀和指导使青年师生感到备受鼓舞,进一步激发了他们开展科研的无限热情。

作为一名教授,康建成深知青年教师是学校的未来和希望,是学校教学科研可持续发展的关键所在。他主动为青年教师的研究课题和事业发展出谋划策,积极提供宝贵的建议、搭建技术服务平台,帮助他们稳步走好事业启航之路。

"我最佩服的是他始终有一颗热忱的心,对科研、对教育、对社会如此,对我们亦是如此。"康建成指导过的一位青年教师曾这样说道。

作为一名导师,康建成始终秉承"以学生为本"的初心,积极指导学生科研。他鼓励学生积极参与讨论,分享自己的见解和经验。这种开放式的交流氛围不仅促使学生更深入地理解课程内容,还培养了团队合作和沟通能力。他还鼓励学生积极参与学术研究和实践项目,并提供丰富的资源和指导。这种注重实践的教学方式使学生在学科领域更具竞争力,并为未来的职业发展打下了坚实的基础。

2022级环境科学与工程专业博士生魏艳艳这样回忆到:"康老师以精湛的专业水平和深厚的实践经验,使得每次讨论都成为一场充实而深刻的学术盛宴。他所采用的全球官方标准方法和数据,为我们提供了坚实的学科基础,使得知识体系更加完善。他严谨的讲解方式,注重引导我们准确理解地理的核心概念,通过官方数据的呈现,为我们提供了客观、科学的视角。同时,康老师巧妙地结合自己的实际经历,通过举实例、分享案例,使得抽象的概念更具有生动的形象。这样的实际经历不仅使得理论内容更具体,也让我们更容易将理论知识与实际应用相结合。老师的为学风格不仅使得我们理论水平不断提高,同时也激发了对专业领域的浓厚兴趣。"

在康建成的影响下,他的研究生徐明星怀着极高的热情想要加入北极考察。机会从来都是给予有准备的人的,在2006年的一次科考选拔中,徐明星凭借着强健的体魄和充分的知识储备,终于梦想成真,成功入选科考队伍,跟随中国北极考察队进入了北极黄河站。为了表达对导师以及母校的感激之情,徐明星在遥远的科考极地竖起了上海师范大学的校旗。天地朦胧的纯白世界,众色国旗在地球之巅飘扬,当属那一抹中国红最为显眼;五星红旗飘扬下的上海师范大学校旗,不仅是学校荣耀的旗帜,也是教育界不倒的旗帜。

欢送研究生徐明星参加中国北极考察（左一为康建成,左二为徐明星）

2022年4月30日,康建成从上海师范大学退休。如今,退休的康建成仍然心系地球科学、环境科学研究的发展,只要学校和科研部门需要,他总会不辞辛劳地提供帮助、积极建言献策,将科学的要素、人生的感悟、做人的真谛通过三尺讲台传递给身边的学子,乐于让年轻一代分享他的人生阅历。

（王国栋、夏美华、陈志伟　撰文）

附一：康建成简历年表

1957 年 4 月	出生于新疆乌鲁木齐市。
1963—1974 年	小学、中学就读于新疆生产建设兵团农四师原 12 团（现为 71 团）、农三师原 43 团（现属 45 团）、前进水库等子弟小学、中学。
1975 年	高中毕业于新疆生产建设兵团农三师原 53 团（现属 51 团）子弟中学。
1978 年 3 月—1982 年 1 月	就读于新疆工学院地质系，大学本科毕业，获工学学士。
1982 年 2 月—1984 年 10 月	就读于中国科学院兰州冰川冻土研究所，硕士研究生毕业，获理学硕士，留所工作。
1985 年	调到兰州大学任教。
1987 年 9 月—1990 年 12 月	就读于兰州大学地理系，博士研究生毕业，获理学博士。
1987 年 9 月	在兰州大学评为讲师。
1990 年	作为人才引进进入中国极地研究所中国极地研究中心工作。
1989—1990 年	参加中国第六次南极考察队（长城站）考察。
1991—1992 年	参加中国第八次南极考察队（长城站）考察。
1992 年 12 月	在中国极地研究所评为副研究员。
1994 年 11 月—2004 年 8 月	中国极地研究所极地冰川学研究室主任。
1995 年 12 月	经国家海洋局高级科学研究职务评审委员会评审，评为研究员。
1996—1997 年	参加中国第十三次南极考察队（中山站）中国首次南极内陆冰盖考察。
1996 年 11 月—2005 年 1 月	任中国极地研究所（现中国极地研究中心）党委委员。
1999 年 7—9 月	参加中国首次北极考察队（北冰洋）考察。
2000 年 9 月	被兰州大学聘为教授（兼职），硕/博士研究生导师。

2002 年 3 月—2006 年 12 月	被中国海洋大学（青岛）聘为教授（兼职），博士生导师。
2002—2007 年	任上海市地理学会第九届理事会常务理事，副秘书长，科普委员会主任。
2004 年 8 月—2005 年 1 月	任中国极地研究中心主任研究员。
2005 年 2 月	调入上海师范大学地理系任教授。
2005 年 3 月—2015 年 11 月	任上海师范大学城市生态与环境修复重点实验室主任。
2007—2017	任上海市地理学会副理事长。
2008 年 7 月	参加中国国家北极考察队，北极斯瓦尔巴地区（中国北极黄河站）考察。
2010 年 1 月	聘任为二级教授。
2022 年 4 月	退休。

附二：康建成主要论著、科研项目目录

（一）论著

《贡嘎山贡巴冰川冰川岩屑的粒度特征及意义》，《冰川冻土》1987 年第 9 卷第 1 期，第 61—68 页。

《15 万年以来中国黄土与南极冰芯环境演化记录的对比》（康建成、李吉均），《南极研究》1991 年第 3 卷第 3 期，第 15—24 页。

《甘肃临夏黄土剖面：15 万年环境演变的良好记录》（康建成、李吉均），《地质论评》1993 年第 39 卷第 2 期，第 165—175 页。

《15 万年以来极地冰芯、黄土、深海沉积的对比研究与全球变化》（康建成、温家洪），《极地研究》1997 年第 9 卷第 2 期，第 134—144 页。

《中山站至南极内陆 330 公里冰川学剖面考察》（康建成、汪大立），《极地研究》1997 年第 9 卷第 3 期，第 238—242 页。

《南极冰盖与未来气候》（康建成、温家洪），《科学》1998 年第 50 卷第 3 期，第 29—31 页。

《海冰及海冰与海洋、大气、生物圈国际会议》，《极地研究》2000 年第 12 卷第 3

期,第 233—234 页。

《南极海冰区物理特征与气候》(康建成、刘雷保、谭德军),载中国地球物理学会
编:《中国地球物理学会年刊 2001》,云南科技出版社 2001 年版,第 217 页。

《北极楚科奇海海冰特征研究》(康建成、孙波、孙俊英、孟广林、Kumiko AZUMA、
张小伟),《冰川冻土》2002 年第 24 卷第 2 期,第 173—180 页。

《海冰研究的一些新动态——第 17 届鄂霍次克海和海冰国际研讨会》,《极地研
究》2002 年第 14 卷 1 期,第 81—82 页。

《北冰洋多年海冰结构和生消过程》(康建成、李志军、张小伟、周琳林),载中国
地球物理学会编:《中国地球物理学会年刊 2002》,地震出版社 2002 年版,第
160 页。

《南极海冰遥感现场对比实验》(康建成、唐述林、刘雷保),《极地研究》2003 年
第 15 卷第 4 期,第 310—317 页。

《东南极洲冰盖表层雪的地球化学特征和分带》(康建成、刘雷保、秦大河、汪大
立、温家洪、谭德军、李忠勤、李军、张小伟),《科学通报》2004 年第 49 卷第 17
期,第 1755—1761 页。

《冰雪圈研究的新动态——参加 2004 年 AGU 秋季年会情况报告》,《极地研究》
2005 年第 17 卷第 1 期,第 86—91 页。

《南极海冰与气候》(康建成、唐述林、刘雷保),《地球科学进展》2005 年第 20 卷
第 7 期,第 786—793 页。

《南极冰雪圈与全球变化研究——南极冰盖与全球气候》(康建成、王芳、郑琰
明、吴涛),《自然杂志》2005 年第 27 卷第 6 期,第 351—356 页。

《上海海域水污染源的变化趋势》(康建成、吴涛、闫国东、任惠茹、安琰、李卫江、
芮建勋),《中国人口·资源与环境》2008 年第 18 卷第 3 期,第 181—185 页。

《东海黑潮区温度的月际变化特征》(康建成、王国栋、朱炯、孙闻政、刘超、李
燕),《海洋与湖沼》2012 年第 43 卷第 5 期,第 877—883 页。

《近 30 年西北太平洋热带气旋的时空变化及与海洋上层热状态的关系》[陈志
伟、康建成(通讯作者)、顾成林、汤明],《海洋科学》2017 年第 41 卷第 8 期,第
122—133 页。

《西北太平洋热带气旋的气候特征及对海洋热状况响应机制的研究》(陈志伟、
康建成),中国旅游出版社 2021 年版。

（二）科研成果

参加中国第六次南极考察队，进行南极乔治王岛柯林斯冰帽的研究，1989—
　　1990 年。
承担中国—乌拉圭政府间科技合作项目，第八次南极考察队成员，1991—
　　1992 年。
赴美国新罕布斯尔大学冰川研究室合作进行南极乔治王岛柯林斯冰帽冰芯冰雪
　　地球化学分析研究，访问学者，1992 年 3—7 月。
南极冰雪圈特征与全球天气气候，承担国家南极"八五"攻关课题，85-05 第三课
　　题，课题负责人，1992—1995 年。
赴美国新罕布斯尔大学冰川研究室，冰雪地球化学分析与环境研究，高级访问学
　　者，1995 年 2—5 月。
东南极冰盖边缘地区近代环境的雪层记录研究，负责国家海洋局青年科学基金
　　项目，1995—1996 年。
参加中国第十二次南极考察队，进行中山站至南极内陆冰盖冰川学考察研究，
　　1995—1996 年。
承担"中国极地考察档案文献主题词表"编辑项目，编辑委员会委员，1995 年。
开展中国首次组织的中山站至南极冰盖内陆 330 km 冰川学考察研究，参加中国
　　第十三次南极考察队，1996—1997 年。
南极伊丽莎白公主地区 200 年以来气候环境冰雪记录研究，承担国家自然科学
　　基金项目，1998—2000 年。
参加中国政府组织的"中国首次北极科学考察"，项目负责人、雪冰考察研究组
　　组长，1999 年 7—9 月。
负责"北冰洋雪层、海冰冰芯分析及环境信息的研究"，北极研究课题，1999 年 12
　　月—2000 年 12 月。
中国极地科学数据库系统——极地冰冻圈数据库建设，承担科技部基础性工作
　　项目，2000—2002 年。
参加澳大利亚国家南极考察队，2000 年 10 月—2001 年 1 月。
气候环境变化趋势和环境背景值研究，获上海市人事局上海市引进海外高层次
　　留学人员专项资金资助项目，项目负责人，2001 年。
承担科技部科技基础性工作专项"南极地区地球环境监测与关键过程研究"，负

责专题东南极海冰物理特征、过程及与气候关系的研究,2002—2003 年。

东南极印度洋区海冰特征与过程研究,负责国家自然科学基金项目,2003—
2005 年。

南极海冰遥感现场对比实验,负责国家自然科学基金国际合作项目,2003 年。

上海近海海洋水文气候环境变化过程及对全球气候增暖响应的评估,负责教育
部科学技术研究重点项目、上海市教育委员会重点科研项目,2006 年 1 月—
2007 年 12 月。

上海海域海洋温盐过程与化学物质传输过程的研究,上海市政府浦江人才计划
(A 类)项目负责人,2005 年 12 月—2007 年 9 月。

北极黄河站地区冰川物质平衡与气候变化研究,负责国家极地考察研究项目,参
加中国北极考察队,2006—2008 年。

东海海洋三维温、盐结构月/季节变化研究,负责上海市科学技术委员会攻关课
题,2007 年 1 月—2009 年 12 月。

海平面上升及上海潜在淹没区域的风险等级评估,负责上海市教育委员会科研
创新重点项目,2008—2010 年。

"地理学与城市环境",负责上海市教育委员会重点学科建设项目,学科带头人,
2008—2013 年。

英国总领事馆"气候酷派——中国区二级城市应对气候变化的现状和市场潜力
调查研究",国际项目负责人,2009 年 7 月—2010 年 3 月。

东海黑潮区温、盐、流、海面高度多尺度变化过程及其机理研究,负责国家自然科
学基金项目(专项基金项目),2014 年 1—12 月。

后　　记

　　学思湖畔，岁月荏苒。回转之间上海师范大学走过了七十个年头。为迎接七十周年校庆，赓续学校七十年办学的历史文脉，进一步弘扬师道永恒的学校精神，传承我校教师教书育人、敬业爱生、为人师表的师德风范，落实立德树人根本任务，学校决定编撰《师道永恒——上海师范大学名师列传》（四）。

　　《师道永恒——上海师范大学名师列传》（四）编撰工作是在 2023 年 3 月正式启动的，到 2024 年 2 月书稿送交出版社历时近一年。本卷的编撰工作有着以下几个特点：首先是学校领导的充分重视和关心指导，对《师道永恒——上海师范大学名师列传》编撰事宜进行专题讨论，并多次召开相关学院党组织书记和有关部门负责人会议，对编撰工作进行动员和部署；另外，学院党组织积极配合编撰工作，为撰写工作提供了强有力的支持。其次是老教授协会与教师工作部的通力合作和协同推进。《师道永恒——上海师范大学名师列传》的前三卷都是由校老教授协会组织编撰的，此次为了发挥退休群团组织的人才智力优势和职能部门的组织协调优势，学校决定由老教授协会和教师工作部共同组织、协同推进编撰工作，这为高质量完成这项光荣而艰巨的任务提供了坚实保障。第三是全体编撰人员的认真负责和共同努力。《师道永恒——上海师范大学名师列传》（四）的撰稿人由相关学院推荐，除了校内在职教师外，还有校外以及外省市教师，他们克服教学科研任务重、时间紧且遇严寒酷暑等困难，历经访谈调查、搜集材料、分析归纳等环节，经过数易其稿后提交编委会。编委会主要由老教授协会和教师工作部的成员组成。编委会除了承担拟定编撰计划、审读修改初稿、核实有关史实、联系出版等事宜外，还负责与撰稿人沟通联系，以便及时了解撰写进度、协调撰写时遇到的困难和问题。编委会先后多次召开会议，对每篇文稿进行认真而细致的审读修订，核查重要史实，反复推敲主要评价，力求每篇传记能真实反映名师们的人生轨迹和精神风貌。为了与《师道永恒——上海师范大学名师列传》前三卷的风格基本保持一致，保证本卷史料准确性、文字规范性和内容可读性,编委会除了对每篇传记的体例作出规定外,还对撰写工作提出要求:一是梳理资料全面。这些资料一般包括以下几个方面内容:人物的姓名、性别、籍贯、民族;人物的生卒年月;人物的学历、简历、党派、职称职务;人物的主要贡献功绩、学术成果、论文著作;能反映人物思想风貌本质特征的典型事件。二是注意选材精当。对于收集的传主资料要细心鉴别,严格选材,作一番"弃粗取精""去伪存真"的分析、研究、归纳工作,使传记所反映的人物生平事迹真实准确。三是坚持科学评价。对传主的记述和评价必须坚持实事求是的科学态度,不虚构渲染,不拔高溢美,不贬责降低,据事"直书",符合事实,做到人真、事真、言真、情真、形象真,以真取信,以真感人。

本卷入编的 28 位名师的前后排列,仍参照前三卷的编排方法,原则上以上海师大传统的学科专业排序为依据,学科专业相似的,则以年龄为序,年长者居前。

本卷的编撰,得到上海师范大学党政领导的关心和指导,得到传主所属的人文学院、教育学院、心理学院、哲学与法政学院、对外汉语学院、音乐学院、数理学院、生命科学学院、环境与地理学院,以及校教育发展基金会、人事处、科学技术管理处、社会科学管理处、图书馆、档案馆、信息化办公室等单位的支持和帮助。校党委书记林在勇和校长袁雯十分重视和肯定《师道永恒——上海师范大学名师列传》(四)的编撰工作,分别为本卷作序。校老教授协会老领导吴祥兴、徐锦标等把前三卷的编撰经验毫无保留地传授给我们。对于方方面面的关心和支持,我们谨此一并致以诚挚的感谢。

上海人民出版社一如既往地对本卷的顺利出版给予了热情关照和大力支持,我们谨此致敬致谢。

由于时间和编撰者水平所限,本卷的疏漏和不当之处,敬请读者不吝指正。

编委会

2024 年 2 月

图书在版编目(CIP)数据

师道永恒 : 上海师范大学名师列传. 4 / 蒋明军, 黄刚主编. -- 上海 : 上海人民出版社, 2024. -- ISBN 978-7-208-19068-9

Ⅰ. K825.46

中国国家版本馆 CIP 数据核字第 20247XG909 号

责任编辑 黄好彦　郭立群
封面设计 傅惟本

师道永恒(4)
——上海师范大学名师列传

蒋明军　黄　刚 主编

出　　版　上海人民出版社
　　　　　(201101　上海市闵行区号景路 159 弄 C 座)
发　　行　上海人民出版社发行中心
印　　刷　上海商务联西印刷有限公司
开　　本　720×1000　1/16
印　　张　37.25
插　　页　11
字　　数　582,000
版　　次　2024 年 9 月第 1 版
印　　次　2024 年 9 月第 1 次印刷
ISBN 978 - 7 - 208 - 19068 - 9/K · 3403
定　　价　158.00 元